EN ÉCOUTANT DE GAULLE

(Journal 1946-1949)

CLAUDE GUY

EN ÉCOUTANT DE GAULLE

Journal 1946-1949

Préface de Jean Mauriac
Présentation historique de Paul-Marie de La Gorce

Postface de Madame Claude Guy

Édition annotée par Jean Touzot

BERNARD GRASSET
PARIS

Crédits photos : D.R. : nos 1-2-3-4-5-6-8-9-11-13-14-16-18-19-21-22-23-24-25-26-27-28-29-30-31-32-33-34
© Life : n° 7 - © Sirpa : n° 10 - © France Presse : n° 12
Tirée du Journal *Daily News* : n° 15 - © S.E.P. Mme Viquier : nos 17-20

PRÉFACE

L'histoire du Journal de Claude Guy

Londres, 15 juin 1944

Au début de juin 1944, le général de Gaulle cherche un aide de camp « grand et bien pensant » pour remplacer le capitaine Étienne Burin des Roziers qui avait obtenu l'autorisation de repartir se battre. Nous sommes à Londres. Le lieutenant Guy, engagé dans les Forces Aériennes Françaises Libres, blessé dans un accident d'avion en mars, est invité à se présenter au cabinet du général de Gaulle, sur l'initiative du général Édouard Corniglion-Molinier, alors commandant des Forces Aériennes de l'Atlantique.

La convocation lui arrive le 14 juin. Coïncidence, la journée est historique : de Gaulle a débarqué dans la matinée sur une plage normande, non loin de Courseulles. C'est son premier retour en France depuis le 17 juin 1940 et, à Bayeux, son premier discours en terre française libérée.

Le Général va à pied, de rue en rue. L'émotion est indescriptible : c'est une espèce de stupeur, les hommes fondent en larmes, les femmes sanglotent, les enfants lui font cortège. Dans la soirée, de Gaulle regagne son bateau, le contre-torpilleur *La Combattante* auquel il avait, le matin même, remis la croix de guerre et qui sera coulé un peu plus tard. La nuit est tombée. Plusieurs heures se passent avant le départ, en raison des attaques des vedettes lance-torpilles et des avions allemands contre les navires ancrés le long de la côte.

Le lendemain matin, 15 juin, accostage à Portsmouth, puis retour à Londres. Le Général reçoit le lieutenant Guy. La scène n'est pas relatée dans son Journal qui s'ouvrira seulement dix-huit mois après. La seule trace de cette première rencontre entre le Général et celui qui demeurera plus de cinq années son aide de camp, nous la trouverons dans le récit que Guy en fit, en février 1972, à André Gillois, représentant, pendant la guerre, du gouvernement français auprès de la B.B.C. André Gillois se référa à ce témoignage dans l'un de ses livres d'histoire.

L'entretien se déroule dans le bureau de Pierre Viénot, ambassadeur de la France Libre à Londres. Le Général avait déposé, sur la cheminée, de la terre et des fleurs ramenées de France. Il a le geste d'en offrir quelques-unes au lieutenant Guy pour sa mère. Claude Guy observe tout : l'aide de camp du Général, Léo Teyssot, va et vient. Gaston Palewski, directeur du cabinet, siège dans un bureau voisin.

Selon le récit de Claude Guy – que Palewski a confirmé à André Gillois – le Général le prie d'écrire deux lettres et un rapport dont il esquisse les grandes lignes. En fin d'après-midi, Guy est à nouveau convoqué chez le Général à qui il remet son travail. Celui-ci lit attentivement les trois projets. Claude Guy est derrière lui, sur la droite, en retrait. Il craint le pire. C'est tout le contraire : le Général paraît satisfait, se montre détendu et met Claude Guy à l'aise. Il apporte de menues corrections, puis se tourne vers le jeune lieutenant. « Voyez-vous, lui dit-il, lorsque j'étais secrétaire général du Conseil Supérieur de la Guerre, André Tardieu, alors président du Conseil, me demanda : “ Pourquoi avez-vous mis cette phrase ? Que signifie-t-elle vraiment ? ” » Et le Général d'ajouter : « Tardieu me glissa le conseil que j'ai toujours retenu : quand on n'est pas sûr de la nécessité d'une phrase et de la valeur de son contenu, alors on ne met rien ! »

Claude Guy prend sur-le-champ ses fonctions d'aide de camp, sans que le chef de la France Libre, semble-t-il, lui donne de plus amples instructions. Quelques instants plus tard, le Général traverse le bureau des aides de camp et happe littéralement Claude Guy au passage. Ce dernier raconte : « En voiture, un tout autre personnage m'apparut : un homme en colère, notamment à propos de l'affaire de l'A.M.G.O.T. * et de cette histoire de billets de banque imprimés par les Américains. » Bref, le désir de Washington était d'appliquer à la France, au fur et à mesure de sa libération, la même administration que celle qui serait imposée aux futurs pays vaincus. Et le Général, ajoute Guy, de s'exclamer dans la voiture : « C'est incroyable, et on prétend nous réhabiliter ! » Puis, le général de Gaulle annonce son départ pour Alger, au cours de la nuit qui vient.

Voici le lieutenant Guy dans l'avion personnel du chef de la France Libre. Ils survolent, tous feux éteints, les côtes de la France occupée – Oradour a eu lieu six jours plus tôt –, celles de l'Espagne franquiste, du Portugal puis de Gibraltar sur la gauche, avant l'escale à Rabat.

Au départ de Londres, Duff Cooper, ambassadeur anglais auprès du Gouvernement Provisoire de la République Française, s'assoit près du Général, sur son invitation. Entretien amical mais fort sérieux, note Claude Guy. Puis boutades habituelles et drôlerie du Général, inattendues pour le nouvel aide de camp.

Demeuré seul, le Général se met à fumer, méditatif. Puis il indique à Claude Guy que, durant le voyage, il le veut assis derrière lui. Dans l'obscurité de l'avion, Guy voit rougeoyer, de temps à autre, une cigarette,

* Allied Military Government of Occupied Territories.

comme si ce rougeoiement – l'image lui en traversa l'esprit – portait le destin de la France.

Claude Guy : à paraître, mais après moi

En publiant le Journal du lieutenant Guy, qui relate ses entretiens avec le général de Gaulle, de janvier 1946 (départ du pouvoir) à octobre 1949, ses héritiers obéissent à sa volonté. Il n'a, en effet, jamais été question, pour l'ancien aide de camp, de rendre public, de son vivant, un texte d'une telle importance sur le plan historique, délicat entre tous sur le plan politique et entrouvrant, de temps à autre, les portes de la Boisserie, à Colombey-les-Deux-Églises, jusqu'alors demeurées hermétiquement closes, sur un de Gaulle tel qu'il était dans sa vie familiale.

Les conditions d'une publication sont aujourd'hui réunies : de Gaulle est mort depuis plus de vingt-cinq ans, Mme de Gaulle depuis plus de seize ans, Claude Guy depuis plus de quatre ans. Et l'histoire qu'il relate remonte maintenant à un demi-siècle. Il n'y a plus d'interdit. Ce document voit donc le jour sans contrevenir aux règles de l'histoire ni à celles de la bienséance.

Enfin, Claude Guy ne tenait-il pas, par-dessus tout, à apporter sa contribution personnelle à l'histoire de notre pays, en particulier à celle du général de Gaulle, et à y laisser son nom ? Il mettait à cette publication une seule condition : « Il s'agit, a-t-il écrit, d'un total qui ne sera jamais transmis que tel. » Donc, une publication intégrale. Il ajoutait même, au cas où il serait mort avant de Gaulle : « Et certainement pas sans l'accord du Général. »

Le lieutenant Guy qui, le 26 août 1944, a descendu les Champs-Élysées aux côtés du Général, est devenu célèbre en un seul jour, par sa seule présence – haute, mince et élégante silhouette, long cou à la pomme d'Adam saillante, casquette bleue d'aviateur – sur toutes les photographies, sur tous les films de cette époque entre les époques. Il est entré dans la famille des mémorialistes de notre temps. Son Journal, unique en son genre, est un témoignage dont aucun historien du Général ne pourra désormais se passer.

Unique, parce que libéré de toute entrave, de Gaulle peut enfin parler. Le voici, pour la première fois depuis le 18 juin 1940, disponible, sans les responsabilités du pouvoir, maître de son temps. Le voici, chaque jour, prêt à la conversation, recherchant la causerie, comme pour meubler ses journées. Les vannes sont ouvertes. Et l'extrême intérêt de ce Journal réside dans le fait qu'il ne porte pas seulement sur la période vécue par Claude Guy auprès du futur fondateur de la Ve République. C'est sur toute la guerre que le Général s'exprime et s'explique : l'armistice, la France Libre, la Résistance, les Américains, les Russes, les Anglais et tous les acteurs : traîtres de l'armistice comme Pétain ou Weygand, qui ont refusé de poursuivre le combat outre-mer; personnages aussi falots que Reynaud et Giraud; grandes figures comme Roosevelt, Churchill, Eden, Leclerc, Eisenhower. Et il se trouve qu'un aide de camp, qui a le désir et les capacités – ce qui n'est pas évident – de recueillir ses paroles, est là : le lieutenant Guy.

Claude Guy, un interlocuteur rêvé pour le Général

Le Journal de Claude Guy s'ouvre dramatiquement – mais tout n'est-il pas dramatique dans la vie de De Gaulle ? – le 21 janvier 1946, le lendemain même du brusque abandon du pouvoir par le Général, devant un pays médusé. Les travaux de la Boisserie, dévastée par les Allemands pendant l'Occupation, ne sont pas terminés. Le Général trouve refuge dans le pavillon de chasse de Marly, loué au Service des Beaux-Arts, où, écrit Claude Guy, « les murs imbibés d'humidité, sous l'effet de la chaleur naissante se mettent à suinter, mouillant les lisières du tapis ». Les perspectives du parc sont royales. Mais le pavillon long et bas, situé au creux d'un vallon et dominé par d'immenses arbres, est modeste et mélancolique.

Le Journal s'achève dramatiquement aussi, dans l'amertume et le chagrin, le 7 septembre 1949. L'aide de camp du Général pense que « l'indifférence des Français à leur destin n'a jamais été plus grande, le sens national plus assoupi ». Il constate qu' « il n'existe pas un mode de repos ou un lieu en ce monde qui peut nous apporter l'apaisement, en un moment où la survie du Rassemblement * est en cause ». Et, Guy ajoute : « La courbe politique descendante s'accompagne, pour le Rassemblement, de deux courbes exactement parallèles : décroissance de la popularité du Général et effondrement, en un point voisin de zéro, de la courbe financière. » C'est bien, à l'horizon, l'agonie du R.P.F., l'entrée dans le désert pour une longue traversée.

Voici donc Claude Guy, pendant quatre années, s'entretenant de la manière la plus libre, la plus simple, la plus décontractée, quelquefois même la plus désinvolte, avec le général de Gaulle. Celui-ci est heureux d'avoir sous la main ce jeune officier – vingt-neuf ans – aviateur, Français libre, qui allait embrasser la carrière des Affaires étrangères, intelligent sûrement, avec du goût pour la politique, et encore plus pour l'histoire. Dès les premières pages, le lieutenant Guy fait plus que se montrer à la hauteur : qui, mieux que lui, sait ouvrir une conversation en choisissant le sujet qui aura le meilleur écho, l'entretenir, la ranimer quand elle bat de l'aile et demeurer silencieux quand le Général se lance dans un monologue qui devient un cours d'histoire ?

Guy dirige la conversation sans en avoir l'air, mitraille le Général de questions – peut-être pour son Journal ? – tantôt complice, tantôt provocateur, c'est-à-dire en prononçant les paroles que le Général attend, ou posant des questions qui le font sortir de ses gonds et même entrer dans de vraies – ou feintes – colères. Quel avocat du diable il sait quelquefois se montrer !

Il est à l'aise avec le Général comme aucun autre collaborateur. Il sort de la tranchée, va au feu. Et souvent pour les autres : « Vous devriez demander au Général... », lui dit, prudent, Malraux. « Essayez donc de savoir... », lui murmure le subtil Palewski.

Mais Claude Guy va beaucoup plus loin. Il donne son avis en politique,

* Rassemblement du Peuple Français.

même quand le général de Gaulle ne le lui demande pas. Et, chose stupéfiante, il se permet de conseiller le Général : « Faites ceci, faites cela, faites une déclaration ! Puissiez-vous, mon Général, ne pas publier immédiatement votre note ! », etc. Et de Gaulle, irrité, le rembarre sèchement. Mais, bien plus souvent, il demeure silencieux, puis lui répond : « Vous avez raison. »

Face à Guy, un de Gaulle différent de celui qu'on connaissait. Un autre de Gaulle depuis qu'il a quitté le pouvoir, depuis qu'il croyait y revenir rapidement et qu'il a compris qu'il s'était trompé. Un de Gaulle qui, après six années « historiques » – le mot est faible – passées « sous les projecteurs », ne cachait pas qu'il éprouvait « une certaine fatigue ».

Le temps de la décompression était venu, puis de la désillusion. Et, enfin, celui de l'indignation : voilà de Gaulle abandonné, trahi par ceux qu'il croyait ses fidèles, les ministres du M.R.P. *. Voilà de Gaulle, contrairement à ce qu'il avait prévu, empêché de revenir au pouvoir par ses propres partisans, par ceux-là mêmes dont c'était le devoir, la mission confiée par leurs électeurs, de le rappeler à la tête du pays. Voilà de Gaulle sachant d'avance que la France, au lieu de se relever, allait s'enfoncer dans les abîmes de la IVe... Il a senti très vite que toutes ses tentatives pour reprendre un pouvoir qu'il avait abandonné étaient vaines, qu'il avait devant lui des années et des années de chagrin, avant d'être appelé de nouveau par les partis désemparés, qui l'avaient obligé au départ.

Le temps de l'indignation donc. Viennent ensuite l'amertume, la tristesse, presque le désespoir. Le désespoir de voir les cartes de la France lui échapper et de découvrir que le régime en place les détruit les unes après les autres. Il faudra que le lecteur fasse l'effort de se replacer dans les années 1946, 1947, 1948, 1949, pour bien comprendre le de Gaulle du Journal de Claude Guy. Ce lecteur ne devra s'indigner ni même s'étonner des paroles du Général, de ce flot d'agressions verbales, de sa condamnation sans recours des hommes alors au pouvoir, de ses mises en demeure véhémentes, de son sectarisme, de ses critiques souvent injustes. Ainsi cette sorte de rage l'amène-t-elle parfois à des erreurs dans ses analyses politiques : la guerre internationale qu'il annonce (mais y croit-il vraiment ?) n'aura pas lieu et le système ne s'écroulera pas dans moins de douze mois, comme il le pense, mais dans plus de douze ans.

De Gaulle savait...

Claude Guy ne se cachait pas pour écrire son Journal. Le 3 octobre 1973, dans le brouillon d'une lettre adressée à Xavier de Beaulaincourt, qui fut le secrétaire particulier du général de Gaulle, il déclare : « Au su du Général, j'ai tenu un journal que j'écrivais librement à la Boisserie, à Colombey, chez Mademoiselle Aubry [sa logeuse], à l'hôtel La Pérouse [où le Général des-

* Mouvement Républicain Populaire.

cendait quand il venait à Paris], et très librement, sur mes genoux, dans la voiture du Général. Ce modeste et persistant écrit fut d'autant moins caché que, par exemple, j'en laissais volontairement maintes pages sur le bureau qui me fut assigné, dès l'installation à la Boisserie, après Marly, à l'entrée du living-room. »

Et, dans ce même texte, Claude Guy précise que le général de Gaulle a cité une fois son Journal, le jour où il l'autorisa à noter ses observations au sujet du tome I de ses *Mémoires de Guerre*, dont il venait de lui lire certains passages. Claude Guy écrit à ce sujet : « Ce fut la première fois qu'il mentionna devant moi l'existence de ce journal. Reconnaissance parfaitement libérale. Le vrai est que j'en fus étonné... »

Quinze mois après, dans une lettre au général de Rancourt, qui fut attaché au cabinet militaire du général de Gaulle, le lieutenant Guy revient sur cette question : « Le Général m'autorise à tenir sous ses yeux un journal », précise-t-il. Il arrivait même à celui-ci d'interrompre quelquefois son récit et de dire à son aide de camp : « Tenez, ceci c'est pour vous ! » Ou encore – c'est un membre de l'entourage qui le rapporte : « Je pense que vous allez conserver cela pour votre journal... »

Les débuts d'une longue histoire

Le Journal de Claude Guy a une histoire longue et mouvementée : quarante-cinq années de péripéties et de mystères ! Commencé le 21 janvier 1946, le lendemain du départ du Général en raison de la réapparition du « régime exclusif des partis », il s'achève le 7 septembre 1949, sept semaines avant que le général de Gaulle ne mette fin aux fonctions d'aide de camp de Claude Guy par une lettre datée du 25 octobre 1949.

C'est à Robert de Saint-Jean, écrivain et journaliste – qui venait d'entrer chez Plon, – que revient le mérite de s'être intéressé, le premier, à l'œuvre de Claude Guy. « Vous m'excuserez, je l'espère, lui écrit-il le 24 mai 1960, si je parle trop tôt. Mieux vaut, en tout cas, parler trop tôt que trop tard. Il s'agit, vous le devinez, de votre témoignage, des notes que vous avez prises ou du journal (si c'est un journal) que vous avez tenu et qui, à cause du grand homme et des grands événements dans l'intimité desquels vous avez vécu, constituent assurément une pièce très importante à verser au dossier de l'Histoire. » Dès lors, le perspicace Robert de Saint-Jean ne lâchera plus Claude Guy. « Cette contribution personnelle à l'Histoire, écrit-il deux ans plus tard, est exceptionnelle si l'on songe au rôle, d'une importance capitale, que vous avez tenu auprès du général de Gaulle, au cours de nombreuses années. »

Robert de Saint-Jean, passé ensuite chez Grasset, veille à ce que Claude Guy ne dispose jamais « des textes inédits qui sont les siens » (lettre du 20 mai 1969) sans avoir pris contact avec lui. Il redouble de vigilance et le relance avec prudence mais à intervalles réguliers, dans la crainte que d'autres maisons d'édition ne lui fassent concurrence. Il n'a pas tort : Michel Droit, conseiller chez Plon, écrit, à cette époque, à Guy au sujet des « notes prises durant tout le temps passé auprès du général de Gaulle, en des heures exceptionnelles de notre histoire ».

Après la mort du Général, le 9 novembre 1970, certains espèrent que Claude Guy se laissera fléchir et, en dépit de sa décision première de ne publier ce document qu'après sa propre mort, acceptera de rendre public son Journal avant de disparaître. Une hésitation est en effet perceptible. Robert de Saint-Jean en profite : il lui dit sa compréhension de ne pas se manifester « pour ne pas ajouter un témoignage sur le Général à tant d'autres qui se sont multipliés depuis le mois de novembre 1970, dans une sorte de précipitation ». Et il conclut, non sans habileté : « Vous n'avez pas emboîté le pas et vous avez eu raison. » Ce qui veut dire : mais pourquoi attendre, une fois le temps de l'indécence passé ? Le 2 août 1974,il revient à la charge et écrit : « On est sûr de ne lire sous votre signature qu'une relation d'une probité et d'un tact absolus. »

Le temps des épreuves

Robert de Saint-Jean meurt en janvier 1987. Grasset semble se lasser. Ce n'est certes pas un voile d'oubli qui tombe alors sur le Journal de Claude Guy, mais un voile de mystère. Vingt-deux ans après la disparition du Général, Claude Guy mourait à son tour le 28 janvier 1992. Il ne laissait pas la moindre indication sur une éventuelle publication de son Journal : pas un mot à sa famille, à ses amis, pas une dernière volonté écrite, pas un papier chez un notaire.

En fait, le doute commençait à s'installer chez certains. Ce Journal existait-il vraiment ? Pourquoi paraissait-il introuvable ? Dans cette affaire, il est vrai, Claude Guy semble s'être ingénié à brouiller les pistes. Son penchant naturel pour le secret, les confidences, les conversations à voix basse avait dû augmenter avec l'âge. La fin de ses fonctions d'aide de camp, en octobre 1949, a été pour lui, nous allons le voir, un véritable drame dont il ne s'est jamais remis. Sa déception de n'avoir pas été rappelé, en 1958, par de Gaulle a été d'autant plus cruelle qu'il était sûr que le Général aurait recours à lui. (D'autres anciens collaborateurs avaient d'ailleurs connu la même déception.) « C'est à partir de cette année qu'il s'est replié sur lui-même », a dit Mme Rocafulle, qui fut, pendant sept ans, sa secrétaire.

A cette double mise à l'écart s'ajoutèrent bien des épreuves : des difficultés familiales, la douleur permanente d'un dos fragilisé après cet accident d'avion survenu pendant la guerre, en Angleterre ; puis, dans les dernières années, le désespoir naturel d'être vieux, un bassin fracturé, un col du fémur cassé, qui l'obligèrent à ne plus marcher qu'avec des cannes. Son état de santé général s'en trouva tout naturellement affecté. Déjà, avant, il y avait eu quelques très mauvaises périodes : celles d'un épuisement nerveux, d'une profonde dépression. Claude, en proie au chagrin, se réfugiait dans la solitude. Ses amis sont formels : « Claude Guy est tombé malade parce qu'il fut écarté du Général. »

Il était un personnage d'une grande pudeur, n'imaginant jamais que sa vie personnelle puisse intéresser qui que ce soit. Dans les centaines de pages de son Journal où Guy est face à de Gaulle, le lecteur ne trouvera jamais la moindre allusion à lui-même et à sa vie privée. Dans ce monde impudique et immodeste, ô pudeur et modestie de Claude ! Aussi tenterons-nous de respecter aujourd'hui ces qualités : nous dirons seulement qu'il divorça de Patricia, sa première femme, intelligente et ravissante Anglaise, pleine de charme et d'humour – morte le 3 juillet 1994 aux États-Unis où elle résidait depuis 1958 –, dont il eut deux enfants, Claire et Patrice. Nous ajouterons qu'il rencontra en 1962 une jeune Allemande, Ursula, qu'il épousa en 1975, auprès de qui, selon ses très rares amis d'alors, il sembla vivre apaisé. Et heureux, autant qu'il pouvait l'être.

Dans sa vie, son Journal est resté toujours sa grande affaire. Les épaisses liasses dactylographiées remplissaient, affirmait-il, une valise, déposée dans un placard de son appartement parisien, avenue Rodin. Un jour, montrant du doigt cette valise à Mme Rocafulle, il avait dit en souriant : « Là, j'ai tout ce qu'il faut pour faire tomber des têtes ! »

Puis Claude Guy a déclaré, ou laissé entendre, que son Journal avait été mis en lieu sûr, pour des raisons de sécurité. Mme Perkins, sa mère, Américaine par son second mariage, pensait qu'il était à l'abri dans le coffre d'une banque suisse ou américaine.

Claude Guy avait signalé à sa femme, dans ce même placard, une seule valise marquée d'une croix : ce sont les annexes avait-il dit, indiquant bien, par là, que le Journal avait été déménagé et se trouvait ailleurs. Mais où ? Il demeurait silencieux sur ce sujet, dont il avait fait un secret d'État.

Un jour, à la fin de sa vie, sa femme était revenue à la charge :

– Pour le Journal, que devrai-je faire ?

– On te contactera.

Confiante, elle attendit donc après sa mort. Mais personne ne vint jamais la contacter. Et pour cause : le Journal était resté dans le placard où il fut enfin découvert le 9 septembre 1993, vingt mois après la mort de Claude.

Malraux, Rémy et Claude Mauriac

Trois personnes seulement, sauf erreur, ont lu, dans le courant de 1947, la première partie du Journal de Guy, ou des extraits de cette première partie : Malraux, le colonel Rémy, agent secret et résistant célèbre pendant l'Occupation, et Claude Mauriac, journaliste et écrivain, qui fut secrétaire particulier du Général, de la Libération à 1949.

Malraux parlait quelquefois du Journal de Claude, et avec admiration. Il avait été jusqu'à dire – c'est Claude Mauriac qui le rapporte dans son propre Journal : « En dehors de Martin du Gard, de Léautaud et peut-être de notre ami Claude Guy, je ne crois pas qu'il existe actuellement de journaux tenus avec sérieux et continuité... » Peu de temps avant sa mort, dans un dîner à Verrières, Malraux avait pour voisine de table une grande amie de Claude Guy, Colette Charpentier. Il s'était fait insistant auprès d'elle : « J'attends ce Journal. Il faut absolument que vous le décidiez à le publier. Puissé-je avoir le temps de le lire... »

Claude Guy avait également confié son Journal à Rémy qui l'en remercia dans une lettre datée du 30 mai 1947. Elle est plus qu'un éloge : « De nous tous, vous êtes sans aucun doute celui qui l'approchez [le Général] de plus près et le plus continuellement. La lecture de ces notes m'a passionné. Le recueil que vous échafaudez pièce à pièce est d'une valeur inestimable. Je ne crois pas que son intérêt puisse être dépassé par aucun document et le seul regret que je puisse formuler est que les circonstances ne vous aient pas permis de vous trouver aux côtés du Général dès le mois de juin 1940. Quand la publication de ces notes sera possible, alors les Français comprendront. [...] Sa décision [celle de rassembler les Français] est, à mon avis, d'une importance égale à celle de l'appel du 18 juin, et bien plus méritoire sans conteste. Il est heureux que vous en ayez été le témoin fidèle, pour qu'un jour l'on sache la vérité. »

Six mois après, ce fut le tour de Claude Mauriac – entré au cabinet de la Rue Saint-Dominique grâce à Claude Guy, l'un de ses amis les plus proches depuis le temps de leur adolescence – de couvrir de fleurs ce Journal. Malraux l'avait comparé aux journaux des grands écrivains contemporains. Le fils aîné de François Mauriac, lui, remonte d'un siècle ou deux : « Te voilà, lui dit-il, assuré d'atteindre à la gloire posthume, parmi tes grands prédécesseurs : Saint-Simon, Las Cases... » Il l'assure que ce manuscrit l'a « passionné » et que sa valeur est accrue « plus encore par le talent qui est le tien et que je ne m'attendais pas à trouver si éblouissant ». Puis il lui délivre un certificat d'authenticité : « Ayant personnellement assisté à plusieurs des conversations que tu rapportes, j'ai pu mesurer l'exactitude scrupuleuse de la relation. Tout y est, jusqu'à la vérité du ton et à la qualité des silences [...]. Continue. C'est à toi que devra en partie de pouvoir être écrite avec exactitude l'Histoire que nous vivons. »

Après ce brevet délivré à Claude Guy par Claude Mauriac, beaucoup de leurs amis communs ont été un peu surpris quand ils lurent dans l'un des tomes de son Journal : « Je dis avec combien de prudence les historiens devront consulter ce témoignage. » Pourquoi « prudence » après ce qu'il avait écrit à Claude Guy ? Pourquoi jeter un tel doute sur le Journal de son ami alors qu'il avait reconnu, comme Malraux, comme Rémy et, plus tard, comme tous ceux qui lurent ce document, l'excellence de ce travail quant à l'exactitude, l'honnêteté foncière et les scrupules extrêmes de l'auteur ?

La déchirure

Le Général peut être quelquefois brutal dans le service. Il l'a été avec Claude Guy, comme avec tant d'autres de ses collaborateurs.

« L'affaire Claude Guy », comme l'entourage l'appelait, c'est-à-dire son brusque renvoi de ses fonctions d'aide de camp, est grave dans la mesure où elle atteignit très profondément un homme et que cet homme en demeura meurtri jusqu'à sa mort. « Ce fut, a dit l'un de ses amis, comme une déchirure. »

Voici les faits : « On » rapporta au général de Gaulle que le capitaine Guy s'était plaint – plaint à X – d'avoir dépensé au service du Général des sommes d'argent non négligeables, prises sur ses ressources personnelles, qui ne lui avaient jamais été remboursées, et dont d'ailleurs il n'avait jamais demandé le remboursement à Alain Bozel, chargé alors des finances du R.P.F. Ces sommes portaient notamment sur des dépenses relatives aux voyages du Général en province.

Claude Guy est aussitôt averti : le Général a été mis au courant de ses imprudences verbales – en fait une faute grave : l'aide de camp n'affirmait-il pas, ni plus ni moins, que de Gaulle avait des dettes à son égard ?

Guy prit aussitôt sa plume pour dire au Général qu'il avait « l'horrible impression » qu'il ne lui pardonnerait jamais « les paroles folles » qu'il regrettait « si amèrement d'avoir prononcées ».

Gaston Palewski, ancien directeur du cabinet, à qui Claude Guy avait demandé conseil, atténua le caractère déchirant de son projet de lettre. Le texte définitif fut envoyé au Général, le 24 octobre 1949. Le voici, tel qu'il fut retrouvé dans les archives de Guy :

« Mon Général,

Cette lettre n'a qu'un but : vous convaincre que les propos inadmissibles qui arrivèrent bien jusqu'à vos oreilles étaient attribuables seulement au surmenage et m'excuser très respectueusement du mal que j'ai pu vous faire.

Comment me pardonnerai-je jamais d'avoir démérité par ces fulminations triviales et puériles ?

Puissiez-vous seulement sentir à travers ces lignes – mais aussi en jetant un regard vers le passé – qu'il serait trop simple, c'est-à-dire inéquitable, de me prêter des calculs mercenaires au moment de m'écarter.

Depuis plus de cinq années que vous m'avez fait accéder à l'honneur de vous servir, le sacrifice – tellement modeste d'ailleurs – consenti par moi à la plus belle de toutes les causes trouva toujours en soi-même sa propre récompense, sa seule inspiration, vous le savez bien, sa seule ambition.

Je n'espère de votre clémence que d'en convenir.

Me soumettant, par avance, avec un affreux déchirement, à la décision qu'il vous plaira de prendre à mon égard et vous demandant votre pardon pour des paroles inexcusables, je vous prie de bien vouloir agréer, mon Général, l'assurance de mon total dévouement et de mon profond respect. »

La décision qu'il plut au général de Gaulle de prendre fut le renvoi pur et simple de son aide de camp. Le lendemain même, il fit porter à ce dernier une lettre qui commençait ainsi :

« Mon cher Guy,
Votre lettre est digne de vous. L'affreux incident de dimanche ne l'était pas. Mais moi j'en tire deux conclusions. »

Dans la première, le Général pense qu'il faut régler au plus vite « la question d'argent ». Il donne à Claude Guy l'ordre de lui adresser le compte complet de tout ce qu'il a dépensé à son service. « Je vous laisse, ajoute-t-il, jusqu'à mardi prochain, dernière limite, pour le faire. »

Le couperet tombe à la seconde conclusion : « Vous ne pouvez plus continuer un service – même surélevé – d'aide de camp. » Mais le Général imagine parfaitement la profondeur de la blessure qu'il lui inflige, la cruauté du coup porté. Il tente de mettre un peu de baume : de toutes les façons, il y avait trop longtemps que Claude Guy était son aide de camp. Les circonstances aujourd'hui ne s'y prêtaient plus. « Enfin et surtout, ajoute le Général, vous arrivez à un âge et vous avez une personnalité qui excluent cette extrême dépendance. Vous devez maintenant servir ailleurs. » C'est ce que fit Claude Guy jusqu'à sa retraite : toujours au service du Général, mais plus aide de camp. A la tête de l'U.P.A.N.G. (Union privée pour l'aide à l'action nationale du général de Gaulle), il réussit à rassembler des sommes importantes pour le R.P.F. Directeur du service de presse et d'information du Général, il dirigea en plus, à partir du 1er octobre 1952, celui du R.P.F. Il était en même temps conseiller de l'Union française. Mais pour Claude, cet « ailleurs » était l'exil, le bout du monde. Il s'installait dans le chagrin. Ce fut comme un nuage noir qui lui cacha définitivement le soleil.

Le dernier acte fut la réponse de Claude Guy, le 28 octobre 1949, à la lettre du Général, dont voici la copie :

« Mon Général,
Votre lettre a été pour moi un réconfort d'autant plus sensible qu'il était immérité. De tout mon cœur, je vous en remercie.

Il n'y a qu'une manière de répondre à tant de compréhension : puisque vous voulez bien m'ouvrir encore un champ d'action, c'est de ne rien négliger pour que, dans le plus bref délai possible, soit réalisée cette souscription des " Dix mille " [collecte pour le R.P.F.] dont je mesure toute l'importance.

Pour atteindre ce but, je poursuivrai mon effort sans autre pensée que la joie de servir.

Je vous prie de bien vouloir agréer, mon Général, l'assurance de mon total dévouement et de mon profond respect.

P.-S. En ce qui concerne " l'ordre " que vous me donnez au sujet de l'affreuse question d'argent dont le souvenir même me fait rougir, c'est à regret que je l'exécuterai en remettant – si vous m'y autorisez – à Bonneval et pour mardi les éléments que vous m'avez demandés. » (Le colonel de Bonneval et le capitaine Guy servaient alternativement auprès du Général.)

Suit le relevé des dépenses engagées et réglées à tort par Guy pour le compte du Général, « dépenses, note-t-il, dont je ne souhaite pas plus qu'hier le remboursement ».

Le capitaine Guy avait donc été sanctionné par le Général de la façon la plus sévère qui puisse être parce que l'ancien chef du gouvernement provisoire considérait qu'il ne pouvait en être autrement. C'était une question de principe, de discipline. Mais cet « affreux incident » n'a en rien entaché les sentiments d'estime, d'amitié que le Général a toujours portés à son ancien aide de camp jusqu'à sa mort.

L'intervention de la famille du Général

Une nouvelle épreuve devait attendre Guy. Peu de temps après la mort du Général, Xavier de Beaulaincourt appela l'ancien aide de camp pour lui faire part de l'interdiction absolue, formelle, de la famille du Général de publier son Journal.

Des brouillons de lettres de Claude Guy à Beaulaincourt et au général de Rancourt, datés du 10 novembre 1972 et du 13 janvier 1975, font notamment état de cette interdiction. « Vous savez bien, a-t-il écrit au premier, qu'on m'a interdit, en mars 1971, de toute publication, ce que je n'ai jamais envisagé, bien que le Général, la dernière fois que je l'ai vu, le 6 janvier 1968, la souhaitait. » (Cette dernière notation sur la position du Général au sujet du Journal de Claude Guy est particulièrement intéressante.) Au second, il écrit : « [...] Un journal qu'il me fut interdit de publier par sa famille, sous prétexte que (je le confie à votre sens du secret, comme à votre humour) j'avais vécu " sous son toit ", ce qui – à de très rares exceptions près – est faux. »

Claude Guy connut-il la raison précise de cette interdiction ? Nous savons, depuis longtemps, que la famille du Général n'avait pas apprécié la hâte avec laquelle le livre de Claude Mauriac, *Un autre de Gaulle*, fut publié, juste quelques semaines après la mort du Général. Il était donc explicable que Mme de Gaulle, Philippe et Élisabeth craignissent que Guy n'en fît autant. Et cette crainte était d'autant plus vive qu'ils savaient l'ancien aide de camp au courant des petits secrets familiaux. D'où cette intervention, certes sans ménagements.

La réaction de Guy au coup de téléphone de Beaulaincourt fut, selon sa femme, de stupeur, puis d'indignation, enfin de colère. « Voilà que l'on m'interdit maintenant de publier mon journal ! » s'exclama-t-il. Il assurait que jamais le Général ne se serait laissé aller à pareille intervention et était sûr que Mme de Gaulle en portait seule la responsabilité.

Claude Guy, en fait, n'aimait pas Mme de Gaulle, peut-être parce qu'il s'en sentait mal aimé, peut-être parce qu'il croyait, à tort ou à raison, qu'elle avait pu jouer un rôle dans son éloignement, notamment à l'époque de l'Élysée. Ne pensait-elle pas que la présence d'un aide de camp était encombrante à Colombey et pesait sur sa vie familiale ? N'était-elle pas choquée par les orages de la vie conjugale du Capitaine, comme elle l'appelait ? N'était-elle pas inquiète, quelquefois, de son état de santé ? Stricte sur les règles de la religion, intransigeante sur les principes, Mme de Gaulle n'aimait pas recevoir sous son toit des divorcés. Palewski – pas divorcé mais célibataire vivant avec une dame – en a souffert. Et un proche collaborateur du Général a dit en riant : « Malraux, c'était pour elle le diable ! Françoise Sagan aussi ! »

Ce que Claude Guy ne pardonnait pas à la famille du Général, c'est qu'elle ait pu croire un seul instant qu'il s'apprêtait, de Gaulle à peine mort, à publier ce Journal. Comment a-t-on pu le soupçonner, lui, l'aide de camp le plus insoupçonnable, d'une pareille publication à pareille époque ? Il considéra cette intervention de la famille comme une malveillance, une injustice à son égard et même, selon sa femme, comme « une atteinte à son honneur ». À un ami qui lui avait écrit la peine qu'il ressentait à ce sujet, il avait répondu : « Vous m'avez apporté, sans le deviner peut-être, beaucoup d'eau fraîche, et sur quelle brûlure ! »

Une brûlure entre tant d'autres ! Sa fille Claire, évoquant les peines de son père, a déclaré : « Il avait une très grande foi. Il a beaucoup souffert d'avoir été excommunié du fait de son divorce, et il se tenait douloureusement sur le parvis de l'église comme un mendiant. Quel destin que d'avoir pu s'approcher du Saint des saints – soit de l'Église gaulliste soit de l'Église catholique – et d'avoir, par la suite, été rejeté par les deux. Je ressens un grand respect pour ce chemin de croix. » Et Claire avait ajouté : « Quel mystère... »

De Gaulle et Claude Guy : les sentiments

« Un pur parmi les purs », écrit dans l'un de ses récits Philippe Ragueneau, compagnon de la Libération. « [...] Me venant de vous, dont la fidélité et le dévouement à l'égard du général de Gaulle n'ont cessé de se manifester pendant tant d'années... », écrit, malgré tout, Mme de Gaulle à Guy, le 9 décembre 1970, en réponse à sa lettre envoyée un mois avant. Et Philippe de Gaulle, le 8 juillet 1974 : « Comme vous, le 18 juin dernier m'a fait évoquer avec mélancolie bien des souvenirs qui nous sont communs. Toutes les photos de " la descente des Champs-Élysées ", à la libération de Paris, montrent votre image à côté de celle de mon père. Ma famille et moi-même sommes très sensibles à votre indéfectible fidélité et à votre amitié constante... »

Et Jacques Foccart, à l'un de ses amis en juillet 1994 : « Claude Guy s'est dépensé pour le Général comme personne. Il s'est littéralement usé à son service. Il allait à la limite de ses forces. Je l'aimais bien pour son extraordinaire fidélité au Général. Et aussi parce que je savais que je pouvais compter sur lui. La réciproque était vraie. » Et le vieux baron du gaullisme, dans un livre récent : « C'était un homme [...] d'une fidélité totale au Général *. »

Ainsi se sont exprimés, s'expriment tant et tant de ceux qui connurent le capitaine Guy. Il s'agissait bien d'une fidélité indéfectible et « hors du commun » de Claude Guy à de Gaulle, selon le mot du général de Rancourt.

Les sentiments aussi étaient « hors du commun ». Est-il exagéré de dire que Guy avait pour le Général une sorte de passion ? Et que les mots qui viennent naturellement à l'esprit sont ceux de culte, de dévotion, de vénération ? De la part de Claude Guy certes et aussi, il est vrai, de tant et tant de compagnons du général de Gaulle !

Un sentiment inattendu dominait chez Guy pour le Général : la tendresse, une tendresse elle aussi « hors du commun », une tendresse dont il débordait, une tendresse pleine de pudeur dont il ne parlait jamais, dont il n'aurait pu prononcer le nom, mais qu'il saura exprimer cependant tout au long de son Journal. Dès le début de l'ouvrage : « Je reste seul avec le Général dont la sérénité et la douceur me sont bouleversantes. » Et, dans les pages irremplaçables sur la mort d'Anne de Gaulle : « Une espèce d'immense tendresse baigne ses traits. Il me regarde d'un regard prolongé d'une bouleversante beauté. » Et encore : « Cette pureté bouleversante des yeux et de la voix... », « ce regard tendre et presque paternel qu'il pose sur moi... » N'est-ce pas de la tendresse ? Et n'est-ce pas en raison de cette tendresse dont il débordait que Claude Guy souffrit tant ? Après que le Général l'eut éloigné, que de fois a-t-il écrit dans des lettres à ses amis, comme un leitmotiv : « Un seul être vous manque, et tout est dépeuplé ! »

Le Journal de Guy est loin de n'être que la retranscription de ses entretiens avec de Gaulle. Il y a les commentaires de l'auteur. Il y a de Gaulle, l'homme, que Guy nous montre bien tel qu'il est, avec ses colères, ses éclats, son humour noir, ses paroles féroces, ses moqueries, sa goguenardise, ses railleries méprisantes, quelquefois son injustice, sa rancune, souvent une mauvaise foi évidente.

C'est certes le de Gaulle de toujours, mais tel qu'il n'a jamais été révélé et que le capitaine Guy dévoile dans sa vérité quelquefois cruelle : « Tout ce qui, autour de lui, remue, respire, s'émeut, souffre, écrit-il, l'accable instinctivement d'ennui et relèverait volontiers, à ses yeux, du trivial. S'il n'existait la nécessité d'" essayer " ses thèses et d'aiguiser sa pensée sur l'interlocuteur, je crois qu'il préférerait ne jamais voir personne. » Et encore : « Je crois surtout que ni ses joies ni ses douleurs ne ressemblent jamais aux joies ou aux douleurs des autres. »

Mais il y a aussi un de Gaulle que l'on connaît moins, avec ses repentirs, sa sensibilité, son extrême gentillesse, son indulgence, sa bonté, sa générosité. Claude Guy écrit : « Le Général est essentiellement accessible à la pitié. »

* *Foccart parle,* entretiens avec Philippe Gaillard, Fayard-*Jeune Afrique,* janvier 1995.

Oui, c'est vrai. Cette pitié, on la trouve entre les lignes de ce Journal. Elle devient souffrance, par exemple, avec la mort de Leclerc : le général de Gaulle ne cache pas ses larmes quand, le 2 décembre 1947, il rend visite à Mme Leclerc : « En quittant l'épouse de son compagnon, écrit Claude Guy, il pleurait. »

C'est parce qu'il avait compris les sentiments « hors du commun » que son aide de camp lui portait que de Gaulle, jusqu'à sa mort, lui manifesta toujours attention et affection. Il savait le drame que fut, pour Claude Guy, son renvoi et s'en préoccupait. Il fut inquiet, à juste titre, de certaines manifestations de sa santé chancelante, physique et psychique. Il savait qu'avec Claude Guy, rien n'était jamais facile. Les collaborateurs du Général peuvent en témoigner : il a toujours demandé des nouvelles de son ancien aide de camp aux uns et aux autres. Davantage, il a veillé sur ses activités professionnelles et sur les étapes de sa carrière diplomatique, dont la dernière a été celle de conseiller des Affaires étrangères.

Juste après la mort du Général, Étienne Burin des Roziers avait écrit à Claude : « Au cours des années que j'ai passées à l'Élysée, le Général s'est enquis de vous auprès de moi, à plusieurs reprises, sur un ton qui dénotait bien l'estime et l'affection qu'il vous portait. Vous êtes certainement l'un de ceux qui ont compté dans sa vie. »

Et encore, ce très récent témoignage de Burin : « Claude Guy a joué un rôle très actif, très important auprès du Général qui l'appréciait. » Palewski, Brouillet, Pompidou – tous morts – ont été les témoins du prestige dont jouissait l'aide de camp, qui était beaucoup plus qu'un aide de camp, au cabinet du Général, à Paris, à partir de la Libération. Jacques Foccart, dans son *Foccart parle,* déjà cité, a écrit : « C'était un homme [...] qui ne limitait pas ses activités à celles qui découlaient de la fonction d'aide de camp [...]. Il était influent. On lui reprochait quelquefois d'avoir ses têtes, de favoriser tel ou tel. En réalité, c'était un homme parfaitement honnête. » De Gaulle trouvait que l'aide de camp devait être « un personnage ». Guy l'était avec une autorité naturelle, le goût des responsabilités, un don d'organisateur, beaucoup d'entregent, très entreprenant, quelquefois trop, car il excédait allègrement, de temps à autre, ses attributions – Foccart l'a bien souligné –, mais toujours pour mieux servir le Général et toujours y réussissant. Il fallait voir Claude s'entretenir avec les généraux, les ambassadeurs, les ministres, les présidents du Conseil même ! Il fallait le voir, dans les voyages en province, semoncer les préfets, réprimander les membres du service de sécurité, donner des ordres, et sur quel ton ! Il fallait le voir aussi dans ses fonctions d'interprète, lors des entretiens du Général avec Churchill et Eisenhower, comme avec tous les envoyés anglo-saxons !

Il était, en fait, après le départ du pouvoir de l'ancien chef de la France Libre, devenu une sorte d'homme-orchestre, à la fois directeur et chef de cabinet, chef du protocole, éminence grise, voyant les dignitaires de la IVe aussi bien que les dirigeants du R.P.F. ou les personnalités étrangères, établissant la liaison entre eux et le Général, et souvent chargé de missions précises par celui-ci, mais agissant encore plus souvent de sa propre initiative. (Il arrive, par exemple, à convaincre le Général d'intervenir dans la lutte sourde que se livrent Soustelle et Palewski.)

Les *Lettres, Notes et Carnets* et des missives diverses du général de Gaulle témoignent de la confiance qu'il avait en son aide de camp. Ce sont toujours des « voyez Guy », « Guy vous mettra au courant », « Guy vous en reparlera », « Guy vous indiquera ». Plus souvent encore, le Général se fait très précis. Ainsi : « J'ai chargé Claude Guy, que vous connaissez bien, de vous rencontrer... » ou : « Guy est chargé de régler pour mon compte ma participation et mes mouvements... » ou, à un préfet qui s'apprête à recevoir le général de Gaulle dans son département : « Pour tout ce qui me concerne moi-même dans ce voyage, je crois utile de vous dire que j'ai chargé le capitaine Guy, et lui seul, de me représenter dans toutes dispositions préparatoires qu'il y aurait à prendre... » Et, à Pierre Juillet, alors chargé de mission au R.P.F., le 13 septembre 1949, juste avant le renvoi de Claude de ses fonctions d'aide de camp : « Voyez Guy (montrez-lui ma lettre). C'est lui qui a à décider sur place de ce qui me concerne personnellement... » Et encore, au commandant de Bonneval qui, en septembre 1945, au retour de sa déportation, prend ses fonctions d'aide de camp : « Soyez là demain matin à 9 heures, Claude Guy vous mettra au courant. »

La série de lettres que le général de Gaulle a écrites à Claude Guy sont un témoignage des sentiments qu'il lui portait et montrent que ces sentiments étaient demeurés tout à fait intacts malgré la « déchirure ».

En juin 1952, Claude Guy est malade. Le Général l'apprend et se manifeste aussitôt : « Je pense à vous... » Le 11 janvier 1954, il lui écrit : « Il n'est pas aisé de formuler de l'optimisme quant à notre cher pays. Cependant, il vit et, dès lors, rien n'est perdu. » Et le Général ajoute, montrant bien ainsi sa certitude de l'effondrement de la malheureuse IVe et de son retour au pouvoir – ce dont son entourage n'a jamais douté ! : « Notre œuvre ne fait que commencer. » Le 8 septembre 1954, il remercie avec chaleur Claude Guy d'avoir été « dans cette affaire très efficace comme toujours ». Mais il ne dit rien de la nature de l'affaire qui doit être importante puisqu'il ajoute : « Nous avons pu empêcher un malheur irréparable... » Le 16 janvier 1958 : « Il est dur pour la France de ne plus se sentir la France... » Il ne se trompe pas : dans vingt-trois jours, ce sera, en Tunisie, le tragique bombardement par l'aviation française de Sakhiet-Sidi-Youssef ! Le 5 décembre 1967, ce sont les félicitations pour le mariage de la fille de Claude, Claire, enfant qu'il chérissait.

Le colonel d'Escrienne – auteur d'un très intéressant *Le Général m'a dit (1966-1970)* – et le colonel Lurin, qui furent aides de camp dans les dernières années du Général, avec le colonel Desgrées du Loû, se souviennent de l'inquiétude croissante qu'avait manifestée de Gaulle parce que Claude Guy avait eu, un jour, un grand retard – une demi-heure – dans le rendez-vous qu'il lui avait fixé à l'Élysée. « Pourvu qu'il ne lui soit rien arrivé... », avait murmuré le Général qui, à plusieurs reprises, avait appelé ses aides de camp : « Guy est-il là ? Guy a-t-il téléphoné ? » Aucune impatience, rien que de l'appréhension pour le malheureux Claude Guy qui était resté coincé dans son ascenseur, en panne entre deux étages, et qui fut reçu dès son arrivée avec bienveillance et amitié, comme si de rien n'était.

Jacques Chirac n'a pas connu personnellement Claude Guy. Mais, dès l'annonce de sa mort, il écrivit à sa femme une lettre, datée du 31 janvier 1992, qui n'était pas seulement de circonstance : « Son dévouement et sa fidélité au général de Gaulle, tout comme son courage, ont fait de lui, à l'heure de la Libération, le compagnon des jours exaltants, puis le confident des moments difficiles. » Et le président de la République – qui était alors maire de Paris et président du parti gaulliste – ajoutait : « Il avait su mériter, par sa loyauté et sa discrétion attentive, la confiance et l'affection du chef de la France Libre, et ses compagnons avaient pour cet homme de très grande qualité beaucoup de respect, d'estime et d'amitié. »

Deo gratias

Exceptionnellement un mot personnel auquel je ne puis échapper parce qu'il est nécessaire à la compréhension du choix fait par Grasset d'un personnage pour préfacer le Journal de Claude Guy, ou tenter de le faire.

Parmi les papiers retrouvés chez Claude, en même temps que la dactylographie de ce Journal, figurait un petit dossier intitulé « Jean ». Cette note, parmi d'autres : « ... Et puis – pourquoi te le cacher ? – la certitude, tout à la fois merveilleuse et déchirante quant au passé, qu'un Mauriac ne m'aura point oublié. » Cette autre indication : « Je n'ai pas à retenir tes excellents conseils pour tant de notes [son journal]. C'est fait et ce fut coûteux [la mise en forme]. Mais si je venais à mourir, te chargerais-tu du tout ? »

Oui, c'est fait.

Voici son Journal.

Claude Guy est mort après de longues souffrances, le 28 janvier 1992. Neuf jours avant sa mort, il ne pouvait presque plus prononcer une seule parole. Mais ses yeux restaient grands ouverts. Un prêtre, un dominicain ami, le R.P. Joulin, est venu lui donner le sacrement des malades. « Je lui ai proposé, a-t-il dit, que nous disions ensemble avec son épouse et une amie un *Je vous salue Marie*. Nous l'avons fait, puis il s'est alors tourné vers moi, avec un grand sourire, comme s'il retrouvait une jeunesse nouvelle pour dire merci à Dieu, *Deo gratias*, qui était une expression de prières qu'il aimait. »

Ce sourire a été son dernier message. Aussitôt après, il plongeait dans le coma. Le jour où, à la clinique, il apprit qu'il avait un cancer, cinq semaines avant sa mort – exactement le 18 décembre 1991 – il avait dit à sa femme : « Un jour, tout nous sera repris. »

L'enterrement eut lieu à Saint-Séverin. Il aimait cette église où, longtemps, il a emmené chaque dimanche à la messe Claire et Patrice, ses enfants. Les quelques amis présents, silencieux, comme figés, se recueillaient, bien plus émus qu'ils ne l'auraient imaginé. Les enfants du Général, Philippe et Élisabeth, étaient là. Et, à travers eux, leur père que nous imaginions debout, dans le chœur, devant un prie-Dieu, les mains croisées. A leurs côtés, Mme Philippe de Gaulle, le général de Boissieu, Geneviève de Gaulle, fille de Xavier, Bernard de Gaulle, fils de Jacques, Jacques Foccart, Pierre Lefranc, Mme Rocafulle. Et puis, côte à côte, Étienne Burin des Roziers, René Brouillet, Élisabeth de Miribel, Claude Mauriac, Guyon de Pampelonne, Annick Juillet, tous les anciens collaborateurs, tous ceux de la rue Saint-Dominique, tous ceux du cabinet de la Libération et de la Victoire.

Jean Mauriac.

PRÉSENTATION HISTORIQUE

Dans la vie de Charles de Gaulle, c'est un moment singulier qu'évoque le Journal de Claude Guy. C'est le moment où l'homme de la guerre, de la France Libre et de la Libération va devenir un politique. Sans doute l'était-il déjà durant les mois qui précédèrent quand, à la tête du gouvernement provisoire, il prit de capitales décisions pour la restauration des libertés, l'organisation économique et sociale du pays, la définition d'une politique étrangère, la participation des peuples d'outre-mer à la mise sur pied des futures institutions et, surtout, pour l'élaboration de la Constitution : il demeurait, pourtant, même aux prises avec les courants d'opinion qui s'exprimaient, l'homme de l'union nationale, et aucun parti ne songeait à réclamer son départ. Mais, justement, il choisit de partir et, bientôt, il se jeta dans une autre aventure : c'est alors que Claude Guy commence à tenir son Journal.

Pour comprendre les étonnantes pages qu'on va lire, l'extraordinaire récit du plus proche des compagnons que de Gaulle s'était choisis, éclairant un homme qui fut le Français le plus célèbre du siècle d'une lueur jamais projetée jusqu'ici, il faut en connaître le contexte historique. Le point de départ en est le débat qui s'ouvrit, en France, sur la Constitution dont le pays devrait se doter. Sur beaucoup de points, un accord général existait. Sur le recours, d'abord, au suffrage universel, comme de Gaulle s'y était engagé, depuis Brazzaville, dès le 27 octobre 1940. Sur la République, qu'il avait évoquée ensuite dans maints discours. Sur la démocratie, nul n'osant alors imaginer, sinon pour le condamner, un régime de parti unique, et chacun s'accordant sur la liberté d'opinion et d'expression, sur la pluralité des forces politiques et sociales. Mais aussi sur la nécessité d'assurer désormais l'autorité et la stabilité des gouvernements que le régime d'avant-guerre n'avait pas su garantir. Il y avait, à cet égard, une préoccupation dominante qui traversait tous les courants politiques – les communistes, partisans d'un régime de type conventionnel, y faisant à peine exception. Dans toute la littérature clandestine, on voit s'exprimer le désir que la future République soit à la fois plus forte et plus démocratique que l'ancienne. Plus démocratique car, à part les tenants les plus stricts du radicalisme d'avant-guerre, on n'imaginait pas qu'une seconde assemblée, issue des notables de la France rurale comme le Sénat de la IIIe République, ait, comme lui, le même pouvoir législatif que celle issue du suffrage universel. Plus forte, car on voulait à tout prix bannir l'extraordinaire instabilité ministérielle qui, de 1871 à 1940, avait provoqué la naissance et la mort de 106 gouvernements.

Chacun, naturellement, avait sa recette pour y remédier : le « contrat de législature », la dissolution automatique en cas de vote négatif du Parlement, les restrictions et conditions mises au vote d'une motion de censure... Mais tout le monde s'accordait, pourtant, sur un point essentiel : la République, en France, ne pouvait être qu'un régime parlementaire, et celui-ci se définissait par la responsabilité du gouvernement devant le Parlement. Léon Blum qui, emprisonné par Vichy, avait alors écrit un livre de réflexions, *A l'échelle humaine*, où il plaidait pour une Constitution présidentielle, fut le seul à le faire et n'y revint jamais. Quelles que fussent les nuances et les procédures imaginées, les projets constitutionnels, émanant de toutes les tendances de l'opinion, proposaient donc, conformément à la tradition nationale, que la présidence de la République, si elle devait être maintenue, n'exerce que des pouvoirs honorifiques et limités, et que le véritable chef de l'exécutif fût le chef du gouvernement que l'on continuerait d'appeler, comme sous la IIIe République, président du Conseil. Il n'y eut d'exception que dans la brochure clandestine publiée sous l'Occupation par « Jacquier » et « Bruère » qui voulaient que ce fût le président de la République, et ces deux auteurs s'appelaient, de leur vrai nom, Michel Debré et Emmanuel Monick.

De Gaulle intervint dans le débat. Il avait, à plusieurs reprises, en particulier le 21 avril 1944 à Alger, le 12 septembre suivant au palais de Chaillot et le 9 novembre devant l'Assemblée consultative provisoire au palais du Luxembourg, évoqué l'élection d'une future Constituante. Au printemps de 1945, il parut pourtant, devant plusieurs interlocuteurs, trouver quelque avantage à un retour provisoire aux institutions de 1875, c'est-à-dire à l'élection d'une Chambre des députés et d'un Sénat, qui se réuniraient en un Congrès pour réviser la Constitution. Il appréciait, semble-t-il, la brièveté et la clarté des textes de 1875 dont il suffirait de modifier quelques lignes pour réduire les pouvoirs d'un Sénat exclusivement issu de la France rurale, et pour permettre au président de la République d'exercer réellement les pouvoirs que la Constitution lui donnait, en élargissant le collège de ses électeurs, en supprimant le contreseing ministériel à ses actes et en le dispensant de l'accord du Sénat pour dissoudre la Chambre. Mais il apparut aussitôt que les forces politiques prépondérantes, non seulement à l'extrême gauche et à gauche, avec le parti communiste et le parti socialiste S.F.I.O., mais dans les mouvements politiques issus de la Résistance avec, au premier rang, le Mouvement Républicain Populaire, d'inspiration démocrate-chrétienne, étaient passionnément hostiles à une procédure qui leur semblait un retour à un passé dont on ne voulait plus. Maurice Schumann, par exemple, alors président du M.R.P., déclara que son mouvement ne cautionnerait pas cette restauration des « sépulcres blanchis ». De Gaulle en vint donc à penser que l'élection d'une Constituante, qu'il avait d'abord souhaitée, était l'option la meilleure, à la condition que ce fût aussi l'occasion de fixer par avance la voie dans laquelle elle s'engagerait, en écartant la perspective d'une Assemblée unique, toute-puissante, et sans limitation dans sa durée. De là l'idée d'assortir l'élection des constituants d'un double référendum où l'on demanderait aux Français s'ils voulaient écarter le retour à la Constitution de 1875 et, en une deuxième question, s'ils acceptaient un court texte limitant à sept mois le mandat de la Constituante, organisant les rapports entre elle et le gouvernement provisoire dont elle élirait le président, et prévoyant qu'un autre référendum ratifierait la future Constitution.

Il y fallut quelques tractations. Mais quand il fut convenu que le gouvernement provisoire serait responsable devant la Constituante mais ne pourrait être renversé que par une motion de censure votée un jour franc après qu'elle eut été déposée, de Gaulle disposa d'un large appui. Il eut le soutien, pour un double oui, des socialistes, du M.R.P., des groupements politiques issus de la Résistance et réunis dans l'U.D.S.R. et des modérés partisans des réformes. Il eut contre lui les communistes, hostiles à la limitation des pouvoirs et du mandat de l'Assemblée constituante, de la plupart des radicaux et d'une partie de la droite, favorables à la Constitution de 1875. De Gaulle put alors se croire sur la bonne voie. Au scrutin du 21 octobre 1945 il y eut 96,4 % de oui à la première question, 66,3 % de oui à la seconde. Communistes, socialistes et républicains populaires se répartirent presque également les trois quarts des voix et des sièges à la Constituante, le reste se partageant entre radicaux, U.D.S.R. et modérés. On pouvait imaginer qu'il se trouverait une large majorité pour adopter une Constitution garantissant l'autorité et la stabilité de l'exécutif.

Il apparut au contraire, presque aussitôt, que le régime provisoire était déjà celui que de Gaulle aurait voulu éviter, où le gouvernement n'aurait d'autre support que l'accord, toujours précaire, des principaux partis et ne mènerait, par conséquent, que la politique résultant d'un simple arrangement entre eux. Quand il fut élu président du gouvernement provisoire, qu'il s'opposa à l'attribution aux communistes du ministère des Affaires étrangères, de la Guerre ou de l'Intérieur, et qu'il fut confirmé dans son mandat par l'Assemblée, de Gaulle n'en fut pas moins conduit à une sorte de compromis où un ministère de l'Armement fut confié à un communiste et un ministère des Armées à un M.R.P. Chaque épisode suivant fut marqué par des transactions entre ministres représentant leur parti et l'on en vint à un bref conflit avec l'Assemblée où une majorité parut favorable à une motion socialiste qui imposerait une réduction de 20 % du budget militaire et à laquelle le gouvernement devrait se conformer. Il y avait, certes, d'excellents arguments en faveur d'une réduction de cette catégorie de dépenses, mais de Gaulle, bien qu'il eût fait écarter la motion socialiste en s'engageant à une réforme profonde des armées, y vit le signe indiscutable d'une opposition sans remède entre deux conceptions : la sienne qui supposait un gouvernement ne dépendant pas exclusivement des partis et faisant appel au jugement du suffrage universel en cas de désaccord avec l'Assemblée, l'autre qui impliquait que le gouvernement et sa politique ne résultent que d'un accord entre les groupes de l'Assemblée. Comme il l'expliqua par la suite, de Gaulle se rendit compte que sa conception ne prévaudrait pas et que les partis, en majorité, imposeraient la conception opposée. Il ne voulut pas la cautionner en restant à la tête du gouvernement et se retira donc le 20 janvier 1946.

Au moment où Claude Guy commence à tenir son Journal, de Gaulle, pour la première fois de sa vie, est désœuvré. Il n'a plus ni responsabilités militaires, ni responsabilités politiques. Le voici seul avec sa femme et sa seconde fille. Mais, dès les premières pages qu'on va lire, on voit qu'il juge cette retraite provisoire. Il est si convaincu que le régime qui va s'établir est mauvais qu'il ne lui donne aucune chance de durer. A d'innombrables reprises on l'entend spéculer sur les inexorables querelles entre partis et sur les catastrophes que leurs dissensions ne vont pas manquer d'entraîner. Il estime, en même temps, que son entrée dans l'action politique n'aurait pour effet que de coaliser les partis contre lui et de l'isoler davantage. Les mœurs sont telles alors – presque incompréhensibles aujourd'hui – que la plupart des dirigeants des partis s'étaient mis d'accord pour lui demander de ne pas même chercher à expliquer à la radio les raisons de son départ. Il veut donc n'intervenir d'aucune manière – pas même en votant – et laisser les partis étaler leurs désaccords, leur impuissance.

L'échec du projet de Constitution, soutenu seulement par les communistes et socialistes, et rejeté le 5 mai 1946 par 10 millions de voix contre 9,3 millions, lui semble l'occasion de s'exprimer. Puisque le pays, en majorité, n'a pas voulu d'un régime exactement opposé à celui qu'il préconise, il va donc agir pour faire adopter celui-ci. Sur la période qui s'ouvre, le témoignage de Claude Guy est irremplaçable. On en verra les étapes qui se résument simplement : le discours de Bayeux où de Gaulle décrit la Constitution qu'il souhaite pour la France et le système authentiquement fédéral qu'il veut pour l'Union française, les discussions entre les principaux partis sur un projet qui serait acceptable par la majorité de la nouvelle Assemblée constituante, les efforts désespérés de quelques-uns pour faire que ce projet ressemble le plus possible à la « Constitution de Bayeux », leur échec final et l'adoption de la Constitution de la IVe République à la demande des communistes, socialistes et républicains populaires, le 13 octobre, par 9,2 millions de voix contre 8,1 millions, tandis que 8,4 millions d'électeurs s'abstenaient. Le M.R.P., avec ses principaux dirigeants, et, en particulier, Georges Bidault, alors président du gouvernement provisoire, ont ici joué un rôle décisif : l'opinion générale est que la nouvelle Constitution n'eût pas été adoptée sans eux et que c'est donc par eux que de Gaulle a été mis en échec.

Le voici de nouveau enfermé dans sa solitude. Elle est plus grande que jamais car beaucoup de ceux sur lesquels il comptait lui ont fait défaut. Les ruptures étaient d'autant plus profondes qu'elles portaient à la fois sur le fond des choses et les rapports entre les hommes. L'expérience que nous avons aujourd'hui des IVe et Ve Républiques nous rend évidente la différence entre les deux régimes. Peut-être les républicains populaires et les socialistes, par exemple, croyaient-ils sincèrement, du moins certains d'entre eux, que les procédures inscrites dans la nouvelle Constitution pour rendre plus rares les crises ministérielles garantiraient vraiment la stabilité des gouvernements : la pratique montra qu'ils se trompaient. De Gaulle avait donc raison de penser qu'en dépit de ces artifices c'était bel et bien un régime d'assemblée, ce qu'il appela « le régime des partis », qui venait d'être instauré et que c'est, en effet, tout autre chose qu'il avait proposé au pays : mais il est vrai que les principaux partis politiques, et probablement la plupart de ceux qui s'intéressaient à la vie publique, n'imaginaient pas alors d'autre système démocratique que celui où le peuple se détermine à l'égard des courants d'opinion qu'incarnent les partis, où, par conséquent, les gouvernements et leurs programmes résultent normalement des négociations entre eux.

Il est juste d'ajouter que les républicains populaires avaient leurs propres raisons de se ranger parmi les partisans de la nouvelle Constitution. Démocrates-chrétiens, bien avant la guerre, ils avaient voulu séparer le catholicisme français de la droite traditionnelle et démontrer qu'être catholique n'était plus incompatible avec l'appartenance à une majorité républicaine, ou même l'alliance avec des partis de gauche. Surtout du fait de leur participation à la Résistance, ils avaient été pleinement acceptés comme partenaires par les socialistes. Ils l'avaient emporté sur la droite conservatrice et avaient résisté à ses attaques quand elle leur reprochait de cohabiter avec les communistes. Ils avaient pourtant rompu avec leurs alliés pour rejeter le premier projet de Constitution et ils avaient gagné sans que de Gaulle intervînt dans la bataille. Ils étaient devenus le premier parti de France. Ils voulaient maintenant sortir du tripartisme, c'est-à-dire de la majorité qu'ils composaient avec les communistes et les socialistes, ce qui exigeait de maintenir à tout prix leur alliance avec ces derniers. Ils n'avaient aucune envie de se retrouver avec pour seuls alliés les radicaux et les conservateurs. Pour certains, peut-être la plupart, ils n'éprouvaient aucune gêne de se dégager à cette occasion de leur référence à de Gaulle et considéraient comme normal et légitime le régime qui faisait des partis les acteurs principaux de la vie politique. Pour d'autres, ils agiraient à l'intérieur de ce régime, le transformeraient dans le sens souhaité par de Gaulle et un jour, si le destin le permettait, faciliteraient son retour au pouvoir.

Dans l'immédiat, le désaccord entre ceux qui avaient voulu l'établissement du « régime des partis » et lui parut irrémédiable à de Gaulle. On le verra, dans ces pages, exprimer sa tristesse, son amertume, sa fureur. Ses sentiments étaient d'autant plus profonds, et même violents, qu'il voyait bien que l'avenir risquait ainsi d'être engagé pour longtemps. Un choix s'imposait à lui, que ce livre éclaire mieux, sans doute, qu'aucun autre ne l'a fait jamais. Il songea certainement à demeurer dans sa retraite. L'isolement et le silence convenaient à une part de lui-même. Il resterait l'homme du 18 Juin et de la patrie libérée, tandis que s'effacerait le souvenir des récentes querelles. Ceux-là mêmes qui venaient de le combattre ne tarderaient pas à louer son désintéressement, sa rigueur intellectuelle et morale, sa lucidité. Il resterait un recours suprême en cas de crise et, si un conflit survenait, tous le jugeraient plus capable que quiconque d'affronter à nouveau les tempêtes... Mais une autre part de lui-même le portait à l'action. Il y était plongé depuis les débuts de sa vie d'homme et les dernières années l'avaient mis au cœur de l'histoire de la France. Les événements, à l'intérieur comme à l'extérieur, justifiaient toutes les alarmes et, à ses yeux, confirmaient ses analyses et ses prévisions. Bref, il lui sembla qu'il fallait agir et que le pays ne tarderait pas à lui donner raison.

Le témoignage de Claude Guy éclaire, pour chaque journée, chaque étape du cheminement qui le conduisit à la fondation du Rassemblement du Peuple Français. On verra ici les influences qui s'exercèrent, le rôle de certains hommes, les contacts noués avec d'autres, les espoirs, les rêves. Les équivoques aussi : car si certains voyaient dans le R.P.F. l'instrument de la profonde transformation politique, économique, sociale, morale du pays, qu'ils souhaitaient depuis leur entrée dans la Résistance, et continuaient de voir en de Gaulle l'homme des grandes réformes de la Libération, et l'auteur du discours de Brazzaville annonçant l'émancipation des peuples d'outre-mer, d'autres songeaient plutôt à la lutte prioritaire contre la puissance soviétique, le parti communiste, ou même l'ensemble des partis de gauche. Les illusions enfin : le triomphe du R.P.F. aux élections municipales d'octobre 1947, où il recueillit 40 % des suffrages dans les communes de plus de 9 000 habitants, fit oublier que, dans la plupart des villes, aucune liste de droite ni, le plus souvent, aucune liste radicale ne lui avaient été opposées et que désormais, par conséquent, socialistes et républicains populaires, pour maintenir le régime et leur propre pouvoir, rechercheraient l'appui de la droite et des radicaux, et y parviendraient sans trop de mal...

Rien de plus émouvant peut-être que les pages de ce Journal évoquant, jour après jour, la lente descente qui va suivre. On découvre là que, bien plus tôt qu'on ne l'a cru, bien plus tôt que les augures ne le dirent, de Gaulle pressentit que la partie était perdue, que le chemin qui le ramènerait vers le pouvoir, en admettant qu'il parvienne au but, serait tout autre que celui qu'il avait prévu, bien plus long, en tout cas, et plus aléatoire qu'il ne l'avait pensé. C'était comme une porte qui se refermait inexorablement devant lui et qui bouchait l'avenir. Les circonstances que Jean Mauriac évoque dans sa préface firent que ce Journal s'arrête en 1949 mais, en un certain sens, il était inutile d'aller plus loin : de Gaulle, vous le verrez, discernait, au fond de lui-même, ce qui l'attendait.

Dans sa vie, l'époque que recouvre ce livre fut la plus malheureuse de toutes. Les historiens pouvaient l'imaginer : les lecteurs, ici, le découvriront. A travers les anecdotes, les dialogues, les rencontres, les confidences, une certitude ressort : le de Gaulle que nous voyons là était malheureux. Tout s'explique, très naturellement, par là. Et ce n'est pas le moins émouvant, ici, que de le voir réagir alors comme tous les hommes malheureux. Il se durcit, ses sentiments se font plus âpres et ses propos plus âcres. Il en veut au monde entier et surtout, naturellement, à tous ceux qu'il connaît. Pour un peu, on croirait que nul ne trouve plus grâce à ses yeux. Et, comme toujours en pareil cas, les jugements se font plus sombres et systématiques : naturellement aussi, ils se font moins sûrs parce que, en réalité, ils émanent, plus que d'une analyse, des passions, des indignations, et parfois de la colère. Avec le recul du temps on pourrait s'en étonner de la part d'un homme dont la lucidité fut, tant de fois, exceptionnelle – par exemple quand il ne voit pas que l'antisoviétisme et l'anticommunisme furent, pour les partis dominants de la IVe République, un ciment bien plus fort que leurs dissensions. Mais on aurait tort : c'était seulement le reflet d'un trop grand désir d'avoir raison et de gagner, c'était l'expression de sentiments qui le poussaient tantôt à trop d'optimisme, tantôt à trop de pessimisme, comme à des jugements abrupts et injustes sur des hommes dont les noms courent au long de ces pages amères, mais qu'il estima, qu'il aima et qu'il fit venir auprès de lui après son retour au pouvoir.

Tout simplement, de Gaulle était un homme. Ceux qui l'accompagnèrent et ceux qui le combattirent, ceux qui le jugent et ceux qui le découvrent, doivent s'en souvenir. Le Journal de Claude Guy est là pour nous le rappeler.

Paul-Marie de La Gorce.

AVERTISSEMENT DE L'ÉDITEUR

Le texte du Journal de Claude Guy se présentait sous la forme d'un manuscrit dactylographié, largement annoté et corrigé de la main de l'auteur. C'est ce texte que nous publions ici. Nous avons seulement cru bon de distinguer par la typographie une série discontinue de réflexions personnelles, ici sous-titrées « l'homme » et qui prennent quelque recul sur la chronique événementielle. Nous les avons composées en italique.

Afin de permettre à un lecteur d'aujourd'hui, trop jeune pour avoir vécu les événements et connu les personnages évoqués, de s'intéresser pleinement à ce grand témoignage, nous avons demandé au Professeur Jean Touzot d'établir un index des noms cités et surtout de donner un appareil de notes explicatives qui ont été regroupées en fin de volume. Les bas de page ont été réservés aux notes rédigées par l'auteur lui-même ou très rarement à l'explication d'un choix éditorial, auquel cas la note est suivie de l'indication « *N.d.E.* ». L'index ne fait pas double emploi avec les notes auxquelles il renvoie. Chaque personnage est situé dans la fonction ou le grade qu'il avait au moment où le Journal le met en scène.

Il nous semble juste de rendre ici un hommage tout particulier à Madame Claude Guy et à Claire Guy-Colliard et Patrice Guy, les enfants de Claude Guy, sans qui cette publication aurait été impossible.

Le travail de Madame Claude Guy dans la mise en ordre du manuscrit et dans le déchiffrage méticuleux qu'elle en a fait, ainsi que les différentes vérifications qu'elle-même et les enfants de Claude Guy ont voulu mener à bien, ont permis à l'éditeur et aux différents collaborateurs de cette édition de réussir leur entreprise.

Nous remercions également :
Monsieur Jean Mauriac de sa belle préface qui éclaire admirablement la personnalité de Claude Guy.
Monsieur Paul-Marie de La Gorce qui a bien voulu mettre sa science d'historien du Gaullisme au service de ce livre afin d'en bien situer les personnages dans leur temps et dans l'Histoire.
Et bien sûr le Professeur Jean Touzot dont la rigueur universitaire et la grande compétence ont permis à l'appareil de notes d'être le complément indispensable de l'ouvrage.

JOURNAL

1946-1949

LE JOUR DE LA LIBÉRATION DE PARIS

(Feuillet isolé entièrement manuscrit
en date du 25 août 1944)

Matinée du 25 août 1944.

Le Général descend à son bureau vers 9 h 30.

Petit déjeuner sans lui : général Kœnig, général Juin, amiral d'Argenlieu, Courcel, Le Troquer, etc.

Au cours de la nuit (2 h 30 et 3 h), j'avais reçu des plis de Leclerc et du colonel de Chevigné. Les Allemands résistent à l'avance de Billotte et Langlade ; Leclerc a atteint la ceinture de Paris. A 3 h 30 les Boches ont évacué Versailles. Repli sur St-Cloud, dont ils aménagent les défenses. Billotte a perdu 15 chars et 50 % d'un bataillon d'infanterie.

C'est ce que le Général nous disait, à Courcel et moi, au cours de la promenade dans le parc de ce matin. Il a dit, en passant, et comme incidemment : « Je me demande où est mon fils... »

J'ai trouvé, sur un banc, un exemplaire du *National Zeitung* du 8 juillet 40, annonçant le retour triomphal de Hitler à Berlin. « Allah ! Allah ! quand me rendras-tu ma formidable armée ? », a dit le Général en riant. Il nous a traduit plusieurs passages de ce journal.

Le Général voit alors venir à sa rencontre Juin et Kœnig en compagnie d'un officier de Leclerc. Avançant selon l'axe de Longjumeau, les troupes de Leclerc ont atteint la porte de Gentilly. Le pont de Sèvres est occupé et dépassé. Les Allemands tiennent l'Hôtel de Ville. « Attention aux mines à retardement ! » dit Juin.

En rentrant au château, le Général, apercevant une diane adorable, nous a parlé de la chasteté de Diane opposée à Vénus. Il a cité en grec dix vers de Phèdre qu'il nous a traduits : « Vénus, célèbre parmi les hommes et les dieux ! »

Hier soir, je lui avais apporté, après dîner, sur son bureau, deux tomes des *Chroniques* de Froissart. Il a quitté son manuscrit du discours qu'il prépare pour Paris et s'est plongé, satisfait, dans Froissart.

Après quoi Kœnig, jusqu'à minuit, est venu l'entretenir de la conférence du 23 août au Mans, SHAEF + Picard : ravitaillement, charbon et transports, voilà le grave problème. Le problème qui demeure malgré l'enthousiasme et l'adoration des foules.

1946

Lundi 21 janvier 1946

Le 21 janvier dans l'après-midi, le général de Gaulle m'a demandé de me rendre à la Villa [1]. Je ne l'ai pas vu depuis la veille au soir où, en compagnie de Malraux, nous avions été plaider « de tout notre cœur » pour qu'il consentît à s'adresser une dernière fois au peuple français *. J'ai répété, quant à moi, ce que je lui avais déjà dit au mois de novembre : « Vous êtes entré dans l'Histoire par l'Appel du 18 juin ; on ne pourrait comprendre que vous vous en absentiez sur une lettre au président Gouin [2]. » Cette démarche l'avait mis hors de lui, alors que, toutes décisions prises, il croyait les jeux définitivement faits. Au vrai, il ne s'agissait pas, dans notre esprit, que le général de Gaulle indiquât les raisons de son départ, ni même qu'il les suggérât, mais qu'il donnât une dernière fois, par l'intermédiaire du microphone, la sensation physique de sa présence : saluant les morts, fixant la partie de la tâche qu'il lui avait été donné d'achever, vu les circonstances, faisant appel au calme et élevant les yeux des Français vers la France. Cela, il ne l'a pas voulu. « Seul le silence est grand, tout le reste est faiblesse [3]... », répondait-il.

Dès mon arrivée à la résidence de Neuilly, j'aperçois Mme de Gaulle qui traverse le grand hall, le menton appuyé sur une pile de livres qu'elle transporte d'une pièce à l'autre. Des ficelles et des papiers traînent. Quelques bagages près de la porte d'entrée. Allées et venues de plantons consternés. Le fidèle et massif Trilhe a l'air désolé. Floffie [4] guette éternellement à la porte le retour de sa maîtresse, en voyage de noces au Maroc. M. Luizet [5], venu en visite d'adieu, s'en retourne, les yeux noyés de larmes.

Dans le salon, j'aperçois en vrac, sur une table, le sabre de Hitler que le général Leclerc rapporta de Berchtesgaden, l'ultimatum de Rommel au général Kœnig [6], une petite maquette du *Surcouf* [7] et un tank offert au géné-

* Gaston Palewski avait accepté sur mes instances de reporter un peu la remise de la « lettre de départ »...

ral de Gaulle par ses camarades de la D.C.R. [8]. Mme de Gaulle place ces deux derniers objets dans la chambre de Philippe...

Le Général descend, silencieux. Il essaie de bousculer le départ. Les bagages s'engouffrent dans la malle arrière. Mme de Gaulle s'assied dans la voiture. Le Général s'inquiète de ce que les dernières éditions du soir ne lui soient point encore parvenues. Dans un mouvement d'impatience, il renonce à monter dans la voiture, regagne son bureau du rez-de-chaussée, pour y lire les gazettes, qu'un motocycliste vient enfin d'apporter de la rue Saint-Dominique.

Quelques minutes plus tard, le Général monte dans la Cadillac de Roosevelt, que j'ai fait placer le dos tourné aux grilles. Nous disparaissons par la porte de derrière, traversant Bagatelle. Mme de Gaulle essaie de plaisanter; le Général demeure prodigieusement silencieux.

Chien et loup...

Devant le pavillon de chasse de Marly, un camion décharge des ustensiles de cuisine. On vient d'allumer la chaudière, les calorifères sifflent. Il fait presque aussi froid dans les deux petites pièces du rez-de-chaussée qu'au-dehors. Les murs, imbibés d'humidité, sous l'effet de la chaleur naissante se mettent à suinter, mouillant les lisières du tapis. On installe hâtivement un appareil de radio dans le petit salon, où nous allons vivre désormais les uns sur les autres, car le petit pavillon voisin, qui servit, avant et après son voyage à Washington [9], de bureau au Général, est trop grand pour être chauffable. Cependant que Mme de Gaulle s'affaire, découvrant que tout manque ici : vaisselle, cocotte en fonte, téléphone... Le vent pénètre par les portes-fenêtres.

Je reste seul avec le Général, dont la sérénité et la douceur me sont bouleversantes. Comme, dans ma hâte, j'ai oublié d'emporter des cigarettes, il remarque que je ne fume pas, monte dans sa chambre malgré mes objections et me rapporte des cigarettes.

Pas une fois, ce soir, il ne parlera de ses compagnons. Il parle de menues choses, puis s'empare du *Disraeli* [10] d'André Maurois. De temps à autre, il m'en lit à haute voix des passages : « Le chancelier, lui aussi, avait pris ce petit Disraeli en amitié et lui donnait des conseils. Un jour, il l'invita à dîner avec un très jeune sous-secrétaire d'État qui se nommait William Gladstone, et leur donna à tous deux une sage leçon : Ne vous défendez jamais devant une assemblée populaire, sinon en attaquant vous-même ; dans le plaisir que leur donne l'attaque nouvelle, ils oublient celle dont vous avez été l'objet. » (p. 96).

Il rit, candide et jovial :

« Et voilà pourquoi j'aurais dû répondre à Herriot, l'autre jour, par l'attaque !... Je rentrais en séance qu'il était déjà à la tribune, à parler des décorations accordées aux combattants de Syrie, dont il feignait de se scandaliser que le *Journal officiel* ait publié la liste [11]... Si j'avais eu quinze minutes pour me concerter avec moi-même, j'aurais répondu. Et j'aurais répondu à peu près ceci :

“ Un décret aussi peu souhaitable peut toujours paraître, du fait des manœuvres ou de la maladresse d'une administration. M. Édouard Herriot, qui a été à plusieurs reprises président du Conseil, le sait mieux que quiconque. Pourquoi, dès lors, n'eût-il pas fait état de cette publication malencontreuse dans une lettre, à laquelle je me serais fait un plaisir de répondre ? Pourquoi, Messieurs, sinon parce que M. Herriot désirait trouver ici l'occasion, en un discours singulièrement émouvant, de nous parler – à propos de cet incident – des problèmes vitaux qui occupent notre esprit et notamment de ceux qui ont trait à la Ruhr et au Rhin.

“ Ces paroles, je les ai écoutées, pour ma part, avec d'autant plus d'émotion que j'ai cru, un instant, pendant qu'il parlait, voir flotter au-dessus de cette Assemblée l'ombre mélancolique du président Raymond Poincaré. ” Il ne s'en serait pas relevé ! » Le Général ajoute : « Dans les débats parlementaires, ils me savent aussi fort qu'eux... » Il rit encore, dans un rire qui repousse l'assaut d'une juste colère.

Il me souvient qu'au cours des si brèves interventions qui marquèrent les débats sur les crédits militaires, dans l'après-midi du 1er janvier 1946, l'Assemblée était, malgré elle et en dépit de l'impertinence des paroles du Général, subjuguée par sa rigueur, un peu honteuse d'entendre dans sa voix frémir une France vivante, véritable. En présence de ces phrases musclées, cette piétaille ne se sentait visiblement plus de force. Jacques Duclos, qui domine tous les débats et qui connaît à fond la manœuvre, je l'observais alors que le Général parlait : son visage, plein de graisse et de sang, s'immobilisait dans une attention totale. Et lorsque le général de Gaulle redescendit de la tribune parmi les applaudissements, je jure que, dans le rire heureux de Duclos, il y avait avant tout de l'admiration. Admiration du technicien, qui s'incline devant une technique supérieure : la franchise.

Après le dîner, pendant lequel Mme de Gaulle, dans ses paroles et dans ses gestes, révélait la joie, encore inquiète, d'avoir le Général tout à elle, nous nous réinstallâmes dans le minuscule salon et le Général retourna à Disraeli. Sa femme, qui était partie se coucher vers dix heures et demie, redescendit alors, s'approcha du Général pour s'emparer des journaux de cette journée mémorable, observant en riant : « Ils serviront, demain, pour allumer notre feu ! »

Dans le silence revenu, je n'entends plus que la respiration du Général, entouré de fumées de cigare ; que les bruits aussi de ce vieil homme de peine, qui, dans la cave, jette du charbon dans la chaudière.

Il interrompt sa lecture et me dit :

« Quand on peut écraser quelqu'un, il faut le faire aussitôt. Après les petits Muselier et autre piétaille, il a fallu écraser Giraud [12]. Et ce n'était pas facile : il fallait le faire depuis Londres, alors qu'il tenait le haut du pavé à Alger. Après la Libération, il a fallu s'attaquer à la dictature des C.D.L., des F.T.P. dissidents, du C.O.M.A.C. [13] et de tous ces “ généraux ” qui s'étaient flanqué des galons de papier sur leurs manches et prétendaient substituer leur autorité à celle des préfets, qu'ils aient obéi aux Anglais, ou au parti communiste.

» Il reste maintenant la dictature des partis. Oh ! s'il n'y avait eu que les partis socialiste et M.R.P. [14], j'en eusse fait mon affaire depuis longtemps ! Mais, avec les communistes, c'est une autre affaire ! Il ne suffira pas, le jour venu, de les mettre à la porte : il faudra les attaquer pour les détruire, il faudra les écraser.

» Les communistes, avec moi, viennent de rater leur affaire. Il s'agissait de me conserver au pouvoir le plus longtemps possible pour servir de bouc émissaire d'une moisson désastreuse et d'une situation financière que leur surenchère démagogique rend chaque jour plus insolvable. Et puis, toutes les tentatives de ma part pour régler, par des actes du gouvernement, les problèmes vitaux de l'Empire, de notre présence dans les conseils internationaux, des importations et de la production, eussent été dénoncées comme des abus d'autorité et comme une marche au pouvoir personnel. Un beau jour, les communistes m'eussent montré la porte : " Allez-vous-en ! " Refuser, c'eût été la dictature. Accepter, c'était disparaître. En partant sans me retourner, ainsi que je viens de le faire, et sans formuler explicitement la raison de mon départ – que chacun devine cependant –, il n'y a ni coup d'État, ni échec. Les événements indiqueront d'eux-mêmes pourquoi je suis parti. Les partis et le régime actuel se déconsidéreront chaque jour un peu plus aux yeux de l'opinion. Le fruit mûrira, tombera.

» Si les autres partis se questionnent véritablement sur les raisons de mon départ, les communistes, eux, croyez-moi, n'éprouvent aucun doute. Ils viennent de commettre à mon propos la même erreur de psychologie que Churchill puis Roosevelt. Car Churchill et Roosevelt se sont toujours trompés sur mon compte ! Ils voyaient en moi " le militaire ". Oui, ils se sont trompés sur mon compte jusqu'au bout. Roosevelt n'a fini par comprendre qu'au seuil du tombeau. Ainsi des communistes. " Quand il aura compris ce que nous attendons de lui, pensaient-ils, alors ce sera trop tard. Il tombera, à l'heure que nous déterminerons, déprécié, sous les huées. Nous le flanquerons à la porte ! " Comme Churchill et Roosevelt, ils m'ont cru trop bête pour comprendre de quoi il retournait, pour saisir le jeu. De même pour Bidault, qui croyait que les nuances m'échappaient, Bidault qui n'a survécu que parce que je le tenais debout, à la force de mes bras !... »

A propos de Bidault, il faut que j'évoque ici notre dernier contact, hier après-midi, à 15 h 30. Il se trouvait à Londres, en compagnie de Vincent Auriol [15]. Joxe leur ayant fait savoir, avant-hier soir, qu'ils devaient rentrer immédiatement à Paris, ils prirent hier matin le premier avion disponible, perdant deux heures dans le brouillard *. Vers 15 h 15, M. Francisque Gay me téléphona pour me dire que les deux ministres venaient d'arriver à Paris et qu'ils désiraient rencontrer le général de Gaulle. Je représentai au

* « Le brouillard était si dense, me dit Bidault, qu'on ne voyait pas le bout des ailes ! Ici, c'est encore pis, je m'en aperçois ! »

ministre d'État que le général de Gaulle était « parti », que je n'étais pas assuré de pouvoir le joindre. Au surplus, je doutais de pouvoir obtenir l'audience demandée... Je lui suggérai que le mieux serait que les deux ministres se rendissent aussitôt rue Saint-Dominique pour prendre l'attache de M. Palewski [16] qui, lui, pourrait peut-être obtenir du Général qu'il les vît aussitôt.

Quelques minutes plus tard, j'aperçois dans l'escalier de la présidence un Gay pâle et madré, flanqué d'un Bidault éperdu de fatigue et frénétique. Ils entrent tous deux dans mon bureau et Bidault me demande, intolérant et pressé :

« Dépêchons-nous, le Général est-il dans son bureau ? Qu'attendez-vous donc pour nous introduire ?...

– Mais, mon cher ministre, le Général n'est pas là ! Il s'est retiré à Neuilly... »

Francisque Gay, dont la présence silencieuse équivaut presque toujours à une absence, ne manifeste aucune surprise, mais Bidault, ne s'arrêtant de marcher de long en large que pour taper des deux pieds, me réplique :

« Voulez-vous bien m'expliquer alors ce que nous fichons ici ? »

Au lieu de lui répondre, je m'adresse à Francisque Gay et lui rappelle qu'il était convenu que, par l'intermédiaire de M. Palewski, il chercherait à obtenir une audience du Général.

Toute l'indignation accumulée depuis des mois chez Bidault, tout son ressentiment à l'endroit de Palewski éclatent alors. Il me déclare, écarlate :

« Je n'ai pas à rendre visite à M. Palewski ! Avant que je m'en retourne, veuillez être assez aimable pour le convoquer, de ma part, dans votre bureau, où je le recevrai. »

Sans piper mot, car j'ai envie de rire, je vais trouver Palewski, qui, d'un sourire, se refuse à bouger. Je regagne mon bureau et je m'adresse à M. Francisque Gay pour lui indiquer que M. Palewski serait très heureux de lui parler... M. Francisque Gay, toujours conciliant, m'accompagne dans le bureau du directeur de Cabinet, suivi d'un Bidault furibard et soumis.

En sortant du cabinet de Palewski, Bidault me rencontre devant mon bureau, me prend par le bras. Il est maintenant au fait de tous les détails du départ. Il sait celui-ci irrévocable et qu'aucune démarche à Neuilly n'a plus la moindre chance d'aboutir. Ce n'est pas à la France mais au M.R.P. qu'il songe, lorsqu'il me dit, d'une voix où l'on surprend une joie secrète :

« Il vient de décider, seul et dédaigneux, de reprendre sa route... (Ici, il y avait une nuance de respect dans sa voix.) Mais ne voit-il pas, le malheureux, qu'une fois de plus, mais cette fois-ci pour la dernière fois, il envoie au massacre ses troupes fidèles, les troupes M.R.P., sa meilleure infanterie, probablement la seule ? Quelle folie ! »

J'ajoute à ce souvenir qu'au cours de la même après-midi, vers dix-huit heures, alors que je me rendais en compagnie de Courcel dans le bureau de Falaize, voisin de celui du ministre, qui venait d'y réunir le comité exécutif du M.R.P., j'entendis une voix de nez dominer un instant l'invraisemblable brouhaha :

« Il nous jette à la rue ? »...

Vendredi 25 janvier 1946

Le 25 au soir, vers minuit, après avoir abattu trois ou quatre patiences, il brasse les cartes à nouveau, cependant que je lis le dernier livre de Claude Mauriac sur Benda [17]. Silence chargé de pensées. Sur le guéridon où il aligne ses cartes, près du cendrier qui fume, une magnifique gerbe de roses. Tout à coup il s'interrompt, lève ses immenses bras et me donne la conclusion de sa pensée :

« Imaginez ces messieurs ! Imaginez-moi cette volière ! abrutis, harassés... Gouin, dans les corridors, accroché par des députés. Ce n'est même plus le gouvernement d'Assemblée : c'est le gouvernement de brasserie ! Le chef de l'État est prisonnier des partis, dont les chefs entrent et sortent librement de son bureau pour exercer leur pression, critiquer ses décisions et proposer leur liste. »

Et il s'écrie, avec une ironie colossale : « Ah, en vérité, l'heure de Ferdinand Lop [18] a sonné ! »

Il rit franchement, goûtant d'un coup d'œil la liberté recouvrée :

« Oui... Dire que, pendant ce temps-là, ces pygmées s'agitent ! »

Il poursuit sa patience, puis explique soudain :

« Non... je n'avais pas le choix ! Quelques jours de plus et je m'émiettais... Alors, les communistes me tenaient ! Cet émiettement avait déjà commencé, je m'en rends compte... Sans doute aurais-je pu partir plus tôt : j'ai failli le faire au moment où l'Assemblée fit l'unanimité sur mon nom [19]. C'était bien, tout d'abord, mon idée. Mais alors mon départ eût laissé, dans l'esprit de l'opinion, l'image d'un homme qui, après avoir libéré la France, s'était fixé pour terme de la livrer aux partis... L'on eût fait de moi plus tard le complice – involontaire ou non – du jeu des partis. Au lieu que, sur ce point, mon départ se place en un moment où le problème est clairement posé, où le doute n'est plus possible.

– Oui. Mais dans un autre ordre d'idées, ne craignez-vous pas, mon Général, que les difficultés financières décroissant à mesure que s'améliorera la situation économique, nous permettent demain de vivoter, en perdant de vue que nous demeurons, pour les problèmes vitaux, au fond de la bassesse ? Ainsi risquerait de n'être jamais formulé devant l'opinion le débat qui suscita votre départ ?

– Si les Français retrouvent, sans mon secours, le chemin de la vie, alors tout est bien. Je n'aurais plus à intervenir...

» Mais la question financière et la question du ravitaillement ne doivent pas nous aveugler : ce sont des questions secondaires, avec ou sans lesquelles le drame demeurerait entier. Je n'ai jamais douté que notre situation alimentaire ne soit destinée à s'améliorer rapidement. Il suffit, pour cela, d'une moisson. N'oubliez pas que la dernière fut exceptionnellement catastrophique : 65 % du blé, par rapport à la récolte précédente. Si vous ajoutez à cela que 16 millions d'Africains du Nord mouraient de faim et qu'il fallait les nourrir avec le blé destiné à la métropole (les bateaux américains et canadiens destinés à Marseille déchargeaient à Rabat ou Casablanca), il devient évident qu'une telle situation ne peut aller qu'en s'améliorant... Non, je vous l'affirme : la question alimentaire ne peut procurer qu'une inquiétude passagère. On a d'ailleurs beaucoup exagéré cette inquiétude : M'a-t-on, depuis la Libération, jamais cité le cas d'un seul Français qui fût mort de faim ? Jamais. Les tickets de pain n'ont jamais eu force de loi dans les campagnes : quinze millions de paysans ne savent pas ce que c'est qu'un ticket de pain. Un an, un an et demi tout au plus, et la situation alimentaire s'arrangera.

» La situation financière, elle aussi, ne représente pas le problème majeur. On n'éprouve pas de difficulté à trouver des appuis financiers extérieurs, même lorsque votre situation financière est mauvaise. Mais, même dans ce cas, l'on n'obtient cet appui que lorsque l'on est en état de produire. Produire, c'est ce que nous allions commencer à faire dans quelques mois.

» Le problème des institutions, voilà le problème vital ! Or, on ne peut donner d'institutions à la France que si l'homme qui les recommande au pays est doué d'un prestige indiscutable, capable de réunir sur un texte constitutionnel une partie considérable des électeurs, sans quoi, votée à une faible majorité, aucune constitution ne saurait être respectée.

» Nous avons connu trois phases. La première s'appelait la France Libre. Nous étions partis de zéro... »

Il rit, méprisant : « Trop peu de Français nous ayant rejoints, l'opposition était inexistante. Le combat, lui, n'admet aucune démagogie ! Voilà pourquoi nous avons pu gouverner...

» Mais, lorsqu'après avoir sauvé la baraque, j'ai essayé de rassembler l'Empire, de m'installer solidement sur le Rhin, de maintenir à l'extérieur notre souveraineté sur le plan des grandes puissances, alors j'ai failli n'y point parvenir tant l'agitation et la surenchère des groupes politiques issus de la Résistance m'ont rendu la vie difficile. Cette deuxième phase fut celle de la dictature des C.D.L, l'âge d'or des F.T.P., etc. La troisième phase, elle, s'appelle la dictature des partis : nous y sommes ; au cours de cette troisième phase, il m'a été à peu près impossible de gouverner. Non pas que mes ministres fussent malhonnêtes : mais, au lieu de s'incliner devant des considérations d'intérêt national et, en un mot, de m'obéir, ils n'avaient qu'un souci en tête : se mettre à plat ventre devant leur parti. Voilà pourquoi l'on ne peut être à la fois responsable devant la France et devant son parti, voilà pourquoi l'on ne peut être à la fois député et ministre. Il faudra changer d'abord cela.

» D'ailleurs, voyez-les, ces ministres ! Si j'avais dû regretter ce que j'ai fait, c'est leur attitude qui m'aurait le plus vite consolé. Eux, soyez-en certain, ne regrettent pas mon départ !... Oh, certes, celui-ci les a bien inquiétés ; mais ça, c'est la peur ! “ Enfin, on va pouvoir respirer ! ”, pensent-ils... Je les gênais ! Le fait de leur laisser la place libre satisfait infiniment leurs petites personnes.

– La plupart des Français comprennent mal, mon Général, qu'étant entré dans leur vie par l'Appel du 18 juin, vous en soyez sorti par une lettre au président Gouin. Je veux dire ceci : pour s'assurer que les événements se suffiront, demain, de leur propre poids et que chacun d'entre eux désormais sautera à l'esprit, et comme un argument nouveau apporté à votre thèse, et comme une explication supplémentaire des raisons qui motivèrent votre départ, n'était-il pas nécessaire de bien situer le débat, sinon de faire entendre tout au moins, une dernière fois, votre voix ?

– Je n'ai pas prononcé de discours à la Radio pour conserver un halo ! Il faut être pittoresque dans ses actes. Le pittoresque ne s'oublie pas. En partant sans me retourner, j'emporte avec moi mon mystère, une apparence de secret. Non... les événements se chargeront désormais de remplacer tous les discours officiels que j'eusse prononcés. Chacun, croyez-moi, a déjà compris et comprendra parfaitement ! » Il répète, catégorique :

« Il ne fallait pas de discours. Tout est mieux ainsi ! »

Et il ajoute, avec une ironie de surface :

« " Seul le silence est grand ; tout le reste est faiblesse... "

– On vous reproche vivement les passages optimistes de votre lettre, mon Général. Et pas seulement vos détracteurs, mais la plupart des F.F.L. que j'ai pu rencontrer à Paris...

– ... Attendez quelques mois ! Alors, on se souviendra seulement de l'acquis laissé à mon départ. »

Et il ajoute :

« Et si j'ai eu tort, comme beaucoup le prétendent, je vous répondrai que l'opinion pardonne aisément à un homme une faute. Ce qu'il ne pardonne pas, c'est le manque de caractère. C'est le grand tort de Clemenceau d'avoir assaisonné tous ses textes et tous ses livres d'un je ne sais quoi de regret et de protestation, qui corrompt un peu sa mémoire. Tandis que le silence total d'un homme de caractère renforce chaque jour dans l'opinion des autres hommes l'idée qu'on s'est faite de celui-ci. Se taire ! Se taire ! Se taire, en dépit des accusations, des lâchetés et des trahisons, quelle preuve de force !... »

Marly, [vendredi 15 février] 1946, promenade en forêt

« Voyez cette Assemblée. Pas un qui se soucie de l'intérêt général ! Pas un qui défende l'État ! Bien au contraire, ne pouvant s'opposer à soi-même ou à son propre parti, chaque député s'attaque, fût-il ministre, à ses collègues, aux autres partis bien entendu, mais surtout à l'État, ou à ceux qui le constituent : les grands corps, les diplomates, les généraux !... Et s'ils sont ministres, ils en viennent à considérer que leurs ennemis ce sont leurs subordonnés : haute administration, fonctionnaires ou employés, tout y passe. Aucun ne défend l'État, qu'il s'agisse du parlementaire, du ministre, ou même du chef de l'État. Prenez le président Gouin : il démissionne, une à une, de chacune de ses responsabilités. Ce matin, on nous annonçait encore qu'il a renoncé à l'exercice du droit de grâce pour remettre celui-ci entre les mains d'une commission. C'est invraisemblable : on s'en remet à une commission du droit d'origine régalienne, de décider – à la place de l'État – si Pétain et consort sont coupables ou non. Et s'ils rédigent une Constitution, c'est pour faire une Constitution de partis, au lieu d'une Constitution destinée à tous les hommes d'un pays donné, en un temps donné, ce qui serait conforme au bon sens. Voilà pourquoi le pays n'acceptera pas de se soumettre à une Constitution élaborée de cette sorte. Tout ceci désigne l'endroit précis où l'intérêt des partis s'oppose à l'intérêt général. Mais de tout cela, le parti communiste, croyez-moi, n'est pas dupe. Car le parti communiste n'est pas un parti... Un parti suppose un programme... Or, que voyons-nous ? Ils affirment aujourd'hui aussi bien aux yeux de tous qu'à ceux de leurs militants le contraire de ce qu'ils affirmaient hier. Et la vérité de demain, soyez-en certain, ne pourra que renier celle de la veille. Non : le parti communiste n'est pas un parti : c'est *une entreprise*. Nous venons d'entrer dans l'ère de la bassesse, mais pas forcément de la bassesse odieuse : bassesse petite, bassesse misérable... Il n'y en avait pas eu un seul, sachez-le bien, pour protester en 1940. Pas un seul ! Si je ne l'avais fait, nul n'eût dénoncé la trahison. Reynaud ne peut me souffrir, car ma destinée lui a démontré éloquemment ce qu'il aurait pu faire s'il avait tenu bon, s'il avait crié : “ Non ! ” La Libération eût coïncidé avec son retour d'Afrique du Nord en grand vainqueur, et ce que les fameux “ Quatre-Vingts ”, qui se parent aujourd'hui du halo du martyr, ont fait à Vichy vient à l'appui et non point à l'encontre de ce que je viens de dire, car de ces quatre-vingts parlementaires, il n'en est pas un seul – *pas un seul*, vous m'entendez ! – qui ait dénoncé Pétain, l'armistice, la trahison. S'ils ont voté contre, c'est parce qu'ils refusaient les pouvoirs à Pétain. Ce n'est pas de la Résistance que de refuser de livrer son fromage...

» Non, affirme-t-il gaiement, on aurait bien tort de compter avec les hommes. L'homme est véritablement une sale bête ! Dire qu'on a fait un héros de Ney, cet homme qui avait promis de ramener Napoléon en cage [20] !...

» Oui, nous sommes entrés dans l'ère de la bassesse... Nous y sommes entrés probablement pour longtemps, car la supériorité est intolérable aux petits hommes de basse politique. Et pourtant, ajoute-t-il en riant, Plutarque a dit : “ Renverser les grands hommes est le signe d'un peuple fort. ” Napoléon... Clemenceau... et même Poincaré !... Qu'eussent-ils fait de Roosevelt s'il n'était pas mort à temps ? »

Je lui fais observer que je ne vois pas de raison pour que les Français, avides d'épopée, tolèrent longtemps, comme il vient de le supposer, une telle situation, qui me paraît d'abord liée à la saturation morale et à l'épuisement physique. Ou bien serait-ce devenu, au contraire, un phénomène intrinsèque ?

Je lui parle de ces Français de la Restauration qui furent si vite lassés, impatients d'épopée, et dont le goût des hauts faits était tel que Louis-Philippe entreprit pour eux la conquête de l'Algérie.

« Non, lui dis-je, nous secouerons notre bassesse.

– Peut-être, répond-il avec un vague hochement de tête, mais cela n'aura plus, alors, aucune importance !... »

Il continue à méditer, de temps à autre une phrase s'échappe de lui, par exemple celle-ci :

« Il est vrai que mon nom restera associé à des hauts faits, le souvenir des heures de la Libération renaîtra... Après quelques années de descente, le peuple français m'apercevra soudain sur un sommet de son histoire... »

Et il s'esclaffe à nouveau :

« L'homme ! L'homme !... Ah, l'homme est véritablement une sale bête ! »

Il s'arrête, contemple la perspective :

« Pas une âme qui vive ! J'aime ce lieu... » Il remarque que, depuis quelques jours, la police se fait plus discrète sur ses pas et il conclut :

« Partout où les troupeaux vont boire
Les sources sont empoisonnées... »

Jeudi 7 mars 1946

Le général de Gaulle a reçu à déjeuner M. Malraux et son beau-frère M. Jacques Vendroux, qui appartient à la fraction non participationniste de l'Assemblée constituante.

Après le déjeuner, le Général a stigmatisé, en termes d'ailleurs sereins, les tentatives de M. Bidault, de Schumann ou d'autres porte-parole du M.R.P., pour couvrir les abandons du ministre des Affaires étrangères derrière une prétendue prise de position du Général antérieure au 20 janvier.

A propos du Togo et du Cameroun, le Général a rappelé les termes de la conférence de presse qu'a tenue M. Bidault à son retour de Londres, où il représenta la France à la conférence de l'O.N.U. Dans cette conférence de presse, le ministre des Affaires étrangères prétendit que, quelques jours avant son départ, le général de Gaulle avait préconisé la mise en « trusteeship [21] » de ces deux territoires sous mandat.

« J'avais dit à Bidault, avant qu'il ne parte pour Londres, de présenter ainsi la position française : Le Togo et le Cameroun français étant représentés, à l'Assemblée constituante, par des représentants élus, leur statut politique n'est en rien comparable à celui du Togo et du Cameroun britanniques, qui n'ont pas de députés à la Chambre des communes. Et j'avais ajouté : “ Si vous exprimez cette thèse, vous êtes le plus fort, car tout opposant attenterait, en prétendant placer ces régions sous ‘ trusteeship ’, aux droits des populations locales et ferait injure à notre souveraineté. ”

» Au lieu de cela, Bidault a consenti à tout ce que l'on a voulu. Non pas qu'il ait eu à abandonner ou à céder quoi que ce soit : son zèle l'a porté à offrir ce que, mis en présence de cette argumentation, qui est impeccable, on n'eût jamais osé lui demander. Même zèle en ce qui concerne l'évacuation de la Syrie et du Liban par nos troupes. Quant à l'administration centrale en Allemagne, c'est de la pure folie : le jour même où Maurice Schumann a écrit dans *L'Aube* [22], à grand renfort de trompettes, qu'il ne peut être question de régler le statut de l'Allemagne sans avoir réglé préalablement les problèmes posés par le Rhin et par la Ruhr, c'est ce jour-là que choisit Bidault pour envoyer à Byrnes une note offrant de considérer la création " d'organismes locaux soumis au contrôle de Berlin ". » Le général de Gaulle mentionne l'influence que sa femme [23] exerce sur lui : « Elle a partie liée avec les Anglais. » Et il ajoute :

« Il faut être Anglais ou Américain pour ne pas comprendre que l'administration centrale, une fois créée, sera dans la poche des Russes. Déjà ils ont mis de leur côté les organisations socialistes et communistes allemandes, ils ont pris par la peau du dos un certain nombre de politiciens allemands qui sont les champions de l'unité allemande, ils leur surajouteront demain quelque von Paulus à leur solde. Les Allemands seront alors de leur côté. Si j'ai été à Moscou, c'était parce que je cherchais à faire appuyer par une autre puissance notre demande d'internationalisation du Rhin et de la Ruhr. Les Russes y avaient intérêt comme nous, pour des raisons bien différentes, parce que tout ce qui peut représenter, géographiquement, leur présence en Europe occidentale, les intéresse. »

M. Vendroux indique qu'à plusieurs reprises il s'est fait, auprès de Maurice Schumann, l'écho des protestations que je viens d'énumérer. « Schumann, dit-il, m'a pris chaque fois les deux mains. Il semblait bouleversé par le soupçon qu'il ait pu chercher à abriter la politique du M.R.P. derrière le général de Gaulle après le départ de celui-ci. Mais en dehors de protestations de loyauté et d'amitié infiniment touchantes, je n'ai pu obtenir de lui aucune réponse concrète, aucun semblant d'engagement. »

Le Général dit alors avec une sorte de fougue retenue :

« Peu m'importent les sentiments de M. Schumann ! Je n'ai pas le souci de faire du sentiment. Le M.R.P. a commis une véritable escroquerie. »

« Moralement, sur la question de l'administration centrale en Allemagne, Bidault a déjà lâché. Pensez à 1919 : lorsqu'un des partenaires admettait qu'on discutât devant lui d'un problème, c'était qu'à partir de ce moment-là il n'y avait plus qu'à lâcher. Si l'on fait un Reich, il sera dans les mains de la Russie.

– Il faudrait donc, selon vous, tenir intégralement la thèse française ?

– Naturellement. Et puis, ce qu'il faut faire, c'est les attaquer tous les trois, en n'ayant pas peur de leur mettre le nez dans la réalité. Qu'est cette réalité ? Il faudrait, tout d'abord, leur dire : " Vous êtes, vous Angleterre, vous États-Unis et vous Russie, dans une crise potentielle très grave. Vous allez à la guerre. Les négociations ne se déroulent plus, entre vous, d'allié à allié, mais de puissance à puissance. Voilà pourquoi vous faussez le jeu dans la mesure où, pour marquer des points, vous cherchez à faire du Reich un instrument de votre puissance, de votre future guerre. Tant que vous fausserez le jeu, nous refuserons de discuter.

“ Et puis, il y a la question pratique, qui s’appelle la sécurité de la France. Quand il s’agit de notre sécurité, comment accepterions-nous la discussion sans que la question de Cologne et de la Ruhr soit préalablement réglée ? Vous, Anglais, vous n’extrairiez pas de charbon en quantité suffisante. Vous, Américains, l’extraire ne peut vous intéresser, car le transporter vous ruinerait. Vous, Russes, si éloignés, vous n’en avez pas sérieusement besoin. Pour nous, Français, le seul moyen d’avoir du charbon, c’est d’avoir la Ruhr. C’est l’extraire et non l’acheter aux Allemands. ”

» Ceci ne m’intéresse plus qu’au point de vue spéculatif. Conversation en pure perte, car, en réalité, la question est réglée d’avance. Bidault lâchera tout !... »

« Qu’il s’agisse de la question allemande, qu’il s’agisse de notre prestige au-dehors, qu’il s’agisse du ravitaillement, de la situation financière, de notre Empire, de la production, ou de tout autre problème, aucun de mes ministres ne se demandait : “ Quel est l’intérêt national ? ” Mais, automatiquement : “ Où est l’intérêt de mon parti dans ce problème, où est son intérêt électoral ? ”

» A partir de ce moment-là, il n’y avait plus de gouvernement de la France. C’eût été déloyal de rester. Non pas, d’ailleurs, que les Bidault, les Francisque Gay, les Gouin ou les Vincent Auriol fussent individuellement des hommes mauvais ou malhonnêtes, ou absolument incapables... Non. Mais ces hommes, pris dans un certain système, dans un certain parti, engagés dans ce régime des partis, se trouvent nécessairement acculés à l’abjection et à la bassesse, quand ce n’est pas à la trahison. Que le ministre, que l’homme de parti, que le fonctionnaire, que la ménagère, que l’ouvrier ou que le patron se soient dit : “ Ce sera dur. Il faudra subir. Poussons donc tous ensemble à la roue. ” Et la France était sauvée. On ne lutte pas contre tout un peuple, contre un peuple qui exigeait, dès la libération de Paris, la liberté de 1939...

» Quand Napoléon Ier a fait le 18 Brumaire, c’est que la France entière poussait derrière. Napoléon a fait le 18 Brumaire parce que la France *l’exigeait.* Quand Napoléon III a mis les partis à la porte, le courant national était dans son sens. Moi, j’ai eu affaire à une opinion qui poussait en sens inverse, qui s’effondrait sous moi... »

Les principaux thèmes de réflexion du Général sont à peu près invariables. Ces thèmes ressemblent à une tapisserie cent fois reprise, qui se recouvrirait insensiblement de couleurs vives. La perspective n’apparaît que beaucoup plus tard...

Après le déjeuner, le Général donne, pour la première fois devant moi, l’aperçu suivant des raisons de son départ :

« Tout d’abord, il est bien certain qu’après six années sous le projecteur, j’éprouvais une certaine fatigue. Au surplus, j’éprouvais le besoin bien normal de prendre quelque recul. Et puis, il y a eu aussi le désir de ne pas rendre plus difficile la tâche du gouvernement en demeurant à sa tête. Nous étions parvenus dans une de ces périodes politiques qu’Anacharsis Cloots a fort bien définies, lorsqu'il disait, à la Convention : " Les révolutionnaires doivent se méfier des personnalités. "

» Enfin et surtout, je pense que ma présence à la tête du gouvernement de la France ne pouvait être utile que dans la mesure où il eût été possible de donner à mon pays des institutions durables. Avec le jeu actuel des partis – un jeu qui fausse la représentation de la volonté nationale – aucun texte constitutionnel ne représentera jamais autre chose qu'une création de nouveaux partis. La France n'est pas mûre pour des institutions durables. Plus tard, nous verrons... »

Je tremble que les « intermédiaires » ne déplorent ces perspectives. Les propos qu'on lui prête, les réflexions suscitées chez les hommes de plume par son départ, tous ces rassemblements politiques dont on nous rebat les oreilles et tous ces regroupements de presse dont on parle sous le manteau comportent, à mes yeux, de sérieux dangers. Dangers – par des tentatives maladroites sur le plan électoral, par l'affichage de « programmes » dont ses ennemis ne manqueront pas de lui attribuer la paternité – de diminuer sa stature, de disqualifier les plans qu'on lui attribue. Comme Malraux me le disait si bien, après ce déjeuner de Marly : « Leurs petites pattes de moineaux vont laisser des traces sur sa neige. » Risque supplémentaire : perdre l'avantage stratégique de l'homme qui tombe de la lune...

Songer exclusivement au poids des événements semble, à première vue, insuffisant. N'aurait-il pas fallu, par une phrase tout au moins, surajouter au poids démonstratif des faits de demain une explication préalable, un théorème ? Dans cette confusion, dans cette ruche qu'est devenue l'opinion, alors le miel n'eût-il pas été au casier, au lieu de fondre et de se répandre sur le sol ? Une phrase, et les efforts de l'opinion pour comprendre au carrefour de tant de programmes et de tant de partis, et chacun eût pu y trouver une orientation, un guide.

A cela, que je répétais une fois de plus au Général et que Malraux reprit immédiatement à son compte, il répondit :

« Une déclaration de départ eût été, quel qu'en fût le texte, une déclaration de guerre au gouvernement. On m'eût taxé de torpillage, de sabotage. En disant quelque chose des partis et du jeu parlementaire actuel, je serrais ces partis les uns contre les autres. Je les consolidais. En les laissant cuire dans leur jus, je laisse l'expérience se dérouler normalement. On ne pourra m'accuser, un jour, de l'avoir faussée...

– Oui, fis-je remarquer, peut-être le chef de l'État ne pouvait-il se retirer sur une déclaration de principe. Mais le citoyen que vous êtes ne pourrait-il, maintenant, fixer, par une phrase seulement, les esprits ?

– Au regard du temps, " maintenant " se confond encore avec la date de mon départ.

» Voyez-vous, à trois reprises j'ai dû me confier à la force démonstrative des événements. En 1934, j'avais préconisé la création d'un outil que chacun jugea aussitôt inutilisable. J'eus beau élever la voix, rien n'y fit : pas un, vous m'entendez, pas un n'a semblé comprendre. En 1940, lorsque Reynaud fit appel à moi, je préconisai le rassemblement de toutes nos forces dans l'Empire. J'eus beau élever la voix et les démonstrations verbales, rien n'y fit, pas un, vous m'entendez, pas un ! ne me suivit. Et lorsque, de Londres, je prétendis, au nom de la France, continuer la guerre, – ne vous y méprenez pas : à part un tout petit nombre d'hommes, personne n'entendit mon appel. Et même parmi ceux qui vinrent à moi et qui combattirent, combien crurent vraiment, combien *connurent* d'emblée, d'évidence, que notre victoire était inévitable ? J'ai gardé des deux premières années de la France Libre le souvenir d'une solitude incroyable...

» Il en est de même aujourd'hui. Voilà pourquoi je me confie, une fois de plus, à la force démonstrative des faits.

– Oui, mon Général, remarquai-je, mais entre les trois dates évoquées et le moment présent, il y a cette grande différence qu'en 1934 et en 1940, si vous étiez connu de quelques spécialistes et d'un petit groupe d'hommes, par contre maintenant, toute une partie de l'opinion a les yeux tournés vers vous. Dans cette opinion, la moindre phrase, surtout après le silence auquel vous vous êtes astreint, aurait une portée et un retentissement incalculables. »

Après un bref silence, il me répondit avec un petit rire reniflé :

« Mais si c'est cela que vous redoutez : mon silence, alors ne craignez rien : je n'ai pas dit mon dernier mot !... »

Mardi 12 mars 1946

Ce matin, le premier d'une série de trois articles signés de l'amiral Barjot vient de nous indiquer ce que nous pourrions attendre d'une guerre à l'uranium 235. A déjeuner : le Général, sa femme et sa fille. Je parle de la bombe atomique. (Il devient très gai...) Je décris l'expérience projetée pour le 15 mai, dans l'atoll de Bikini :

« Deux bombes seront sacrifiées pour cette expérience. La première éclatera d'un radeau, l'autre à quelques centaines de mètres au-dessus de l'eau, jetée d'un avion sans pilote. Chaque bombe coûte dix milliards de francs... Le trou provoqué dans l'eau par l'explosion aura un diamètre d'un kilomètre et demi. Un raz de marée de cinquante mètres de haut, écrasant les unes contre les autres les coques de quatre-vingt-dix-sept bateaux (dont quatre cuirassés), déferlera sur des centaines de kilomètres, cependant que l'hydrogène et l'oxygène de l'eau, séparés par l'explosion, s'enflammeront, formant une trombe incandescente de quinze mille mètres...

– ... Une raison supérieure, interrompt le Général, nous emporte vers des destinées inimaginables, à ceci près que nous avançons avec des folies plus démesurées. Ce siècle est devenu fou. »

Il avale sa soupe, puis, à l'instant le plus imprévu, cherche la main de sa fille, la lui serre comme on dit bonjour, affectueusement, assez rapidement :

« Alors, ma fille, vous allez vivre tout cela et cela ne vous effraie pas ?...

– Oh ! vous savez, Papa, il sera temps pour moi de songer aux cataclysmes lorsqu'ils seront sur moi !

– Moi, dit-il, je ne les verrai pas : je serai mort depuis longtemps. »

Dans la forêt de Marly

Il vient d'évoquer, en cas de guerre, la ruée des Russes vers Paris :

« Les Russes à Paris, cela veut dire la guerre. Le moment venu de se durcir le cœur. »

La neige fond sous ses pas.

« Dans neuf jours, date officielle du printemps... Mars : mois de la guerre pour les peuples méditerranéens... Quant aux hommes du Nord, c'était traditionnellement le mois de mai. Les féodaux se rencontraient au champ de mai...

– Il est une chose, mon Général, que j'ai peine à imaginer, tout d'abord parce qu'elle est probablement inimaginable : comment sera-t-il jamais possible, pour les chefs d'état-major d'une guerre atomique, d'exécuter point par point le plan d'une opération, de transmettre leurs ordres, d'en contrôler l'exécution, de tenir des réunions, de faire circuler des trains, comment sera-t-il possible à un gouvernement d'organiser " l'arrière ", d'entretenir la production de guerre dans les usines et d'obliger les ouvriers à y rester ?

– Le choc moral sera tel, il dépassera tellement les limites de notre endurance, que les chefs d'État seront incapables d'exiger la discipline nécessaire.

– Croyez-vous que les États-Unis disposeront d'une quantité relativement limitée de bombes ? Auquel cas, la guerre pourrait se prolonger longtemps, avec emploi rare, mais intermittent, d'armes atomiques...

– Les Anglo-Saxons disposeront d'une quantité de bombes pratiquement inépuisable. L'Amérique en guerre en fabriquera autant qu'elle voudra. »

Le Général pense que, pour l'instant, les Russes ne disposent pas encore des moyens nécessaires pour produire la bombe. Quand bien même ils détiendraient – ce qui semble déjà acquis après le communiqué de Mackenzie King de la semaine dernière – les éléments constitutifs du plan exact de la bombe, la clef du problème demeurerait la masse critique permettant l'explosion.

Marly, jeudi 14 mars 1946

M. Capitant est venu déjeuner à Marly, aujourd'hui jeudi 14 mars. Le colonel de Boislambert, gouverneur de Rhénanie, assistait également à ce déjeuner.

L'ancien ministre nous parle tout d'abord du Rassemblement républicain [24]. La minorité antigaulliste agrégée à ce Rassemblement est devenue très rapidement majoritaire, grâce aux fonds dont elle disposait. Uniquement soucieux de découpages électoraux, ces hommes n'avouent pas encore leur programme. Il apparaît néanmoins que leur politique consistera, à l'intérieur du nouveau Parlement, sinon au cours de la campagne électorale, à renvoyer dos à dos, dans l'esprit des futurs électeurs, le général de Gaulle et les trois partis. Par conséquent, les gaullistes qui se lieraient à ce Rassemblement seraient condamnés :

1°) au moment des élections, à faire figure de parents pauvres;

2°) après les élections, à se retirer ou à trahir.

Le général Billotte n'a fait que confirmer, cet après-midi, le point de vue de M. Capitant. Il a marqué son intention de s'en retirer.

Les journaux du matin annoncent, en manchettes énormes, que les Russes sont arrivés à trente kilomètres de Téhéran. M. Capitant demande au Général :

« Croyez-vous que la prise de Téhéran, la substitution au gouvernement actuel d'un gouvernement aux ordres du Kremlin ou l'occupation des régions pétrolifères voisines de la frontière turque et iranienne puissent susciter un conflit ?

– Non, répond catégoriquement le Général. Voyez plutôt l'attitude des Anglo-Saxons : les Soviets font avancer leurs troupes en violation des engagements internationaux et Londres et Washington répondent en proposant une conférence. Pourquoi ? Parce qu'ils préfèrent n'importe quelle solution juridique, étant moralement incapables de combattre matériellement les Russes. » Et il ajoute : « D'ailleurs, n'en doutez pas : si une conférence a lieu, ils se soumettront à l'état de fait !

– Et plus tard ?

– Plus tard, les Russes chercheront à avancer, par saccades. Staline donne l'apparence de la résolution inflexible, quoiqu'il existe une grande part de " bluff ", dans son cas. Il croit pouvoir réaliser, par étapes, sans avoir à faire effectivement la guerre, comme Hitler...

– Vous pensez qu'Hitler ne voulait pas la guerre ?

– Non... Dans tous les cas, il ne la croyait pas inévitable ! Ou, tout au moins, il espérait ne pas avoir à la faire effectivement. C'était encore le cas pour la Pologne. Il ne se voyait pas pressé par l'imminence d'un conflit... »

Il revient à Staline :

« Je crois d'ailleurs que Staline pourra pousser assez loin ses succès. Seulement, il y a l'envers de la médaille : chacun des nouveaux gains exploités par les Soviets soumettra l'opinion, qu'il s'agisse de l'opinion russe ou de l'opinion anglo-saxonne, à une tension nouvelle. Ces tensions successives auront pour contrepartie ce consentement implicite que la guerre, à plus ou moins long terme, est inévitable. Et lorsque tous les peuples du monde auront atteint à un état de résignation universelle, alors n'importe quel événement, si menu soit-il, d'une beaucoup moins grande conséquence que l'invasion d'une partie de l'Iran par les troupes soviétiques, déclenchera le conflit. Je ne sais pas, moi, ce sera peut-être l'assassinat d'un pope obscur par le représentant, plus obscur encore, d'une minorité balkanique, ou bien le fait, pour un régiment, de franchir par erreur de quelques mètres seulement telle ou telle frontière... Un tel événement peut se produire dans un mois ou dans dix ans. Peu importe... L'immédiat n'a aucune importance !... »

On parle des communistes français. Le Général remarque :

« En tant que parti, les communistes ne représentent guère plus de danger que tel autre parti. A ce titre, ils me font rigoler. Comme les autres, ils sont incapables de gouverner. Ils ne constituent un danger que dans la mesure où ils représentent en France la volonté de l'étranger. »

Il prend l'exemple suivant :

« Imaginez qu'après les élections nous assistions à la formation d'un gouvernement composé de communistes, de socialistes, et de radicaux-socialistes. Il est évident – compte tenu de la vachardise de leurs partenaires – que nous aurions pratiquement affaire à un gouvernement communiste. Imaginez alors que la Défense nationale soit confiée à un communiste, que ce communiste décide qu'il importe de faire profiter immédiatement nos centres d'entraînement de l'immense savoir des instructeurs de l'Armée rouge. Quelques mois encore et des centaines d'officiers de l'Armée rouge seront à pied d'œuvre, sur le sol de France. Imaginez, de plus, qu'un régiment de républicains espagnols déguisés en phalangistes, comme les faux régiments polonais de Hitler, simule une avance de quelques kilomètres à la frontière franco-espagnole et le gouvernement français obtiendra aisément d'une opinion publique (artificiellement... ?) qu'elle exige de lui, gouvernement, la présence et l'appui de troupes soviétiques pour rejeter Franco hors de France. »

M. Capitant demande au Général :

« Vos rapports avec les communistes ont-ils évolué depuis 1942 ?

– Non. Dès le début, ils ont su qui j'étais. De même, les avais-je pénétrés depuis le début. Ils ne se sont jamais fait d'illusions sur mon compte et réciproquement. Malgré cela, je les ai pris ; car ils représentaient une proportion importante de la Résistance. Non point à titre de résistants indépendants : ils sont entrés dans la Résistance comme hommes de parti, et cela dès le début, *avec une arrière-pensée*. Les écarter, c'eût été renoncer à manœuvrer ces forces indispensables à notre action qui s'appelaient le C.N.R. [25], les C.D.L., les F.T.P., etc. Si j'avais prétendu, à l'époque, exclure les communistes de leurs rangs, les principaux organismes de la Résistance m'auraient échappé. »

Le Général : Si, après le départ de Roosevelt et Churchill, les démocraties avaient été conduites par autre chose que par des garçons coiffeurs, il était possible d'éviter la guerre. Devant l'attitude du Kremlin, la solution consistait, pour les Anglo-Saxons, à dire aux Russes : « Halte-là ! Vous allez démobiliser une partie de l'Armée rouge et les effectifs que vous désirerez maintenir sous les armes ne pourront être que réduits. Et placés, comme les nôtres, sous contrôle international. Si vous refusez, c'est la guerre immédiate ! » Mais, par définition, ce ne sont pas des chefs d'États démocratiques qui pourraient tenir ce langage : *ils seraient aussitôt désavoués.*

Le Général : Pour les Français, le problème du Rhin, c'est des A.F.A.T. [26] qui se promènent en voiture ! Pas un qui tire son chapeau devant les choses considérables que nous y avons faites.

– *Lui* : Les Russes à Paris ? Mais oui, vous les aurez.
– *Moi* : Par personne interposée ?
– *Lui* : Par personne interposée, c'est déjà fait ! Plus tard, vous aurez *les Russes*, de vrais Russes !...
Il poursuit ainsi :
« L'affaire Franco [27] a déjà servi d'appel du pied. Le pas suivant consistera probablement, après les élections, à faire crier le peuple français de plus en plus fort, afin qu'il finisse, sous la pression des partis de gauche, à appeler les Russes à l'aide contre Franco. Alors, nous aurons les Russes.
– *Moi* : Mais, que devenons-nous alors ?
– *Lui* : Il ne s'agit déjà plus de savoir ce que fera la France. Il s'agit de savoir ce que feront les Russes et les Anglo-Saxons. Tout le reste n'a déjà plus d'importance.

Paris, jeudi 4 avril 1946

Alors que je ne l'ai vu qu'une fois depuis la date du départ du général de Gaulle, et que nos rapports étaient loin d'être étroits, même avant cette date, Maurice Schumann a cru nécessaire de me téléphoner ce soir, pour me représenter clairement que son parti est résolu à se battre jusqu'au bout sur la question allemande, après le discours de Montrouge [28]. « Nous ne pouvons partir, m'a-t-il précisé, qu'en prenant une position nationale, à propos d'un problème national. En ce qui concerne la Constitution, si l'on continue à vouloir nous intimider, nous ferons voter contre. » M. Schumann a insisté sur l'attitude des socialistes, déclarant qu'ils les avaient « complètement lâchés ».

« Vous avez certainement lu mon article d'hier matin (3 avril) ; vous savez quelle position j'y ai défendue. Le ministre des Affaires étrangères m'appela au téléphone pour me dire que la position de la France sur le Rhin, telle que je l'avais définie, reflétait du même coup sa propre position. Cette position, il s'est engagé à la défendre jusqu'au bout, sans faiblir. »

Maurice Schumann a noté, en terminant, que seules *L'Aube* et *La Nation* [29] avaient pris position avec courage, depuis le discours de Montrouge, et qu'il importait qu'on sût que *La Nation* allait succomber, faute d'argent, d'ici quelques jours.

Marly, mercredi 10 avril 1946

Je déjeune seul avec lui. Il est fort silencieux. Vient l'heure du café. Il me parle longuement :

« Le corps électoral se composait, aux dernières élections, de vingt-cinq millions de Français. Le bloc " marxiste " comprenait environ neuf millions et demi d'électeurs, soit cinq millions de voix communistes, et quatre millions et demi de voix socialistes.

» Les partis de droite ont recueilli trois millions de voix, chiffre relativement faible, pour deux raisons principales : le fait, tout d'abord, que la vieille droite traditionnelle et catholique a souvent voté pour les candidats M.R.P. ; aussi, parce que les partis de droite se présentèrent en ordre dispersé, trop discrédités pour se regrouper en une seule force, ou pour oser se poser franchement en champions de l'antimarxisme.

» Quant à la masse abstentionniste, elle représente le cinquième des électeurs, aux dernières élections.

» Au référendum et aux prochaines élections, que se passera-t-il ? Quoi qu'il arrive, la masse socialo-communiste atteindra à un total à peu de choses près égal au précédent, soit qu'il y ait peu de variations dans la répartition des sièges entre socialistes et communistes, soit que les deuxièmes " bouffent " des sièges aux premiers.

» Il apparaît également assuré que la Constitution ne sera adoptée ou rejetée qu'à une majorité infime. Les M.R.P. sont les principaux responsables d'une telle situation. Je sais bien qu'ils disent :

" Si nous avions quitté le gouvernement en même temps que vous, le nouveau gouvernement eût capitulé sur le Rhin. "

» Moi, je réponds :

" Jamais, car une telle capitulation eût permis la signature d'un pacte franco-britannique, ce dont les Soviets ne veulent à aucun prix. "

» Les M.R.P. disent encore :

" Notre départ, c'était le retrait immédiat de nos troupes d'Indochine, c'était la perte de l'Indochine. "

» Et je réponds :

" Un ministre des Colonies socialiste ou communiste s'en fût tenu à la politique suivie par Marius Moutet. Le parti communiste n'eût jamais risqué l'abandon de l'Indochine à trois mois des élections. "

» Non, non !... la vérité, c'est qu'en restant, les ministres M.R.P. n'ont rien empêché. Ils ont tout doucement perdu la face aux yeux de cette partie de l'opinion catholique et conservatrice qui leur avait fait confiance. Beaucoup de " nationaux " les tiennent maintenant pour complices des nationalisations, de la loi électorale, et même de la Constitution. Ceux-ci, n'en doutez pas, placeront leur bulletin de vote sur des candidats P.R.L. [30].

» Le retrait des M.R.P. au moment de mon départ eût permis le regroupement d'une opposition considérable. Il est probable que la Constitution eût été rejetée massivement au cours du prochain référendum, et que le vomissement quasi général d'un gouvernement d'Assemblée fût venu après les élections. Le danger de dictature par un seul parti se fût ainsi trouvé anéanti. »

Je parle alors au Général d'un entretien que j'ai eu hier avec M. Teitgen qui désirait m'entretenir de l'instruction du procès Weygand, la commission d'instruction ayant décidé d'envoyer à Marly une commission rogatoire destinée à préciser certains points d'une interview accordée à Jean Oberlé en mai 1943, et que celui-ci n'a fait paraître qu'en juin 1945.

Au cours de cet entretien, le garde des Sceaux m'a déclaré : « Nous avons décidé de répondre " non " au référendum. »

Le Général s'esclaffe :

« Ce brave Teitgen me fait rigoler ! Je l'avais fait venir la veille de mon départ, pour lui faire part de ma détermination. " Si vous partez, m'a-t-il déclaré sur-le-champ, et du ton le plus catégorique, alors je fais mes malles. "

» Trois mois après ces paroles sublimes, je n'ai pas entendu dire qu'il ait quitté la place Vendôme... Et voilà pourquoi je n'accorde aucune importance à la " décision " soudaine du M.R.P. de voter contre la Constitution. Les communistes jetteront beaucoup de lest dans les prochains jours et cela pendant les dix dernières minutes avant le vote. Ainsi, les M.R.P., toujours velléitaires, défendront-ils en fin de compte ce monstre constitutionnel devant leurs anciens électeurs désabusés...

» X*. est venu me voir la semaine dernière ; au cours de la conversation, il m'a dit : " Lorsque vous vous êtes retiré, je désirais connaître dans mon âme et conscience où était la Vérité. Aussi, me suis-je rapporté à votre discours de novembre 1945 dans lequel vous indiquiez votre détermination de refuser aux communistes les Affaires étrangères, la Défense nationale et les Finances.

" La détermination du M.R.P. ne devait-elle pas être la même ? C'est pour cette raison que j'ai recommandé à mon parti de participer. Les communistes n'ont pu, jusqu'ici, mettre la main sur les leviers de notre politique extérieure, non plus que sur l'Armée. C'est à nous que la France le doit. " »

Et le Général conclut :

« J'ai fait remarquer à ce brave X*. qu'il raisonnait comme Vichy le fit en présence des Boches, car, c'est sous prétexte de ne pas laisser tomber l'administration entre les mains de l'ennemi ou des agents de l'ennemi que Pétain se cramponna au pouvoir avec une telle obstination, qu'il devint finalement l'instrument docile des Allemands.

» Sous prétexte de ne pas rompre, le parti M.R.P., n'en doutez pas, tombera dans la main des communistes. Il y est déjà à son insu. Et vous verrez que si M. Thorez est président du prochain gouvernement, rien n'empêchera M. Bidault de garder le pouvoir. Si un tel raisonnement a pu lui paraître convaincant en novembre, combien il devrait lui apparaître plus convaincant aujourd'hui, surtout après des élections qui ajouteront au péril communiste. »

* C'est la seule page du Journal où l'auteur a voilé un patronyme pourtant précisé dans ses notes manuscrites. *(N.d.E.)*

Je dis alors au Général ce qu'un ministre M.R.P. formulait devant moi encore récemment : « Le calice que nous avons bu depuis le 20 janvier est terriblement amer. Le Général s'en rend-il bien compte ? Voilà qui mérite la considération et l'estime. Malheureusement, après trois mois qui nous ont permis de conserver quelques positions clés, le Rhin et l'Indochine, l'alternative demeure tragiquement la même. »

Le Général répète encore ainsi sa pensée :

« Vous auriez dû répondre à ce métaphysicien que Pétain avait trahi pour s'être laissé faire prisonnier d'une semblable alternative. »

Michelet vient de faire remettre au Général, par l'intermédiaire de l'amiral Ortoli, une lettre indiquant le désir du gouvernement de trouver « une solution administrative » – décoration, promotion ou titre quelconque – permettant de « régulariser sa situation ». Voilà qui eût beaucoup amusé les Français libres, à l'époque de Londres ou d'Alger ; que ce gouvernement si suave ne s'impatiente pas trop dans son immense générosité : tant qu'il sera vivant, les événements se chargeront de promouvoir Charles de Gaulle. Et mort, il y a gros à parier, l'Histoire lui obtiendra un rapide avancement.

Je déjeune seul avec le Général qui me montre sa réponse à la lettre du ministre des Armées. Il me commente ainsi cette émouvante et orgueilleuse réponse :

« La démarche de Michelet, qui a été provoquée par le père Gouin, cache, de la part du gouvernement, des intentions qui ne sont pas toujours les mêmes selon le parti que chacun y cherche, ou auquel il appartient. J'y vois, tout d'abord, la volonté de me placer dans un cadre, pour me " tenir ", le cas échéant. Il y a, pour les ministres d'extrême gauche, le désir de me diminuer en faisant de moi, en cas d'acceptation, un homme comme les autres. Enfin, de la part des plus intègres et des plus sincères, cette démarche révèle une incroyable incapacité à saisir l'échelon où se placèrent ma personne et mes actes. Ils ne peuvent, quoi qu'ils fassent, se hisser à mon niveau, car le grandiose ne pénètre jamais dans leur esprit. Oui, ils ne peuvent percevoir le caractère absolument unique et exceptionnel de ce qui a été l'odyssée de 1940 à la Libération, dont il n'est aucun précédent dans l'Histoire. Précédent d'une voix anonyme, qui devint peu à peu la France, par une simple décision de ma volonté. Pauvres bougres ! J'ai recréé la France *à partir de rien*, à partir de cet homme seul dans une ville étrangère... Je ne suis pas un général vainqueur. On ne décore pas la France. »

Paris, mardi 16 avril 1946

J'ai reçu ce matin un coup de téléphone de Maurice Schumann.

Le comité directeur du M.R.P. a publié hier soir un communiqué comportant les quatre conditions [31] qui, acceptées par les deux autres partis sans aucune réserve, lui permettront de voter pour la Constitution.

Schumann qualifie ces conditions d'« ultimatum », et affirme que ses positions ne seront pas traversées. Pour leur conserver ce caractère, il a recommandé et obtenu du comité directeur que ledit communiqué, au lieu d'être remis aux partis intéressés, soit publié par voie de presse.

Il me demande de venir le voir. Visite « purement amicale ». Il m'explique aussitôt qu'il était fort ému par une conversation qu'il vient d'avoir avec Xavier de Gaulle. Celui-ci, qui vient de perdre son poste, sous prétexte de limite d'âge, mais dans des conditions manquant singulièrement d'élégance de la part de Francisque Gay, a laissé entendre à Schumann qu'il se présenterait aux prochaines élections si ses amis ne lui rendaient pas son poste, ou s'il n'obtenait pas une autre situation.

Schumann prétend s'être levé pour prendre congé. Il était outré. Xavier de Gaulle l'aurait accroché par la manche et se serait mis à lui parler de la crise constitutionnelle. A ce propos, il aurait cherché à opposer les thèses constitutionnelles du général de Gaulle à celles du parti M.R.P.

« Comment voulez-vous que je puisse en juger, a répondu Schumann, le général de Gaulle n'ayant jamais fait connaître sa position à ce sujet ? » A quoi Xavier de Gaulle lui aurait répliqué : « Le Général m'a dit samedi : " Le M.R.P. connaît parfaitement ma position en ce qui concerne la Constitution. " »

Schumann m'a fait venir parce qu'il estime que cette dernière phrase, si elle a été véritablement prononcée par le général de Gaulle, ouvre chez lui un grave débat de conscience sur lequel il désirerait être éclairé.

« Si j'ai pu connaître personnellement les thèses constitutionnelles du Général, j'ai mis mon point d'honneur à ne les divulguer auprès de quiconque, le secret m'ayant été demandé. Hier soir, par exemple, je proposais qu'aux quatre questions, formulées dans notre communiqué, fût ajoutée cette cinquième : désignation du président du Conseil par le président de la République. Eh bien, si je n'avais pas été tenu au silence, j'eusse pu me réclamer de la pensée du Général, ce qui eût probablement fait l'unanimité. Je désire que le Général mette un terme à cette équivoque, et qu'il me fasse dire clairement par votre entremise si, à un moment où le moindre souffle peut faire osciller la balance, je puis, selon un dosage et une coloration convenus, je puis me réclamer directement ou indirectement de ses convictions personnelles. »

Je me suis rendu aussitôt à Marly, et j'ai posé au Général la question suivante :

« Schumann vous demande de confirmer ou infirmer s'il doit tenir pour secret votre dernier entretien ? »

Après quelques secondes de réflexion, amusé, puis bientôt plus grave, le Général m'a déclaré :

« Je ne vois aucun inconvénient à ce qu'il fasse état, auprès de quelques-uns de ses amis, de notre dernier entretien... »

Puis, tout à coup, il se ravisa, écartant d'un geste la phrase qu'il venait de prononcer, et me dit :

« Attendez-moi dans la pièce à côté, je vais lui écrire. »
Une demi-heure plus tard, je quittais Marly, avec une lettre.

J'ai vu Gaston Palewski avant de remettre cette lettre, car elle ne me semblait pas répondre à la question posée : Pouvait-il faire état de la position, connue jusqu'ici de lui seul, du Général, en matière constitutionnelle ?

Sur le conseil de Palewski, j'ai repris la lettre phrase par phrase avec Schumann, et ai interprété la réponse du Général de la manière suivante :

« Vous ne pouvez montrer cette lettre à qui que ce soit. A vous, si vous le jugez souhaitable, de vous en servir pour atteindre le but, mais que le nom du Général ne soit jamais mis en cause. »

J'ai quitté Schumann en lui assenant les deux arguments suivants, qu'il a méditées et qu'il m'a prié de lui répéter avant de nous séparer :

1) Il est inconcevable de penser que, si le Général venait à prendre position publiquement à propos du texte constitutionnel, le parti de Maurice Schumann vienne à se trouver dans l'opposition.

2) L'alternative dans laquelle se trouve placé le M.R.P. (demeurer au gouvernement en s'acheminant vers des conciliations de plus en plus déshonorantes ou partir en abandonnant des administrations clés), cette alternative rappelle singulièrement, toutes proportions gardées, celle où se trouvait placé le maréchal Pétain en 1940.

Schumann m'a supplié, au cas où le général de Gaulle viendrait ultérieurement à prendre position, de le prévenir aussitôt, non pas pour son parti, mais pour lui-même.

Marly, mercredi 17 avril 1946

Le M.R.P. a pris position : il fait marcher ses troupes contre la Constitution. Par 309 voix contre 249, l'Assemblée constituante a ratifié le texte constitutionnel.

« Le pays est maintenant coupé en deux, constate le Général. Voilà qui est grave. Bientôt, les passions s'en mêleront. Les deux blocs sont irréconciliables. Comment les partis pourraient-ils gouverner dans de telles conditions ? N'en doutez pas : à propos de chaque événement national ou international, fût-il faible en conséquences, les adversaires en viendront aux mains, le ton dorénavant va s'élever. »

Je lui fais remarquer que sa « démonstration » est entrée dans sa phase première. « Triste satisfaction », répond-il.

Dans la forêt, une jeune fille se précipite devant ses pas, braquant sur lui un petit kodak. Il la salue d'un lent coup de chapeau et lui lance gentiment : « Bonne chance, Mademoiselle ! »

Dès que la jeune fille s'est éloignée, il remarque, de bonne humeur : « La foule n'est pas désagréable lorsqu'elle est *groupée.* Ce que je n'aime pas, c'est la foule en détail, la foule par petits paquets, par bandes, qui dévisage, qui demande des autographes... »

Il repense alors, la bouche méditativement immobilisée autour du cigare de l'après-déjeuner, à la situation constitutionnelle. Il prononce quelques paroles imperceptibles, sur un ton de moins en moins dubitatif... Il s'arrête alors et tranche :

« Non ! il ne se peut pas que cette Constitution soit ratifiée ! Ça, c'est certain ! »

Il note alors qu'aux dernières élections, la masse socialo-communiste était de 9 700 000 électeurs. Pas une circonscription où ces deux partis n'aient présenté des listes. Cette masse, il la prétend à peu près intangible. Quant aux autres partis, ils représentaient, aux dernières élections, un total de 10 300 000 voix. C'est là qu'il y a eu des changements. Car, si, à l'époque, ces voix s'étaient réparties sur une grande quantité de groupements et de programmes, il n'en sera plus de même cette fois-ci.

« Les radicaux-socialistes et le P.R.L. sont fortement organisés et présenteront des listes partout. Si bien que tout électeur de droite ou du centre aura l'occasion de désigner un candidat répondant à ses tendances. »

Revenant au référendum, il affirme :

« Si la question est clairement posée par les adversaires de la Constitution, et elle le sera, à savoir : " La Constitution est un cheval de Troie communiste. Acceptez-vous une dictature communiste ? " – alors, pas de doute possible : la Constitution sera rejetée !

» La situation n'est plus du tout la même qu'en 1924, lors de la formation du Cartel [32]. Alors, Édouard Herriot servait de répondant aux communistes. La situation n'est plus du tout la même qu'en 1936, où Daladier servait d'appât, entre les mains des socialo-communistes. Herriot, Daladier... De tels noms rassuraient les pauvres bougres. Une voix intérieure leur susurrait : " Tout cela n'est pas bien dangereux. Pour que les radicaux consentent à s'associer à un rassemblement de gauche, c'est que nous ne risquons pas grand-chose en favorisant l'avènement de cette nouvelle majorité. " La curiosité et le goût du neuf l'emportèrent. On se laissa faire...

» Mais, cette fois-ci, l'équivoque n'est plus possible et les hommes d'extrême gauche ne trouveront plus d'appui dans l'opposition dont aucun représentant ne consentira à apporter à leur moulin les voix du centre... »

Il me parle alors du M.R.P. :

« Voyez-vous, ils ont mauvaise conscience. Ils savent qu'ils se sont retirés trop tard. Aux yeux des conservateurs, ils sont entachés de socialisme. Les P.R.L. leur prendront au moins 30 sièges ; il n'est pas impossible que ces derniers envoient 100 députés à la prochaine Assemblée constituante.

» Quant aux socialistes, eux, ils font un visage ridicule, lorsqu'ils se frappent le cœur en disant : " Nous avons épuisé, dans l'intérêt général, tous les moyens de conciliation possibles pour empêcher les deux partis qui nous encadraient d'en venir aux mains. " On a beau jeu pour leur répondre : " Oui et vos transactions ont échoué. En vérité, quel piètre arbitre vous avez fait ! " »

Il conclut :

« Les socialistes n'intéressent plus. Quant aux communistes, ils vont au référendum en agitant l'épouvantail : " Tout citoyen qui voterait contre la Constitution se placerait en dehors des lois de la République. " Leur cynisme va trop loin, ils sont trop sûrs d'eux-mêmes. Ils devraient cacher un peu plus leur jeu. »

Je lui demande s'il ne pense pas que la supériorité des moyens de propagande et des ressources financières vont profiter aux communistes. Il m'interrompt catégoriquement :

« Non, bien au contraire ! La propagande a épuisé ses effets. Les gens sont blasés des tracts et des slogans. Seuls les faits et le succès compteront désormais.

– Mais la virilité, cet esprit de décision, ce dynamisme qui les caractérisent ?

– Où voyez-vous que les communistes montrent de la décision, de la virilité ? Ils n'ont sur les autres partis qu'un avantage, c'est qu'il n'en sont pas un : ils sont *une entreprise*. Mais cet avantage comporte un grave inconvénient qui apparaît chaque jour un peu plus aux yeux de l'opinion : ils ne croient pas à ce qu'ils disent. La vérité, pour un communiste, c'est ce qui peut le mieux servir à la conquête cynique du pouvoir. Oui, un avantage, mais qui comporte un grave inconvénient. Celui-ci jouera au profit de l'opposition, et celui-là contraindra les socialistes à céder des sièges aux communistes. »

Marly, mardi 23 avril 1946

M. Brouillet indique au Général qu'il a vu, vendredi dernier (c'est-à-dire avant la décision des M.R.P. de voter contre la Constitution), son ami Paoletti, qui travaille avec MM. Stœtzel et Max, à l'élaboration des sondages de l'étude d'opinion publique :

« Il m'a affirmé qu'en utilisant les mêmes méthodes qui procurèrent aux dernières élections une approximation de 3 %, les plus récents sondages indiquent qu'en cas de retrait des M.R.P. sur le plan de la majorité constitutionnelle, le référendum donnerait 65 % de oui, si les M.R.P. faisaient voter oui. Si le M.R.P. recommandait au contraire à ses troupes de voter la Constitution, celle-ci recueillerait 85 % des votes exprimés. »

Le Général, bien loin d'être ébranlé, donne son opinion :

« Je n'en crois rien. Pour moi, la Constitution ne passera pas. Ce sont les huit derniers jours qui feront toute la différence dans les esprits. Vos chiffres sont antérieurs au changement de position du M.R.P. Le départ de ses hommes servira d'indication pour une bonne part de l'opinion.

» Le texte constitutionnel importe peu : les gens votent avec leurs sentiments. Ils s'apercevront à temps que la Constitution qu'on leur propose est un instrument au service des communistes. Voilà pourquoi ils la repousseront. Dans mon esprit, cela ne fait pas un pli. Il reste que le texte ne sera rejeté qu'à une très faible majorité. Le drame, c'est que, dorénavant, la France est coupée en deux... »

Et il ajoute :

« Du point de vue du rejet de la Constitution, il est heureux que je sois parti. Bien entendu, si j'étais resté, j'aurais été obligé, par loyauté, de la combattre. *Ils* auraient manœuvré, de manière à mettre les radicaux dans leur jeu, leur répétant : “ Voyez : le Général a pris position contre la Constitution. ” Si bien qu'Herriot eût fait voter les radicaux en faveur de ce texte invraisemblable. Ce texte passait, il passait et j'étais coupé en deux...

» Il fallait partir, oui, il fallait partir avant d'être dégradé par la bagarre politicienne proprement dite. Avec les partis, on ne peut pas gouverner, c'est un fait. »

« Les socialistes sont bien embêtés. Dans son article du *Populaire* [33], Daniel Mayer mentionne à peine, ce matin, la lettre du parti communiste, proposant aux socialistes le front commun pour la propagande du référendum. Par contre, il a soin de ne se point couper des M.R.P., tant qu'il semble espérer encore un retour.

» Voyez-vous, les communistes ont manifesté trop d'enthousiasme pour cette Constitution. Ils se sont découverts trop tôt. Cela paraît insolite... les socialistes, eux, ne se sont pas engagés à fond dans la même direction. Vous verrez qu'ils ne s'engageront pas plus avant avec les communistes par crainte d'être “ bouffés ”. Non, non... tout cela n'est pas fini !

» Quant aux Bidault et aux Gay, vous pouvez être certain que leur inquiétude de s'être coupés de la gauche les empêche de dormir. N'en doutez pas, à l'heure qu'il est, ils doivent s'agiter dans les couloirs, avides de maintenir quelques points de contact... »

Marly, mercredi 24 avril 1946

« L'avantage du référendum, c'est qu'il contraint l'électeur à juger simplement, à centrer l'essentiel de ses opinions sur un thème élémentaire. Le meilleur jugement est, invariablement, le plus simple.

» Quelle était la pensée du dernier référendum, si ce n'est : “ Acceptons-nous ou rejetons-nous de Gaulle ? Acceptons-nous ou rejetons-nous l'équilibre des pouvoirs ? ”

» Quant au deuxième référendum, il oblige les Français, qu'ils le veuillent ou non, à répondre à cette question : “ Acceptons-nous ou rejetons-nous la dictature communiste ? ” Voilà pourquoi, en fin de compte, la Constitution sera rejetée.

» Par la loi du 21 octobre 45, réglant les rapports entre l'Assemblée et les pouvoirs publics, j'ai accroché, à la queue des communistes et de manière générale des partis, une casserole dont ils ne sont pas prêts de se débarrasser !...

» Quelle idée, non mais quelle idée j'ai eue d'instituer le référendum ! Presque tout le monde à l'époque poussa des cris épouvantables. Maintenant, plus personne pour s'en étonner : le référendum est entré dans les mœurs ! »

Marly, samedi 27 avril 1946

Le Général trouve dans son courrier, depuis le 17 avril, un certain nombre de lettres dont le thème est à peu près celui-ci :

« Vous manqueriez à ce que le Libérateur du territoire doit à la France, si vous n'exprimiez pas, avec votre franchise bien connue, ce que vous pensez d'une Constitution qui instaure la dictature d'une assemblée omnipotente, et bientôt, la dictature d'un parti soumis aux mots d'ordre de l'étranger.

» Vous devez révéler au peuple de France que si vous vous êtes retiré, c'était pour ne pas collaborer à une œuvre constitutionnelle qui tenait pour nulle et non avenue la volonté du peuple français telle qu'elle fut exprimée à une majorité de 65 %, en réponse à la deuxième question du référendum du 21 octobre. Si vous ne parlez pas avant celui du 5 mai, alors on vous reprochera toujours d'avoir laissé sombrer la France, sans un cri d'alarme, dans les ténèbres et dans les chaînes. »

C'est la pensée que, bien timidement d'ailleurs, est venu lui exprimer cet après-midi M. Diethelm.

Le Général lui a répondu calmement, mais vigoureusement :

« La seule vérité que je pourrais, à la rigueur, exprimer aujourd'hui, c'est que le gouvernement des partis est néfaste, et que je suis contre le régime des partis.

» Le terrain n'est pas assez tricolore, assez national pour cela... Il y a un certain nombre de vétérinaires " radicaux ", de droite ou de gauche, qui, si j'avais pris position contre la Constitution, au moment de mon départ, auraient automatiquement pris position " pour ", et si je faisais connaître cette position maintenant, alors les socialistes, les radicaux et les communistes clameraient que je suis candidat à la dictature. Car, bien entendu, je serais obligé de dire : " Les communistes veulent la dictature ", et, ce faisant, j'aurais l'air d'opposer la mienne à la leur.

» Je ne puis prendre position : ce serait avoir l'air de parler *pour moi.* Il va de soi que je ne puis pas former un gouvernement de partis, ni constituer, puisque la France est coupée en deux, un gouvernement de majorité.

» D'ailleurs personne n'ignore ma position en ce qui concerne le gouvernement d'Assemblée. Il n'est, pour cela, que de se rapporter à mes anciennes déclarations. Celles du 1er janvier par exemple. On peut même – et je n'y vois pas d'inconvénients – en faire des affiches et les coller sur les murs.

» Si le référendum était négatif, alors la question serait ouverte. Là, oui, il y aurait quelque chose à dire. »

Marly, jeudi 2 mai 1946

« Si la Constitution est rejetée, alors les choses deviendront graves... Seulement, moi, je ne pourrai toujours pas intervenir.

» Fort de plus de 60 sièges, Édouard Herriot réclamerait pour la nouvelle Constitution une formule bicamériste du type 75. Mais, si l'on tient compte de son point de vue, la Constitution nouvelle aurait contre elle toute l'opposition moins les radicaux-socialistes, et les communistes par surcroît. Si bien qu'elle recueillerait encore moins de voix que la précédente. Il n'y aura plus de majorité possible sur quoi établir un gouvernement et, à plus forte raison, une Constitution. Peu à peu, les partis s'effondreront jusqu'au jour où, au-dessus des partis, un cri sera enfin poussé au nom de la France. Il importe d'en finir pour une bonne fois. Je les laisserai tomber jusqu'au fond.

» Il y a deux arguments qui m'interdisaient d'intervenir avant le référendum : que je me jette entre les deux blocs, et je me place au niveau d'un Herriot ou d'un Marin, au niveau de l'écuelle... Désormais, je ne serais plus un recours. Et puis, si je parlais, on aurait beau jeu pour dire : " Alors, pourquoi est-il parti et a-t-il renoncé, lorsqu'il l'était officiellement, à son rôle d'arbitre ? " »

Le général Beynet, de passage à Paris avant de retourner en Syrie pour y passer ses pouvoirs, raconte que, durant les événements du Proche-Orient [34], la haine des populations contre les Anglais s'est accrue dans des proportions inouïes et que, par contrecoup, notre cote a beaucoup monté.

M. du Chayla se trouvait à Jérusalem, récemment. Sa voiture avançait dans une rue, lorsqu'elle fut arrêtée par un mouvement de foule. Les Arabes attaquaient un poste de police britannique. Le premier mouvement de M. du Chayla fut l'inquiétude, mais il s'aperçut bien vite qu'à la vue du fanion français qui parait sa voiture la foule s'écartait, avec une bienveillance significative.

Au Caire, tout texte imprimé en français est immédiatement enlevé aux kiosques et aux librairies. On se plaint du manque de films français et les événements de France sont suivis avec une curiosité extrêmement sympathique.

Le général Beynet raconte ensuite qu'il a écouté à la radio le discours que Thorez a prononcé la semaine dernière à Nice :

« Il y a été accueilli par une pluie battante. Si la partie positive était extraordinairement faible, par contre, les thèmes politiques étaient présentés d'une manière extrêmement convaincante, dit-il en riant. Mais, lorsqu'il en vint à réclamer une partie de la flotte italienne, un silence de mort tomba sur l'assistance ; seuls quelques applaudissements dans son entourage immédiat. C'est que la plupart des communistes des Basses-Alpes sont italiens d'origine...

– Il paraît qu'au dernier Conseil des ministres, rappelle le Général ironiquement, si Thorez n'avait pas été là pour tenir bon, Bidault lâchait Tende, La Brigue, l'hospice du Petit-Saint-Bernard et la vallée de la Roya...

– Les Anglais, objecte M. Sainteny, commissaire de la République à Hanoi, les Anglais nous félicitent pourtant beaucoup sur les succès remportés par Bidault au cours de la Conférence des quatre ministres des Affaires étrangères [35]... »

Beynet et de Gaulle, en réponse, s'esclaffent. « C'est précisément ce qui m'inquiète », conclut le Général.

Je me promène avec le Général dans la forêt de Marly. Je lui décris la visite que j'ai faite au président Jeanneney pour l'inviter à déjeuner à Marly. Bien que très lucide, je l'ai trouvé vieilli de plusieurs années. Il m'explique que sa femme et lui-même sont intransportables. Il a essayé de se rendre hier au bureau de poste voisin, et a dû abandonner l'expédition, Mme Jeanneney souffrant d'une crise d'angine de poitrine.

Après quelques minutes de conversation, sa voix s'émeut, son regard se mouille, et le président Jeanneney me dit :

« J'ai vécu avec Clemenceau une grande aventure. Elle s'est mal terminée. Lorsque le général de Gaulle est entré dans notre destin, j'ai conçu l'espoir qu'il parachèverait, sous mes yeux, la grande œuvre qu'il avait entreprise. Il se peut que le terrain, demain, devienne plus favorable et qu'il puisse faire encore de grandes choses. Mais je vois pour lui tant de périls. A notre époque, comme les gens s'élèvent naturellement jusqu'à la bassesse, je vois surtout pour lui un péril. Ce péril, c'est le soupçon qui s'est fait jour, qui est devenu bientôt un état d'esprit favorisé par ces partis qui ne sont plus que des entreprises électorales, ce soupçon que le général de Gaulle est entré dans son grand silence pour mieux guetter l'occasion du pouvoir. J'ai vécu à son côté trop de choses pour ignorer que si les hommes politiques de nos jours se ruent, par tous les moyens, vers le pouvoir, il n'est pas de l'espèce de ceux qui attendent, en silence, la ruée vers l'écuelle... Les conditions de son départ, qu'il n'a pas eu le loisir de choisir, n'apparaissent pas encore clairement. Néanmoins, ce péril mis à part, je crois que ce silence auquel il a eu la volonté de s'astreindre le fera toujours plus grand. »

Le Général m'a écouté avec beaucoup d'attention. Il marche à grandes enjambées, puis s'arrête, et remarque :

« Je vois une différence essentielle entre l'aventure de Clemenceau et la nôtre. Clemenceau n'a jamais suscité de mystique. Il a été le grand souffle qui a ému le balancier, qui a fait changer la victoire de camp ; il a été *le fait* de la victoire.

» Au lieu que, dans tout ce que nous avons fait, nous avons été portés en avant par la grande vague de fond que j'ai suscitée, et qui dépassait infiniment ma personne. »

Le Général : Platon disait : « Il y a trois espèces de gouvernement : la théocratie, qui est le gouvernement de l'esprit, l'aristocratie, qui est le gouvernement des cœurs, et la démocratie, qui est le gouvernement des ventres. » Et moi, j'ajoute : « Voilà pourquoi, en période de disette, les ventres s'opposent à toute méthode de gouvernement par l'esprit ou par le cœur [36]. »

Marly, mardi 6 mai 1946 – 12 h 30

Le général de Gaulle, qui a écouté les résultats du référendum jusqu'à trois heures du matin, notant au fur et à mesure, sur des feuilles de papier à lettres, les chiffres donnés par la radio, descend à l'instant, frais et animé d'une joie qu'il ne cherche pas à dissimuler :

« Ce pauvre Gouin n'est pas un mauvais homme, mais quel imbécile de s'être engagé à fond dans une affaire pareille ! Il est démontré, maintenant, que la majorité parlementaire ne coïncidait pas avec la volonté de la Nation. »

Avec une colère joyeuse, mordante, chaque fin de phrase terminée par une inhalation sifflante de la bouche, il arpente les tapis du rez-de-chaussée, de la cheminée de son bureau jusqu'à la fenêtre de la salle à manger, ouverte sur le jardin.

« Non, non, croyez-moi, ces hommes n'existent pas ; réellement, ils n'existent pas. Ils vont maintenant chercher une majorité en faveur d'une nouvelle Constitution... Une telle majorité est, à l'avance, introuvable... »

Il rit, très amusé, comme un gosse qui aurait monté un petit jouet infernal. Puis, sans perfidie aucune, il me livre cette phrase, conclusion d'un silence méditatif :

« Quoi qu'ils fassent, ils n'arriveront pas à se débarrasser de cette casserole. »

Je lui fais remarquer dans quelles conditions est sorti, vers 23 h 30, un communiqué annonçant « l'arrestation du colonel Dewavrin et de 50 officiers de son entourage ». A 2 heures du matin, cette nouvelle était démentie [37]. Il me rétorque :

« Tout cela est cousu de fil blanc : dans l'intervalle, la victoire avait changé de camp. »

Il n'est nullement ému de la nouvelle de cette arrestation et revient aussitôt à la question du référendum. Il observe que, seuls des journaux du matin, *L'Ordre* et *Paris-Matin* [38] donnent les résultats presque complets de la nuit. « C'est incroyable, dit-il, car dès deux heures du matin la victoire des non apparaissait en pleine lumière ! Malgré cela, pas un qui mette en grande manchette : " Les non l'emportent par plus d'un million de voix. " Voilà qui suffit à les juger, car, dès minuit, je m'étais livré au petit calcul suivant... »

Il m'entraîne alors vers son bureau, y saisit les résultats transcrits de sa main sur des feuilles de papier à lettres, et les compare à ceux des dernières élections législatives, tels qu'ils furent publiés, à l'époque, par le *J.O.* Il est évident qu'en comparant le total des communistes, socialistes, ainsi que des petits clans qui prirent ultérieurement position en faveur de la Constitution, une large différence apparaît : les troupes n'ont pas suivi les mots d'ordre de leur parti. Il n'est, pour ainsi dire, pas de circonscription où des socialistes n'aient répondu non.

Le Général conclut ainsi son raisonnement : « S'il avait existé un seul journaliste dans tout Paris, il devait lui apparaître évident, après un peu de calcul mental, que les résultats, dès minuit, donnaient une majorité substantielle au non. »

Dans la forêt, l'après-midi, le Général me déclare après un instant de méditation :

« La date du 5 mai marquera un point d'arrêt capital. Date qui comptera non seulement pour la France, mais également pour l'histoire européenne. Le mythe de l'infaillibilité communiste s'effondre ; il est démontré maintenant qu'ils peuvent essuyer une défaite. Voilà le Stalingrad de la lutte du continent européen contre le communisme. Ses ennemis vont s'enhardir... »

Je lui demande si, de même que les dernières élections législatives ont envoyé au Parlement des représentants opposés à la volonté du peuple français, lors du référendum du 21 octobre, il ne faut pas craindre que, par des élections législatives au mois de juin, le corps électoral désigne à nouveau des représentants qui tiendront pour nulle et non avenue la victoire des non. Il me répond :

« Je n'en crois rien. »

J'insiste cependant, lui représentant que certains tenants du non, rassurés par le rejet de la Constitution, risquent de s'abstenir aux prochaines élections, ou bien de porter leur voix sur des candidats qui agiteraient l'épouvantail d'une droite disposant de capitaux considérables, et à nouveau fortement organisée.

Cette possibilité ne l'inquiète nullement. Quelques minutes plus tard, il me parle en ces termes du président Gouin :

« Voilà un homme qui prend clairement position à propos de la Rhénanie, de la Ruhr, et de la Sarre. Son discours de Strasbourg ne laisse aucun doute : il préconise un mode de règlement de notre sécurité à l'Est, diamétralement opposé aux thèses que j'avais formulées et qui, jusqu'ici, avaient été défendues sans discontinuer par la France. Son point de vue, le père Gouin l'a encore précisé au cours du congrès socialiste de Montrouge. Il fut alors désavoué par les membres de son propre Cabinet. Tout chef d'État, placé dans une telle posture, se fût aussitôt retiré. Eh bien, non, il demeure à la tête du gouvernement.

» Quelques jours plus tard, à propos d'un problème national, le président Gouin convoque les chefs d'un des partis auxquels il a confié ses portefeuilles ministériels, et leur pose un ultimatum : “ Faites voter la Constitution, ou je vous flanque à la porte. ” Les responsables M.R.P. lui répondent en plein Parlement : “ Nous ferons voter nos troupes contre votre Constitution, et nous demeurerons cependant au pouvoir. ” Le président Gouin ne les flanque pas à la porte et, malgré cet échec sanglant, demeure à la tête du gouvernement.

» Quelques jours se passent, et le président Gouin, à propos d'un problème national qui s'appelle la ratification ou le rejet de la Constitution, par la majorité du peuple français, prend catégoriquement et publiquement position, en qualité de président du gouvernement provisoire de la République française, en faveur du texte constitutionnel, et cela, à deux reprises : à l'Assemblée, puis dans son discours de Marseille.

» A cette prise de position avancée, le peuple français répond par une prise de position diamétralement opposée. Qu'aurait fait un chef d'État en pareil cas ? Il serait parti ! Le président Gouin, lui, une fois de plus, demeure. »

Et il ajoute, après un grand rire :

« Avant le référendum d'octobre 1945, j'avais déclaré, au cours d'une allocution radiodiffusée : " Je suis persuadé qu'à une immense majorité, le peuple français répondra : *Oui* aux deux questions. " Je ne serais pas demeuré une minute de plus à la tête de mon gouvernement. »

Le général de Gaulle s'était, en effet, ouvert à ses proches, avant le référendum, de son intention de se retirer s'il n'obtenait pas une majorité suffisamment substantielle.

Marly, vendredi 17 mai 1946

J'ai déjeuné, hier, avec le colonel Roulier et Mme de Hauteclocque. Cette dernière a assisté aux cérémonies officielles du premier anniversaire de la Victoire. J'étais, moi-même, en Vendée ce jour-là et lui demande la vérité sur les cris de « Vive de Gaulle ! », poussés par la foule. Le fait est bien exact : sur tout le parcours Concorde-place de l'Étoile, des cris très nombreux retentirent au passage du cortège officiel. Les moins aimables criaient : « Sagouin » ; d'autres acclamèrent longuement de Gaulle. On entendait également : « Vive l'absent ! » Et lorsque, quelques minutes plus tard, le président du gouvernement, en présence de MM. Byrnes, Bevin et Molotov, ainsi que du roi du Cambodge, rendit hommage à l'Homme du 18 juin, des tribunes officielles s'élevèrent à nouveau les acclamations en faveur du Général. Ceux qui, de leur domicile, écoutaient le radioreportage de la cérémonie affirment que, malgré le bruit créé intentionnellement autour des microphones, la marée des cris était nettement et continuellement perçue, si bien qu'en fin de compte et par suite d'un soi-disant « incident technique », l'émission fut suspendue pendant un instant.

Je communique ces témoignages au Général. Il les écoute avec une certaine indifférence. Puis il se met à rire :

« Le manque de sens politique de ces gens est effarant. L'anniversaire de la Victoire offrait au président Gouin une occasion qui ne lui est pas plus apparue qu'à son entourage. Imaginez, par exemple, que le chef de l'actuel gouvernement m'ait fait parvenir une belle lettre, une lettre dans laquelle, rendant hommage au Libérateur du territoire, il m'eût offert la principale place aux manifestations projetées sous l'Arc de Triomphe, allant même jusqu'à déclarer qu'aux yeux des Français cet anniversaire était le mien et qu'en conséquence il convenait que la cérémonie fût organisée selon mes directives... Il eût fait largement diffuser sa lettre et, croyez-moi, j'aurais été bien embêté.

» Imaginez encore qu'aux cris de " Vive de Gaulle ! ", qui soulignèrent le passage de son discours adressé à ma personne, il ait mis la foule de son côté en répondant, du tac au tac : " Je m'associe à vos acclamations, qui symbolisent les sentiments de profonde gratitude que nous éprouvons tous, en cet anniversaire, à l'endroit du grand Français, du Libérateur du territoire... " Mais non ! Ils en sont totalement dénués... »

Marly, samedi 18 mai 1946

Un visiteur lui parle des prochaines élections législatives et de la possibilité de voir se renouveler le tableau des partis. Le Général l'interrompt assez brutalement :

« Sachez, cher Monsieur, que la France ne changera jamais. Vous aurez toujours, à gauche, une masse révolutionnaire : en ce moment, les communistes. Et puis vous aurez toujours un certain nombre d'idéologues, de cocus et d'utopistes, qui, hier, étaient radicaux et qui, aujourd'hui, sont socialistes. Vous avez encore des conservateurs qui se prennent pour des progressistes : c'est aujourd'hui les M.R.P., à la droite desquels siège la masse catholique, traditionaliste, des propriétaires, industriels et gros commerçants, P.R.L. de toujours. Enfin, au milieu, vous avez un marécage, un marécage sans foi ni loi, qui vit en s'agrégeant toujours à telle ou telle majorité, masse de rupture d'équilibre. Ça a toujours été comme ça en France et ce sera toujours comme ça ! Voilà pourquoi la solution n'est pas dans les partis. L'Assemblée fera ce qu'on voudra lorsqu'elle aura peur. Voyez en 40. Il faudra, le jour venu, s'adresser à l'opinion sans passer par eux. Et ce jour-là, ils auront peur.

» D'ailleurs, voyez-les, vos partis ! Ils sont jolis dans cette campagne électorale. Ni le P.R.L., ni les radicaux, ni le M.R.P., ni les socialistes, ni les communistes n'apportent autre chose que des exclusives. Et ces exclusives, on se les jette à la tête : les communistes prétendent faire échec à la réaction ; la droite prétend faire échec à la dictature de Moscou. Et les électeurs votent là-dessus.

» Mais ce qu'aucun parti n'apporte, c'est une idée constructive, une solution. Voilà pourquoi on ne pourra refaire une France forte avec le régime des partis. C'est complètement impossible. Le pays a le sentiment que les partis sont incapables de résoudre les problèmes. C'est une des raisons pour lesquelles je n'ai pas pris parti, car ce faisant, je devenais automatiquement *l'un d'eux*. C'est inextricable. D'ailleurs, les partis le savent bien. L'important est pour eux de faire durer les choses le plus longtemps possible *sans rien faire* et, le cas échéant, de conserver les moyens de n'être pas responsables ! Personne ne fait de plans, personne n'essuie un risque : c'est d'ailleurs contraire à leur *nature*. Lorsque la rafale viendra, ils se feront tout petits. Alors, ils n'auront qu'un seul souci : chercher, en se réfugiant sous mon aile, à demeurer intacts, pour réapparaître le danger passé...

» Voilà pourquoi je les laisserai aller jusqu'au fond. J'ai le temps. C'est terrible, mais il faut passer par là. Ensuite, alors oui, car je pourrai poser mes conditions. La dissolution est une arme terrible. »

Marly, lundi 20 mai 1946

Dans la forêt retentit l'appel du coucou. Le Général observe :

« La femelle du coucou a ceci de très particulier qu'elle abandonne ses œufs dans un nid appartenant à une autre espèce. Ces œufs, c'est donc une mère adoptive de hasard qui les couvera. Mais ce n'est pas tout : à peine les jeunes coucous ont-ils acquis quelques forces, qu'ils jettent à bas du nid leurs frères adoptifs. Les coucous, voyez-vous, ma fille, sont des communistes ! Avouez, ajoute-t-il, avouez que cette histoire est horrible... »

Il rit longuement et de bon cœur.

Nous poursuivons notre promenade dans la forêt et il dit, tout à coup :

« L'expérience de Bikini, soit ! Mais je ne vois pas très bien quelle force supérieure de raison empêchera les hommes de reprendre un jour cette expérience à l'échelle mondiale. Alors, il ne restera plus rien d'autre, sur la planète, que quelques huîtres au fond du Pacifique et que quelques M.R.P. en Europe... »

J'en profite pour lui demander s'il imagine que la peur écartera de nous le déclenchement d'une guerre à l'uranium 235.

« Certainement pas !

– Pourtant, je me rappelle que vous m'avez dit ici même, à Marly, au cours du week-end que vous y avez passé aussitôt après le voyage de Washington, que vous imaginiez qu'en présence de la bombe atomique les hommes seraient conduits malgré eux à l'union, à la solidarité internationale, à la disparition des frontières... Vous ne le croyez plus ?

– Je ne le crois plus. »

Geoffroy de Courcel, qui a suivi la conférence du Luxembourg en tant que secrétaire général de la conférence, est venu voir le général de Gaulle. Celui-ci lui a annoncé en ces termes son intention de parler au mois de juin :

« Vous pouvez dire à votre ministre que le 16 juin, je ferai un discours à Bayeux et qu'à cette occasion je mettrai les pieds dans le plat en ce qui concerne la situation extérieure. Je prononcerai, ce jour-là, sur les affaires allemandes, des paroles qui ne lui permettront plus de revenir en arrière. »

A propos du colonel Dewavrin :

« En fin de compte, tout ceci retombera sur eux et se soldera par la disparition d'une administration essentielle à l'État. Il est clair qu'à travers cette affaire ils ont essayé de nous dévorer. La victoire ayant changé de camp au moment le plus inattendu, ils n'ont pu exploiter l'affaire à fond. C'est entendu, il s'est conduit comme un sot. Il reste que c'est un officier de valeur et que lorsqu'un officier est l'objet d'une sanction militaire, on n'en livre pas le nom en pâture à la foule. Sans quoi, ce sont les éléments mêmes de la discipline qui sont ébranlés, et cela de la faute du président et du ministre. Quand bien même un officier serait-il puni, c'est au ministre à couvrir la réputation de l'officier en question. De plus, on ne traite pas les officiers d'un organisme secret comme on traite un chef de corps ou un magistrat. M. Gouin a cédé à la pression de la canaille. Ce pauvre père Gouin ! J'aurais scrupule à lui en vouloir. Il ne cherchait certes pas ce qui lui est arrivé, tout ce qui lui est arrivé. »

Sa voix remonte alors ironiquement vers les hauteurs :

« Car enfin, ne serait-il pas en droit, en quelque sorte, de demander : “ Mais pourquoi donc le général de Gaulle est-il parti ? ” »

Daniel Mayer, sous le prétexte d'être objectif, reprend quantité de textes que les communistes publièrent au moment du pacte germano-soviétique. M. Le Troquer affirme, au cours d'une réunion publique [39], qu'à ses yeux, M. Maurice Thorez est un déserteur...

« Voilà que Daniel Mayer, lui aussi, écrit maintenant dans *Le Populaire* avec le stylographe de l'époque ! Le Troquer reproche à Thorez d'avoir déserté en 1940... M. Cogniot répond que le frère de M. Thorez est mort pour la France et que celui-ci a obéi aux ordres. On ergote sur le point de savoir quel itinéraire il a choisi pour déserter. La Suisse ? L'Allemagne ? Comme si ça avait la moindre importance ! La lâcheté humaine est infinie... Et les communistes se défendent en pleurnichant !... »

Il m'a dévisagé avec un regard pince-sans-rire, chargé cependant de violentes étincelles :

« Non, vous savez, c'est affreux. »

Il a donné au mot « affreux » un timbre d'une incommensurable drôlerie... Il dit enfin :

« Pour s'être mis en avant outrageusement, maintenant les communistes sont cuits. L'essentiel, en cette affaire, était “ le sentiment ”. »

« Il faut distinguer l'homme d'État du politicien ou du dictateur... L'homme d'État est celui qui joint à de grandes facultés celle de se confondre, le moment venu, avec de grands événements et une grande aspiration nationale. Certes, il utilise les événements pour accomplir son grand dessein. Mais, je vous le répète, il se confond avec eux. Si bien que, faute de ces événements, l'histoire n'aura peut-être jamais à prononcer son nom. Il doit attendre la vague de fond, il doit attendre le moment... Et ce moment peut ne se présenter jamais...

» Et puis, il y a le politicien. Celui-ci s'orientera successivement dans la direction qu'indique l'opinion, changeant de monture chaque fois que les événements l'y contraignent. Toute vague lui est bonne, quel que soit le vent qui la pousse et pourvu qu'elle le pousse. C'est le cas d'un Daniel Mayer : après la Libération, il était gaulliste. Après la crise ministérielle de novembre, il s'est retourné contre ma personne. Demain, si je reviens, il sera gaulliste, n'en doutez pas.

» Enfin, voici le dictateur : comme l'homme d'État, il se confond, au début, avec une grande aspiration populaire. Mais comme la vague de fond ne peut le porter plus d'un certain temps, il cherche à en susciter de nouvelles, au moyen d'événements susceptibles d'électriser l'opinion. Il lui faut réaliser, il lui faut conquérir, il lui faut des guerres et des empires. Il met en mouvement des forces qui déclencheront, un jour, des forces adverses plus grandes encore. Si bien que ça finit toujours mal. » Il rit : « Les dictateurs ne durent qu'un temps. »

Marly, vendredi 24 mai 1946

Il pleut et nous faisons semblant d'oublier de nous promener. Aujourd'hui, il me parle volontiers de son enfance et de sa première jeunesse.

Il n'a jamais eu la passion des mathématiques. Son fils Philippe en avait une horreur affreuse. A l'âge de quatorze ans et demi, le général de Gaulle termina son année de rhétorique, sans pouvoir se présenter au premier baccalauréat, n'ayant pas obtenu la licence nécessaire. C'est à quinze ans et demi, à la fin de son année de philosophie, que muni d'une dispense de six mois, il passa les premières épreuves du baccalauréat (latin-grec). Il prétend avoir peu travaillé jusqu'au moment du baccalauréat, sauf en ce qui concerne l'histoire, la géographie et les lettres. Dès l'âge de quinze ans, il était rédacteur d'un journal de jeunes. C'est à cet âge qu'il fit jouer par un patronage une saynète écrite d'après une chanson de Nadaud [40]. Cette saynète, me dit-il, intéressa. On la publia. « Je me rappelle mon orgueil d'alors : j'avais été publié vif. » Mme de Gaulle conserve un exemplaire de ces pages.

A seize ans, il envoyait une nouvelle au *Journal des voyages*. Quelle ne fut pas sa joie de recevoir quelques semaines plus tard un numéro d'abonnement avec une couverture de première page destinée à illustrer son texte. Je lui demande indiscrètement le titre. Il sourit : « Cela s'appelait *La Fille de l'Agha*. Il est heureux, remarque le Général, qu'on ait ignoré l'âge de l'auteur, sans quoi on se serait refusé à imprimer cette nouvelle. »

Je pousse plus avant et lui demande l'histoire : il est un peu gêné, mais avec un plaisir visible, me répond cependant :

« C'est un jeune officier. Il participe à des combats dans le Sud algérien. Il s'éprend de la fille de l'Agha... Il est très amoureux et cela ressemblait vaguement à *La Châtelaine du Liban* [41]... Mais ma véritable passion à cette époque, c'était la tragédie ! Je passais mon temps à en écrire, ne prenant pas mes études très au sérieux. Je vivais cependant dans un milieu familial où le travail intellectuel était la seule chose.

– Votre père vous suivait-il dans vos études ?

– Il s'occupait surtout de mon frère aîné, surveillant de loin mes efforts. De manière générale, mes trois frères et moi-même étions plus jeunes que nos camarades. J'attribue ce fait beaucoup moins au travail qu'on exigeait de nous qu'à notre précocité.

– La présence de vos frères créait-elle un esprit de compétition ?

– Non point. Nous étions très individualistes et ne partagions qu'exceptionnellement nos travaux ou nos loisirs. »

Silence. Puis, tout à coup, il lève vers moi un regard d'une candeur extraordinaire et, comme répondant à une question qu'il sait que je ne puis lui poser :

« Voyez-vous, Guy, j'ai toujours pensé que je serais, un jour, à la tête de l'État. Oui, il m'a toujours semblé que ça allait de soi... »

Il tire sur son cigare. Je me risque à interrompre sa méditation :

« Vous aviez vingt ans et des facultés. Or, à vingt ans, conçoit-on des obstacles sérieux à son accès au zénith ? Ce n'est que plus tard que le manque de grandes facultés démontrera au plus grand nombre pourquoi ils étaient distancés...

– Non. Je n'envisageais pas la chose ainsi. A quarante ans ma certitude était la même qu'à quinze ans. Je n'imaginais pas, je le répète, qu'il pût y avoir des obstacles sérieux à mon accession à la tête de l'État... » Il cligne des yeux. « Je crois que je me confiais *à une sorte d'imagination*, une sorte d'imagination prémonitoire... Et cette imagination, quand j'y pense, ne signifiait rien, n'avait rien de prophétique : en effet, je me voyais d'abord ministre de la Guerre.

– Justement, n'avez-vous pas été d'abord sous-secrétaire d'État à la Guerre ?

– Non. Cela ne compte pas. »

Il se tait, rallume son cigare et poursuit un peu plus tard :

« Si je ne m'étais pas fait militaire, j'aurais certainement fait une carrière politique...

– ... Ou littéraire, peut-être ?

– Non. Certainement pas, car j'éprouvais un trop grand besoin d'action pour me consacrer exclusivement aux lettres. »

Le Général me dit :

« Le 16 juin, je mettrai en circulation quelques idées très simples. Ces idées choqueront certains. Qu'importe, si elles correspondent à ce que chacun sent. Elles deviendront populaires, d'autant plus populaires que les partis ne peuvent s'en inspirer. Alors, à propos de chaque nouvelle épreuve politique, chacun dira : “ Voyez, si l'on avait mis de telles idées en pratique en temps utile, nous n'en serions pas là. ” Les partis se déconsidéreront dans la mesure où ils ne pourront pas s'inspirer de ces idées. Or, par définition, ils ne le peuvent pas. »

Un peu plus loin, il me dit :

« *Ils* n'existent pas. Je n'ai pas d'adversaires, ils ne comptent pas. Les choses se passent comme en 1943. Le pouvoir était alors entre les mains du général Giraud, qui régnait sur l'Afrique du Nord. Durant sept mois, les Anglo-Saxons m'ont soumis à quantité de vexations. On m'a refusé, par écrit, le droit de quitter la Grande-Bretagne. On m'a retiré le microphone de la

B.B.C. Giraud, au contraire, disposait de l'appui sans réserve des Anglo-Saxons. »

Il s'arrête de marcher et lève les bras :

« Seulement voilà : Giraud n'existait pas. Son équipe n'existait pas. Et son impuissance, peu à peu, est apparue à tous les yeux. Si bien qu'en fin de compte, je n'ai eu qu'à me montrer pour qu'*ils* s'effondrent. Je ne me suis pas pressé. Je savais bien qu'il suffirait, le jour venu, de me montrer.

» Mais, cette fois-ci, j'irai jusqu'au vomissement général des partis par le pays. Il faudra qu'ils capitulent sans conditions. Et ne vous faites pas d'illusions : il n'y aura, le jour venu, aucune opposition de leur part. Nous trouverons simplement le vide devant nous. Non, je vous le répète, ils n'existent pas. »

Quelqu'un demande au général de Gaulle : « Mon Général, pour qui faut-il voter ? » Il n'aurait pas mieux répondu à une conférence de presse : « Sachez qu'on ne vote jamais pour quelqu'un, mais contre quelqu'un. »

Marly, samedi 25 mai 1946

M. Zerbini, directeur de Cabinet du président Gouin, me téléphone à Marly, à onze heures et demie. Il a une lettre à remettre au général de Gaulle.

Il arrive à Marly à midi et demi. Je l'introduis aussitôt chez le Général, auquel il remet cette lettre manuscrite du président Gouin, datée de l'avant-veille :

« Ce 23 mai »

« Mon Général,

» Le gouvernement a décidé de commémorer, à son jour anniversaire, votre appel à la résistance, lancé de Londres, le 18 juin 1940, en un moment où le peuple de France pouvait douter de son destin.

» Cette manifestation n'aurait pas son plein sens si vous n'y participiez point personnellement, avec le prestige incomparable qui s'attache désormais à votre nom.

» Le gouvernement unanime, certain d'être l'interprète de la France entière, vous demande donc, mon Général, de vouloir bien être à ses côtés pour célébrer la journée mémorable qui, voici six ans, fut pour la Patrie la première étape de sa libération.

» Veuillez agréer, mon Général, la nouvelle assurance de ma haute considération. »

« Signé : Félix Gouin »

Le Général me commente, après déjeuner, son entrevue avec Zerbini.

Après l'avoir remercié de la lettre du chef du gouvernement, le Général lui a exprimé qu'il lui paraissait « extrêmement difficile » qu'il se montrât avec le gouvernement, en raison des manifestations que cela ne manquerait pas de susciter, « manifestations désagréables pour moi, désagréables pour le gouvernement... ». Il ne voyait pas, quant à lui, le moyen d'organiser une cérémonie qui ne prêtât pas à des manifestations. Il aurait terminé son entretien en ces termes :

« Le matin, qu'on fasse faire un défilé, auquel je n'assisterai pas. Je ne vois pas beaucoup la manière de faire autrement, sans susciter des questions et des interprétations dont je ne veux pas. Quant à moi, j'irai peut-être ranimer la flamme de l'Inconnu, vers dix-huit heures, escorté par quelques hommes du 18 juin, par quelques associations : Français libres et organisations d'anciens combattants n'ayant pas de caractère politique. Il n'y aura pas de discours, bien entendu ! »

A déjeuner, avec Mme de Gaulle.

Comme le Général vient de porter un jugement sévère sur le compte de Bidault, celle-ci formule son objection habituelle :

« Très bien ! Mais aussi pourquoi l'avoir choisi ? »

Il répond, sans colère :

« Depuis juin 40, bien des hommes sont venus à moi. Je n'en connais guère que trois qui aient eu ou qui aient acquis depuis *la tête d'un ministre*. »

Il les énumère :

« Il y avait Pleven... Pleven, malgré les gaffes qu'il a commises, avait à peu près l'autorité et le poids d'un ministre. Je veux dire par là qu'il savait développer une thèse, la comprendre et s'y tenir. Auprès de son entourage, de ses subordonnés, au Parlement, oui, il avait bien la tête d'un ministre. Au ministère des Colonies, il réussissait, il tenait sa place... Et puis, ensuite, Soustelle. Il est encore un peu jeune, mais on aurait fait de lui un bon ministre. »

Il cherche un autre nom, à croire qu'il va rester court :

« Enfin, René Mayer... Il est, certes, incapable de concevoir une grande politique. Aux Affaires étrangères, par exemple, il ne pourrait pas réussir. Néanmoins, c'est un organisateur. Il a le sens de l'État. Pour un ministère d'administration, il fait l'affaire. »

Il termine là son énumération. Je me risque alors à lui demander si Tixier avait une « tête de ministre ».

« Certainement pas ! Malgré les apparences, il ne pouvait pas dire non. Et puis, il prenait peur. Je me souviens d'un coup de téléphone éploré, au moment de la dissolution des milices patriotiques. Il m'a supplié de revenir sur ma décision. Dans le téléphone, j'entendais sa voix qui me disait, avec des trémolos : " Nous serons débordés, le sang va couler !.. " Je lui ai répondu : " Non, le sang ne coulera pas. Et quand bien même il coulerait, et puis après ?.. Beaucoup de sang français coule sur le front, en cette minute même !... " »

Il observe que si Pleven, Soustelle et René Mayer purent « tenir leur rang de ministres », c'est parce qu'ils n'étaient pas des hommes de parti. Et il ajoute :

« Prenez Blum : C'est un homme doué d'une grande intelligence, mais ce sera toujours un homme de parti. »

Je lui demande ce qu'il pense d'Édouard Herriot. Il me répond vivement :

« Il y a deux choses affreuses chez les vieillards : c'est l'égoïsme et l'amour. Herriot lui a l'égoïsme ! »

Dernière promenade dans la forêt de Marly. Il s'installe demain à Colombey-les-Deux-Églises.

« Le 16 juin, je donnerai le fond de ma pensée. Je dirai comment doit être réglée, selon moi, la question constitutionnelle. Tout d'abord, les partis ne peuvent pas gouverner directement. Leur omnipotence conduit à un désastre. Il faut un arbitre. Il faut un recours contre les entreprises des partis, qui sont autant d'États dans l'État. Ces grands féodaux, en l'absence de ce recours, s'entre-dévorent. Finalement, si on les laissait faire, il n'y aurait plus d'État. Donc, entre la volonté souveraine du peuple français et la toute-puissance de ses représentants, il faut placer cet arbitre naturel qui s'appelle le chef de l'État. Celui-ci devrait être élu par un collège. Ce collège ne doit être ni l'ensemble du corps électoral, car le plébisciste évoque de mauvais souvenirs, ni les partis, car le chef de l'État perd alors son indépendance vis-à-vis d'eux, et n'est plus un arbitre. Ce collège, il y a plusieurs manières de le concevoir. Peu importe d'ailleurs, dès l'instant où il n'est pas recruté dans les partis.

» Ce chef de l'État, de quel pouvoir doit-il disposer ? Contre la toute-puissance des partis, il lui faut, en cas de mise en minorité du gouvernement, le pouvoir de choisir le chef du gouvernement. Pour les cas graves, il lui faut le pouvoir de dissolution. Ces soupapes sont indispensables à l'équilibre de l'exécutif et du législatif. »

J'objecte qu'il lui sera difficile de mettre en circulation une telle définition du chef de l'État, sans avoir l'air de poser sa candidature. D'autant plus que ses paroles seront prononcées en pleine crise...

« C'est vrai... Mais il importe que quelqu'un le fasse. »

Il se baisse alors, écarte un fouillis de feuilles et me montre une fraise naissante :

« Encore quinze jours et ces fraises seront mûres. Pour l'instant, elles sont immangeables. »

Faut-il y voir une allusion ?

Je lui dis :

« Pour effacer le soupçon que vous posez votre candidature, les circonstances vous fourniront peut-être bientôt l'occasion de refuser le pouvoir...

– Que voulez-vous dire ?

– Je veux dire que le moment ne paraît plus être éloigné où les partis, engagés dans une suite de querelles et de chaos plus ou moins inextricables, viendront vous dire : “ Nous ne pouvons plus gouverner sans vous. ” En refusant, vous détruirez du même coup le soupçon que vous cherchez le pouvoir.

– Ce jour-là, soyez tranquille : je les renverrai dos à dos ! Je n'accepterai jamais de gouverner avec les partis. »

Il convient que la situation actuelle peut se prolonger encore longtemps. Elle peut, au contraire, se précipiter. Depuis le mois de janvier, aucun événement ne s'est produit :

« Eh oui ! Tout dépend de l'événement. Mais les partis ne sont pas fiers. Ils s'inclinent déjà vers leur terme. Cela, ils le savent bien.

– Le jour venu, ils se feront tout petits.

– ... Ils chercheront surtout à se réfugier sous mon aile. »

Samedi 1er juin 1946

Dès mon arrivée à Colombey, alors que nous passons à table, dans une forte odeur de peinture, je demande au Général :

« Avez-vous repensé à Marly depuis que vous l'avez quitté ? »

Il sourit malicieusement, puis se met à rire :

« Bien sûr que non ! Marly ? Mais c'était comme Darlan ! C'était comme Colombey ! tout au plus, un expédient provisoire !... »

Première soirée à Colombey... Avec Claude Mauriac, qui se fait traiter d'emblée de M.R.P., le Général, après dîner, nous dit :

« Que veut le peuple ? Il veut un peu tout mais, essentiellement, il tient à deux choses : être gouverné et ne pas être chicané en ce qui concerne sa liberté. Être gouverné ?... Même quand tout n'allait pas parfaitement bien, le peuple me gardait sa confiance parce qu'il sentait obscurément que j'étais capable de le gouverner. Sa liberté ?... Il s'en montrait fort jaloux, défendant son parti, son clan, son syndicat : c'est à ce titre qu'ils ont élu exactement les hommes politiques qu'il fallait choisir pour m'empêcher de gouverner... Voilà le cercle vicieux ! Comment pouvait-on en sortir ? »

Dimanche 2 juin 1946

Mme de Gaulle s'est rendue à Paris pour voter. Je reste seul avec le Général. Les peintres occupent le rez-de-chaussée, sauf la salle à manger où, après un dîner rapide, nous nous réfugions tous deux. Il me quitte un instant. Je branche le petit poste radio que j'ai apporté de Paris et que la proximité d'un transformateur brouille comme aux plus belles époques de l'occupation. Il redescend avec un exemplaire du *Monde* d'octobre 1945, le *Journal officiel* des dernières élections législatives et une bouteille d'encre à stylo. Méticuleusement, il remplit son parker :

« Vous savez, me dit-il, il est tout à fait inutile que vous me teniez compagnie ce soir, car je vais veiller jusqu'à cinq heures du matin. »

Je lui explique que je ne le quitterai pour rien au monde et l'aide à tirer les rallonges de la table de la salle à manger, où nous déployons nos blocs-notes, nos dossiers, stylo en main, guettant les résultats proches...

Mais ce poste de radio ne marche décidément pas, ce qui l'agite énormément. Nous montons au premier. On couche Anne dans une chambre d'amis. Nous nous réfugions dans la sienne, près d'un poste radio muni d'un antiparasite. C'est devant un mobilier rose et un assortiment de poupées et de dessins puérils que nous nous asseyons. Je m'empare avec le Général, dans une chambre voisine, d'une grande table fraîchement peinte, trop large pour que nous puissions, sans la pencher, la transporter dans la chambre où se trouve le poste radio. Les tiroirs inclinés tombent sur nos pieds, dans un fracas épouvantable, mais le Général, subitement, est devenu très calme.

Dès les premiers résultats (23 h 30), il se rend compte que les socialistes perdent des voix, y compris dans les circonscriptions qui leur sont acquises. Les communistes, d'après ces mêmes résultats, semblent en recul sensible. Trop tôt, il crie, avec une joie visible :

« Quelle défaite ! Ils ne s'en relèveront pas. »

Jusqu'au bout, il a été persuadé que les M.R.P. seraient débordés par la droite, principalement par le P.R.L. Pour la Haute-Marne, par exemple, il prévoyait un succès P.R.L. et radical, expliquant pourquoi les M.R.P. seraient battus au profit de Max Brusset.

Il m'a dit depuis, honnêtement et à plusieurs reprises : « Je reconnais que je me suis trompé sur les chances du M.R.P. Leur indécision, depuis quatre mois, le fait qu'ils semblaient avoir perdu, dans l'esprit de l'opinion, leur halo de " parti de la fidélité ", cet attachement à s'obstiner au tripartisme et leur présence sans gloire au gouvernement – tout cela aurait dû leur retirer des voix au profit des partis qui, comme le P.R.L. et les radicaux, s'adressaient aux suffrages traditionnels. Il est vrai que les P.R.L. ont retiré trente listes au dernier moment, ce que j'ignorais lorsque j'ai établi mes pronostics. Ils ont d'ailleurs tiré ainsi une créance sur le M.R.P. »

« Le 16 juin, oui, je donnerai les raisons de mon départ. Et puis, je dirai quelle Constitution il faut faire.

– Définirez-vous comment devrait être constitué le collège destiné à élire le chef de l'État ?

– Oui. Le chef de l'État ne doit pas être choisi dans les partis. Ou bien alors, il perd son rôle d'arbitre.

– Parlerez-vous des affaires allemandes ?

– Un mot, tout au plus. Probablement pas, sinon très rapidement. Je ne veux pas m'écarter de mon sujet, qui est la Constitution. Rien n'est pire qu'un long discours. Si j'en juge par mon manuscrit actuel, celui-ci durera vingt minutes. Puisse-t-il ne durer qu'un quart d'heure. Voyez-vous, l'important est d'apporter une solution. Cette solution, mon discours de Bayeux la donnera. L'adversaire, aujourd'hui, n'a pas plus de solutions que Giraud n'en avait en 1944. Tout est là. Peu à peu, chacun comprend que les partis ne détiennent pas le remède. Vous verrez, quels que soient les manœuvres, le ton des discours, l'attitude prise par les hommes ou par les majorités, c'est encore et toujours le peuple qui aura raison. Le politicien le plus habile ne peut rien faire s'il n'a le peuple de son côté : on sera bien obligé, en fin de compte, d'en venir où il veut.

» Si mes paroles sont entendues, et je crois qu'elles le seront, les partis seront obligés, s'ils veulent que leur nouvelle Constitution soit acceptée, de tenir compte du modèle que je vais proposer. Mais alors, les communistes déclareront que, par ce discours, je tente d'assassiner la République, de cocufier la Résistance, est-ce que je sais, moi ?... Si bien que la Constitution n° 2 risque fort de ne pas passer. Mais alors, ne nous faisons pas d'illusions, cela signifierait probablement la fin d'un régime. Le peuple vomirait ces hommes incapables de rédiger une Constitution et de s'occuper de la France. »

Il tire rapidement sur son cigare et dit enfin :

« La fin de ce régime, voyez-vous, je ne la souhaite pas, d'ailleurs. Il faut souhaiter que les choses mûrissent sans trop de heurts par transitions successives. »

« Pauvre Bénès ! Les résultats du référendum français l'ont soulagé un instant. Mais les résultats des élections tchèques l'ont aussitôt accablé. Il doit se sentir bien loin et bien seul... »

Lundi 3 juin 1946

Le M.R.P., d'après les premiers résultats, a déjà augmenté de dix-sept le nombre de ses sièges, avec un total de cinq millions cinq cent mille suffrages, soit un supplément d'un million de suffrages.

Hier soir, à huit heures, le fils de Francisque Gay s'est présenté à la porte de la Boisserie. Il apportait une lettre de son père. Le Général a fait mille difficultés pour le recevoir (il avait refusé, au cours de l'après-midi, toute audience : Jacquinot, brillamment élu, s'en était retourné bredouille).

A mon arrivée à Colombey, dans la soirée du 31 mai, le Général faisait les pronostics suivants : les communistes perdaient sept sièges, les socialistes quatorze et les M.R.P. trente-deux. Il prévoyait un gain de cent trente sièges pour la droite.

Sur son entretien avec le fils de Francisque Gay, le Général m'a dit à peu près ceci :

« Je l'ai chargé de remercier son père d'avoir songé à moi. Je me suis félicité, sans plus, du succès remporté par son parti. Sur le M.R.P. je lui ai dit que je le croyais " moins mauvais que les autres "... Mais j'ai exprimé ma certitude que, malgré certaines qualités, le M.R.P. ne pourrait réussir dans sa tâche et serait incapable de gouverner. »

Le Général ajoute, pour moi :

« Certes, le 11 juin, ils seront plus de cent soixante dans l'hémicycle. Mais ils n'ont pas un homme de valeur, Schumann mis à part. Mais Schumann est un agité et, en aucune façon, un ministre. Je me demandais, dans la nuit des élections, si les communistes n'allaient pas pousser Bidault à la présidence, pour servir, le jour venu, de bouc émissaire à la crise financière et à l'inflation, de manière à susciter, aux prochaines élections, une défaite des M.R.P. après celle des socialistes. Bidault, qu'ils ont bien en main, ne pourra gouverner – les communistes le savent – que dans la mesure où ils le voudront bien, puisqu'un arrêt de la production et des grèves lui seraient fatals. Mais, réflexion faite, je ne pense plus qu'ils cherchent à l'utiliser : le danger serait trop gros pour eux. »

Comme le fait remarquer un journal du matin, la popularité de De Gaulle a repris sa courbe ascendante : elle semble avoir trouvé son expression dans l'accroissement des suffrages du M.R.P. qui se proclame dans toute manifestation le « parti de la fidélité ». Dans ces conditions, les leaders de ce parti cherchent, selon moi :

1°) soit à obtenir du général de Gaulle qu'il reprenne le pouvoir, à la veille d'une crise qui s'annonce « inextricable » et parce qu'il se peut que, malgré leurs victoires éclatantes, ils aient conscience de la disproportion entre les responsabilités et les hommes de leur parti ;

2°) soit – parce que, sentant bien qu'à travers eux c'est le Général que leurs cinq millions et demi d'électeurs ont voulu désigner – à accomplir, vis-à-vis de ceux-ci un geste, escomptant, bien entendu, un refus.

Tout à la joie et à la fatigue d'une nuit où nous avions appris que les marxistes n'avaient plus la majorité, j'ai dit au Général, en le quittant, vers quatre heures du matin :

« Certes, les communistes ne sont pas en recul très sensible, mais il se trouve désormais que tout danger de gouvernement socialo-communiste est probablement écarté. C'est égal, nous l'avons échappé belle. »

Il a souri, paternellement, un peu moqueur, m'a serré la main :

« Mais non !... Mais non !... Il n'y a jamais eu de danger véritable. »

Puis, levant l'index :

« Souvenez-vous qu'il faut toujours faire confiance au peuple français, qui est éternel. Avec lui, on croit toujours au pire. Et puis, en fin de compte, il ne change jamais. »

Comme je mentionne au Général le duel Tixier-Le Troquer, au cours de la crise ministérielle de novembre, il me donne les précisions suivantes :

« Je ne voulais pas de Tixier dans le nouveau gouvernement, estimant qu'il avait montré beaucoup de faiblesse à différentes reprises et notamment avec les élections d'octobre, où il fit le jeu des communistes. Malgré les apparences, Tixier était un peureux. Il avait peur de son parti. Je lui ai fait part de ma décision au début de la crise. Sur ces entrefaites, Palewski, pendant la négociation, est venu me parler de Le Troquer pour l'Intérieur. Il a tellement fait la scie, que j'ai fini par accepter de le voir. A Le Troquer, j'ai dit : " Voyez Tixier. S'il est d'accord, je vous prendrai éventuellement pour l'Intérieur. " »

Sur Le Troquer, depuis le 20 janvier, il me dit :

« Ce n'est pas qu'il soit méchant : c'est essentiellement un paon et un imbécile. Sa vanité le porte à croire qu'il peut jouer un rôle et comme il est idiot, il se lance tête baissée dans des aventures. Il y perdra chaque fois des plumes, alors que s'il était assez intelligent pour savoir qu'il est idiot, il resterait en poste à force d'avoir la patience de demeurer en place. »

« Il est une question que beaucoup de gens posent à votre propos : pour gouverner les Français, il faut prendre ses ministres dans un personnel très restreint, qu'il soit politique ou technique. Ce personnel est très pauvre en ce moment, difficulté qui paraît à l'avance insurmontable...

– Il est certain que ce personnel est très pauvre, surtout dans les partis. Comme à Londres, comme à Alger, comme à la Libération, il est parti de rien. Mais la question est moins grave qu'il n'apparaît tout d'abord, si l'on dispose d'un homme au sommet, dont les ministres soient les exécutants...

– Si ces hommes appartiennent à une organisation politique, pourquoi voulez-vous qu'ils vous obéissent plus qu'avant ? Tixier, après la Libération, enhardi par ses amis socialistes, vous a désobéi d'emblée. Ministre à Alger, il n'était que socialiste à Paris...

– C'est exact, mais le moment viendra bientôt où le peuple intimidera les partis. Alors, ils n'oseront plus saboter la politique du chef de l'État. »

Colombey, 4 juin, déjeuner

Il a travaillé toute la matinée à son discours. Simples retouches, car les grandes lignes de son manuscrit avaient été rédigées avant son départ de Marly. Il parle des résultats de la récente consultation électorale :

« Hier matin, la presse, toutes les presses, de quelque bord qu'elles fussent, chantaient victoire. Et ce matin, cette même presse, elle a l'air tellement déconfite et n'aperçoit plus aucune solution gouvernementale. Non, vous savez, c'est tordant !

– Le 16 juin, votre discours viendra à point nommé. Vous l'eussiez su à l'avance, vous ne pouviez mieux choisir cette date pour dire ce qu'il importait de dire... »

Pour toute réponse, il sourit malignement. Puis, il dit :

« Je leur indiquerai la solution constitutionnelle et puis, hein ! à eux, ensuite, de se débrouiller !

– Quelle raison donnerez-vous de votre départ ?

– Le désir d'éviter la dictature.

– Comment cela ?

– Les partis, par une suite de chaos successifs, conduisent inévitablement la France à la dictature. Dans l'immédiat, la dictature entreprend parfois des choses grandioses. Mais elle finit toujours mal, car, pour faire accepter le poids de la contrainte et de l'oppression morale, il lui faut bientôt entraîner le pays dans des entreprises exagérées, lui procurer ses succès et toute une suite d'aventures extérieures qui se terminent nécessairement mal. Je dirai donc pourquoi je suis opposé à la dictature. »

Colombey, vendredi 7 juin 1946

« L'aversion montrée par les partis à prendre la tête du prochain gouvernement nous révèle, par le petit côté, le danger qui apparaîtrait par le grand si la nation rencontrait d'importants événements sur sa route : tous les partis se déroberaient. Quel est, par exemple, en cas de guerre atomique, celui qui oserait prendre ses responsabilités et dire : " Je forme le gouvernement. Ceci est ma politique : je l'impose au nom de la France. " ? Non, je le répète : il n'y a pas de gouvernement par les partis et il n'y aura de gouvernement de la France que lorsqu'il y aura un chef de l'État, disposant du pouvoir de dissolution et dont le rôle essentiel sera de " faire les gouvernements ".

» Aujourd'hui, les trois problèmes qui sont posés à la nation s'appellent : la liberté de l'enseignement, c'est-à-dire, en fait, le problème religieux, le problème économique et financier, et le problème extérieur. Or, dans ces trois domaines, aucun des partis en présence ne peut, en prenant la direction du gouvernement, disposer de suffisamment d'autorité et de crédit pour faire reconnaître et adopter sa politique religieuse, économique ou étrangère. Pour la politique religieuse, cela va de soi. Pour la politique économique, trois thèses sont en présence : les communistes sont pour un rapprochement politique et économique avec l'Europe centrale et orientale. Les socialistes, pour l'établissement de liens semblables avec leurs amis anglo-saxons. Le M.R.P., lui, ne veut s'engager ni d'un côté ni de l'autre. Les uns sont pour le maintien du dirigisme, les autres pour le retour à l'économie libérale. Comment voulez-vous que, réunies ensemble, ces trois thèses fassent une politique française ? Et maintenant, le problème extérieur : une grande partie de la nation, derrière le M.R.P., approuve sa politique allemande. Oh ! certes, cette politique, les M.R.P. ne l'ont pas conduite sans quelque abandon. Il est vrai également que l'opinion ne connaît pas dans les détails en quoi consiste cette politique et les prises de position qu'elle comporte... Mais, il est cependant exact de dire qu'une grande partie de l'opinion est derrière le M.R.P. pour réclamer *une paix forte*. Les socialistes, eux, se montrent prêts à tous les abandons à l'Est s'ils peuvent nous assurer des avantages, si minimes soient-ils, à l'Ouest. Ils sont, par nature, les théoriciens d'une paix faible. Quant aux communistes, toute politique extérieure leur est bonne. Ils obligeraient à demeurer dans l'orbite soviétique. »

Déjeuner avec le Général, Mme de Gaulle et Claude Mauriac.

Celui-ci demande au Général s'il n'a pas l'intention, maintenant qu'il n'est plus à la tête du pays, d'entrer sous la Coupole. Sa réponse est immédiate :

« Non, je n'entrerai jamais à l'Académie française. Non point que je tienne pour peu cette institution. Non point que je sois opposé à ses traditions. Mais, voyez-vous, lorsqu'on a incorporé une nation, on ne peut plus, ensuite, se catégoriser. »

Colombey, samedi 22 juin 1946

On parle de la crise politique.

Le Général est persuadé que des provocateurs communistes noyautaient les manifestations de la soirée du 18 juin, cherchant à susciter, de la part de la foule, un quelconque geste de violence autour duquel la propagande marxiste pût orchestrer une nouvelle campagne contre la « Réaction ».

Les manifestations organisées au carrefour de Châteaudun [42] en réplique aux « provocations fascistes » sont en réalité la réponse du comité central du parti communiste au discours de Bayeux. Malraux, que j'ai vu au lendemain du 18 juin, affirme que leur propagande cherchera, plus encore que par le passé, à centrer le général de Gaulle sur les « trusts ». Les caricatures d'*Action* [43] représentent maintenant un général de Gaulle entouré des deux cents familles.

Le Général ne semble nullement irrité de ces manœuvres et observe, goguenard :

« Je ne les empêche pourtant pas de gouverner. S'ils en sont capables, qu'ils nous le montrent ! »

Colombey, lundi 24 juin 1946

Lecture des journaux que nous avons achetés cet après-midi, à Bar-sur-Aube : constitution du ministère Bidault, qui, à peu de chose près, reconduit le tripartisme, type Gouin. Le Général est grave et affirme :

« Tout cela finira très mal. Bidault, dit-il, est un véritable jocrisse, oui, un jocrisse ! Il est incapable de présider un Conseil du gouvernement. Lorsque, par aventure, il avait la parole en Conseil des ministres, c'était une " boyaudade [44] " générale. Son ignorance est incroyable. Il ne connaissait rien aux Affaires étrangères. Quant aux questions financières, elles sont toujours demeurées un mystère entier pour lui. Ceci lui importe peu d'ailleurs, car il est un exemple entre tous de ce type d'hommes pour lesquels la politique est une fin en soi. Gouverner, pour un Bidault, ne pose littéralement pas de questions. Il ne se demande pas s'il est capable de gouverner : une telle question ne lui viendrait pas à l'esprit. Non, pour lui, gouverner, c'est essentiellement " en être ", but suprême de toute sa vie de politicien. Gouverner, c'est faire partie du gouvernement. Oh ! certes, il y a bien la question financière, le gouffre de l'inflation : mais ces problèmes, il ne les aborde que comme des *ennuis secondaires*. La pensée que chaque Français est menacé dans sa chair par ces périls immédiats, pas un instant ne pénètre de front dans sa cervelle. Et puis, je le dis clairement : un Bidault se fout pas mal de l'inflation. Seul, l'événement l'effraie. Il espère bien d'ailleurs faire reculer la menace jusqu'aux prochaines élections... L'hypocrisie des M.R.P. est plus profonde, leur duplicité plus fondamentale que celle des socialistes. Et ils n'ont pas le courage des communistes. Voyez plutôt : la majorité du peuple français se prononce, aux élections récentes, contre les socialo-communistes ; pour bien marquer sa volonté, la majorité des suffrages antimarxistes se porte sur le M.R.P. Par crainte d'avoir à *prendre seul* ses responsabilités, ce parti s'allie, une fois de plus, aux socialo-communistes et Bidault prend la tête d'un gouvernement Gouin à peine remanié, tenant ainsi pour nulle et non avenue la volonté du peuple. Croyez-moi, cette attitude sera jugée sévèrement. Désormais, les socialo-communistes " tiennent " Bidault et le M.R.P. à leur merci. D'un moment à l'autre, ils ouvriront le feu sur lui, ce qui ne saurait tarder, car nous allons vers une inflation rapide. Le M.R.P. sera seul à en porter le poids. Les socialo-communistes se chargeront de le lui rappeler au cours de la prochaine campagne électorale... Oui, Bidault est un jocrisse ! Et vous pensez si les Anglais, les Américains et les Russes ont eu le temps de s'en apercevoir ! Ils en ont fait le tour. »

De Varenne, qui vient d'accepter, à titre individuel, le portefeuille de ministre d'État, il me dit :

« Il a accepté sans l'accord de son parti. Il n'en pouvait plus d'attendre... Il n'a pu supporter plus longtemps l'idée de mourir sans avoir été ministre... »

Se reportant en arrière, le Général dit encore :

« Lorsque Francisque Gay, le 3 juin, m'a envoyé une lettre par son fils Camille, je me suis bien gardé de lui répondre par écrit. Je lui ai néanmoins transmis verbalement le conseil demandé :

" Ne mettez pas le M.R.P. en avant. Après votre victoire électorale, vous détiendrez des gages puissants vis-à-vis des socialo-communistes, qui ne peuvent former le prochain gouvernement. Si vous prenez les devants et si vous proposez d'emblée de prendre vos responsabilités, les marxistes tiendront bon sur les 25 % d'augmentation de salaires. Et si, par la suite, cédant à des supplications, vous tentez de former un gouvernement, votre échec ne vous désavantagera pas aux yeux de l'opinion. L'opposition vous sera alors profitable. Vous augmenterez encore considérablement, dans quelques mois, le nombre de vos sièges. " Bien entendu, Bidault ne pouvait suivre un tel conseil. C'eût été au-dessus de ses forces. Il a brigué la présidence. Au début, il a d'ailleurs assez bien manœuvré, puisqu'il a lié la question de l'augmentation des salaires à la situation économique et à la reprise de notre production. Et puis, comme il est fait pour céder, il a fini par lâcher et vient de prendre l'engagement d'accorder une augmentation des salaires, traitements et retraites, dans la mesure où celle-ci n'augmenterait pas de plus de quinze pour cent la charge globale pour nos finances publiques et l'économie générale. Cet engagement, il l'a, bien entendu, pris par écrit, bien qu'il sache qu'il signifie une augmentation corrélative des dépenses publiques, le déblocage des prix et la planche à billets. L'inflation sera donc déclenchée, mais il est président du gouvernement. Le M.R.P. s'effondrera donc avec la monnaie. Ainsi en a décidé Bidault... »

Colombey, mardi 25 juin 1946

Soustelle et sa femme viennent déjeuner. A l'heure du café, le Général dit :

« Il faut distinguer la réalité sentimentale de la réalité politique. La réalité politique, c'est la position et l'importance respective des partis et les affirmations de leur programme. Parlons plutôt des intérêts et des sentiments : la réalité sentimentale et matérielle met en présence trois partenaires, c'est-à-dire trois adversaires : les maréchalistes, avec ou sans Pétain mort ou vivant, qui sont partisans du régime et des méthodes fascistes... Les communistes, dont la doctrine se conçoit, qui est applicable, dont on peut même dire qu'elle cadre, dans une certaine mesure, avec le machinisme. Les communistes sont partisans d'un régime et de méthodes tendant à niveler les hommes et à légaliser la répartition. Et puis, enfin, il y a les *gaullistes* qui sont opposés à la dictature de droite comme à la dictature de gauche. »

Un peu plus tard, Soustelle lui demande s'il croit à la survivance du M.R.P. Le général de Gaulle répond que non. Et voici pourquoi :

« Qu'est-ce que le M.R.P. ? Il représente un noyau de démocrates-chrétiens, autour desquels s'est agglomérée cette partie de l'opinion qui, tout en étant de droite, n'a jamais voulu frayer avec les partis de droite. Ces démocrates-chrétiens, vous les connaissez bien : groupes d'intellectuels romantiques, cucu-la-praline – excusez-moi, chère Madame –, des faibles, en tous les cas incapables de prendre position. Dans aucun domaine, ils n'ont choisi, ils n'ont adopté une politique qui leur soit personnelle. Certes, ils font des discours, forment des phrases, rédigent des programmes, pour couvrir de bla-bla leur manque de courage. Le pays s'apercevra rapidement qu'il n'a rien à attendre d'eux. La dislocation du M.R.P. est inévitable dès qu'il apparaîtra ce qu'il est : incapable de gouverner. Le gouvernement Bidault est un démenti à la volonté populaire qui avait marqué, en majorité, au deuxième référendum comme aux élections législatives, qu'elle n'entendait plus être gouvernée par une majorité socialo-communiste. Le gouvernement Bidault est un arrangement entre trois partis, pour l'application de trois politiques diamétralement opposées. La réalité, c'est qu'il y a trois ministères au lieu d'un gouvernement de la France. Une telle notion signifie, peu à peu, le démembrement de l'État, ce qui sera dans l'ordre des choses, puisque Bidault ne peut que zigzaguer, s'asseoir par terre et s'effondrer... Dès le départ, il s'effondre sur la question des salaires. Il commence par refuser toute augmentation risquant d'entraîner une hausse des dépenses publiques. Et puis, il consent maintenant à augmenter la charge globale de nos finances publiques de quinze pour cent. Les communistes, qui l'ont dans leurs mains, ne manqueront pas d'exiger toute réduction des dépenses budgétaires, marges bénéficiaires, personnel de la police, personnel militaire, par exemple, de manière à permettre une augmentation des salaires conforme à leur demande du début. Sous la menace des grèves, ils obtiendront, n'en doutez pas, les vingt-cinq pour cent et au-delà... Voilà pourquoi l'inflation est désormais inévitable, voilà pourquoi Bidault et son parti seront tenus pour responsables de celle-ci, ceux-là mêmes qui l'auront suscitée. Voilà pourquoi le M.R.P., qui vient de prendre à son compte les portefeuilles des Finances et de l'Économie nationale, servira de bouc émissaire et sera sacrifié. Et pourquoi tout cela ? Pour que Bidault forme son gouvernement. Gouvernement ? Je devrais dire ministère, car l'opinion s'apercevra bien vite qu'il est incapable de gouverner. »

Le Général souligne encore une autre contradiction :

« Aux élections d'octobre, dit-il, les communistes ont remporté une victoire incontestable, malgré laquelle je ne leur ai accordé que quelques places dans mon gouvernement. Car, n'oubliez pas qu'en dehors d'eux, j'avais pris des M.R.P., des socialistes, et puis un groupe d'hommes d'une couleur politique indécise ou entretenant avec leur parti des relations distantes : Dautry, Pleven, Jacquinot, Diethelm, vous, Soustelle, et puis... et puis moi. Gouin, lui, n'a accordé aux communistes que cinq portefeuilles dans un gouvernement qui ne comportait plus que des représentants des trois partis. Or, que voyons-nous ? Les élections de juin. Les communistes y perdent et sur le nombre de leurs sièges et sur le pourcentage de leurs suffrages (car, ce qui compte en définitive, ce n'est pas le nombre des suffrages mais le *pourcentage* des suffrages). Celui-ci, pour les communistes, est tombé de vingt-trois pour cent à vingt et un virgule sept pour cent, alors que les suffrages supplémentaires pour l'ensemble du corps électoral atteignaient huit cent mille voix). Ce recul des communistes, Bidault n'en tient non seulement pas compte mais encore il leur a attribué deux portefeuilles de plus. Voilà Bidault. »

Le Général nous parle de son voyage à Moscou. Je note ceci :

« Staline était habituellement très calme. Mais, si on voulait le voir remuer la tête, il suffisait de lui parler de Mikhaïlovitch ou des Polonais de Londres. Il m'a dit un soir avec fureur : " Mikhaïlovitch, il se cache en Égypte, je le sais. " Il rugissait...

» De Thorez, Staline m'a dit : " Je l'ai vu à son arrivée en Union soviétique. Je l'ai vu il y a quelques jours, lorsqu'il a quitté l'Union soviétique. C'est un bon Français. Vous verrez par vous-même. Avant de le mettre en prison, vous devriez attendre un peu... " Staline riait beaucoup et ses yeux luisaient finement. »

Colombey, mercredi 26 juin 1946

M. Pleven et sa femme sont venus déjeuner. On fait les foins.

Au début, la conversation a du liant, et le courant semble passer normalement entre les deux hommes. Mais, après le déjeuner, le silence de Pleven n'est-il que l'effet de sa digestion ? Lorsque le Général, par exemple, vient à parler de la situation des partis, de la crise du régime, de la lente culbute qu'il prédit à Bidault et de cette perte de vitesse où le M.R.P. lui semble devoir s'engager inévitablement, Pleven semble absent. Le regard se fait lointain derrière les lunettes. Lorsqu'il parle, sans guetter jamais le regard du Général, c'est pour se référer à son « sentiment » que le M.R.P. n'a pas encore fait le plein de ses voix : « Il remportera un nouveau succès aux prochaines élections. » Le Général se réfugie dans un silence flegmatique...

Sans doute Pleven me serait-il apparu plus proche du Général si la présence de Soustelle, hier, n'avait mis devant nous l'image d'un homme qui, bien que recourant souvent à la contradiction, apparaît de profonde allégeance sentimentale.

Pleven, à table, l'interroge sur ses Mémoires :

« Est-il exact que vous soyez au moment d'en terminer une partie ?

– Complètement faux ! Le moment n'est d'ailleurs pas venu... Il m'est impossible de dire la vérité... (Il se ravise)... Ou tout au moins *mon sentiment* sur des faits d'une importance nationale aussi considérable, sans citer certaines conversations, sans faire intervenir certains hommes ou sans révéler l'attitude de certains gouvernements, ce qui ouvrirait inévitablement la porte à quantité de controverses. Non. Ce sera pour plus tard... »

J'observe que le Général se montre moins pressé, depuis qu'il a quitté le manuscrit de ses Mémoires, pour aborder celui du discours de Bayeux.

Pleven souligne l'incroyable ignorance de la France pour tout ce qui concerne la France Libre :

« Oh certes, ils ont bien entendu parler de l'Appel du 18 juin. »

Le Général l'interrompt :

« Ils me font marrer, avec leur Appel du 18 juin ! Ils s'en gargarisent, se gardant bien de jamais parler d'autre chose. Il est vrai que les partis politiques y veillent soigneusement, qui veulent réduire mon rôle à cet appel. Que diable, il n'y a pas eu que le 18 juin !... Non pas, observe-t-il malicieusement, que je considère l'événement comme de faible importance... Mais ce que chacun semble ignorer, c'est la dose incroyable de patience, de lente maturation, de création obstinée, de pointilleuses questions, c'est la succession vertigineuse de calculs, de négociations, de querelles, de combats, de voyages qu'il a fallu affronter pour mener à bien notre entreprise. Tenez : Leclerc. Eh bien, ça leur a paru tout naturel, à eux, de le voir débarquer en Normandie, libérer Paris et Strasbourg. Pas un qui se soit demandé : “ Où a-t-il bien pu trouver ces hommes, ce matériel ? Comment se fait-il qu'il se soit trouvé à point nommé aux portes de Paris et qu'il ait pu fondre sur l'Alsace ? " Non, non ! Tout cela leur paraît parfaitement naturel, cela allait de soi, c'était dans l'ordre. Et pourtant, rappelez-vous, Pleven, rappelez-vous ce qu'il a fallu entreprendre pour en arriver là ! »

Il parle ensuite du rapport de quatre-vingt-dix mille mots que vient de remettre le général Eisenhower. Il s'élève contre l'interprétation que le Commandant en chef donne des raisons qui, finalement, l'inclinèrent à ne pas évacuer l'Alsace au lendemain de l'offensive von Runstedt. Eisenhower indique en effet que les répercussions d'une telle évacuation sur l'opinion française eussent amené la chute du gouvernement du général de Gaulle.

Le Général lui rend hommage pour son attitude loyale et dit :

« Si je trouve le temps avant ma mort, et j'espère le trouver, je dirai des choses élogieuses sur le général Eisenhower. »

Colombey, dimanche 4 août 1946

Après le déjeuner, je reste en compagnie du général de Gaulle et de son frère Pierre. Celui-ci insiste pour que le Général consente, à l'occasion d'un passage à Paris, à se faire examiner par un médecin.

Je dis, prêt à me faire « engueuler » :

« La vérité, mon Général, c'est que vous êtes engagé, par la force des choses, dans un cercle vicieux. L'inaction vous intoxique et l'intoxication vous immobilise. Seule la marche serait un remède, mais ce remède vous ennuie...

– Absolument exact », tranche le Général calmement, pour la première fois.

Silence. Enfin, il nous avoue :

« Voyez-vous, je suis hanté... je suis *rongé*, rectifie-t-il, par la pensée que la France perd chaque jour. Je sens l'Empire menacé, notre sécurité n'est pas assurée, nos querelles nous divisent, la France n'a plus de gouvernement ni de politique extérieure... »

Il esquisse un geste, puis :

« Oh ! non pas que je me fasse des reproches ! Lorsque je me suis retiré volontairement du gouvernement, j'ai fait mon devoir. Je ne pouvais couvrir plus longtemps cette affreuse marchandise... »

Il cligne des yeux. Sa voix – extraordinairement jeune – est empreinte d'une infinie mélancolie, qu'aucune rancœur ne viendra jamais gâter :

« Voyez-vous, si je pensais que les choses puissent s'arranger au cours des prochaines années... mais non ! Il s'agit d'une crise de *vitalité*. Est-ce remédiable ? Je veux dire : est-ce remédiable avant trente ans ? Je ne le pense pas ! Les Français en sont arrivés à ce point qu'ils n'acceptent plus ni leurs maux, ni les remèdes à ces maux. Depuis le milieu du XVIIIe siècle, c'est-à-dire depuis Louis XV, la France n'a cessé de perdre en ressources, en puissance, malgré les apparences... Depuis 1815, nous n'avons pu réparer nos pertes. Nos pertes, matériellement ou moralement. Nos querelles nous ont privés du plus clair de nos forces. Faire un coup d'État et prendre la trique ne résoudrait pas le problème. Coffrez les communistes et vous ne résoudrez pas le problème. Vous ne ferez que priver, par surcroît, le pays d'éléments vigoureux. Nous ne pouvons nous permettre une hémorragie supplémentaire. La vitalité du peuple allemand, sa puissance industrielle, sa passion du travail ont permis à Hitler d'opérer un redressement, mais uniquement parce que le peuple allemand – voyons les choses en face – était un grand peuple, avide de se dépenser et disposant de ressources incroyables. Mais en France, ce n'est plus le cas : notre sol s'y effondre constamment... Bien entendu, si la patrie était en danger, il n'en serait plus de même. Quelle que soit l'issue, il faudrait essayer... Remarquez bien, d'ailleurs, que ce n'est pas la première fois dans son histoire que la France touche le fond. Ce n'est pas notre première période de décadence : nous avons déjà connu ces féodaux installés sur notre corps pour le dépecer, avec le concours de l'étranger.

» Oui, voyez-vous, ce qui me ronge, c'est probablement la pensée que d'autres que moi assisteront à la délivrance d'Orléans et au sacre de Charles VII. »

Maurice Thorez a prononcé cet après-midi, à Rouen, un discours de politique étrangère. Le Général, qui l'a écouté à la radio, me dit :

« Le discours de ce pauvre Thorez n'est pas fort. Il commence par affirmer que la tendance à se représenter le monde écartelé entre deux blocs antagonistes ne peut résulter que " d'une appréciation erronée " ou encore qu'elle " reflète de secrets désirs ". Pure affirmation. Il se contredit involontairement plus loin lorsqu'il dénonce les intrigues et les complots de la réaction, des trusts et des oligarchies économiques et financières : c'est donc que le péril existe bien entre deux groupes de forces ennemies. »

« A l'occasion d'un passage à Paris – par exemple lorsque vous vous rendrez à l'île de Sein – vous devriez essayer, mon Général, de visiter cette exposition de " La Tapisserie ", qui est l'événement de la saison. »

Il hausse les épaules :

« Mais c'est impossible ! Je veux éviter toute manifestation, vous le savez bien...

– Les portes de l'exposition sont fermées au public à partir de cinq heures : il vous serait facile d'entrer par une porte détournée, entre cinq heures et le dîner... »

Impatient :

« Non, je ne veux pas ! Lorsque je paraîtrai à nouveau, il importera de paraître *comme il faut.* »

Je me tais. Pour éviter une erreur d'interprétation de ma part, il précise :

« Non pas *vis-à-vis de moi.* Il s'agit, bien entendu, uniquement de ce que je représente... »

Il le déclara avec une douce fureur, mais fureur cependant, et, tout à coup sans ruse, absolument sans « recherche de l'effet », il répéta, comme pauvrement, dans le potage : « C'est évident : absolument pas vis-à-vis de moi. »

Colombey, lundi 5 août 1946

Mme de Gaulle est à Paris. Je suis seul, ce soir, avec lui. Après le dîner, nous gagnons la bibliothèque : il s'essaie à une réussite, distraitement, cependant que son cigare se consume.

Nous sommes assis de part et d'autre de la table de bridge, dans deux fauteuils confortables, de couleurs claires. Entre nous, au mur, ce tableau rose et mauve : *Le Désert de Bir Hakeim* avec le squelette d'un avion descendu... Dans mon dos, divers objets sur des rayons : la pipe de Bourbaki creusée dans une énorme racine, cette médaille du Pape qui fait pendant à une médaille de Charles de Gaulle par A. Rivaud. Autour de la maison, la nuit sur la campagne... Pas un bruit.

Comme, après sa réussite, la conversation vient à languir, je cherche une question à lui poser. Palewski m'a justement suggéré, avant-hier, de lui poser celle-ci :

« Paul Reynaud, qui écrit ses Mémoires, a compulsé le procès-verbal britannique de la séance du Conseil suprême du 13 juin 1940, celui de Tours. Ce procès-verbal affirme que vous auriez assisté à une partie de l'entretien Churchill-Reynaud. Comme ce dernier n'a conservé aucun souvenir de votre présence et que Roland de Margerie – consulté sur ce point – n'a pu le fixer, il a demandé à Palewski si vous pourriez, par son entremise, l'éclairer... »

Le Général interrompt sa réussite et s'anime soudain prodigieusement : « Reynaud plaisante !... Il n'a pu oublier le fait, *car son intention était que je n'assiste pas à cette séance du Conseil suprême !* A tel titre qu'il se garda bien de me convoquer... C'est par un coup de téléphone de Roland de Margerie, qui était alors son chef de cabinet diplomatique, que j'eus connaissance de la rencontre projetée. Je m'y précipitai. Margerie, plus encore que Reynaud, ne peut avoir un pareil trou de mémoire.

– Êtes-vous arrivé à temps à ces entretiens ?

– Suffisamment à leurs débuts pour prendre part au débat. L'objet de ce Conseil suprême devait porter, à la demande de Reynaud, sur l'accord du 6 mars. Je me souviens qu'à mon arrivée, j'aperçus, autour de la table, Churchill et Reynaud flanqués, du côté anglais par Sir Alexander Cadogan et par Beaverbrook (je ne sais pas pourquoi d'ailleurs Beaverbrook était là : toujours est-il que Churchill l'avait amené...), et du côté français par Baudouin et Margerie. Détail : je me rappelle que l'exiguïté des lieux avait poussé Margerie à s'asseoir sur le bras du fauteuil de Baudouin...

» Du premier coup d'œil, j'ai compris pourquoi Reynaud ne m'avait pas convoqué : il était en train d'expliquer à Churchill qu'il avait câblé à Roosevelt et que, si sa réponse n'était pas favorable, alors lui, Reynaud, eh bien serait peut-être obligé de se tourner vers les Anglais pour leur demander de délier la France de l'accord du 6 mars...

– Que répondit Churchill ?

– Churchill était très fatigué ce jour-là, il balançait la tête et marmonnait sa réponse, que le Général mime : “ Je comprends bien votre position... Ces événements sont terribles pour la France... Mais enfin, comprenez-vous ?... la flotte française... il y a la flotte... ” Car c'est là tout ce qui préoccupait Churchill : s'assurer que notre flotte ne serait pas “ barbotée ”. »

Le général de Gaulle lève les bras au ciel devant cette attitude de Churchill :

« Deux jours plus tard, à Londres, je lui ai dit qu'il aurait dû barrer aussitôt la route à Reynaud en refusant de le délier de l'accord de mars, et qu'en liant la question de cet accord à celle de la flotte, il avait fait avancer d'un pas les partisans de l'armistice. La faute de Churchill était d'autant plus grave à mes yeux qu'il ne se contenta pas de concessions verbales : il fit, en effet, parvenir à Reynaud, dès son retour à Londres, un télégramme confirmant *par écrit* sa nouvelle position... Cela, je l'ai fermement reproché à Churchill, trois jours plus tard, au cours d'un déjeuner au Carlton Club, en compagnie de Corbin. Churchill s'émut à ce point de mes reproches qu'il griffonna – je m'en souviens fort bien – quelques phrases sur un bout de papier. Ce papier fut remis sous mes yeux à un vague secrétaire... De sorte que je suis *sûr* qu'en cherchant dans les archives, on découvrirait qu'il envoya ce jour-là un second télégramme à Reynaud, pour raidir sa position...

» Mais, pour en revenir à Reynaud, ce prétendu “ trou de mémoire ” ne le grandit pas. Je ne parle pas de Margerie, qui, lui, *ne peut pas ne pas se souvenir.* » Le Général répète : « Non, vous savez, Reynaud ne se grandit pas ! Il n'est pas très avisé non plus... Le silence ou la vérité, mais pas cette attitude équivoque. Elle pourrait à la rigueur, dans les années immédiates, jeter le trouble dans quelques esprits. Mais, au regard de l'Histoire, allons donc ! En dernier ressort, c'est elle qui jugera... »

Et d'observer :

« Il est vrai que je n'ai conservé de ce que j'affirme nulle preuve, sinon cette preuve morale : la lettre de démission que j'écrivis à Reynaud après le Conseil suprême du 13 juin. Cette lettre, je la possède encore. (Il fait mine de se lever pour aller la chercher, puis y renonce d'un geste impatient.)

– Votre lettre de démission, Reynaud l'a refusée ?

– Non. Il ne l'a jamais reçue... Car avant de la lui faire tenir, je la fis lire à Mandel, qui me déconseilla de démissionner.

– Quels arguments Mandel employa-t-il ?

– Il insista sur la nécessité de ne pas dégarnir les rangs du petit nombre d'hommes qui – dans l'entourage de Reynaud – constituaient le camp de la continuation de la lutte. »

Il se tait un instant, puis revient à Reynaud :

« Ce jour-là, Reynaud, auquel je l'ai d'ailleurs dit à l'époque, *facilita la voie à l'armistice*. La vérité, je la dis clairement : Reynaud, qui ne voulait pas “ faire l'armistice ”, cherchait déjà à déposer le fardeau. Quand j'y repense, cet homme, qui était honnête, profondément patriote et qui avait de la valeur, a été incapable de se dresser à la hauteur des événements, resserré qu'il était par un entourage qui " n'y croyait pas " : Devaux, Leca, Hélène de Portes, et tant d'autres... Et puis... (le Général esquisse une série de rapides gestes de mains)... et puis, n'apercevant jamais les événements que sous l'aspect de leurs incidences parlementaires, ne sachant rien de l'instinct du peuple, s'en éloignant constamment... Car bien avant le 13 juin, il avait donné des signes de faiblesse. Déjà fin mars : il voulait modifier les termes de l'accord du 6 mars... Au moment de la formation de son ministère, je me trouvais à Paris : eh bien, le Palais-Bourbon suintait de défaitisme, on y souhaitait *ouvertement* l'armistice.

– Un armistice sans combat, ou la capitulation après combat ?

– Non, l'armistice... Or, quelle était la situation véritable ? Il était clair que si Reynaud n'obtenait pas un ordre du jour de confiance, le gouvernement serait confié à Pétain et à Laval. On savait déjà et on disait clairement – je n'invente rien ! – que Pétain ce serait l'armistice. Eh bien, je me rappelle fort bien l'attitude de Reynaud à l'époque où je rédigeais sa déclaration ministérielle... *Je lui recommandai alors la franchise.* Il importait de faire sentir aux parlementaires les responsabilités redoutables qu'ils prendraient s'ils refusaient leur confiance au gouvernement !... Il importait de leur faire entendre que refuser cette confiance à Reynaud, c'était provoquer l'avènement d'un gouvernement d'armistice. Et cela, il fallait que Reynaud le leur dît en face. Il s'y refusa. Je me rappelle cet autre fait symptomatique : je déjeunais avec Reynaud au Palais-Bourbon, quelques instants avant la lecture de sa déclaration ministérielle... Il y avait beaucoup d'agitation autour de nous... Je me rappelle, par exemple, qu'on nous dérangeait à tout propos, à la recherche d'un député qui voulût bien consentir à signer – au nom du parti radical-socialiste – le procès-verbal de l'ordre du jour de confiance... Je trouvai néanmoins un instant de tranquillité pour recommander à Reynaud de ne pas se laisser entraîner, après les explications de vote, à donner des explications trop détaillées, car il risquerait ainsi de détruire l'effet de sa déclaration ministérielle. Il ne tint aucun compte de mes conseils.

» Autre souvenir : le remplacement de Gamelin. Reynaud savait fort bien que Weygand serait incapable d'opérer le redressement militaire, parce qu'il n'était pas du petit nombre de ceux qui étaient décidés à mener la lutte sans esprit de recul et qu'il était le théoricien d'une stratégie en faillite. Weygand était une solution commode pour Reynaud, mais dangereuse pour la France. Et Reynaud ne l'ignorait pas ! Pourtant, il choisit Weygand.

» Je me souviens encore de la nuit du 9 au 10 juin. A trois heures du matin, à l'hôtel Lutétia, où je dormais, on vient me chercher : " Le président du Conseil désire vous voir de toute urgence. " Je trouve Reynaud dans cet appartement de la place du Palais-Bourbon qu'Hélène de Portes lui avait aménagé... Il me tend le rapport d'un officier de liaison retour du front. Ce rapport indiquait que les Boches avaient traversé la Seine en aval de Paris. " Voilà qui pose la question de Paris, me dit Reynaud. Il faut s'en occuper aussitôt. "

» Il situait la question ainsi : fallait-il défendre Paris et, dans l'affirmative, qui pouvait s'en charger ?

“ Certainement pas Hering, lui répondis-je.

– Mais alors, qui ? ”

» Je lui parlai alors de De Lattre, qui a de l’amour-propre, de l’orgueil et qui s’était bien battu devant Rethel. Je lui dis que le moment n’était pas de tenir compte du fait que de Lattre était divisionnaire et, qu’en une période de péril national, les règles habituelles d’avancement ne comptaient pas, qu’il fallait “ bombarder ” de Lattre commandant d’Armée. Là encore, Reynaud ne sut pas se dresser à la hauteur des événements, il loupa la commande, en nommant Dentz.

» Plus tard, il devait renoncer à défendre Paris. Or, la défense de Paris – en dehors du coup d’arrêt ainsi permis – eût signifié au monde et à la France que *nous entendions nous battre !*

» Plus tard encore, je me rappelle avoir dit à Reynaud, au téléphone, depuis Downing Street : “ Vous avez le choix entre devenir Clemenceau ou le roi des Belges. ” C’était le 16 juin 1940... »

N.B. J’écris ceci, un instant après, dans ma chambre, chez les Aubry. Accordés aux accentuations vocales du Général, les soulignements sont, bien entendu, de moi.

« Au cours de son instruction, Weygand a décrit la visite qu’il fit à Pétain dès l’annonce du débarquement en Afrique du Nord. Il engagea le Maréchal à prendre l’avion pour Alger et à y reprendre, aux côtés des Alliés, la place qui revenait à la France dans la poursuite de la lutte. Malgré les objurgations de Weygand, l’homme de l’armistice refusa... »

Il me regarde et juge, comme à contrecœur :

« Ainsi, jusqu’au bout, devait-il manquer à l’honneur ! Pétain n’a jamais imaginé qu’il pût faire autre chose que de rester en France. »

Il a prononcé cela objectivement, sans dureté, comme un homme qui se penche sur un phénomène singulier.

Court silence, le regard perdu dans le carrelage noir et blanc de la bibliothèque. Puis il relève la tête et pose dans mes yeux un regard extraordinairement ému mais nuancé d’humour :

« Imaginez, non mais, imaginez ce qui serait arrivé par la suite, si Pétain s’était alors rendu aux arguments de Weygand, avait atterri en Afrique du Nord pour s’emparer du glaive ! Imaginez notre situation : nous n’aurions pu que l’approuver et nous placer sous son commandement. Quel spectacle ! Dorénavant, son nom eût été célébré comme celui d’un homme qui avait préparé la reprise du combat depuis la première minute... Sans compter qu’il mouillait la flotte française en rade d’Alger ! »

Colombey, mardi 6 août 1946

Je reste seul avec le Général, après le départ de M. Pierre de Gaulle. Je lui exprime que, selon moi, il est deux dangers. Son absence du pouvoir jusqu'à l'heure d'une catastrophe nationale ou internationale ne risquerait-elle pas de retirer à la France toute possibilité de se préparer au choc, de sceller les alliances nécessaires, d'établir notre sécurité sur des bases solides et de revigorer l'Empire ? Ce n'est pas entre l'instant où se déclenchera le péril et celui où le péril le ramènerait au pouvoir qu'il aura le temps de tirer les cartes. D'autre part – et c'est là l'autre danger –, s'il consentait à la conciliation et s'il acceptait les pouvoirs et les attributions minimes que la Constitution accorde au président de la République, ne risque-t-il pas d'être « encadré » par le législatif, par les partis, qui ont organisé, ne l'oublions pas, ce projet constitutionnel *contre lui* ? Arbitre irresponsable, le peuple le croirait responsable. Dès l'instant où il présiderait le Conseil des ministres, on lui reprocherait d'avoir couvert la marchandise.

Je dis alors : « Mais ce second danger ne peut-il être contourné, mon Général ? Car enfin, la marge d'illégalité que vous pouvez vous permettre est relativement large. Votre présence à la tête de l'État permettrait d'enrayer, pour une part, cette désagrégation dont vous êtes le premier à reconnaître qu'elle fera de nous demain une proie tentante pour l'étranger...

– Il n'est pas question de “ marge d'illégalité ” : il y a la Constitution ! Je serai d'autant plus lié par son contenu que les partis l'ont organisée contre moi.

» Si j'accepte, ils me guetteront, pour m'avoir fait prisonnier de ce dilemme : ou bien laisser faire, me soumettre, couvrir la marchandise – et alors je ne serai plus un recours à l'heure du péril – ou bien faire pression sur l'exécutif, et c'est le conflit ouvert qui conduit tout droit au coup d'État. Voilà le fait et il n'y a pas moyen de sortir de là ! »

Comme j'essaie de lui montrer qu'il existe une gradation entre l'irresponsabilité organisée par la Constitution et le coup d'État, il me coupe le sifflet d'un geste, comme si je l'impatientais. Un assez long silence, puis :

« Voyez-vous, il faut reprendre les choses à la base, en écartant toute question de position, de situation, ou de prestige personnel. La question revient alors à peu près à ceci... »

Il parle avec prudence, lentement, avec cette probité et cette rigueur qui rendent son visage encore plus grave et plus humain, au point d'oublier de tirer sur sa cigarette :

« Il se trouve... *Il se trouve* que, par suite des circonstances, un homme, un seul, pourrait être amené à tenter, le jour venu, et avec une chance raisonnable de succès, le redressement nécessité par une situation nationale ou internationale devenue particulièrement périlleuse et plus probablement d'ailleurs à l'occasion de celle-ci. Cet homme, c'est moi *(sic)*. Dans ce genre d'affaire, il faut avoir constamment présent à l'esprit que le temps ne compte pas au regard de cette nécessité impérieuse : disposer, le jour venu, des principaux atouts. S'il s'agissait de ma personne, je pourrais sans doute brûler certaines étapes. Mais la question n'est pas là : il s'agit de la France. A admettre même que j'aie mis le maximum de moyens de mon côté, notez que le succès, quoique probable, n'est pas certain ! Une affaire comme celle-ci commande une série de calculs nombreux et patients... Je sais bien qu'il y a les Debré et que les Debré vous disent :

" Oh ! mon Général, n'attendez pas trop longtemps ! Chaque heure qui passe est perdue pour notre sécurité, pour le Rhin, pour l'Empire, pour le redressement moral et matériel de la jeunesse, et que sais-je encore ?... "

» A quoi je réponds :

" Je n'y puis rien. " Je connais également l'argument d'après lequel ma présence à la tête de l'État susciterait une génération spontanée de moyens : la presse irait se coucher, les partis viendraient se blottir sous mon aile, la conjoncture s'améliorerait du seul fait de ma présence. Cet argument n'est pas sérieux, qu'on ne vienne pas me raconter des histoires ! Je connais mon monde, je prévois la réaction d'un Schumann, d'un Bidault, d'un Vincent Auriol, d'un Herriot ou d'un Thorez et le dilemme dans lequel on chercherait à m'enfermer, si je ne disposais pas, au départ, de moyens suffisants...

» L'instinct populaire, je le sais, est avec moi. Mais, c'est précisément parce que je tiens compte de ces dispositions fondamentales de l'opinion, qu'il importe de rester incontesté et, pour ainsi dire, *neuf*. Or, si j'acceptais la transaction où les partis espèrent me réduire, si j'acceptais le titre de président de la République sans en avoir les attributions, – alors j'aurais le choix entre deux solutions périlleuses. Première solution : me laisser faire, couvrir la marchandise, – mais alors le peuple, qui ne considère pas les questions en détail, n'apercevra pas pourquoi mes attributions et mes pouvoirs (qui feraient pratiquement de moi un homme irresponsable) ne m'ont pas permis d'intervenir pour conjurer le mal. Ils diront : " Le général de Gaulle a présidé le Conseil des ministres... " Ils seront donc inclinés à croire cette presse et ces partis qui ont juré ma perte, lorsqu'elle leur criera : " Voyez dans quels beaux draps le général de Gaulle nous a mis ! " Non, cette solution serait la pire et ce ne serait pas la peine d'être parti comme je l'ai fait pour en arriver là quelques mois après mon retour.

» Autre solution : ne pas laisser faire, c'est-à-dire entrer en conflit avec mon président du Conseil, mes ministres et le Parlement. Mais alors, je vais tout droit au coup d'État !... »

Je l'interromps :

« Mais pourquoi, mon Général ? Pas forcément. Je le répète : Il est une marge je dirais presque " d'illégalité " que tous les Français vous consentiraient à l'avance de bon cœur et que les événements légitimeront chaque jour un peu plus...

– A ceci je vous réponds : Premièrement, il se peut qu'il n'y ait pas d'événement, ce qui veut dire que – de hareng saur en hareng saur – je serai déconsidéré ! Deuxièmement, je vous dis que si le peuple, lui, fermait les yeux, ce qui est probable, il reste les partis, qui, eux, mènent le jeu sans demander son avis au peuple.

– Les parlementaires ne peuvent tenir pour absolument nulle et non avenue la pensée de l'électeur. »

Il s'impatiente et tranche :

« ... Enfin... en tous les cas, voilà : une politique d'intervention dans les travaux de l'exécutif conduit inévitablement au coup d'État. Alors, moi, je vous demande : Pourquoi aller chercher, en m'en mêlant, des difficultés que j'aurais déjà suffisamment de mal à surmonter le jour venu en demeurant incontesté et à l'écart ? Et quant à faire un coup d'État, qu'il ne faut pas souhaiter, que seuls les événements pourraient rendre excusable pour le salut du pays, " Salus patria, suprema lex [1] ! ", alors je réponds qu'il n'est pas nécessaire d'être à la tête de l'exécutif pour provoquer un changement de régime : autant rester à Colombey. »

Le Général me parle longuement, ce soir, du maréchal Pétain. Comme c'est la première fois qu'il passe en revue devant moi l'ensemble des rapports qu'il eut avec « l'homme de l'armistice », j'en profite pour noter ce qui suit :

Alors qu'il préparait Saint-Cyr, l'élève officier de Gaulle fut invité à dîner chez le colonel Halna du Fretay [2], père de celui qui, en 1940, devait s'envoler héroïquement pour la Grande-Bretagne après avoir construit de ses mains un avion, le terrain de décollage étant constitué par l'avenue conduisant au château paternel, dont il avait coupé tous les arbres. Le colonel Pétain commandait alors le 33ᵉ régiment d'infanterie, à Arras. Le jour du « Triomphe » de Saint-Cyr, Pétain dit à de Gaulle, qui vient d'être nommé lieutenant :

« Jeune homme, j'ai un regard sur vous. »

Dès son retour de permission, de Gaulle est affecté au 33ᵉ régiment d'infanterie, à la demande de son colonel. De Gaulle fut aussitôt frappé par « l'air glacé » de son supérieur. Il m'en parle en ces termes :

« Le fond de son caractère semblait être l'amertume ; indocile à ses supérieurs, la dent particulièrement longue à l'endroit de ses subordonnés, il éprouvait des difficultés d'avancement. Il en était peu alors qu'il ne dominât par sa valeur. Il était trop paresseux pour écrire, mais il avait du goût. Recherchant les caractères, il aimait sentir le fer. Passant un jour le régiment en revue, il en fut mécontent. Le commandant d'un bataillon, le capitaine d'une compagnie et un chef de section furent punis. Les chefs de section tirèrent au sort : je fus désigné... Pétain me notifia mes quatre jours d'arrêt. Au bout de vingt-quatre heures, il me convoqua et me dit : " J'ai décidé de lever vos arrêts. "

» Le regardant fièrement dans les yeux, je rétorquai : " J'ai trop d'estime pour votre jugement, mon colonel, pour considérer comme juste une punition que vous jugez devoir retirer. " J'ai su depuis que cette réplique lui avait plu... »

Je demande alors au Général si « l'amertume » du colonel Pétain était inhérente à l'homme ou si elle provenait des événements.

« Elle provenait certainement des événements : sa carrière militaire lui paraissait alors compromise. Il avait beau ne se livrer presque jamais, j'ai néanmoins connu le bonhomme dans ses moments de confidences : primo parce qu'il m'avait repéré et deuxièmement parce qu'il aimait les femmes... Il aimait les femmes, comme on les aime à cinquante-deux, cinquante-trois ou cinquante-quatre ans et je les méprisais, comme on les méprise à vingt ans. C'est dire que nous en parlions tout le temps. Chaque semaine, nous allions à Paris et faisions route ensemble, par le train. Bref, à Paris, il nous arrivait de nous " croiser ". Non, son amertume n'était pas une amertume de nature. Elle l'abandonna plus tard, avec les honneurs. Vous êtes trop jeune pour vous souvenir des " Tournées Baret "... Je me souviens du soir où l'on joua à Arras *L'Homme qui assassina* [3]. Pétain était dans une loge lorsque Gémier, dans le rôle du colonel de Sévigné, s'exclama : " Je n'ai pas réussi, et pourtant j'avais quelque chose là (montrant sa tête) et là (montrant son cœur) ", le colonel du 33e R.I. se mit à pleurer...

» Je me souviens aussi de son orgueil... Nous étions fréquemment chez Mme Masson, femme d'un ingénieur des Ponts et Chaussées. Comme Pétain venait de faire une remarque pleine de hauteur, elle glapit : " Mais, ma parole, c'est de la vanité.

– Non, Madame, c'est de l'orgueil. "

» Plus tard, il fut nommé général et affecté au commandement de l'autre brigade. Je me rappelle avoir trinqué avec lui à cette occasion... Ensuite, la guerre... Elle était son affaire et il s'y révéla, comme il se devait.

» Le capitaine de Gaulle fut fait prisonnier. Il ne devait revoir son ancien colonel qu'à son retour de Pologne, lorsqu'il entra à l'École de Guerre. C'est alors que survint l'affaire qui devait m'opposer au général Chabert. Conflit de stratégie. On fait appel à Pétain pour le trancher. Celui-ci me donna raison. Mais mes supérieurs se vengèrent à ma sortie de l'École de Guerre : je fus expédié sur le Rhin. J'avais trouvé Pétain pour lui demander justice. Il me conseilla de m'incliner, mais de demander ma mutation au bout de trois mois, au bout desquels il me promit de me faire entrer à son Cabinet. Il tint parole. J'y demeurai jusqu'en 1927. Mais très rapidement nous nous opposâmes. »

Le Général me retrace alors leurs trois principaux conflits :

Premier conflit : le général de Gaulle avait entrepris un travail personnel de longue haleine sur la France et son armée. Alors qu'il venait de terminer son troisième chapitre, un officier supérieur, qui travaillait également à l'état-major particulier de Pétain, prétendit publier le début de l'ouvrage sous forme de travail d'état-major. C'était une escroquerie : de Gaulle s'insurgea. Pétain lui donna finalement raison, sans hâte et avec une grande mauvaise grâce.

Un deuxième conflit naquit à propos de Lyautey, que Painlevé voulait retirer du Maroc. Mme Pétain, qu'une frénésie de respectabilité poussait en avant, et qui fréquentait déjà les Chambrun, recherchait ce poste pour son mari. De Gaulle vint trouver Pétain et lui déclara qu'au lieu d'épauler Painlevé, il devrait défendre Lyautey en se plaçant sur un plan purement national. Il eut même cette phrase : « Monsieur le Maréchal, vous êtes en train de commettre une mauvaise action. »

Troisième conflit : il survint à propos de la loi d'un an, dont le rapporteur était le général Debeney. Ici encore, le Général me montre comment Pétain négligea d'intervenir auprès de Painlevé avant que le texte en fût modifié.

Le général de Gaulle demanda alors à faire une période de commandement. Il fut affecté à Trèves et on lui confia un bataillon de chasseurs.

De Gaulle revit Pétain, au cours de l'hiver 1927-1928; des pneumonies s'étaient déclarées en masse et le gouvernement envoya le Maréchal en tournée d'inspection.

Plus tard, les deux hommes devaient se revoir à Verdun, le jour de l'inauguration du monument aux morts. A cette occasion, le Général devait s'amuser, une fois de plus, de l'extraordinaire vanité de Pétain, qui s'arrangea à quitter l'église le dernier, de manière à arriver le dernier à la cérémonie qui suivit et apparaître ainsi sous son meilleur jour...

Ensuite ?... « Eh bien ensuite, dit le Général, il fut nommé inspecteur des Forces aériennes, commandement qu'il eut d'ailleurs bien tort d'accepter. Je partis pour la Syrie... A mon retour, j'apprends que le général Odey a décidé de publier le manuscrit achevé de *La France et son armée*. Je demande une préface à Pétain. Il m'envoie deux lettres officielles m'en refusant la publication sous prétexte que je ne pouvais publier sous mon nom un travail qu'il m'avait confié. Il ne déplut pas à son hypocrisie de me faire parvenir sous le manteau une lettre manuscrite où il prenait une position exactement inverse... »

Mais ce n'est pas tout : le général de Gaulle me raconte que le conflit ayant pris des proportions, Pétain le fit quérir mystérieusement un dimanche après-midi. De manière que leur rencontre ne s'ébruitât point, il s'arrangea pour que le général de Gaulle se présentât à son domicile, non point par l'escalier du 8 square La Tour-Maubourg, mais par celui de l'immeuble du n° 6 de ce square, où Mme Pétain avait loué un appartement contigu du sien, dont la concierge était absente ce jour-là...

Le Général revit Pétain par hasard à Metz. Il ne devait plus le revoir avant son entrée au gouvernement Reynaud...

Je demande alors au Général quelle fut leur dernière entrevue.

« A Briare, le 11 juin 1940, me dit le Général, je le rencontre dans le jardin, avant le Conseil : " Vous êtes général, me dit Pétain avec un soupir. Ah ! c'est un moment bien difficile pour être général !...

– Comment ? Mais, Monsieur le Maréchal, c'est en une période particulièrement difficile, s'il m'en souvient, que vous avez été nommé général.

– Ce n'est plus du tout la même chose ", observe le Maréchal. »

Le Général me dit qu'il aperçut Pétain une dernière fois le 16 juin, à son retour de Londres. C'est dans un restaurant de Bordeaux : Ménetrel et Baudouin mangeaient à sa table...

Le général de Gaulle observe alors, après un silence singulier :

« Ainsi que vous le savez, le dossier personnel d'un officier est toujours rédigé en double exemplaire. Quelques jours avant la Libération et au moment de quitter Vichy, Pétain remit un exemplaire de mon dossier au général (?). Ce général demanda à me rencontrer et me remit ce dossier de la main à la main après la Libération... Le double de ce dossier, Pétain l'emporta en Allemagne, avec ses archives personnelles. Une chose est certaine : dès 1940, il se souciait d'entrer en possession des deux dossiers... »

Il glisse vers moi un regard chargé d'interrogation malicieuse et ajoute :

« Pourquoi ? C'est assez étrange. Il obéissait à une sorte de sentiment de vieillard *(sic)*... Et du Moulin de Labarthète, dans son livre, essaie de nous faire croire que l'intention de Pétain – au cas où je serais capturé – était de m'éviter le peloton d'exécution... »

Il me dévisage, croise ses longs doigts et rit doucement derrière son cigare éteint. Quelques minutes plus tard, je lui ai posé la question suivante :

« Mme Pétain avait-elle suffisamment d'intelligence politique pour pouvoir défendre efficacement une thèse auprès du Maréchal ?

– Les femmes n'ont jamais l'intelligence politique. Elles sont incapables de concevoir les ensembles... Non, vous savez la manière des femmes : à force de l'horripiler, elle parvenait le plus souvent à ses fins. »

Puis il évoqua Pétain à l'île d'Yeu :

« La présence de Mme Pétain doit l'importuner. A son âge, il peut se passer d'elle. Il l'a assez vue. Elle l'a assez embêté comme ça. Cela suffit... »

Puis :

« Je ne crois pas qu'il soit malheureux : il dispose d'une telle dose d'indifférence. Non, ce qui compte maintenant à ses yeux, c'est de ne pas mourir. Je suis sûr qu'il attend encore son heure, ce vieil homme... Ne serait-ce que parce qu'il attend du temps sa justification. »

Et il ajoute paisiblement :

« Et c'est d'ailleurs très bien ainsi... »

Un autre silence, rompu tout à coup par cette phrase :

« Même si l'on ne m'avait pas tant prié pour que je le fasse fusiller, je ne l'aurais pas fait fusiller. A son âge, d'ailleurs, la question ne pouvait pas se poser. Oui, c'est mieux ainsi.

– Mon Général, le portrait que Labarthète trace de Pétain dans *Le Temps des illusions* vous paraît-il ressemblant ?

– Peu importe. Pétain est mort avant que ce livre fût écrit : il est mort en 1925. En 1940, ce n'était plus un grand homme... »

« Il faut venir du fond du Kansas, comme M. Byrnes, pour s'imaginer que le gouvernement soviétique ne peut se payer le luxe, vis-à-vis de son opinion, de publier les discours du secrétaire d'État américain aux Affaires étrangères. Staline sait bien qu'il peut compter sans son opinion publique. Si j'étais M. Molotov, je publierais intégralement le discours de M. Byrnes : il n'en coûterait aucun dommage psychologique en Russie et M. Byrnes perdrait son pari...

» On ne demande pas plus son avis au peuple russe qu'au temps de Pierre le Grand ou de Catherine II. Staline est tsar de toutes les Russies. »

Il fait le tour du propriétaire, surveille les ouvriers, se tourne vers moi et dit :

« Dépêchons-nous de terminer ces travaux. Il importe de ne plus dépendre de personne ! »

Puis, montrant le panorama, depuis le mur du fond surmonté de tuiles ocre :

« Voyez : pas une maison en vue. »

Cette constatation le ravit.

Colombey, mercredi 7 août 1946

« N'en doutez pas : la plupart de ceux qui se réclament de mon nom et de l'esprit de la Résistance, eussent plébiscité Pétain en 1940. »

Je viens de lire *Le Temps des illusions* de Du Moulin de Labarthète.

Comme le Général me parlait de Pétain depuis quelques minutes, j'observe :

« Pris en main par Laval, qui voulait le conduire à Montoire, alors que ses autres ministres le tiraient en sens opposé, il donne l'impression d'être un velléitaire... »

Le Général me regarde, étonné :

« Que voulez-vous dire ?

– ... Une girouette...

– Détrompez-vous ; Pétain *voulait* aller à Montoire.

– Vous ne pensez pas, mon Général, qu'il y a été traîné ?

– On ne traînait pas Pétain ; on n'avait pas d'influence sur lui. En dernier ressort, c'est toujours lui qui décidait.

– Pourtant, mon Général, quelques jours plus tard, à propos du retour des cendres du duc de Reichstadt, Labarthète raconte qu'au début de l'offensive verbale conduite par Laval pour le décider au voyage, Pétain rétorqua : " Alors quoi ? Toujours la carte forcée, comme à Montoire ! "

» Mais deux minutes plus tard, Laval tenant bon, Pétain capitulait par ces mots :

" Eh bien, soit !... Quand partons-nous ? "

» Mais une heure plus tard encore, après une contre-offensive de Baudouin et Peyrouton, Pétain revenait sur sa décision d'aller à Paris, déclarant que Laval le trahissait et qu'il allait le lui dire... Voilà ce que j'appelle une girouette. »

Le Général sourit, comme on sourit à beaucoup de candeur, et me dit :

« Pétain était un acteur remarquable. Il ne livrait jamais le fond de sa pensée. » Et il me raconte l'affaire des lettres, officielles et personnelles, ainsi que cette entrevue de 1938, un dimanche, derrière des portes closes, à propos de la publication de *L'Armée de métier*.

La presse de Moscou, indique la radio française, annonce pour demain, dans une note encadrée, la publication du discours de M. Byrnes...

A déjeuner, il me dit :

« Lorsque j'ai quitté la Grande-Bretagne pour Alger, j'ai été faire mes adieux à M. Eden, retenu à la Chambre des communes par je ne sais quel débat. Il m'a reçu dans un bureau attenant à la salle des séances.

" Quel souvenir, m'a-t-il alors demandé, conserverez-vous de votre séjour en Grande-Bretagne ?

– Le souvenir d'un peuple loyal, brave et généreux... "

» Eden buvait du petit lait. J'ajoutai :

" ... et le souvenir de la politique britannique, qui est une chose horrible. " »

Je demande au Général quelle fut la réaction d'Eden.

« Il n'a pas bronché. Eden sait encaisser. On ne peut avoir fait successivement un stage à Eton, à Oxford, au Foreign Office et au Parti conservateur, sans être un parfait gentleman...

– Vous a-t-il semblé qu'Eden, comme certains le prétendent, faisait triompher sa propre politique dans le dos de Churchill ?

– Non. Churchill le tenait solidement sous sa patte, quoi qu'Eden en prétendît et malgré qu'il nous déclarât parfois, même à nous Français, défendre sur tel ou tel point une thèse opposée à celle de son maître. »

De Churchill, il évoque ce souvenir :

« Aux Chequers, résidence de campagne du Premier ministre, Churchill donnait en famille un véritable spectacle de cirque. Les enfants discutaient politique avec leur père et se querellaient à tout bout de champ. Je me souviens notamment d'un soir : Churchill avait un discours à prononcer. Les techniciens de la radio devaient venir enregistrer vers sept heures du soir. L'agitation du Premier ministre, alors que l'heure passait, devint tout à coup prodigieuse. Mais, au lieu d'écrire son discours, il se perdait en gestes contradictoires, avec une agitation frénétique. Puis, les minutes passant, il se répandit en invectives contre ses collaborateurs et son entourage. Enfin l'heure arriva : traqué par le temps, il avait – à la fin des fins – terminé son texte, parce qu'il fallait bien, en fin de compte, qu'il le terminât ! Je me rappelle qu'il l'enregistra devant moi, avec une nonchalance qui dissimulait mal l'horreur que lui inspirait ce genre d'affaire, prenant son temps, s'arrêtant posément au milieu d'un paragraphe pour tousser... Enfin, ayant expectoré la dernière ligne de son allocution, il se leva, s'abandonnant devant nous à la joie d'un gosse qui vient de terminer ses devoirs. Je me souviens qu'il monta sur une table, brandissant un revolver et esquissant une espèce de danse du scalp. Un enfant, un véritable enfant ! »

Je rappelle alors au Général que, lorsque Churchill repassa par Paris après son discours de Metz, le 14 juillet dernier, il vint à Palewski, qui avait été convié à dîner à l'ambassade de Grande-Bretagne :

« Dites bien au général de Gaulle que j'ai pensé très particulièrement à lui au cours de ma journée de Metz. *On the essential things, yes, we always agreed and will always agree*[4]... »

Et il répéta derrière son cigare :

« ... *on the essential things, yes...* » Puis il ajouta :

« Seulement voilà : le général de Gaulle n'aime pas les Anglais.

– C'est absolument faux ! » répliqua Palewski.

Churchill insista :

« Non, il n'aime pas les Anglais ! Darlan, lui, était déjà comme ça. Il ne ratait jamais une occasion de reparler devant moi d'un de ses ancêtres qui avait été tué à Trafalgar... »

Palewski prétend qu'il aurait alors dit :

« Le général de Gaulle admire profondément le peuple anglais. Ce qu'il n'aime pas, c'est la politique anglaise actuelle, parce qu'on ne peut sérieusement la prendre pour la politique de la Grande-Bretagne. »

Comme je rappelais cette anecdote au Général, il m'a dit, sans émotion :

« Me comparer à Darlan ! Churchill est d'une impertinence incroyable... »

Colombey, jeudi 8 août 1946

Bénouville, en route pour Paris et venant de Suisse, s'arrête à Colombey. A l'heure du thé, il raconte, de sa voix égosillée, la conversation qu'il eut fortuitement, voici quelques jours, avec du Moulin de Labarthète. Il n'ignorait pas (Bénouville était fort lié avec du Moulin de Labarthète avant la guerre) que l'ancien chef de Cabinet de Pétain se cachait en Suisse. Passant une nuit à Caux, au-dessus de Montreux, Bénouville s'endort dans un petit hôtel. A peine est-il au lit que deux coups retentissent à sa porte. « Entrez ! » La porte s'entrouvre et il aperçoit dans la pénombre du corridor la moitié du visage de Labarthète, un visage honteux et repentant...

L'ancien camarade de Duroc s'assied alors au pied du lit. Les deux hommes parlèrent jusqu'à trois heures du matin...

De cette conversation, Bénouville cite le trait suivant, que le Général écoutera d'une oreille dubitative :

« Labarthète, me parlant de Reynaud, rappela ce souvenir : comme Reynaud venait de se démettre et que j'avais été longtemps son chef de Cabinet au ministère des Finances, avec, comme adjoint, Gaston Palewski, je ne fus pas peu curieux de le rencontrer un soir sur le pavé de Bordeaux. Et quel soir : c'était le 16 juin 1940 ! La nuit était noire... Il faisait déjà nuit... Il m'emmena promener aux Quinconces. Comme je lui parlais de De Gaulle, il me dit :

" De Gaulle a tort, c'est un indiscipliné. " »

Le Général tranche aussitôt :

« Je n'attache aucune importance à ce propos de Reynaud, car, moi aussi, je puis vous citer un souvenir se rapportant au 16 juin 1940 et il éclaire le bonhomme d'un tout autre jour.

» Le 16 juin (?) [5] au matin, je rendis une dernière visite à Reynaud et lui fis part de ma détermination. Il me donna son absolution et... de l'argent. Il en avait d'ailleurs le droit, puisqu'il ne devait transmettre les fonds secrets à son successeur que vers midi, ce jour-là. » (Le général de Gaulle m'avait déjà dit le fait auparavant : il s'agissait d'une somme de cent mille francs, qui lui servit, à Londres, à payer les premiers frais d'installation de son secrétariat...)

Le Général observe :

« Remarquez que Reynaud a fort bien pu tenir des propos différents avec moi et avec du Moulin de Labarthète. Que voulez-vous, Reynaud était un homme », conclut-il, avec un grand geste indulgent du bras.

A la gare de Bar-sur-Aube, où nous sommes venus poser Claude Mauriac...

Au cours d'une journée passée à Colombey, celui-ci a vigoureusement appuyé auprès du Général la thèse selon laquelle il serait infiniment préférable qu'il se soumît à la Constitution projetée (imparfaite sans doute puisqu'elle n'apporte pas au chef de l'État le droit de dissolution et celui de « faire » les gouvernements) et acceptât cependant la magistrature suprême, plutôt que d'adopter la tactique – si coûteuse pour le pays – qui consisterait à prendre les pleins pouvoirs au bord de l'abîme. Le Général, alors que sa voiture démarre, allume une cigarette et fait entendre un grand rire, puis il me confie :

« Claude Mauriac est un bourgeois !... Debré est un bourgeois !... Ces bourgeois cherchent tous, voyez-vous, aux dépens de l'essentiel, à apaiser leur inquiétude et à calmer leur effroi. Si bien que, pour les rassurer, il faudrait reprendre le pouvoir, quitte à m'associer à l'effondrement et à l'effacement de la France. En suivant leurs conseils, je couvrirais la marchandise, sacrifiant ainsi le seul recours disponible pour l'heure du péril. Voilà le fait. Mais ils sont prêts à négliger ce fait plutôt que de ne pas avoir un oreiller où reposer leur tête. Ils voudraient que cet oreiller se nomme Charles de Gaulle. »

« Je suis trop vieux de dix ans. » Il soupire, puis sourit étrangement :

« Le moment est venu de se préparer, de regrouper ses amis, de se durcir le cœur ! Ce sera horrible : il faudra s'enterrer, on fusillera des masses de gens... »

Silence, puis cette conclusion :

« Oui, la vie est idiote ! Quand on aperçoit enfin l'extrémité de ses efforts, on est trop vieux. Oui, c'est bien cela, j'ai dix ans de trop. »

Je lui fais alors observer qu'il est le plus jeune des chefs d'État. « D'abord, observe-t-il, je ne suis pas un chef d'État. Ensuite, il n'y en a plus. Churchill est trop vieux. Fini, il est fini ! Roosevelt est mort... Ni Bénès, ni Mackenzie King ne peuvent prétendre à ce titre. »

Colombey, samedi 10 août 1946

– *Lui* : Si vous faites attention au texte du discours de Thorez de dimanche dernier, vous vous apercevrez qu'il prépare déjà son changement de front. Sa thèse, au fond, si on la mettait à nu, reviendrait à peu près à ceci :

« Nous sommes pour l'internationalisation de la Ruhr, sans doute, non pas pour châtier les Allemands (Thorez ne s'en prend déjà plus au peuple allemand...), mais parce que nous sommes contre ces trusts que les Anglais cherchent à installer dans la Ruhr. »

Si bien qu'il conditionne sa politique allemande à l'existence d'oligarchies économiques entre les mains des Anglo-Saxons. Faites-les disparaître, ces oligarchies, ou encore supposez-en la disparition, et alors Thorez amorcera son virage en déclarant : « La menace qui existait jusqu'ici dans la Ruhr est heureusement conjurée. La présence, à Berlin, d'un gouvernement allemand sous la patte des Russes écarte tout danger. Plus besoin, donc, d'internationaliser la Ruhr. » Ou bien, il inventera qu'il n'y a plus, dans la Ruhr, trace d'un trust...

– *Moi* : Les communistes français ont-ils synchronisé cette tactique avec celle de Staline ?

– *Lui* : Leur campagne pour l'internationalisation de la Ruhr et leur thèse allemande favorisent, sans aucun doute, la manœuvre de Staline, et voici comment :

Que veut Staline ? Il sait bien que le peuple allemand, dans le but de recouvrer son unité, sa grandeur, sa patrie, est prêt à avaler une longue couleuvre... En échange de quoi ? Mais en échange de frontières allemandes, d'un gouvernement allemand à Berlin et de la Ruhr. Or, Thorez, en mettant en péril leur frontière de l'Ouest, tourne nécessairement les espoirs des Allemands vers l'Est, vers Staline, seul pourvoyeur, qui détient seul le pouvoir de leur rendre leur patrie. Sans compter que les Allemands n'acceptent pas de se lier aux Russes sans faire ce calcul : « Tôt ou tard, notre supériorité sur le peuple russe apparaîtra... Notre supériorité sur eux ne fait pas de question... Elle pourrait en faire seulement avec les Anglo-Saxons. » Le peuple allemand ne hait pas le peuple russe ; il le méprise. Comme tout grand peuple, le peuple allemand cherche obscurément à établir sa domination future. Il importe donc pour eux de s'entendre avec l'adversaire le plus facile, avec l'adversaire qu'il espère pouvoir dominer le plus facilement demain. Certes la conjonction, à un moment donné et pour un moment donné, des deux peuples, nous jettera dans un péril grave. Mais (il esquisse alors un geste, comme quelqu'un qui chercherait, de la main, à soulever un voile), mais réfléchissez bien que la supériorité du peuple allemand sur le peuple russe – supériorité éclatante – jouera finalement en faveur de ceux-là. La Pologne et la Russie, le jour venu, en pâtiront. Et si vous voulez savoir pourquoi la presse soviétique est plus attirante que celle des Anglo-Saxons pour le peuple allemand, observez que leur mode de vie est essentiellement adaptable au régime soviétique et essentiellement inadaptable au régime démocratique.

Colombey, lundi 12 août 1946

– *Le Général* : Il faut profiter du peu de temps qui nous reste avant une nouvelle tempête pour refaire l'État.

– *Bourdeau de Fontenay* : Refaire l'État, mon Général ? Mais pour l'instant, il se désagrège...

– *Le Général* : Éternel recommencement. L'histoire de France est faite d'une alternance de tentatives pour détruire et pour refaire l'État : voilà pourquoi c'est folie – comme le fait le projet de Constitution – d'échafauder nos institutions sur les partis, qui, par nature, sont contingents et qui représentent des tendances immédiates. Certes, les partis doivent jouer un rôle : ce rôle consiste essentiellement à influer sur la législation et à se faire l'écho des opinions. Mais, encore une fois, on ne construit pas l'État sur des partis. Les partis, eux, ne peuvent être la source d'une règle nationale. Prenez l'histoire de la IIIe République : il est arrivé parfois – oh ! certes, pas souvent – que nous y soyons gouvernés. Mais pour formuler une politique qui pût nous tirer d'affaire, avez-vous jamais entendu dire qu'on ait fait appel à un parti ? Non ! Pour refaire l'État, on allait chercher un Jules Ferry, un Waldeck-Rousseau, un Clemenceau ou un Poincaré. J'ajoute que s'il était raisonnable d'attendre notre salut des partis en cas de péril national, nous en aurions fait l'expérience en 1940. Alors, qu'avons-nous vu ? Pas un parti, pas un, vous m'entendez, qui ait dénoncé l'armistice ! Et ces fameux « Quatre-Vingts » qui s'enorgueillissent d'avoir, le 10 juillet 1940, refusé les pouvoirs à Pétain ? Est-il un seul de ces quatre-vingts parlementaires, un seul, qui se soit insurgé contre l'armistice ? Pas un !...

Et voilà ! (il tape, d'un index vigoureux, la table de bridge située devant lui), voilà la preuve aveuglante qu'il n'y a rien à attendre des partis à l'heure du danger.

Et c'est alors que se place le crime de Pétain, de Pétain qui a déshonoré et prostitué des notions dont certaines étaient bonnes et qui, la Libération venue, eussent permis de nous tirer d'affaire. Voici pourquoi, sans compter que les communistes avaient occupé à l'avance toutes les positions au moment de la Libération, il ne m'est resté qu'un seul moyen : noyer la démagogie dans la démocratie. Comment ? Mais par les élections ! Voilà pourquoi j'ai envoyé les Français aux urnes... Il me fallait une soupape. Je n'en avais pas d'autre.

Colombey, mardi 3 septembre 1946

« Qu'est-ce qu'un homme de gouvernement ? Ce n'est pas un homme compétent, bien que des connaissances particulières doivent, sans doute, s'allier à ses facultés. Ce qui le distingue, c'est le caractère, la connaissance des *réalités* et la volonté, si nécessaire, de *marcher à contre-courant.* Ce n'est pas autre chose.

» Or, il existe une contradiction irréductible entre les qualités requises pour plaire à l'électeur – qui sont toutes d'amabilité – et les facultés qui font l'homme de gouvernement, dures et déplaisantes par définition, car il doit demeurer aveugle aux intérêts particuliers. Voilà pourquoi un tel homme n'apparaîtra jamais dans les rangs des partis. Ce serait contraire à la nature des choses. Qu'un homme de gouvernement se présente : aucun parti n'acceptera jamais de le soutenir. Jamais ! Il n'accepterait même pas d'inscrire son nom sur une liste électorale... »

Colombey, mercredi 4 septembre 1946

Je demande au Général les raisons pour lesquelles il lui est apparu inévitable, au lendemain de la Libération, de faire entrer des ministres communistes à son gouvernement. Il me répond, sans aucune protestation de ton :

« D'abord, parce que les communistes étaient devenus sympathiques à l'opinion. N'oublions pas que mon premier gouvernement devait être un gouvernement d'unanimité nationale. Il importait, vis-à-vis de nos alliés, de maintenir l'apparence de l'union, gage de notre souveraineté nationale et de notre solidité impériale. Je ne pouvais rejeter les communistes sans formuler publiquement des accusations contre eux : après leurs récents combats, l'opinion ne m'aurait pas suivi. C'eût été, d'autre part, m'attirer le reproche de les maintenir dans l'opposition, alors qu'ils s'offraient à participer à la production et à la reconstruction. Enfin – et c'est là le plus important – n'oubliez pas que tout était à refaire au lendemain de la Libération ! Comment auriez-vous reconstruit des ponts, rétabli nos lignes de communications, comment auriez-vous produit, transporté, vêtu, nourri et chauffé, si j'avais commencé par acculer les communistes à la grève et à l'action sociale ? Alors que nous venions de perdre la moitié de notre substance, nous ne pouvions nous offrir cela.

» Les communistes ont donc participé. Le succès ne s'est pas fait attendre : en x mois, x ponts ont été reconstruits, x kilomètres de voies ferrées rouverts au trafic, x tonnes de charbon extraites, etc. J'ajoute qu'en acceptant de me seconder et de lancer leur mot d'ordre de production, les communistes ne se firent pas plus d'illusions sur mon compte que je ne m'en fis sur le leur. Il en fut ainsi dès la première seconde. »

Cette dernière constatation le fait rire.

Le colonel Vallon, le général Chaban-Delmas et Claude Mauriac sont venus déjeuner. Après un repas relativement silencieux et alors que chacun s'efforçait, à l'heure du café, de faire semblant de ne pas remarquer le mutisme, aimable d'ailleurs, du Général, il déboucha soudain dans la conversation par cette phrase :

« Voulez-vous le fond de ma pensée ? » (Comme Vallon était en train de parler des droits d'auteur d'un artiste en médailles, nous nous sommes interrogés du regard.) Alors, le Général, rallumant son cigare :

« *Les Français sont encore bons dans l'opposition !* Je n'ai pu les rassembler que parce que je représentais l'opposition, l'opposition à Vichy, l'opposition à cette administration que les Français avaient alors sur le dos, et, il faut malheureusement en convenir, l'opposition aux Boches, dans une moindre mesure... (Je ne parle pas, bien entendu, de tous ces braves types qui leur tapaient dessus.)

» Résister, ce fut, pour toute cette écume qui se réclame aujourd'hui de la Résistance, ce fut essentiellement, s'opposer à Maurras, à Déat, à est-ce que je sais, moi ? Cela consista à rédiger des petits papiers et à publier des journaux clandestins contre un adversaire *politique*. Mais le miracle, qui a consisté à leur refaire une armée, à pousser Leclerc dans Paris, à conduire nos troupes à Strasbourg ou à nous conserver l'Indochine, cela ne les intéressa jamais, *à la lettre*. La chose ne leur est même jamais apparue !... Vous n'avez qu'à reprendre la presse depuis la Libération pour vous en convaincre : tout ce qui était la France, tout ce qui était accompli et tout ce qu'il s'agissait de réaliser pour le compte de la France, ce fut précisément ce contre quoi il leur importa le plus, dès le début, de taper. Et c'est les mêmes raisons qui les poussèrent à me suivre, qui, la Libération venue, les inclinèrent *automatiquement et nécessairement* à se regrouper contre moi. Pourquoi ? Mais parce que j'incarnais l'État. Car, ils ne réservent jamais leur bave qu'à l'État, jamais aux ennemis de l'État. »

Il poursuit alors, sans émotion visible, avec le ton du diagnosticien :

« Si bien que, le Boche battu, les collaborateurs en prison, la liberté recouvrée, la France et son Empire sont devenus le point d'application de notre opposition. Oui, la France et son Empire devenaient aussitôt, pour eux, un vaste chantier de démolition ! Au lieu de taper sur Maurras ou sur Pétain, ils s'en prennent maintenant à Leclerc ou à d'Argenlieu, coupables seulement de ce crime : avoir cherché en toute chose à faire prévaloir l'État. Voilà pourquoi les partis, tout en prétendant soutenir l'État, ne peuvent (ici, il souligne sa pensée d'un grand geste du bras) *forcément et par nature* que s'attaquer à lui. Ils font semblant d'être au gouvernement : en fait, ils sont dans l'opposition, y compris les ministres, qui s'en prennent tantôt à leurs collègues et tantôt à leur propre administration. Qu'un haut fonctionnaire prenne une initiative utile à l'intérêt général, il est aussitôt mis à pied par son ministre... Je ne connais pas un problème intéressant notre Défense nationale, notre Empire, notre situation extérieure ou nos finances, qui soit abordé de face par un ministre : *il ne le pourrait pas* ! Comment, d'ailleurs, l'idée lui en viendrait-elle à l'esprit ? Il serait aussitôt désavoué par son parti.

» Voyez, par exemple, le ministre des Finances... Le ministre des Finances, lui, vous dira : “ Oh ! moi, je voudrais bien avoir un budget en équilibre. Mais s'il ne l'est pas, je n'y puis rien ! Mon collègue de l'Économie nationale me réclame x milliards, mon collègue du ministère du Travail appuie la C.G.T. pour une nouvelle augmentation de salaires, qui vient grever plus dangereusement encore les charges de l'État. Mon budget est un ‘ monument ’ ? Sans doute. Mais qu'y puis-je ? A eux d'être plus raisonnables. ” Bien entendu, l'idée n'aborderait même pas son esprit qu'il puisse, tout à coup, avoir à dire : “ Non ! ”

» Prenez n'importe quel autre ministre... Prenez Farge, par exemple ! Eh bien, celui-ci vous dira : “ On me refuse le droit de pendre, comme je l'entends, les trafiquants de marché noir. On me refuse le droit de négocier directement, avec des pays étrangers, les accords nécessaires à notre ravitaillement. Le prix des denrées augmente ? Paris n'est pas ravitaillé ? Ce n'est pas de ma faute ! Vous n'avez qu'à vous en prendre aux ministres de la Justice et des Affaires étrangères... ” Si bien qu'en fin de compte, il ne s'agit jamais, pour ces messieurs, de faire face à un problème, de le soupeser, puis de le résoudre, mais bien de déplacer la responsabilité de la solution vers un ministre d'un autre parti, de se défiler, et, à la fin des fins, de se soustraire au devoir de gouverner. C'est ainsi.

» S'attaquer à l'État, baver, démolir, voilà la seule tâche dont nous soyons encore capables. Je n'y puis rien : c'est un fait. Les partis sont devenus des entreprises de démolition. Tous. Le M.R.P. ne fait nullement exception à la règle. Je ne vois qu'une exception : le parti communiste, qui est une entreprise entre les mains d'un pays qui sera demain notre adversaire. Et rien ne pourra, sauf événement, enrayer ce processus de désintégration de l'État... »

– *Chaban-Delmas* : Eh oui, mon Général ! Et voilà pourquoi il nous faut souhaiter que le drame extérieur se précipite, précipite notre réveil...

– *Le Général* (hésitant) : A moins qu'un assez long délai ne nous permette, au contraire, de nous reprendre, oui !

– *Vallon* : Mais, mon Général, vous parlez de l'avenir comme si l'opinion ne s'impatientait pas. Les partis sont tributaires de l'opinion publique. Or, cette opinion sera chaque jour en état de plus grande réceptivité à toute notion qui permettrait de nous hisser hors de la pagaïe...

– *Le Général* : L'opinion compte pour peu !...

– *Vallon* : Encore une fois, mon Général, les partis en sont tributaires !...

– *Le Général* : Mais non ! Mais non ! On ne lui demande pas son avis, à l'opinion. Elle vote, un point c'est tout... Elle vote, d'ailleurs, elle aussi, *par opposition*, car l'opinion ne se laisse plus émouvoir par une idée ou par un programme : vous n'allez pas me faire croire, par exemple, que la majorité des électeurs qui votent pour le M.R.P. l'ont fait par amour pour ce parti, par amour pour son programme. (Ici, laissez-moi rire !) S'ils ont apporté leur suffrage au M.R.P., c'est parce qu'ils entendaient voter contre les communistes, voilà tout. L'opinion, elle aussi, fait de l'opposition. Si bien qu'en fin de compte, après l'avoir consultée pour savoir contre qui elle votait, les partis se passeront parfaitement d'elle lorsqu'il s'agira de légiférer.

– *Vallon* (s'acharnant) : Mais, mon Général, il n'en reste pas moins que notre histoire récente indique que l'opinion s'est, en telle ou telle occasion, et parce qu'elle était écœurée par les partis, tournée vers un Clemenceau ou vers un Poincaré.

– *Le Général* : Mon cher Vallon, si ce que vous voulez dire, c'est que tel ou tel péril forcera, un beau matin, les démolisseurs à aller se cacher sous la table, alors cela va sans dire et nous sommes parfaitement d'accord.

Le Général se tourne alors vers Mme de Gaulle et lui demande d'interrompre un travail de couture pour accompagner ses visiteurs au tour du propriétaire. Elle accepte, sans beaucoup d'entrain.

Le Général nous conduit par un sentier ombragé de buissons en arceaux jusqu'à ce mur recouvert de tuiles qu'un tank détruisit la veille de la libération de Chaumont, et au-delà duquel s'étend la plaine. Au premier plan, un quadrilatère d'herbe, puis le paysage immense et âpre, qu'écrase un ciel gonflé de nuages gris. Silence ému et méditatif des trois visiteurs...

« C'est là, explique le Général, c'est au milieu de ce champ, que je veux être enterré. »

Et, de l'index, il désigne, vers la gauche, la route située en contrebas du pré :

« Oh ! Il ne sera pas nécessaire de passer par la propriété pour venir sur ma tombe : on creusera là, voyez-vous, un petit escalier de terre battue et un sentier. Comme ça, il sera possible d'accéder à ma tombe sans déranger personne... »

Il rit comme un enfant et ajoute :

« J'ai suffisamment dérangé les Français de mon vivant pour désirer ne plus les embêter après ma mort. »

Vallon, Chaban et Mauriac viennent de partir. Le Général était en forme : presque tous ses thèmes favoris y ont passé, avec une vigueur et un brio inoubliables. J'observe, en le raccompagnant de la grille à la maison :

« Pendant que vous parliez, mon Général, j'aurais voulu que chaque Français, pris individuellement, ait pu vous entendre... Tant de choses, dans ce que vous nous avez dit, que ne peut contenir un discours officiel ! Tant de choses personnelles, concrètes, vécues !... »

Il éclate de rire, apercevant ce qu'il peut y avoir de critique au fond de ma pensée :

« Que voulez-vous, je ne puis tout de même pas inviter chaque Français à déjeuner ! Je vous répondrai aussi que ces “ choses ”, bien des Français *que j'ai formés* les ont entendues. Or, presque tous ceux-là – loin d'en faire leur substance et d'y trouver un guide – se sont ligués contre moi ou m'ont tourné le dos. Ceux qui partagèrent quotidiennement ma pensée sont ceux-là mêmes qui la renient maintenant dans leurs actes, qu'ils s'appellent Schumann, Bidault, Philip ou Vincent Auriol. »

Il rentre lentement et va s'enfermer dans son bureau...

Colombey, jeudi 5 septembre 1946

Le Général vient de lire les souvenirs, publiés par *France-Soir* [6], qu'Elliot Roosevelt fait paraître sur son père.

« Roosevelt, observe-t-il, était déjà atteint cérébralement en 1943. Lisez par exemple ce passage où il reproche à la France de n'avoir pas essayé de transformer le Sahara en paradis terrestre. Ce grand esprit ne battait déjà plus que d'une aile. »

Des extraits publiés dans la presse, je relève ces lignes, où Roosevelt dit à sa fille :

« Elliot, de Gaulle a l'intention d'établir en France le gouvernement d'un seul homme. Je ne puis imaginer une personne de qui je me défierais plus. Toute son organisation de la France Libre est farcie d'espions policiers – il a des agents qui espionnent ses collaborateurs. Il ne conçoit la liberté de parole que si on ne critique pas. »

Et, un peu plus loin :

« Puis, mon père me dit ce qu'il fallait faire : " La France devrait redevenir une puissance mondiale et garder ses anciennes colonies. En sa qualité d'administratrice, elle ferait, chaque année, un rapport sur sa gestion, indiquant la régression de l'ignorance, les progrès de la médecine préventive, etc. " »

De Roosevelt, il me dit : « Jalousie de vedette ! Il en souffrait... Sa politique aussi ! »

Colombey, vendredi 6 septembre 1946

Miribel et Burin des Roziers sont venus déjeuner aujourd'hui. C'est la première fois qu'ils mettaient les pieds à Colombey.

En les quittant, le Général évoque devant eux ce souvenir, que je connaissais déjà :

« C'était au mois de décembre 1945, dit le Général. On me remet un télégramme d'Hô Chi Minh destiné à Maurice Thorez. Je convoque immédiatement celui-ci. Il entre dans mon bureau et, sans préambule, je lui remets son télégramme : le chef du Viêt-nam y demandait, en termes pathétiques, l'appui du parti communiste français.

» A peine avait-il terminé la lecture de ce texte, que je lui demande à brûle-pourpoint :

" Quelle réponse avez-vous l'intention, Monsieur le Ministre, de faire parvenir au chef du Viêt-nam ? "

» Je me rappelle que Thorez me dévisagea d'un air de candeur choquée et me rétorqua, obséquieux :

" Oh ! Môôssieu le Président !... Vous ne pensez tout de même pas que je vais répondre quoi que ce soit à un homme qui fait tuer des soldats français ! "

– *Burin des Roziers* : Mon Général, comment voyez-vous l'avenir du parti socialiste ?

– Voilà le malheur : je ne lui en vois pas ! »

Il se tord...

– *Elisabeth de Miribel* : Lorsque Coste-Floret et Philip vous ont rendu visite à la villa de Neuilly au moment de votre départ pour l'île de Sein, quelles objections ont-ils surtout opposées à vos arguments ?

– Aucune objection. Car, à commencer par ceux qui l'ont faite, personne ne croit à cette Constitution. Un exemple : Coste-Floret. Eh bien, Coste-Floret m'a dit en substance : « Je reconnais que notre texte est mauvais. Mais qu'y puis-je ? On n'a pas voulu du premier texte que j'avais proposé. »

Comme je lui faisais alors observer qu'il le défendait pourtant, ce texte, tout ce qu'il a trouvé à me dire, c'est à peu près ceci : « Il fallait bien que je le défende, mon Général, *puisque j'en étais le rapporteur général.* Mon rôle était, en quelque sorte, celui d'un avocat. On m'a confié une affaire, je la plaide. »

Le Général, qui nous a dit cela avec une pondération amusée, tape soudain sur la table et devient rose de fureur :

« Je le prenais la main dans le sac et il ne trouvait rien d'autre à me répondre ! »

Court silence. Il s'est instantanément calmé :

« Autre exemple : la dissolution... Leur texte prévoit que, dans des cas définis, la dissolution du Parlement peut être décidée. Bon. Soit ! Je leur fais alors remarquer qu'en cas de dissolution, le gouvernement doit remettre sa démission et qu'un nouveau gouvernement sera aussitôt constitué, sous la présidence du président de la Chambre, ce qui est déjà idiot, car il est fort possible qu'au moment considéré, ledit président ait la goutte... Sans compter qu'il peut fort bien avoir les qualités nécessaires à un président de l'Assemblée sans avoir aucune des facultés nécessaires à un président du Conseil... Mais attendez ! Ceci n'est rien...

» Ce président du Conseil, à admettre qu'il soit en bonne santé ou qu'on puisse le joindre, forme donc son gouvernement. Comment ? Eh bien, précisément, *il ne le forme pas* ! Non. Son gouvernement est automatiquement constitué par les chefs des principaux partis.

» J'ai alors déclaré à Philip et à Coste-Floret :

" Comment voulez-vous qu'un Mutter, un Bidault, un Herriot, un Daniel Mayer et un Thorez puissent gouverner ensemble ? Par quelle aberration imaginez-vous qu'ils puissent faire autre chose que de se bouffer entre eux ? "

» C'est alors que ce pauvre Philip me répondit :

" Mais, mon Général, il s'agit d'un gouvernement intérimaire, uniquement destiné à sauvegarder les libertés publiques et à observer les grandes lignes de la politique générale. " »

Le Général lève les bras au ciel et poursuit :

« " Libertés publiques ?... Politique générale ?... Au cours de six années périlleuses, qui m'ont permis de pétrir à pleines mains la matière politique, je n'ai jamais rencontré, monsieur Philip, ce que vous appelez la politique générale. Je n'ai connu que des réalités politiques. Et ces réalités s'appelaient tantôt la politique de défense nationale, tantôt la politique extérieure de la France, tantôt la politique financière... ' Politique générale ? ' Connais pas. Imaginez une atmosphère de crise : c'est l'atmosphère même d'une dissolution... Eh bien, monsieur Philip, les bouchers ferment leurs boutiques, les grèves arrêtent la production, ou bien survient un drame extérieur... Voulez-vous me dire ce que feront, en l'occurrence, en s'inspirant des données de ce que vous appelez ' la politique générale ', vos Mutter, vos Bidault, vos Herriot, vos Daniel Mayer et vos Thorez ? "

» Philip me répond :

" Ce gouvernement de transition n'est destiné à durer que quelques jours :

– Mais non, lui dis-je ! Ce gouvernement devra durer plusieurs semaines : de la dissolution aux élections ? un mois. Formation du nouveau gouvernement ? Avant sa présentation devant les chambres, quinze jours, six semaines au minimum, monsieur Philip, six semaines ! Et pendant ce temps-là, pas de viande, l'arrêt de la production, ou un conflit extérieur. " »

Il s'arrête une seconde, puis, nous prenant à témoin :

« Mais ceci n'est encore rien !... Imaginez que le président du Parlement soit indisponible, ou qu'il soit impossible de le joindre, ou encore que de nouvelles élections ne puissent être organisées – ce ne sont pas des cas tellement extraordinaires, notre histoire en regorge... Je ne sais pas, moi. Une invasion, par exemple. Que prévoit, dans ce cas, leur Constitution ? Eh bien, tout gouvernement constitué autrement qu'avec le président de l'Assemblée et les chefs de partis sera *anticonstitutionnel*. Impossibilité, donc, dans ce cas, de constituer un gouvernement. C'est précisément au moment où l'on aurait le plus besoin de garantir la souveraineté de la France que, par la lettre même de leur Constitution, il deviendrait impossible de l'organiser. Que M. Staline installe un pseudo-gouvernement français à Noisy-le-Sec, ou que M. Attlee en imagine un à Tunis, ou que M. Truman en suscite un à Dakar, ces trois gouvernements auraient les mêmes titres à prétendre incarner la souveraineté nationale que celui qu'établiraient des patriotes soucieux de notre survie ! (Il frappe sur la table.) Et voilà à quelle folie ces messieurs en sont arrivés ! »

Il se tait. Un sourire est dans ses traits :

« Pauvre Philip ! La semaine dernière, en plein congrès socialiste, il a trouvé le moyen de déclarer : " Je suis parfois tellement las de ce que je rencontre sur cette terre, que j'ai envie de partir pour la lune. " La riposte ne s'est pas fait attendre et un délégué lui a crié : " Vous y êtes ! " »

Comme nous rions de bon cœur, le Général nous cite d'autres paroles de Philip : « Voyez-vous, mon Général, je vois les choses, en quelque sorte, de la manière suivante : le président de la République doit être le détenteur du pouvoir spirituel et le président du Conseil celui du pouvoir temporel.

– Oui, lui ai-je répondu, seulement voilà : vous me retirez le droit d'encyclique ! »

Le Général rallume son cigare et poursuit :

« Autre exemple d'absurdité... Coste-Floret et Philip me disent : " Mon Général, quelle différence y a-t-il, du point de vue des attributions du chef de l'État, à ce que le choix du président du Conseil par le président de la République soit ratifié immédiatement par le Parlement ou à ce que cette ratification intervienne après la constitution du nouveau gouvernement ? "

» Comment ne voyez-vous pas, leur ai-je répondu, qu'un premier ministre, ce n'est pas un bonhomme, mais d'abord un programme ! Comment vos parlementaires pourront-ils juger de la valeur d'Untel comme chef du gouvernement, s'ils ne connaissent rien de la politique qu'il entend pratiquer, ni des hommes qu'il choisira pour la mettre en œuvre ? Cette confiance dans la nuit est une énormité ! Mais ce n'est pas tout. La non-ratification du choix du président de la République par le Parlement apparaîtra à l'opinion pour ce qu'elle est : le désaveu de celui-là par celui-ci. Elle ouvrira la porte à un conflit. Vous mettez à l'avance le président de la République dans la position d'être désavoué par le Parlement, lui retirant ainsi le prestige et la dignité qui doivent caractériser sa fonction. Ou bien, alors, Messieurs, supprimez le président de la République. Et croyez bien que je n'y verrais aucun inconvénient personnel "...

» Car c'est cela qui est grave : on retire au président de la République des attributions qui définissent sa fonction et qui doivent faire de lui le garant de l'indépendance, de la souveraineté, de l'intégrité territoriale et des traités. Le rôle du président de la République n'est pas d'intervenir au jour le jour pour régler des problèmes mineurs. Survienne une crise qui mette en danger la survie de la France : c'est là que commence son rôle ! Si les attributions que je viens d'énumérer figuraient dans la Constitution, essayez donc – mais essayez ! – de faire signer au président de la République un décret portant atteinte à notre souveraineté. Il refusera. Pourquoi ? Parce que c'est sa raison d'être, à lui, président de la République, de refuser ! Il ira en prison, ou bien il emportera la souveraineté de la France avec lui, hors d'atteinte de l'ennemi. Mais, quoi qu'il arrive, il ne signera pas ! Or, vous aménagez ses attributions et son mode d'élection de manière à nous assurer, à perpétuité, des Albert Lebrun. »

Et le Général observe :

« J'en reviens à mon point de départ : Il est frappant qu'aucun parlementaire ni qu'aucun journaliste n'ait trouvé la moindre objection à opposer à mes arguments. Je vois une excellente raison à cela : il n'y en a pas ! Ils ont dit et répété : " On n'a pas le droit de chercher une influence politique lorsqu'on n'a pas de responsabilité politique. " Ou bien : " Le Général n'a pas le droit de s'adresser à l'opinion, car il n'est pas un citoyen comme les autres. " Mais une réponse sur le fond, je l'attends toujours. »

Il s'enferme un instant dans sa pensée, puis :

« Je ne me fais aucune illusion : leur Constitution sera votée, puis elle sera ratifiée par le peuple. »

– *Burin des Roziers* : Et si elle ne l'était pas ?

– Alors, tous les espoirs sont permis... On serait obligé de faire une véritable Constitution et le peuple suivrait. Mais n'en doutez pas, les oui l'emporteront au référendum. Je n'y puis rien. Voilà la réalité. »

Puis, objectif et souriant :

« Quant à être battu, cela ne m'intimide nullement. J'ai été battu tant de fois... Lorsque j'ai prôné le corps mécanique, j'ai été battu. Lorsque j'ai voulu conduire Reynaud à Alger, j'ai été battu. Lorsque j'ai voulu forcer les Français de l'Empire à se battre, ceux de Syrie m'ont tiré dessus. Lorsque enfin j'ai voulu faire une Constitution, personne ne m'a suivi. Les événements seuls me donneront, une fois de plus, raison. Triste satisfaction. Ne croyons plus trop aux miracles : cette fois-ci, ça risque de nous coûter cher. »

– *Le Général* : M. Bidault sait bien qu'il n'y a pas trente-six politiques. Au cours de notre histoire, il n'en est jamais apparu qu'une : celle de la France.

– *Miribel* : Pourquoi Bidault s'obstine-t-il à ne pas la faire ?

– *Le Général* (éclatant de rire) : parce que, chère Mademoiselle, M. Bidault est un lâche ! Pour assumer la politique de la France, il faut du courage. M. Bidault est comme les partis : il n'est jamais conduit à une décision que par la peur. La peur de M. Bidault et du Parlement s'appelle, pour l'instant : les communistes. Voyez-vous, l'idée ne leur viendrait même pas à l'esprit qu'ils puissent s'opposer au parti communiste. Ce serait absolument contraire à leur nature. Aucun parti, je le répète, ne se mettra jamais dans la situation de s'opposer, à propos d'un problème national, à M. Maurice Thorez. L'idée que le M.R.P. ou les socialistes pourraient, un beau jour, affronter une grève générale plutôt que de consentir à un abandon sur tel ou tel point, une telle idée ne tient pas debout, croyez-moi. »

Silence, puis il laisse tomber :

« Je ne connais, voyez-vous, que deux types de gouvernement : le gouvernement actuel ou un gouvernement de combat.

– *Moi* : Imaginons un instant, mon Général, et c'est là, croyez-moi, pure hypothèse, qu'un gouvernement de combat se constitue et que son premier objectif soit de casser les reins aux communistes... Eh bien, croyez-vous qu'il pourrait manier le balai, affronter l'arrêt de la production et les luttes sociales, sans que la France devienne aussitôt un terrain de guerre civile ?

– *Le Général* (se donnant le temps de la réflexion) : *Il y aurait un moment difficile à passer*, mais il n'y aurait pas de guerre civile. Voyez-vous : nous vivons en un siècle où il suffit que le gouvernement dispose des avions et des tanks pour que la guerre civile devienne impossible.

– *Moi* : Les communistes ont entreposé des armes. M. Tillon a noyauté les usines d'armement. Moscou a les yeux fixés sur nous.

– *Le Général* (m'interrompant d'un geste) : Je ne dis pas que vous n'auriez pas quelques sabotages, que quelques avions passés aux communistes ne chercheraient pas à créer du désordre. Nous aurions, je le répète, un moment difficile à passer. Mais si votre gouvernement de combat dispose de l'essentiel de la force armée et s'il est *décidé*, vous n'aurez pas de guerre civile.

– *Moi* : Mais alors, mon Général, en janvier ?...

– *Le Général* : En janvier, les choses n'étaient pas mûres ! Il y avait pour moi deux attitudes possibles : ou bien les planter là, ou bien les flanquer à la porte. Oh oui ! sans doute j'aurais pu mettre la clef dans la serrure du Palais-Bourbon ! Mais cela n'eût rien réglé, car personne ne m'aurait suivi. J'ajoute que *personne n'aurait même compris*... Nous avons fait plusieurs fois, de Charlemagne à Napoléon III, l'expérience de la dictature. Elle ne résout que temporairement les problèmes. Dès que la direction politique et l'opinion se séparent, ce qui devient inévitable à plus ou moins long délai, c'est la défaite ou la guerre civile. La dictature ne maintiendra pas longtemps ces deux termes en coïncidence. Voilà pourquoi je suis opposé à la dictature. »

Colombey, samedi 7 septembre 1946

Le Général me passe les journaux du matin, qu'il vient de lire avec soin. Une espèce de sifflement, puis il me dit :

« Après ma déclaration [7], je pensais que les partis se mettraient rapidement d'accord sur un texte transactionnel. Il m'apparaît maintenant, pour la première fois, que *ce n'est pas dit*. Nos constituants pataugent... Leurs débats traînent en longueur... S'ils ne se dépêchent pas, l'opinion va s'en mêler... Mais alors, il ne devient plus aussi certain que leur Constitution soit ratifiée. Je ne suis plus tellement sûr que les jeux soient faits... La Constituante n'a pas encore abordé le texte relatif à l'Union française. Le M.R.P. et les socialo-communistes voudront-ils concilier leurs vues sur ce point ? »

Geste d'interrogation, puis il conclut :

« Dans tous les cas, le M.R.P. est en mauvaise posture, car il est encadré entre le Rassemblement des Gauches, qui, dans l'ensemble, défend ma thèse, et le P.R.L., qui votera également contre le projet. L'important serait que le M.R.P. s'abstienne... Mais voilà : il ne le peut pas. Ils sont tenus, ici, par leurs électeurs. Il faudra donc, si le conflit s'aggrave, que le M.R.P. vote contre. Maurice Schumann, quelques jours après les dernières élections, m'a dit : " Le M.R.P. n'a obtenu, en réalité, qu'un million de voix ; les autres, mon Général, étaient pour vous. " Que le M.R.P. s'abstienne, je n'en demande d'ailleurs pas plus. Le projet serait voté à une majorité de deux voix et la Constitution serait automatiquement repoussée par le peuple. Mais alors ?... (Je veux dire : " Si le M.R.P. votait contre ?... ") Eh bien, nous retournerions en arrière, de même qu'au dernier référendum socialistes et communistes seraient seuls à faire campagne pour le deuxième projet constitutionnel. Qu'il soit rejeté et la crise ouverte est grave, l'aveu d'impuissance flagrant. Dans une pareille conjoncture, les partis ne pourraient plus se passer de moi. »

Le Général, qui s'est définitivement engagé auprès de la municipalité d'Épinal [8], avait déjà commencé depuis plusieurs jours à tirer le plan et à griffonner quelques passages d'un discours. Comme nous prenons le thé ensemble et que Mme de Gaulle est absente, il m'en parle :

« Je chercherai à faire un discours de " sérénité ", mais de " netteté ". Prenant la parole devant un monument aux fusillés ou un monument aux morts, je proclamerai d'abord que nos morts appartiennent à la France et qu'aucun clan n'a le droit de les revendiquer, de se les approprier. (Cette spéculation sur les morts dépasse toute mesure, les partis se jettent leurs cadavres à la tête...) Je dirai *ce qui a été fait*, grâce à une " direction ". Puis, j'indiquerai *ce qui a été évité*. Je montrerai pourquoi j'ai rétabli le régime représentatif. Ce n'était pas pour nous conduire là où nous sommes : les partis ont détourné ce régime de sa fin véritable et ont trahi le peuple. Avant qu'une Constitution ne soit ratifiée, ils ont outrepassé les pouvoirs des partis. Puis, comme il fallait tout de même soumettre un texte constitutionnel à la volonté populaire, ils ont fait un ours mal léché. A cette Constitution, pas plus qu'à la première, aucun ne croit, à commencer par ceux qui l'ont faite. A Épinal, je leur casserai le morceau sur la tête. Qu'on ne vienne pas me dire que la victoire d'un seul parti, par suite d'un miracle électoral, apporterait la solution ! De cette victoire même, il n'y aurait rien à attendre de bon. Qu'arriverait-il, en effet ? Le parti vainqueur formerait un gouvernement... Bon. Soit ! Mais aussitôt il servirait de cible et les autres partis n'auraient de cesse qu'ils ne l'aient empêché de gouverner. Il serait rendu responsable de tous nos malheurs et, à la fin des fins, on lui casserait les reins.

» Je m'attaquerai alors à l'argument du provisoire. Je donnerai des exemples. La Constitution de 75, votée presque cinq ans après la naissance de la IIIe République... La Constitution de Washington... Puis j'indiquerai que mieux vaut le provisoire que de perpétuer, en le constitutionnalisant, un état de choses désastreux pour la nation. " Mais alors, me direz-vous, quel remède ? " Ce remède, il est inscrit dans tous les esprits, mais aucun n'ose le formuler. Je dirai donc, à Épinal : " Nous savons que cette Constitution est mauvaise. Ne la votez pas. Si vous ne la votez pas, rien n'est perdu. Rejetez-la et élisez ensuite ceux qui sont partisans de faire une Constitution pour le compte de la France. Ceux-là feront une Constitution qui en soit une ! "

» Au cas fort probable où le projet constitutionnel aurait déjà été voté au Parlement, mais dans ce cas seulement, j'indiquerai que je suis prêt – si le peuple français répond non au référendum – à assister de mes conseils ceux qui, dans un esprit national, chercheraient demain à donner à la France des institutions définitives. Au surplus, je recommanderai que, pour gagner du temps, on fasse figurer dans le texte du quatrième référendum un article prévoyant, en cas d'approbation du troisième texte constitutionnel, la reconduction en Assemblée législative de la troisième Constituante. Ceci, pour appâter nos parlementaires...

– Avez-vous l'intention de parler de la loi électorale ?

– Oui. Je parlerai de la réforme électorale. Je parlerai également de la situation créée par la nouvelle orientation de la politique allemande du gouvernement américain. »

Ce que j'avais envie de lui « sortir » depuis plusieurs semaines est venu involontairement sur mes lèvres, au cours d'une conversation qui débuta d'une manière anodine. Par le simple fait qu'il était dans d'excellentes dispositions d'humeur et de réceptivité.

– *Moi* : De tous côtés retentit cette remarque : « Le général de Gaulle nous indique bien la route à suivre, mais non plus qu'aucun des partis en présence, il ne nous offre *le moyen* d'intervenir. Il conseille, mais n'agit point ! »

– *Le Général* (atteignant d'un coup au comble de l'impatience et cherchant à se dérober à l'objection) : Pratiquement, ça veut dire quoi ?

– *Moi* : Ça veut dire que, si vous désirez qu'on vous suive, il faudra bien vous résoudre à organiser un mode d'action collectif dont vous constituiez le centre.

– *Le Général* : Un mode d'action collectif ? Peuh ! Pourquoi chercher midi à quatorze heures ? Ne me racontez pas d'histoires : on sait bien que de Gaulle est *contre* la Constitution projetée et qu'il suffit, pour intervenir, de rejeter le deuxième projet constitutionnel au prochain référendum.

– *Moi* : Mais cela ne suffit pas, mon Général. Je sais bien que l'idée vous paraît importune bien que vous l'ayez envisagée bien des fois : la création d'un mouvement. Et quand je parle d'un mouvement, il ne s'agit pas, bien entendu, dans mon esprit, de cette Union gaulliste [9], qui n'est d'aucune réalité. Imaginez que vous ayez décidé, voici plusieurs mois, de vous placer au centre d'une organisation disposant de journaux, d'affiches, de tréteaux, ayant rallié cinquante pour cent de la presse et qui soit contrôlée, dans chaque commune de France, au minimum par un F.F.L., un F.F.I., un déporté, un prisonnier, etc.

– *Le Général* (m'interrompant) : Soit ! Mais alors, *c'est un parti* !

– *Moi* : Mais non, mon Général... *en dehors de l'hémicycle !*

– *Le Général* : Tout cela ne veut rien dire. Tôt ou tard, une organisation de ce genre deviendrait un parti politique. On ne peut rassembler une majorité en parlant seulement de l'Empire, de la position de la France dans le monde, ou de notre sécurité. Tôt ou tard, il faut satisfaire des intérêts. Vous ennuierez un auditoire local si vous lui parlez d'autre chose que de harengs saurs, de retraites des vieux, en un mot si vous n'allez pas au-devant des soucis quotidiens, qui sont extrêmement terre à terre...

Il se tait un instant, tenté malgré lui par ma thèse. Il reprend alors, sur un ton beaucoup plus calme :

« Bon, soit ! Je pouvais faire cela. Mais alors, je faisais un parti. Un parti qui me trahissait au bout d'un an...

– *Moi* (essayant de le ramener à ce que je cherchais à lui dire avant qu'il ne m'interrompe) : Imaginez, mon Général, que l'organisation de M. Capitant ait “ débouché ”, que MM. Pleven, Malraux, Giacobbi, Soustelle, etc., se soient joints à lui et que – soudain – vous vous soyez placé au centre de l'affaire...

– Oui, seulement voilà : Capitant n'a pas “ débouché ”. Et pourquoi est-il entouré de ce que vous appeliez tout à l'heure des “ gaullistes de deuxième ordre " ? Parce que MM. Pleven, Soustelle, Malraux et qui sais-je encore ne l'ont pas suivi. Je n'y peux rien, moi. C'est un fait. Je le constate.

– Vous savez très bien, mon Général, que si vous le leur aviez demandé, ces messieurs se seraient joints à Capitant. M. Pleven, me faisant part, il y a deux mois, de son inquiétude à propos de la légèreté et du romantisme aveugle de M. Capitant, ajoutait que si vous lui donniez pour instruction de se joindre à l'Union gaulliste, il se soumettrait néanmoins sans discussion. On peut en conclure que si chaque gaulliste avait eu le sentiment que votre mot d'ordre était d'adhérer à ce mouvement, il aurait pris de la taille et du poids... L'opinion, à commencer par les gaullistes, a senti dès le début que vous n'étiez pas derrière M. Capitant. »

Le Général va et vient à travers la bibliothèque, tiraillé entre plusieurs perspectives et tenté, il faut bien en convenir, par ma thèse :

« Vous me l'avez dit vous-même bien souvent : Capitant risquait de déflorer ma neige ! De s'entourer de maladroits ! De déformer ma pensée !

– Ces inconvénients, mon Général, proviennent du fait que M. Capitant a échafaudé en dehors de vous un mouvement qui portait votre nom. »

Le Général ne m'écoute plus et tranche :

« Parti ou mouvement, cela revient au même ! On publie des affiches, on fait des discours... Les textes sont repris par l'adversaire, tronqués, disséqués et, à la fin des fins, on vous fait dire ce que l'on n'a pas dit, c'est-à-dire ce que l'adversaire veut qu'on ait dit.

– Alors, mon Général, pas de mouvement !... Mais ce que je voudrais vous faire comprendre, ce que je me permets, peut-être un peu audacieusement, de vous faire observer, c'est ceci : Qu'était le général de Gaulle au début ? Une grande voix qui venait de Londres...

– Qu'entendez-vous par " ma voix de Londres ? "

– C'était surtout, mon Général, cette manière franche et brusque avec laquelle vous nous disiez la vérité et pourfendiez les ennemis de la France. C'étaient, en réponse, les hurlements de douleur de ceux que votre voix frappait. Jusqu'à la Libération, les Français ont pu satisfaire ce plaisir qu'ils prenaient à vous entendre parler ainsi. Comprenez bien qu'il ne s'agit pas d'un reproche : après la Libération, je sais bien que votre voix devait se faire plus sereine. Vous étiez l'État...

» Non, aucun reproche, mais une constatation faite par le pays. Après avoir cherché dans votre éloignement volontaire les signes d'un abandon, le pays, lui, cherche maintenant – avec tout autant de mauvaise foi d'ailleurs – des raisons de ne pas s'engager dans l'action. Il s'excuse donc, à ses propres yeux, en se répétant : " Que nous dit le général de Gaulle aujourd'hui ? s'attaque-t-il publiquement aux politiciens ? Non, il formule des conseils... Ses paroles cherchent à faire entendre raison sur un ensemble de problèmes singulièrement abstraits si ce n'est pour cinquante mille initiés. Le 18 juin, il nous avait mis le texte d'un appel dans une main et une arme dans l'autre. Il avait démasqué nos ennemis. Cela nous mettait du chaud au ventre. " »

Le silence du Général m'étonnait. Je m'attendais, d'une seconde à l'autre, à une interruption véhémente et voilà qu'il m'écoutait, semble-t-il, avec beaucoup d'intérêt. Son regard, sur moi, avait l'air de pratiquer une étrange expérience... Je continuai donc :

« Votre entourage a la chance de pouvoir comprendre. Pas l'opinion. L'opinion, elle, vous juge ou feint de vous juger sur des données absolument certaines et connues. Elle avait l'impression, lorsque vous étiez au pouvoir, que vous auriez pu, d'un revers de votre grand bras, balayer ce qu'elle méprise ; elle a l'impression que vous le pouvez encore aujourd'hui. Mais ce qu'elle ne voit pas, c'est justement ce qui vous crève les yeux : *sa propre lâcheté*, cause de votre temporaire impuissance. Elle nie hypocritement qu'elle ne vous eût pas suivi en janvier si vous aviez pris le balai. Aujourd'hui, alors qu'elle n'est pas beaucoup moins irrésolue, elle vous reproche de ne pas agir, de ne pas l'entraîner à votre suite... Mais c'est précisément là, mon Général, qu'il faudrait, selon moi, lui couper toute possibilité de retraite.

– Comment ?

– Mais la France, mon Général, vous sera reconnaissante en toute circonstance où vous lui diriez crûment la vérité, de telle manière qu'elle aperçoive en regard la peur de ceux qui la conduisent à sa perte ! »

Le silence qui suivit dura une bonne minute. Ma première interprétation fut que je l'avais blessé. Son regard était à cent mille lieues de moi. Mme de Gaulle venait d'entrer et avait écouté, en me jetant des regards de reproche, la fin de ma péroraison. Puis elle s'était mise à marmonner dans son tricot. C'est le moment que choisit le Général pour prononcer, d'une manière très appuyée et en me dévisageant d'un regard extraordinaire :

« *Il faut refaire le 18 juin !* C'est le seul moyen... »

Mme de Gaulle, qui cherchait le moyen d'intervenir, éclata :

« Peuh ! le 18 juin ? Mon pauvre ami, personne ne vous suivra. »

Le Général, balayant l'objection d'un grand geste du bras, lui cria :

« Mais fichez-moi la paix, Yvonne ! Je suis assez grand pour savoir ce que j'ai à faire ! »

On annonça le déjeuner. Mme de Gaulle et les Cailliau s'entretenaient de mille petites choses, cependant que le Général et moi demeurions au fond de notre méditation. C'est, je crois, au moment d'attaquer sa viande, que le Général, qui ne m'avait prêté aucun regard depuis notre arrivée dans la salle à manger, me dévisagea soudain :

« D'accord, dit-il. Fort bien. Mais procédons par étapes. Quelle était, quelle est et quelle sera la situation ? En janvier, je les ai laissés dans leur jus. Mais, ce faisant, je devais me taire, leur laisser leur chance de gouverner et de faire une Constitution. Je n'avais pas le droit de fausser le jeu ! Si j'avais crié, le soir de mon départ : “ Vous êtes des jean-foutre ! ”, j'aurais agi d'une manière déloyale. Donc, je suis parti... Je me suis tu... J'ai laissé faire l'expérience... Patience ! Patience ! Première constatation : ils se sont révélés totalement incapables de rédiger une Constitution. Le peuple français les a renvoyés dos à dos. C'est alors que j'ai exposé, en termes pondérés, à Bayeux, pourquoi le peuple français n'avait pas voulu de leur Constitution... J'ai indiqué quelles institutions il convenait, selon moi, de donner à la France... Bon. Ensuite ?... Ensuite, qu'est-il arrivé ? Ils n'ont tenu aucun compte de mes conseils : libre à eux, d'ailleurs, d'agir ainsi ! Puis ils ont établi un second projet constitutionnel, tout aussi désastreux. Qu'ai-je fait ? J'ai publié une déclaration, rédigée en termes moins pondérés, sans toutefois casser les meubles. Mais, attendez la suite. Car au fur et à mesure qu'ils se montreront plus incapables, au fur et à mesure qu'ils se déconsidéreront, au fur et à mesure qu'ils porteront de plus grands torts à la France, l'expérience se consommera à... leur désavantage et la preuve se fera contre eux.

» Alors, mais alors seulement, j'aurai le droit et je serai en position de leur dire : " Voilà où vous nous avez conduits ! Voilà les comptes que vous avez à rendre à la France ! " Alors, mais alors seulement, vous entendrez à nouveau – j'en réponds – ma voix de Londres. »

Colombey, dimanche 8 septembre 1946

Comme chacun le sait, Augustine ne porte pas le Général dans son cœur. Cette réplique d'Augustine l'enchante :

Celle-ci le rencontre dans le hall d'entrée. Il sautille et chantonne devant elle et – pour dire quelque chose – observe :

« Ah, ma pauvre Augustine ! La politique, quelle chose terrible !

– La politique ? Bah ! réplique-t-elle, allons donc ! Vous ne pourriez vous en passer.

– Croyez-vous que j'y trouve le moindre avantage personnel ?

– Si vous n'y trouviez aucun avantage, il y a longtemps que vous l'auriez quittée ! »

Mme Cailliau harcèle son frère d'une multiplicité de questions, allant de la popeline dont sont faites ses chemises aux grandes questions de politique internationale... L'itinéraire de ses interrogations la conduit, bien entendu, à l'affaire Passy.

– *Elle* : Qu'adviendra-t-il de l'affaire Passy ?

– *Lui* : Elle se terminera en queue de poisson. La commission militaire présidée par le général Fortin, – qui a été désignée au cours d'un récent Conseil des ministres –, déposera un rapport... Le Conseil d'État donnera raison à Passy sur la forme... Mais je doute que l'affaire soit transférée sur le plan judiciaire. Vois-tu, *rien, aujourd'hui, ne mène à rien, et dans aucun sens !* C'est toujours à cela qu'il faut revenir...

– *Elle* : Lui conserves-tu ton estime ?

– *Lui* : Oui, je lui conserve mon estime. Sans doute, s'est-il rendu coupable de négligences dans la passation de son service [10]. S'il a vraiment placé, ou si ses subordonnés ont placé des fonds à l'étranger, il l'a certainement fait ou autorisé pour le bon motif... Il reste qu'il a fait un mariage désastreux et qu'il s'est probablement laissé entraîner par sa femme à des dépenses exagérées. Mais comment négliger ses titres à la reconnaissance du pays ? Je n'oublie pas que nous lui devons l'organisation et la mise en place de l'ensemble des réseaux de renseignement de la France Libre. Son allant était remarquable.

Colombey, lundi 9 septembre 1946

Je mets sous les yeux du Général une interview de Giraud par *Le Monde* d'hier soir. A propos de ses relations avec de Gaulle et en réponse aux « révélations » d'Elliot Roosevelt, Giraud déclare : « Des divergences de vues s'opposèrent à notre entente immédiate, en particulier les formes dans lesquelles la France retrouverait un gouvernement stable. J'étais partisan du retour à la Constitution de 1875, avec les modifications jugées indispensables. De Gaulle, au contraire, envisageait des réformes beaucoup plus profondes, beaucoup plus hardies. »

Dès que nous sommes assis à la salle à manger (déjeuner : M. et Mme Alfred Cailliau, le Général et Mme de Gaulle), j'interroge le Général sur cette « divergence de vues ». Il me répond, du tac au tac, et en toute sérénité d'ailleurs :

« Je n'ai conservé aucun souvenir de cela ! Une chose est sûre : il n'a jamais été question de la Constitution de 1875 entre Giraud et moi. »

Un sourire malicieux émeut son visage, lorsqu'il ajoute :

« Par contre, je me souviens fort bien d'une conversation où ce pauvre Giraud m'a dit : “ La guerre terminée, je serai Premier consul ! Vous, de Gaulle, vous serez Deuxième consul. ” Il ajouta qu'il en prévoyait un troisième, se gardant bien de dire son nom. J'ai su depuis qu'il pensait au général Georges, de l'évasion duquel il s'occupait... »

Comme le Général a délaissé cette question par attention portée aux hors-d'œuvre, je l'interroge de peur que son témoignage ne m'échappe :

« Et qu'avez-vous répondu à Giraud ?

– J'ai fait observer à Giraud que si Bonaparte avait pu prétendre au Consulat, c'est que la France tout entière l'y poussait. On n'est Premier consul qu'en s'appuyant sur un plébiscite. J'ai donc dit à Giraud : “ Quelle que soit, mon Général, l'appréciation des Français, je doute qu'ils acceptent jamais de vous plébisciter. Bonaparte revint d'Italie accablé de lauriers. Il avait, derrière lui, des victoires prodigieuses. Je ne doute pas, mon Général, que ces victoires soient devant vous. *Mais commençons par nous battre.* ” »

Et le Général fait retentir dans la salle à manger un grand rire de collégien taquin. Puis il observe que l'interview de Giraud publiée par *Le Monde* lui est apparue fort habile.

Comme nous en tirons la conclusion que quelqu'un l'a aidé à en rédiger le texte, le Général nous donne son opinion :

« Si quelqu'un l'a aidé, ce doit être un Américain ! »

« Gardons-nous bien de le dire, mais, entre nous, nous pouvons en convenir : les Français souffrent du régime et du gouvernement qu'ils méritent. Il faut reconnaître, néanmoins, que des malheurs incomparables chez aucune autre nation du monde ont imprégné la France de poisons dont elle ne parvient pas à se débarrasser. »

Paris, jeudi 19 septembre 1946

J'ai reçu, avant-hier soir à mon domicile, un coup de téléphone de M. Georges Pompidou : il m'indiqua que M. Morin, directeur de cabinet de M. Bidault, cherchait vainement à me joindre et qu'il me serait reconnaissant de l'appeler à son domicile, le 18, avant huit heures et demie du matin.

Je décidai de m'abstenir, si bien que dans la journée d'hier, à plusieurs reprises, M. Morin m'appela à mon domicile. Je fis répondre que j'étais absent.

Nouveau coup de téléphone, hier soir, à vingt-deux heures : M. Morin me faisait dire que « le Président avait exprimé le désir de me rencontrer aujourd'hui », que je m'y étais dérobé jusqu'ici. Pouvais-je donner une réponse définitive le lendemain matin ?...

La déclaration du général de Gaulle devant paraître au début de la matinée, je convins avec M. Palewski d'accepter l'entretien, mais seulement dans le cas où la proposition en serait renouvelée. Il pouvait, en effet, être utile de faire sentir directement à M. Bidault ce qu'il y avait d'irrévocable dans la position prise par le général de Gaulle.

La secrétaire de M. Bidault m'ayant retéléphoné ce matin, pour m'informer que M. Bidault me recevrait à quinze heures, j'acceptai.

Je conserve intentionnellement dans sa forme originale les principaux passages de l'entretien. Le frère de Claude Mauriac m'ayant décrit la réaction de désespoir et de fureur de M. Bidault lorsqu'il entendit, ce matin à la radio, l'interview du Général [11], je fus, certes, surpris de son calme : douceur étrange, où tout était concerté, sinon la lassitude.

Il commença en ces termes :

« Vous êtes un enfant, mais – comme tous les enfants – vous avez un cœur pur. Je n'oublie pas, non plus, que vous appartenez à cette maison. Voici pourquoi j'ai demandé à vous voir...

– Lorsque je vous ai vu la dernière fois, monsieur le Président, c'était dans la matinée du 20 janvier. Depuis lors, pourquoi le nier, j'ai l'impression que l'eau qui a coulé sous les ponts vous a entraîné dans une direction opposée à la nôtre...

– Vous commettez, vous aussi, une erreur de jugement. En quoi les événements de ces derniers mois nous ont-ils éloignés ? Oui, j'ai conservé, moi aussi, le souvenir de notre dernière conversation : j'arrivais de Londres, en compagnie de Vincent Auriol. Le Général était parti quelques minutes plus tôt, il ne m'avait prévenu de rien, je n'étais au courant de rien... Singulière manière de traiter ses fidèles !

– Oui, je sais ce que vous avez pensé alors. Vous m'avez dit, il m'en souvient : " Le général de Gaulle nous jette à la rue. Il vient de commettre une erreur tragique ; ce sont ses meilleures troupes qu'il envoie au massacre. " Je crois pourtant me souvenir que le M.R.P. a " décroché " cinq millions et demi de suffrages aux dernières élections. Et pourquoi ? Parce que – vous remettant au dernier moment dans la ligne tracée par le général de Gaulle – vous avez refusé de défendre un projet constitutionnel qui tenait pour nulle et non avenue la volonté du peuple français. D'où vous est venu ce courage, j'entends le courage de faire voter non au dernier référendum ? Du général de Gaulle, vous le savez bien. Mais aujourd'hui, qu'y a-t-il de changé ? Le projet constitutionnel n° 2, ainsi que le général de Gaulle le faisait remarquer ce matin, reprend – avec quelques ornements – les dispositions de l'ancien texte. »

M'interrompant d'un grand geste du bras :

« N'essayons pas, je vous en supplie, de faire chevaucher deux plans absolument distincts : le plan gouvernemental et le plan parlementaire... Voyez-vous, lorsque j'ai demandé à Morin de vous téléphoner, je n'imaginais pas quelle bombe le Général allait faire éclater sous nos pas. Mon premier mouvement, ce matin, a été de vous recevoir quand même, mais pour couper définitivement les ponts et vous charger de lui dire que tout était fini... Depuis, j'ai réfléchi. Quelle est la situation ? Je parle ici, encore une fois, d'un point de vue purement gouvernemental. Le Général, comme tous ceux qui sont absents du pouvoir, s'adonne, croyez-moi, à des vues de l'esprit. Ce qu'il ignore, je vais vous le dire : c'est que, pour la première fois peut-être, et après avoir cru saisir la victoire, je me trouve devant un grand vide. Et je m'y trouve du fait de sa prise de position de ce matin. On ne peut gouverner, je ne puis gouverner sans me servir des instruments que j'ai sous les doigts. Le Général a bien connu cela. Ces réalités, laissez-moi vous les résumer en trois mots... »

La paupière lourde, le front englouti dans une main, il s'efforce alors de réunir ses pensées :

« La vérité crue, c'est que nous atteindrons la fin de cette année avec notre dernier milliard en caisse. On s'imagine bien des choses : voilà, je le répète, la vérité crue. Nous allons donc être amenés bientôt à prendre des mesures... (il cherche le mot) drastiques. Mais ces mesures, pourrons-nous les prendre ? J'entends, les mesures adéquates... Depuis ce matin, j'en doute. J'en avais déjà douté au moment de sa dernière déclaration constitutionnelle : à ce moment-là, j'ai même sérieusement envisagé d'obtenir de mon groupe qu'il abandonne l'Assemblée, pour aller se placer – lui aussi – au-dessus et en dehors du Parlement. Oh ! c'eût été, évidemment, une position beaucoup plus commode. Pourquoi ne l'avons-nous pas fait ? Mais parce que, cher ami, nous n'en avions pas le droit ! Il fallait tenir, il fallait continuer à prendre des points à l'adversaire... Et puis, comme le disait Saint Louis : " Si j'avais à choisir entre la sainteté et la prud'homie, je choisirais la prud'homie. " Eh bien, nous aussi – et vous pouvez le dire au Général –, nous avons choisi la prud'homie. »

Il fait alors un grand geste désolé :

« Non, non, je vous assure... Pourquoi le général de Gaulle s'acharne-t-il ainsi sur la Constitution ? Car, entre nous, la Constitution, c'est de la rigolade *(sic)* ! Pourquoi couper les cheveux en quatre et dire : " La ratification du choix du président du Conseil doit intervenir à tel moment et point à tel autre. " Allons, ce n'est pas sérieux. Que veut le Général ? Nous ne pouvons tout de même pas rompre avec les communistes, risquer la grève générale et l'arrêt de la production sur de tels amendements.

– Mais comment ne voyez-vous pas, lui ai-je répondu, qu'un président du Conseil n'est pas simplement un homme ? Comment les parlementaires pourront-ils juger de la valeur d'Untel comme chef du gouvernement, s'ils ne connaissent rien de son programme politique ni des hommes qu'il choisira pour le mettre en œuvre ? Cette confiance dans la nuit, il faut en convenir, est une énormité ! Sans compter que vous mettez à l'avance le président de la République dans la position d'être désavoué par le Parlement : vous lui retirez à l'avance la dignité qui doit caractériser sa fonction... »

M'interrompant :

« Mais, ne cherchez donc pas à plaider ! Je connais le dossier mieux que vous...

– Et les institutions de l'Union française, monsieur le Président, qu'en faites-vous ?

– Sur ce point, nous sommes d'accord. Vous avez d'ailleurs devant vous un homme qui, dans quelques instants, déterminé à accomplir un geste probablement désespéré, ira défendre devant la commission de la Constitution, puis ensuite à l'Assemblée, une position que nous avons décidé de raidir. (Je viens de revoir Moutet et Varenne : j'ai rectifié leur position. Ils sont d'ailleurs toujours prêts à céder...) Dans cette affaire, je me rends très bien compte que je risque la peau de mon gouvernement. Un détail : en parlant d' " institutions fédérales ", le général de Gaulle se rend-il compte des armes qu'il procure à l'adversaire ? Enfin... passons. »

Il dit alors :

« En dehors des combats à livrer pour l'Union française, il se peut d'ailleurs que nous cherchions à reprendre pour notre compte d'autres amendements proposés par le général de Gaulle... dans certaines limites, naturellement. Enfin, nous verrons cela...

– Mais les amendements dont vous parlez forment un tout. Comme il le déclarait lui-même ce matin : " Tout se tient. " Voyez-vous, lorsque vous me décrivez un général de Gaulle s'adonnant – dans l'atmosphère paisible de Colombey – à ce que vous appeliez tout à l'heure des " vues de l'esprit ", je pense que vous ne voyez pas les choses comme elles sont. Je voudrais pouvoir vous communiquer cette sensation presque physique que tous ceux qui ont eu l'occasion de le voir récemment ont éprouvée : il donne le spectacle d'un homme qui embraye, au contraire, à des réalités auxquelles le gouvernement ne peut – pour ainsi dire par nature – faire face, à des réalités essentielles à la survie de l'État ! Aussi est-il absolument résolu, il faut que vous le sachiez, à dire dorénavant clairement tout ce qu'il importe et tout ce qu'il importera de dire pour qu'on ne se contente pas de faux-semblants. M. Teitgen, qui l'a vu hier, vous aura certainement dit que le général de Gaulle agissait sans aucun esprit de recul et que les équivoques qu'il importerait de lever seraient levées. »

Il m'a écouté sans impatience et reprend, avec une douceur extraordinaire :

« Nul, plus que moi, n'en est convaincu. Il reste, je le répète, que le terrain est mal choisi, je veux parler du terrain constitutionnel. Quand bien même le projet actuellement en discussion serait la Constitution de Bayeux elle-même, le Général s'imagine-t-il un instant que Thorez, s'il en avait l'occasion, ne plierait pas cet instrument à la politique qu'il veut ? En marquant un peu plus de patience, nous obtenions le vote d'un texte sans doute imparfait, mais ce texte, c'est le général de Gaulle qui, demain, le mettait en œuvre. Oui, et c'est là que résidait pour nous la garantie véritable, et non pas dans tel ou tel amendement. Oh ! je sais bien : il est en train de gagner sur tel ou tel paragraphe de tel article de la Constitution, mais il est également en train de perdre sur les chances qui nous restent de le voir élu président de la République. Pour obtenir ce que nous souhaitions, il aurait fallu d'abord qu'il nous consente certains points d'appui. Or, le Général cherche à nous les retirer brutalement. Pourquoi le fait-il maintenant ? Ce jour venu, alors oui, tout ce qu'on aurait voulu. Car le jour venu, le M.R.P. eût été le premier à aller défendre dans le pays la position révisionniste. »

Un silence, puis :

« Non, croyez-moi, le problème est aussi terre à terre que celui-ci : nous avons actuellement cent soixante-six sièges à l'Assemblée, qu'on nous aide à en obtenir seulement douze de plus et la tendance serait renversée. Nous pourrions alors *exiger*. Nous pourrions alors reprendre beaucoup de choses sur beaucoup de points. Mais qu'à propos de desiderata constitutionnels, on ne vienne pas, au contraire, nous retirer toute chance de maintenir et d'augmenter le nombre de nos sièges. »

Il incline la tête et avoue, malgré lui :

« Or, maintenant, nous allons perdre des sièges. J'en suis à croire que, moi-même, je ne serai pas réélu. »

Venant alors au-devant d'un soupçon possible, il ajoute :

« Oh ! je sais bien que *Franc-Tireur* ou *Le Canard enchaîné* [12] me décrivent sous les traits d'un ambitieux frénétique... Rien de tel dans mon esprit. J'aspire plutôt... (geste de lassitude mélodramatique), j'aspire plutôt à quitter cet enfer, à prendre du repos... »

Son regard rencontre alors le mien :

« Oh ! je ne dis pas d'une manière définitive. Plus tard, bien sûr, je chercherai à rentrer dans la bagarre !... »

Puis :

« Si le Général gagnait, ce qui me paraît malheureusement impossible, et qu'il vînt à prendre Pleven, par exemple, comme président du Conseil – je n'y verrais, je vous assure, rien à redire. »

Il change alors de sujet :

« Le général de Gaulle s'abandonne – et c'est bien compréhensible d'ailleurs – à l'anticommunisme. Mais cet anticommunisme est trop exclusif. Ce parti n'est pas aussi monolithique qu'il l'imagine. Tillon, oui, c'est entendu, Tillon a toujours été un forban. Billoux, lui, est devenu un forban. Mais enfin, ce n'est tout de même pas moi qui ai pris Tillon, ce n'est tout de même pas moi qui ai choisi Billoux. Moi, j'ai au contraire recommandé et obtenu le retour de Thorez. Oui, de Thorez ! Je sais bien tout ce qu'on en peut dire : tout est vrai d'ailleurs et plus encore. Mais enfin, il reste ceci que Thorez recherche volontiers les terrains d'entente. S'il survenait demain un déplacement ou un glissement à l'intérieur de la Russie, il prendrait son virage dans une direction qui étonnerait sans doute beaucoup de ses adversaires. Je vais même vous dire quelque chose de plus : Marcel Paul... Oui, parfaitement, Marcel Paul. Eh bien, vous seriez étonné si vous saviez à quel point il est malléable !

» Jusqu'ici, donc, j'espérais leur reprendre, une à une, de nouvelles positions. C'est tout de même moi qui ai remis la main sur les Houillères du Nord et modifié récemment la désignation de ses présidents. Nous venons d'y installer des hommes à nous... Si ce qu'on cherche, c'est que nous perdions quarante sièges aux prochaines élections, rien de plus facile. Mais cela conduira le pays à un gouvernement Thorez, cet hiver. Non, je vous le dis franchement : je ne vois plus très bien comment on pourra l'éviter. Telle est la situation... »

Je cherche à placer un mot. Il m'interrompt du geste :

« Non, ne dites rien ! Toutes les paroles du monde n'y pourraient rien changer. »

Il fait alors une moue, qui a l'air de vouloir dire : à quoi bon ! puis :

« Je pense souvent au général de Gaulle. Quoi qu'on ait pu lui dire, je n'ai jamais changé de sentiment à son endroit. Dites-lui bien, et c'est ici la seule chose que je vous charge de lui transmettre officiellement, que je l'assure de mon attachement et de ma fidélité. Je suis, en cette seconde même, au creux d'un cyclone... Il connaît mieux que moi les conditions d'existence d'un président du Conseil. C'est dire qu'il n'est pas possible, pour l'instant, d'aller lui rendre visite à Colombey. Mais si, dans quelques jours, il l'acceptait, il me serait possible d'aller le voir, dans un rayon d'une ou deux heures de Paris. »

Il termine, en se levant, par ces mots :

« Dites-lui aussi que j'agis en mon âme et conscience et qu'en fin de compte, je ne doute pas que nos consciences finissent par se rejoindre. »

Au moment le plus inattendu de la conversation, il fait cette surprenante parenthèse :

« Vous savez, de même que le général de Gaulle est informé, dans un délai immédiat, de mes faits et gestes, je suis tenu au courant immédiatement de tout ce qui le concerne. Je sais que les renseignements généraux lui font parvenir des feuilles sur mon compte. J'espère qu'il méprise autant que moi les racontars qui sont mis en circulation. Cela, vous pouvez le lui dire. »

Épinal, dimanche 29 septembre 1946

Palewski entra vers sept heures dans ma chambre d'hôtel, ce matin. Il me donna le texte du discours, tel qu'il avait été rédigé jeudi. Nous tombâmes d'accord pour dire que le Général s'y montrait plus conciliant qu'il ne nous l'avait laissé prévoir. Palewski était singulièrement ennuyé, d'abord, parce que après avoir semé la terreur, il craignait d'être pris pour un jobard : « Je n'ai plus un ami à Paris qui me prendra au sérieux ! Je n'oserai pas y remettre les pieds... » D'autre part, il craint que, dans ce texte, l'opinion ne découvre qu'il a mis du oui dans son non. Dès l'arrivée du Général à Épinal, il compte lui demander d'ajouter, comme phrase finale : « Et le bon sens, c'est de voter non... »

D'autre part, prenant le petit déjeuner, en compagnie de Philippe Barrès, nous mettons sur le papier une phrase qu'il désirerait voir ajouter, rappelant discrètement que le général de Gaulle, face au monde moderne, a entrepris, dès la Libération, des réformes sociales qui n'ont pas été dépassées depuis son départ.

Pendant le déjeuner, Palewski, qui était assis auprès de Poimbœuf, me fit un clin d'œil pour établir le contact et me fit comprendre, par gestes et par signes, qu'il n'avait rien obtenu de cinq minutes d'entretien qu'il venait d'avoir avec le Général.

Couvert de sueur et de poudre, le Général échappe à la foule qui le poursuit place des Vosges et remonte dans sa Delahaye. Je m'assieds à sa gauche. Tout en saluant des avant-bras, il laisse tomber :

« Voilà... J'ai parlé ! Il ne me reste plus qu'à me taire et à attendre. Le temps fera le reste. Le 18 juin, les neuf dixièmes de la nation ne m'ont pas compris. Je viens de faire un nouvel appel du 18 juin. Le référendum donnera neuf millions aux oui, sept ou huit millions aux non. Les autres s'abstiendront... J'aurai l'air d'avoir été battu : cela ne m'intimide nullement. Cette même foule qui m'acclame aujourd'hui acclamait Pétain il y a quelques mois. Toutes les villes de France ont successivement applaudi les Anglais, Jeanne d'Arc, tous nos rois, tous nos empereurs, tous nos présidents de la République, Boulanger, Pétain, de Gaulle, est-ce que je sais, moi ? Cela ne signifie rien... Seul l'événement compte. »

Je lui fais part de la décision que j'ai prise, d'accord avec le maire d'Épinal, de faire retirer les banderoles apportées par l'Union gaulliste et de ne prévoir aucun espace réservé à l'Union gaulliste. Je dis :

« L'amertume des représentants de l'Union gaulliste était grande. De la tribune, M. Capitant m'a jeté, derrières ses lunettes, un regard glacé.

– Qu'importe ! »

Il rit et ajoute : « D'ailleurs, le bilan de la journée est bon pour M. Capitant. »

Nous quittons les faubourgs d'Épinal. A intervalles irréguliers, la foule, par grappes, crie « Vive de Gaulle ». Il répond d'un geste de plus en plus lassé de la main et donne l'ordre au chauffeur d'accélérer. Son orgueil de tout à l'heure se fait moins joyeux, il est empreint de solitude et de mélancolie. C'est probablement pour me le cacher qu'il dit soudain :

« C'était fatigant, vous savez. Le fatigant, c'était le discours. Parler pendant une demi-heure, presque de mémoire, alors que chacun de vos gestes, le ton de votre voix sont épiés, on ne peut s'imaginer ce que c'est épuisant. »

Je le questionne alors :

« D'où vient votre mémoire ? Le fait d'écrire votre discours vous l'apprend-il par cœur ?

– J'ai toujours possédé une mémoire visuelle que fort peu partagent, je crois, à ce point avec moi. A Saint-Cyr, les cours étaient fort copieux. Après les avoir compris au cours de l'année, il me suffisait de les " regarder " pour les savoir... Mais cette mémoire-là ne dure que trois jours. Le fait, d'autre part, d'introduire des corrections, des changements de ponctuation précise encore cette mémoire visuelle. Une ou deux répétitions, la veille au soir, et quelques minutes avant de prononcer mon discours, parachèvent le tout. »

Dans la voiture qui nous ramène à Colombey, le Général me dit :

« Qu'avait donc Palewski à tant insister pour que je prenne une position plus catégorique encore ? Ne croyez-vous pas que mon auditoire ait compris clairement ce que je voulais dire ? Je n'allais pas me colleter avec le M.R.P., violer les consciences et dicter leur conduite aux électeurs... »

Plus tard, je lui parle, après avoir traversé Neufchâteau, où retentissent les derniers applaudissements, de cette bande d'actualité qu'on a projetée la semaine dernière et qui montre Gouraud sur son lit de mort. Je lui dis :

« On voit notamment Gouraud au cours d'une remise de décorations pendant l'autre guerre. Il se déplace, claudiquant, devant des poitrines déjà constellées où il agrafe de nouvelles médailles. J'ai considéré les quelques visages alignés devant l'écran et il faut bien convenir, mon Général, que chacun d'entre eux donnait l'image d'une énergie dont il reste bien peu d'exemples sous nos yeux.

– Eh oui ! Tous ces hommes-là sont morts !... Les meilleurs sont tombés. Il faudra cent ans avant de revoir cela, cent ans pour refaire notre substance, notre vitalité... J'aurai été le dernier à jouer la carte de ces gens-là, qui ne sont plus parmi nous pour soutenir mon action. Oh ! Je sais bien, le peuple a été très gentil pour moi !... (Sa voix se fait de plus en plus mélancolique.) Je ne parle pas, bien entendu, de l'écume ! Je parle du peuple, qui m'aura accompagné très gentiment jusqu'au bout... »

La nuit survient peu à peu. Il me montre à droite, avant Chaumont, l'abbaye de Sept-Fontaines [13], qu'il alla visiter en compagnie des Jacques Vendroux, voici quelques jours. Il m'explique qu'elle fut achetée par l'un des trois consuls et que la maîtresse du dernier du nom y conserve une collection d'objets d'art et de meubles d'un certain intérêt.

Puis tout à coup, comme s'il apportait la conclusion de cette journée, il dit fortement :

« Il importe, dorénavant, que je m'enferme dans ma tour d'ivoire. Hivernons ! Je ne veux plus voir personne. »

Colombey, dimanche 29 septembre au soir

Pourquoi le Général n'est-il pas « intervenu » au mois de mai, dans l'affaire constitutionnelle ? S'il avait recommandé de voter non, il fût apparu en effet comme le grand vainqueur du dernier référendum. Je constate que les interprétations données d'un tel silence dans la presse ou jusque dans l'entourage du Général sont tellement erronées, que je couche sur le papier la réponse véritable à une telle question.

Tout d'abord, il avait pris la décision, au mois de janvier, de se taire longuement ; c'est-à-dire surtout de *les* laisser faire, sans les gêner et loyalement, leur expérience de gouvernement et leur expérience constitutionnelle. En se taisant, il a donc agi dans la ligne qu'il s'était tracée dès le début.

En second lieu, une victoire en mai 1946 eût fait courir de grands dangers au recours qu'il représentait : cette victoire l'eût obligé à reprendre la conduite des affaires à un moment où les partis n'étaient nullement déconsidérés et alors qu'aucun événement intérieur ou extérieur n'était encore en vue, sur lequel il pût s'appuyer pour rassembler les Français.

Enfin, pourquoi le nier : son dégoût. Et puis, cette psychologie particulière au boxeur qui sait qu'il aura prochainement à enjamber les cordes du ring et qui sent, après six années de combats ininterrompus, qu'il a encore besoin de plusieurs mois pour retrouver sa pleine forme physique.

Colombey, lundi 30 septembre 1946

Je reprends ce journal à Colombey, que j'ai regagné au soir du discours d'Épinal, c'est-à-dire hier soir, en compagnie du Général. Ayant quitté Paris le lundi 23 septembre, je n'ai pu, au cours de la semaine dernière, suivre les événements qu'indirectement.

Le 19 septembre, à huit heures moins le quart, nous remettions aux agences et à la radio le texte de l'interview du Général. Nouvelle bombe dans la mare aux grenouilles. J'ai vu Bidault ce même jour, à quinze heures, et j'en rends compte par ailleurs.

Le 23 au matin, avant de quitter Paris, je me rendis rue Bonaparte pour faire le point, avant l'entretien que je devais avoir l'après-midi même avec le général de Gaulle, traversant Colombey en compagnie de ma mère, pour me rendre en Suisse pendant vingt-quatre heures. Voici les points sur lesquels j'insistai auprès du Général : toute l'affaire tournait maintenant autour de la question de la contre-investiture. L'amendement Bastid [14], les M.R.P. le voteraient ; les socialistes (dont Le Troquer, qui craint que son groupe ne se trouve cousu aux communistes) l'espéraient. S'abstiendront-ils ? La chose me paraît douteuse, bien qu'elle paraisse sérieuse à Palewski, qui m'a dit : « Guy Mollet essaie, vis-à-vis des communistes, de gagner du temps et, vis-à-vis du Général, de l'embarrasser en faisant traîner les débats en longueur jusqu'après les élections, ou en votant aux dernières minutes de la nuit. Les M.R.P., eux, au contraire, désirent que le vote final intervienne avant le discours d'Épinal. »

J'ai remis au général de Gaulle une note de Louis Vallon, donnant un aperçu assez terrifiant, il faut bien le dire, sur les perspectives financières : six cents milliards de déficit, tout autre moyen étant épuisé, cent milliards de papier imprimé d'ici le 1er janvier. Après avoir lu le compte rendu de mon entretien avec M. Bidault, le Général me dit : « Ce sont les paroles d'un homme amer. » Puis il me dit :

« Indiquez autour de vous que vous avez le sentiment que, si sont votés à temps les amendements relatifs aux quelques questions qui restent à régler, vous avez l'impression que le Général de Gaulle à Épinal... (Ici, il interrompt sa phrase et esquisse un geste de conciliation évasif...) Les points en question demeurent : la signature de tous les décrets à tous les emplois civils et militaires par le président de la République et la ratification du choix du président du Conseil par le président de la République n'intervenant qu'au moment de la présentation du gouvernement. Troisième point, moins important : le mode d'élection des membres du Conseil de la République. »

A propos de la formation du gouvernement, il me dit :

« Si le choix du président du Conseil par le président de la République n'est pas l'objet d'une ratification parlementaire immédiate, alors tout est changé, car le président du Conseil ne cherchera pas immédiatement le contact des partis. Je dirai au président du Conseil : " Je vous interdis de prendre des communistes dans votre gouvernement. " Et lorsque les partis rouspéteront, le Gouin en question leur répondra : " Adressez-vous au général de Gaulle ! C'est lui qui en a décidé ainsi. *Il m'en a donné l'ordre !* " Les partis auront beau s'exciter contre moi, *je serai président de la République pour sept ans.* » Il rit, madré.

Avant Épinal, le Général a reçu, le 23 au matin, Michelet, ministre des Armées (qui m'avait fait venir pour me demander cette audience en me disant : « Il y a trois semaines, Schumann est venu me voir et m'a dit : " Vous êtes, de tous les M.R.P., celui que le général de Gaulle préfère – ou plutôt celui qui le dégoûte le moins. Vous devrier aller à Colombey pour l'amener à conciliation. " J'ai répondu à Schumann que mon instinct profond allait beaucoup plus dans le sens du général de Gaulle et des termes de sa note constitutionnelle du 29 août que dans le sens des compromis amorcés par M. Bidault et qu'en conséquence, je me refusais à accomplir cette ambassade. Mais maintenant, l'atmosphère est changée, son interview a créé un grand courant d'air et je demande à me faire une religion en mon âme et conscience, avant d'agir dans le sens souhaité par le général de Gaulle. »).

Autre audience du Général : dans l'après-midi du 23, alors que je poussais la grille de la Boisserie, la voiture d'Alfred Coste-Floret et de Léo Hamon s'y arrêtait. Au lieu d'aller à leur devant, je me précipitai vers la maison, de manière à rencontrer le Général avant qu'il ne les reçût. A la fin de cet entretien, qui dura vingt minutes, j'indiquai au Général que, d'après mes renseignements, Coste-Floret et Hamon effectuaient auprès de lui une démarche inspirée par M. Bidault, le prétexte étant l'envoi d'une lettre de démission à M. Capitant [15]. J'ai su depuis que le Général avait insisté à nouveau sur les trois points en litige.

Le 28, le Général recevait enfin une brève lettre de Schumann, où l'on parlait de Dieu, ainsi qu'une lettre de Pierre-Henri Teitgen, accompagnant un mémorandum du M.R.P., fixant sa position. Dernière tentative de faire dévier le Général de la voie qu'il s'était tracée...

Le même jour, le Général recevait une lettre de Jacques Baumel, lui développant quelques thèses qu'il aurait voulu voir figurer dans le discours d'Épinal. Jacques Soustelle, lui aussi, par mon intermédiaire, lui avait fait parvenir, au début de la semaine, une note relative aux questions sociales qu'il souhaitait voir effleurées par le Général à Épinal.

En me séparant du Général, je lui indique que l'Union gaulliste a dépêché de Paris un représentant à Épinal, qui a prétendu modifier le programme des manifestations projetées. Le maire, fort inquiet et incliné à céder, m'avait fait parvenir une lettre demandant des instructions. Je fais entendre au Général, s'il ne me donne pas carte blanche pour l'éviter, qu'Épinal sera envahi, dimanche prochain, par deux à trois mille représentants de l'Union gaulliste, encadrés comme des Croix-de-Feu et brandissant des banderoles. Il me remet alors la lettre suivante :

« Colombey, 23 septembre 1946. »

« Monsieur le Maire

» Je suis certain qu'il est bien entendu qu'à Épinal je suis l'invité de la Ville, c'est-à-dire de sa municipalité et que nul groupement, *quel qu'il soit*, n'a rien à voir dans l'organisation de la belle cérémonie du 29.

» De mon côté, le capitaine Guy, et lui seul, est qualifié pour vous entretenir de ce qui me concerne dans cette occasion.

» Veuillez croire, Monsieur le Maire, à mes sentiments les meilleurs et bien distingués. »

« Signé : C. de Gaulle. »

En terminant, je fais état auprès du Général de l'insistance de M. Capitant à le rencontrer avant Épinal. J'exprime le jugement que cette rencontre serait déplacée. Je me réjouis de la concordance de nos points de vue.

Ce matin, Mme de Gaulle, qui réduit son personnel, se sépare d'une bonne. Le Général s'est levé pour lui dire au revoir, après lui avoir remis une photographie dédicacée. Il se plaint que Mme de Gaulle, comme sa belle-mère, passe son temps à embaucher ou débaucher de la domesticité. A quoi elle objecte que Mlle Potel est restée sous son toit quelque quatorze années et

Augustine six ans. La cuisinière qui remplace cette dernière, partie voici quinze jours, répond au nom classique de Philomène.

Sur les dalles de son bureau, les pieds de son fauteuil font entendre des grincements si désagréables à l'oreille qu'il a demandé qu'on lui achète des « dômes de silence ».

J'ai trouvé le Général étonnamment sûr de lui, étonnamment, car, de Paris, on n'a pas l'impression que le M.R.P. soutient les points soulevés par lui avec le désir véritable de les faire triompher. Ils se battent avec esprit de recul. Le Général s'en rend-il compte ? Je ne le pense pas. Tout, dans son comportement, a quelque chose de victorieux, comme s'il lui avait été accordé, en secret, de savoir que la victoire est inévitable... De Paris on a plutôt l'impression que Bidault et plusieurs dirigeants de son parti préféreraient voter n'importe quel texte plutôt que la Constitution de Bayeux. Ceci, pour échapper demain à toute possibilité de tutelle de la part de De Gaulle qui leur apparaît – ils n'osent probablement même pas se l'avouer à eux-mêmes – plus gênante que celle des communistes...

Paris, jeudi 3 octobre 1946

J'ai accompagné, hier soir, le Général et Mme de Gaulle à Neuilly. Le cadre émouvant de cette villa abandonnée...

Ce matin, j'ai eu une conversation avec Palewski, rue Bonaparte. Il résulte de celle-ci qu'il n'aperçoit pas avec certitude, comme le fait le Général, les conséquences de la crise financière en perspective. Selon lui, la reprise de la production pourrait bien, au contraire, s'accentuer sous l'effet de cette euphorie qui marque parfois la phase première de la courbe inflationniste. Il ajoute : « Les Américains, d'après certains renseignements, sont décidés à soutenir Bidault financièrement, dès la fin des élections, contre les communistes d'une part et contre de Gaulle d'autre part. » Je ne partage pas, je dois le dire, ses craintes : il craint pour l'avenir immédiat, il craint surtout pour son propre ennui : « Que vais-je faire ? » Et il répète constamment : « C'est assommant !... » Se présenter aux élections ? On lui aurait proposé de se présenter sans beaucoup de chances de succès. Il dit : « Je ne me sens pas le courage d'affronter les luttes électorales. Devant la foule, je réagis de travers... Je crois, voyez-vous, que je n'ai pas la fibre électorale... »

Il me demande si je partage son point de vue que le Général doit faire, avant le 13 octobre (référendum), un discours, de manière à préciser sa prise de position d'Épinal et à mettre fin aux fausses interprétations qui se sont déchaînées dans la presse. Je lui réponds que si je crois à la nécessité d'indiquer la portée véritable du discours d'Épinal, je crois également à celle d'éviter d'en faire un nouveau discours. Je préconise une note très courte, publiée trois jours avant le référendum, c'est-à-dire à une date qui me paraît la meilleure, psychologiquement, pour enfoncer le clou. Je voudrais que l'esprit de cette courte note fût : « *Oui* veut dire *oui* et *non* veut dire *non* [16]. Il en est du moins ainsi pour la plupart d'entre nous : ceux auxquels s'adressait mon discours d'Épinal. Sans vouloir dicter au corps électoral le bulletin de vote qu'il doit choisir – c'est pour eux et en leur nom que j'ai pris position à Épinal comme je l'ai fait. » Ceci, pour permettre aux lecteurs de M. Maurice Schumann, par exemple, d'échapper au soi-disant « drame de conscience » : chez la plupart, d'ailleurs, parce qu'ils s'efforcent de préférer le chant des sirènes à la voix de leur conscience. Ces indécis et ces résignés sont deux millions. Leur crise de conscience se résume ainsi : « Comment faire pour voter *non* sans ouvrir la route aux communistes ? » Ou encore : « Comment faire pour voter *oui* sans trahir le général de Gaulle ? »

Colombey, vendredi 4 octobre 1946

Le Général se promène dans le jardin. Parce que j'ai peur qu'il ne fasse pas de déclaration avant le référendum et que je désire lui remettre la chose en mémoire, je lui dis combien je suis satisfait de penser qu'il va en faire une... Il hausse les épaules et me dit :

« Cette mise au point n'est qu'un détail... Tout au plus fera-t-elle passer les suffrages des *non* de quarante à quarante-cinq pour cent. La question du référendum a désormais peu d'importance. Ce qui compte, c'est ce qui se passera après. »

Hier, il évita, à Paris, de rencontrer Palewski parce qu'il savait qu'il viendrait lui demander une note pour la presse. Cédant à mes instances, il a cependant pris, ce matin, la décision de remettre un texte à l'Agence France-Presse, après avoir envisagé, seulement quelques instants, de faire un nouveau discours. Je lui avais, en effet, remis une lettre du député-maire de Rouen, invitant le Général à y prononcer un discours, dont le texte m'avait été téléphoné de Paris par Palewski.

Après avoir gardé quelques instants cette lettre sur son bureau, le Général m'appelle et me la rend, avec cette phrase :

« Non, je ne ferai plus de discours ! mais je préciserai encore, comme vous le savez, ma position dans un communiqué à la presse. »

Colombey, lundi 7 octobre 1946

Ce matin, après le déjeuner, Palewski parlait ainsi des revirements de la presse depuis Épinal :

« De la part de Pierre Brisson, quoi d'étonnant ? Bidault l'a fait venir et lui a parlé de Cotnaréanu [17]... Quant à Mauriac, il est reparti, horrifié de ce qu'il avait fait, pour Malagar... Claude Mauriac m'a indiqué, jeudi dernier, que Jean avait insisté auprès de son père pour qu'il ne publiât pas l'article intitulé : " Le Discours d'Épinal " [18]. François Mauriac a refusé, mais Jean obtint néanmoins qu'il retirât la phrase finale de son article, qui était : " Quant à moi, je voterai *oui.* " Ce qui me désole, c'est Chevigné... Cela me désole, bien entendu, sur un plan purement amical et personnel.

– Mais, enfin, demande le Général, mais Rémy Roure ?...

– C'est encore Bidault, mon Général. »

Je conteste la chose catégoriquement :

« Rémy Roure n'est pas de l'espèce de ceux qu'un Bidault peut mettre à l'alignement ! » Je rappelle alors les termes d'une conversation que Miribel eut – après la publication de l'interview du 19 septembre – avec Beuve-Méry, directeur du *Monde* :

« Beuve-Méry, qui vous avait suivi jusqu'ici, a dit à Miribel : " Le général de Gaulle ne se rend pas compte ! Il dépasse les bornes ! La France est un grand malade : avec ses remèdes de cheval, il va l'achever ! " Il observait encore qu'en affaiblissant le M.R.P. vous alliez couper la France en deux et ouvrir la route aux communistes...

– Le grand malade, rétorque le Général avec chaleur, ce n'est plus la France, qui donne chaque jour des preuves nouvelles de sa vitalité et qui veut vivre. Le malade, c'est *le régime.* Que le régime en crève ? Mais je n'y vois aucun inconvénient. Quant à prétendre que je fais le jeu des communistes, c'est faux. C'est le M.R.P., qui en pourrissant leur ouvre la voie. Mieux vaut donc les dénoncer que de laisser subsister l'illusion qu'ils sont un obstacle au marxisme. »

« Les travaillistes [19] ne produisent rien ! Ils n'ont pas d'hommes de gouvernement, ils n'ont pas de programme valable. De quelque côté qu'on se tourne, c'est le même ennui. (Un grand geste désolé du bras.) Tout ce monde est bien peu de chose *(sic)*. Si c'est la paix, ce sera prodigieusement ennuyeux ! Si c'est la guerre, ce sera horrible... »

Il parle alors de Duff Cooper :

« Je viens de lire son *Roi David* [20]. C'est un homme de lettres. C'est bien dommage qu'il soit si paresseux ; il a du caractère, de la profondeur. Mais ce n'est pas un homme de gouvernement... Et c'est probablement pour avoir trop d'humour : il connaît la philosophie des choses, mais il ne connaît pas les choses. Il croit à la philosophie des choses, mais il ne croit pas aux choses. »

Plus tard, dans la même conversation, il dit à Palewski :

« Quand Morin est venu me voir de la part de Bidault, le samedi d'avant Épinal, il m'a parlé, tout à coup, de ce qu'il nommait " la politique étrangère du gouvernement "... Je lui ai répondu du tac au tac : " Politique étrangère ? Allons ! n'essayez pas de m'apprendre comment il faut faire les grimaces. Il n'y a pas, chez vous, de politique étrangère. Politique de maître d'hôtel, tout au plus, pour passer le whisky... " Je lui en ai donné pour exemple le fait que son petit homme de patron avait lâché le Levant *sans aucune raison.* Il est reparti pour Paris et a tout rapporté, soyez-en sûr, à son malheureux maître. »

Le Général se tord.

Encore plus loin dans la conversation, il nous dit :

« Ce que les Américains me reprochent, c'est, comme le *Times* de Londres, d'avoir, en écartant toute conciliation, éloigné de ma tête la présidence de la République, parce que c'était la position dans laquelle j'eusse pu le moins les gêner tout en garantissant l'intégrité du territoire contre les entreprises des Soviets et la souveraineté de la France contre celle des communistes. Ils voulaient, oui, que j'accepte la magistrature suprême. Soutiendront-ils Bidault ? Ils sont tellement bêtes que c'est bien possible, tout au moins au début. »

Il vient de vider sa tasse de thé. Les jambes sont croisées, la tête est penchée en avant, le nez est au milieu de la fumée qui monte de sa cigarette... Dans la pièce, il fait presque nuit. Nous sommes seuls. Tout à coup, comme s'il se parlait à lui-même :

« ... Tout au fond de moi, je me réjouis de la victoire des *oui* *. L'abcès n'est pas assez mûr, les partis ne sont pas assez crevés ou assez pourris *(sic)*, pour que je souhaite un succès qui m'obligerait à intervenir. La crise financière n'est qu'amorcée ; il faut encore un peu de temps pour que les partis achèvent de se déconsidérer... »

Colombey, mercredi 9 octobre 1946

– *Elle* : Il faudrait que l'Église intervienne catégoriquement en faveur du *non*.

– *Lui* : Ne vous illusionnez pas : l'Église, sans s'abstenir, ne prendra aucune position tranchée à l'endroit de ce projet de Constitution, à part, bien entendu, quelques voix isolées, comme celle de Mgr Théas, évêque de Montauban, qui publiait ce matin un mandement favorable aux *non*.

– *Elle* : Cette intervention de l'Église dans la politique, vous en parlez bien ironiquement et comme si vous ne la souhaitiez pas.

– *Lui* (avec un grand rire libéral) : Que voulez-vous, chère amie, j'ai toujours été gallican !

Comme je me promène dans le jardin, j'aperçois à cent mètres, derrière la grille, un visage qui cherche à attirer mon attention et qui ressemble singulièrement à celui de Debré. Je m'approche et je vois Michel de Boissieu, cousin germain d'Alain de Boissieu et chef de Cabinet de Pierre-Henri Teitgen. A peine lui ai-je ouvert la porte, qu'il me dit :

« Il faut absolument que je voie le Général. »

Je proteste qu'il est impossible d'organiser une audience de la sorte et lui demande de revenir un peu plus tard, de manière à me donner le temps de préparer le Général. (La vérité est que le Général est en conversation avec un visiteur et que je désire éviter la rencontre de celui-ci avec Boissieu.)

* Qui n'eut lieu que trois jours plus tard.

Boissieu me décrit ainsi l'objet de sa venue :

« Le colonel Passy vient de prendre publiquement une position telle, depuis la conférence de presse de mon ministre, que les journaux, s'il persiste dans son attitude, s'empareront chaque jour un peu plus de l'affaire. Or, M. Teitgen considère que s'il ne met fin, d'une manière ou d'une autre, à cette situation, il va se trouver débordé au Conseil des ministres de vendredi prochain. Bien plus, c'est le gouvernement lui-même qui risque d'être mis en danger. Il en vient à penser que seule l'arrestation, mercredi soir, du colonel Passy et son incarcération à Fresnes, après transfert de son dossier au Parquet, pourraient éviter de plus graves ennuis. Jusqu'ici, mon ministre a fait preuve de beaucoup de patience. Passy a été l'objet d'une mesure de faveur et le plus grand compte a été tenu des services qu'il a pu rendre sur le plan national bien que vingt raisons, ainsi qu'en fait foi le dossier que j'apporte au général de Gaulle, eussent justifié l'instruction judiciaire...

» Mon patron avait l'intention, tout d'abord, de demander audience au Général. Pour éviter des interprétations, il a préféré m'envoyer auprès de lui, avec mission de lui ouvrir le dossier et de lui indiquer que Teitgen considère que lui, général de Gaulle, est seul à même de juger s'il peut intervenir auprès de Passy pour qu'il change d'attitude. Saisir le Parquet, étaler devant l'opinion les graves négligences commises par Passy, ce serait susciter dans la presse et au Parlement des remous dont les conséquences ne peuvent être, en ce moment, que préjudiciables. M. Teitgen se soucie d'autant plus de ce danger que ses adversaires politiques ont cherché à lier perfidement le nom de Passy à celui du général de Gaulle... En conclusion, seule une intervention du Général auprès de Dewavrin – dans le cas, bien entendu, où celui-ci jugerait la chose possible – permettrait d'éviter l'instruction judiciaire, qui apparaît inévitable dans la mesure où un ministre et même le gouvernement risqueraient d'être débordés par l'opinion publique. »

Colombey, jeudi 10 octobre 1946

Avant la victoire des *non* au référendum de mai 1946 – c'était, je crois, le 3 ou le 4 mai – je me souviens d'avoir dit au Général, en longeant, au cours d'une promenade, le bassin de Marly :

« La victoire, si elle est remportée par les *non*, ne risque-t-elle pas de leur être volée, une fois de plus, grâce à la loi électorale ?

– Comment cela ?

– Les partis ne risquent-ils pas de renvoyer au Parlement exactement les mêmes hommes ? Et ces hommes ne devront-ils pas essayer, pour la seconde fois, de tenir pour nulle et non avenue la volonté du peuple ? »

Après quelques secondes de réflexion, le Général me répond, catégorique :

« Ils ne le pourront pas ! car, cette fois-ci, ils seront bien obligés de se soumettre à sa volonté. Il leur en coûterait trop cher autrement. »

Je pensais à cela dans la voiture qui me reconduisait de Paris à Colombey. En effet, hier soir, j'ai été porter à Paris le texte de sa déclaration [21]. Dès que je pénètre dans son bureau, il me parle de la presse du matin. Après un long silence, il entre dans le vif du sujet, et ceci, à propos d'une question que je lui ai posée, au sujet du scrutin probable de dimanche prochain :

« Les résultats du référendum seront les suivants et souvenez-vous bien de ce que je vous dis : Il y aura neuf millions de *oui*, huit millions de *non* et le reste en abstentions. Le triomphe des *oui* est inévitable. Victoire dépourvue d'aucun enthousiasme d'ailleurs : on votera *oui* par lassitude, " pour en finir " ; mais on ne votera pas *oui* par foi dans les partis, non plus que par méfiance contre de Gaulle... Les imputations de pouvoir personnel et de césarisme – si bruyante que soit la propagande de l'adversaire – n'ont pas été prises au sérieux... (Ici, l'ironie hésite un instant et il ne peut s'empêcher de lâcher cette parenthèse) à tort, peut-être, mais enfin... voilà. »

Je l'ai dévisagé pendant qu'il faisait cette boutade : l'œil était jovial et familier, sous la paupière bridée un regard espiègle de vingt ans... A noter qu'à Épinal, en montant en voiture, il prévoyait huit millions de *oui* contre sept millions de *non*, et le reste en abstentions. Comme je le lui fais remarquer, il m'a expliqué qu'il avait alors calculé sur la base d'un corps électoral de vingt-quatre millions d'électeurs (celui-ci est, paraît-il, de vingt-cinq millions). Il me dit encore :

« Beaucoup de socialistes et même de communistes s'abstiendront par fidélité à de Gaulle. Je compte enfin que deux millions et demi de M.R.P. voteront *non*, ou s'abstiendront. Il y a même des socialistes qui voteront *non*, en petit nombre, bien entendu. »

Colombey, vendredi 11 octobre 1946

C'est une claire journée d'octobre, à croire le printemps. Mme de Gaulle en profite pour planter des oignons d'Angleterre. Retour des États-Unis, après huit mois de séparation, Philippe de Gaulle vient d'arriver en voiture, de la gare de Chaumont, avec deux heures de retard. Le Général est enchanté et le dissimule.

Comme son fils est monté dans sa chambre pour se raser, je reste seul avec lui. Je dis :

« Quelle mine il a, mon Général ! »

Il me dévisage en riant, fièrement. Il fait alors une moue qui semble dire : Ça, ça ne m'étonne pas. De ce côté-là, jamais de problème.

« Voyez-vous, quand rien ne va, quand les hommes sont bêtes, quand la situation générale... enfin, vous me comprenez... eh bien, je trouve là ma consolation. Les hommes se renouvellent, les jeunes s'adaptent... Voilà le seul élément de continuité ! voilà l'œuvre définitive ! Rien d'autre ne donne une impression satisfaisante de durée. »

Il arpente le salon à grandes enjambées, allant d'une fenêtre à l'autre. Il s'immobilise bientôt devant celle qui fait face au jardin et constate :

« Quel temps magnifique, mais aussi, quelle fragilité !...

Puis : seulement voilà, maintenant, je voudrais avoir des petits-enfants. » Il m'interroge alors : « Quel âge avait Monsieur votre père lorsque votre fille est née ?

– Soixante-dix ans. »

Comme ma réponse ne le satisfait pas du tout, il me pose cette autre question :

« Au bout de combien de mois de mariage avez-vous eu votre enfant ?

– Après neuf mois de mariage, mon Général. »

Il me dit alors, catégorique :

« Cela devrait toujours être ainsi. Ainsi, Philippe, lui, est né également neuf mois après notre mariage. »

Il rentre un instant dans son bureau, en ressort et vient vers ma table de travail :

« Voyez-vous, la nation n'est pas empoignée par cette campagne constitutionnelle. Néanmoins, le ton se hausse. Si le référendum avait lieu dans dix jours au lieu de dimanche prochain, je pense que les *non* auraient des chances sérieuses de triompher. Mais la victoire des *non* ne réglerait rien ! Il est trop tôt pour intervenir... Les partis doivent d'abord se disqualifier !... »

Il arpente le tapis de la bibliothèque et répète plusieurs fois cette dernière phrase. Nouvelle cigarette allumée, puis :

« Que vous a dit Philippe Barrès, lorsque vous l'avez vu avant-hier chez Palewski ?

– Il souhaitait que le M.R.P. se joigne à l'U.D.S.R., aux radicaux, au P.R.L. et à l'Union gaulliste, pour former un cartel révisionnaire aussitôt après le référendum. Et il interrogeait alors Palewski : “ Pensez-vous que le Général acceptera de revenir sur son attitude et d'inclure le M.R.P. dans un mouvement révisionniste ? ” »

Le Général, ironique et curieux, me demande alors quelle réponse fit Palewski :

« Le général de Gaulle a commencé par les punir de leur trahison. Après le référendum on verra... »

Il fait d'abord mine de rentrer dans son bureau, mais revient à moi, me dévisage curieusement et me dit, presque œil contre œil :

« A quoi servirait de les aider ? »

Il s'arrête de marcher.

« Il est bien certain qu'*ils* me trahiraient à nouveau, dès que l'occasion s'en offrirait à eux. Et pourquoi m'en étonner, d'ailleurs ? N'est-ce pas la destination, et en quelque sorte la fonction normale d'un parti de trahir ? Voyez Herriot et son groupe... Croyez-vous que je me fasse la moindre illusion ? Nous faisons route ensemble, mais notre destination n'est pas la même. *L'Aurore* [22] d'hier matin écrivait : “ Votez *non*, avec de Gaulle, comme de Gaulle. ” Le jour venu, il est inscrit dans le ciel qu'ils me lâcheront !... Tenez, encore hier soir, je lisais un recueil des discours prononcés par André Tardieu au cours des années 1932, 33 et 34. Eh bien, les radicaux trahissent à chaque instant ; ils sont contraints *fonctionnellement* aux coups de poignard dans le dos. »

Il écrase sa cigarette soigneusement, puis :

« Sans compter que les partis ont changé de nature depuis dix ans... et nous touchons ici au véritable problème, qui est un problème de structure des sociétés humaines. Je n'y puis rien, c'est ainsi. Il fut un temps où ce qu'on appelle la politique se cantonnait dans l'essentiel : affaires étrangères, guerre, colonies, finances... Les partis n'étaient alors que les promoteurs d'un corps de doctrines politiques, le plus souvent très vagues d'ailleurs. La majorité des individus dépendait indirectement et fort peu de ce qu'on appelle aujourd'hui " la politique ". Les individus ne rencontraient pas, quotidiennement et à tout bout de champ, l'État. Le machinisme a changé tout cela : la structure des sociétés a été profondément transformée, économiquement surtout. Qu'il s'agisse d'un vieux et de sa retraite, d'une servante et de ses assurances sociales, d'un paysan et du service militaire, l'État est constamment devant l'individu. Les partis, eux, se sont alors mis à élaborer de vastes programmes, auxquels ils sont d'ailleurs les premiers à ne pas croire, mais qui prétendent englober tous les aspects de l'activité humaine pour la conquête du pouvoir car, pour la conquête du pouvoir, les partis ont besoin de voix, d'énormément de voix ! *Ils veulent toutes les voix.* Et pour les gagner, des voix, il n'est, pour eux, qu'un recours : la démagogie. Voilà pourquoi ils s'y vautrent. Voilà pourquoi, si on ne les en empêche pas, ils continueront à s'y vautrer. »

Son fils rentre alors dans le salon, essaie de se mêler à notre conversation, déclarant, aussi jeune que péremptoire :

« Pourquoi attendre ? Vous feriez mieux de commencer par leur " serrer le kiki ". »

Le Général hausse les épaules gentiment et lui dit :

« Viens, je vais te montrer des épées. »

La porte du bureau se referme, longtemps, sur les deux hommes...

Colombey, mardi 15 octobre 1946

« En 1940, que disait-on ? On disait : " Sans doute, oui, de Gaulle a raison ! Mais enfin !... mais tout de même !... mais vous comprenez... D'ailleurs Pétain et de Gaulle sont secrètement d'accord, je le sais de source très sûre !... " »

» Je vous le demande : qu'y a-t-il de changé aujourd'hui ? On dit : " Sans doute, oui, de Gaulle a raison. Mais enfin !... mais tout de même !... mais vous comprenez !... D'ailleurs, le M.R.P. et de Gaulle sont secrètement d'accord... " La seule différence est que l'hypothèque vient d'un parti et non plus de l'ennemi. Mais comme ce parti est entre les mains d'un adversaire, la différence est-elle vraiment si grande ? Je sais bien que nous sommes en temps de paix au lieu d'être en temps de guerre... Mais *quelle paix* !... Quant à la lâcheté, elle est la même : nul n'ose s'en prendre directement à l'adversaire. »

Après le déjeuner auquel assistaient M. Capitant et son filleul, dont je ne me rappelle plus le nom, le Général demande, à brûle-pourpoint, au président de l'Union gaulliste :

« Et maintenant, mon cher Capitant, que puis-je faire pour vous ? »

Alors que nous gagnons, les uns derrière les autres, le salon, je me mords les doigts de cette parole inconsidérée du Général, craignant qu'il n'ait l'intention d'appuyer l'Union gaulliste sur le plan électoral.

Capitant et le Général s'assoient face à face ; je leur donne leur tasse de café, cependant que le regard faussement endormi de Capitant s'anime, à la recherche de tel ou tel point d'appui électoral... Sa naïveté éclate, lorsqu'il répond :

« A vrai dire, mon Général, je ne saurais vous répondre : je n'y ai pas réfléchi... Je rentre de diverses tournées en province et j'ignore encore la carte électorale de mon mouvement. »

Le Général s'absente un instant. Avant qu'il ne redescende du premier étage, je ne puis m'empêcher de dire à Capitant, devant son filleul éberlué :

« Je n'ai pas de conseils à vous donner, mon cher ministre, mais je crois capital, avant de demander au Général de vous aider, de changer l'orientation et d'épurer une partie du personnel de l'Union gaulliste...

– Que voulez-vous dire ?

– Tout d'abord, il y aurait lieu, me semble-t-il, de vous " gauchir ". D'autre part, je crois très sincèrement qu'un travail d'épuration dans le comité directeur du mouvement est, d'ores et déjà, indispensable. »

Le Général rentre dans le salon sur ces entrefaites et, au lieu de me répondre, Capitant dit au Général :

« Si j'y réfléchis, oui, mon Général, il y a bien une chose à propos de laquelle je vous demanderais d'intervenir immédiatement... »

Un coup d'œil vers moi, puis :

« Voyez-vous, lorsque j'ai " lancé " l'Union gaulliste, je l'ai fait sans aucune arrière-pensée hors celle de vous aider. Notre comité directeur a été constitué au mois d'août, c'est-à-dire à un moment où presque tout le monde était en vacances et où il m'était impossible d'espérer autre chose que le concours des bonnes volontés qui, en dehors de toutes questions de personnalités et de titres, viendraient à moi. Il fallait agir, agir immédiatement, ce qui veut dire que je n'avais pas le droit de " faire le difficile ". J'ai réuni ainsi, je m'en rends bien compte, des gens sans éclat, mais j'escomptais le concours ultérieur d'un Soustelle, d'un Diethelm, d'un Pleven, d'un Malraux, d'un Giacobbi, que sais-je, moi ?... Eh bien, je le constate : ils ne sont pas venus à moi. »

Le Général fume délicieusement son cigare et semble attendre Capitant au tournant. Tout à coup, il lui dit, sans brutalité, mais avec beaucoup de vigueur :

« Mais aussi, pourquoi vous être intitulés : " Union gaulliste " ? Vous savez bien – je vous l'avais fait savoir expressément – que l'épithète me déplaisait. Quoi qu'il en soit, elle a choqué la plupart de ceux dont vous venez de citer les noms. Voilà pourquoi ils vous ont refusé leur concours ! »

Capitant entre alors dans une grande agitation. Il se défend comme un beau diable mais avec l'air du coupable, en reprenant tous les arguments qu'il me servit au cours de l'entretien que j'eus avec lui, à ce sujet, lors de la constitution de son mouvement. Il en revient enfin à cet argument désespéré :

« Et puis, si j'avais senti – de la part de votre entourage – (ici, il me dévisage...) le désir d'amener à moi, par un mot, par un conseil, par le moindre encouragement, ceux dont j'avais tant besoin à mon comité directeur pour conférer du poids à mon mouvement, alors oui, j'aurais pu renoncer à cette malencontreuse épithète ! »

Je ne puis m'empêcher de lui faire remarquer que l'adoption du titre de son mouvement fut décidée à la seconde réunion du Club du 18 juin et que la « malencontreuse épithète » fut, dès le début, placée en travers des bonnes volontés.

Le Général ne bronche pas. Son silence m'est un premier encouragement...

Capitant dit alors :

« Prenons un exemple, mon Général : Pasteur Vallery-Radot était tout disposé à entrer au comité directeur de l'Union gaulliste. Cela m'est revenu de source sûre. Eh bien, depuis Épinal, son zèle s'est refroidi. Pourquoi ? Parce que quelqu'un de votre entourage lui a déconseillé de nous donner son nom. » (Ici, l'ancien ministre ne me regarde pas. Savait-il qu'à l'issue du déjeuner d'Épinal, c'est moi qui mis en garde Vallery-Radot ?) Il poursuivit ainsi :

« J'en arrive à ce que je voulais vous demander, mon Général : pourriez-vous demander à votre entourage de ne pas intervenir, à tout bout de champ, dans un sens opposé à nos intérêts ? »

Le Général ne bronche toujours pas. Capitant dit encore :

« Mlle Élisabeth de Miribel – on m'en informe de différents côtés – fait partie de ceux de votre entourage dont l'opposition nous a été le plus nuisible... »

Comme le Général s'enfonce dans son silence, je ne puis m'empêcher de lui dire :

« Il y a quelques instants, alors que nous étions seuls ensemble, j'ai fait remarquer à M. Capitant qu'il serait souhaitable qu'il épurât quelques membres de son comité directeur. Je pense, mon Général, entre autres à Laboureur... »

Le Général, se rasseyant confortablement, formule alors un réquisitoire impitoyable contre de Raulin-Laboureur et René Guérin. Capitant reconnaît les faits et ne trouve, pour toute excuse, qu'une promesse assez mince : la promesse que, s'ils étaient élus, il se débarrasserait de son secrétaire général et de ce membre de son comité directeur en utilisant le prétexte qu'il n'est pas possible à un député de se consacrer suffisamment aux travaux du comité.

Comme je commence à me « prendre de bec » avec lui, le Général se met à rire et nous sépare. Nous parlons de choses et d'autres. Quelques minutes plus tard, le Général dit :

« Il nous faut un programme, un programme économique et social réel ! Lequel ? Sans la politique, malgré la politique, la France n'a rien à se reprocher : l'extraction du charbon, par exemple, et plus généralement le rendement de notre commerce et de notre industrie ont atteint le maximum possible, étant donné les moyens dont nous disposions au lendemain de la Libération et dont nous disposons maintenant. Il reste que, si nous comparons notre niveau économique à celui de 1934 (et non à celui de 1938, car, à cette époque, notre production était en baisse) ou à celui de 1927, nous nous apercevons qu'il nous sera impossible d'atteindre ces maximums et *surtout de les dépasser* si nous n'avons pas une *politique extérieure*. Un exemple : il nous faudrait quinze cents tonnes de charbon en plus par mois. Eh bien, il est clair que nous ne les tirerons pas de notre sol et qu'un concours extérieur est indispensable si nous voulons relever notre plafond. Je prends le problème du charbon, parce qu'il est le plus important. Il nous faut donc, je le répète, une politique extérieure. Laquelle ? Certes, en 1945, j'avais obtenu quelques crédits américains. L'avant-dernier été, lorsque j'ai rendu visite à Truman, il m'a avancé six cents millions de dollars. Mais cette somme était infime par rapport à nos besoins. Pourquoi n'a-t-il pas fait plus ? Parce qu'il ne voulait pas jouer sur moi à fonds perdus. Le State Department ou le Foreign Office ne nous prêteront rien tant que la politique française n'aura pas pris une orientation précise et durable. Car il nous faut bien considérer qu'en dehors de l'Italie, nous sommes le seul pays du monde à faire procéder l'autorité de l'État et l'ensemble des affaires publiques exclusivement des partis ! Ce qui explique la pagaille de l'Italie et la nôtre ! Rien ne permettait donc à Truman, à l'époque considérée, de faire fond sur moi. Lorsque je lui disais : " Craignez-vous donc que je m'allie aux Russes contre vous ? ", il me répondait que non et même s'il ne le croyait pas – et je ne doute pas une seconde que ce ne fût le cas – il voulait beaucoup plus. Ce qu'il voulait, c'était un *engagement précis de ma part*. Je ne vous dissimulerai pas non plus que l'engagement qu'il attendait de moi, j'étais, à l'époque, décidé à le lui refuser. Pourquoi ? Mais parce que les problèmes économiques – j'en étais alors persuadé et je le pense encore – se résolvent un jour ou l'autre, alors qu'*il n'en était pas de même pour le problème du Rhin*. Les Américains ont une habitude très particulière du peuple allemand : j'estimais alors que le State Department ne pourrait rien faire d'autre que d'assister ou même de faciliter la renaissance de l'Allemagne... Il importait donc que je ne fasse rien de définitif avec Truman, que je lui laisse l'impression que je pouvais, le cas échéant, obtenir plus de Staline que de lui. Truman était d'ailleurs bien décidé à ne me donner rien contre rien. En échange d'un concours financier important, je savais qu'il me demanderait de *le servir...* »

La voix du Général se fait de plus en plus chaude :

« Vous vous rappelez que je me suis rendu en Russie à l'automne de 1944. Je ne vous dissimulerai pas encore que mon intention en allant à Moscou n'était pas simplement d'échanger avec Staline une signature sur un bout de papier. Non, ce que je voulais surtout, c'était me rendre compte ! Je voulais voir ce qu'il avait dans le ventre à propos du Rhin. Et j'étais prêt, en mon for intérieur, à prendre avec lui l'engagement de le soutenir en Pologne, en Roumanie, etc., contre un soutien catégorique de sa part dans notre combat pour le Rhin. A propos de la Pologne et de la Roumanie, j'ajoute que je considérais comme inévitable que ces pays et d'autres encore tombent sous la tutelle des Russes. Donc, en échange de notre sécurité sur le Rhin et à propos d'un engagement précis et catégorique sur ce point, j'étais prêt, oui, à fermer les yeux. Oh ! je ne me faisais guère d'illusions à l'époque. Néanmoins, je voulais faire un essai avant de m'orienter dans une direction plus définitive. Staline, bien entendu, a promis du bout des lèvres et ne devait jamais soutenir nos efforts par la suite.

» Mais que veut dire tout ceci, sinon que l'hypothèque russe est, désormais, définitivement levée. Si bien que *moralement, nous ne leur devons plus rien*, ils ne nous ont pas assistés ; plus encore : ils sont en train d'aider au relèvement de l'Allemagne. Non pas que je reproche à Staline de relever l'Allemagne – ce qui est dans son intérêt – mais du point de vue français, en agissant ainsi, Staline menace notre frontière de l'Est. Il me suffit de le constater. Après cela, je vous le répète catégoriquement : nous ne lui devons plus rien !...

» L'hypothèque est donc définitivement levée. Ceci veut dire que je suis prêt, maintenant, à me lier aux Anglo-Saxons. Oui, parfaitement ! Je suis prêt à conclure, le jour venu, telles alliances, même militaires, qui nous assureraient les moyens extérieurs indispensables à notre relèvement économique. Je dirai donc, le jour venu, à Truman : “ Si vous nous assistez économiquement et, d'autre part, si vous nous assistez, au cas où..., moi, je vous assisterai également au cas où... ”

» N'oublions pas, en effet, que la France ne détient pas seulement des garanties stratégiques dans la métropole, en Afrique du Nord et dans l'Union française, mais également des garanties morales. Et ces garanties morales seraient, le jour venu, d'un grand poids : que la France se refuse aux pressions venues de l'Est et l'Europe change aussitôt d'orientation morale ; elle se regroupe psychologiquement ; les Autrichiens, les Tchèques, les Polonais, etc. cherchent à se dérober aux pressions semblables exercées sur eux. La chose, certes, ne se fera pas en une seconde, mais dès le moment où la France s'y prête, elle devient possible.

» Seulement voilà : si le State Department et le Foreign Office espèrent de moi un engagement stratégique et un engagement moral, ils pensent probablement l'obtenir en échange de rien. Avec un Bidault, avec un Vincent Auriol, avec un Blum ou un Grumbach, ils obtiendraient, certes, de telles garanties en échange de rien. Avec moi, il en ira différemment et ils ne me trouveront prêt à signer telle ou telle alliance d'assistance mutuelle qu'en échange de crédits importants, suffisamment importants pour nous permettre de sortir de l'ornière économique et de développer notre production au-delà des maximums d'antan. Je n'accepterai jamais de les servir ! »

Conversation avec Debré

Le Général nous parle des communistes :

« Non... Plus j'y pense et plus je suis convaincu que les communistes, qui seront les plus nombreux après les élections, ne tenteront pas de s'emparer de la présidence du gouvernement.

– *Debré* : Je le crois aussi... Je crois que leur sagesse les servira, une fois de plus... »

Le Général l'interrompt :

« Leur sagesse ? Oh ! Méfiez-vous de cette fameuse " sagesse " du parti communiste. Ils ne pourront pas s'y tenir longtemps, et je vais vous dire pourquoi :

» Tout d'abord, ils ne peuvent renoncer à leur objectif principal, qui est de préparer la ruine de l'État, en attendant l'heure où Staline jugera opportun de se créer une tête de pont en Europe occidentale, c'est-à-dire en attendant l'heure d'un nouveau conflit mondial. Donc : couler le franc sans en avoir l'air, en soutenant les revendications des salariés, en provoquant la hausse des prix, tout en ayant l'air de la combattre, c'est-à-dire en contraignant les ministres des Finances et de l'Économie nationale (qui ne seront pas communistes pour pouvoir en porter la responsabilité) à des sacrifices qui aggraveront d'autant l'inflation et la ruine de l'État. Précipiter la ruine financière, par système, voilà donc l'objectif !

» En second lieu, ils seront tenus par les trotskystes à soutenir, dans une certaine mesure, les revendications des travailleurs. Les syndiqués se révoltent : nous en avons eu des exemples récents ; vous savez que les mots d'ordre des syndicats d'obédience communiste ont été désobéis. Il importe donc que le parti communiste se garde à gauche. Voilà pourquoi ils ont cette peur bleue des trotskystes. Au dernier référendum, ceux-ci avaient lancé une consigne d'abstention : Eh bien, je suis persuadé qu'un certain nombre de communistes – trois cent mille environ – ont désobéi à leur parti et n'ont pas voté (un tout petit nombre, certes, par " gaullisme ", mais le très grand nombre parce qu'ils sont insensiblement gagnés au trotskysme). Vous verrez ce que je vous dis : aux élections législatives, le total des suffrages trotskystes sera en augmentation sur le scrutin précédent.

» Il importe, ensuite, que le parti communiste se garde à droite : car les socialistes de gauche font de la surenchère démagogique, si bien que les communistes, là encore, sont tenus de prendre une position avancée dans la défense des droits ouvriers.

» Enfin, vous avez cette perpétuelle inconnue, suspendue sur la tête du parti : les instructions qu'ils peuvent recevoir, du jour au lendemain, de Moscou. Ces instructions peuvent les contraindre à " s'aligner ", même à contre-cœur, et sans tenir compte des recommandations de la " sagesse ". Il est probable, notamment, que les communistes devront s'engager, un jour ou l'autre, sur le terrain de l'anticolonialisme. »

Il se tait longuement. Son visage se fait plus lointain, plus grave. Aucune passion...

« Voyez-vous, parfois, je suis irrité. Je me dis qu'en 1940, l'indignité des partis était acquise. Puis, les événements, c'est-à-dire Vichy, l'ont fait oublier. Maintenant, *ils* sont plus incapables que jamais de gouverner. Oh ! s'il s'agissait de faire face, comme dans le temps, à dix ou vingt milliards de déficit ou à des difficultés en Algérie, je ne dis pas. Mais ce n'est plus du tout cela. Aujourd'hui la France est confrontée à des problèmes colossaux qu'aucun parti n'est seulement capable d'aborder. Ce qui me préoccupe, ce qui me hante, ce ne sont pas les partis en eux-mêmes, ou les difficultés actuelles, qui sont des plaies guérissables... Non, ce qui me hante, c'est (un geste des avant-bras qu'il replie vers lui et un jeu évocateur des bras), c'est : *plus tard* ! Des événements de 40, ce peuple n'a pas tiré la leçon... Les Français sont profondément divisés... *Ils ne peuvent plus se supporter !*

» Et ici, mon cher Debré, je m'excuse de personnaliser immodestement – mais enfin, l'Histoire le dira : les Français avaient à leur disposition un homme qui avait fait ses preuves pour le compte de la France. Un homme qui disposait de suffisamment de prestige dans le pays pour... pour regrouper, pour rassembler... Eh bien, non !... Ils n'ont pu se rassembler autour de lui, ils n'ont pu se réconcilier. Ils lui ont fait la tâche impossible. Il est parti. »

Il a dit tout cela sans rancœur aucune, avec infiniment de mélancolie, de pondération et de gravité dans la voix. C'est avec le même ton qu'il poursuit :

« ... Seulement, voilà : j'ai pris, il y a bien longtemps, une résolution (Il dévisage Debré avec un mélange de pudeur et de ténacité. Sa voix commencera aussitôt à gronder.) ... et cette résolution, c'est de *ne jamais consentir à m'abaisser*. Non, mille regrets : *je ne m'abaisserai pas !* »

Un temps très court, puis il dit :

« Oh ! j'ai tout pesé : je sais que je mourrai peut-être (ici, une succession de regards significatifs qui passent, dirait-on, en revue toutes les hypothèses). Je mourrai ? Bon... Mais, je le répète, je ne consentirai jamais à m'abaisser ! »

Une étrange colère l'a fait rosir, à la dernière seconde, sous la sérénité des traits. Il poursuit aussitôt :

« Nous reste-t-il assez de temps pour tirer – pour la deuxième fois – la leçon que nous avaient déjà enseignée les partis ? Je crains parfois qu'il ne soit trop tard. Nous risquons de culbuter définitivement. Ce sera peut-être la fin de la France... Oh ! certes, il restera toujours des Français, même après une guerre atomique. (Il hésite à plaisanter, puis lâche cette boutade, avec un sourire douloureux :) Il restera toujours quelques cuisiniers et quelques coiffeurs pour dames... »

Il se tait encore, puis :

« Oui, ce qui me hante, c'est bien cela : les redoutables menaces qui pèsent sur notre survie. Si bien que j'aurai peut-être été, en définitive, la dernière carte de la France, *la dernière carte de l'Honneur*, la dernière carte de la Grandeur... »

Il a dit tout cela avec un dépouillement inhabituel. Il y avait tant d'amour de la France au fond de sa voix que Debré avait l'air bouleversé.

« Le M.R.P. a souffert, dès le début, d'un vice de structure. Sa clientèle est constituée principalement de modérés, de catholiques, c'est-à-dire, en somme, de la même manière que, jadis, le parti qui hissa un Barrès ou un Millerand sur le pavois : les " Nationaux ". Or, la tête du M.R.P., qu'est-ce, sinon ce petit groupe d'intellectuels qui, avant la guerre, constituaient, autour de Bidault et de Gay, ce qu'on appelait alors les " démocrates populaires ". Mais quel était, à l'époque, le signe distinctif des dirigeants actuels du M.R.P. ? C'était leur " gauchisme " ! Ces bâtisseurs de nuées pensaient opérer la conversion des communistes. Ici, laissez-moi rire. Oui, ils prétendaient les neutraliser en allant camper parmi eux. C'est la stratégie qui consiste, encore aujourd'hui, à prétendre leur opposer une barrière, mais en oubliant tout simplement de fermer la barrière. Si bien qu'à la fin des fins, ils ne manquent jamais, ou bien d'être absorbés eux-mêmes par les communistes, ou bien, attirés et comme fascinés par l'extrême gauche, de se lier et de s'allier à eux d'une manière ou d'une autre. Une telle contradiction, absolument inhérente à un Bidault ou à un Gay, n'apparaît que maintenant aux observateurs du M.R.P. Ils se montrent tous éberlués de l'attitude dans laquelle ce parti finit par se fixer. Rien de moins étonnant, au contraire, pour peu qu'on se donne la peine d'y réfléchir. Voilà, mon cher Debré, pourquoi je ne veux plus rien avoir à faire avec ces gens-là, même s'ils n'avaient pas déjà les reins brisés et même s'ils venaient me faire amende honorable. »

Le Général se tait, rallume son cigare et reprend au bout d'une bonne minute :

« Le M.R.P., comme les autres partis, n'a pas de *capacité*. Je veux dire par là qu'il n'a jamais eu et n'aura jamais la capacité d'aller jusqu'au bout d'une nécessité nationale, ce qui signifierait : au nom d'une nécessité nationale, refuser, se défendre, s'arc-bouter, résister et même... eh oui ! tirer. (Un temps.) Je suis persuadé, d'ailleurs, qu'il n'y aura pas à tirer, car l'esprit public n'est pas aux barricades. Oh ! certes, les communistes vont bien essayer d'agiter un peu le secteur. Mais il n'y a rien de moins révolutionnaire que ce peuple, pour l'instant !... Quand bien même il ne s'agirait pas de tirer, il faudrait avoir assez de détermination pour faire face à la notion que, le cas échéant, *on serait amené à le faire*. Eh bien, mon cher Debré, il est parfaitement évident que la chose leur est à tous absolument impensable.

– Vous ne pensez vraiment pas, mon Général, qu'il y aura besoin de tirer ?

– Mais non ! Je ne parle pas de l'Empire, où, sur tel ou tel point, il faudra peut-être en découdre. Mais, dans la métropole certainement pas. Je ne dis pas, bien sûr, qu'il n'y aura pas, çà et là, quelques arquebusades, mais rien de sérieux, non, rien qui ressemble à une bataille rangée. »

Après ce monologue vengeur, où le Général parlait comme la foudre,

Debré resta pantois. Le Général monta alors dans sa chambre et Debré bredouilla vers moi :

« Arrivez-vous, Guy, à conserver vos moyens devant lui ?... Moi, je ne pouvais, tout à l'heure, que l'écouter et j'abandonnais, en chemin, toutes mes ressources oratoires. Croyez-moi, il est trop dur à l'endroit des dirigeants du M.R.P. La plupart de ces hommes ont agi par bêtise plus que par calcul ; le plus souvent, ils furent de bonne foi.

» Je les ai beaucoup fréquentés depuis deux mois : eh bien, Bidault est le seul qui dispose d'intelligence. Teitgen, Michelet, Menthon, etc., sont complètement idiots. Seulement voilà : Bidault, lui, est dangereux ! »

Le dîner devait se dérouler dans une atmosphère de détente. Je pensais tout d'abord que Debré avait abandonné la lutte devant les paroles définitives du Général. Mais voilà qu'après le dîner, séparé du Général par l'habituelle table de bridge, il lui sert de nouveaux arguments. De Gaulle sourit dans la fumée de son cigare et l'attend de pied ferme, joyeux parce qu'il sent qu'il aura bientôt à pourfendre.

« Je m'excuse, dit d'abord Debré, de me faire à nouveau l'avocat du diable...

– Ne vous excusez pas ! Il lui faut bien un avocat, à ce pauvre diable... » Il rit férocement.

« Je sais bien qu'il n'en est pas question... C'est là pure hypothèse, bien entendu... Mais, mon Général, imaginez un instant qu'un représentant... honnête et... intelligent du M.R.P. vienne à Canossa, c'est-à-dire à Colombey, et vous tienne, au nom de son groupe, les propos suivants : “ Le M.R.P. admet, mon Général, qu'il s'est trompé. Il admet qu'il vous a trahi. De tout cela, il m'a prié de vous faire amende honorable. Oui, il a pris la décision de publier un manifeste dans lequel nous reconnaissons nous être trompés. Ce manifeste contiendra également trois résolutions : en premier lieu, nous romprons avec les communistes, refusant catégoriquement de participer désormais à tout gouvernement auquel ils participeraient eux-mêmes. Deuxièmement, nous conditionnons toute participation future à un programme de révision de la Constitution et de réforme des deux lois électorales, en cinq, six ou x points que je viens vous demander, mon Général, de formuler vous-même, m'engageant à reprendre à notre compte le texte même de ces amendements. Enfin, l'engagement solennel de ne participer à un nouveau gouvernement que sous la conduite du général de Gaulle, dont la présence à la tête de l'État apparaît désormais comme nécessaire et en l'absence duquel on ne peut rétablir la France dans sa grandeur. ” »

Debré a parlé avec une conviction chaleureuse, mais tempérée d'humour, par la crainte que le Général ne s'engageât dans une nouvelle fureur. Il conclut :

« Imaginez donc, mon Général, qu'un M.R.P... qu'un M.R.P. honnête et intelligent, je le répète, vienne vous tenir de tels propos, qui sont également, selon moi, la seule chance ouverte à ce parti de ne pas disparaître tôt ou tard, eh bien, quelle serait votre réponse ? »

Le Général qui, au cours de la tirade de Debré, avait souri longuement, se donne maintenant le temps d'une réponse. Après avoir maintenu assez longuement son cigare au-dessus d'une allumette enflammée, il commence en ces termes :

« Admettons donc, mon cher Debré, et pour ne pas vous désobliger, admettons donc qu'il existe encore un " M.R.P. honnête et intelligent ", ce qui est une hypothèse véritablement fantastique (petit rire de délice cruel), et que ce " M.R.P. honnête et intelligent " vienne me déclarer de telles choses de la part de son groupe. Eh bien ! Je commencerais par lui faire remarquer qu'il n'est nullement nécessaire de venir me dire ces choses à moi, et qu'il suffisait que le M.R.P. – s'il est soudain saisi de tant d'intelligence et de tant d'honnêteté – le proclamât publiquement et commençât par aller se battre sur ce nouveau terrain ; qu'en ce qui me concerne, je ne ferais certainement rien pour l'empêcher de mettre en œuvre et de réaliser un programme si nouveau. Puis, je l'assurerais qu'ils n'ont pas à compter sur moi désormais pour conduire et encourager leurs efforts. »

Un court silence. Il a fini de sourire. Il se fâche peu à peu :

« Seulement voilà : même ça, ils n'ont plus le pouvoir de le faire. Car on prendrait cette prise de position pour une palinodie de plus. Ne voyez-vous pas que le M.R.P. s'est publiquement disqualifié ? Vous entendez : *disqualifié* ! Disqualifié ! Ils se promèneront désormais, partout, avec un écriteau dans le dos et sur cet écriteau tout le monde peut lire désormais le mot : " Menteurs ". Or, il n'y a pas d'avenir pour les menteurs. Il leur reste le présent, qui va bientôt les écraser. Tant pis pour eux ! Ce n'est pas ma faute, à moi, s'ils ont été inintelligents et malhonnêtes. Voilà vos M.R.P... Le Bidault a menti ! Le Teitgen a menti ! Le Schumann Maurice a menti ! Tous, ils ont menti ! »

Il se rassérène alors miraculeusement, tire silencieusement sur son cigare. Puis, après un temps très long :

« Voyez-vous, Debré, je suis un homme sur les épaules duquel il a beaucoup plu. Eh bien, il n'est pas un seul exemple, pas un seul ! d'un homme ou d'un groupe d'hommes auquel il n'ait pas porté malheur de m'avoir trahi ! Et il faut croire qu'il y a une raison à cela, car c'est un fait. Que ce soit Muselier, que ce soit Labarthe [23], ou que ce soit Giraud, ceux qui m'ont trahi sont rapidement devenus des épaves. Eh bien, il en est de même pour le M.R.P... Le M.R.P. deviendra une épave, le Bidault, le Gay, le Schumann Maurice deviendront très rapidement des épaves ! Oh ! pas immédiatement. Ils continueront à mentir et leurs mensonges feront illusion encore pendant quelque temps. Je vais vous dire, moi, comment finira le M.R.P. : dès qu'on comprendra qu'il a les reins brisés, alors il commencera à perdre des sièges, de plus en plus de sièges. Et il n'y aura plus, dans quelques mois, mettons d'ici deux ans, au Parlement qu'un groupe famélique autour de Bidault et de Gay, un groupe de trente faméliques, un groupe de trente épaves ! »

Colombey, mercredi 16 octobre 1946

Palewski arrive de Paris pour déjeuner. Schumann est venu le voir hier, feignant la stupéfaction devant l'attitude prise à l'endroit du M.R.P. par le Général. Palewski apporte la lettre que Schumann lui a confiée et, pendant un court entretien que j'ai eu avec lui avant de lui ouvrir la porte du Général, j'ai l'impression que lui, Palewski, serait prêt, après cette punition morale infligée aux M.R.P., à le sauver. Le comité directeur vient de publier un communiqué de rupture avec le tripartisme [24], invitant les socialistes à se joindre à eux et rompant en visière avec les communistes en s'abstenant de les nommer. Palewski semble imaginer que ce revirement devrait permettre au Général de réviser son attitude. En quelques paroles, le Général a certainement confirmé son intention de laisser périr le M.R.P.

Comme il s'en va, Palewski demande au Général :

« Que dois-je dire au M.R.P. ?

– Ne lui dites *rien.* »

Palewski sourit :

« Mon Général, c'est bien difficile.

– Mais non, mais non, ou bien alors... Ou bien dites-leur : " Il se peut que le Général parle avant les élections. Mais, vous le connaissez : il ne s'ouvre jamais de ses projets à personne... De toutes manières, vous serez, tôt ou tard, informés de ses intentions. " »

Cette lapalissade à propos d'un nouveau soufflet caché dans sa manche fait rire le Général de très bon cœur... Nous nous regardons dans les yeux et nous rions encore...

Comme Palewski est parti, je demande au Général s'il a l'intention de répondre à la lettre de Schumann. Il me répond que non et que s'il le faisait il commencerait certainement sa lettre par : « Monsieur le Président du Mouvement Républicain Populaire... »

Palewski lui a conseillé de ne pas répondre à cette lettre. Le Général lui a répondu qu'il verrait... Celui-ci insiste sur l'hypocrisie de cette dernière manœuvre de Schumann, qui feint l'ignorance et la stupéfaction devant le traitement infligé au M.R.P. [...] Et il ajoute :

« Quand je pense qu'il fut le premier prévenu de mes intentions... Quand je pense que je l'ai fait venir exprès à Colombey, avant mon départ pour l'île de Sein, afin de l'informer de la position que j'allais prendre publiquement à l'endroit du texte constitutionnel ! Je l'ai mis en garde plus qu'aucun autre ! Puis, j'ai encore mis les points sur les i devant Teitgen, devant Michelet, devant ces deux faux témoins de Hamon et Coste-Floret. Puis encore, la veille du discours d'Épinal, devant Morin... Sans compter mon frère, qui savait fort bien mes intentions et qui leur a crié cent fois, mille fois : casse-cou ! »

Il dit ensuite :

« Le Parlement leur a donné l'habitude de se déjuger quotidiennement et de ne jamais considérer une affirmation pour une affirmation, de ne jamais tenir une résolution pour une résolution ou une profession de foi pour une profession de foi. Ils sont tellement habitués à la conciliation que s'ils se trouvent, tout à coup, en face de quelqu'un qui croit ce qu'il dit, ils sont persuadés qu'il ne tiendra pas ses engagements. »

Après lecture des journaux du matin, le Général vient à moi et me dit :

« C'est le désarroi général dans tous les milieux. Ça ne tient plus à rien ! Et ils le savent ! La peur règne dans leurs rangs : peur de l'électeur, peur des événements, peur des autres partis, peur d'eux-mêmes. »

Une heure après le départ de Palewski, Vidal arrive. Sa présence ici m'inquiète : ce magnifique Français a l'âme vulgaire et ce jeune loup est trop visiblement en quête de copie pour que sa pensée puisse accéder utilement à celle du Général. Celui-ci rit beaucoup lorsque Vidal lui révèle que son journal reçoit quotidiennement cent abonnements nouveaux des anciens lecteurs du *Figaro*, accompagnés d'une lettre motivée.

A l'heure du thé, il apprend au Général que Goering – pour échapper à la pendaison – s'est suicidé. Le Général répète alors ce qu'il a dit devant moi bien souvent et pour la première fois le 8 septembre, après déjeuner, devant Mme Cailliau :

« C'est une erreur de pendre les criminels de guerre nazis comme de vulgaires criminels. Il fallait les exécuter avec des armes de guerre ! »

Alors que Mme Cailliau, le 8 septembre, avait rétorqué qu'elle était bien au contraire partisane de les torturer, Vidal, lui, réplique :

« Mais, mon Général, ce ne sont pas des hommes !

– Mais c'est précisément parce que nous, nous sommes des hommes, pour nous conduire comme des hommes et pour ne pas pendre un Keitel – qui a été agréé par les Alliés pour venir signer, à Berlin, l'armistice ! Il s'y est rendu en uniforme de maréchal et de Lattre, Joukov, Montgomery et le [général américain (?)] [25] ont apposé leur signature sur un document aux côtés de la sienne. Que sa signature fît foi à l'époque, c'était bien qu'on ne le considérait pas comme un criminel de droit commun ! Or, je constate qu'on le pend comme un criminel de droit commun. Condamné comme criminel *de guerre*, il fallait l'exécuter avec des armes *de guerre* ! Au lieu qu'on le traite comme le docteur Petiot... »

Le Général se tait un instant, puis conclut :

« Non, croyez-moi : c'est une vilenie de plus à l'actif des démocraties. C'est une chose contraire à l'éthique d'une humanité civilisée. Ici, c'est le droit des gens qui est mis en recul. »

Vidal, qui fut condamné à mort par les Allemands le 28 juillet 1944 et sauvé de la mort par la Libération, proteste que si – en ce qui concerne un Keitel – la question « paraît pouvoir se poser », par contre – en ce qui concerne Goering, dont l'activité ne fut pas uniquement militaire...

Le Général l'interrompt alors :

« Voyons, Vidal, admettez que la Libération ne vous ait pas épargné, comment les Allemands vous auraient-ils exécuté ?

– Probablement comme mes trois camarades de cellule, qui furent tués d'un coup de revolver dans la nuque et " balancés " dans la Gironde.

– C'est bien ce que je disais : exécution par arme *de guerre* ! », conclut le Général.

Colombey, vendredi 18 octobre 1946

J'ai reçu hier soir, vers vingt-trois heures, un coup de téléphone de Michel Clemenceau, président du P.R.L. Le ton était catégorique et presque menaçant : il importait qu'il rencontrât « immédiatement » le général de Gaulle...

Sachant, à coup sûr, que le Général s'y refuserait, parce qu'il ne veut pas intervenir sur le plan électoral, et qu'il s'agissait évidemment des problèmes électoraux du P.R.L., je fis comprendre, en termes aimables, à mon passionné correspondant, qu'il ne pouvait être question, avant quelques jours, d'obtenir l'audience demandée...

Il se fâcha presque et conclut :

« Je n'ai pas le temps d'attendre ! Je prendrai donc la route demain matin pour Colombey. D'ici là, le Général aura le temps de décider s'il accepte de me recevoir... »

Ce serait mal connaître le Général que d'imaginer qu'un tel procédé puisse être agréé de lui. Je suis donc chargé d'empêcher le fils du « Tigre » de parvenir jusqu'à lui...

Le fils du « Tigre » arriva un peu fatigué, glacé à souhait. Comme exutoire à sa fureur, je proposai qu'il me remît une lettre. Je l'installai dans la salle à manger, pour éviter que le Général – qui corrigeait des épreuves [26] – ne tombât sur lui par inadvertance. Ce qui, bien entendu, arriva à Mme de Gaulle, malgré mes précautions...

Michel Clemenceau me remit une note de quatre pages, qu'il me lut à haute voix, ayant d'ailleurs grand-peine à se relire : il y expliquait que, malgré la grandeur d'âme du P.R.L., qui « s'était résolument placé sur un plan national d'union » de toutes les forces contre le communisme, et s'était notamment effacé devant M. Capitant dans le quatrième secteur (fief de M. Maurice Thorez), « une bande d'aigrefins de l'Union gaulliste », un Jean-Louis Vigier, un général Chevance-Bertin, un capitaine de Récy et « d'autres inconnus » se présentaient un peu partout contre des listes P.R.L. « et même, me dit-il, contre les deux as de notre parti : Bétolaud et Joseph Denais ».

Comme je le raccompagnais, il grommela :

« Il est grand temps que le Général désavoue ceux qui – en se servant ainsi de son nom – commettent de telles abominations. »

Il était ulcéré : le Général se rendait-il compte ? Colombey n'était-il pas un étouffoir aux scandales qui se tramaient derrière son dos ? En remontant en voiture, il me dit, de plus en plus renfrogné : « Voilà la question : le Général consentira-t-il à couvrir de son nom des intrigues qui disqualifient leurs auteurs, lorsqu'ils ne le sont pas déjà par leur passé ? Le temps presse. Il faut qu'il désavoue de telles abominations d'ici la clôture des inscriptions, c'est-à-dire d'ici dimanche minuit. »

Avant de refermer la portière, il me dit encore :

« Mais enfin, le général de Gaulle se rend-il compte, du fond de sa retraite, à quel point la situation s'est aggravée ? »

Je lui dis calmement :

« Je le pense, Monsieur le Président, je dirai même que je le sais. »

Comme son chauffeur démarrait, il me cria :

« Eh bien, on ne le dirait pas ! La situation est, certes, grave pour nous, mais elle est surtout grave pour lui. »

Je remets au Général la note de Michel Clemenceau. Comme une heure auparavant il m'a déjà rendu avec fracas une lettre de Vidal apportée à Colombey par un ami – qui attendait, au fond du jardin, un conseil sur le point de savoir s'il pouvait se présenter contre le P.R.L. ou contre Capitant (deuxième ou quatrième secteur) –, je m'attendais à beaucoup de fureur. Il parcourt la note, la flanque aussitôt sur la table et me dit :

« Mais enfin, que veulent-*ils* tous ? Je me refuse, vous le savez bien, à intervenir !... Je vous l'ai déjà dit ! »

Et comme je fais mine de me retirer :

« Que veut donc Clemenceau ? »

Je lui résume verbalement la note. Il tranche :

« Que l'Union gaulliste regorge d'aigrefins, c'est possible, mais je n'y puis rien.

– Le président du P.R.L. demande que vous désavouiez ceux qui se servent ainsi de votre nom...

– Mais, le P.R.L., lui aussi, se sert de mon nom ! Dois-je également désavouer le P.R.L. ? »

Comme son ton s'est légèrement radouci, je risque :

« Il m'était difficile, mon Général, de poser une telle question au président du P.R.L...

– Vous avez eu tort ! Il fallait, au contraire, lui poser la question. P.R.L., Union gaulliste, M.R.P., c'est du même au même. Ils n'ont qu'à se manger entre eux si ça les amuse. En tous les cas, moi, je me refuse à fourrer mon nez dans leurs sales affaires ! »

Colombey, samedi 19 octobre 1946

A déjeuner : le Général, Mme de Gaulle, Claude Mauriac et Philippe de Gaulle.

Le Général nous dit :

« S'il n'avait tant plu sur mon dos et si je n'avais épuisé, à peu de chose près, les ressources de l'humour, je n'en finirais plus de rire... Les trotskystes traitent Thorez de " stalino-gaulliste " et Thorez, lui, traite les trotskystes de " hitléro-bolcheviks ". Quand on en arrive là, c'est vraiment l'impasse. »

Après le déjeuner, il nous lit à haute voix le nouveau programme du M.R.P., publié par *L'Aube* de ce matin. Il dit :

« Tout ceci est aussi fumeux que du Ferdinand Lop ! Rappelez-vous, en effet, que parmi les buts du " lopisme ", il y avait : " Réduction du délai des accouchements de neuf mois à six mois " et " prolongation du boulevard Saint-Michel jusqu'à la Méditerranée et à la mer du Nord... " Et lorsqu'on lui demandait : " Comment ferez-vous cela ? ", l'autre répondait : " Par les moyens appropriés. " Ce que nous avons sous les yeux chaque jour est presque aussi badin. »

Mme de Gaulle sort faire des courses. Elle croit sans doute que j'ai remarqué son accoutrement, car elle me dit :

« Ne regardez pas ce manteau, je sais bien qu'il est très simple et très usé. C'est un manteau de guerre, que j'avais acheté à mon arrivée en Grande-Bretagne... Voyez-vous : lorsque je me sens envahie par des idées de grandeur, eh bien, je me rappelle à l'humilité chrétienne en le mettant. »

Elle disparaît dans le jardin en faisant entendre son petit rire...

Colombey, samedi 26 octobre 1946

Le Général crie : « Guy ! » à travers la porte de son bureau. Il me prie de prendre copie d'une lettre [27] qu'il vient d'écrire à Maurice Schumann. Celui-ci lui a fait parvenir, depuis le référendum, trois lettres successives. La première, par Palewski, la deuxième, qui est du 23 octobre, fut apportée à ma femme par Mme Schumann. La troisième, qui est du 24 octobre, fut écrite à Lille, où il poursuit sa campagne électorale. Son chauffeur me l'a apportée à sept heures du matin : perdu d'emphase, Schumann indique dans quelle dépression la lettre ouverte du colonel Passy l'a jeté et, à deux reprises différentes, affirme qu'il ne pourrait survivre au silence du Général.

Je n'ai pu m'empêcher de déconseiller au Général l'envoi de cette lettre. Je savais bien qu'il ne pouvait demeurer insensible à une question posée sur le plan de l'honneur. Je sais bien, aussi, que le Général est essentiellement accessible à la pitié. L'image de Schumann mettant fin à ses jours n'a pu, néanmoins, pour qui connaît Schumann, accaparer très longtemps son esprit... Quoi qu'il en soit, le Général s'attendait à mes objections et les savait certainement raisonnables : il était facile d'en juger par la vivacité de sa réplique :

« Vous ne pensez tout de même pas que Schumann serait assez bête pour publier cette lettre ? Lisez-la bien : vous verrez qu'il n'est pas une phrase de cette lettre qu'il puisse publier avec avantage.

– C'est entendu, mon Général, mais comme il est incapable de ne pas faire flèche de tout bois en période électorale, vous verrez qu'il trouvera moyen d'utiliser cette lettre...

– Mais c'est absurde ! Comment, je vous le demande un peu ?... »

– Il dira : “ J'ai reçu une lettre admirable du général de Gaulle... ” Ou bien : “ J'ai trop de pudeur pour vous montrer la lettre que j'ai reçue du général de Gaulle ; je puis simplement vous dire que si Passy l'avait sous les yeux, il regretterait de m'avoir envoyé la sienne, etc. ” »

Une heure plus tard, à déjeuner, comme il apprend à sa femme et à son fils qu'il a écrit à Schumann (exclamations), il reprend, contre les mêmes objections, les mêmes arguments.

Palewski m'a téléphoné ce matin, pour m'annoncer que *L'Époque* [28], en première page, annonçait déjà que Maurice Schumann avait reçu, du général de Gaulle, une lettre. Et *L'Époque* de demander si cette lettre amorce un rapprochement entre le M.R.P. et Colombey... Voilà.

Colombey, mercredi 30 octobre 1946

Rancourt m'a fait remettre une lettre pour le Général, la semaine dernière, par M. Sée, industriel. Rancourt est attaché de l'Air à Londres depuis que – ne pouvant plus supporter que le Général ne le tînt plus au centre des affaires militaires (le Général prit dès le mois d'août 1944 l'habitude de passer dorénavant par le général Juin pour ce qui était d'un peu d'importance, ce qui mettait dès lors son cabinet militaire en sommeil) – il quitta, de son plein gré, le général de Gaulle. On vient de lui offrir une situation dans une affaire de constructions aéronautiques franco-britannique.

Quand on méditera, plus tard, sur l'entourage du général de Gaulle, je crois qu'on fera cette constatation qu'en dehors de rares exceptions, il chercha surtout et d'abord à s'entourer de dévouement. Je pense que, mieux encore que nous et que les observateurs politiques, il connaît les défauts, les insuffisances, voire la médiocrité de la plupart d'entre nous. Mais comme, en dernier ressort, il veut pouvoir décider de tout, il lui importe au fond assez peu qu'on dispose des hautes qualités qui permettent les initiatives et les grands desseins. Il veut être obéi à la lettre. En choisissant son entourage, en choisissant ses principaux ministres et ses principaux hauts fonctionnaires, il cherchait visiblement à se garder de la désobéissance ou de la trahison. Il ne veut pas que ses ordres soient interprétés.

Quand le Général parle, dans sa réponse à Rancourt, de ce qu'il nomme ses « grandes qualités », on aurait tort d'imaginer que son jugement s'égare : il sait fort bien ce qu'il en est et c'est délibérément qu'il recourt à la flatterie. Son goût pour Ortoli, pour Roulier, entre tant d'autres exemples, ce n'est pas autre chose que celui qu'il me porte : certitude d'être : 1° admiré ; 2° obéi. Il ne faut pas chercher plus loin.

Je mentionne surtout cette lettre pour cette phrase : « Je crois très profondément que le marasme actuel – résultat presque inévitable des événements antérieurs – ne durera pas et *que nous assisterons assez prochainement à une vigoureuse renaissance.* »

Jusqu'à dimanche dernier, telle était bien la perspective du Général. Je dis ailleurs pourquoi l'évolution récente de la politique américaine, britannique et soviétique dans la Ruhr semble avoir modifié ce point de vue.

J'avais quitté le Général dimanche, après le déjeuner. Il se rendait près de Tours, au mariage de Jean de Gaulle, deuxième fils de son frère Jacques, mort au début de l'année. Je fus frappé, dès mon retour à Colombey, par l'air sombre qu'il arborait. Je me suis demandé s'il fallait l'attribuer à l'ennui qu'il éprouvait à être, à nouveau, enfermé à la Boisserie. Mme de Gaulle crut me donner la clef du problème : « Il m'a avoué, ce matin, qu'il se sentait fort fatigué par ce voyage. C'est la première fois que je le vois ainsi : chacun des repas de ce mariage – il y en eut trois – se composait d'une quinzaine d'entrées et d'une dizaine de vins admirables. »

Quant à Philippe de Gaulle, dans son argot habituel, il conclut : « Il en a plein les bottes. Hier soir, en rentrant, nous nous sommes endormis autour d'une tasse de bouillon. »

Quant à moi, si je ne doute pas qu'il soit fatigué, je crois surtout que l'interview de Staline [29] et l'annonce de négociations entre Moscou et Washington l'accablent. Ainsi qu'il me le disait tout à l'heure, avec une immense lassitude dans la voix : « Au lendemain de la Libération, si nous ne nous étions pas divisés, si nous n'avions pas tiré à hue et à dia, également si nos alliés avaient consenti à aider au redressement de la France, alors nous pouvions espérer demeurer une grande puissance. Jusqu'à ces derniers temps, on pouvait croire que les Russes et les Américains hésitaient encore à redresser l'Allemagne. Maintenant, tout apparaît conclu : ils ont décidé de redresser l'Allemagne et de nous abandonner à notre propre sort, ce qui signifie que le charbon de la Ruhr, après que les Anglais seront servis, sera absorbé en totalité par l'industrie allemande. Ceci veut dire que nous ne pouvons plus compter désormais obtenir, de l'extérieur, les vingt ou vingt-cinq millions de tonnes de charbon qui nous auraient permis de reconstruire et de développer notre industrie et de nous maintenir au niveau des grandes puissances. Tout se passe donc comme si nous devions, pour une durée indéterminée, végéter. Je n'ai plus grand espoir. Rappelez-vous : lorsque je réclamais l'internationalisation de la Ruhr, en dehors d'une demi-douzaine de ministres ou de hauts fonctionnaires, personne ne voulut m'aider. Quant à l'opinion, l'Histoire dira plus tard son indifférence : c'était pourtant notre seule chance. J'ai failli aboutir, malgré les partis et l'indifférence générale : en août 1945, Truman lança son appel pour une extraction massive et une répartition plus équitable du charbon allemand. Il eût suffi, à cette époque, qu'on organisât, sous l'autorité d'un organisme interallié, l'exploitation en grand des mines de la Ruhr pour que la France en ait retiré aussitôt un grand profit. Il est trop tard maintenant : les jeux sont faits. »

Le déjeuner de mon retour à Colombey fut orageux à souhait. Le Général, qui n'ouvrait pas la bouche, marquait, à chaque phrase de sa femme ou de son fils, beaucoup d'impatience... Cet agacement éclata lorsque, répondant à ses questions, j'eus affirmé que Capitant « était en train de se noyer dans le ridicule ». Mme de Gaulle lui reprocha alors contradictoirement : premièrement d'avoir laissé se faire l'Union gaulliste ; deuxièmement de ne pas aider Capitant, maintenant qu'il coulait à pic. Il s'exclama :

« Dès le début, je l'avais mis en garde contre l'épithète : " gaulliste ". Il n'a pas voulu tenir compte de mes conseils. Quant à le désavouer maintenant, lui, ce serait déloyal. Il est d'ailleurs le seul honnête homme de son mouvement. L'empêcher de se noyer ? Mais il est bien trop tard ! N'ai-je pas tout fait pour qu'il réussisse dans le Bas-Rhin [30] ? J'avais fait venir ce Cremer. Je lui avais dit : " Prenez Capitant comme tête de liste. " Bien entendu, Capitant a été trahi par tous ceux qu'il avait choisis : Clostermann, le général d'Astier, etc. Ce n'est pas de ma faute à moi s'il s'est entouré d'aigrefins ou d'imbéciles. Tant pis pour lui. »

A noter que le piteux destin de l'Union gaulliste, tout en lui étant, globalement, indifférent, semble néanmoins lui tenir un tout petit peu à cœur.

Colombey, 30 octobre 1946

Il a commencé à rédiger sa déclaration [31]. J'en profite pour lui dire, à l'heure du thé :

« Puissiez-vous, mon Général, ne pas publier immédiatement votre note. L'oreille du peuple, à mesure qu'avancera la campagne électorale, saisira mieux le contraste entre une voix claire et ce charivari, et ces hurlements d'animaux.

– Vous avez raison.

– Je vous dirai également, mon Général, que tout ce que vous pouvez faire pour vous dissocier des partis et pour les renvoyer dos à dos – qu'ils soient de gauche ou de droite – sera compris du public.

– C'est bien ce que j'ai fait !... Tenez... »

Il va chercher dans son bureau les notes éparses qui s'étalent sur sa table de travail et me lit le passage suivant :

« En fait, aucun parti ne possède l'autorité nationale qui est indispensable pour gouverner effectivement. Si plusieurs d'entre eux associent leurs délégations pour tenter de le faire ensemble, leurs oppositions réciproques empêchent toute action cohérente. Dès lors, l'État n'est plus la représentation et l'instrument de l'intérêt général, mais une conquête dont des partis se partagent les morceaux, tandis que d'autres forces s'appliquent à le dominer, à la faveur de sa faiblesse et de sa confusion. Système périmé, car il y a contradiction entre les immenses problèmes financiers, économiques, sociaux, impériaux, militaires, extérieurs, qui se posent à la France à notre époque et dont, s'ils sont résolus, elle peut sortir à nouveau prospère, heureuse et puissante et, d'autre part, la capacité, la rigidité, la partialité des partis.

» Cette contradiction éclate déjà à tous les yeux. Chaque jour qui passera complétera la démonstration. Mais de quel prix la paierons-nous ? »

Comme Palewski, la dernière fois qu'il vint à Colombey, c'est-à-dire le 23 octobre, reçut du Général la confirmation qu'il avait l'intention d'écarter, dans sa note, toute possibilité de poser – dans le cadre de la Constitution actuelle – sa candidature à la présidence de la République, je ne me gêne pas pour lui dire :

« Autre point, mon Général : en annonçant votre décision de ne pas poser votre candidature, vous allez, sans aucun doute, susciter une déception, une sorte de vide... »

A ces mots, le Général commence à s'agiter et veut parler... Je poursuis néanmoins :

« ... oui, un vide, et ce vide, puissiez-vous le combler aussitôt, c'est-à-dire en faisant apercevoir un certain nombre de données nouvelles, précises, constructives... »

Depuis quelques instants, quelque chose d'étrange s'est aiguisé dans son regard. Sans brutalité, mais catégorique, il me dit alors :

« *Mais je ne parle pas de la présidence de la République dans ma note !* Je considère que la question est complètement dépassée par les événements... Vous verrez qu'elle le sera plus encore dans les trois mois qui viennent, car, il n'y en aura guère pour plus de trois mois. L'inflation... les revendications ouvrières... leur faiblesse, qui apparaîtra de plus en plus à tous les yeux... Non, ils sont au bout de leur rouleau. Si bien que je leur dis simplement ce qui va arriver. »

Le Général m'exprime enfin la portée et le poids véritable de cette déclaration. En substance, il considère que son texte n'aura aucun effet immédiat, qu'il importait qu'il pût dire plus tard qu'il l'avait publié en temps utile, qu'il ait ainsi l'avantage d'avoir jeté dans les esprits un dernier avertissement avant le scrutin.

Sur le plan des partis, il ne se fait aucune illusion sur les faibles conséquences de cette déclaration. En effet, observe-t-il, le M.R.P. se maintiendra sur la corde raide. Ne pouvant brûler trop vite ce qu'il adorait, ce parti dira : « Nous avons énoncé, nous-mêmes, des perspectives de révision et le Général ne fait qu'apporter de l'eau à notre moulin. » Le P.R.L., le Rassemblement des Gauches et l'Union gaulliste utiliseront ce texte, sans aucun doute. Quant aux communistes et aux socialistes, le Général m'en dit :

« Ils vont faire entendre leurs clameurs ! Ça m'est complètement égal. »

Je conclus de ceci qu'au regard des derniers déroulements, son diagnostic s'est aggravé : il laisse donc la porte ouverte à la présidence, pour le cas où les événements iraient plus vite que les partis. La tactique est donc bien de créer un dépit dans l'opinion, en faisant circuler la rumeur qu'il ne poserait pas sa candidature. Puis, tout à coup, il ne donne plus aucune importance à la question, ce qui lui permet de n'infirmer ni de confirmer la rumeur, c'est-à-dire d'alimenter encore l'espoir chez ses partisans et de retirer une arme à ses adversaires. De plus, ainsi, il peut devenir, sous la pression catastrophique des événements, le havre de salut des partis...

Colombey, jeudi 31 octobre 1946

C'est l'heure du café, que Philippe de Gaulle nous sert avec mille précautions. Mme de Gaulle s'est déjà assise à son secrétaire, où elle rédige une éternelle correspondance. Le Général perce méticuleusement l'extrémité d'un long cigare.

Philippe de Gaulle, une fois de plus, revient à son thème préféré :

« Je vous assure, Papa, que la seule manière de venir à bout des autres partis, c'est d'en faire un vous-même. Ne répétez-vous pas souvent : " Il y a deux forces en France : les communistes et moi. " Eh bien, qu'est-ce qui fait leur force, aux communistes ?... C'est qu'ils ont noyauté toutes les administrations, que chaque commune de France a sa cellule, que chaque usine est truffée de leurs agents et qu'ils bombardent le peuple d'une infinité de discours, de journaux et de manifestes. Voilà leur force. En dehors de ces méthodes, vous n'arriverez jamais à rien... »

Mme de Gaulle suspend, un instant, le grincement de sa plume et proteste :

« Mais non ! Pourquoi vous en mêler ? *Ils* seront peut-être forcés, demain, de capituler devant les événements : alors, ils vous céderont en apparence, parce que l'opinion les y forcera. Ils viendront vous chercher. Vous remettrez un peu d'ordre dans la boutique. Et puis, mon pauvre ami, au premier tournant, ils vous trahiront. Non, non : vous n'arriverez jamais à bout des partis. Quant à en former un vous-même, mais non, car votre parti lui-même vous trahirait au bout de quinze jours. »

Le Général donne des signes de vive impatience. Lui, qui ne demandait qu'à demeurer silencieux, le voici maintenant obligé d'ouvrir la bouche :

« Mais vous raisonnez comme une enfant, Yvonne ! Vous me faites rigoler, tous les deux, avec vos conseils. Vous savez bien que vous n'y entendez rien. »

Philippe a l'air vexé et observe :

« C'est possible. Mais Maman a bien le droit, nous avons bien le droit, je pense, d'exprimer librement nos opinions. »

Le Général, toujours impatient, fait l'effort de se radoucir et parle encore sur le ton dont on raisonne les enfants :

« Mais tais-toi donc ! Écoutez-moi plutôt... Je vais vous dire, moi... »

Philippe hausse les épaules et feint de s'enfoncer dans la lecture de *Plaisir de France* [32], cependant qu'assise dans son dos, Mme de Gaulle est retournée à sa correspondance.

Le Général, qui croit qu'ils l'écoutent, poursuit néanmoins :

« Je vais vous dire comment il faut voir les choses. Il faut toujours en revenir à des données fort simples... Or, quels sont les faits ? »

Il s'est aperçu que ni sa femme, ni son fils ne s'inquiètent plus de sa réponse. Pour sauver la face, il s'adresse donc à moi, tristement, presque hostilement :

« Les faits sont inscrits sur les murs. Il n'y a qu'à lire : les partis politiques, tout au cours de la IIIe République, ont fait la preuve de leur incapacité. Finalement, ils ont conduit la France à l'abîme. Quand ? (il se retourne, brutalement, vers elle). Je vous demande, Yvonne, quand ?

– *Elle* (pour avoir la paix) : Eh bien, voyons, en 1940. Seulement voilà, personne ne s'en souvient, mon pauvre ami.

– *Lui* : C'est entendu, personne ne s'en souvient. On s'est efforcé d'oublier la leçon. La leçon s'est endormie dans le fond des esprits. Mais les souvenirs, le jour venu, se réveilleront, c'est-à-dire au spectacle de l'impuissance des partis. Les événements obligent les hommes à agir ou à s'en aller : comme les partis ne peuvent agir, comme ils en sont évidemment incapables et comme, d'autre part, ils ne veulent pas s'en aller, alors ils viendront bientôt me trouver. Cela va de soi. Ils viendront à moi et ils me diront : “ Il n'y a que vous qui puissiez nous en sortir. ” Seulement, et c'est là que je les attends, moi, je leur dicterai mes conditions !

– *Elle* : Vos conditions ? Mais ils ne les accepteront pas.

– *Lui* (après un rire immense) : Au début, peut-être... Mais, comme les événements peuvent se passer d'eux et comme ils ne peuvent se passer de moi, et comme les événements, de jour en jour, s'aggraveront, et comme l'opinion exigera de plus en plus une solution, de deux choses l'une : ou bien, ils se soumettront d'emblée et alors, je les tiens ; ou bien les événements les balaieront et alors, je n'aurai même pas à me soucier d'eux. Il est d'ailleurs préférable que la chose se fasse sans eux...

– *Philippe* : Mais, les communistes, dans tout cela, qu'en faites-vous ?

– *Lui* : Il n'y a qu'à lire *L'Humanité* [33] pour se rendre compte qu'ils me ménagent. Pourquoi ? Parce qu'ils savent bien, eux, que tant que Staline n'est pas prêt, rien ne leur servirait d'essayer d'entreprendre quoi que ce soit. Ils préfèrent donc me laisser intervenir, avec l'arrière-pensée que je m'y casserai les reins, que les partis m'encadreront et que je n'aurai plus, alors, qu'à marcher droit. C'est là qu'ils m'attendent. Mais c'est également là que je les attends !...

– *Philippe* : Mais pour leur faire leur affaire, il faudra que vous régliez les problèmes, il faudra que vous trouviez les hommes, il faudra que vous réussissiez.

– *Lui* (nouveau rire énorme) : Ah ! Ça oui : la réussite ! Je te remercie de me l'apprendre : la réussite est la condition du succès.

– *Philippe* (écarlate et raisonneur) : Bon, bon... Mais où trouverez-vous les hommes de cette réussite ?

– *Lui* (soudain sérieux, sans la moindre hésitation) : A ce moment-là, j'aurai les moyens. Ces moyens sont le droit de dissolution, qui permet de tenir les hommes de partis en respect, et le droit de faire et de défaire les gouvernements, ce qui permet de flanquer à la porte les membres du gouvernement qui ne marchent pas droit.

– *Philippe* : C'est entendu ! Mais, même ainsi, avec qui referez-vous l'État ?

– *Lui* (ricaneur) : Eh bien, crois-le ou non, avec MOI d'abord. Oh, évidemment, il y faudra du courage et même de l'esprit d'aventure. Je ne le nie pas. Il faudra aussi avoir de la [baraka], avoir du mordant... avoir du chien... Le reste, figure-toi, viendra par surcroît. »

A l'heure du thé, comme je n'ignore pas que le Général a écrit une partie de sa déclaration dans l'après-midi d'hier et dans la nuit et comme je voudrais bien connaître le contenu du texte définitif, je lui dis, sachant bien qu'il me la lira :

« Votre déclaration est-elle terminée ?

– Oui. (Il porte la main à la poche droite de son veston.) Je vais d'ailleurs vous la lire. »

Il revient déjà de son bureau et se rassoit. Après lecture du texte, effectuée d'une voix pondérée, il conclut :

« Vous voyez ?... Je lie l'idée du mieux à l'idée de la révision. »

Mme de Gaulle l'interrompt déjà :

« Mais, Charles, vous omettez de dire pour qui il faut voter. »

Impatienté, puis moqueur : « Ma pauvre Yvonne, vous ne comprendrez décidément jamais rien à la politique. Enfin, voyons ! Lorsque je dis : “ Trois partis ont pris la responsabilité d'une Constitution entièrement différente, dans laquelle tous les pouvoirs procèdent et dépendent des partis, directement et sans recours. Le vague décor qui y est ajouté ne change rien à ce fait évident. ” Et quand je dis : “ Les Français et les Françaises vont élire leurs représentants. Puissent-ils prendre pour règle essentielle de leur choix la nécessité absolue de changer au plus vite les institutions mauvaises en donnant leurs suffrages à ceux qui y sont réellement résolus : il n'y a pas d'affaire plus importante, ni plus urgente, car tout le reste en dépend... ” – est-ce que je n'indique pas à quels partis il faut barrer la route ? Est-ce que je ne dis pas pour qui il faut voter ? »

Et il relit encore, en appuyant : « “ ... en donnant leurs suffrages à ceux qui y sont réellement résolus ”. Non, mais qu'est-ce qu'il vous faut ? »

Mais elle, tout aussi entêtée :

« Je vous assure que j'ai raison : vous ne dites pas qu'il ne faut pas voter pour le M.R.P.

– Mais, c'est grotesque ! Je ne vais tout de même pas m'abaisser jusqu'à dire, noir sur blanc : “ Ne votez pas pour le M.R.P. ” »

Colombey, vendredi 1er novembre 1946

En classant des papiers, j'ai retrouvé une feuille de bloc avec ces lignes :

« Après dîner Paul Reynaud, à la Villa de Neuilly
20 juillet 1945. »

– *Le Général* : Je ne comprends rien à ce roi Léopold. Il dispose d'une chance inespérée : son peuple ne veut plus de lui. Et pourtant, il ne s'en va pas !

– *Moi* : Lui, mon Général, il s'en irait volontiers ! Il n'est maintenu que par son entourage.

Le Général prend alors un air fort sérieux et dit, méditatif :

« J'admire Louis XIV : il a régné pendant soixante-quinze ans. Pendant soixante-quinze ans, les événements étaient suscités par son réveil, interrompus par son sommeil. Il n'a pas seulement régné : il a fait de grandes affaires pour son pays. Oui, j'admire Louis XIV, qui a pu *rester* pendant soixante-quinze ans. »

Après son émission radiophonique du 12 juillet 1945 [34].

« Voyez-vous, Guy, ça a trop duré, ça dure trop longtemps. A la longue, tout cela devient fatigant... Le malentendu n'est pas entre moi et la nation, il est entre le grenouillage et moi. Le grenouillage, c'est lassant. Je n'ai pas l'intention de rester indéfiniment. Je vais rester, certes, quelque temps encore. Il faut à la France, bien entendu, des institutions et quelques cadres. Après, je m'en irai. Nous vivons des temps redoutables. Je préfère me réserver et, en prenant ma retraite, rester disponible pour des temps plus durs. Qui sait, peut-être que demain il faudra à nouveau servir au rassemblement des Français ? »

Colombey, début novembre 1946

« Le M.R.P. perdra relativement peu le 10 novembre. Premièrement, il continuera, pour un temps, à faire illusion. Deuxièmement, il se ressaisira, la blessure constitutionnelle ayant été cuisante. Troisièmement, en raison de son anticommunisme, les adversaires de la Constitution ne voudront pas affaiblir le M.R.P. Si bien que, bon gré, mal gré, ce parti verra revenir à lui une clientèle importante qui aperçoit encore, dans le M.R.P., sa meilleure chance. »

Colombey, samedi 23 novembre 1946

Je rentre des États–Unis. Pendant mon absence, le Général a reçu notamment Soustelle, Debré, Rémy. L'amiral d'Argenlieu est venu déjeuner hier. Le Général a évité tout contact avec les partis politiques. Palewski m'ayant dit un mot, hier, à Paris, du travail d'infrastructure administrative, je m'en ouvre au Général, qui me dit :

« Un tel travail doit être mené à l'intérieur d'un cercle très étroit : Soustelle, Debré, Rémy aussi. Je les ai vus tous les trois et séparément. Il n'est pas question d'autre chose, pour l'instant, que de faire des listes, sans mettre dans le coup les personnes dont les noms seront inscrits. Cette étude doit être terminée pour février, car c'est à partir de cette date que les choses se mettront à craquer. »

Il me parle d'une lettre de Debré, reçue la veille :

« Ce grand démocrate, me dit-il en riant, a beaucoup évolué, si j'en crois sa lettre. »

Cette lettre, il va la chercher dans son bureau et me la lit à haute voix : Debré y passe en revue ses expériences électorales malheureuses en Indre-et-Loire, puis fait le bilan des récents événements et conclut en préconisant « un Consulat », seul remède approprié pour une période de temps donnée.

Le Général, qui vient de terminer cette lecture, rit encore et observe :

« ... Et voilà à quelle conclusion en est arrivé ce tenant très authentique de la démocratie. Oh ! " pour un temps ", bien entendu. Car, plus tard, il voudra probablement qu'on recommence à démolir l'État. »

Il exprime le souhait que Debré renonce à son projet de se présenter comme conseiller de la République et garde les mains libres pour la tâche qu'il lui destine.

Mme de Gaulle est au volant de la onze chevaux Citroën. Nous traversons un hameau. Le Général, qui a la carte Michelin sur ses genoux, ne peut trouver la bonne route. Mme de Gaulle propose alors de s'arrêter à la hauteur d'une fermière, pour lui demander son chemin.

« Gardez-vous-en bien, dit le Général. Les femmes sont incapables de donner un renseignement précis : elles commencent par se signer, pour distinguer leur gauche de leur droite. »

De Schumann, il dit à nouveau :

« Il triche, mais il joue cœur [35]... »

Et il ajoute, avec un ton dont le reproche est, depuis quelques jours, absent, mais qui recèle le même mépris :

« Pauvre Schumann ! »

Voici un mois, il aurait eu de l'indignation dans la voix.

Il est arrivé, non sans mal, à en faire son deuil.

Bonneval m'affirme que le Général croyait, à la veille du 10 novembre, que le M.R.P. perdrait quarante sièges aux élections pour l'Assemblée nationale [36]. Les succès communistes, par contre, ne l'ont pas étonné.

Colombey, dimanche 24 novembre 1946

J'accompagne le Général et Mme de Gaulle à la messe de 11 h 30. Le curé lit en chaire l'évangile du vingt-quatrième dimanche après la Pentecôte. Pour tout autre que les habitants de ce petit village, la lecture de ce texte sacré, en présence du Général, exciterait l'imagination [37]... C'était comme à l'ordinaire, et, comme à l'ordinaire, personne ne l'a dévisagé.

Nous rentrons tous les trois à la Boisserie, pour une demi-heure. Puis nous ressortons pour nous rendre à la mairie, au bureau de vote (Conseil de la République : élection des délégués). Cette bâtisse délabrée est, à cet instant savamment choisi, désertée de tout électeur, à tel point que le rite de l'isoloir y ressemble à une simagrée.

Il vote pour X et nous repartons en voiture, conduits par Mme de Gaulle.

Le Général referme lui-même la grille de la Boisserie.

En passant à table, je lui demande :

« Alors, mon Général, ce sont les dernières élections avant... quand ? »

Il sourit et me répond, avec une franchise énorme :

« Maintenant, c'est fini. En dehors des élections municipales et départementales, il n'y aura plus d'élections.

– ... Mais il y aura tout de même, le jour venu, un référendum, pour la ratification d'une constitution amendée ?

– Plus que cela : un appel au peuple !

– Vous voulez dire pour donner le change aux partis et prouver que le corps électoral a pris parti pour telle idée nouvelle, voire pour tel régime nouveau ?

– Les partis importeront peu, car ils seront alors sous la table. Ils n'auront plus d'importance. »

Nous nous sommes assis. Il se tait, fronce les sourcils, puis me dévisage :

« Ne nous faisons pas d'illusions. Ce sera rude. Et ce sera ingrat. »

Candidement, Mme de Gaulle lui demande alors :

« Est-ce que les partis *demeureront nécessaires ?* »

Le Général, légèrement impatient, lui répond :

« Que voulez-vous dire ?

– *Elle* : Je veux dire..., je veux dire : est-ce que les partis *sont* nécessaires ?

– *Lui* (éludant la réponse avec un sourire madré, l'œil vif) : Cela, chère amie, cela dépend de la conception que vous vous faites des institutions.

– *Elle* : Ce sanglier est trop salé.

– *Lui* : Une bonne fois, Yvonne, ne nous dites pas cela à nous. Dites-le à votre cuisinière ou à votre femme de chambre.

– *Elle* (après un temps) : Mais comment ferez-vous pour prendre tous vos ministres en dehors des partis ?

– *Lui* : Je ne pourrai pas prendre tous mes ministres en dehors des partis. Ou bien alors, il faudrait prendre les ministres au berceau ! Seulement voilà, j'aurai, pour eux, cette épée de Damoclès : si, une fois ministre, l'un d'eux continuait à obéir aux injonctions d'un parti, alors je le flanquerais en l'air. Voyez-vous, avec le droit de dissolution et *ça,* ministres et parlementaires ne pourront faire autre chose que de marcher droit, c'est-à-dire de s'occuper de la France...

» J'ai vu l'inflation en Pologne [38] : c'était horrible. Chaque visage était hanté. Levées à quatre heures du matin, les ménagères faisaient la queue pour le pain, espérant acheter avant la hausse ; car le prix du pain, vers la fin, changeait trois fois par jour. Le désespoir était partout. On ne pensait plus qu'à cela.

» Au début, la production se poursuivit, puis les agriculteurs et les industriels, lassés de ne plus trouver, en échange de leurs produits, que du papier ou de mauvais godillots, renoncèrent à produire. “ A quoi bon ? ” pensaient-ils... Nous en arriverons bientôt là. Vous savez que notre cheptel, au lendemain de la Libération, se trouvait réduit à fort peu de chose. Oh ! certes, les réquisitions, les bombes, etc., y étaient pour une bonne part. Mais il y avait aussi, j'en suis sûr, beaucoup de calculs de la part des éleveurs. Que les producteurs réduisent leur production, ce n'est pas là ce qui est tragique : s'ils la réduisent, c'est qu'ils le veulent bien ! Non, la tragédie d'une inflation est pour ceux qui ne peuvent rien offrir d'autre que la prestation de leurs services. En Pologne, c'était, parmi ceux-ci, la misère noire.

» *Nous en serons bientôt là* », affirme-t-il sans émotion apparente.

Colombey, lundi 25 novembre 1946

Le général et Mme Leclerc, accompagnés du lieutenant de Valence, sont venus déjeuner. C'est la première fois que je vois Mme Leclerc : timide, pâle d'avoir souffert, attendu, résisté moralement. C'est bien là l'épouse modèle, retirée d'un guerrier.

Ils arrivent de Strasbourg, où le général Leclerc a été présider les cérémonies commémoratives de la Libération. Ainsi qu'il l'observe lui-même, c'est la première fois que sa femme l'accompagne dans un déplacement officiel.

En présence du général de Gaulle, l'ancien chef de la 2e Division blindée a l'air d'un adolescent timide. Il ne fume pas, boit un seul verre de vin durant son repas et refuse la liqueur qu'on lui offre. Il est vrai que les Alsaciens ont accablé leur libérateur de bonnes choses depuis trois jours.

Le Général interroge Leclerc sur le voyage d'inspection qu'il vient d'effectuer en Afrique du Nord. Trois jours en Tunisie, trois jours en Algérie et trois jours au Maroc. Il parle défavorablement d'Eirik Labonne, qui a laissé sans réponse, au discours du trône (auquel Leclerc, lui, s'est bien gardé d'assister), un discours où le sultan a chanté la gloire des Américains et de l'O.N.U. Leclerc nous raconte qu'on est parvenu, non sans peine, à détourner le sultan de son projet de se rendre à Tanger, par voie de terre, voyage destiné à souligner sa souveraineté en dehors de la France.

La situation la plus trouble, c'est en Algérie que Leclerc l'a rencontrée : Chataigneau, ainsi que l'observe le général de Gaulle, est une « chique molle ». Jamais la distance n'y a été plus grande entre Blancs et indigènes. Les deux clans se sont d'autant plus serrés, regroupés et réorganisés que leur race marque plus de distance dans leurs rapports.

Leclerc semble regretter qu'on ait remplacé, à Alger, le général Henry Martin par le général X. Comme le général Leclerc affirme avoir appris que cet officier général regrettait d'être placé sous son commandement, le Général observe ironiquement :

« Il n'est pas le premier, Leclerc, et il n'est pas le seul. » Il ajoute, pour Mme Leclerc :

« Voyez-vous, Madame, les généraux sont des gens insupportables ! Et il répète : *Insupportables*...

– Oh ! Oh ! mon Général, proteste mollement Leclerc...

– Mais si ! Et vous tout comme les autres, Leclerc. »

Un grand rire collectif se fait alors entendre, auquel Leclerc se joint comme à regret, rougissant, en grand enfant taquiné... Mais le Général poursuit :

« Je l'ai toujours dit : il n'y aurait, à cet état de choses, qu'un remède : commencer par nommer tout le personnel au grade de maréchal de France, puis remettre à chacun le cordon de grand officier de la Légion d'honneur. Ainsi arrêteriez-vous net ce concert de protestations et de chicaneries qui s'élèvent constamment parmi les militaires de tous grades. »

Le Général s'amuse de l'effet de ses paroles et ajoute :

« Bien entendu, un peu plus tard, on les obligerait tous à faire les corvées. Oui, oui, je vous assure, ce serait la seule mesure susceptible d'amener l'apaisement. »

Après le déjeuner et avant d'aller s'enfermer dans le bureau du Général, les deux hommes parlent de la situation lamentable du Fezzan :

« Le Fezzan, dit Leclerc, est abandonné à lui-même...

– Catroux, répond le Général, qui veut toujours monopoliser toutes les responsabilités, quitte à les négliger ensuite, avait réclamé le Fezzan pour lui, lorsqu'il fut nommé gouverneur général de l'Algérie...

– Oui, mon Général. Seulement voilà : l'Algérie et la métropole ont oublié de ravitailler le Fezzan et de lui envoyer des administrateurs...

– De mon temps, rappelle le Général, j'y avais placé un gouverneur.

– Il n'y a plus de gouverneur maintenant. La Tunisie, profitant de la situation faite au Fezzan, propose que ce territoire lui soit rattaché. Chataigneau proteste, Mast lui renvoie la balle. Voilà où nous en sommes...

– L'important, pour le Fezzan, c'est d'y construire un aérodrome et une baraque. Pour ce qui est de l'aérodrome, il fait atterrir, de temps à autre, un avion reliant Alger ou Tunis à Fort-Lamy ou Djibouti. Pour ce qui est de la baraque : en profiter, par dépêches d'agences, pour faire parler à profusion d'elle : " Installation du Fezzan... "

– Bidault a, paraît-il, déclaré qu'il ne ferait pas la guerre pour le Fezzan.

– Dans les circonstances actuelles, observe le Général espièglement, cette résolution de Bidault paraît tout à fait raisonnable. Ajoutons cependant que Bidault ne ferait la guerre pas plus pour le Fezzan que pour la France. Mais oui, il est ainsi. Non, croyez-moi : un aérodrome et une baraque, pour commencer. »

Leclerc parle de son intention de se rendre au Fezzan lors de son prochain voyage en Afrique du Nord.

Après le départ du général Leclerc, le Général me dit :

« Il pense que l'équilibre en Afrique du Nord, déjà si précaire, se rompra avant deux ans. »

Le colonel Aymé, que le Général connut à Trèves, n'est pas seulement colonel : il fait de la sculpture. Il vient d'envoyer à son ancien camarade d'occupation une statuette de plâtre dont chacun – y compris son auteur – se plaît à reconnaître qu'elle constitue une maladroite évocation de la silhouette de Charles de Gaulle.

Le Général observe :

« La main droite, tendue en avant, semble demander de l'argent. La main gauche, cachée et repliée derrière le dos, semble dissimuler un projectile. »

Me Mouton, notaire à Chaumont, s'étant fait annoncer au dépourvu après le déjeuner, le Général se précipite sur cette inesthétique statuette et va la cacher pudiquement derrière les in-quarto de sa bibliothèque.

Après le départ de Me Mouton et avant de partir en promenade, Mme de Gaulle nous demande :

« Que faire de cette statuette ? Faut-il la détruire ?

– Non, objecte le Général, à quoi bon ? Si le colonel Aymé venait nous rendre visite à Colombey, il faudrait bien l'exposer à nouveau, sous peine de l'offenser gravement. D'autre part, ajoute-t-il en riant, à quoi bon la détruire ? Vous n'y pouvez rien : dans quelques années, par contrat passé entre sculpteurs, entreprises de fonderie et administration des Beaux-Arts, vous assisterez à une floraison de statues dans les jardins publics, sur les places et sur les squares. Vous feriez mieux d'en prendre votre parti. »

Mme de Gaulle grimace :

« Que je n'aimerais pas cela !

– Oh, mais on ne vous demandera pas votre avis ! Car il faudra bien que ces sculpteurs, ces fondeurs, etc., gagnent leur vie. Eh oui, dans quelques années, je servirai encore à cela. »

Il commente ainsi les résultats de l'élection des délégués au Conseil de la République :

« Les communistes ont usé d'une mauvaise tactique en créant un choc psychologique aussitôt après les élections du 10 novembre : ils n'auraient pas dû, en effet, couronner leur victoire en revendiquant bruyamment la présidence. La remontée du M.R.P. est due à cette imprudence. C'est de leurs propres mains que les communistes ont suscité un regroupement des modérés et de la droite.

– Peut-on induire de ces résultats la composition du Conseil de la République ? »

Il répond catégoriquement :

« Le Conseil de la République répétera l'Assemblée nationale ! »

Mais il ajoute, soucieux :

« En face des communistes – devant ce noyau solide et inébranlable – je doute que les alliances et les désistements nécessaires se produisent à droite. Les communistes se compteront d'après cela. D'autre part, la majorité antimarxiste de l'Assemblée nationale risque d'être ébranlée par l'attitude des autonomistes de l'Union française, dont il est difficile, à l'avance, de calculer le nombre. »

Colombey, mardi 26 novembre 1946

Après lecture des résultats des élections dans les journaux du soir, que j'ai demandé au chauffeur d'aller quérir à Bar-sur-Aube, le Général s'assied près de moi. Je n'ai pas à l'interroger. Il entre immédiatement dans le vif du sujet :

« Voici ce que j'en pense :

» Premièrement, l'hypothèque communiste est levée. Je veux dire que, s'ils forment toujours le même bloc inébranlable, le même noyau solide, les communistes ne peuvent plus prétendre gouverner, parce qu'il est maintenant prouvé que la France, dans son ensemble, ne veut pas d'eux. Le fait est là : ils n'ont pas la majorité, même avec les socialistes. A moins, bien entendu, que Staline vienne les aider, ce qui paraît exclu pour l'instant.

» Les socialistes ? Ils viennent de perdre des plumes pour la seconde fois ; ils en demeurent stupides et furieux. Je doute qu'ils acceptent de participer à aucun gouvernement. La meilleure tactique, pour eux, consisterait en effet à dire : " Débrouillez-vous, messieurs, nous ne pouvons plus vous offrir, après l'hécatombe que nous venons de subir, que notre soutien. " Sans compter que les mesures qui vont s'imposer au prochain gouvernement, quel qu'il soit, à savoir : le sauvetage du franc par la réduction du nombre des fonctionnaires et le blocage des salaires, frapperont plus particulièrement les électeurs socialistes : employés, petits instituteurs, etc. Dans ces conditions, pourquoi chercheraient-ils la participation – cette participation qui les a conduits à culbuter entre deux mastodontes – alors que la demi-opposition, c'est-à-dire le " soutien ", leur offre un espoir de refaire leur force ? »

Coulet et sa femme, retour de Berlin et de la zone française, sont venus prendre le thé à la Boisserie.

Coulet a l'air intimidé, ce qui le rend volubile, lorsqu'il raconte son voyage. Le Général l'écoute dans un silence total. Il rappelle pourtant ce souvenir récent :

« Lorsque Kœnig a demandé à me voir, il y a quelques jours, je lui ai dit : " Procédez sans délai au rattachement de la Sarre. *Vous en avez le pouvoir. Alors, ne dites pas que vous allez le faire : faites-le !* " Il n'y a, en effet, que des avantages à le faire.

– *Coulet* (l'air un peu surpris, mais ne repoussant pas l'idée) : Sans doute, mon Général, mais Kœnig désire d'abord régler les préliminaires techniques d'une telle opération...

– *Le Général* : Mais *quels* préliminaires ?

– *Coulet* : Financièrement, il faudrait d'abord...

– *Le Général* (l'interrompant) : Financièrement ? Mais il n'y a rien à prévoir ! Premièrement, Kœnig crée un mark sarrois. Deuxièmement et plus tard, Kœnig indique la parité du mark sarrois par rapport au franc français. C'est d'autant plus facile à réaliser que l'Union française donne déjà l'exemple d'un franc d'outre-mer rattaché, par une parité donnée, au franc métropolitain. (Exemple : la Martinique et la Guadeloupe.)

» En somme, la situation de la zone française et l'évolution de la politique allemande ne nous sont pas défavorables, voyez-vous. La France, ici, peut réaliser. Une politique française, s'il y en avait une, permettrait de réaliser. Seulement, *faites-le* ! Réalisez immédiatement ! »

Puis il formule ce reproche :

« Vous avez commis l'erreur de réunir le Palatinat à la Rhénanie, sous une administration commune. On se demande pourquoi : il fallait les scinder !

– *Coulet* : Le Palatinat est bien petit...

– *Le Général* : Qu'importe ! Il fallait faire porter nos revendications séparément sur le Palatinat et sur la Rhénanie.

– *Coulet* : On continue, je l'ai constaté au cours de ce voyage, à prélever des denrées en zone allemande : blé, pommes de terre, etc., et à les expédier dans la métropole. Il faut que cela cesse.

– *Le Général* : Mais Kœnig peut le faire. Que ne le fait-il ? Qu'importe qu'en France nous disposions de quarante grammes de ceci ou de cela en plus ou en moins, si ce pain, distribué en zone française, nous permet de faire progresser la France ? Seulement, hein, pas de blé pour le pays de Bade et le Wurtemberg, car nous ne les garderons pas ! »

Colombey, samedi 30 novembre 1946

Les Pleven parlent au Général du président Jeanneney, qui vient de perdre sa femme.

Le Général dit :

« Oui, Jeanneney... je me sens de l'estime pour lui... Il m'a envoyé une fort belle lettre lorsque sa femme est morte...

– *Mme de Gaulle* : ... que vous conservez soigneusement, comme modèle, pour vous en servir, le jour venu. (Elle rit.)

– *Le Général* : Chère amie ! ...

– *Mme de Gaulle* : Il est vrai que vous ne vous en servirez pas vous-même : c'est au capitaine Guy que reviendra le soin de recopier ce modèle... »

On rit...

Colombey, dimanche 1er décembre 1946

Nous sortons de la messe, où il faisait bien froid. Le Général laisse Mme de Gaulle rentrer en voiture et m'entraîne à pied, sur la route boueuse du village, vers la Boisserie.

Dans son sermon, le curé nous a parlé des premiers sacrifices religieux, à propos du sacrifice de la messe. Comme je dis au Général que ce rapprochement avec les rites païens ne me paraît pas nécessaire, il me contredit :

« Vous vous trompez. Je trouve ce rapprochement saisissant. (Il s'arrête presque de marcher.) Voyez-vous, ce qu'il faut bien comprendre, c'est par où *l'affaire* (sic) du Christ s'insère dans la tradition religieuse du monde, par où elle la dépasse. Quel était, en effet, au temps du Christ, le trait commun de toutes les religions pratiquées, comme de toutes les religions défuntes ? C'est qu'elles s'accordaient toutes à trois aspirations essentielles de l'humanité.

» Tout d'abord, l'idée du sacrifice. D'un sacrifice destiné à satisfaire un Dieu vengeur, un Dieu assoiffé de sang. Contre quoi ? Contre qui ? Contre la maladie, contre les bêtes féroces, ou contre l'ennemi. Deuxièmement, plus que cette idée de moyen de défense, il y a l'idée d'un recours moral. Enfin, toutes les religions promettent un au-delà : notion que la mort ouvrira les portes d'une autre vie. C'est cette idée qui inspire les rites funéraires. Dans toutes les religions qui précèdent l'avènement du christianisme, vous retrouvez ces trois notions. Mais, ce qui est nouveau dans ce qu'apporte le Christ, c'est qu'il change le sens de chacune d'entre elles. Dans le sacrifice antique, les fidèles président eux-mêmes au sacrifice et égorgent un agneau, un taureau, ou un homme. Ici, le Christ nous dit : “ C'est moi, fils de Dieu, qui préside au sacrifice. Mais de ce sacrifice, je suis également la victime, pour votre rachat ; je prends sur moi tous les péchés des hommes, je m'offre à souffrir pour vous, je suis prêt à mourir... ” Et finalement... finalement eh bien, il *meurt* ! Eh oui ! Il meurt et il en meurt !...

» Quant à la seconde notion, le Christ y ajoute l'idée de la Providence et d'un Dieu profondément bon et profondément aimable... »

Ici, le Général ne peut se priver de cette boutade :

« ... plus terrible, néanmoins, que ne l'imagine môssieur Maurice Schumann ! » Puis il poursuit :

« Enfin, on retrouve dans le christianisme la promesse d'une autre vie, mais avec ceci en plus que – dans le royaume de Dieu – les pauvres et les abandonnés auront la première place. »

Il conclut, très convaincu :

« Oui, c'est cela qui est admirable : que le Christ ait élargi l'horizon religieux bien au-delà du cœur de l'homme, vers des régions démesurées, en faisant appel et en donnant du champ à la souffrance de l'homme, à l'angoisse de l'homme, *à sa dignité.* »

Et il répète, pour lui-même : « Dignité de l'homme... C'est admirable ! »

Le Général me raconte devant Mme de Gaulle qu'enfant, il avait la passion des soldats de plomb. Il avait obtenu au casino de Vimereux un premier prix de diabolo, ainsi qu'un prix de patinage. Il m'avoue tout cela avec honte et humour, ajoutant : « Patins à roulettes, bien entendu. »

Pluvieux dimanche après-midi. Marie vient de fermer les rideaux. On apportera le thé dans quelques minutes. Mme de Gaulle, depuis son secrétaire, me parle, plus librement qu'à l'ordinaire. Elle juge essentiel que le Général retourne à ses Mémoires :

« Voyez-vous, il parvient à un âge où on prend très facilement... – comment dirais-je ?... – eh oui, où on prend de mauvaises habitudes... Vous savez ce que c'est : des " riens " vous sollicitent exagérément, vous restez assis des heures entières, vous lisez trop de journaux. Sans compter qu'il n'écrira jamais ses Mémoires s'il ne les rédige pas *maintenant* ! »

Elle a dit cela sur le ton d'une mère qui, voyant approcher la rentrée, s'inquiéterait des devoirs de vacances inachevés... Quelques minutes plus tard, elle me parle de sa belle-mère, pour la première fois. Je relève ce trait :

« C'est d'elle, sans aucun doute, que le Général tient la partie agressive de son caractère. Lui seul, d'ailleurs, car ses frères, sur ce point, sont différents. Pierre de Gaulle, lui, est intelligent et très agréable, mais il n'a pas de caractère. Xavier est intelligent, mais incapable de prendre une décision et de s'y tenir. En quantité d'occasions, le Général a dû intervenir pour les empêcher de céder sur des points essentiels, bien qu'ils ne soient pas du domaine politique. »

Elle dit encore :

« Ma belle-mère était, sans aucun doute, ce qu'on appelle " une maîtresse femme ". C'est d'elle que le Général tient le plus. Elle s'intéressait aux problèmes politiques et formulait des jugements bien à elle, des jugements dont le moins qu'on puisse dire est qu'ils étaient catégoriques et passionnés. »

Après un rire en cascade, un rire qui se parle à soi-même, elle dit encore :

« Mon beau-père était un homme détaché et d'une grande érudition. Il préférait la méditation et les livres à toute autre chose. De la politique, il avait horreur. »

Depuis ce matin, le Général avait ce que j'appellerais son regard de grande méditation : la prunelle immobile, le regard englouti dans le tapis, fixé sur un objet apparemment hors d'atteinte, avec cette légère palpitation d'un muscle sous l'œil. On croirait une expérience d'optique, s'il n'y avait ce mâchonnement nerveux du bout des dents. C'est habituellement chez lui un état qui agite Mme de Gaulle, bien qu'elle n'en dise rien.

Aujourd'hui, je la sens inquiète. Inquiète que des soucis viennent compromettre le sommeil de son mari. Est-ce pour le tirer de cette rêverie démesurément solitaire qu'elle a déclaré, après le déjeuner, alors que le Général se taisait depuis quarante minutes : « Je vais vous faire entendre un peu de musique. »

Elle se mit en devoir de tourner les boutons de la radio, ce qu'une sorte de rite veut qu'on ne fasse jamais à pareille heure...

Le Général, qui ne peut pas ne pas savoir qu'on l'observe, m'a enfin dit, à l'heure du thé :

« Je suis en train de m'interroger... »

Il me dévisage de biais, l'espace d'une seconde, et répète :

« Oui, je suis en train de m'interroger pour savoir s'il n'y a pas avantage à ce que je déclare que je ne suis pas candidat. Si je me tais, *ils* diront en effet après les élections du président de la République que j'ai été battu, voyez-vous.

– Puis-je vous donner le fond de ma pensée, mon Général ? Je n'ai pas très bien compris pour quelle raison vous n'aviez pas encore fait une telle déclaration... »

Il prend son temps. Puis :

« Avant Épinal, je ne pouvais pas. Je ne voulais pas que les voix pussent se répartir différemment autour de la Constitution selon que j'eusse ou non posé ma candidature...

– Mais, après Épinal ? N'avez-vous pas fait une déclaration avant le référendum ? Les partis avaient alors pris position. Il me semble que si vous aviez publié une seule phrase à ce moment, par exemple une phrase déniant à tout parti le droit de brandir votre nom pour l'Élysée... »

Il est visiblement impatient de ce reproche déguisé et m'interrompt assez brutalement :

« Avant Épinal ! Après Épinal !... C'était du pareil au même. La Constitution n'avait pas encore été ratifiée par le peuple. Maintenant, la question peut se poser. »

Mais il revient à l'idée que je ne connais pas encore, et qui semble lui procurer un plaisir vengeur.

« Imaginez, par exemple, qu'à une question posée par un journaliste, je réponde quelque chose comme : " Ce serait me faire peu d'honneur que de se demander – après ma prise de position d'Épinal – si j'accepterais de présider dans l'impuissance à l'impuissance de l'État. " Alors... je veux dire : si je faisais une telle déclaration, si je la faisais immédiatement, je n'empêcherais plus les Herriot et tous les autres – qui brûlent d'envie de se perdre – de commencer à tisser leurs toiles et... vous comprenez ? Ils ne demandent qu'à accepter cela ! Ils brûlent d'envie d'aller à l'Élysée couvrir cette sale marchandise. Alors, n'est-ce pas, ce n'est tout de même pas moi qui vais les en empêcher ! Hier encore, Francisque Gay voulait se donner les apparences de souhaiter ma candidature. Pourquoi me prêter plus longtemps à leur mascarade, qui consiste à se donner les apparences de vouloir assurer mon élection, alors qu'ils n'en veulent à aucun prix, afin de pouvoir dire ensuite, avec tous les autres : " Le Général, bien qu'il n'ait pas été candidat, a essuyé une défaite. " »

Je lui demande s'il existe, dans son esprit, un inconvénient quelconque à faire une telle déclaration.

Il me répond immédiatement :

« Non, aucun !

– Alors, mon Général, le plus vite sera le mieux !... »

Et je ne puis m'empêcher de glisser :

« Savez-vous ce que l'on entend dire de plus en plus ? »

Le Général, moqueur, curieux, imperceptiblement susceptible : « Que dit-on ?

– On dit : " Avant Épinal, le Général a fait habilement circuler la rumeur qu'il ne serait pas candidat à la présidence de la République. Observez qu'il s'est gardé de prendre position nettement sur ce point, bien que l'occasion s'en soit présentée maintes fois depuis ! C'est la preuve qu'il recherche l'Élysée. " »

Et je ne puis m'empêcher d'ajouter :

« Considérez également le " sentiment ", mon Général : l'opinion a pris l'habitude que vous ne mainteniez jamais aucune équivoque. Faire une telle déclaration, ce serait tout simplement suivre votre ligne. »

Je le regarde : il s'est déjà refermé, plus rêveur qu'avant notre conversation et, pourquoi le nier, légèrement hostile...

Colombey, 1er (ou 2) décembre 1946

« Voyez, par exemple, avec Pétain ! Eh bien, avec Pétain, *ils* ont été *dégoûtants*. »

Et il explique :

« Que moi, j'aie condamné Pétain, c'était normal : je ne l'avais pas suivi, moi, Pétain. Je ne me suis jamais mis de son côté. Mais eux ? Ils ont commencé par lui faire mille bassesses. Ils se sont prosternés. Ils l'ont adoré. Et puis, quand il est rentré en France, qu'ont-ils fait ? Ils lui ont craché dessus. C'était à celui qui le piétinerait d'abord. »

Il se tait un instant et ne peut s'empêcher de redire :

« Oh ! non... vous savez : ils sont ignobles. Il y a un grand nombre de sales bêtes parmi eux ! Ce ne sont pas des gens intéressants, croyez-moi. »

Plus loin, ce nouvel éclat :

« Mais je m'en fous, moi, de leurs petites cuillers en argent ! je ne vais pas m'esquinter pour sauver leurs petites cuillers en argent ! »

Et il conclut par un grand : « Pouah ! »

Paris, vendredi 13 décembre 1946

Je me suis rendu ce matin, vers une heure, pour régler une broutille, dans le bureau de l'aide de camp de l'amiral d'Argenlieu. En sortant par le perron vitré, je croise M. Michelet, qui descend de voiture. Il me prend par le bras, me conduit au premier, où il est domicilié.

Je lui demande des nouvelles de la situation politique (Léon Blum a reçu hier après-midi le mandat unanime de former le nouveau gouvernement). Il m'explique ainsi le vote du M.R.P. :

« Nous étions dans le brouillard. Nous le sommes encore, d'ailleurs. M. Bidault nous a recommandé de voter pour Léon Blum, affirmant que de Gaulle l'avait désigné comme son successeur, lorsqu'il partit en janvier...

– Mais, demandai-je, que va *faire* Blum ? Comment entend-il former son gouvernement ?

– Il faut d'abord vous dire une chose : il est absolument résolu à aboutir, bien que de graves oppositions se fassent déjà jour. Les communistes feront, je crois, de la surenchère. Ils vont revendiquer des portefeuilles clés.

– Lesquels ?

– Intérieur, Défense nationale, Affaires étrangères et Justice. Si Blum leur cède, le M.R.P. et le Rassemblement des Gauches seront en désaccord avec lui. D'autre part, les communistes marquent une opposition catégorique à la formation d'un gouvernement d'union nationale allant au-delà du quadripartisme. Voilà où nous en sommes. »

Je remets mon manteau et dis au revoir au ministre des Armées, qui m'indique son désir de rencontrer le général de Gaulle, « si on m'invite, bien entendu ». Il voudrait, affirme-t-il, l'entretenir de questions relatives à la défense nationale...

M. Michelet, au moment de me serrer la main, proclame que le souci du M.R.P. est de ne céder sur rien, « tout en évitant que la C.G.T. ne déclenche une grève générale ».

J'affirme alors au ministre que le général de Gaulle est persuadé, lui, que tout homme ou tout groupe d'hommes qui leur opposeraient un non catégorique incarneraient la France aux yeux des quatre cinquièmes de l'opinion et qu'en répondant par la grève générale à ce non, le parti communiste se désignerait lui-même comme l'anti-France et serait rapidement amené à s'opposer aux quatre cinquièmes de la nation. Et je poursuis ainsi :

« Les communistes seraient-ils, d'ailleurs, assez malhabiles pour recourir, par l'intermédiaire de la C.G.T., à une grève générale ? Je ne sais pas ce qu'en pense le Général ; personnellement, je ne le crois pas : le sabotage camouflé de la production et mille méthodes déguisées demeureraient aux mains des communistes, sans qu'ils aient à recourir à des mesures trop voyantes. »

Ces dernières paroles semblent l'intéresser. Michelet a néanmoins l'air légèrement interloqué, car il est tellement contraire au M.R.P., dont le gauchisme est une forme de la peur, de songer à dire non...

Colombey, vendredi 20 décembre 1946

Dix-huitième jour de crise [39]... après quelques heures d'optimisme, les journaux témoignent à nouveau de leur inquiétude. Est-ce l'impasse ? Les partis se durcissent sur des positions intangibles. On n'avance ni ne recule. Les communistes ne veulent pas entendre parler d'une majorité allant au-delà du quadripartisme et revendiquent un portefeuille clé : la Défense nationale. Le Général pense que, s'ils ont l'intention de ne pas démordre du second point, ils accepteront la conciliation sur le premier. De tout cela il conclut :

« Blum n'aboutira pas. »

Je le questionne :

« Et vous ne pensez pas qu'en fin de compte le péril encouru par le régime des partis et l'atmosphère de panique qui se développe et pèse de plus en plus sur ces négociations cimenteront les partis à la dernière minute ?

– Non. Le durcissement est trop accentué de part et d'autre. Chaque parti a beau savoir que c'est grave pour le régime et donc pour lui-même, aucun ne sera d'accord pour se sacrifier. *C'est d'ailleurs pourquoi tôt ou tard ils se perdront tous.*

– Alors, vous croyez que c'est : " Périssent nos colonies plutôt qu'un principe [40] " ?

– Le drame n'est pas seulement noué autour d'un principe. Ce qui oppose les points de vue est plus fondamental : à propos de chaque problème, que chaque parti aperçoit différemment, les remèdes et les méthodes proposés comportent des différences de nature. Voilà pourquoi ils ne peuvent en sortir.

– Si Blum ne parvenait pas à former un gouvernement, qu'arriverait-il ?

– Il y aurait une dépression profonde. La preuve est déjà faite que la machine fonctionne mal. Mais là, il y aurait beaucoup plus : il y aurait panne sèche. »

Et il ajoute :

« Voilà pourquoi Blum essaiera probablement de passer outre aux difficultés que lui font les partis.

– Comment cela ?

– Blum a le choix entre deux solutions. La première : refuser aux communistes ce qu'ils demandent. Ce serait un double échec pour les communistes, puiqu'ils n'obtiendraient pas le portefeuille de la Défense nationale qu'ils revendiquent avec tant d'éclat, et que, d'autre part, ils accepteraient, en fin de compte, de participer à un gouvernement constitué avec une majorité à laquelle ils se sont engagés, à l'avance, à ne pas s'associer. Faire accepter un tel revirement, ce serait, pour eux, bien difficile. Leurs troupes rechigneraient et leurs adversaires proclameraient partout que l'épouvantail communiste n'est qu'un guignol.

– Et l'autre solution ?

– Un ministère socialiste homogène.

– Vous croyez que les communistes accepteraient d'abandonner leurs portefeuilles ?

– Il le faudrait bien et s'ils y consentent, alors, écoutez-moi bien : ils ne retrouveront plus jamais ces portefeuilles.

– Vous ne pensez pas, mon Général, que les communistes préféreront la politique du pire ? Non-participation, rejet des responsabilités, liberté de manœuvre dans l'opposition, sabotage discret de la production, dans l'espoir que la catastrophe imminente les ramène victorieux ?

– Non, je ne le crois pas. L'opposition ? tôt ou tard, il faudrait en venir au coup d'État, puisqu'il n'y a plus d'élections en perspective. Mais alors, c'est la guerre civile ! Et c'est la guerre civile à un moment où je suis certain que les Russes n'ont pas l'intention de venir à Paris. Non, croyez-moi, non !...

»... Entendez-moi bien ! Je ne dis pas que, sur ce point, les communistes ne seront pas divisés. Je dis que la majorité, Thorez et Duclos en tête, préféreront laisser gouverner les socialistes, avec l'espoir qu'ils se cassent la figure. Plutôt renoncer à l'espace conquis qu'au terrain revendiqué : ils en sont là. »

Il s'arrête de marcher dans la bibliothèque, s'assied et conclut :

« Oui, plus j'y pense et plus je crois que Blum s'arrêtera à la solution d'un gouvernement socialiste homogène. Ce qui veut dire qu'il se présentera devant la Chambre et dira, pathétique, et larmoyant : " Je n'ai pu accomplir le mandat dont l'Assemblée nationale m'avait chargé... Vous, Messieurs les communistes, vous vous êtes opposés à l'élargissement de la majorité... Vous, Messieurs du M.R.P. et du Rassemblement des Gauches, vous vous êtes refusés à participer si je donnais le portefeuille de la Défense nationale aux communistes, auxquels il fallait bien, par ailleurs, que je l'accorde, puisque je ne pouvais me passer de leur participation... Dans le cadre du mandat qui m'était imparti, j'ai donc échoué. "

» Alors il dira : " Mais, pour sauver le régime, pour éviter de sombrer dans le gouffre où nous risquons d'être précipités si notre situation présente venait à se prolonger, et de manière à nous mettre en mesure de voter un budget, j'ai passé outre aux difficultés rencontrées : j'ai formé, avec mes amis socialistes, un gouvernement dont la vie sera brève et dont le but est modeste... Pour sauver le régime, donnez-nous votre confiance ! " »

Le Général se met à rire...

– *Moi* : Et vous croyez qu'ainsi Blum obtiendrait la majorité ?

– *Lui* : Je ne sais pas s'il obtiendrait une large majorité. Mais, suffisante pour « en sortir », oui, je crois qu'il obtiendrait une majorité. Il se peut d'ailleurs que les autres partis s'abstiennent : il gouvernerait ainsi avec les voix socialistes, jusqu'à la remise de ses pouvoirs au président de la République.

Colombey, [mi-]décembre 1946

« C'est cet espoir que nous avons perdu, car nous avons chacun conscience d'avoir été battus dans la honte. »

Il appuie sa main à plat sur la table de bridge, comme pour souligner ce qu'il vient de dire :

« Vous entendez bien, *battus dans la honte* ! Il nous était, certes, arrivé d'être battus, mais pas dans la honte ! En 1940 et pour la première fois, nous avons agi comme si nous n'étions plus une grande puissance. Voilà l'origine du drame moral et mental que nous traversons aujourd'hui. Bien plus : battus dans la honte, *nous avons conscience*, tous autant que nous sommes, *de nous être accommodés de cette honte*. C'est cela qui est grave. C'est pourquoi l'espoir ne renaîtra pas si facilement en nous. »

La voix de Mme de Gaulle sort de l'ombre, timidement :

« A Londres, je me rappelle que vous m'avez dit un jour : " En rentrant en France, je les mettrai tous à la gamelle ! " Pourquoi ne l'avez-vous pas fait ?

– *Le Général* : Parce qu'ils ne l'auraient pas accepté.

– *Mme de Gaulle* : Demain, ils ne l'accepteront pas plus !

– *Le Général* : Pardon ! Nous allons traverser une période terrible ; après, seulement après, cela deviendra possible ! »

Et il ajoute, après un instant de silence, tristement :

« Eh oui, bien sûr ! La prochaine fois, il faudra employer pendant longtemps, je le crains, des méthodes d'un caractère beaucoup plus autoritaire... »

Il dit encore :

« Il faudra d'abord passer par une période de vaches maigres et, disons-le, de désespoir... »

Je ne puis m'empêcher de lui demander s'il croit que, de ce désespoir naîtront, grâce à un régime d'autorité, l'unité et l'obéissance indispensables.

« Non. Je sais fort bien que cet enthousiasme, cette union des cœurs, qui se manifestèrent à la Libération, n'accueilleront pas mon retour. Il faudra résister en se passant de cet appui. Je n'aperçois aucune perspective prochaine de regroupement entre les Français. »

Il ne peut alors s'empêcher de dire :

« Que sont-ils, d'ailleurs, ces Français ? Des hommes, rien de plus que des hommes, rien de plus que des bourgeois. Mais chaque Français est, surtout et avant tout, en opposition totale avec *tous les autres*. N'en doutez pas, il le demeurera !... Fait-il du marché noir ? Il en veut à celui qui s'enrichit mieux que lui ! Ne fait-il pas de marché noir (à contrecœur) ? Il dénonce l'injustice sociale !... Je ne sais pourquoi je dis cela d'ailleurs, puisque tous les Français font d'une manière ou d'une autre du marché noir : chacun triche mais s'indigne de ceux qui trichent plus que lui...

– Mon Général, il n'y a pas que des tricheurs. Le spectacle des injustices sociales est flagrant, dégradant. Il oppose deux cent mille profiteurs – c'est le cas ou jamais de le dire – à quarante millions de Français qui ont faim...

– Qui ont faim ? Oui. Depuis deux mois, tout au plus, admettons qu'ils aient un peu faim. Ce que vous taisez, c'est l'essentiel : les Français n'ont faim que dans la mesure où ils sont complices de la tricherie générale, que dans la mesure où ils espèrent secrètement y participer, y accéder. »

Je manifeste mon doute sous forme d'exemple :

« Peut-être, mon Général ! Mais ne cherchent-ils pas à y accéder parce qu'il n'existe aucun autre système organisé que le marché noir, parce que rien d'autre ne leur est proposé, à quoi accrocher, en quelque sorte, leur espoir ? »

Le Général rit à l'avance de tant de naïveté et m'interrompt par un : « Où voulez-vous en venir ?

– Imaginez un instant, mon Général, que des affiches couvrent un jour les murs de Paris, conviant les citoyens à s'emplir la panse dans les restaurants de marché noir et à faire parvenir leur addition au préfet de Police ou au ministre de l'Intérieur, pour paiement. Imaginez qu'on offre au public un instrument de lutte contre le marché noir, semblable, en quelque sorte, au recours qu'une œuvre offre aux pauvres. Qu'adviendrait-il ?

– *Lui* (immédiatement) : Les restaurateurs avisés présenteraient dorénavant leur addition au paiement de la clientèle, avant de la servir. »

Sa boutade lui donne le départ :

« Alors ? Ne me racontez pas d'histoires ! Comment ne voyez-vous pas qu'ils sont tous complices ? Savez-vous pourquoi, au plus chaud de la Libération, *ils* criaient tous : " Vive de Gaulle " ?

» " Vive de Gaulle ", cela voulait d'abord dire : " Vive Moi ", c'est-à-dire encore : " Vive Moi contre tous les autres ! " c'est-à-dire, en définitive, " Vive Moi, que va défendre de Gaulle, contre tous les autres, qu'il se propose de combattre en mon nom. " Cela voulait dire surtout : " Vive de Gaulle, qui va nous nourrir, nous procurer du charbon, remplir nos estomacs, pourvoir à notre matériel, sans que nous ayons en échange à donner quoi que ce soit. " »

Il a dit cela avec éclat et ajoute :

« Non, non... vous n'arriverez pas à dissimuler le fait qu'ils ont été et qu'ils demeurent très moches... »

L'indignation revient alors à la charge :

« Comment ? De Gaulle les tire de la mouise, de Gaulle les tire du désastre, de Gaulle les tire de la honte et, dès la Libération, ils s'indignent que de Gaulle ne leur ait pas procuré *tout*, et à profusion ? »

Sa passion est redescendue, la voix demeure un peu vengeresse tout au plus, mais objective, lorsqu'il dit :

« Ils ne sont pas très intéressants, c'est un fait. Car le fait, c'est que chacun d'entre eux a secrètement acquiescé à l'armistice. Oh ! je sais bien, un nombre insignifiant d'entre eux s'est joint à moi. Je dis bien : un nombre insignifiant. Mais les autres, tous les autres, ont acquiescé ! Que de Gaulle les tirât d'affaire, que de Gaulle survînt providentiellement, c'était dans l'ordre. Ce qui était choquant, au contraire, c'est qu'il ne leur rendît pas aussitôt la poule au pot ! »

Il a retrouvé toute sa sérénité pour dire :

« Une époque est incapable de juger d'elle-même : c'est le cas ou jamais de dire que l'Histoire jugera. De ce côté-là, je suis bien tranquille. »

La lumière se rallume. Je souffle dans les tubes de verre des lampes à pétrole. Il se lève aussitôt et disparaît dans son bureau.

Nous avons parlé un instant avant le dîner. Je lui ai lu un passage de *Libération* [41] de ce matin, où l'on décrit l'arrivée de Blum à la tribune, pour la lecture de sa déclaration ministérielle. Ce quotidien, bien qu'assez favorable au chef du parti socialiste, ne peut s'empêcher de souligner la vieillesse de cette voix, qui ne parvenait pas à franchir le microphone.

A ma lecture, le Général a fait ce commentaire :

« Ils l'ont acclamé parce qu'ils sentent bien qu'il n'y peut rien, le pauvre ! Leur enthousiasme est proportionné à son impuissance et à sa faiblesse. »

Et il rit, d'un rire au-dedans duquel couvent la fureur et le reproche.

Colombey, dimanche 15 décembre 1946

Au cours de la conversation que j'ai eue avec lui cet après-midi et comme nous parlions de l'atmosphère de panique qui fut celle de cette fin de crise [42], j'ai observé :

« La Providence, qui semble, depuis la Libération, nous avoir abandonnés, nous aura peut-être accordé ceci, que les historiens souligneront : la démonstration que la Constitution de la IVe République était incapable de fonctionner. Une démonstration qui nous aura été procurée avant même qu'elle entrât en vigueur !...

– Vous appelez ça la Providence ? Je crois, moi, que si je n'avais pas obligé le pays à réfléchir, au moment du référendum... »

La modestie, l'emportant sur l'orgueil, a happé la fin de la phrase, si bien qu'il se tait sur un « enfin... bon ! ».

Colombey, lundi 16 décembre 1946

L'amiral Ortoli est venu voir le Général aussitôt après le déjeuner. Motif avoué : lui apporter une lettre de Michelet relative au drapeau du 507e [43], que le Général avait gardé dans son bureau jusqu'à son départ et que le ministre des Armées voudrait lui renvoyer avant le sien. Motif véritable : revoir le Général.

Au moment de repartir pour Paris, Ortoli lui a dit qu'il se félicitait du silence qui s'était, peu à peu, établi autour de l'affaire Passy. Le Général eut un regard de complète indifférence, puis il demanda cependant si le conseil d'enquête enquêtait.

Réponse de l'amiral Ortoli :

« Je ne sais pas exactement où ils en sont. Ils vont certainement enterrer l'affaire. J'en profite pour souligner un fait, qui est maintenant certain : Passy n'est parvenu à l'état d'extrême faiblesse qui précéda sa sortie de forteresse que parce qu'il l'a bien voulu.

– Pourquoi, demande le Général ?

– Il était apparemment inquiet qu'on l'empoisonne... C'est volontairement, je le répète, qu'il a fait la grève de la faim.

– Il reste, dit le Général, sur un ton plus ironique qu'indigné, qu'on l'a traité d'une manière infâme !

– Il résulte pourtant de la lecture du dossier qu'il y avait de quoi le condamner judiciairement. »

Le Général commence à s'impatienter :

« Je n'ai pas vu le dossier : j'ai refusé de le lire. Mais s'il était, comme vous le dites, passible d'une condamnation, alors il fallait le condamner !... au lieu d'accumuler les dénis de justice. Qu'est-ce que c'est que cette commission d'enquête, présidée par un parlementaire ? Qu'est-ce que c'est que cette commission d'enquête constituée par le successeur de Passy et par ses anciens subordonnés ? Qu'est-ce que c'est que ce communiqué du Conseil des ministres chargeant une nouvelle commission de prouver que Dewavrin mérite d'être radié de la Légion d'honneur et de la Croix de la Libération ?... Je n'avais jamais entendu parler auparavant d'une pareille énormité : Une commission d'enquête est chargée de faire une enquête et non pas de juger !

Sans parler, bien entendu, des arrêts de forteresse, qui lui furent infligés illégalement. »

Ortoli, qui a signé ces arrêts, glisse timidement :

« Les premiers trente jours, mon Général, ont été infligés régulièrement.

– Oui, mais pas les seconds.

– Le motif n'était pas le même, mon Général ! »

Bonhomme, il fait alors entendre un « hum hum », où Ortoli croit découvrir du doute. Si bien qu'il poursuit :

« Si, si, mon Général, je vous assure. Au surplus, et pour dégager la responsabilité du ministre, j'ai signé directement le texte lui infligeant les trente jours supplémentaires. Si bien que le Conseil d'État ne pourra s'en prendre au ministre...

– Que voulez-vous dire ?

– Je veux dire que le Conseil d'État ne pourra s'en prendre qu'à ma personne. »

Le Général n'est pas ému par tant de grandeur d'âme et laisse tomber, avec une nuance de reproche dans la voix :

« Je trouve que vous avez été bien bon, amiral ! Pourquoi avoir, dans cette affaire, cherché à dégager la responsabilité de votre ministre ? »

A cette question, Ortoli reste coi et esquisse un geste vague, qui veut probablement dire : J'ai voulu être bon type. Mais en montrant tant d'abnégation, il est possible que je me sois trompé.

Franc-Tireur publiait hier, dans la lucarne habituelle située à droite du titre : « Accord général, sans le Général. » C'était précipiter les choses.

A la radio, Blum déchante. D'une voix funèbre et infiniment lasse, il annonce la formation d'un ministère socialiste homogène. « J'ai échoué », a-t-il répété deux fois.

« Pauvre Blum ! a observé le Général, c'est la voix d'un veuf ou d'un croque-mort. Non pourtant, car les croque-morts, dit-on, sont des gens gais.

– Peut-être, mon Général, n'est-il pas gai à proprement parler, mais il est " optimiste ", ainsi qu'il le remarquait dans son allocution radiophonique d'avant-hier. Il a même souligné que ses amis le lui avaient souvent reproché...

– A entendre sa voix de ce soir et à l'avoir classé dans la catégorie des optimistes, les auditeurs de la radio auront conclu. »

Pendant le thé, le Général me parle de Jouard, qui prit part, avec Soufflet, à l'attaque de Dakar et qui, plus tard, devait trouver la mort en Russie, à l'escadrille Normandie-Niemen. Le Général en vient ainsi à me parler de l'affaire de Dakar. De sa conversation, j'extrais ce passage :

« C'est bien dommage que nous ayons échoué à Dakar. Que de temps eût été gagné ainsi pour le regroupement de l'Empire ! Je sais bien qu'on ne peut pas toujours réussir et qu'un certain nombre d'échecs est inévitable... »

Et encore ceci :

« A dire vrai, si l'amiral Lacroix n'était pas apparu en Méditerranée juste à ce moment-là, les Anglais se seraient enhardis et n'auraient pas abandonné l'opération. L'accueil fait à d'Argenlieu à Pointe-Noire ne laissait pas supposer que Boisson donnerait l'ordre de nous accueillir comme des chiens. L'état d'esprit nous était favorable parmi les officiers subalternes et la troupe, la marine, la marine seule nous était farouchement hostile... »

Et il en donne cette explication :

« Cette arme seule était restée hors de portée du feu de l'ennemi. Elle n'était animée d'aucun esprit de revanche contre les Boches. Ce fait explique encore que la marine se soit montrée si bien portante et si fraîche. D'autre part, les torpilles reçues à Mers el-Kébir avaient ouvert des blessures que le temps n'a pas encore tout à fait cicatrisées. »

Colombey, mardi 17 décembre 1946

Blum a finalement constitué un ministère de minorité, c'est-à-dire un ministère socialiste homogène. Au cours de cette crise, la division entre les partis, leur antagonisme étaient devenus si irréductibles que les communistes et le M.R.P. ont préféré abandonner ces places fortes de propagande qu'étaient leurs ministères. De part et d'autre, c'est donc l'évacuation du terrain conquis. A la faveur de ce « no man's land », chacun va pouvoir regrouper ses forces, ramasser ses blessés et préparer la prochaine offensive. Une offensive qui se produira certainement à l'occasion de la prochaine crise ministérielle.

Le Général note, en passant, qu'il y a maintenant un quart des membres socialistes du Parlement au gouvernement et qu'aucun des nouveaux ministres n'est d'extraction ouvrière. Il observe aussi que le régime, dont Blum prétend que des forces secrètes cherchent en ce moment à susciter l'effondrement, n'est menacé que par sa propre impuissance :

« Les fantômes qu'il dénonce n'existent que dans l'esprit de ceux qui ont organisé l'impuissance de l'État. Cette impuissance ne fera désormais que s'accroître, car il est certain, à l'avance, qu'ils n'oseront pas toucher aux racines du mal. »

Il dit, à ce propos :

« Blum, c'est bien certain, ne prendra aucune mesure véritable, si ce n'est la réduction d'une faible partie des crédits militaires (quitte à ce qu'on les augmente dans trois mois) et l'augmentation des salaires, qui fera bondir les prix. Supprimer les subventions du charbon ? Ce serait précipiter encore la hausse des prix ! Vous verrez ce que je vous dis : en définitive, Blum ne fera qu'une chose : *du papier* ! Avouez que c'est de la sinistre rigolade. »

Il y avait, samedi dernier, dans *L'Aurore*, un article qui l'a amusé : on y notait que, lorsque le pays retire ses suffrages à un parti, on s'empresse aussitôt de choisir un représentant de ce parti pour constituer le gouvernement ; que lorsqu'un homme était vieux, à bout de souffle et contraint de garder la chambre, alors il était sûr de son affaire : il était aussitôt bombardé président du Conseil. On y observait encore que lorsqu'un homme s'était, à plusieurs reprises, brisé sur la roche Tarpéienne, il apparaissait aussitôt désigné pour le Capitole, devenu, de nos jours, plus dangereux que la roche Tarpéienne.

Après m'avoir lu l'article, il en reparlait à plusieurs reprises avec de longs rires reniflés.

Le Populaire de ce matin titre sur huit colonnes : « Le parti socialiste fait appel à tous les travailleurs et à tous les républicains pour sauver la démocratie. » Sauver la démocratie c'est bien de cela, en effet, qu'il s'agit ! Quant à Jean Texcier, il écrit dans *Libération-Soir* [44] de ce jour : « Si, par malheur, l'Assemblée refusait sa confiance à Léon Blum, elle se retrouverait devant elle-même, c'est-à-dire devant le néant. » « On ne peut dire les choses plus clairement », observe-t-il.

Le Général marque à l'endroit d'Herriot une indignation froide et dit de celui-ci, qui a donné à Blum, au nom de son parti, son accord pour que les communistes prennent la Défense nationale, ce qui lui a valu d'être désavoué par quarante-neuf membres du Rassemblement des Gauches : « Herriot a trahi pour avoir les voix des communistes au moment des élections à la présidence de la République... »

Michelet m'ayant demandé lundi dernier, à Paris, s'il était exact qu'en partant en janvier, de Gaulle avait désigné Blum comme son successeur possible, je demande au Général ce qu'il en est, en ajoutant :

« Michelet prétend que Bidault en évoquant ce souvenir aurait décidé le comité directeur du M.R.P. à voter pour Blum. »

Le Général commence par douter ironiquement que, privé de ce rappel, il ne soit pas parvenu à convertir ses amis. Puis il me fait la réponse suivante :

« Je n'ai jamais désigné Blum comme mon successeur. Néanmoins, je me souviens d'une conversation que j'ai eue avec lui et dont Bidault ne peut témoigner. »

Il s'assied et se caresse seigneurialement les mains :

« C'était avant le premier référendum : j'ai fait venir Blum, pour lui demander l'appui de son parti aux deux questions posées. A la fin de cette conversation, je me rappelle que je lui ai dit : " Ne vous faites pas d'illusions : je ne resterai plus très longtemps. Je n'en ai jamais eu d'ailleurs l'intention. Les partis brûlent de prendre le pouvoir ? Je leur laisserai bientôt la place ! Ils veulent gouverner ? Eh bien, qu'ils gouvernent ! Ce n'est pas moi qui les en empêcherai ! A eux de faire la preuve que le système qu'ils préconisent est viable. "

» Blum m'a demandé à quel moment je pensais me retirer. Je lui ai répondu que je n'avais encore fixé aucune date, mais que celle-ci était proche.

» C'est à ce moment qu'il me parla du problème du successeur :

“ Alors, qui ? m’a-t-il demandé.

– Je ne vois guère que vous, ai-je répondu.

– Moi ? s’exclama Blum. Mais c’est impossible ! Je ne peux pas et je ne veux pas.

– Pourquoi ?

– Je ne peux pas, parce que je suis un vieil homme : j’ai souffert en Allemagne, je ne puis travailler que trois ou quatre heures par jour. Et puis, je connais le métier : il est infernal. Je ne veux pas, parce que j’ai soulevé déjà trop de passions. Je me refuse à être à nouveau un brandon de discorde, alors que l’union de tous est devenue l’élément indispensable. Ma présence à la tête du gouvernement ranimerait des choses qui n’appartiennent plus qu’au passé.

– Bon ! Mais alors, lui ai-je demandé, qui ? ”

» Blum réfléchit un instant et me dit tout à coup :

“ Je ne vois que Gouin. ” »

Le Général, ici, ne peut s’empêcher de se tordre et termine ainsi :

« Mais, attendez ! ce n’est pas tout. Lorsque je lui fis part de la surprise que me faisait éprouver son choix, il émit ce jugement : “ Gouin ?... Mais, c’est un Attlee ! ” »

Hilarité du Général.

Le général Girardot, chef d’état-major général de l’armée de l’Air, m’a fait venir le 7 décembre, pour me dire qu’un conseil du Général lui serait précieux en un moment où les pressions politiques s’exerçaient parmi les officiers généraux de son entourage et où son poste était de plus en plus convoité, la formation d’un nouveau ministère allant probablement donner libre cours à de nouvelles intrigues.

Le Général pouvait-il l’aider à décider de son attitude ? Son orgueil lui représente comme intolérable la carte forcée d’une démission ou le danger d’être demain, peut-être, l’instrument d’un ministre communiste. Il se demande s’il ne vaudrait pas mieux devancer les choses en se démettant.

Le Général m’a remis pour lui la lettre suivante :

« Colombey, 17 décembre 1946 »

« Mon cher Girardot,

» Je ne sais pas pourquoi vous demanderiez à quitter votre poste actuel sous prétexte d’attaques politiciennes. Il deviendrait trop facile à certaines gens de trouver la voie libre si des hommes qui leur déplaisent ou qui les gênent se retiraient d’eux-mêmes.

» Il faut laisser qui de droit prendre ses responsabilités, s’il consent, toutefois, à les prendre... et s’il incline du côté de ses détracteurs.

» Veuillez croire, mon cher Girardot, à mes sentiments cordialement dévoués. »

L’amiral d’Argenlieu, qui avait demandé à rencontrer le Général, est venu déjeuner aujourd'hui à Colombey. Il était accompagné du commandant Ihelé.

A l'heure du café, le Général et l'Amiral parlent de choses et d'autres. La conversation est ranimée par cette question de l'amiral d'Argenlieu, étonnante dans la bouche d'un supérieur des Carmes :

« Croyez-vous, mon Général, que le communisme soit – comment dirais-je ? – soit essentiellement mauvais ? »

Le Général répond ainsi :

« Oui, car je crois le communisme destructeur de civilisation. » Et il évoque ce souvenir d'août 1944 :

« Dès la Libération, Debû-Bridel est venu me voir. Il appartenait alors au Front national. Je lui ai demandé, du tac au tac : " Et vous vous sentez chez vous, au Front national, entouré de tous ces communistes ? " Pour toute réponse, il se mit à comparer les communistes aux premiers chrétiens, affirmant qu'ils étaient, eux aussi, des mystiques... Je protestai :

" Avec cette différence, Monsieur, que les premiers chrétiens, eux, ne mouraient pas le mensonge à la bouche. " »

Et le Général observe :

« Car, chez eux, il y a ceci de particulier qu'ils n'énoncent jamais leur "but véritable : la véracité, voilà ce qui leur manque ! Voilà pourquoi, en définitive, ils disparaîtront. »

Ici, il lève le doigt :

« Je dis bien : *en définitive* ! Ils disparaîtront lorsque les hommes seront lassés par la répétition de trop nombreux mensonges et par des années de bourrage de crâne... »

L'amiral lui pose alors cette question :

« Et l'autoritarisme ? Est-il essentiellement mauvais ? »

Le Général réfléchit un instant et fait cette réponse :

« Du regroupement des hommes autour des machines sont nés deux types de régime : le communisme et l'autoritarisme. Le communisme va disparaître. Quant à l'autoritarisme, on ne voit guère par quel moyen il serait possible de l'éliminer complètement. Il a surgi partout où les machines posaient un problème de gouvernement : en Allemagne, en Italie, également en Russie (où il coexiste avec le communisme et est en train de prendre sa place). Ici, on ne fera jamais croire que le communisme est la dictature du prolétariat : le prolétariat au pouvoir ? Plaisanterie ! Dictature d'un petit nombre d'hommes – issus, c'est possible, du prolétariat – mais de plus en plus imbus des méthodes autoritaires. Supprimer l'autoritarisme ? (Tristement :) Je ne vois pas comment... Il faudrait d'abord commencer par arrêter les machines ! »

Geste évasif : « Réellement on ne voit pas la solution. »

Il remarque alors que l'autoritarisme, parce qu'il avoue son but et parce qu'il ne recourt pas constamment au mensonge, semble mieux adapté aux besoins *actuels* de l'humanité.

Il s'est tu. Au moment où l'amiral d'Argenlieu ouvre la bouche pour parler d'autre chose, le Général poursuit plus avant, sur le terrain que nous souhaitions le plus lui voir aborder :

« Quant au régime que je souhaiterais pour la France... »

Il dévisage l'amiral d'Argenlieu, se donne le temps de la réflexion en jouant avec ses lunettes et dit enfin :

« ... Ce régime serait à peu près celui-ci : il faudrait d'abord organiser un système dans lequel des hommes doués, des hommes disposant d'une réelle autorité, se consacreraient exclusivement aux affaires publiques. Et puis, à côté de ce premier système et en coexistence avec lui, un système à l'intérieur duquel les Français pourraient se livrer tout leur saoul à ce démon d'infamie qui les agite : alors, là, ils pourraient s'en donner à cœur joie. Ils pourraient librement... pisser du vinaigre... baver... déverser leur bile... Seulement, entendons-nous bien : sans que cela empêche aucunement les affaires publiques d'être gérées dans l'intérêt national !... D'une part, donc : les pouvoirs publics, la discipline, le prestige et la grandeur. De l'autre, et se donnant libre cours : l'invective, l'exclusive, la jactance, la calomnie, et même, si cela est nécessaire, l'infamie. »

Il rit longuement, les yeux bridés, le regard ardent, madré. (Si les pièges avaient des yeux, ils poseraient sur vous ce regard-là.) Et il conclut, narquoisement, par cette lapalissade :

« Et voilà pourquoi, Amiral, je suis pour la séparation des pouvoirs. »

Nous rions. Il observe alors que le régime le plus prolongé que les Français aient pu supporter s'appelait la monarchie :

« Pourquoi ? Parce qu'en dehors des Conseils du roi, où l'on travaillait, les passions politiques, qui étaient professées par un moins grand nombre de gens, avaient suffisamment d'espace pour se donner libre cours : il y avait la cour, il y avait les parlements, il y avait les salons... »

L'Amiral demande au général de Gaulle s'il a lu l'ouvrage que vient de publier Muselier [45]. L'Amiral dit que l'ancien commandant des Forces Françaises Libres le lui a fait parvenir en Indochine. Bien entendu, Muselier y remue, à propos du général de Gaulle, des fientes aigries.

Le Général : « Pauvre Muselier ! Mais quel démon l'agite donc ? Que lui ai-je fait ? J'aurais pu l'accabler, j'aurais pu chercher à lui créer des ennuis. Or, bien loin de faire quoi que ce soit contre lui, je l'ai simplement laissé s'enfoncer. Sans intervenir dans sa chute... Je me suis contenté, lorsqu'il avait dépassé les limites, de l'écarter. »

Il évoque alors ce souvenir :

« Lorsque j'ai appris que le vice-amiral Muselier demandait à s'engager dans les Forces Françaises Libres, j'ai été trouver un homme dont la conduite n'a pas été particulièrement brillante par la suite, mais pour qui j'avais de l'estime : l'amiral Arandal, qui était alors notre attaché naval à Londres. " Dites-moi franchement, lui ai-je demandé, ce que vous *savez* sur le compte de l'amiral Muselier... Je vous le demande, vous le savez bien, dans l'intérêt de la France. Beaucoup de rumeurs circulent sur son compte. Il importe que je sache s'il a forfait à l'honneur. " »

Ici, le Général nous regarde rapidement et poursuit :

« Avant de me répondre, l'amiral Arandal a réfléchi. Je dois même dire qu'il commença par réfléchir très longtemps. (Sourire du Général.) Tout de même, à la fin des fins, il me fit cette réponse :

“ L'amiral Muselier, voyez-vous, est un aventurier. Mais c'est un aventurier qui n'a pas failli à l'honneur. Si vous le prenez, vous admirerez et vous déplorerez tour à tour chez lui toutes les qualités et tous les défauts de l'aventurier... ” »

Et le Général conclut ainsi :

« Je dois donc reconnaître que j'étais prévenu. Néanmoins, il était vice-amiral et un vice-amiral, à un moment où le nombre de ceux qui nous avaient rejoints était négligeable, c'était à considérer. Voilà pourquoi je l'ai pris. »

L'amiral d'Argenlieu, qui est resté debout devant le Général, tasse de café à hauteur des lèvres, complète ainsi ces souvenirs :

« Vous m'aviez déjà parlé il y a longtemps, mon Général, de cette conversation avec l'amiral Arandal... Je crois que vous oubliez de dire ceci : votre interlocuteur vous avait alors affirmé que Muselier était doué d'un courage exceptionnel et qu'il avait notamment réussi en mer Noire des exploits qu'aucun autre que lui n'eût pu réaliser...

– C'est exact », confirme volontiers le Général.

Le Général, au moment de quitter l'amiral d'Argenlieu, pose quelques questions au commandant Ihelé, qui commanda, dans la Manche, une vedette rapide :

« A-t-on jamais entendu parler de vedettes rapides coulées par un avion ?

– *Ihelé* : Coulées ? Non. Avariées, si. Mais, à la prochaine guerre, la vitesse de ces engins aura encore augmenté : nous n'aurons plus rien à craindre de l'aviation...

– Ne faites pas trop de pronostics ! La guerre, quoi qu'on fasse, est faite d'imprévus... »

Durant ce déjeuner, l'amiral d'Argenlieu a peu parlé. Je note cependant que la proportion de Japonais dans les rangs du Viêt-minh est assez importante. Il semble aussi qu'au moment de quitter l'Indochine, les Nippons aient volontairement remis aux mains du Viêt-minh un important matériel, l'ensemble des locaux d'administration à leur disposition, etc.

Il est singulier pour moi de comparer les jugements de l'Amiral sur Hô Chi Minh à ceux qu'il manifestait il y a sept mois, au cours d'un déjeuner à Marly : lorsque le Général lui affirmait alors qu'Hô Chi Minh était et demeurerait l'adversaire de la France, qu'il importait de lui refuser notre confiance, qu'il était « un pion sur l'échiquier de Staline », qu'il ne fallait signer aucun accord avant l'entrée des troupes françaises à Hanoï, l'Amiral semblait penser, sans toutefois le dire, que de Gaulle exprimait là un jugement par trop sévère.

L'amiral d'Argenlieu repart jeudi pour l'Indochine. Il parle maintenant, bel et bien, d'Hô Chi Minh comme d'un adversaire.

L'amiral d'Argenlieu demandant au Général ce qu'il pense de la crise ministérielle, celui-ci lève les bras au ciel, esquisse une moue comique et répond ainsi :

« Oh ! vous savez : ministère homogène, tripartisme, quadripartisme, union nationale, chacune de ces formules comporte à mes yeux des inconvénients et aucune ne me semble avoir d'avantages. »

Il termine sa phrase au milieu des rires.

L'Amiral revient aux affaires d'Indochine :

« A un moment donné, j'avais cru avantageux de mettre Hô Chi Minh au contact direct du gouvernement français. C'était une erreur. »

Alors, cette anecdote :

« Avez-vous vu, mon Général, cette photographie prise au moment du départ d'Hô Chi Minh à l'aérodrome d'Orly ? Marius Moutet serre familièrement le bras du président du Viêt-nam. Eh bien, cette photo, publiée en Indochine, a fait sur les Annamites un effet désastreux : aux yeux de cette race de vieille civilisation, un tel geste apparaît comme une faiblesse impardonnable.

– *Le Général* : Je vous le répète : la France, dans cette affaire, c'était vous ! Ce gouvernement n'en était pas un ; il ne représentait pas la France. »

Après le départ de l'amiral d'Argenlieu, Mme de Gaulle observe, devant le Général, que l'amiral d'Argenlieu n'a pas bonne mine.

Le Général éclate de rire :

« Ma pauvre Yvonne, personne n'a bonne mine en ce moment.

– Si, répond-elle, vous.

– Je suis le seul.

– C'est ce que cet Anglais est probablement venu consulter l'autre jour. »

Elle demande au Général ce qui arriverait si Blum échouait. Il répond, catégorique :

« Une immense dépression suivrait. »

J'essaie d'aider Mme de Gaulle à rallumer son feu de cheminée. Secours paradoxal de ma part : je lui avoue que je n'ai jamais su faire un feu.

Elle éclate de rire et me donne ce conseil :

« Ne dites jamais cela au Général : il vous ferait une observation pas convenable *(sic)*.

– Que voulez-vous dire ?

– Ah ! voilà... pas convenable du tout.

– ? ? ?

– ... Eh bien, il vous dirait qu'il n'est pas d'amoureux qui ne sache faire un bon feu. »

Elle rit énormément...

Je fais remarquer au Général que, dans son courrier de ce matin, se trouvait un horoscope de dix pages, couvert de dessins :

« Je l'ai vu, dit le Général. Mais dès que j'ai compris qu'il s'agissait d'un horoscope, cela m'a suffi pour ne pas le lire. »

Mme de Gaulle, au contraire, a l'air très intéressée et réclame le document.

Colombey, mercredi 18 décembre 1946

Le Général a vu, dans la presse du matin, une photo représentant côte à côte dans la tribune diplomatique : le général Vanier, Duff Cooper et Bogomolov :

« Avez-vous remarqué, me dit-il, comme ces trois ambassadeurs avaient l'air accablé, cependant qu'ils écoutaient Blum faire ses exercices (*sic*) ? Chacun, bien entendu, pour des raisons différentes, car le monde, en ce moment, est à l'image de la France : les mêmes forces s'y affrontent. »

Entre autres choses, le Général remarque, dans la presse d'aujourd'hui, que les communistes accumulent à l'avance des arguments et durcissent leur position pour obtenir, au cours de la prochaine crise ministérielle, les avantages qui leur ont été refusés par l'adversaire pendant la dernière. Il pense que, sous la pression des difficultés financières et économiques, dont il croit qu'elles vont s'aggraver tragiquement d'ici la formation du prochain gouvernement, ce qui suppose un nouveau bilan, les communistes vont encore se durcir :

« Mais, parallèlement, le Rassemblement des Gauches et le M.R.P. se durciront également. La tension entre les marxistes et les antimarxistes va s'accentuer. Elle conduit à la violence. »

Il me parle alors de l'état d'esprit nouveau des radicaux et du M.R.P., état d'esprit que la dernière crise ministérielle a révélé : relève des amis de Bidault par des M.R.P. plus coriaces, et ce facteur nouveau, au Rassemblement des Gauches, de la prise en main de la politique du parti par des jeunes comme Bourgès-Maunoury, Chaban-Delmas, Claudius-Petit, etc., qui font habilement échec à Herriot et dont l'antimarxisme est agissant. Il répète, une fois de plus, en conclusion :

« Nous n'avons encore rien vu ; ça va aller très vite. »

Il est persuadé que l'essentiel de cette crise est la démonstration faite que les communistes ont essuyé un échec, malgré les concessions qu'ils avaient consenties. Des socialistes, il dit qu'il ne voit pas comment ils échapperont, dans les trois mois qui viennent, à une scission ou à une disparition.

Je lui demande alors ce qu'il faut attendre d'une scission. Il me répond, avec un mélange de douceur et de certitude :

« Alors, " cela " devient aussitôt possible...

– Cela devient possible... Comment ?

– Par un gouvernement dans lequel entreraient tous les partis, à l'exclusion des communistes et des socialistes de gauche.

– Ils ne pourraient pas gouverner ?...

– Non, pas eux... C'est pourquoi ils chercheront des appuis à l'extérieur...

– Vous voulez dire : *un* appui ? »

Il me répond d'un rire moqueur et affirmatif, se terminant par cette phrase, qui coupe net à l'ironie :

« Mais, ne vous faites pas d'illusions : *ils* viendront à moi comme des chiens qu'on fouette. Et je vous jure que, ce jour-là, *ils* se feront " recevoir " ! »

Je ne puis m'empêcher d'ajouter :

« Et ce jour-là, on saura publiquement : premièrement, qu'ils sont venus vous trouver, deuxièmement, quelles conditions vous avez posées à votre appui. »

Rire péremptoire :

« *Oh, oui !* »

Depuis le début de cette crise ministérielle, c'est-à-dire depuis que Bidault a remis ses pouvoirs au doyen d'âge de l'Assemblée nationale, le Général a évité tout contact avec un parlementaire, soit directement soit par personne interposée. C'est ainsi qu'il a refusé récemment de recevoir Michelet, Bourgès-Maunoury, etc. Un parlementaire du P.R.L. ayant franchi la grille du jardin pour se faire annoncer, le Général me demanda de lui faire faire demi-tour. Il est vrai qu'il a reçu Pleven, amicalement (sans plus), se gardant bien de lui donner des conseils tactiques. Pour toutes ces raisons, il était particulièrement savoureux de lire, dans le discours que Jacques Duclos a prononcé avant le vote de confiance au ministère Blum, hier après-midi, le passage suivant :

« ... L'on a la sensation de voir se dérouler ici des intrigues dont on n'a pas de mal à deviner qu'elles se nouent en dehors de l'enceinte du Palais-Bourbon. »

Et Jacques Duclos, écrit *L'Humanité*, essaie alors de montrer le mécanisme des manœuvres qui ont fait échouer les négociations de Léon Blum :

« A côté des républicains attachés à la démocratie et décidés à jouer le jeu parlementaire, il est des hommes, affirme Duclos, qui ont associé leur destin, moins peut-être au destin de la République qu'à un destin personnel. Et ceux qui font cette besogne, à quoi visent-ils donc, si ce n'est à déconsidérer le régime parlementaire, comme pour préparer dans un climat spécial l'élection du président de la République, qui aura lieu au mois de janvier prochain. »

Pendant ce temps-là, le Général hiverne. Il a passé, pour la première fois depuis son retour à Colombey, la grille de son jardin : c'était pour aller s'asseoir quelques instants, hier après-midi, au chevet d'un fermier du voisinage, paralysé depuis sept ans. En dehors d'un tour de jardin par jour, il vit retiré dans son bureau, où il a repris récemment la rédaction de ses Mémoires.

Depuis quarante-huit heures, il lit les quatre premiers chapitres du livre que Soustelle projette sur les débuts de la France Libre[46].

Hier, il a demandé à Mme de Gaulle de lui faire cadeau d'une sorte d'agenda, où il puisse inscrire minutieusement quelques « pensées », ainsi que des citations cueillies dans ses lectures...

Il n'écrit, pour ainsi dire, aucune lettre. Il ne téléphone jamais. Palewski n'est pas venu le voir depuis longtemps. Seul contact politique : la radio de 19 h 45 et les journaux du matin, qui parviennent ici avec vingt-quatre heures de retard.

Une panne d'électricité, de 17 h 30 à 18 h 15. Dans une odeur de lampe à pétrole, renonçant à lire, nous disparaissons, Mme de Gaulle et moi, dans son silence.

Comme impatient, son regard contemple un monde lointain pour nous, immédiat et réel pour lui. Aucune pause de sa part. Il est absent, à la lettre, de cette bibliothèque noyée d'ombre qu'éclaire le feu de bûches, presque un bûcher, tant on chauffe ici. La face est inclinée, la bouche est arrondie, comme verrouillée autour du cigare. Ainsi demeurera-t-il pendant un temps très long. Parfois, ce hochement imperceptible de la tête, comme s'il venait de soupeser – après l'avoir extraite du tissu vivant des faits – une donnée plus grave que toutes les autres. Comme la dernière parole qu'il a prononcée, la cendre de son Corona s'allonge extraordinairement... La fumée monte et se meut, sur le fond obscur de la pièce, où persiste à coudre Mme de Gaulle.

De tant de silence, de tant d'immobilité, s'exhale – avec un léger sentiment d'inquiétude – la certitude de vivre à un mètre d'une révélation. En cet instant, je serais gêné de le regarder. Mais si, dominant mon malaise, je lève les yeux de dessus cette page, il m'apparaît déjà différent de ce que j'imaginais : calé au fond de son fauteuil. J'évoque, dans ce sérieux, je ne sais quel enfant qui bercerait des idées et se raconterait une histoire en silence...

Enfin, toujours sans un geste, il s'adresse à Mme de Gaulle, qui est inclinée sur son ouvrage, derrière son dos :

« Vous allez vous crever les yeux, Yvonne. »

Il est revenu, peu à peu, à nous. Bientôt, il me regarde. Je ne peux pas dire que je *vois* son regard ; je le devine, étrange et bouleversant. La conclusion de sa méditation m'arrive, péremptoire :

« Il faudra cinquante ans. Il faudra commencer par vivre sur nous, recroquevillés, petitement... »

Je sais que toute parole, en cet instant, ne peut être que déplacée. J'aperçois parfaitement le ridicule de la question que je vais lui poser. Néanmoins, pour me hisser hors de mon malaise, je dis :

« Pourquoi cinquante ans ? Faisons, pendant une seconde, une hypothèse vertigineuse : imaginons, mon Général, que la France dispose pendant quelques mois d'autant de charbon, d'autant de matières grasses, d'autant de sucre qu'il nous en faudrait pour échapper à l'angoisse matérielle imminente. Ne pensez-vous pas que nous sommes à la merci d'une férocité purement matérielle et que le moindre redressement économique suffirait à réamorcer en nous l'espoir ? »

Il répond à ma question par ce geste particulier des avant-bras qui semble écarter un voile d'illusions :

« Hum !... hum !. »

Il sourit tristement, l'espace d'un instant et reprend sa gravité première : « Voyez-vous, le problème est avant tout un problème moral... »

Il cherche un moyen de concrétiser sa pensée et me dit alors :

« Dans la conclusion de *La France et son armée,* j'écrivais : " La France est un vieux peuple auquel l'expérience n'a point arraché ses vices[47]. " »

Colombey, jeudi 19 décembre 1946

J'écrivais, il y a trois semaines, que le Général était décidé à faire connaître publiquement et rapidement qu'il ne serait pas candidat à la présidence de la République. Il me l'avait dit d'une manière péremptoire. Il m'avait fait part de son intention d'en faire une déclaration.

Palewski, auquel j'en ai parlé à mon retour de Colombey, le 5 décembre, fut d'un avis contraire : « Plus tard. C'est-à-dire quelques heures avant l'élection du Président : il sera alors grand temps de le faire. »

Quelques jours plus tard, il se rendait à Colombey. Détourna-t-il le Général d'agir aussitôt ? C'est possible. Mais la crise ministérielle battait son plein : jusqu'à la formation d'un gouvernement, si une déclaration du Général n'eût point passé inaperçue, elle ne pouvait prétendre frapper les esprits au maximum. On lui eût prêté, d'autre part, l'intention de torpiller les fragiles négociations en cours. Malgré cela, son silence ultérieur sur ce point fit que j'évitais de lui rappeler sa promesse, lors de mon retour à Colombey, imaginant à tort qu'il traversait un débat de conscience et surtout qu'il avait mauvaise conscience sur ce point. Ce n'est qu'aujourd'hui, qu'il fit tomber – contre toute attente – dans le silence de l'après-déjeuner :

« Le moment est venu de publier la déclaration que je vous ai lue l'autre jour. »

C'était la première fois qu'il en reparlait devant moi et c'était l'air de la résolution farouche, ce qui m'a réjoui.

Je lui ai alors demandé :

« Cette déclaration, entendez-vous la faire dans les mêmes termes qu'il y a trois semaines ?

– Exactement les mêmes. »

Comme il y a trois semaines, je l'y encourage vivement. Timorée, la voix de Mme de Gaulle se fait alors entendre :

« Si vous publiez seulement la phrase : " Je refuse de présider... (ici, douloureux effort de mémoire), je refuse de présider dans l'impuissance à l'impuissance de... ", est-ce que je sais, moi, eh bien, je vous affirme que vous ne serez pas compris ! »

Il répond, interloqué :

« Comment cela ?

– Mais oui. Réalisez donc que les braves gens, eux, se diront une fois de plus : " Ce qu'il nous raconte est bien compliqué pour nous. " »

Le Général, plus ébahi qu'impatient, commence par rire énormément, puis se lève et proclame :

« Méfiez-vous, Yvonne, méfiez-vous de ces “ braves gens ” dont vous me parlez tout le temps. C’est une expression dont on a abusé... dont on a abusé contre eux, dont on abuse contre eux depuis six ans. »

Il marche le long du tapis et décide :

« Je vous dis, moi, que vos “ braves gens ” comprendront parfaitement de quoi il retourne. Ou bien vos braves gens ne sont pas des braves gens, et alors ne me cassez pas les oreilles... »

Après ce léger éclat, elle se tait, sans amertume.

Il disparaît dans son bureau.

A l’heure du thé, il en ressort pour la première fois, ayant oublié sa promenade habituelle : il est assez gai sous sa gravité. Sa tasse avalée, il sort de sa poche une feuille de papier à lettre qu’il déplie comme un écolier :

« Ma déclaration, la voici ! »

Il faut croire qu’il a prêté l’oreille à l’objection de Mme de Gaulle, car le texte qu’il nous lit à haute voix comporte un préambule qu’il ne m’avait pas lu il y a trois semaines.

Je note aussitôt la présence de « C’est par d’autres voies que nous trouverons le salut », et l’absence de deux membres de phrase que j’aimais dans l’ancien texte :

« Mais pourquoi, mon Général, avoir supprimé le début de votre réponse aux journalistes : “ Votre question m’étonne ”, et “ mes compatriotes me feront l’honneur de croire que... ” ? Je vous assure, mon Général, que c’était beaucoup mieux. C’était une gifle, ce doit être complètement une gifle. Ne la donnez pas avec réserve. Il y a trois semaines, vous ajoutiez à une parole d’honneur et de défi une note d’ironie, qui ne doit pas disparaître. »

Je m’attendais, de sa part, à un geste d’impatience. Erreur. Il relit gravement son texte. Parce que je sais qu’il n’a jamais pu supporter qu’on surveille sa méditation, je fais mine de me plonger dans mon livre. Il se lève et marche vers son bureau, mais je ne le tiens pas quitte et renouvelle ma question sous forme d’affirmation... Il ne dit pas un mot et referme la porte sur lui. Vers dix-huit heures, il m’appelle et me dit :

« Voici le texte définitif. »

Il a rajouté une des deux phrases que je lui demandais, mais il n’a pas supprimé : « C’est par d’autres voies que nous trouverons le salut. »

Millaud me téléphone et m’indique que Michelet renouvelle sa demande d’audience, en y ajoutant que « ses amis M.R.P. sont d’accord pour que l’entretien ait lieu et qu’ils soutiendraient la candidature du général de Gaulle ».

Je l’indique au Général, qui me dit aussitôt : « Demandez-moi Palewski ! »

J’obtiens immédiatement la communication : avant que le Général ne prenne l’écouteur, je lui rappelle que son téléphone et celui de Palewski sont fort écoutés en ce moment. Ceci ne l’empêche pas de lui faire part au téléphone de son intention de ne recevoir Michelet « qu’à titre d’ami et non de M.R.P. », ainsi que des motifs qui l’ont incliné à publier immédiatement la déclaration projetée. Tout cela, en clair...

Il revient du téléphone. Je suis assis devant mon bureau, occupé à ficeler un paquet. Mme de Gaulle est au premier étage. Il marche vers moi, puis autour de moi, à grandes enjambées radieuses :

« Maintenant, dit-il, les choses sont claires. »

Il s'arrête un instant, me dévisage bizarrement :

« Herriot sera furieux. Il avait si bien préparé son affaire.

– Habilement », dis-je.

Grand geste qui balaie tout :

« Il ne suffit pas d'être habile : il faut réussir ! Or, observe-t-il narquoisement, il a échoué. »

Et il constate, presque admiratif :

« Oh certes, son affaire était bien manigancée... Grâce à son intervention, pensait-il, un gouvernement d'union nationale pourrait être constitué. " Je l'aurai enfanté de mes mains... On dira de moi : ' C'est lui, l'arbitre. Il a été l'arbitre entre les partis. '... Je ferai figure d'homme indispensable, ce qui me désignera à l'attention de tous pour la présidence de la République... " Seulement voilà : il a raté son affaire... »

Il marche encore et laisse tomber dans un rire :

« Quelle gifle pour les partis ! »

Il se tait à nouveau, puis reprend ainsi :

« Après avoir combattu la Constitution, Herriot est placé, par ma déclaration, dans la posture de l'endosser... Beau rôle ! Dorénavant, je leur gâte leurs effets... Les adversaires d'Herriot diront : " Il accepte, lui, de présider dans l'impuissance à l'impuissance d'un régime qu'il a combattu. Il s'en accommode "... »

De plus en plus catégorique, il ajoute :

« Vous verrez ce que je vous dis : Herriot ne sera pas élu. Il n'aura pour lui que les voix des communistes et d'une quinzaine de zèbres de son parti. Seulement, dorénavant, il sera associé au régime. »

Comme j'observe que sa déclaration servira de coup de revolver à la ligne de départ de la campagne présidentielle, il me répond :

« Oui, mais de toute manière elle aurait commencé prochainement. Dès la première réunion du Conseil de la République, c'est-à-dire le 24, la date de l'élection du président de la République sera fixée... C'est pourquoi il y avait tout intérêt à ce que je fasse connaître ma position *avant*. Ainsi pourra-t-on dire plus tard que je me suis placé en dehors du régime des partis dès que celui-ci est apparu à l'horizon : premièrement, en me retirant. Deuxièmement, en combattant la Constitution qu'ils préconisaient. Enfin, en refusant de poser ma candidature. »

Il me donne de la publication immédiate de son texte cette autre raison :

« Les grandes difficultés vont commencer dans quelques jours : renouvellement des contrats collectifs, suppression de certaines subventions, hausse automatique des prix, inflation accrue, etc. Si j'attendais quinze jours de plus, on dirait : " De Gaulle découvre que l'abcès est beaucoup plus profond qu'il ne l'imaginait. Il a peur des difficultés : voilà pourquoi il renonce à poser sa candidature. "

» Autre avantage : à partir de maintenant, il y aura, irrévocablement : *eux* et *de Gaulle*. Je serai clairement dissocié, dans tous les esprits, des catastrophes que leur régime absurde aura déclenchées. D'autre part, si j'avais fait cette déclaration durant la campagne présidentielle, on aurait prétendu que je l'ai publiée par crainte d'essuyer un échec. Je pouvais, évidemment, n'en publier aucune ; mais en ne posant pas ma candidature et en me taisant, je risquais que quelques voix se portent symboliquement sur mon nom. C'était procurer à l'adversaire une autre occasion de dire : " De Gaulle a été battu ! " »

Je lui demande comment il prévoit le déroulement de l'élection du président de la République. Il pense qu'au premier tour le Rassemblement des Gauches et le M.R.P. présenteront chacun un candidat, les socialistes s'abstenant de voter et de présenter un nom pour éviter qu'aucun des candidats présentés n'obtienne la majorité au premier tour. Les socialistes posent alors la candidature de Vincent Auriol, qui est élu, pour des raisons analogues à celles qui permirent de concentrer les bulletins de vote sur Blum.

A propos du candidat M.R.P., il observe :

« Bidault s'est déconsidéré... Il ne sera probablement plus question de lui. Restent Gay et Teitgen père. Bien qu'il réponde au canon habituel des présidents de la République, Gay n'a aucune chance : pas seulement par excès de barbichette, mais surtout parce qu'il fait profession d'aller à la messe. Qu'un président de la République aille à la messe de temps à autre, mon Dieu, on n'y verrait pas d'inconvénients. Seulement, voilà : lui, il en fait profession. Teitgen père, lui, semble plus encore n'avoir aucune chance. » Il cite le nom de Queuille en passant, sans y croire...

Colombey, vendredi 20 décembre

A mon arrivée à Colombey samedi dernier, j'ai remis au Général les quatre premiers chapitres du bouquin de Soustelle. Le Général les a lus avec d'autant plus d'intérêt qu'il y est traité des événements qui ont fait l'objet, jusqu'ici, du travail qu'il a consacré à ses Mémoires. Le Général possède sur les débuts de la France Libre, le ralliement de l'Empire, les négociations avec nos alliés, Vichy et Dakar surtout, des documents que Soustelle n'a pas eus sous les yeux. Le Général désirerait, d'autre part, que Soustelle développât, sur tel ou tel point, des perspectives qui ont intérêt à être connues.

Pour ces raisons, j'ai téléphoné à Soustelle avant-hier à Paris. Il est venu déjeuner, couchera ici ce soir, et repartira demain matin.

Après le déjeuner, Soustelle ayant mis le Général au courant des intrigues et des escarmouches innombrables auxquelles la récente crise a donné lieu, le Général répète :

« Il n'y a pas de solution parlementaire des problèmes de gouvernement. Dès janvier, la rafale commencera à souffler. (Suit une espèce de vocalise.) Ils ne pourront pas ! Ils ne pourront pas !... Mais que s'imaginent-ils donc ? »

Soustelle lève les sourcils interrogativement. Le Général ajoute alors, posément :

« Voyons, voyons ! Ils savent bien qu'ils sont impuissants à redresser la situation financière ?.... Ils savent bien que celle-ci va s'aggraver immédiatement ?... Ils savent bien qu'à un relèvement du salaire minimum, c'est-à-dire à une hausse générale de tous les salaires et de tous les traitements, de l'ordre de cinquante pour cent (et je dis de cinquante pour cent pour commencer !) correspondront des difficultés plus grandes encore ? Ils savent bien que les quatre-vingt-douze milliards qu'ils vont débourser ne suffiront pas, en définitive, à assurer – pour une durée de temps raisonnable – un pouvoir d'achat suffisant ?... Ils savent bien que le rebondissement des prix va être énorme et qu'il épuisera très rapidement l'effet de la hausse des salaires ?... Tout cela, encore une fois, ils le savent bien ?... »

Soustelle ne peut trouver que cette explication :

« Je crois qu'ils se reposent encore et toujours sur l'idée qu'un amorçage de quelques milliards suffira à prolonger les choses, cahin-caha ; que finalement, leur affaire vivotera, et que peu à peu, ils s'en tireront sans catastrophe. J'ai entendu des parlementaires se rassurer entre eux en faisant appel aux arguments les plus insensés. J'ai entendu dire, par exemple : “ La IVe République se sauvera comme la IIIe : à une voix de majorité ! ” »

Hilarité générale.

Je note ceci :

La confiance qu'il a dans son jugement *– dans cette arme qu'il a, peu à peu, seul et contre tous, patiemment fourbie, essayée et adaptée aux événements, dans cette arme qui n'a encore jamais rencontré plus fort qu'elle – cette confiance procure d'abord une impression d'autant plus monstrueuse qu'elle lui est plus naturelle et qu'elle semble moins le résultat d'un effort sur soi ou d'une lutte contre les recommandations d'autrui. Mais cette confiance ne concerne pas seulement son propre jugement : à force de n'avoir jamais remis en doute le fait que sa volonté, ses vœux, son approbation, son intérêt, sa méditation et même son repos fussent la volonté, les vœux, l'approbation, l'intérêt, la méditation et le repos de la France, – lui tourner le dos en route, ou dénoncer son point de vue, ou, plus simplement, s'interroger sur le bien-fondé de ses actes, c'est devenu à ses yeux :* trahir. *Sa pensée et ses actes, il les projette inconsciemment entre les êtres, telle une frontière infranchissable entre le bien et le mal, le juste et l'injuste, le vrai et le faux, si bien qu'il va de soi que les félons ou la canaille le combattent, ou se mettent dans le cas de s'interroger à son propos. Il ne sait, dirait-on, aucun gré aux autres de le suivre : c'est leur devoir. A l'endroit de ceux qui secondèrent son action – fût-ce au risque de leur vie – il n'a jamais semblé manifester publiquement aucun « sentiment particulier ».*

Il n'est que juste de reconnaître que, se traitant plus durement qu'eux, il ne s'est jamais accordé plus que ce qu'il devait à la France.

Colombey, samedi 21 dé

Le Général me parle
« Il est heureux qu'on
engagé le fer. Dorénavan
ayons maintenant la possi
réflexe de conservation s'
a fait des progrès. D'Arg
Il signale le risque d'un
tet.

Comme on lui parle d
« Nous n'avons encore
Puis, il ajoute, avec un
cherait à faire peur à de
« Ce sera terrible ! »
Et il rit beaucoup...
Il avale très vite sa tass
haute voix ce passage de
« Le socialisme disait :
c'était impossible. Nous c
pauvres. »
Il en rit, comme d'une
Je lui parle alors de l'
« Quelle douche, sur l
Puis il se lève, me rem
lui dis que la candidatur
comme j'exprime le dout
rité absolue, il réfléchit u
et qu'il n'est pas impossib
partis sur son nom. Au
chances de Vincent Aur
« Blum ? dis-je. Sa fen
– Bah ! dit Mme de Ga
blique que président du C
sident du Conseil...
– Mais non, Yvonne, p
sincèrement pas d'en êt
Elle n'est pas convain
« Mais il n'est pas seu
– Qu'importe d'être e
oui, un point c'est tout...
hante jour et nuit, c'est c

Puis il parle ainsi de l'activité du gouvernement Blum :

« On voit déjà, à propos des mesures financières projetées, qu'ils ne se décideront pas. Ils se défilent déjà... Ils ne pourront pas, c'est évident. »

Il me récite alors doucement, malicieusement, les vers de Victor Hugo sur la naissance de l'Aiglon :

– « ... L'avenir n'appartient à personne !

Il n'appartient qu'à Dieu ! Et chaque heure qui sonne [49]... »

Puis il se replonge dans les Mémoires de Ciano.

Colombey, décembre 1946

Il vient de terminer la lecture quotidienne des journaux, cette lecture à laquelle il procède avec tant de méthode et tant de dégoût. Il me regarde, retire ses lunettes, les met dans sa poche comme on classerait un dossier, puis, un geste du bras vers les gazettes qui jonchent la table de bridge :

« Tous ces socialistes, tous ces démagogues me font rigoler lorsqu'ils parlent de la position de la France dans le monde. Quelle présomption ! Ils en ont plein la bouche. A les entendre, la France a commencé à retentir aux oreilles de l'humanité en 1789 ! Incroyable dérision : car c'est au contraire depuis 1789 que nous n'avons cessé de décliner ! 1789 ? Bah ! Que font-ils donc du prestige intellectuel et spirituel de la France aux XVIIe et XVIIIe siècles ? »

Sa voix se réchauffe lorsqu'il dit :

« Nous étions alors universellement enviés. Prenez le XVIIIe siècle, par exemple. On ne pouvait se prétendre lettré en Europe si l'on ne savait le français. On ne pouvait pas *lire*, on ne pouvait pas échanger des idées, on ne pouvait pas s'instruire, on ne pouvait prétendre faire figure, si l'on ne savait pas le français ! Depuis Athènes et Rome, le monde n'avait rien vu de tel, parce que, depuis Athènes et Rome, on n'avait vu pareille puissance. Il n'y avait alors aucune nation qui se pût comparer – et de loin – à la France : par son génie, sa civilisation, ou sa fortune. Mais après, qu'avons-nous vu ? Cet immense capital d'influence n'a fait que s'épuiser ! Si bien que ces petits-bourgeois, tous ces petits professeurs socialistes, me font rigoler avec leurs leçons. Croient-ils, par hasard, que si l'on aime encore la France, c'est pour leur bla-bla ? Se croient-ils encore enviés ? Et si l'on aime encore la France dans le monde, comment ne voient-ils pas que c'est exactement pour les mêmes raisons qu'au XVIIIe siècle et malgré leurs efforts pour faire disparaître ces raisons ? »

1947

Paris, mercredi 8 janvier 1947

Je n'ai eu aucun contact avec le Général depuis la veille de Noël. J'ai néanmoins gardé le contact de sa pensée à travers les personnes qu'il a reçues en audience, que j'ai presque toutes vues à leur retour, notamment Claude Mauriac et Gaston Palewski.

Le premier s'est rendu, pour la dernière fois, à Colombey, le 3 janvier. De sa conversation avec le général de Gaulle, il m'a dit que, cette fois-ci, elle lui avait apporté peu d'éléments nouveaux, sinon que l'apparent succès remporté par Blum dans sa bataille pour une baisse de cinq pour cent [1] avait été l'occasion de maints quolibets.

Quant à Gaston Palewski, que j'ai vu cet après-midi et qui a passé la journée d'avant-hier en Haute-Marne, voici à peu près ce qu'il m'a dit : Dès son arrivée dans le bureau du Général, il lui a fait part de « l'enthousiasme » et même de l'euphorie déclenchés par l'expérience de baisse. Le Général a aussitôt répliqué, non sans éclat, que cette tentative était vouée à l'insuccès. Si le choc psychologique a pu être obtenu au départ, c'est parce qu'il émanait d'un gouvernement minoritaire, d'un gouvernement de compromis, d'un gouvernement qui, par sa brièveté même et par le compromis entre les partis dont il résulte, échappe par définition à toute entrave politique. L'éphémère gouvernement actuel n'est-il pas, en effet, un exemple débile d'un gouvernement possible de la France, tel que le général de Gaulle le définissait à Épinal, lorsqu'il disait :

« Il nous paraît nécessaire que le gouvernement de la France en soit un, c'est-à-dire une équipe d'hommes unis par des idées et des convictions semblables, rassemblés pour l'action commune autour d'un chef et sous sa direction, collectivement responsables de leurs actes devant l'Assemblée nationale, mais réellement et obligatoirement solidaires dans tous leurs actes, dans tous leurs mérites et dans toutes leurs erreurs, faute de quoi il peut y avoir une figuration exécutive mais non pas de gouvernement. »

Quant à l'incrédulité du Général sur le succès de la « bataille des cinq pour cent », elle repose principalement sur deux éléments :

Premièrement, l'impossibilité – même si la baisse obtenue était effectivement de cinq pour cent – d'échapper à l'emprise des organisations syndicales qui exigent, d'une manière de plus en plus pressante, une hausse générale des traitements et des salaires. Même si le gouvernement socialiste homogène – en remettant, de Conseil des ministres en Conseil des ministres, la décision finale – parvenait à éviter d'en prendre la responsabilité, il est bien certain que, dès sa formation, le prochain gouvernement devra commencer par augmenter les salaires. Ceci veut dire que sous une baisse éventuelle et effective de cinq pour cent, une hausse massive des prix se déclenchera, que la digue des cinq pour cent sera brisée par le flot, qui entraînera avec lui les grands espoirs suscités au début de l'expérience, si ceux-ci existent encore après la prochaine crise politique imminente (élection du président de la République et formation du nouveau gouvernement).

Deuxièmement, le succès de l'expérience proposée n'a pour but que de forcer paysans, industriels et commerçants à livrer leurs stocks. Or, le Général m'a répété depuis deux mois et l'affirme plus catégoriquement que jamais : les stocks sont inexistants.

M. Palewski a dîné, la semaine dernière, chez S.E. Jefferson Caffery. Celui-ci semble faire grand cas, depuis une date relativement récente, de l'ancien directeur de Cabinet du Général. D'après celui-ci, il lui aurait tenu, en substance, le langage suivant : « Le gouvernement américain est résolu à ne rien faire pour la France tant que celle-ci tolérera un gouvernement à participation communiste, ou même un gouvernement subissant la pression des communistes. Dès que pourra s'exprimer une politique française libérée de l'hypothèque marxiste, dès que cette politique nous paraîtra cohérente, nous vous aiderons. Voilà pourquoi il n'est pas de meilleure chance pour vous que la mise en œuvre des institutions préconisées par le général de Gaulle. »

Jc demande à Palewski si M. Caffery est tellement sûr de pouvoir obtenir de son gouvernement – aux yeux duquel sa cote est très basse – des crédits pour la France, alors que les républicains se déclarent déterminés à mettre un terme aux prêts à des gouvernements étrangers.

Il me répond : « Les républicains ne sont pas encore au pouvoir... »

L'ambassadeur des États-Unis aurait été jusqu'à proposer à Palewski d'arrêter les envois de charbon à la France : « Gardez-vous-en bien ! » lui fut-il répondu.

L'Homme

Mêlant instinctivement la tactique aux relations sociales, minutieux dans le calcul de ses gestes, sans que la haute part de sa pensée ou de son action fût jamais dégradée par le souci de préparer ses entrées, il lui arrivait néanmoins, en période de grande fatigue, de concéder trop à la minutie : il frappait son entourage (au pouvoir, une seconde est une seconde) par le temps qu'il perdait à écrire noir sur blanc, avec un stylo qui refusait l'usage et dont il hésitait à changer, par le temps qu'il perdait à donner, parfois avec une lenteur incroyable, le détail d'une instruction apparemment insignifiante. La rédaction de ses discours, elle, jetait trois cent vingt personnes dans une atmosphère d'impatience ou de sieste. Refusant toute audience, s'enfermant dans son bureau, interdisant même que son directeur de Cabinet se glissât jusqu'à lui pour obtenir une décision urgente, il écrivait ainsi des heures durant, déchiffrant, recommençant, raturant, s'emportant, accompagnant sa méditation ou la poursuite du verbe d'un jeu agacé des doigts autour de la cigarette éternelle, repassant volontiers la plume sur les boucles des lettres, les barres des t *ou caviardant ses ratures, jusqu'à ce que débouchât dans son esprit la phrase parfaite, la phrase sonore, la phrase laconique et timbrée comme un coup de clairon.*

En cet instant, s'il m'arrivait de me glisser dans la pénombre de son bureau, je l'apercevais incliné et studieux sous le cône de lumière que limitait l'abat-jour de sa table de travail : silhouette d'un écolier penché sous la lampe, menton presque à la hauteur du papier...

Sa curiosité veille, merveilleusement présente derrière un masque indifférent; derrière cet œil méditatif et comme ennuyé, l'observation, tel un piège... Il détecte immédiatement et enregistre ce que l'interlocuteur tranquillisé imagine qu'il a le moins remarqué.

Quand il parle, c'est pour interroger. On redoute ses questions, car il a le génie de mettre aussitôt le doigt sur la chose dont il s'agit, qui est parfois celle à laquelle le spécialiste le plus averti n'avait pas pensé. Il y a toujours une espèce de candeur dans les questions qu'il pose : candeur de l'esprit éternellement jeune dans ses démarches et dans ses enquêtes...

Devant la foule, il est en représentation : pas un geste qui ne soit prévu ; chacun mesure et distingue avec précision l'honneur qu'il rend à la fonction et l'estime qu'il accorde à la personne, avec pour les dames une considération beaucoup plus évidente, qui ne dépend ordinairement que de l'âge.

On sent le naturel si proche et l'âme si ardente sous le calcul, qu'on le lui pardonne volontiers et l'on est d'autant moins porté à lui reprocher l'apprêt de son personnage (ce côté « jeune homme qui soigne son profil au moyen d'une pipe neuve »), qu'une gêne – qui va en diminuant avec les années – et une timidité dans le fond des yeux et cette tendresse qui l'auréole ont l'air de vous confier : « Je sais bien que nous nous comprenons à demi-mot. Pour les autres, je joue le personnage convenu, mais sous l'impérieuse, majestueuse ou impétueuse réserve que renforce l'immobilité de mon visage, vous savez bien qu'entre vous et moi il existe un pacte affectueux et secret. Seulement, n'attendez pas de moi la moindre familiarité ! »

Colombey, lundi 13 janvier 1947

Je suis de retour à Colombey, que j'avais quitté le 23 décembre, à la suggestion du Général qui, pour la première fois, semblait apitoyé à l'idée que je ne passerais pas les fêtes en famille. Il comptait sur son fils Philippe pour lui servir d'aide de camp : de retour du Maroc, il était attendu incessamment. Mais, comme des vieux, le Général et Mme de Gaulle attendirent en vain leur fils, qui ne parvint à Colombey que le 27. D'autre part, Élisabeth, étant tombée malade, dut renoncer à venir à la Boisserie. Mme de Gaulle m'a dit la tristesse inoubliable de ce Noël, que le Général – pour la première fois depuis 1940 – avait voulu gai : il avait ordonné qu'on préparât un copieux déjeuner de Noël.

La tristesse de cette messe de minuit troublée par un photographe qui les aveuglait de magnésium, au grand scandale des fidèles... La tristesse encore de cette scène : Marie, la servante, les éclairant sur la route de l'église avec une lampe-tempête... Puis le retour, le réveillon à deux, dont elle m'a dit l'infinie mélancolie...

Le paysage intérieur de la Boisserie n'a changé que par la présence de Philippe de Gaulle, qui repart demain, à l'expiration de sa permission, et par l'apport d'un chat angora âgé de six semaines, qui caracole sous les meubles et joue indifféremment avec les souliers du Général ou avec une boulette de papier bleu. Mme de Gaulle, que la présence d'un être humain suffit parfois à frapper de mutisme, joue indéfiniment avec l'animal et lâche aux quatre coins de la maison des « Poussy ! Poussy ! » prononcés d'une voie très tendre. Ce raminagrobis enfant loge, une heure durant, sa fourrure duveteuse et cendrée dans le repli de son cou, pendant qu'elle borde de « jours » une nappe d'une taille démesurée.

Du Général, elle me dit, dès mon retour :

« Je ne sais pas ce qu'il a : il ne dort pas et se plaint à nouveau de son dos. »

Il est vrai qu'en ce moment, et pour la première fois depuis que je le connais, la tristesse, l'accablement, une inaction exagérée pour lui (qui serait tout de même un surmenage pour les autres), une masse d'ennuis le recouvrent comme une chape de plomb. Mais alors qu'ordinairement la tristesse, l'accablement, les débuts d'inaction et les raisons d'ennui le rendent tellement irritable qu'elles le tirent instantanément de l'inertie, je m'inquiète, pour la première fois, de constater qu'il n'en est rien : il lit peu, ne se promène plus, ne demande plus à voir personne, évite la conversation et, chose plus incroyable, ne s'enflamme plus devant la contradiction. Ce dernier retranchement même : sa propre méditation, semble avoir été abandonné.

C'est après un interminable silence, qu'il me dit ce soir, sans doute pour donner le change aux interrogations qui s'imposaient à mon esprit :

« Tout m'est égal : je suis plongé dans les *Mémoires d'outre-tombe.* »

Au moment où, libéré par mon arrivée, Bonneval montait en voiture pour regagner Paris, il me dit, pour réparer un oubli :

« Un envoyé du général Leclerc doit venir voir le général de Gaulle cet après-midi, vers six heures. »

Le lieutenant-colonel Mirambeau arriva dans la nuit mouillée, vers dix-neuf heures. Je l'introduisis aussitôt auprès du général de Gaulle.

Philippe Barrès, au cours d'un dîner, le 9 janvier, m'avait dit que, d'après ses informations, le premier acte de Blum, au retour de Marius Moutet, serait de rappeler d'Argenlieu d'Indochine. L'information était exacte. Le général Leclerc, dès son atterrissage à Villacoublay, hier après-midi, fut convoqué par Blum. Celui-ci l'informa de son intention de le renvoyer en Indochine pour prendre la place de l'amiral d'Argenlieu. Le général Leclerc a réservé sa réponse, désirant connaître le sentiment du général de Gaulle.

Au bout d'un quart d'heure environ, le colonel Mirambeau entra dans la bibliothèque et me dit :

« Le Général voulait écrire une lettre à mon patron. »

Au bout de douze minutes, le général de Gaulle, derrière la porte de son bureau, cria : « Guy ! » et me remit sa lettre à Leclerc, pour copie, avant le départ du messager. La voici :

« 13 janvier 1947

« Mon cher ami,

1° La situation actuelle en Indochine est grave, en effet. La raison principale est la lâcheté absurde de ce qu'il est convenu d'appeler notre " gouvernement ". (Gouin, Bidault, Moutet, Blum.) Il est très injuste et vraiment trop commode de faire porter au compte de d'Argenlieu les erreurs et les abandons qui ont grandi nos adversaires et affaibli nos partisans.

2° Rappeler d'Argenlieu *en ce moment* serait une nouvelle sottise et une nouvelle lâcheté ! Quel que soit son remplaçant, et même si c'est Leclerc, le monde entier conclura que nous nous désavouons nous-mêmes.

3° En ce qui vous concerne, prendre en ce moment la place de d'Argenlieu vous donnerait l'apparence d'un instrument employé pour une manœuvre politicienne (affaire Lyautey-Pétain).

4° De toutes façons et quel que soit le Haut-Commissaire, il n'y a pour le moment rien d'autre à faire qu'envoyer et répartir des renforts. Alors même qu'il serait inutile de changer plus tard de politique localement, il n'y a aucune urgence réelle au rappel de d'Argenlieu, sauf empressement malsain du ministre Moutet, qui veut un bouc émissaire à ses propres fautes.

5° Au total voici, suivant ma conviction, en quoi consiste l'intérêt national :

Dire au « gouvernement » que la France ne peut et ne doit pas rappeler, c'est-à-dire désavouer, actuellement d'Argenlieu. Il faut, au contraire, le soutenir et le renforcer.

Plus tard, quand les renforts seront arrivés et mis en place, quand la position militaire sera assurée, quand il s'agira, sur la base de cette situation nouvelle et bien établie, de faire une nouvelle politique, alors le problème se posera tout autrement, spécialement pour le général Leclerc.

En attendant, il est désirable que le général Leclerc reçoive qualité pour choisir les renforts et s'emploie à les faire partir. Il suffit, administrativement, de joindre à sa mission concernant l'Afrique du Nord, une autre mission concernant l'Indochine.

Voilà, sans ambages, ce que je pense. J'y ajoute, mon cher ami, tous mes sentiments de profonde affection.

C. de G. »

Le colonel Mirambeau m'a dit à peu près ceci sur la situation en Indochine (il a quitté Saïgon le 9 janvier), d'après les informations qu'il a pu récolter au cours du voyage d'inspection du général Leclerc qu'il a accompagné à l'aller comme au retour :

« L'état d'esprit des Français est bon. Il n'est pas question d'être jetés à la mer. Mais alors que les pertes étaient, avant le 19 décembre, de cinq tués et de quinze blessés par jour, nous comptons que nos pertes seront dorénavant de vingt-cinq tués et de soixante-dix blessés. D'ici le mois de juillet, il faut prévoir que cinq mille hommes seront à terre. Les renforts commencent à arriver, mais les équipements et les armes en insuffisante quantité, sans que nous ayons l'espoir de pouvoir les remplacer pour l'instant. L'état des pièces de rechange est tragique. Dès son retour, le général Leclerc a demandé à l'E.M.A., en sus des demandes antérieures, l'envoi de renforts supplémentaires de quinze mille hommes : l'E.M.A. nous a répondu qu'il n'y fallait pas compter. Et si nous insistons, au lieu de chercher la solution du problème, on nous répond : " C'est impossible. " Le Viêt-minh reçoit, par la Chine, de nombreux stocks d'armes. Il est impossible de prévenir ces infiltrations. »

Comme je lui demande l'origine de ces armes, il me répond :

« L'expédition en est faite par des généraux chinois, en cachette du pouvoir central. Elles sont achetées à un prix très élevé par Hô Chi Minh. Ce sont des armes américaines pour la plupart, mais il y a également de nombreuses armes japonaises. »

Le colonel Mirambeau m'indique que les deux plus grandes menaces sont, pour l'instant : l'assassinat des notables profrançais, qui, à dater du 19 décembre, s'est effectué à grande échelle. Des milliers et des milliers de notables sont ainsi assassinés. La France a déjà perdu ainsi, dans les villages, sans qu'aucune opération militaire s'y soit d'ailleurs déroulée, l'armature indispensable de ses amitiés annamites.

Seconde menace : le coup de chien qui se prépare, paraît-il, en Cochinchine et qui éclaterait d'ici trois ou quatre semaines.

Sur l'attitude des Anglais, cet officier m'affirme que nous ne pourrons rien en espérer de bon. Il m'a raconté qu'au voyage aller, l'horizon artificiel de l'avion étant bloqué, le pilote avait vainement essayé de contacter par radio la station britannique voisine. Il s'agissait de tenter un atterrissage difficile, qui, malgré l'absence de tous les sons radiotéléphoniques, réussit cependant. Comme le pilote protestait auprès du commandant de la base, celui-ci répondit : « Qu'y puis-je ? C'est le jour de Noël ! »

Pour qui connaît la discipline et la minutie des aviateurs de Sa Majesté, il est difficile de penser que ce défaut d'assistance n'était pas intentionnel.

Colombey, mardi 14 janvier 1947

Parce qu'il n'est rien dans sa conversation qui ne me rappelle des entretiens antérieurs, j'écris peu. Il répète volontiers, et notamment après s'être amusé d'une caricature :

« Tout ça n'est pas sérieux. Les hommes sont des enfants... »

Il n'y a pas de journaux depuis huit jours [2]. La radio nous relie seule, à travers l'hiver, au monde extérieur. Elle annonçait hier soir que Léon Blum s'était tout à coup envolé, à quinze heures, pour Londres, à bord d'un avion anglais [3].

Le Général en est affecté :

« Les Anglais, me dit-il, ont attendu – comme à l'ordinaire – le moment où nous serions tombés le plus bas, pour essayer de nous arracher quelque chose de vital. Blum fait preuve, dans cette affaire, d'une précipitation criminelle. Il n'avait pas le droit, quarante-huit heures avant de quitter le pouvoir, d'entreprendre ce voyage bâclé et d'engager peut-être le destin de nos enfants pour plusieurs générations. Il n'a pas le droit, alors qu'il ne représente qu'une fiction de gouvernement de quinze jours, de décider de notre sort dans un accord précipité. Et s'il n'aboutit pas à l'accord qu'il souhaite, il restera ceci, qui déterminera dorénavant la politique de son successeur : qu'il aura découvert aux Anglais notre jeu et révélé nos intentions. Ou plutôt, les intentions socialistes de lâcher du terrain...

– Quelles sont les intentions de Léon Blum, mon Général ?

– Blum n'a ni l'intention, ni l'espoir raisonnés. La manière dont il a été transporté à Londres et le peu de protocole avec lequel il y a été reçu prouvent que tout est venu des Anglais. Vous verrez qu'en échange d'une *promesse* de charbon qui ne sera jamais tenue, Blum abandonnera la Ruhr aux Anglais.

» Massigli, qui appartient aux Anglais, a préparé cette sale besogne. »

Samedi dernier, Gaston Palewski m'avait prié d'informer le général de Gaulle qu'Hervé Alphand avait reçu jeudi pour instruction de Blum d'accepter, avec des réserves de pure forme, en fin de compte le point de vue de Bevin sur la Ruhr.

A la fin de cette conversation, j'ai demandé au Général s'il ne lui était pas possible, d'une manière ou d'une autre, d'intervenir. Il m'a répondu tristement :

« Comment voulez-vous que j'intervienne ? Vous savez bien qu'il n'y a rien d'officiel sur quoi je puisse m'appuyer pour faire une déclaration. Et, lorsque la chose sera officielle, c'est qu'il sera trop tard. »

Oui, il est triste et las. Avant le thé, il m'avait parlé, une fois de plus et sous cette forme, des communistes :

« La raison pour laquelle je crois à la mort du communisme ? C'est que pour l'homme d'aujourd'hui, pour cet homme qui sort à peine d'épreuves redoutables et qui sait bien qu'il se dirige vers de nouvelles épreuves, l'horreur de l'État est d'abord liée à l'horreur du dirigisme. Or, que lui propose le communisme, sinon le superdirigisme ? L'homme d'aujourd'hui demandera donc, de plus en plus, que les communistes lui f... la paix. C'est pourquoi également je suis convaincu que le libéralisme n'a pas terminé sa carrière... »

Et il ajoute, rêveur :

« Je me suis souvent demandé, d'une manière absolument conjecturale d'ailleurs, ce qui arriverait si les soviets déclaraient un beau jour à chaque kolkhose : " Débrouillez-vous ! A vous dorénavant de produire, de répartir "... »

Je suggère :

« Il arriverait probablement ceci, mon Général, il arriverait... la famine. Ne croyez-vous pas, en effet, que la paresse slave réapparaîtrait aussitôt ? Peut-être qu'en Ukraine on produirait plus qu'il n'en faut pour se nourrir, mais, à Leningrad, je crois qu'on mourrait de faim. »

Le Général hoche la tête dubitativement et murmure :

« Ce n'est pas dit ! Ce n'est pas dit !... »

Après un court silence, il ajoute :

« Oui, tout de suite, peut-être oui, serait-ce la famine... Mais plus tard ? Plus tard, non. Vous verrez que le libéralisme fera bientôt sa réapparition. »

Sans attacher la moindre importance aux minuties de l'enfance, je cite cependant ce trait, que Mme de Gaulle m'a raconté aujourd'hui :

« Le Général, à la naissance de son frère Jacques, bien qu'il n'eût que dix-huit mois, se montra très jaloux. Ses parents inventèrent ce stratagème, qui apaisa le petit Charles : dans la main du nouveau venu, ils placèrent une dragée, approchèrent l'enfant du nouveau-né et prétendirent que celui-ci l'offrait, cette dragée, à son aîné, en signe d'amitié. »

Colombey, janvier 1947

Bottines montantes, sanguin, roulant de grands yeux courageux dans un visage timide, essuyant son assiette et ses couverts avec son pain, le curé de Colombey est venu déjeuner.

Il a interrogé le Général sur le ministère Blum ; goguenard, et comme faisant siffler le fouet sur le parvis du Temple, le Général lança :

« L'affaire de Blum est une fiction, une fiction de quinze jours. Pour prétendre réussir cette “ expérience des cinq pour cent ”, il eût fallu et il eût suffi qu'il commençât par prendre les moyens nécessaires... »

Comme s'il se fût adressé à un interlocuteur de marque, à un homme consacré aux affaires publiques, il poursuivit :

« Et ces moyens s'appelaient : blocage général des salaires et des traitements, accroissement de la production, qui plafonnera tant que l'on n'obligera pas les gens à travailler. Enfin, licenciement d'une proportion considérable de fonctionnaires. Si Léon Blum n'a pas pris ces mesures, c'est – vous le pensez bien – parce qu'il ne le pouvait pas ! Il le savait bien, dès le départ... Et pourtant, il n'a rien fait qui puisse nous tirer de la catastrophe économique et financière. Son expérience est vouée à l'échec et je prédis une dure, une très dure année, monsieur le curé ! J'ajoute que si nous sommes tombés si bas, nous le devons... (le Général commence à comprendre que son interlocuteur a du mal à le suivre et il l'y incite de temps en temps, d'un “ écoutez-moi bien ! ”) nous le devons au M.R.P., qui, dans l'affaire constitutionnelle, a *trahi.* »

Derrière ses lunettes, qu'il vient d'essuyer, monsieur le curé a l'air de trouver le mot un peu gros, vraiment choquant :

« Trahi ?... Comment cela, mon Général ? (On sent qu'il ne s'offre pas à défendre le M.R.P... Mais aussi, pourquoi le Général emploie-t-il des expressions aussi désobligeantes à propos du parti pour lequel il a voté aux dernières élections législatives ?)

– Je dis, répond le Général, avec une douceur inquiétante, je dis que le M.R.P. a trahi, parce que... (il cherche un argument, une image accessible à cet homme simple et ne la trouve pas, le ton devient alors celui qu'on emploie pour les enfants). Je dis... il y a eu... il y a eu, au dernier référendum, neuf millions de oui, contre neuf millions d'abstentions et huit millions de non. Dès lors que le M.R.P. – au lieu de s'acharner à concilier l'inconciliable – votait non, ne croyez-vous pas, monsieur le curé, que nous aurions eu la majorité et que *tout devenait possible ?* »

Monsieur le curé, ne dissimulant pas son angoisse, s'entête à trouver une explication :

« Mais, mon Général, une Constitution, c'est fait pour être changé ! Ça fait même partie d'une Constitution, je crois, de pouvoir être changée à tout moment... Eh bien, est-ce qu'ils n'ont pas dit, eux, les M.R.P., qu'ils la changeraient, cette Constitution, *si nous la votions ?* »

Le contraste entre les deux hommes et entre les arguments qu'ils emploient devient de plus en plus comique. La voix du Général devient rauque :

« Monsieur le curé, je vous le demande (le Général se penche en avant, prend son temps...), je vous le demande, avez-vous entendu dire que vos M.R.P. aient pris une position telle, depuis le référendum, que la révision de la Constitution devînt nécessaire ?

– ... ?

– Hein ? Alors ? » conclut-il avec beaucoup de victoire dans la voix et une grande tape démonstrative sur la table de bridge.

Puis il ajoute, rasséréné et moqueur :

« Ainsi, vous avez voté leur Constitution, monsieur le curé, et pourtant ils ne l'ont pas révisée ! Et vous verrez ce que je vous dis : ce n'est pas le M.R.P. qui la fera réviser. »

Le curé proteste timidement :

« Moi ? Mais, mon Général, j'ai voté contre la Constitution ! »

Il en revient néanmoins au M.R.P., qui, « seul parti confessionnel, a défendu l'école libre ». A quoi le Général répond par cette seconde question :

« Monsieur le curé, je vous le demande : avez-vous touché des subventions pour vos écoles libres ?

– ...

– *Alors ?* »

Nouvelle victoire dans la voix et nouvelle tape démonstrative sur la table de bridge...

« Non ! non ! monsieur le curé, croyez-moi : si nous en sommes où nous en sommes, c'est au M.R.P. que nous le devons. *Il a trahi.* »

Colombey, jeudi 16 janvier 1947

Après le déjeuner et une longue conversation, le Général emmène M. et Mme Joxe dans un tour du propriétaire. Il détaille pour eux quelques composantes du paysage : notamment ce crucifix de pierre, encastré dans le mur, du côté de la route. Puis, face à un soleil glorieux, il décrit, de sa canne, les courbes estompées du plateau de Langres, qui borde l'infini de ce décor perdu.

Comme Mme de Gaulle exprime sa crainte, devant Mme Joxe stupéfaite, qu'on ne vienne un jour construire un café au milieu du champ voisin, c'est-à-dire, pratiquement, au bout de ce bout du monde, le Général explique encore où se trouve – perdue dans la brume poudroyante – la vallée de l'Aube, que surmonte la colline de Sainte-Germaine où les Romains, paraît-il, installèrent un camp :

« Cette forêt immense, dit-il, cette forêt redoutable qui recouvrait alors une grande partie de la France, effrayait les Romains. Michelet prétend qu'un oiseau aurait pu voleter, de branche en branche, dans ce temps-là, des Ardennes à la Provence [4]... Jusqu'en Provence, je ne sais pas, mais la forêt s'étendait certainement jusqu'à Dijon... »

Les deux invités, qui sont frappés par l'âpreté du paysage, se taisent et regardent...

Le Général, que ce silence flatte, dit en conclusion à Mme Joxe :

« Alors, vous voyez, Madame : ici, ce n'est pas gai. »

Mme Joxe, qui croit avoir mal entendu, n'ose approuver. Mais le Général répète, d'une voix terrible, où perce une ironie superbe et évidente :

« Je disais : *ce n'est pas gai.* En d'autres termes : on ne vient pas ici pour rigoler. »

Joxe, timidement, suggère que « c'est un paysage un peu janséniste ». Le Général ne répond pas, car il est déjà reparti dans une direction opposée à celle où nous dirigions nos pas ; nous nous alignons alors instantanément sur son cap, ce que Mme de Gaulle souligne d'un « Par là ? Ah, ah, bon !... Pourquoi pas ? »

Joxe s'est placé à la droite du Général. Bien qu'il ait été un de ses collaborateurs les plus quotidiens et les plus immédiats, de juin 1943 à janvier 1946, c'est la deuxième fois seulement qu'il rend visite au Général depuis un an. Il lui demande donc des nouvelles de ses principaux fidèles ; le Général répond en riant :

« " Les uns sont morts et les autres voyagent dans des pays perdus. " Cette phrase des *Mille et Une Nuits,* réponse nostalgique d'un homme auquel on demandait des nouvelles de ses compagnons, m'a souvent fait rêver », remarque-t-il moqueusement.

Un peu plus loin, Joxe lui parle de Lénine et de Trotsky. Le Général – devant ces bourgeons de lilas qui, prenant pour le printemps ce ciel radieux, commencent déjà à gonfler – n'a aucune envie d'entrer dans une conversation sérieuse... Pour y échapper, il plaisante :

« Alors, Joxe, vous voyez : je vis ici dans un brouhaha perpétuel, dans des intrigues diurnes et nocturnes, parmi des conciliabules sans fin, dans le crépitement des motocyclettes et dans les allées et venues des estafettes. »

Un grand rire, qui vient se briser comme sur un roc, lorsqu'il ajoute :

« Quant à moi, je n'aperçois de désobligeant dans ces allégations qu'une seule chose : *ils* ne sont pas sérieux. »

Nous rentrons et nous installons dans la bibliothèque. Joxe, qui décidément y tient, parle à nouveau de Trotsky et de Lénine :

« On aurait disputé à tort à ce dernier les titres d'homme d'action que l'on reconnaît au premier. Mon Général, qu'en pensez-vous ? »

Le Général, qui semble, en s'asseyant, avoir repris son humeur laconique, répond :

« Homme d'action ou pas homme d'action, qu'importe, Joxe ? Car votre homme d'action est un homme mort. " Sardanapale fait ceci qu'il est mort *. " »

Plus loin, Joxe lui parle de Lapie qui, dans le ministère Blum, a été nommé sous-secrétaire d'État. « Pauvre Lapie ! » dit le Général. Mais de manière qu'on ne prît pas son interjection pour un reproche ou pour du mépris, il ajoute :

« Quand je dis " pauvre Lapie ! ", je fais comme cette cuisinière méridionale de mon enfance, qui disait : " Quand on aime quelqu'aingue, on le plaingue... Et puis, on dit : le pôôôvre. " »

Ayant dit, il s'abandonne à un rire candide.

Joxe rappelle ce mot du duc d'Aumale à Bazaine, qui protestait qu'il n'y avait plus rien : « Mais si, il y a la France [5]. »

Après avoir évoqué, avec Joxe, un certain nombre de souvenirs antérieurs

* N.B. La citation est probablement fausse : est-ce Sardanapale ?

à la Libération, quelque chose de pur et de distrait se mit à briller dans son regard. Il dit, après un silence :

« Après 1944, croyez-moi, ça n'offrait plus ce spectacle attrayant, en un mot, ça n'avait plus ce colossal ragoût d'avant la Libération... Oui, je me rappelle très bien, ça a commencé à perdre définitivement tout attrait à mes yeux, vers le mois d'août 1945. »

Il nous regarde, comme pour prévenir une question :

« Alors quoi ? Faire un coup d'État ? A quoi bon ? A quoi bon ? (Ici, éclat de rire énorme.) Car, dès l'instant où il n'existait personne d'autre, il aurait fallu réinstaller, après, ceux qui ne faisaient pas l'affaire avant. Alors, vous comprenez, non !...

» Autre solution : ne pas faire de coup d'État... Mais alors, non, encore non ! Vous me voyez, moi, prenant la file avec Herriot, Bidault, Gay et tous les autres ? »

A ces phrases les plus simples se trouvèrent associés un jeu d'expressions et de gestes plus simples encore, mais si personnels, qui restituaient, comme dans un bon spectacle, une telle impression de la réalité, une impression si vive et si directe, que nous eûmes la sensation physique qu'il avait raison et que nous partîmes tous d'un grand éclat de rire.

Il riait moins que nous et j'aperçus alors, au fond de ses prunelles, singulièrement brillantes et comme un signe surprenant dans ce visage ravagé, je ne sais quelle lumière vierge et transparente...

A un moment donné, il dira ceci :

« Les deux mystiques en présence sont bien mal en point. Le communisme, qui apparaît de plus en plus pour ce qu'il est (je ne dis pas " pour ce qu'il était au début ")... une colossale fumisterie. Et le christianisme, qui ne bat plus que d'une aile. »

Il poursuit alors, sans sourciller :

« Ou bien une bombe atomique leur tombera à tous les deux sur le dos : et alors la question sera tranchée... Et alors les survivants pourront peut-être accéder, plus tard, beaucoup plus tard, à quelque chose... à un système nouveau... Ou bien... (une succession de gestes las) ou bien les perspectives de la guerre reculeront, alors on vivotera, dans le dégoût, dans l'attente, dans des trucs, etc., dans des machins, dans toute une suite de péripéties sans intérêt. Dans ce cas, il n'y aura qu'une consolation pour nous, tout au moins au début : *la médiocrité et la faiblesse des autres,* car nulle part, rien n'ira, pendant un certain temps. Seulement voilà : même ici, il ne faudra pas louper la commande. Même ici, la France devra savoir profiter du délai qui lui est imparti pour *se rétablir*. Sans quoi, dès que les autres auront repris de la substance, nous n'existerons plus. J'entends : comme puissance indépendante. »

Joxe lui demande alors s'il pense que nous parviendrons à « digérer le communisme à temps ». Et il ajoute :

« La classe ouvrière, mon Général, s'est donnée au communisme, ne l'oublions pas... »

Le Général pose sur Joxe un regard où brille un peu de défi :

« Je n'y crois pas. Vos ouvriers sont des bourgeois. Ils ne seront jamais pour le chambardement. Quant à la France, elle est comme eux : une vieille bourgeoise, une vieille dame bourgeoise, libérale, individualiste et envieuse. Une vieille dame bourgeoise qui, en 1940, n'a pas voulu se battre, qui a horreur de la guerre... Une vieille dame bourgeoise qui, en 1944, n'a acclamé la Résistance – malgré son horreur du chambardement – que parce qu'elle signifiait la libération et qui n'a salué la libération que parce qu'elle l'a confondue avec la fin de la guerre. (Elle ne s'était pas encore aperçue – un an après la libération de Paris – que la guerre venait seulement de prendre fin.) Oui, la France est une vieille dame bourgeoise... (ici, il lève l'index) ce qui ne veut pas dire, bien entendu, qu'elle n'ait pas de vices. Son vice principal, c'est, pour l'instant, de faire semblant de se donner aux communistes. Mais, cela aussi, cela n'est pas sérieux... cela n'est pas sérieux, tout d'abord parce que... parce qu'elle n'est pas sérieuse, elle-même, en rien... Et puis, ce n'est pas sérieux non plus, parce qu'après toutes les misères qu'elle vient de traverser et à la veille de toutes les difficultés qu'elle sent devant elle, la part la plus marxiste de la France éprouve déjà et éprouvera de plus en plus que ce que les communistes lui proposent n'est plus le communisme. Est-ce que vous croyez, Joxe, que l'exemple russe est *attrayant* ? La Russie apparaît... apparaît de plus en plus au regard telle qu'elle est : engagée dans des difficultés matérielles et morales peu enviables, affamée, en loques... Non, non ! Je n'y crois pas. C'est une blague. »

Mais le Général n'a pas l'air rassuré par ce qu'il vient de dire. Dans cet instant, si tant de bon sens viril n'eût baigné ses traits, il fût apparu aux regards comme un homme aux prises avec un sortilège mélancolique...

« Ce que je viens de dire ne règle d'ailleurs pas la question, car il ne suffit pas que nous parvenions à digérer le parti communiste français... Il ne suffira pas que les partis souffrent de divisions internes – que je prévois de plus en plus nombreuses et profondes. Le rétablissement de la France... c'est... (ici, il appréhende déjà qu'on ne comprenne pas son raccourci) *le rétablissement de la France, c'est sa reconstruction.* Et, ce que je nomme ici la reconstruction de la France, comporte, dans mon esprit, un ensemble... un ensemble que les partis sont incapables d'orchestrer. Reconstruire la France, c'est aussi bien la reconstruire matériellement que moralement, c'est aussi bien définir sa politique extérieure que sa politique impériale, c'est aussi bien organiser l'équipement des usines que rétablir l'Union française, c'est aussi bien refaire nos cadres que nous équiper pour produire. Mais tout cela, en un mot, c'est : agir... »

Sa voix s'est mise à gronder :

« ... c'est agir ! J'affirme que rien de tout cela ne pourra se faire avec des partis pour lesquels agir, c'est se neutraliser les uns les autres, c'est se paralyser, c'est s'empêcher mutuellement de progresser. Voilà pourquoi j'affirme que tant que la France n'aura pas d'institutions, elle ne pourra se rétablir... »

Il a lancé cette dernière affirmation avec une fringale joyeuse de grand fauve.

Nous avons pris le thé plus tard que d'habitude, car le Général – malgré le tour de jardin qu'il fit faire aux Joxe – a éprouvé le besoin de se promener encore, entre chien et loup.

Son thé et les deux biscuits – que Mme de Gaulle dépose entre la tasse et la soucoupe – à peine avalés, il se lève et tourne le bouton de la radio, qu'il n'écoute ordinairement qu'à 19 h 45 (il était presque 18 heures).

Cependant que retentissait, avant le bulletin d'informations, un dernier jazz, le Général, qui jouait avec le petit angora, me glisse :

« Vous verrez, Guy, que, se sentant abrités derrière le scrutin secret, un certain nombre de M.R.P. et de radicaux auront voté pour Vincent Auriol. »

Mais il pensait que le scrutin donnerait lieu à une succession d'escarmouches et se demandait si les communistes, « pour réserver une possibilité de manœuvre à travers les tours de scrutin », ne proposeraient pas un candidat au premier tour.

A 18 heures, le jazz se tait. Comme nous ne sommes pas branchés sur la bonne station, un conférencier lui succède. Je me précipite en même temps que le Général vers le poste ; d'un geste, le Général interrompt le mien, puis tourne le sélecteur. L'on entend alors : « ... a recueilli quatre cent cinquante-deux voix. »

« C'est Vincent Auriol », dit posément le Général.

Mme de Gaulle est assise sur le divan qui fait face à la cheminée : appuyée en avant sur les mains, la tête penchée au-dessus des caricatures que Sennep publie cette semaine dans *La Bataille* [6], elle interrompt, un très court instant, sa lecture et laisse tomber :

« Le seul avantage que je voie à son élection est que celui-ci ne pleurera jamais que d'un œil. »

Après quoi, elle rit de bon cœur. Mais le Général lui impose silence et commence à parcourir la bibliothèque à grandes enjambées, des rideaux tirés qui donnent sur le perron aux rideaux tirés qui font face au jardin.

Le speaker annonce alors la retransmission, depuis Versailles, de la séance du Congrès. On entend aussitôt la voix du vice-président de l'Assemblée nationale, qui domine un léger brouhaha en profondeur. Le Général, l'œil brillant, s'est arrêté, a tourné la tête vers moi :

« C'est Duclos », dit-il, méprisant.

La voix vulgaire et méridionale, la voix du président du groupe parlementaire du parti communiste français, déclare :

« Voici le résultat du dépouillement du scrutin pour l'élection du président de la République : 883 votants, majorité absolue : 442. » Puis, d'une voix qui veut paraître encore plus solennelle :

« Ont obtenu : M. Vincent Auriol, 452 voix... »

Les applaudissements crépitent, que dominent bientôt d'interminables acclamations. Je lève alors les yeux vers le Général : à un étranger, sa silhouette et ses traits communiqueraient l'impression d'une curiosité méditative, presque distraite. Mais moi, comment n'apercevrais-je pas aussitôt ce jeu des dents de devant qui s'amusent nerveusement entre elles, avec, de temps en temps, ce mouvement moins rapide des mâchoires. Le globe du plafond éclaire ce visage à un mètre : il a tout de même un peu l'air d'un homme qui « râle » en silence.

Duclos a annoncé les autres résultats :

« ... M. Champetier de Ribes : 242, M. Gasser : 122, Michel Clemenceau : 60 (applaudis tour à tour et de moins en moins par leurs groupes). Divers : 7 voix... »

Puis la voix batracienne poursuit :

« M. Vincent Auriol ayant obtenu la majorité absolue des suffrages exprimés, je le proclame président de la République française pour sept années, à dater de ce jour. »

Le Général poursuit sa promenade silencieuse sur le tapis. Mme de Gaulle a quitté Sennep pour *Le Canard enchaîné*, ne prêtant nulle attention, même légère, à cette voix éraillée et profonde, qui retentit atrocement dans cette pièce aux rideaux tirés.

Le Congrès vient d'entonner une *Marseillaise,* dont la radio nous transmet des accords braillés et débraillés, qui franchissent difficilement la voix de Duclos, qui, placé devant le microphone, donne le plus de volume qu'il peut à sa voix timbrée, mais fausse : une *Marseillaise* de grenouille...

Ainsi se termine ce radio-reportage. Nous écoutons maintenant le reste des nouvelles. Le Général s'est rassis.

Bientôt, dans un déclic sec, le Général impose silence à la radio et dans ce silence rétabli, viennent alors, dessous un guéridon, une série de miaulements minuscules : le petit angora, que Mme de Gaulle pose sur un journal, est pris de vomissements :

« Il faut lui donner autre chose à manger, Yvonne », conseille le Général, qui ajoute : « A moins, bien entendu, que ce ne soit la faute de Duclos... »

Il a l'air en pleine forme, goguenard. Ainsi commente-t-il les résultats :

« Vincent Auriol a obtenu dix voix de plus que la majorité requise. La majorité de cette majorité étant communiste, ce vote va encore attacher les socialistes aux communistes... D'autre part, les chiffres démontrent une chose dont il faut se souvenir, car elle pourrait se reproduire dans les grandes occasions : il y a eu trente-neuf députés et conseillers de la République antimarxistes qui ont voté pour Vincent Auriol. Parmi eux, j'estime à première vue qu'il y a au moins trente M.R.P. qui ont profité du scrutin secret pour désobéir : ce sont des " noyautés ", dont il n'est pas difficile de deviner qu'ils sont groupés autour du Bidault et de son complice. Restent une dizaine d'amis personnels : ils siègent au Rassemblement des Gauches. »

Colombey, vendredi 17 janvier 1947

Il remarque, à la lecture des journaux de ce matin, qui donnent des reportages sur la séance de Versailles, que le retour de Vincent Auriol à Paris s'est effectué dans l'indifférence générale. Il dit, par exemple :

« L'indifférence des badauds était totale. »

Il tire cette conclusion, sans aucune amertume d'ailleurs, des événements de la veille :

« L'élection aurait dû être un grand acte national. Chacun sent bien qu'elle n'en est pas un. »

Il revient sur le fait que Vincent Auriol a été élu, en grande partie, avec les voix du parti communiste :

« Voilà qui attache désormais Vincent Auriol à Thorez et à Duclos. »

Comme j'exprime un doute et que je souligne ses tendances conciliatrices ainsi que sa qualité de socialiste de droite, il me répond, avec un rire sifflant :

« Socialiste de droite ? Connais pas. Socialiste, oui, socialiste tout court, à courte vue, c'est-à-dire perpétuellement à la recherche d'une nouvelle combine. D'ailleurs, s'il " en avait ", il ne serait pas là où on l'a placé. »

Après quoi, il rit sauvagement, superbement, en fixant longuement sur moi un œil de défi. Puis il donne une grande tape du dos de la main sur une photographie montrant Blum et Vincent Auriol, dans les bras l'un de l'autre, à l'issue du scrutin :

« Avez-vous remarqué que, depuis un mois, Blum et Vincent Auriol n'en finissent plus de tomber dans les bras l'un de l'autre et de s'embrasser devant les photographes hilares ? C'est vraiment badin ! »

Et il termine par cet alexandrin :

« Et ces deux grands débris se consolaient entre eux. »

Le Général me rappelle volontiers, dans ses conversations, qu'il est de vieille lignée parisienne. Après le thé, il me dit, avec une suffisance presque juvénile et après m'avoir rappelé que son grand-père était né à la fin du XVIIIe siècle (mai 1789) :

« Croyez-en un vieux Parisien : il n'est pas d'exemple d'une famille de Paris qui soit parvenue à jouer le jeu pendant plus de trois générations sans être " liquidée ". Si on veut la mener, l'existence de Paris, cette ronde infernale, c'est en obéissant à une espèce de goût du suicide : les uns deviennent fous, les autres s'y ruinent. Bien entendu, si cette famille s'allie à une famille de province, les choses peuvent durer plus longtemps : car le sang de province apporte aux Parisiens de la stabilité, et l'argent qui l'accompagne permet parfois de se maintenir, encore quelque temps, à la surface, dans une ville où les exigences sociales sont telles, si on joue le jeu, je le répète ! qu'aucune fortune n'y suffit. »

Mme de Gaulle rit beaucoup de cette allusion aux alliances provinciales.

Un peu plus tard, il parle des « mots célèbres ». Que de fois l'ai-je entendu dire, à ce propos : « L'a-t-il vraiment dit ? On le lui a probablement prêté. »

Colombey, janvier 1947

L'aide de camp de l'ambassadeur des États-Unis m'a téléphoné il y a quelques jours pour me demander de rencontrer le docteur Y. Pogue, historiographe du War Department. Celui-ci a été chargé officiellement par le général Eisenhower d'une tournée à travers le monde, au cours de laquelle il s'entretient avec les principaux chefs d'État et hommes de guerre du deuxième conflit mondial, de manière à réunir des sources capables d'éclairer d'un jour nouveau les documents dont dispose déjà le département de la guerre américain.

C'est la première fois depuis la Libération que le général de Gaulle accepte de rencontrer un historien.

Le docteur Pogue s'enferma d'abord seul avec le Général, qui, au bout d'une minute, me demanda d'assister à l'entretien. Je n'ai pu prendre aucune note au moment même. Voici, néanmoins, quelques aspects de cette conversation.

Le docteur Pogue commence par demander au Général s'il peut fournir son explication des malentendus qui survinrent entre les Alliés et plus particulièrement des malentendus qui surgirent entre Roosevelt et le général Eisenhower, d'une part, et le chef de la France Libre, d'autre part.

Le Général insiste d'abord sur le fait que toutes les guerres de l'Histoire fournissent des exemples de « frictions » entre alliés et qu'il n'est pas d'exemple que l'unité de commandement ait jamais été complètement réalisée, cette « fameuse unité de commandement » étant aussi inaccessible aux pauvres hommes que la Beauté pour le sculpteur. Puis il se tourne vers moi :

« Dites au docteur Pogue que je vais lui raconter une histoire. »

Il rapporte alors comment, après la guerre de 1914, il publia une étude sur les discussions sans nombre qui survinrent entre le commandement allemand et les commandements militaires autrichien, hongrois, etc. Le maréchal Foch, auquel le capitaine de Gaulle avait envoyé son étude, le fit venir et lui dit notamment ceci : « Le problème de l'unité de commandement n'a jamais pu être résolu par nos ennemis. Pourquoi ? Je vais vous le dire : c'est parce que les partenaires de l'Entente n'étaient pas *désintéressés* ! »

» Voici votre réponse, docteur Pogue : Il eût fallu, nous aussi, qu'au cours de cette guerre, nous fussions plus désintéressés. »

Après un rire moqueur mais poli, le Général dit à peu près ceci :

« Il ne faut pas nous plaindre : l'unité de commandement, nous l'avons presque réalisée dans cette guerre-ci. Il y a eu parfois, certes, divergence de points de vue entre le général Eisenhower et moi-même. Mais comment pourrais-je le lui reprocher ? Le général Eisenhower recevait, en effet, de Washington, des instructions. Il se devait de les appliquer, même s'il lui arrivait, dans son for intérieur, de les déplorer.

– Voulez-vous dire par là, suggère le docteur Pogue, qu'il y avait à Washington un homme ou un groupe d'hommes dont l'attitude ou les convictions compliquèrent les choses ? »

Le Général sourit longuement, caresse et recaresse ses mains fines, fait choir la cendre interminable de sa cigarette dans un cendrier et dit :

« Que cet homme (ou ce groupe d'hommes) m'ait compliqué, *à moi*, les choses, c'est certain. Il serait vain, néanmoins, d'épiloguer là-dessus ! Je ne m'en plains pas. Il se peut que cet homme (ou ce groupe d'hommes) ait eu raison, du point de vue américain, d'agir ainsi. En tous les cas, je suis sûr d'une chose : dans l'intérêt du peuple français, il importait que, moi, j'agisse comme je l'ai fait. »

Cette réponse assez banale était assaisonnée de beaucoup d'humour : le docteur Pogue n'en fut point satisfait et précisa sa question :

« J'ai entendu dire fréquemment que l'attitude obstinée du président Roosevelt était à l'origine de ces malentendus... J'ai entendu également dire qu'autour de lui un certain nombre de conseillers ne lui avaient pas ouvert les yeux à temps... Alors, je vous pose la question : Étaient-ce ces hommes qui trompèrent le président Roosevelt, ou bien ces hommes essayèrent-ils, par flatterie, de renforcer, dans l'esprit du président Roosevelt, certains préjugés ? »

Le Général sourit de plus en plus et laissa tomber, après un instant :

« Le président Roosevelt n'était pas de l'espèce de ceux qu'on incline à agir au moyen de la flatterie. »

Comme le Général ne consent pas à en dire plus, reconnaissant cependant qu'il rencontra beaucoup plus de compréhension « parmi les Américains d'Afrique du Nord que parmi ceux de Washington », le docteur Pogue revient en arrière et demande au Général si les frictions qui survinrent entre les Alliés durant la Deuxième Guerre mondiale furent plus nombreuses et l'unité de commandement moins bien réalisée qu'au cours du premier conflit. Le Général répond immédiatement :

« Durant la Première Guerre mondiale, il y eut relativement moins de frictions. Cela tient, selon moi, à plusieurs facteurs, qui ne furent pas réunis durant la Deuxième :

1. Il n'y eut, en réalité, qu'un seul centre de gravité au conflit de 1914-18 : l'Europe.
2. Foch, qui avait suivi les opérations dès le début de la guerre, s'était acquis un grand prestige auprès de nos Alliés.
3. Le terrain du front principal était la France, où se trouvaient concentrés et représentés tous les grands états-majors.
4. La plus grande contribution à l'effort commun était apportée par la France.
5. Foch était français.
6. Il se battait sur son propre sol. »

L'historiographe américain demande alors au Général s'il est intervenu dans la « conduite stratégique de la guerre ».

Il répond qu'il a toujours accepté le principe de l'unité de commandement, qu'il n'a jamais discuté l'autorité d'Eisenhower, mais qu'il ne l'a jamais acceptée que sur son terrain : le terrain purement militaire. Il n'a jamais mis en question, non plus, l'obéissance due par nos troupes au commandement interallié. Il est advenu, néanmoins, qu'il ait eu à intervenir dans le déroulement des opérations. Que s'il l'a fait, ce ne fut jamais qu'en obéissant à des raisons purement politiques et « lorsque le déroulement des opérations concernait un intérêt vital de la France, dont dépendait le maintien de son indépendance, ou le respect de sa souveraineté ». En plusieurs occasions ce fut le cas :

1. En Italie. Le Général y avait placé – aux côtés des Alliés – plusieurs divisions. Les généraux Devers et Alexander avaient décidé que les opérations de débarquement projetées dans le midi de la France se feraient sans le concours de nos troupes : le général de Gaulle informa alors le commandement interallié qu'il avait donné l'ordre au général Juin de ne pas poursuivre le combat au-delà de Sienne, afin que nos troupes fussent incluses dans le débarquement.

2. Le général de Gaulle intervint pour qu'une division blindée française fût transportée d'Afrique du Nord en Grande-Bretagne et participât aux opérations de débarquement. Il importait, en effet, que la France fût présente dans les combats libérateurs de sa capitale.

3. Le 19 août 1944, le général de Gaulle se rendit chez le général Eisenhower, en Normandie. Celui-ci le mit au courant de la situation stratégique et de son intention de libérer Paris à une date relativement reculée, bien que des premiers éléments fussent alors arrivés à Chartres. Il n'entre pas dans les détails, mais il indique qu'il ne put se rallier – pour des raisons politiques – au plan que lui soumit Eisenhower : nécessité d'installer immédiatement à Paris le gouvernement de la France. Il rappelle que la stratégie d'Eisenhower visait à déborder largement Paris au nord et au sud, avant de le libérer.

A Rennes, le Général ayant reçu de Paris des nouvelles qui le confirmaient dans la nécessité d'une action rapide, il en fit part à Eisenhower, dans une lettre datée du 20 août au soir, qu'il confia au général Juin. Après « quelques difficultés », les choses finirent par s'arranger et, dès le 22 août, le général Leclerc recevait du S.H.A.E.F. [7] l'ordre de marcher sur Paris.

4. A propos de l'offensive von Runstedt, en décembre 1944, autre intervention du général de Gaulle. La première Armée française et la septième Armée américaine ayant reçu l'ordre d'évacuer l'Alsace et de se replier sur les Vosges, le Général indique qu'il écrivit une lettre au général Eisenhower, dans laquelle il indiquait qu'une armée française ne pouvait abandonner sans combat un département français et placer la France dans la situation d'abandonner des nationaux aux représailles allemandes.

Le général de Gaulle raconte alors au docteur Pogue comment il alla voir Eisenhower à Versailles le lendemain après-midi et comment il parvint à le convertir. Sur une question de son interlocuteur, le Général indique qu'il donna non seulement l'ordre au général de Lattre de demeurer en Alsace, mais qu'il le fit rentrer dans Strasbourg, qui venait d'être évacué. D'autre part, il ordonna à l'époque aux commandants des régions militaires de Paris, Lille et Nancy de faire procéder vers l'Est à un renfort composé d'unités nouvellement constituées.

L'historiographe demande au général de Gaulle s'il est exact qu'il ait donné alors à des bataillons français l'ordre de s'installer à Versailles.

Le Général, qui a l'air de trouver cette question stupide, répond qu'il se peut, oui, que des décisions aient été prises dans ce sens, en complet accord avec les autorités américaines locales, par le commandement de la région militaire. De toute manière, de telles instructions n'auraient pu émaner de lui.

Autre question du docteur Pogue : Est-il exact que M. Churchill, comme il l'a prétendu depuis, ait fixé lui-même l'ordre d'opérations qui a finalement prévalu dans l'esprit d'Eisenhower ?

Pour toute réponse, le Général fait entendre un rire discret, qu'il termine par cette phrase :

« Lorsque j'ai écrit à Eisenhower, dans la conviction que l'offensive de von Runstedt n'avait aucune chance d'être soutenue suffisamment longtemps, je suis parvenu à obtenir qu'il donne le contrordre et que l'Alsace ne soit pas évacuée. Je l'ai obtenu par ma lettre à Eisenhower, mais surtout par l'entretien que j'eus avec lui le lendemain. Quant à la présence de Churchill à Versailles, ce jour-là, je me demande encore, à l'heure qu'il est, ce que le Premier Britannique était venu y faire. Je suis obligé de reconnaître qu'il ne se mêla certainement pas, ce jour-là, de ce qui le regardait. »

Il rit encore, puis constate, sans avoir l'air d'en tirer la moindre vanité :

« Le général Eisenhower, lorsque je le revis plus tard, me remercia de lui avoir évité de commettre ce qui eût été une grande erreur : l'évacuation de l'Alsace. Je me rappelle qu'il m'a dit (ici le Général fait un effort de diction) : “ You were right. ” »

5. Il parle ensuite rapidement de l'intervention qu'il effectua à propos de Tende et de La Brigue, « très petits territoires, que nous désirions d'autant plus recouvrer que leur population aspirait au rattachement à la France ». La question, observe-t-il, n'intéressait Eisenhower que dans la mesure où il eut à consentir au détachement de la 1re D.F.L., qui se battait alors sur le Rhin, sous le commandement du général Devers, pour l'envoyer dans les Alpes.

6. A propos de l'affaire de Stuttgart, le Général fait cette réponse : « Les zones d'action de la Ire et de la VIIe Armée étaient alors assez vaguement délimitées. D'autre part, nous savions que les Anglais, les Américains et les Russes avaient, à Yalta, déterminé en dehors de nous leurs zones respectives d'occupation en Allemagne. Vis-à-vis des Allemands comme vis-à-vis de l'opinion française, il importait que fût délimitée notre propre zone d'occupation. Voilà pourquoi, après avoir occupé Stuttgart, nous y restâmes, malgré une protestation du général Eisenhower. A celui-ci, j'ai d'ailleurs dit la vérité, toute la vérité, rien que la vérité, à savoir que nous n'évacuerions pas Stuttgart que n'ait été tracée sur la carte et agréée de nos Alliés notre zone d'occupation. J'ai donc conservé Stuttgart comme un gage. Je l'ai rendu aussitôt après qu'eut été déterminée notre zone... »

Et il ajoute très vite :

« ... ce qui ne tarda pas. »

Je n'ai noté ici que les principaux points de cette conversation. Le Général numérotait ses « interventions » auprès du commandement interallié, comme je l'ai fait.

Au moment du départ, le Général se tourna de nouveau vers moi et me dit, avec une flamme étrange dans les yeux :

« Dites au docteur Pogue que je vais lui raconter une seconde histoire... »

Il prend son temps, sourit à nouveau, puis redevient grave :

« C'était en juillet 1943... J'étais à Alger depuis quelques semaines, au milieu de grandes difficultés, comme vous pouvez l'imaginer... Le général Eisenhower avait appris que le Comité national était tombé d'accord pour changer, dans un sens ou dans un autre, les positions respectives des généraux Giraud et de Gaulle. L'un d'eux devait être nommé commandant en chef, mais perdre tout pouvoir politique. L'autre, devait conserver l'autorité politique et renoncer au commandement en chef. Le général Eisenhower me demanda de venir le voir. Le général Giraud était également là. Il nous déclara qu'il fallait nous entendre, qu'il ne pouvait être question pour le gouvernement américain d'accepter la solution projetée, parce qu'elle n'était pas " démocratique ".

» Il nous dit enfin : " Au cas où cette affaire ne se réglerait pas selon nos espérances, je me verrais dans l'obligation de mettre un terme immédiat à nos livraisons d'armes. " »

Le général de Gaulle ne quitte pas le docteur Pogue du regard et poursuit :

« Je répondis alors au général Eisenhower par plusieurs questions, auxquelles il ne sembla pas trouver de réponse... »

Les yeux du Général brillent d'une impatience de plus en plus narquoise :

« Première question : " Durant la Première Guerre mondiale, dis-je au général Eisenhower, la France était plus heureuse... Elle était aussi beaucoup plus riche... Elle était même suffisamment riche pour aider ses Alliés... A tel titre, par exemple, que nous équipâmes l'armée belge, l'armée serbe et que nous pûmes aider les Roumains et même – mais dans une moindre proportion – les Russes... Or, avez-vous jamais entendu dire, mon Général, que le gouvernement français en ait profité pour intervenir dans les affaires privées du peuple belge, du peuple serbe, du peuple roumain, ou même du peuple russe ? " »

Le général de Gaulle ouvre immédiatement ses bras et, avec une nuance de faux étonnement dans la voix, laisse tomber :

« Le général Eisenhower ne répondit pas à ma première question... »

Le Général, qui prend tout son temps, fait claquer le fermoir de son étui à cigarettes, allume posément une Players et – reprenant dans le sien le regard de l'Américain – poursuit ainsi :

« Je posai alors au général Eisenhower cette deuxième question : " Vous avez certainement entendu dire également, mon Général, que nous avons fourni à la même époque à l'armée américaine la totalité de ses avions, de ses tanks et de son artillerie lourde. Mais, avez-vous jamais entendu dire (ici sa voix se met à gronder) que la France ait joué de sa position éminente dans le conflit pour intervenir dans la désignation du chef du gouvernement américain ou du commandant en chef des forces expéditionnaires américaines ? " »

Le général de Gaulle ouvre à nouveau immensément ses bras et constate : « Le général Eisenhower ne répondit pas à ma seconde question. » Après une nouvelle pause, le Général, de plus en plus gai, reprit : « Je posai alors au général Eisenhower cette troisième question : “ Et croyez-vous, mon Général, que si nous avions prétendu imposer au peuple américain un président et un commandant en chef conformes au souhait du gouvernement français de l'époque, le peuple américain eût accepté ? ”

» Nouveau silence du général Eisenhower... suivi de cette quatrième question : “ Mais alors, mon Général, admettez que – ce qui paraît extrêmement vraisemblable – le gouvernement américain et l'état-major américain aient refusé de se soumettre aux prétentions du gouvernement français, croyez-vous un instant – *le croyez-vous ? – croyez-vous que la France eût interrompu ses livraisons d'armes à l'Amérique ?* ” »

Et le général de Gaulle reprit son refrain : « Le général Eisenhower ne répondit pas à ma quatrième question. »

Enfin, après avoir beaucoup ri, l'Américain essayant d'en faire de même, le Général termina ainsi :

« Ébahi, à la fin des fins, et parce qu'il fallait tout de même en sortir, je posai cette dernière question au général Eisenhower : “ Quels seraient, je vous le demande, mon Général, l'autorité et le prestige du commandant en chef des Forces françaises, quel qu'il soit – et n'oubliez pas que je parlais devant le général Giraud ! – s'il ne devait sa position qu'à l'intervention du gouvernement américain ?... ”

» Le général Eisenhower ne répondit pas à cette dernière question... »

L'Homme

Il riait souvent dans sa retraite et s'il n'était pas insensible aux boutades qui amusent le plus grand nombre, on constatait cependant que le rire procédait presque exclusivement chez lui du contraste entre l'illogisme qui se cache et le bon sens qui se révolte ; son rire s'exerçait un peu comme une vengeance : revanche de la raison contre la confusion des jugements portés, contre les affirmations imprudentes des écoles, contre le sectarisme des groupes humains, en un mot contre tout ce qui – dans les idées reçues – faisait figure et dégradait le peu de raison qui subsistait à son époque. Il y avait chez lui toute une gamme de rires, dont le rire de complaisance était seul absent : rire étudiant ou rire persifleur, rire de reproche ou rire de mépris (sifflant, celui-ci, et ricochant comme une balle), rire amer, rire colère, rire brutal, rire de défi, rire fulminant et impétueux, rire d'orgueil...

Il aimait à commencer ses phrases par : « Mes antennes m'avertissent que... » ou « Mes antennes me prédisent que... ». Elles semblaient, en effet, détecter, ces antennes, avec une violente probité intellectuelle ; elles semblaient capter et s'approprier sans effort et directement, dans l'éther le plus reculé et le plus inaccessible aux autres, bien moins les émanations de la raison pure que les ondes d'une espèce de bon sens supérieur, extraordinairement simple dans son expression, énorme dans son pouvoir d'affirmation, absolu et pour ainsi dire choquant, aussi intolérable aux narines du premier venu qu'un concentré de parfumerie...

Colombey, samedi 18 janvier 1947

MM. Repessé, Palewski et Claude Mauriac à déjeuner. Le premier parle de l'Allemagne. Après avoir écouté quelques instants, le Général entre ainsi dans la conversation :

« L'Allemagne ? Tout y est profondément vrai. Et profondément faux. C'est le pays des vérités successives : nous imaginons à tort que lorsqu'un Allemand, ou un groupe d'Allemands affirment quelque chose, ils ont conscience de mentir : erreur ! Ils croient à la lettre, mais seulement dans le moment, ce qu'ils vous disent. Je prends cet exemple : avant l'avance allemande de 1918, les Allemands parlaient, en y croyant, d'obtenir de nous une paix sans indemnité et sans revendications territoriales. Mais dès le début de leur offensive, qu'ils crurent victorieuse, ils préconisaient, toujours aussi sincèrement, de nous imposer une paix comportant indemnité et revendications territoriales. »

Il esquisse une succession de gestes interrogatifs. On entend seulement ceci :

« L'Allemagne ?... Un grand peuple, oui. Certes, c'est un grand peuple... Seulement voilà : on ne sait qu'en faire », conclut-il, avec une sombre ironie.

M. Repessé veut parler, mais le Général enchaîne, au moment le plus inattendu :

« Je le constate : ils ont toujours été... bien à mon endroit. Entre eux et moi, il n'y a jamais eu, de leur part, un élément de haine véritable, de mépris véritable. Et maintenant, dans mon courrier, je trouve des lettres d'eux. Ils m'écrivent souvent. Et pas seulement pour me demander la libération ou le rapatriement d'un des leurs ! »

Il parle ensuite du voyage météorique de Blum à Londres. A ce propos, il retrace en quelques phrases la politique extérieure de la France après la Libération, de lui, de Gaulle, jusqu'à Léon Blum.

« Il n'y a jamais eu, en réalité, qu'une politique extérieure de la France : c'était la mienne. Elle consistait à tendre aux Anglais, qui désiraient l'alliance, cette poire d'angoisse : " Nous vous aimons beaucoup, oh ! nous vous admirons, oh ! comme nous voudrions conclure avec vous une alliance ! Seulement, voilà : avant de conclure cette alliance, il conviendrait que vous ne conduisiez pas, au-dehors, une politique anglaise, qui – en Allemagne d'une part et impérialement d'autre part – est opposée aux intérêts permanents et vitaux et souverains de la France. " Lorsque je suis parti, il y a un an, il faut reconnaître que Bidault s'est tenu à peu près à cette politique. Il s'y est tenu, non pas qu'il ait voulu la mener à bien, cette politique. Non, s'il s'y est tenu, c'est pour ainsi dire malgré lui, parce qu'il ne voulait rien faire et comme il était totalement incapable de faire quoi que ce fût, il préférait rester sur place. Autrement dit, il est resté là où je l'avais laissé, sans plus bouger...

» Alors Blum est arrivé. Comme il avait trois semaines devant lui et comme il n'a jamais été capable de concevoir, d'agir, ou d'entreprendre que *contre la*

France... (Je n'invente rien ! Vous n'avez qu'à relire ses articles depuis qu'il est né jusqu'à nos jours : ce pauvre Blum n'a jamais pu imaginer rien qui ne fût – par définition – intrinsèquement, organiquement opposé à la France... Remarquez bien que je ne le lui reproche pas : car il n'y peut rien, Blum est un esprit faux...) Donc, comme il n'a jamais été capable de concevoir, d'agir et d'entreprendre que contre la France, il a bondi à Londres pour abandonner, quarante-huit heures avant le terme de ses pouvoirs, ma politique. Pratiquement, ceci signifie qu'il a dit aux Anglais : “ Promettez-moi quelque chose, n'importe quoi, mais vite, j'accepte ! En échange de quoi, nous pourrons conclure une alliance. En échange de quoi, la France vous autorisera, par exemple, à faire passer l'Allemagne avant elle... ” »

Le Général déroule ses grands bras en croix et conclut :

« Voilà Blum ! voilà le régime ! »

Puis, avec colère :

« Ce régime, il faut bien le comprendre, ce régime est organiquement opposé à la France. Je dis bien : *organiquement*. Je le répète, je le hurle, et si je le répète et si je le hurle ainsi, c'est parce qu'il est écrit dans le ciel que tant que ce régime survivra la France y perdra et périra ! »

En passant de la salle à manger dans la bibliothèque, M. Repessé cite ce mot de Jules Tellier, qui fait beaucoup rire le Général :

« Ce que je n'aime pas, dans la musique militaire, c'est qu'elle semble toujours, pour une raison quelconque, vouloir vous conduire quelque part [8]. »

Ramadier a été désigné par Vincent Auriol pour constituer le premier gouvernement de la IVe République. Palewski explique que Ramadier à la présidence du Conseil, c'est Blum gardant les affaires, par personne interposée.

Le Général nous écoute, puis dit tout à coup, le plus sérieusement du monde :

« Il faut bien concevoir que, dans la conjoncture d'une crise ministérielle, la question du logement entre en ligne de compte : “ Comment, protestent les anciens ministres, me retirer, à moi, mon portefeuille ? Vous n'y pensez pas ! Ou bien, chercheriez-vous par hasard à me jeter à la rue ? ” »

Avec le même sérieux, il évoque ce souvenir :

« A son retour d'Allemagne, Herriot fut non seulement attristé mais *stupéfait* de découvrir que Gouin avait profité des circonstances pour s'installer dans les appartements de la présidence au Palais-Bourbon. Oui, dans *ses* appartements ! Il s'en ouvrit à moi. C'était atroce : il lui avait pris sa maison, ce Gouin ! Et Herriot n'en revenait pas !... Et ne riez pas ! Je vous affirme que le maire de Lyon pensait le plus sérieusement du monde qu'on l'avait lésé dans ses droits. »

Il note ensuite l'âpreté avec laquelle, dès la Libération, chacun cherchait à obtenir de lui un portefeuille. Avec une voix de fausse candeur, d'une grande drôlerie mais d'une drôlerie perfide – il nous décrit ainsi son état d'esprit d'alors :

« Je me disais, moi : Ils n'accepteront jamais de faire ce métier terrible, que je ne les y force. J'usai de tactiques différentes : tantôt, je feignais de rendre service à leur conscience : “ La limite est atteinte, leur disais-je, un homme comme vous ne peut plus accepter cela. Il importe que vous vous en mêliez. ” Tantôt je leur suggérais : “ Acceptez ! C'est votre devoir. Allons, sacrifiez-vous ! ” »

Le Général met le plus de stupéfaction qu'il peut dans ses traits et poursuit :

« L'étonnant est qu'ils finissaient toujours *par accepter* !... »

Palewski, qui rit beaucoup, de son rire caractéristique, suggère :

« Sans doute, mon Général, avaient-ils une conception encore plus élevée des intérêts supérieurs du pays. »

A quoi le Général répond, goguenard :

« Sans aucun doute. Toujours est-il que je ne suis jamais revenu de l'entrain que mirent tous ces innocents à se précipiter, la tête la première, dans les plus grands périls. Ramadier, d'ailleurs, fut de ceux-là : sans poser aucune condition, je me rappelle qu'il accepta d'emblée... pour tomber, quelques semaines plus tard, sous les quolibets et les huées [9]. »

Philosophe, le Général observe :

« Et pourtant, voyez : *il recommence*. En réalité, le plus étonnant chez eux, c'était peut-être cette candeur. »

Et il conclut en riant, par : « Hélas ! que j'en ai vu mourir des jeunes filles [10] ! »

Palewski me dit que, dans la voiture qui les amena déjeuner ce matin à Colombey, M. Repessé, ami de jeunesse du Général, évoqua ce souvenir :

« C'était en juillet 1914. Un banquet réunissait à Paris de nombreux officiers, dont le sous-lieutenant de Gaulle. Le dîner fut fait d'une succession de conversations bruyantes, qui prédisaient toutes le prompt et éclatant succès de nos armes : “ Nous allons leur en faire voir de toutes les couleurs... Nous leur reprendrons l'Alsace et la Lorraine... L'armée allemande va mordre la poussière... Nous flanquerons leur Guillaume II en l'air..., etc., etc. ”

» Le sous-lieutenant de Gaulle, qui ne se mêlait pas à la conversation, demeurait sombre et silencieux. Il dit enfin :

“ Oui, Messieurs, nous reprendrons l'Alsace et la Lorraine. Oui, Messieurs, nous allons leur faire mordre la poussière. Oui, Messieurs, nous flanquerons leur Guillaume II en l'air. Seulement, je vous prédis que d'ici là vous allez en baver comme des miteux !... ” » (*sic*)

Repessé cite, de Jules Tellier, cet autre mot : « Il (un écrivain) connaît le succès. Ce n'est déjà pas mal. On ne peut tout de même lui demander d'avoir à la fois et du talent et du succès [11]... »

Le Général rit de la phrase : « Il voudrait bien qu'on le récompense d'être aussi désintéressé... »

Repessé, qui me demande – pour les vitrines des libraires qui feront des étalages avec *Discours et Messages*, que vient de sortir Berger-Levrault – de lui prêter des documents photographiques sur le Général et la France Libre, m'avoue qu'il a conservé quelques portraits et photos d'amateurs de De Gaulle, datant de sa jeunesse et de l'après-guerre. Mais il ajoute : « J'en possède cependant fort peu : il a toujours eu, il avait déjà pendant l'autre guerre, horreur des photographes. »

Mme de Gaulle, cependant que le Général signe dans son bureau l'abondant courrier que lui a apporté Claude Mauriac, me raconte la première œuvre que le Général écrivit, lorsqu'il avait quatorze ans. Comme il ne parvenait pas à convaincre ses parents de confier cette saynète à un éditeur, il employa, dit-elle, la tactique suivante : « Pourquoi ne pas demander à tel éditeur de l'imprimer ? Cette maison est consacrée aux éditions religieuses : cette publication serait ainsi faite au bénéfice des âmes du purgatoire... »

Je ne puis m'empêcher de penser que les historiens en parcourant la presse de ces derniers jours remarqueront que – ne fût-ce que pour exprimer à cette occasion un regret, ou pour satisfaire une vengeance – aucun éditorialiste n'a seulement mentionné le nom de l'homme qui s'est volontairement placé en dehors de la course à l'Élysée. Je constate, quant à moi, que bien peu de lettres lui sont parvenues hier et ce matin, par exemple. De la France, de l'Empire et du monde entier, en tout : sept lettres exprimant, à l'occasion de la réunion de l'Assemblée nationale à Versailles, un regret, ou proférant une plainte...

Claude Mauriac, auquel je m'en ouvrais, ne partageait pas entièrement cet avis, car beaucoup de regrets et de plaintes se sont exprimés à l'occasion des lettres et messages que le Général a reçus au seuil de l'année nouvelle.

Colombey, mardi 21 janvier 1947

Il me raconte qu'il a reçu la visite, pendant ma dernière absence de Colombey, de la générale d'Astier de La Vigerie et de sa sœur, Mme de Salignac-Fénelon *. Cette dernière habite dans le voisinage, au château de Cirey [12], où Voltaire, malgré le feu de trente-deux cheminées, ne parvenait pas à se chauffer...

« Quand elles pénétrèrent dans la bibliothèque, me raconte le Général sur le ton de la gravité, mon cœur s'est mis à battre. Je les avais rencontrées à plusieurs reprises, dans ma jeunesse, dans des bals. En les apercevant, je me suis dit : " Voici mes danseuses... " »

Il éclate alors de rire, d'un *rire frais* et malicieux de jeune homme...

Comme sa fille Élisabeth, vers la fin du déjeuner, ne sortait jamais d'un rire en cascade que pour tomber dans d'autres rires, de plus en plus incoercibles, le Général lui demanda, à la fois digne et taquin :

* La vicomtesse de Salignac-Fénelon, née Viellard : cinq enfants, dont Bertrande (comtesse de Castries), et Anne (baronne d'Astier de La Vigerie).

« Il ne vous arrive jamais, ma fille Élisabeth, de vous reprocher ce fou rire ? »

Il força son visage jusqu'à la plus grande gravité dont fussent jamais capables les traits de son visage sérieux. Alors, il la regarda et lui demanda, avec une charmante espièglerie :

« Est-ce que je pique des crises de fou rire, moi ? »

Colombey, mercredi 22 janvier 1947

La presse annonçait ce matin la mise en liberté provisoire de la comtesse Magda d'Andurain [13]. Le Général me raconte dans quelles conditions il rencontra l'aventureuse comtesse :

« Alors que j'étais en Syrie, elle tenait, avec son mari, un hôtel à Palmyre : l'Hôtel Zénobie... Sa vertu subissait alors bien des assauts. Elle était surmenée... jour et nuit ! Son mari était ce Français dont elle ne devait se séparer plus tard que pour l'épouser à nouveau... Mais elle trafiquait d'autre chose encore : elle trouvait, en effet, le moyen de revendre en sous-main aux touristes, des pierres, des vases et des bijoux qu'elle dérobait aux fouilles du Temple du Soleil. (?)

» Je me rappelle que le premier soir, où, en compagnie de deux ou trois camarades officiers, j'eus à faire halte à l'Hôtel Zénobie, la comtesse d'Andurain apparut, très “ femme du monde ”, vint à nous au moment où nous allions passer à table, s'y opposant sous prétexte qu'elle désirait nous offrir d'abord des cocktails. Le lendemain matin, lorsque nous partîmes, nous trouvâmes sur notre note le montant de ces cocktails... Voilà probablement pourquoi je me souviens d'elle », ajoute-t-il en riant.

Je demande au Général s'il a remarqué, dans le premier message de Vincent Auriol aux assemblées, la phrase : « Je suis un homme issu du peuple » ?

Il me regarde en riant affirmativement, d'un regard intense qui veut dire : « Croyez-vous sincèrement que j'aurais pu ne pas le remarquer ? »

Sa sœur demande alors, de cette voix aiguë que redoutent les tympans :

« Pourquoi lui reprocher cette phrase ? Pour plaire au peuple, ne faut-il pas user de telles expressions ?...

– C'est là où tu te trompes, Marie-Agnès. Le peuple, vois-tu, a horreur de sentir – et il le ressent chaque fois très profondément – que ce qui doit être placé haut quitte son socle. Il a horreur que ceux qui sont supposés le représenter dérogent. Il veut que chacun soit à sa place. Par conséquent, il importe à ses yeux que le président de la République ait les paroles d'un président de la République. Le peuple, bien entendu, ne le dit pas, mais il y tient beaucoup. »

Je glisse alors :

« Le peuple britannique est certainement plus attaché que le peuple français au respect de ces formes hiérarchiques... »

Le premier réflexe du Général est farouche, contraire ; puis la raison, comme à regret, l'emporte :

« C'est probablement vrai », tranche-t-il rapidement, pour ne pas changer d'avis en cours de route...

Pendant le déjeuner, comme sa sœur lui demande conseil à propos de son fils, qui, brillant combattant, vient d'échouer au concours d'entrée à l'École nationale d'administration, le Général se dérobe au moyen de cette boutade :

« Tu n'as pas encore compris, Marie-Agnès, que je ne donne plus de conseils ?

– ...

– Je viens d'en donner un, on ne l'a pas suivi, dit-il d'une voix terrible, qui cache beaucoup d'ironie.

– ...

– Eh oui ! J'avais conseillé aux Français de rejeter la Constitution : ils l'ont ratifiée. »

Il a dit cela sans l'ombre d'une amertume, jovialement.

Mme Cailliau, qui fut déportée en Allemagne avec son mari, parle des communistes avec une appréhension bourgeoise. Elle dit notamment :

« Un jour, sans doute, serons-nous arrêtés à nouveau...

– Rassure-toi, Marie-Agnès : les communistes seront en prison avant toi », réplique-t-il sur un ton assuré et pince-sans-rire.

Il quitte son bureau pour le thé, s'assied, se caresse lentement le visage, la paume en « V », à rebrousse-nez, comme il fait souvent après avoir lu longtemps. Sa sœur, qui ne voit pas qu'il est à cent lieues de la question qu'elle entend lui poser, lui demande ce qu'il pense de la crise ministérielle.

Bourru, presque brutal :

« Ce que j'en pense ? Ce que je pense *de quoi* ? »

L'accablement d'avoir à répondre fait son visage presque terne et ce terne rend ses traits presque terreux. Il est vrai qu'il est grippé. Comme elle insiste, il finit par répondre paresseusement et vaguement, en deux phrases banales et laconiques, concluant le tout par :

« Vous auriez bien tort, Marie-Agnès, d'attacher la moindre importance à tout cela. »

Il s'emporte alors :

« Car rien d'autre n'a d'importance que ceci : ou bien *ils* parviendront à gouverner et alors la question est réglée (mais je suis persuadé qu'ils ne le pourront pas). Ou bien, ils ne pourront pas gouverner. Car n'oubliez pas que ce qui les maintient encore ensemble, c'est le sentiment qu'ils ont que leur échec signifierait mon retour.

» Mais alors – je veux dire : s'ils ne peuvent pas gouverner – il faut (et vous verrez que c'est ce qui leur arrivera)... il faut et il est essentiel qu'ils s'effondrent *d'un seul coup et tous ensemble*. C'est ce qui leur est arrivé, déjà, en 1940 : en 1940 en effet, ce n'est pas seulement les socialistes ou les communistes, ou les radicaux, ou la droite qui se sont disqualifiés, *ce sont tous les partis*. Tous, oui, tous, ils se sont disqualifiés ! Et c'est à nouveau tous les partis qui vont se disqualifier sous nos yeux. Mais, cette fois-ci, il faut que la chose se fasse clairement, pour tous les partis, en bloc ! Je sais bien que la démonstration est cruelle, mais c'est la seule manière d'éviter que demain le père Gay, que demain le père Gouin ou M. Philip, ou M. Herriot, ou le Bidault, ou M. Duclos puissent dire : " Ce n'était pas de notre faute. Nous n'en étions pas. " Sans quoi, il y aura toujours des imbéciles pour accepter la chose et pour se réclamer d'un prétendu malentendu supposé. Il y aura toujours des imbéciles pour les croire ou pour les plaindre, ou pour se réclamer d'eux. »

Je regardai le Général, alors qu'il achevait cette phrase et je me demandais en moi-même : « Quel étranger, quel esprit non prévenu aurait pu imaginer que l'homme au masque indifférent et las de tout à l'heure est le même que celui que j'ai sous les yeux, dont le masque apparaît maintenant jeune et superbe. Saint Georges terrassant le dragon devait avoir ce regard-là. »

Lorsque, vendredi dernier, dans la matinée, je mis sous les yeux du Général un entrefilet d'un quotidien du jour, annonçant que les cinq grands chefs alliés se voyaient attribuer la médaille militaire, il ne parut y attacher aucune importance. A Mme de Gaulle, qui lui en reparlait quelques minutes plus tard, il dit cependant, après avoir haussé les épaules :

« Sur les cinq, j'en connais au moins trois qui ne l'accepteront pas : Roosevelt, parce qu'il est mort. Staline, parce que je le connais. Et moi, parce que... parce que je me connais encore mieux.

– Et Churchill ? lui demandai-je.

– Churchill ? N'en doutez pas. Il s'empressera de dire : oui. »

Samedi, enfin, il rédigea une lettre pour Léon Blum, chargeant Palewski de la lui remettre. (Blum est en effet chargé de l'expédition des affaires courantes jusqu'à la formation du nouveau gouvernement.)

A midi, le Général, qui n'écoute jamais la radio, se dirige cependant vers le poste. A peine a-t-il tourné le bouton qu'on entend :

« Le général de Gaulle a adressé à M. Léon Blum, président du gouvernement provisoire, la lettre suivante :

« Mon cher président,

» Il est venu par la presse à ma connaissance que le gouvernement présidé par vous aurait décidé de conférer la médaille militaire à M. Winston Churchill, au maréchal Staline, au président Franklin Roosevelt et à moi-même.

» En ce qui concerne les trois hommes d'État alliés, grands et glorieux entre tous, je ne puis qu'approuver pour ma part une disposition qui leur décernerait la plus pure distinction militaire – réservée aux soldats et aux généraux en chef – dont dispose la République française.

» Mais, pour ce qui est de moi, il n'en saurait être de même.

» En effet, les actes que j'ai accomplis entre le 18 juin 1940 et le 22 janvier 1946 l'ont été en un temps où, comme vous le savez, j'exerçais par la force des choses les fonctions de chef de l'État et celles de chef du gouvernement. Il n'est évidemment pas imaginable que l'État ni le gouvernement se décorent jamais eux-mêmes dans la personne de ceux qui les ont personnifiés et dirigés et pour la manière dont ils l'ont fait.

» Laissez-moi ajouter que pour un homme qui s'était donné la charge de conduire la France et l'Union française depuis le désastre et la servitude jusqu'à la victoire et à la liberté il n'y a pas d'autre " récompense " acceptable que d'y avoir réussi.

» Veuillez croire, mon cher président, à mes sentiments très distingués et bien dévoués. »

« Signé : Ch. de Gaulle. »

Il a pris un plaisir intense à la lecture de cette lettre, dont il salue la fin d'un puissant « cela paraît évident !... », comme s'il se fût agi du texte de quelqu'un d'autre.

Autour de lui, Mme de Gaulle et Mme Cailliau tricotaient en silence, indifférentes...

Il dit alors, après avoir imposé silence au speaker :

« Non vraiment, c'est grotesque ! Ils ont perdu jusqu'à la notion de ce que représente l'État. Vous imaginez, vous, Jeanne d'Arc portant la grand-croix de la Légion d'honneur ou Clemenceau avec des rubans ! »

Il me regarde une seconde comme quelqu'un qui, dans l'indifférence générale, cherche un témoin, puis, en silence, il réintègre son bureau.

Un peu plus tard, comme Mme Cailliau lui suggère que Blum a peut-être fait cela dans une bonne intention, il répond par un sonore : « Ah ! ah ! » qui n'est pas dupe.

Elle demande alors, naïve :

« Alors tu ne crois pas, Charles, aux bonnes intentions ?

– Certainement pas à celles des socialistes ou de Blum, non ! »

Le capitaine Bourdis, qui est aide de camp du général Kœnig, vient de rouler sept heures dans la neige, pour apporter au Général une lettre de son maître. Le Général me donne, quelques minutes plus tard, l'objet de cette démarche : Teitgen et Bidault, maintenant qu'ils ne sont plus membres du gouvernement, ont fait exercer une pression sur le chancelier par intérim de l'Ordre de la Libération, afin qu'il intervienne auprès du général de Gaulle pour qu'il consente à signer un décret antidaté les nommant compagnons de la Libération. Le Général a remis sur-le-champ au capitaine Bourdis une lettre de réponse où il rappelle :

1° qu'il est faux qu'on ait jamais établi à sa demande – du temps qu'il était président du gouvernement – un décret de nomination pour ces deux ministres ;

2° que le gouvernement ne se décore pas lui-même ;

3° qu'il faut décourager chaque fois qu'on le peut ce « rush » des partis politiques vers les rubans et leur frénésie à s'entre-décorer.

Le Général me dit encore :

« J'écris enfin à Kœnig, que, si l'on veut maintenir l'État, il importe de *sauvegarder les bonnes manières.* »

Il rit sauvagement.

Mme Cailliau parle des hésitations du M.R.P. dans la crise ministérielle en cours, avec une nuance d'espoir et de confiance dans la voix. Le Général s'impatiente :

« Lorsqu'il y a hésitation au sein du M.R.P., lorsqu'il y a crise au M.R.P., lorsqu'il y a opposition au M.R.P., comment n'as-tu pas encore compris que c'est parce que la bande à Bidault est en train de faire digérer quelque nouvelle concession aux soi-disant adversaires des communistes ? N'as-tu pas encore remarqué que, lorsqu'il y a hésitation et crise et opposition au M.R.P., c'est parce qu'on se prépare à passer outre et à céder ? C'est parce que ce qu'il leur reste de conscience exige un délai, de manière à se donner le temps de digérer une nouvelle concession. Chaque fois que le M.R.P. hésite, c'est parce qu'il lui faut un peu de temps pour se convaincre de l'idée qu'une nouvelle trahison est nécessaire à l'intérêt supérieur du pays. »

Colombey, jeudi 23 janvier 1947

Le Général – auquel M. Mendès France (qui est venu déjeuner à son retour des États-Unis) venait de décrire, sans aucune intention de flatterie d'ailleurs, l'indifférence des quelques badauds assemblés sur le passage du cortège officiel ramenant Vincent Auriol de Versailles – observe qu'aucun président de la IIIe République ne souleva jamais l'enthousiasme des foules, « Poincaré mis à part, qu'on applaudissait peu, parce qu'il paraissait froid, mais qui recueillait néanmoins l'estime secrète des badauds ».

Et il ajoute :

« Sadi Carnot, lui, fut assez populaire, en raison de sa silhouette. »

Puis il parle de Doumergue, sur un ton moqueur :

« Celui-là ne fut acclamé qu'après le 6 février... pas pour longtemps d'ailleurs. »

Et il évoque, malicieusement, ce souvenir :

« J'étais en permission à Paris... Je me promenais sur les Champs-Élysées, en civil. Doumergue vint à passer : il descendait l'avenue dans sa voiture découverte, avec son huit-reflets, son fanion, son escorte de motocyclistes, etc., etc. Malgré la foule, qui était assez dense ce jour-là, je me rappelle que personne – vous entendez : personne ! – ne le salua. Mais, comme le cortège présidentiel passait à ma hauteur, du milieu de la foule... (le Général s'interrompt déjà pour rire)... du milieu de la foule, je soulevai mon chapeau... (le Général mime le geste, d'un mouvement paresseux du bras, puis brandissant l'index, le bras tendu, comme pour distinguer un objet imperceptible parmi beaucoup d'autres) : Doumergue m'aperçut ! Il m'aperçut d'autant plus facilement que mon geste isolé et ma taille me désignaient... De loin et comme surpris, le malheureux répondit alors à mon salut par un immense coup de chapeau. » (Le Général mime le geste d'un immense mouvement du bras.)

Mendès France s'est enfermé dans le bureau du Général après le déjeuner. Les Cailliau sont repartis à quatorze heures.

Pendant le repas, le Général a dit peu de chose qui vaille la peine d'être noté. Ceci, cependant :

« Avez-vous remarqué avec quelle frénésie, depuis quelques mois, les personnages de la Deuxième Guerre mondiale se penchent sur l'histoire ? Les historiens s'agitent, les hommes publics annoncent la publication de mémoires sensationnels. Quant à moi, je me méfie de cette histoire-là, car elle risque de gâcher l'Histoire, aux yeux de nos descendants. La première raison en est d'ordre moral : même si les témoignages transmis se révèlent exacts, ce qui sera rarement le cas, nos descendants accepteront-ils, *moralement*, la vérité ? Je ne le pense pas.

» Ensuite, il y a cet inconnu matériel : le risque d'un nouveau conflit. Si celui-ci survenait, que demeurerait-il, après des destructions effroyables ? Qu'est-ce qui serait transmis parmi les documents indispensables pour porter témoignage ? Enterre-t-on à temps suffisamment de [Mémoires] * ? Voilà la question. »

Il éclate de rire.

On reparle de Hitler, à propos d'un article à sensation intitulé : « Hitler est-il mort ? »

Le Général ne peut s'empêcher de faire cette boutade :

« Souhaitons qu'il ne le soit pas, qu'on ait encore une chance de rigoler un peu... »

D'Herriot, il rappelle qu'à son retour d'Allemagne – via la Russie – il remit dans son bureau de la rue Saint-Dominique cette Légion d'honneur qu'il renvoya à Pétain en 1942. A ce propos, il observe :

« Je me suis bien gardé de le lui demander, mais j'avais tout de même envie de lui poser cette question : " Pourquoi diable, Monsieur le Président, avez-vous renvoyé votre ruban à Pétain ? Ce faisant, vous reconnaissiez son autorité... " »

Et le Général de rappeler moqueusement :

« Hélas ! Il est vrai qu'il était déjà trop tard : Herriot avait reconnu Pétain explicitement dès 1940. »

Il revient au maire de Lyon, l'œil vif et le masque ému d'une étrange roseur :

« Je suis bien obligé de reconnaître, dit-il en s'adressant seulement à Mendès France, qu'il y a une différence fondamentale, une opposition de nature, entre des hommes du type Herriot et... et oui, pourquoi le taire ?... et ma per-

* Le manuscrit comporte un blanc. On peut rétablir le mot : *Mémoires*, qui justifierait l'éclat de rire du Général (N.d.É.).

sonne... Je n'en veux pour preuve que la parole qu'Herriot prononça à Lyon, après mon départ, lorsqu'il me reprocha d'être parti à la *première difficulté*. C'est une chose révélatrice – et pour peu qu'on consente à y réfléchir, c'est une chose incroyable – que ce reproche, dans la bouche d'un Herriot. Car enfin, observe-t-il avec une fureur un peu blessée, entre 1940, date à laquelle il se soumit à Pétain, jusqu'à son retour en France, pour un Herriot *il n'y a pas eu de difficultés !* Dès lors, cela lui est totalement inimaginable, à lui, cela n'aborderait même pas son esprit de politicien de la IIIe République qu'il ait pu y en avoir, des " difficultés ". Des difficultés affrontées, des difficultés combattues, combattues pied à pied, des difficultés vaincues avant celle qui, en 1946, commanda mon départ, pour Herriot, non, il n'y en a pas eu, voyez-vous... »

Colombey, vendredi 24 janvier 1947

Après le déjeuner, je me trouve seul avec le Général dans la bibliothèque. Il prend les journaux qui s'empilent sur ses genoux croisés et les jette, presque brutalement, sur la table de bridge. Il me regarde alors, de son bouleversant regard vivant, et me confie – sur un ton qui a l'air de dire : « Le moment est venu de redresser un tort » :
« Vous savez : il va falloir *se mettre* à ce rassemblement. »

Ève Curie et Élisabeth de Miribel sont venues voir le Général cet après-midi. Mme de Gaulle, horrifiée, a disparu dans les étages... Je me réjouis à l'avance de cette double entrevue, parce que nul attachement et nul dévouement plus éclairés et plus désintéressés ne se rencontrèrent probablement parmi les femmes de la France Libre.

Le Général commença par les recevoir successivement, puis leur offrit le thé, en présence de Mme de Boissieu. Il avait déjà, lorsqu'elle passa les tasses, l'air d'un jeune homme qui se découvre, à tort, du ridicule à passer son après-midi avec des petites filles. Attachantes, mais compliquées, mais coupeuses de cheveux en quatre, ces deux Jeanne d'Arc, échappées de Paris pour une demi-journée, offraient soudain à son regard – véhémentes et questionneuses dans l'austérité méditative mais un peu lente de Colombey – ce je ne sais quoi d'intelligence futile, de curiosité précieuse et de préoccupation mondaine qu'il n'a jamais pu supporter complètement. Le harcelant d'observations accumulées par des mois de réflexion dévoués exclusivement à *lui*, elles le trouvaient chaque fois indisponible, parce qu'elles n'attendaient jamais, avant de quitter un problème, qu'il l'eût abordé, délivrées alors qu'il commençait seulement à éprouver de l'angoisse, abandonnant leurs interrogations alors qu'il commençait seulement à se les poser...

Une demi-heure s'écoula ainsi : bientôt, ces deux Jeanne d'Arc n'avaient plus devant elles qu'un de Gaulle paysan, rugueux, impatient. On eût dit un taureau qui faisait le dos rond contre deux banderilleros-femmes. Elles questionnaient et pensaient tant qu'il n'avait pas encore eu l'occasion de placer un mot. Elles répondaient à sa place, dans son silence un peu sentencieux, ce silence qui précède ordinairement ses réponses... Elles parlaient avec un acharnement et une rapidité d'autant plus véhémente qu'elles croyaient découvrir dans son silence le reproche de n'être pas assez « intelligentes », ce qui donnait à leurs propos une profondeur d'autant plus insondable et une accélération d'autant plus essoufflée : deux levrettes lancées sur une plate-bande sous les yeux du maître.

Ève Curie vint à l'interroger sur l'attitude probable de la classe ouvrière dans les prochains mois. Le Général observa enfin :

« Au début, ils feront la grève chaque fois qu'ils recevront l'instruction de la faire. Ils en feront même un peu plus, au début. Et puis, bientôt, vous verrez que cela ne les amusera plus. Enfin, les communistes auront beau la leur prescrire, ils ne la feront plus, car le communisme leur apparaîtra de moins en moins *attrayant*... Ne vous illusionnez pas : il l'est déjà fort peu. Des cinq millions et demi de communistes, il en est cinq millions au moins qui votèrent pour ce parti parce qu'il leur semblait moins dégoûtant que n'était dégoûtant à leurs yeux chacun des autres partis. Voilà. C'est tout. Cela ne va pas plus loin. »

Ève Curie formule alors la question qui hante la plupart des esprits, à propos du général de Gaulle :

« Oui... Mais, en attendant, les communistes, eux, travaillent ! Ils sont pressants... ils avancent... Mais vous, mon Général, vous êtes... vous êtes absent. »

Ève Curie attend la réponse. Le Général lui oppose un silence de mort : la seule chose qui se meuve, quand on le regarde, c'est devant son visage ce mince filet de fumée qui monte de sa cigarette. Il a les paupières baissées d'un homme qui laisse consciemment s'approcher quelqu'un, tout en faisant semblant de ne pas le voir. Mais elle s'enhardit :

« Alors il faudrait, mon Général, il faudrait tout de même leur proposer quelque chose, à ces gens-là. »

Les traits du Général ne bougent toujours pas. Il a l'air, à la lettre, de n'avoir rien entendu. Au tournant d'une phrase anodine, elle répète cependant :

« Oui, il faut leur proposer quelque chose, à ces gens-là. »

Sauf peut-être ses yeux, sous les paupières inclinées, pas un muscle n'a encore bougé. Ève Curie abandonne. Et les deux visiteuses parlent bientôt de la session récente de l'U.N.E.S.C.O., pendant qu'il fume rêveusement, en marge de la conversation, de plus en plus absent et renfermé, la bouche presque boudeuse. Mais tout à coup, au moment le plus inattendu, sa voix s'élève solennellement :

« Non, voyez-vous... Il faut toujours se rappeler que cette époque n'est pas une époque de géants. Ils sont tous médiocres. Nul n'a les moyens d'une grande politique. Pourquoi ? Parce que le ressort s'est détendu. Nous sommes médiocres ; seulement voilà : les uns sont riches et les autres sont pauvres. N'oublions pas, du fond de cette médiocrité commune, ce qui nous arriverait si nous ne profitions du délai qui nous est imparti pour refaire notre substance et rétablir la France. Sinon, malheur à nous !... »

Ève Curie lui demande si même Staline n'a pas les moyens d'une grande politique. Il répond :

« Il est, lui aussi, très diminué. Les Russes rencontrent partout de grandes difficultés. Ils vont au-devant de difficultés plus grandes encore, car, chez eux aussi, le ressort est détendu... »

Ève Curie interroge alors le général de Gaulle sur les chances d'une organisation efficace, sur le plan international, du contrôle international.

« Un seul plan, dit aussitôt le Général, répondait à la question posée : le plan Baruch [14]. On ne s'y est pas rallié... Parce que les anciens Alliés *ne pouvaient* tomber d'accord sur une question comme celle-là.

– Croyez-vous à la possibilité théorique d'organiser un tel contrôle ?

– Théorique, oui.

– Comment ?

– Par la création d'un organisme international de contrôle incluant le contrôle effectif des moyens de production... Ce que les Russes n'accepteront jamais. Et comme les Américains ne livreraient le secret qu'en échange de garanties effectives, nous tournerons sans fin dans un cercle vicieux...

– Mais alors, mon Général, comment en sortir ?

– Je ne vois pas le moyen d'en sortir, constate-t-il tristement. La question ne sera tranchée que par une nouvelle guerre. Oh ! pas tout de suite, bien entendu. Un peu plus tard... »

Il dit alors :

« Un certain nombre de circonstances amèneront, un jour ou l'autre, j'en suis persuadé, les Américains à jeter leurs bombes... Ils détiennent des bombes : par la force des choses, ils en arriveront à les jeter. Je ne sais pas, moi, ce sera peut-être à propos d'activités soviétiques en Amérique du Sud, ou bien à propos d'une occupation de plus en plus étendue du marché par les Soviets, amenant les Américains à jeter leurs bombes dans un esprit d'autodéfense. »

Un peu plus tard, Ève Curie demande au Général ce qu'il pense de la situation en Indochine. Il répond ainsi :

« J'avais donné pour instructions, avant mon départ, de réoccuper d'abord la Cochinchine. La base de tout était la Cochinchine. Parce que la Cochinchine, c'est le caoutchouc et le riz, et d'autre part, la première étape vers Haïphong et Hanoï. Il importait de ne traiter qu'après la réoccupation d'Hanoï... Seulement, bien entendu, dès que j'ai eu le dos tourné, *ils* n'ont pu s'empêcher de signer un accord avec l'adversaire. Sainteny fut l'instrument de cette besogne. Le reste est venu de nos combines intérieures (*sic*). Hô Chi Minh a trouvé à Paris plus de concours qu'il n'était nécessaire... Autre erreur : l'y avoir invité. On l'a monté en épingle, on lui a déroulé des tapis sous les pieds... En France même, il a pu juger, par lui-même, de nos divisions, de l'indécision du pouvoir central... Il n'a pas eu de mal à se rendre compte qu'il n'y avait pas de gouvernement français. »

Ayant dit, il se réfugia dans un nouveau silence et les deux demoiselles reprirent leurs bavardages, qu'il interrompit au bout d'un temps assez long, avec la même solennité, par cette phrase :

« Les communistes ont gagné la première manche... »

Silence... Puis :

« ... une manche qui nous revenait normalement... Contre toute prévision, cette manche, nous l'avons perdue... C'est un fait ! »

Nouveau silence... puis encore :

« ... Si j'ai été battu (c'est la première fois qu'à ma connaissance le Général emploie cette expression), c'est parce qu'un million deux cent mille (1 200 000 !) imbéciles ont voté oui, qui devaient normalement voter non. Et c'est parce que ces 1 200 000 imbéciles, qui nous ont préféré Bidault, grâce à la trahison du M.R.P., ont entraîné trois millions d'autres imbéciles à s'abstenir. Cela paraît incroyable : *ils* en sont là ! »

A Ève Curie, qui lui demande s'il attribue cela aux troupes du M.R.P. ou à ses dirigeants, il répond péremptoirement :

« Les dirigeants seuls ont trahi, bien entendu. Quant aux troupes, elles ne demandaient qu'à nous suivre et à voter non. Voilà précisément où réside la trahison... »

Nouveau silence, suivi de cette phrase, qu'il semble destiner beaucoup moins à nous qu'à lui-même :

« Seulement... Il y a la deuxième manche... »

Objectif et pondéré, il ajoute :

« Alors, là, nous allons bien voir ! »

L'Homme

Le souci qu'il avait ordinairement de ne laisser entrevoir de lui que ce qui, croyait-il, servait de support à sa légende n'était abandonné qu'au vestiaire. Alors, portes closes et rideaux tirés, la liberté de ses propos semblait extrême à ses familiers : par contraste. Mais là encore, s'il parlait librement, la volonté de ne rien déceler qu'il ne voulût dire ne l'abandonnait jamais entièrement. Il arrivait cependant qu'il se laissât emporter par son amour de la vérité, par sa curiosité, par son ardeur et par ce sens très sûr d'humour et d'impitoyable lucidité dont l'exercice seul le rendait heureux. En de tels instants, l'architecture disparaissait et le mystère, eût-on dit, planait d'autant moins sur sa vie intérieure que celle-ci vivait sous vos yeux, d'une vie très simple et très droite et parce qu'aussi ce méditatif n'avait rien de rétrospectif... Ce n'est pas au galop, mais comme l'éclair, que le naturel revenait alors : intelligence cruelle, candeur (un peu de puérilité même), pureté bouleversante et cette loyauté qui brillait dans son regard comme d'un feu affectueux – tout cela apparaissait brusquement à la surface, ramené tantôt par les yeux de l'intelligence cruelle, tantôt par cet élan de confiance envers les hommes et les choses qu'on éprouve à vingt ans, tantôt comme sous la poussée d'une primitive réaction de brutalité. Ainsi semblait-il se parler à lui-même longtemps, oubliant le plus souvent votre présence, possédé par une sauvage exigence de se faire face.

Celui qui était le témoin de cette confiance enivrante s'en croyait le plus souvent l'objet et s'attachait à ses pas... pour ne se satisfaire bientôt plus d'avoir découvert des perspectives fugaces, des abîmes aussi étranges chez un grand seigneur : comme on voit briller le signe électrique d'une nageoire sous les grands fonds marins. Car ces perspectives reculées se résorbaient tout aussi brusquement et ne laissaient plus à ceux qui en étaient témoins que le souvenir d'un mirage. Alors, le sentiment d'être exclu, ressenti dès le premier jour en sa présence, était de nouveau sur vous, d'autant plus complètement que, dans la vie quotidienne, il vivait de profil avec ses intimes et que de nouvelles interrogations sur la complexité de sa nature avaient à nouveau le temps de s'imposer à l'esprit, de s'accumuler, d'y fermenter... Dans l'attachement qu'on éprouvait pour lui s'insinuait une subtile impression de malaise. Une solitude franchissable ? Erreur ! C'est après bien des années que l'on comprenait enfin qu'il n'éclairait de son ciel – inconsciemment, je crois –, que ces régions situées à mi-chemin de son infini. C'est après bien des années et bien qu'on eût avancé dans son cœur, qu'apparaissait cette certitude redoutable : il ne vous serait jamais rien livré de cette zone infiniment profonde et infiniment obscure où, aux mains de la solitude, se débattait l'inquiétant, le fascinant secret...

Joxe disait un jour (à Colombey, le 16 janvier 1947) au général de Gaulle :

« L'intransigeance d'Adrien Tixier n'était qu'apparente : il vous aimait terriblement, mon Général...

– Oui, répondit celui-ci, sans émotion et probablement malgré lui : il en est mort. »

Colombey, lundi 3 février 1947

M. et Mme de Boisgelin sont venus déjeuner. Bien que la conversation n'ait pas pris un tour particulièrement intéressant, le Général semblait heureux de se détendre dans l'atmosphère d'un de ses compagnons de 1940. De la conversation, j'extrais seulement ceci :

« Le fait le plus saillant de cette époque, c'est leur médiocrité à tous. Ce qui rassemble les parlementaires, par exemple, c'est *cela*. Cette médiocrité les contraint : elle les contraint, s'ils veulent survivre, elle contraint chaque parlementaire, s'il veut survivre, à s'asservir à un parti qui, lui-même – par médiocrité –, n'a rien, absolument rien à proposer, à apporter, à offrir. Je ne sais pas, moi, il pourrait de temps en temps y avoir, par exemple, un discours, une belle phrase, une seule ! Eh bien, non ! Si vous fermez les yeux, vous ne voyez rien. Nous n'avons pas entendu un seul discours. Nous n'avons pas retenu une seule phrase. De tout cela, il ne restera rien, *absolument rien*. Prenez leur presse : c'est illisible. Il n'en est pas un – vous entendez : pas un ! – qui ait découvert une idée, qui ait expliqué un événement, qui ait résolu un problème ou qui ait suscité une émotion réelle. Même Philippe Barrès : son journal du soir [15] est comme les autres, ou presque. Il y avait, pour lui, les affaires allemandes, ne serait-ce que pour le nom qu'il porte. Eh bien, lisez les quelques articles qu'il vient de publier sur la question : *il ne trouve rien* à dire.

Boisgelin revient de Lisbonne. Le Général lui demande quels sont, dans l'opinion, les points d'appui du régime de Salazar :

« La classe pauvre ne lui est pas opposée, observe Boisgelin. Mais Salazar est dénigré par les classes dirigeantes, principalement par la bourgeoisie, qui paie plus d'impôts qu'auparavant...

– Bien entendu ! lance le Général. Les bourgeois sont des gens qui passent le plus clair de leur temps à scier la branche sur laquelle ils sont assis. »

Après le déjeuner, le Général reparle de l'affaire Hardy [16] :

« Le procès a laissé entièrement dans l'ombre les principales questions posées, des questions auxquelles la Justice, en d'autres temps, eût sans doute trouvé ou essayé de trouver les réponses. Tout ce qu'on peut dire, sans trop de risques de se tromper, c'est que les ténèbres de cette affaire cachent des abîmes d'infamie. Des hommes ont été livrés jusqu'à une certaine date... (Ici, on sent que le Général ne veut pas – par désir d'être juste – en dire plus long sur le fond de sa pensée.) Les camarades de résistance en sont arrivés à cette infamie, à cette extrémité d'infamie – de livrer leurs frères. Pourquoi ? Pour arriver... pour arriver premiers à la Libération ! Ils ont fait cela. Ils l'ont fait alors que les Allemands avaient le genou sur leur gorge, ils l'ont fait *par les Allemands.* »

Boisgelin évoque l'enthousiasme, puis la déception de la plupart de ses compagnons et termine par cette phrase, qui fait bondir le Général :

« Hélas ! mon Général, les Français libres n'étaient pas des as...

– Comment ? proteste-t-il plus moqueur qu'indigné. Les Français libres étaient au contraire des gens épatants ! »

Il nous regarde en riant à la ronde, tire sur son cigare, redevient sérieux et concède, objectif :

« Oh ! évidemment... évidemment, ils avaient des défauts, les Français libres... notamment, ils ont fait preuve de trop de sectarisme au lendemain de la Libération. Mais à qui s'en prendre ? Peut-on s'en prendre à eux ? Le peut-on ? car enfin, était-ce leur faute, à eux, si ceux que nous avions laissés en France étaient devenus à leurs yeux, après des années de combat et de sacrifice, des gens formidables ? Rappelez-vous : vus de là-bas, *ils* nous paraissaient des gens formidables. Hélas ! il n'en eût pas été de même si nous les avions eus sous notre nez, si nous avions vécu parmi eux... Voyez-vous, Boisgelin, *ce qui m'a permis de bluffer, c'est justement que nous n'étions pas parmi eux.*

» Il n'en reste pas moins que les Français libres étaient et sont demeurés ce qu'il y a de mieux. Et même si cela n'avait pas été le cas... même dans ce cas-là, c'est par les Français libres que la France se serait libérée, pour cette excellente raison *qu'il n'y a eu qu'eux*. On s'en rend bien compte maintenant, on le voit par comparaison : oui, on voit à quel point ils dominaient les autres. »

Le général Mast est arrivé, en coup de vent, vers quinze heures : pâle de visage et d'yeux, avec ce masque fixe, qui cache soigneusement la colère. Depuis trois mois, il vit dans les affres d'un rappel. Il avait été annoncé, le mois dernier, que M. Bertaux était nommé résident général à Tunis, en remplacement du général Mast. Cette décision avait été prise au cours d'un Conseil des ministres, Léon Blum se trouvant alors à Londres. Le cabinet vivait les derniers jours de son existence. En définitive, ni Léon Blum ni Georges Bidault n'acceptèrent de signer le décret. Bertaux n'a pas rejoint son poste et Mast, remplacé virtuellement, auquel on a offert à nouveau le poste, le refuse, si on ne lui rend pas une autorité suffisante, sans laquelle il ne pourrait remplir, à la veille d'un coup de chien du Destour, sa redoutable tâche. Si Blum et Bidault ont refusé de signer le décret de nomination de Bertaux, c'est qu'ils voulaient éluder l'un et l'autre la responsabilité à prendre.

Après s'être entretenu une demi-heure dans son bureau, seul à seul avec Mast, le Général, dès que celui-ci est parti, me dit :

« Je crois qu'il va repartir à Tunis. Toute l'affaire, bien entendu, se soldera – une fois de plus – par une perte d'autorité et de prestige de la part du gouvernement. Je lui ai donné, quoi qu'il arrive, ce conseil : obtenir directement de Ramadier, avant de repartir, un communiqué du gouvernement, affirmant que des rumeurs absurdes ont récemment circulé à propos d'un remplacement projeté du général Mast, que ces rumeurs sont sans fondement et qu'on rend hommage à l'œuvre accomplie jusqu'ici par le résident général de France en Tunisie. »

L'Homme

Lorsqu'il était au pouvoir, il m'a presque toujours traité – à part de rares exceptions – comme un stylo ou un bloc-notes. C'est à Marly, pour la première fois, qu'il a cessé de me considérer comme un objet d'utilité courante : tout à coup, il a posé sur moi ce regard de quelqu'un qui remarque enfin la présence de quelqu'un d'autre. Il m'a souvent été sensible qu'un remaniement dans son entourage immédiat lui demeurait, semblait-il, aussi totalement indifférent. Dire adieu à X, Y ou Z, cela ne lui coûtait jamais, ni dans l'instant ni plus tard, l'apparence d'un regret. Qu'en était-il réellement ? On eût dit qu'il remplaçait un instrument par un autre. C'est tout. Pour lui, les hommes – à niveau supposé égal – paraissaient interchangeables.

Qu'il fût confiné dans un silence prolongé ou qu'il parlât avec chaleur, c'était toujours pour soi – pour soi seul – qu'il pensait ou qu'il parlait. Non point qu'il méprisât l'interlocuteur, mais parce que ce qu'il pensait ou ce dont il parlait l'intéressait beaucoup plus que vous. Certes, cet écran entre lui et ceux qui l'approchaient était apparent aux yeux d'un étranger : mais il avait suffisamment de savoir-vivre pour donner à l'étranger l'impression d'avoir franchi, parfois, cet écran. Il faut avoir vécu suffisamment auprès de lui pour connaître l'opacité et l'épaisseur véritable de cet écran qui vous isolait de lui.

Colombey, mardi 4 février 1947

A midi, nous écoutons les informations radiophoniques. Le Général est allé chercher, au milieu de toutes les nouvelles, celle-ci, qui n'est donnée qu'au milieu du bulletin, pour être dissimulée : « M. Ramadier recevra cet après-midi les représentants de la Fédération nationale des travailleurs, cadres et techniciens des chemins de fer. » Il dit aussitôt, l'index levé :

« Voilà ce qui est important ! En d'autres termes : les cheminots menacent de se mettre en grève si on ne les prévoit pas parmi les bénéficiaires de l'acompte provisionnel. Autrement dit encore : je prévois, moi, que des grèves de plus en plus nombreuses vont se déclarer. Ceci nous place, une fois de plus, devant cette méthode employée par les communistes pour ruiner notre économie : s'autoriser de la prétendue possibilité d'un blocage des prix – qu'ils savent irréalisable – et réclamer une nouvelle hausse des salaires. Cette hausse, ils l'obtiendront, n'en doutez pas ! Ils l'obtiendront de ce gouvernement de lâches et d'irresponsables. Je mets le prétendu gouvernement au défi de sortir de là, c'est-à-dire au défi de prévenir l'inflation. »

Déjeuner avec le Général et Mme de Gaulle.

Il me reparle de l'affaire Hardy, n'ajoutant que ceci à ce qu'il en a déjà dit hier devant moi :

« Je constate qu'à partir de l'arrestation de Jean Moulin, qui était mon représentant, *il n'y a plus eu d'arrestations au C.N.R.* »

Puis il évoque ce souvenir :

« Après l'arrestation de Bollaert, Serreulles devint mon représentant. Je me rappelle que de France, il m'envoya un rapport sur une conversation qu'il eut alors avec Bidault. Je me rappelle que Serreulles y insistait longuement sur l'opinion de Bidault : la Libération venue, pensait le futur président du C.N.R., il valait mieux se rendre à l'évidence que la meilleure politique serait de remettre, pour un temps, le gouvernement aux communistes. Ainsi Bidault, dès le début de son action, était-il fasciné par eux ; dès le début, il joua leur jeu. »

Un peu plus loin, il dit encore ceci :

« Je me rappelle la " gueule " des ministres M.R.P., pendant les Conseils des ministres, dès qu'un communiste ouvrait la bouche : aussitôt le silence se faisait dans leurs rangs. Ils buvaient littéralement les paroles de leurs adversaires... »

Je lui demande si, de tous les ministres, c'étaient vraiment les communistes qui donnaient, en séance, « l'impression de la plus grande détermination » :

« Sans aucun doute, répond-il objectivement. Oh ! non pas que la détermination des communistes fût bien impressionnante, d'abord parce qu'à cette époque ils cherchaient à donner l'apparence de ressembler aux autres, surtout parce que " les autres " faisaient preuve d'une vachardise incroyable. Plus que par la détermination, je dirai que c'était surtout par la tactique que les communistes l'emportaient sur les autres. »

« Il faut tout recommencer à partir de zéro. Je vais refaire la France Libre. Il faut en finir. Il faut briser cet asservissement de tous aux partis, ce... en un mot : cette infamie ! »

Après un temps assez long, pendant lequel il traverse, de long en large, toute la longueur de la bibliothèque, il relève la tête vers moi et pose dans les miens des yeux infiniment pensifs, comme voilés de tristesse, mais sans la moindre nuance d'amertume :

« Mais ne vous illusionnez pas : *c'est une montagne qu'il va falloir soulever.*

– Une montagne de lâcheté, mon Général, une montagne de mollesse... devant vous, les communistes mis à part, il n'y a rien qui puisse s'opposer à vous.

– C'est exact : il n'y aura que les communistes... »

Dans un éclat de rire, il lance alors :

« Thorez est le seul qui ne trahira pas. Avec lui, au moins je sais à quoi m'en tenir. Mais les autres ? Les autres, ils sont tellement lamentables !...

– Ils l'étaient en 1940...

– Oui ! Seulement, à cette époque, il y avait les Allemands sur notre sol... Oh ! au début, *ils* s'y sont faits, je le sais bien. Seulement, bientôt, ça a commencé tout de même à les gêner : les boches mangeaient leur beurre, les boches buvaient leur vin et puis, ensuite, les boches ont commencé à leur pleuvoir dessus... Ceci veut dire qu'il était beaucoup plus facile d'obtenir [quelque chose] d'eux dans de telles conditions. Demain, il n'en sera plus de même, car demain il s'agira de les dresser contre eux-mêmes, contre leur propre lâcheté, contre leur propre esprit d'abandon. »

Depuis trois semaines, ce qui frappe le plus dans les propos du Général, c'est à la fois la résolution totale (cette pureté bouleversante des yeux et de la voix lorsqu'il en parle) et, d'autre part, la tristesse, cette tristesse dont Bozel et Claude Mauriac m'ont parlé, tour à tour, la semaine dernière, dès leur retour de la Boisserie. Elle demeure en lui, c'est une tristesse sans faiblesse, sans plainte aucune, qui s'est accumulée, peu à peu, depuis le milieu de 1945, devant le spectacle de la lâcheté et de l'ignominie.

Elle demeure en lui, sans être dégradée de la moindre faiblesse, du moindre regret. C'est une tristesse qui, depuis un an, a constaté au lieu d'épiloguer et qui s'est accumulée, peu à peu, en lui, depuis le milieu de 1945, au contact de la lâcheté, de la mesquinerie, de l'ignominie. Jamais il n'a été plus vrai de dire, devant la résolution qu'il vient de prendre, qu'il n'est pas nécessaire de croire pour entreprendre.

Lorsqu'il répète aujourd'hui devant moi cette petite phrase que j'ai si souvent entendue depuis un an : « Il va falloir (et maintenant : il faut), il va falloir tout recommencer à partir de zéro », j'ai l'impression d'avoir devant moi un sculpteur qui – ayant consacré sa vie à idéaliser, à concevoir, à ébaucher et à achever une statue – le retrouverait brisé et souillé, chez un brocanteur, cet objet de son éternel amour. S'il recommence avec la même détermination, ce n'est pas pour la satisfaction de ceux qui abandonnèrent son chef-d'œuvre à des brocanteurs, c'est pour sa seule satisfaction qu'il s'ordonne de rétablir la Beauté sur son socle. Il n'en croit pas moins à la Beauté, il n'en croit pas moins à ses mains, à son combat, à la « belle ouvrage ». Il n'élude pas plus longtemps son destin : s'adressant donc à ses mains, c'est à elles seulement qu'il a l'air de dire : « Il faut tout recommencer à partir de zéro. » Car il n'entre pas une seconde dans son esprit – lui, si égoïste parfois dans les petites choses – qu'il puisse renoncer, que le destin de la France puisse être clos, dût-il sacrifier son propre destin, que la France puisse renoncer à sa gloire, dût-il abandonner la sienne pour la lui restituer...

Nous passons à table en silence. A la hauteur de la porte du salon, il s'arrête une seconde et me dit :

« Dans les *Mémoires d'outre-tombe*, il y a cette phrase à propos de la monarchie : " Vous dites que je vous ai failli. Et je vous dis, moi, que c'est vous qui m'avez manqué ! " »

Puis cette citation de Péguy, que je n'ai pu retrouver après coup et que j'ai oubliée, quelque chose comme :

« O Dieu, cette matière humaine que vous avez pétrie !

O Dieu, etc.

O Dieu, etc. [17]. »

Et il conclut :

« C'est bien cela... »

Paris, mercredi 5 février 1947

En prévision d'une route verglacée, j'avais proposé que le départ de Colombey fût fixé à huit heures et demie. Elle avait exprimé le doute qu'il fût prêt à une heure aussi matinale pour lui. En fait, dès huit heures, il arpentait impatiemment les tapis du salon et de la bibliothèque, noyés d'ombre. Elle me téléphona d'accourir. Je le rencontrai dans l'obscurité ; il exigeait qu'on partît.

Dans la voiture, sa gaieté était certaine : c'était celle d'un collégien qui part en vacances (il ne s'est pas rendu dans la capitale depuis son retour de l'île de Sein). Nous arrivons à midi, par la Cité universitaire, la place d'Alésia et Montparnasse. C'est presque la route qu'il suivit lorsqu'il entra dans Paris, le jour de la Libération... Les étals des magasins d'alimentation sont presque vides. Il demande au chauffeur de ralentir, pour avoir le temps de s'en faire une idée.

Nous arrivons : avec des précautions un peu exagérées, il se faufile derrière moi, jusqu'au premier étage... A trois heures moins le quart, après l'avoir laissé déjeuner en famille, je le retrouve dans le salon, qui est la seule pièce chauffée, grâce aux bûches que nous avons apportées de Colombey. Petit salon bourgeois, qui est à la hideur française ce que l'art victorien est à la hideur anglaise. (En raccompagnant plus tard ses visiteurs à la porte, il ne pourra s'empêcher de s'excuser sur la modestie du cadre, leur expliquant, à chacun, que le propriétaire du lieu [18] a perdu tous ses meubles du fait des Allemands.)

Bozel est déjà là. Palewski arrive presque aussitôt. Nous conversons anodinement jusqu'à l'arrivée des autres, le Général ne répondant que laconiquement, car il est tout entier à la maturation de ce qu'il va nous dire dans quelques instants. Les autres arrivent, dans l'ordre : Roulier, Soustelle, Debré. Puis, à trois heures et quart, Malraux.

Le Général s'est assis, dossier contre la porte vitrée qui donne sur la petite salle à manger, près d'une table jonchée de journaux, qui le sépare de la fenêtre devant laquelle, très silencieux, s'est placé Bozel. Au fur et à mesure des arrivées, les fauteuils sont poussés en cercle. Sur le divan situé immédiatement à la droite du Général, Roulier et Malraux, puis moi sur une petite chaise. Puis Debré et Soustelle, qui sont assis presque en face du Général. Puis Bozel, près de Palewski. Un silence complet s'est peu à peu établi. Le Général très immobile, commence en ces termes :

« Je vous ai déjà parlé individuellement. Si j'ai tenu à vous réunir aujourd'hui, c'est parce que je pense que le moment est venu d'agir. Sous quelle forme ? Dans quel délai ? C'est ce dont nous délibérerons dans un instant... »

Le Général parle pendant un quart d'heure environ, sur son « ton confidentiel », avec infiniment d'objectivité et de modestie, je dirais même de timidité, car ce n'est que plus tard, lorsque ses interlocuteurs auront formulé des objections, qu'il se départira de cette discrétion du ton, que malgré ses efforts, il ne parvient pas à réchauffer.

De l'exposé qu'il nous fait, voici les grandes lignes : Il a le sentiment que la nécessité se fait maintenant sentir d'un rassemblement français. Voici un an, il est parti. Il s'en est allé dans la conviction que les partis, confrontés à des problèmes démesurés, ne réussiraient pas à gouverner la France. Il importait que la démonstration se fît, mais il importait également qu'elle se fît loyalement, sans qu'il faussât le jeu. Sans doute, est-il intervenu à propos de la Constitution : « Pourquoi, me direz-vous, n'ai-je pas crié, en partant, mon dégoût, ainsi qu'on m'en a fait souvent le reproche ? C'est que cela n'eût servi à rien. Sans doute suis-je intervenu plus tard, à propos de la Constitution, sur laquelle je suis revenu avec une obstination intentionnelle, parce que je désirais en faire un abcès de fixation... Sur la Constitution, j'ai fait un placement... »

La France a maintenant une Constitution, qui ne porte pas, cela est bien évident, le sceau de la nation. La France est sur un terrain définitif. Le Général n'est donc plus tenu à la réserve qu'il s'était imposée. Le fait est acquis : les partis sont incapables de gouverner. Nous nous acheminons vers l'inflation.

Sous quelle forme, à partir de quels principes, ce rassemblement pourrait-il être constitué ?

1° *Sentimentalement,* le Général est convaincu que ce qui est « national » est, quoi qu'on en dise, ressenti très profondément dans le pays. Les problèmes relatifs à l'Union française, au rayonnement de la France à l'extérieur, au Rhin, par exemple, peuvent encore trouver une force d'attraction, s'ils sont présentés comme il faut. « Ce rassemblement devrait donc proposer tout ce qui contribuerait à ce que la France reprenne figure. » Les Français, il le répète, éprouvent très vivement, même s'ils l'ignorent, le sentiment de leur déchéance nationale et internationale.

2° « Mais, je ne me fais aucune illusion : on ne peut être entendu sur les grands problèmes si l'on ne propose d'abord un remède aux maux économiques. *La base de tout est donc la question sociale.* » Comment la régler ? Économiquement, deux remèdes opposés, qui correspondent à deux idéologies opposées, sont proposés à l'opinion : le libéralisme et le communisme. Après avoir fait le procès du libéralisme, qui ne correspond plus aux nécessités économiques, qui est « démodé », le Général fait celui du communisme, qui, au total, signifie « l'asservissement ».

Le Général est convaincu qu'à la « nécessité de grouper les hommes autour des machines », le communisme répond en préconisant un système qui supprime les droits de l'individu et « foule aux pieds la dignité de l'homme ».

Quant aux socialistes, « leur politique sociale revient pratiquement à proposer des nationalisations indéfinies », ce qui ne règle pas la question posée. Il n'en reste pas moins qu'à cette nécessité : produire, il faut trouver un remède économique et social. Le Général, après mûre réflexion, en est arrivé à la conviction qu'à l'époque où nous vivons, dans le monde où nous vivons, compte tenu du caractère national et des tendances actuelles de l'opinion, un seul système économique et social peut réussir : *le système d'association.* De sa conception de l'association, le Général ne dit rien. Il insiste seulement sur sa conviction que le remède qu'il préconise est susceptible de mettre fin à ce qui nous divise : la lutte de classes. « Il importe de substituer d'autres mœurs et d'autres lois à celles qui organisent la lutte de classes. » Il note, en passant, qu'à cette lutte, chacun s'associe comme à contrecœur. Ces associations peuvent prendre des formes diverses : professionnelles, surtout.

3° Ce rassemblement, avec le concours de quels hommes l'entreprendre ? Le Général propose d'y associer tous ceux qui, hier comme aujourd'hui, refusèrent et refusent de s'asservir à l'entreprise de l'étranger. Ce qui exclut vichystes et communistes. Il attire l'attention de ses interlocuteurs sur cette catégorie de Français, qui, sous une forme ou sous une autre, se sont associés ou simplement souciés de la défense de la nation. Il parle de ce qu'il appelle « les hommes de la défense nationale ».

4° Par quels moyens susciter ce rassemblement français ? Le Général, bien entendu, en prendrait la tête. Il a l'intention de lancer un appel, à Bruneval.

Le Général a exposé tout ce qui précède sans le moindre effet d'éloquence, avec une objectivité méticuleuse, ne regardant que rarement ses interlocuteurs, sinon Soustelle et Debré, parce qu'ils se trouvaient placés juste devant lui. Il dit alors :

« Sur la nécessité de ce rassemblement, sur la date la plus souhaitable pour la publication d'un manifeste, je vous avais demandé, chacun en ce qui vous concerne et dans votre domaine propre, d'y penser. Avant de vous demander votre réponse, je désirais d'abord fixer ces quelques points. A vous de me dire maintenant ce que vous en pensez. »

Coup d'œil à la ronde, puis :

« Par exemple, vous, Soustelle, puisque vous êtes placé devant moi, donnez-nous le premier votre impression. »

M. Soustelle, sur un ton qui est plus celui de l'exposé professoral que de la conversation, indique, sans préciser lesquels, qu'il a eu, depuis un mois, une série de conversations avec les chefs d'organisations politiques existantes, ainsi qu'avec les représentants d'un certain nombre d'associations de résistants, de combattants des deux guerres et d'associations patriotiques. La conclusion qu'il rapporte de ces différents contacts, à propos desquels il s'est bien gardé de mettre le nom du général de Gaulle en avant, est que « la situation est à la fois plus engageante et moins engageante » qu'il ne l'imaginait avant d'entreprendre ce travail. Plus engageante, « parce que ses interlocuteurs donnent presque tous l'impression d'une aspiration profonde – chez leurs adhérents – vers un système nouveau, par un rassemblement de toutes les bonnes volontés. Moins engageante, d'autre part, parce que tout homme susceptible d'être utilisé en vue d'une action politique à l'échelon national ou départemental se trouve habituellement intégré dans un parti, dans un syndicat ou dans une organisation de couleur politique définie. Également parce que la force d'inertie contre laquelle on aurait à lutter pour organiser pratiquement un tel rassemblement est considérable. »

En ce qui concerne le dernier point, M. Soustelle exprime le doute que le moment soit bien venu pour lancer un appel, exprimer un programme. La mise en chantier d'un rassemblement pourrait probablement se faire avec de plus grandes chances de succès dans quelques mois, si la situation économique et financière conduisait l'opinion à s'émouvoir véritablement. En tout état de cause et avant tout, il ne peut répondre d'une manière définitive à la question qui lui est posée tant qu'il ignore la position exacte que le général de Gaulle entend prendre par rapport à un tel rassemblement : le conduirait-il ?

Le Général révèle immédiatement son intention sur ce point. Si ce mouvement doit être lancé, il en prendra la tête et il mettra « tout le poids de sa modeste personne » dans la balance.

La parole est maintenant à M. Debré, qui apporte des conclusions pessimistes sur la possibilité de rassembler, à tous les échelons, les représentants de la fonction publique. Sans doute, pour telle et telle administration plus homogènes (P.T.T., cheminots, etc.) qui se sont trouvées plus particulièrement engagées dans l'action immédiate de la Résistance, un certain état d'esprit pourrait être suscité, certains concours pourraient être acquis. Mais, même là, son impression est qu'on ne rencontrerait immédiatement de concours résolu que de la part d'hommes isolés, c'est-à-dire de la part d'hommes qui – ainsi que son expérience de l'occupation le lui a révélé – seraient incapables de créer un réseau suffisamment serré et nombreux de fonctionnaires résolus à l'action sans esprit de recul. « Ne nous faisons pas d'illusions : ce n'est qu'à partir du début 1944 que se sont offerts, dans l'administration, des concours collectifs. La Résistance de l'administration, ce ne fut, jusqu'à cette date, que l'action d'hommes à peu près isolés. »

Tirant sur sa cigarette éternelle, André Malraux commence ainsi : « Pour me rendre plus clair, je vais être plus concret... » Il apporte alors les conclusions de l'enquête qu'il a menée sur place et « minutieusement » dans deux régions bien différentes de la France : l'Alsace et le Sud-Ouest. En ce qui concerne notre département de l'Est, il a rencontré partout un grand écho sentimental, malgré la grande activité qu'y mènent les principaux partis politiques. Cette bonne volonté à l'état endémique, il ne voit pas le moyen de la concrétiser dans une organisation conduite par le général de Gaulle à un échelon inférieur à l'échelon cantonal. Parmi les milliers de braves gens qui enverraient leur adhésion, un très petit nombre d'entre eux, malgré leur dévouement, seraient d'une surface suffisante pour pouvoir servir de délégués actifs. Pour toute l'Alsace, l'action pourrait être menée par quatre mille personnes environ, mais par quatre mille personnes à peu près « interchangeables » dans leur incapacité à conduire une action politique.

Quant à la région du Sud-Ouest, rien non plus qui puisse prétendre égaler dès le début la structure des partis politiques qui se trouvent devant nous. Le terrain y est moins solide que dans l'Est. Ce n'est que par un très lent, très minutieux et très patient travail que le terrain pourrait être préparé. La présence du général de Gaulle à la tête d'un tel mouvement multiplierait les concours. On ne peut affirmer, dès aujourd'hui, qu'elle serait suffisante au succès.

Le colonel Roulier, qui a mené une enquête parallèle dans les réseaux, sans se montrer absolument confiant, apporte néanmoins une note beaucoup plus optimiste. La conversation devient générale entre les interlocuteurs de « l'homme du 18 juin », qui écoute en silence. Chacun ajoute aux objections de l'autre : aspect parlementaire des problèmes, questions de presse, etc., etc.

Le général de Gaulle, transposant la conversation dans une atmosphère extraordinairement sereine, explique alors comment il envisage la structure d'un tel rassemblement :

1° Création d'un comité national, au sein duquel seraient représentées de cent à deux cents personnalités choisies dans tous les milieux politiques, à l'exception du parti communiste.

2° Création d'un comité exécutif, « espèce de gouvernement », constitué avec des hommes choisis au sein du comité national et qui seraient chargés d'étudier, chacun en ce qui le concerne, les problèmes se rapportant : à la politique extérieure, à l'Union française, à la reconstruction, aux affaires économiques, financières, ravitaillement, etc. Chacun de ces hommes s'entourerait de personnalités susceptibles de fournir des études et des solutions sur les problèmes vitaux posés à la nation et *de susciter la création d'associations* représentatives du rassemblement projeté dans tous les domaines où apparaissent les intérêts communs.

En ce qui concerne la propagande et la presse, l'organisation de manifestations dans la métropole et l'Union française et également l'assistance sociale aux anciens combattants, prisonniers, déportés et victimes de la guerre, le Général propose que trois secrétariats soient adjoints au comité exécutif.

Les disponibilités financières au départ seraient faibles. C'est après le démarrage du rassemblement et avant son succès que se placerait la période la plus difficile financièrement. Plus tard, des concours s'offriront sans doute. Il conviendrait, aussi bien pour la propagande que pour réunir des fonds, de remettre en mouvement les comités de la France Libre, dont certains sont encore actifs.

Quelqu'un demande au Général ce qu'il pense de l'action à exercer sur la presse. Il répond :

« Il n'y a pas de presse digne de ce nom. Ne nous faisons pas d'illusions : il convient d'en créer une de toutes pièces, à côté. Presque toute la presse est entre les mains des partis. En politique, tout ce qui n'est pas pour est contre. La plus grande partie de la presse sera donc contre nous. Il n'y a pas de presse en France, car je n'appelle pas presse ces feuilles qui surenchérissent sur les scandales et qui se révèlent totalement incapables d'intéresser les lecteurs à aucun problème commun. »

Comme l'un d'entre nous objecte que la vente d'un journal baisse chaque fois qu'il essaie de traiter des grands problèmes, le Général rétorque qu'il pense exactement le contraire :

« Prenez les affaires allemandes ou la question de l'Indochine : eh bien, je suis persuadé qu'il y aurait là, pour un journaliste, pour un homme qui ait de la " patte ", l'occasion d'écrire un article passionnant. Cet article, si nous ne l'avons pas lu, c'est qu'il n'y a plus de journalistes en France. C'est par manque de talent qu'ils se cantonnent tous dans la bassesse. »

Je n'ai, bien entendu, donné ici qu'un aperçu peu détaillé de ce qui fut dit. Je crois cependant avoir rapporté l'essentiel : les décisions prises et le « climat ».

De cette réunion, je retire l'impression d'un homme qui, refusant des objections, a pris une décision. Au fur et à mesure qu'il parlait, du conditionnel, ce projet de rassemblement passa au présent, puis au futur. Lorsque nous nous levâmes et passâmes dans la petite salle à manger voisine, où le thé fut servi dans d'humbles tasses de café jaunes, les adhésions des six interlocuteurs du Général étaient acquises, sans qu'ils aient eu, en vérité, à en décider, adhésions chaleureuses, qui donnaient néanmoins l'impression que le Général les devançait, prêt à recevoir sur sa poitrine tous les coups, en flèche...

Pendant le thé, j'obtins, parlant pour la première fois, que Bordeaux, où le général de Gaulle a accepté de faire un discours à la mémoire de Félix Éboué, fût reporté à une date ultérieure à l'appel de Bruneval. Il me paraît, en effet, essentiel que les Français, qui – ne nous le dissimulons pas – ne se posent plus depuis Épinal, à propos du Général, que la question suivante : « Nous a-t-il définitivement laissés tomber ? » ou, pour ses ennemis : « A-t-il renoncé ? », aient l'impression que le Général, lorsqu'il ouvrira la bouche de nouveau, ne le fera que pour répondre à l'interrogation posée et non pour faire un discours sur un problème, sans doute vital, mais qui passera très haut au-dessus de leurs têtes.

La réponse qu'il prémédite à l'interrogation de l'opinion étant un appel sentimental et passionnel, le choc psychologique projeté atteindra alors le maximum. Bon psychologue, Malraux plaide dans ce sens, contre Palewski, qui tient d'autant plus à Bordeaux qu'il l'a préconisé.

En ce qui concerne maintenant la fixation de la date du discours-manifeste, le Général pense que celle du 30 mars est la plus favorable, les premiers craquements financiers et économiques devant se produire, croit-il, à ce moment-là et l'espoir entretenu à propos de la baisse des cinq pour cent devant disparaître d'ici là, ce qui ouvrira la crise.

Je m'aperçois que je n'ai pas insisté sur la psychologie du Général en ce qui concerne la nécessité de donner rapidement le coup de départ à un rassemblement français. Comme ses interlocuteurs, il s'est affirmé persuadé que le moment était peut-être prématuré. Mais attendre le moment idéal, c'est attendre peut-être le moment où il sera trop tard pour sauver la France de la culbute. Il se peut qu'en agissant prématurément le démarrage se fasse mal. Il importe d'exister, pour que chaque nouvel événement apporte de nouvelles adhésions. Ce qui compte, ce n'est pas le nombre d'adhérents un mois ou même six mois après l'appel de Bruneval, c'est le nombre de Français et de Françaises qui se compteront, au sein de ce rassemblement, dans dix-huit mois. C'est ainsi qu'il voit les choses, tout au moins pour la part de ses propres intentions qu'il veut bien révéler...

Paris, jeudi 6 février 1947

Je devinais, pour avoir vécu ces dernières journées dans son silence songeur, je savais – sans qu'elle m'en ait d'ailleurs rien dit – que la famille du Général et Mme de Gaulle surtout seraient « contre ».

C'est ce matin que, pour la première fois, elle me l'a dit clairement. La conversation eut lieu dans cette chambre à coucher minuscule donnant sur l'avenue Mozart, où le lit et les deux valises prenaient presque tout l'espace – inconfort duquel le Général n'avait pu s'empêcher de se plaindre avec agacement. Il y a vainement cherché le sommeil – parmi les voitures qui dévalèrent, la nuit durant, le boulevard –, lui qui est accoutumé au silence nocturne, depuis Tala Ouadet, ou les « Oliviers »[19], en passant par la villa de Neuilly, la torpeur de Marly et le silence démesuré de Colombey...

Entre la fenêtre et le lit donc, alors que le Général recevait, dans le petit salon voisin, le ministre de la Production industrielle en exercice[20], elle me livra son angoisse.

Cela commença par les leitmotive que j'entends depuis un an, dix fois par jour : « Nous sommes trop vieux maintenant. A notre âge, il faut rester chez soi... Il a bien tort de s'en mêler... Et puis aussi, je vous le demande : *qu'est-ce qu'il leur donnera de plus ?* Que demandent-ils en effet ? A manger ! Eh bien, ça, il est aussi incapable que les autres de le leur apporter. »

Puis, après un instant :

« Je ne crois pas à cette aventure... Je suis persuadée qu'il ne réussira pas... »

Elle hésita un instant, puis me dit :

« Tenez, Pétain... Eh bien, toutes proportions gardées, Pétain aurait mieux fait de rester chez lui. Il avait tout ce qu'il pouvait désirer, et puis... enfin, vous me comprenez. Non ! Non !... Il faut savoir se retirer à temps !... »

Je ne puis m'empêcher de lui faire remarquer que la seule différence c'est que Pétain a trahi et que l'action projetée du Général et sa rentrée en scène n'ont qu'un but : empêcher la France d'être trahie plus longtemps, plus avant. A quoi elle répond, sans avoir même écouté : « Admettons ! Enfin... »

Faut-il que l'inquiétude de cette femme soit grande pour qu'elle risque de m'en faire part à moi dont elle sait que j'ai été l'un de ceux qui lui reprochèrent le plus son silence lorsqu'il est parti, qui ne me suis pas satisfait des paroles relativement mesurées d'Épinal, qui insistais obstinément auprès de lui, à la veille du référendum, pour qu'il plaçât, dans sa dernière déclaration et de la manière la plus catégorique, les abstentionnistes devant leur conscience. A moi, surtout, dont elle sait que j'ai tout fait pour que cette rencontre ait lieu...

Après un silence, elle me dit :

« Moi, je ne sais qu'une chose : je vais faire certains arrangements... je vais prendre certaines précautions... de manière à être libre de mes mouvements. Car, quoi qu'il arrive – et je prévois le pire dès maintenant – je veux rester avec lui. Sachez-le bien : *dorénavant je ne le quitterai plus d'un pas.* »

Nouvelle hésitation, puis :

« Ces gens-là, voyez-vous, sont très bien organisés. Or nous, nous ne le sommes pas. Il se peut que de braves gens viennent à lui... oui ! Mais il y en aura peu. Quant aux autres, je les connais : ils le laisseront tomber au premier tournant. Croyez-vous qu'en dehors d'une poignée, il y en ait beaucoup qui montrent du courage si les choses tournent mal ? »

J'en conviens avec elle, mais lui exprime ma conviction que le devoir du Général est là. Je vais même jusqu'à dire :

« Il se peut, oui, qu'il laisse pour quelque temps, dans ce que vous appelez cette " aventure ", sa réputation et son prestige. Mais, même dans le cas d'un échec, ce sacrifice préparera des lendemains qui chantent. »

Un moment de silence, puis à mon grand étonnement, cette confidence remarquable chez une personne méfiante :

« Je vous dis que tout cela finira mal. Je sais... enfin, oui, *je sais* que cela finira mal : *car ce qui va arriver maintenant est prévu.* On nous l'a prédit, de deux côtés différents. En Pologne, d'abord... en France aussi, une femme... Le Général le sait, d'ailleurs. Seulement, bien entendu, lui, il n'y croit pas. Moi, j'y crois. Je constate que, jusqu'ici, toutes ces prédictions se sont réalisées... Eh bien, *celles qui ne se sont pas encore réalisées prédisent une catastrophe.* »

Elle va poursuivre, puis se ravise, un peu parce qu'elle ne désire pas rencontrer mon incrédulité ; mais surtout, je crois, parce qu'elle craint – en évoquant crûment, par des mots, la redoutable prédiction – de donner corps et d'incarner et d'ancrer plus profondément en elle l'anxiété. Cette anxiété qui, après une halte du destin d'un an, s'empare à nouveau d'elle, familière, tenace, impitoyable...

De cette prédiction fatale, elle ne m'a pas dit plus, mais je sais fort bien à quoi elle fait allusion : à Marly, dans les premiers jours, ne m'avait-elle pas mis dans la confidence, portée par la joie que lui causait le départ du Général et comme si celui-ci avait échappé à un accident :

« Une diseuse de bonne aventure, m'avait-elle dit, a prédit au Général qu'il mourrait pendu. La seule manière de faire mentir cette prophétie, c'est, dorénavant, de rester tranquille... »

Colombey, samedi 8 février 1947

Déjeuner avec le Général et Mme de Gaulle. Il est détendu, mais parfaitement silencieux, pendant que j'échange avec Mme de Gaulle un assez grand nombre de considérations anodines, dans lesquelles, au bout de dix bonnes minutes, il survient, en disant, avec un mélange très particulier de tristesse et d'humour :

« Ah ! ces journaux !... tous les journaux... je ne me souviens pas, à aucune époque, d'avoir eu en spectacle des événements aussi abaissants, aussi *lamentables*.

– Encore les hommes de votre génération, mon Général, peuvent-ils se consoler – je ne parle pas de vous, en particulier, bien entendu – avec des souvenirs où la France triomphait ou, simplement, faisait figure... Mais nous, ceux de trente ans...

– Quand j'avais trente ans, c'était presque la même chose : sans doute, oui, était-ce moins fatigant, car la France, malgré la politique, avait conservé une grande partie de sa substance. »

Comme Mme de Gaulle a l'air sincèrement alertée et émue par la situation et qu'elle doute de l'avenir, il l'interrompt pour dire :

« Je dispose d'une telle dose d'indifférence ! »

Je ne cite la chose que parce que ce qu'il appelle son indifférence est une des composantes remarquables et majeures de son caractère : faite de stoïcisme, elle joue le grand rôle dans les grandes occasions.

« Ramadier, dit-il, n'est déjà plus qu'un bouchon sur l'océan déchaîné. Il a déjà consenti, dans son for intérieur, au déblocage des salaires. C'est donc l'inflation. La semaine dernière, la circulation fiduciaire, qui avait pu être réduite dans une faible mesure par Blum, a augmenté à nouveau : de onze milliards. Il y aura des grèves... Blum savait bien en lançant l'expérience des cinq pour cent de baisse, qu'elle ne pourrait réussir dès l'instant où il ne bloquait pas les salaires, il savait bien ce qu'il faisait en ne se prêtant pas à la reconduction et en refusant la présidence du nouveau gouvernement. Dorénavant, les événements vont survenir avec une accélération de plus en plus grande.

– A l'heure de la culbute, demandai-je, à qui feront-ils appel pour les tirer de l'abîme ?

– A Blum. Le rappel de Blum sera le signe de la fin.

– Mais, mon Général, si Blum, comme vous le disiez tout à l'heure, a eu l'habileté d'éluder la reconduction de son gouvernement et surtout la présidence du gouvernement suivant, à plus forte raison refusera-t-il de revenir dans une atmosphère de débâcle et de panique...

– Et pourtant, il acceptera, vous verrez qu'il acceptera.

– Pourquoi ?

– ... pour sauver le régime ! J'ai jugé les socialistes depuis longtemps : ils préféreront livrer ce qu'ils appellent la République – c'est-à-dire leur fromage – aux communistes, ils préféreront se soumettre à Thorez plutôt que de s'associer aux autres partis pour sauver le pays des entreprises de l'étranger... Blum, comme les autres... et ne vous faites pas la moindre illusion sur ce point ! Ce jour-là, Blum servira de prête-nom aux communistes, qui n'auront même plus besoin de Bidault : Bidault, lui, disparaîtra instantanément. »

Colombey, samedi 15 février 1947

Depuis le 5 février, c'est-à-dire depuis cette première réunion qu'il fit à Paris, ce n'est pas assez de dire que l'enthousiasme apparent de ses interlocuteurs ne tint pas ses promesses, aussitôt le Général parti pour Colombey.

De retour à Paris le 8, j'ai pu en juger par moi-même. Si Palewski, selon l'expression de Pierre Brisson, qu'il rencontra dans le monde, « pétait le feu », Malraux, lui, au cours d'une conversation de deux heures que j'eus avec lui, le 10, ne fit que me confirmer dans mon impression : les délais sont singulièrement courts pour réussir tant auprès des personnalités politiques choisies qu'auprès de la presse. La situation est meilleure au sein des réseaux. Faute d'un travail coordonné et effectivement réalisé, force m'est donc d'avouer que je n'aperçois pas très bien comment pourra s'accomplir à la dernière minute la mise en place des dispositifs indispensables, c'est-à-dire de ceux destinés surtout à la mise en exploitation immédiate de l'appel lancé. Or, faute d'avoir exploité le choc psychologique, cette fructification qui doit être instantanée dans les esprits et dans les cœurs, comment pourrons-nous seulement prétendre amorcer notre affaire ? Si chacun de nous commençait d'abord par se consacrer exclusivement, de jour et de nuit, à cette tâche colossale de préparation, dans le secteur qui lui est imparti, alors, oui, peut-être pourrions-nous y atteindre.

Or, malgré ces deux réunions successives suscitées par le Général, il faut bien constater que Palewski – qui s'est vu confier le département presse, à l'instigation de Malraux qui, lui, préfère se contenter de la propagande – refuse sa subordination à Soustelle, dont il jalouse la fonction prééminente de coordinateur. Pratiquement, il consacre la majeure partie de son temps à des conversations à bâtons rompus, toujours gracieux mais rarement utile, et dont il se garde bien de piper mot au futur secrétaire général du mouvement. Quant à celui-ci, il m'a dit jeudi dernier, devant Malraux, qu'il ne prétendait pas remplir cette tâche de coordination, « ayant beaucoup trop à faire par ailleurs ».

A la date du 15 février, tel est donc le bilan : Soustelle passe le plus clair de son temps à écrire une *Histoire de la France Libre* ; Malraux a corrigé les épreuves du tome un de sa *Psychologie de l'art* ; Roulier revient d'un voyage de huit jours en Grande-Bretagne ; Debré consacre la majeure partie de ses journées aux affaires de la Sarre dont il est, au titre du Conseil d'État, conseiller ; Bozel, enfin, s'arrache les cheveux et cherche un local.

On ne peut donc mettre au compte de la [coordination] les idées apportées par le Général dès le début et qui n'ont trouvé comme écho que l'élaboration paresseuse par ses collaborateurs d'une liste des personnalités susceptibles d'entrer, le jour venu, dans le comité national. Cette liste est le résultat de deux heures de bavardages entre Malraux, Palewski et Soustelle. Le Général l'a empochée sous toutes réserves.

Encore ceci : Soustelle a fait approuver en principe une note que Palewski accueille avec des hochements d'épaule et qui concerne la structure et les rapports respectifs du comité national, du comité exécutif et d'un bureau politique, ainsi que de différents secrétariats.

Soustelle m'ayant prié, samedi dernier et pour la première fois, de venir le voir, je lui ai déclaré très crûment qu'un « malentendu » existait, selon moi, entre le Général et lui, Soustelle, à propos de la manière dont il remplissait sa fonction de coordinateur. J'ai ajouté que ce même malentendu me semblait à l'origine du peu de travail effectué.

Il me répliqua – sans sembler d'ailleurs y attacher beaucoup d'importance – qu'un tel malentendu ne pouvait exister entre lui et le Général pour cette excellente raison qu'il lui avait encore répété, l'avant-veille, qu'il ne serait pas disponible pour la tâche de secrétaire général qui lui était proposée, avant le 30 mars, son bouquin ne devant être achevé qu'à cette date-là ; que c'était d'ailleurs inessentiel, puisqu'il y avait « largement le temps pour régler les questions à résoudre avant Bruneval, que rien ne devait se faire au grand jour d'ici là », puis, cette phrase :

« Méfions-nous de la fébrilité ! Si vous imaginez qu'il est possible de monter en quelques semaines et avant l'appel du général de Gaulle, une machinerie savamment huilée, vous vous faites de singulières illusions. Il y a un certain état de choses en France, auquel vous ne changerez rien : la presse est chère et les partis sont ce qu'ils sont et vous ne sortirez pas la France de là en six semaines. »

A noter que, pris individuellement, chacun des collaborateurs du Général donne raison à mon inquiétude et la partage, Soustelle mis à part. Pris ensemble, ils eussent certes donné tort à mon jeune âge. Je voulus néanmoins en avoir le cœur net et m'en ouvris ce matin au Général dès mon arrivée à Colombey et sitôt introduit dans son bureau. Je lui donnai donc, très succinctement, mon expérience du travail qui se faisait à Paris – ou plutôt qui ne s'y faisait pas. Je le fis franchement, passionnément, un peu candidement et ajoutai à mes raisons d'alarme l'information que Bozel m'a fournie hier et d'après laquelle Vincent Auriol (source : le beau-frère de Diethelm) serait « au courant ». A ce propos, le président de la République aurait déclaré : « Ça se terminera comme l'affaire Boulanger. »

Le Général, qui ressent évidemment la même inquiétude, explose déjà : « Oui, m'interrompt-il *catégoriquement.* Oui... Bon ! »

Je poursuis néanmoins, en lui faisant part de l'information fournie par Peretti, qui prétend avoir assisté à une conversation entre Girard et le général de Jussieu, qui est communiste, et d'après laquelle la Fédération des réseaux de la France Combattante serait extrêmement divisée, les chefs de réseau ne pouvant se mettre d'accord pour inviter le Général ni se porter garants du succès de la manifestation de Bruneval. Au cours de cette conversation, Peretti informa donc son interlocuteur que le général de Gaulle allait prononcer à Bruneval « un grand discours politique » et que Girard, lui, avait l'intention, après avoir assisté à cette cérémonie, de se désolidariser en envoyant sa démission de président de la Fédération des réseaux. (Girard, un peu plus tard, nia avoir pris cette position.)

Parce que je sens que son impatience, qui croît d'un « oui... c'est bon ! » à un « oui... suffit ! » de plus en plus péremptoire, va bientôt tourner à la frénésie, j'arrête le supplice. N'y tenant plus, il s'est déjà levé et s'est emporté contre nous tous, en ces termes :

« Ce sont tous des bavards ! Vous êtes tous des bavards ! »

Puis il ajoute, rasséréné :

« Tout ce que vous me dites, d'ailleurs, je m'en doutais bien et croyez que je ne me fais aucune illusion sur leurs " grenouillages " (*sic*). Aussi bien, me dit-il, ai-je préparé cette lettre pour Soustelle. Vous allez me la recopier et la lui faire parvenir discrètement. »

Colombey, lundi 17 février 1947

Retour à Colombey. Journée ensoleillée. Sur le gravier, devant le perron, une corde à sauter et une balle abandonnées.

Je trouve le Général gravement occupé à converser avec un de ses neveux Reyrolle, âgé de douze ans, auquel il fait passer un véritable « oral » sur son emploi du temps à l'école, ses professeurs, etc.

Colombey, mardi 18 février 1947

Elle feuillette un carnet sur lequel furent réunis, dans les premières années de son mariage, un certain nombre de renseignements concernant la taille, le poids des parents et des enfants à différents âges. Exemple : à quinze ans, Charles de Gaulle mesurait un mètre soixante dix-sept et, un an plus tard, un mètre quatre-vingt-cinq.

Elle détruit en ce moment quantité de papiers de famille.

Colombey, mercredi 19 février 1947

A l'heure du thé, il me dit méditativement :

« La Réforme, puis la Révolution française ont rompu l'équilibre où la monarchie maintenait l'Europe. L'équilibre rompu, l'Europe s'est trouvée livrée à une suite ininterrompue de divisions. De ces divisions, on ne voit pas bien ce qui pourrait la sortir... »

Silence, puis, cet immense regret :

« Dans la tragédie de l'Europe, dans ce drame de l'Europe tel qu'il se déroule en ce moment sous nos yeux... en présence d'une Allemagne terriblement ébranlée et démolie... devant une Italie terriblement malade... la France avait un grand rôle à jouer. *Un rôle d'arbitre.* »

Geste du bras, qui écarte le rêve :

« Mais non. Ce rôle-là n'intéresse plus les Français. »

Un peu plus loin, il me parle des Juifs :

« Dans l'affaire de Palestine, affirme-t-il, ma préférence va aux Juifs. Les Arabes, voyez-vous, ne méritent pas qu'on les aide : ce sont des excités. En 1930, lorsque je me suis rendu en Palestine pour la première fois, je me rappelle avoir observé des orangers cultivés par des Arabes : eh bien, ils étaient rabougris, leurs fruits étaient amers et de petite taille. Les Juifs, au contraire, les cultivaient remarquablement. Ces individualistes forcenés, sans doute parce qu'ils avaient le sentiment de travailler la terre natale, ces anciens marchands de casquettes de Pologne et d'Allemagne acceptaient les travaux des champs les plus rudes. Pendant la guerre, lorsque je suis retourné en Palestine, les progrès marqués par les Juifs étaient extraordinaires. Voilà pourquoi il faut aider les Juifs, et on ferait bien de se dépêcher, car l'antisémitisme, dans sa forme virulente, réapparaîtra rapidement. En Grande-Bretagne, aux États-Unis, en Europe occidentale, on en aperçoit les signes précurseurs. La question palestinienne se réglera d'ailleurs probablement dans le cadre de l'O.N.U. »

Je lui fais remarquer qu'en attendant, les Arabes vivent et se multiplient en Palestine.

« Que fera-t-on des Arabes ?

– Il faudra, dit-il presque brutalement, qu'ils se poussent ! Remarquez bien qu'il fut un temps où la Mésopotamie était un pays fertile de huit millions d'habitants. Ce qui veut dire qu'il y a de la place pour les Arabes en dehors de la Palestine. »

Puis, nous parlons de la grève de la presse [21] :

« On se passe si facilement de journaux, remarque-t-il allègrement. Certains regrettent leur feuilleton, d'autres la lecture des faits divers ; mais bien peu de gens, en vérité, regrettent l'absence de nouvelles. »

Claude Mauriac et moi indiquons d'un sourire que l'affirmation, en ce qui concerne les nouvelles, nous paraît légèrement paradoxale.

« Mais parfaitement, insiste-t-il. Personne ne regrette l'absence de nouvelles. Les premiers jours, oui, bien entendu ! Mais bientôt, comme on ne lit plus d'informations, on finit par se rassurer et l'on éprouve que s'il n'y a plus de nouvelles, c'est parce que plus rien n'advient. »

Comme je lui demande s'il ne croit pas que c'est plutôt l'absence d'éditoriaux venimeux et d'échos perfides qui est le plus ressentie, il proteste :

« Détrompez-vous ! Car il est bien loin le temps où l'homme qu'on attaquait possédait de la dignité, ou bien était supposé posséder une apparence de dignité. Rien de tel de nos jours. Il y a beau temps que le lecteur d'un éditorial ne s'illusionne plus sur la dignité de l'homme que pour lui, lecteur, on traîne dans la boue. Mais alors, je vous le demande, *à quoi bon invectiver ? Ça n'a plus aucun ragoût !* »

Il s'abandonne à un rire énorme.

Colombey, vendredi 21 février 1947

Nous sommes rentrés tous les trois ce soir, à la nuit tombée, par une route pluvieuse. D'hier midi jusqu'à quatorze heures trente cet après-midi, le Général et Mme de Gaulle ont séjourné, pour la deuxième fois, à l'hôtel La Pérouse. J'avais insisté lourdement mais avec raison, je crois, pour qu'il prévoie – en plus d'une suite d'entretiens séparés – une réunion semblable à celle qui se tint, pour la première et dernière fois, le 5 février, avenue Mozart. Présentée comme une manière de stimulant à de lents efforts dispersés, ma proposition fut accueillie avec une certaine paresse. Soustelle et Palewski s'étant joints à moi, la réunion eut lieu à onze heures ce matin. Soustelle, Palewski et Malraux avaient été reçus auparavant. Debré étant en Sarre pour le compte du commissariat aux Affaires allemandes et Roulier s'étant attardé en Grande-Bretagne, c'est seulement Soustelle, Malraux, Palewski et Bozel que j'introduisis dans le petit salon de l'appartement n° 23 qu'il occupe avec sa femme. « Ceci me rappelle l'hôtel Connaught [22] », observa-t-il gaiement.

Avec plus de chaleur, dirait-on, et surtout de confiance dans ce qu'il affirme, également avec un ton plus familier, le Général, qui nous parla pendant dix bonnes minutes, commença par indiquer que les quelques événements qui se sont déroulés depuis notre première réunion l'ont confirmé dans cette certitude : la crise du régime va s'accélérer.

En ce qui concerne, tout d'abord, le problème intérieur, il note que le déficit réel, pour le budget de 1947, est de six cents milliards. Les prix – dont le gouvernement n'est plus maître – continuent à monter. Malraux avait bien raison, ce matin, de lui parler de la crise imminente du pain, qui sera très ressentie. Le ravitaillement demeure pour le gouvernement Ramadier un problème sans solution.

A propos du problème extérieur, le Général dit simplement : « Je suis convaincu que Moscou [23] n'aboutira à rien de plus qu'à un texte nègre blanc. »

Le Général cite cette phrase mélancolique de Ramadier à Parodi, la semaine dernière : « Je ne puis rien faire. Nous sommes impuissants. »

Le Général dit alors :

« La dislocation va donc se poursuivre. Dislocation dans tous les domaines : je songe notamment aux organisations ouvrières et aux partis. »

Il attire ensuite notre attention sur ce point : l'état d'esprit n'est pas et ne sera pas révolutionnaire.

« Je ne crois pas, affirme-t-il, que cela doive changer beaucoup dans les prochains mois. Ce ne sont donc pas les communistes qui profiteront des événements. »

Il poursuit ainsi :

« L'avenir immédiat ?... Ce sera probablement Blum et Herriot... Blum ? C'est douteux... D'abord, il est intelligent ; suffisamment, en tous les cas, pour s'apercevoir à temps – si on lui proposait de revenir – de l'absence de tout facteur de réussite... Et puis, il n'est pas envieux, il faut bien le dire.

» Herriot ? Sa vanité, son goût de ce qu'ils appellent " le pouvoir ", le porteront vraisemblablement, si on le lui propose, à accepter. Mais alors, si c'est Herriot, peut-être assisterons-nous, oui, à un spectacle un peu différent : il fera preuve d'un peu plus de savoir-faire, d'un peu plus d'intelligence, d'un peu plus de tenue. Peut-être, oui, y aura-t-il, pendant un temps très court, un semblant de gouvernement, un semblant susceptible de ranimer la confiance de quelques-uns... Mais ce n'est pas cela qui réglera la question, car, la question, il n'y en a qu'une : la stabilisation de la monnaie, et contre cette réalité, Herriot comme les autres ira se briser. »

Le général de Gaulle en arrive donc à cette première conclusion, en ce qui le concerne : ne rien changer à la ligne qu'il avait tracée devant nous, il y a quinze jours :

« Blum ou pas Blum, Herriot ou pas Herriot, les perspectives intérieures ou extérieures et le déroulement des événements demeureront sensiblement les mêmes dans les prochains mois : je parlerai donc. »

Il parlera à la fin mars, car il n'aperçoit aucun élément nouveau ni sérieux susceptible de suggérer une autre date. Avant de nous donner un aperçu de ce discours, le Général entend fixer d'abord :

Premier point : Que convient-il de répondre à ceux qui laissent entendre que de Gaulle va faire prochainement « un grand discours politique » à Bruneval ? Le mieux, pense le Général, est de nier la chose en bloc : cela ne lui ressemblerait pas de faire un grand discours politique. Le général de Gaulle est maintenant placé sur un tout autre terrain... Il ne fait pas, il n'a jamais fait de « politique ». Bruneval, où il se rendra pour répondre à l'invitation des combattants des réseaux, ne semble pas, d'ailleurs, le mieux choisi pour un discours de ce genre : c'est une cérémonie franco-britannique qui est projetée. Je doute qu'elle puisse fournir autre chose que l'occasion d'un discours célébrant l'amitié des deux peuples, exaltant la Résistance, etc.

Deuxième point : Une campagne ne pourrait-elle être habilement suscitée, dans la presse de province d'abord, puisqu'elle paraît encore, puis – lorsqu'elle reparaîtra – dans la presse parisienne, dont l'objectif serait de mettre le général de Gaulle en demeure de faire entendre sa voix. « Notez bien que la chose pourrait être tentée aussi bien chez les sympathisants de Bayeux et d'Épinal qu'auprès de l'adversaire. Les premiers écriraient : " Ce qui s'est accompli sous nos yeux, les difficultés que nous rencontrons sur notre route, n'est-ce pas ce que de Gaulle nous avait prédit depuis longtemps ? Il importe qu'il nous éclaire de ses conseils. A lui la parole !... "

» Les seconds m'attaqueraient de la sorte : " Il ne suffit pas de jouer éternellement les Cassandre. C'est trop facile. De Gaulle ne nous a jamais fait entendre jusqu'ici que des critiques. Nous le mettons maintenant au défi d'énoncer aucune idée positive, aucun remède concret aux problèmes si concrets qui nous étranglent. " »

De son discours, le Général trace les grandes lignes. A ce propos, il écoutera volontiers, dans les semaines qui vont venir, les suggestions qui pourraient lui être fournies :

« Je célébrerai d'abord, bien entendu, la Résistance, *qu'il ne faut pas écarter.* » Il dit avec chaleur : « La Résistance, ce fut la défense nationale, ne l'oublions pas ! » Et, comme pour répondre à une objection : « La Résistance a été la seule force réelle qui se soit manifestée, le seul élan de rénovation ; elle a été *le sursaut.* Et quand bien même elle aurait eu des *sursauts* [?], la Résistance (ici, courte colère). *Il n'y a pas eu d'autre... sursaut* ! Et cela, je le dirai ! je dirai que dans ce rassemblement du peuple français, je dirai que dans la rénovation du peuple français, la Résistance doit avoir la place qui lui revient... (Il est à nouveau rasséréné, c'est à nouveau le politique qui parle)... Je dirai donc la nécessité, dans les heures graves que traverse la France, oui, la nécessité de remonter vers nos sources. »

Il a l'intention de reprocher sans ambages aux partis d'avoir « disloqué la Résistance pour mieux l'escamoter ». Et il ajoute :

« Il fallait bien rendre la voix au peuple français, il fallait bien organiser des élections... Ainsi sont-ce les partis qui se répartirent les suffrages, puisque la Résistance, elle, ne pouvait se présenter aux élections.

» J'ai annoncé depuis longtemps que le régime des partis ne pouvait nous tirer d'affaire. Je prendrai donc acte de l'échec. Je le ferai, d'ailleurs, comme il convient : c'est-à-dire modestement, sans triompher, sans piétiner le cadavre. Je n'accablerai personne. Note générale : Vos malheurs sont nos malheurs. Votre bien est également notre bien... Puis, sans m'attarder à aucune critique facile, trop facile, j'énoncerai *les remèdes réels*, c'est-à-dire exactement ces remèdes que le gouvernement et les partis font semblant d'ignorer, pour cette excellente raison qu'ils connaissent leur propre incapacité, leur incapacité organique à pouvoir les appliquer. Ces remèdes, je les proposerai à propos des deux problèmes vitaux avec lesquels la nation est aujourd'hui confrontée, dans le domaine intérieur et dans le domaine extérieur, deux problèmes qui, j'en suis profondément convaincu, sont aujourd'hui ressentis par tous.

» Première question vitale, dont tout découle, sur le plan intérieur : la stabilisation de la monnaie. Ce n'est pas un des nombreux problèmes dont le pays attend la solution : c'est *le problème*, car le ravitaillement, la production et le crédit ne s'amélioreront que l'inflation n'ait été étranglée. Ici, le remède qui s'impose doit être préconisé clairement : c'est l'équilibre réel du budget. Cet équilibre est possible, mais au prix seulement de deux décisions, que les partis – c'est trop évident – ne peuvent prendre :

» Premièrement : le licenciement d'un nombre considérable de fonctionnaires.

» Deuxièmement : l'État doit renoncer, pour un temps, à satisfaire les besoins immédiats des fonctionnaires maintenus. Ceci doit être fait et il faut avoir le courage de le dire... En ce qui me concerne, je le dirai, car ma conviction profonde est qu'il n'y aura pas de budget en équilibre tant que cette décision ne sera pas prise publiquement.

» Pour la production, ne pas se faire d'illusions : elle n'augmentera pas sensiblement avant longtemps (importations en charbon liées à la crise mondiale, pénurie de main-d'œuvre). Certes, il serait possible de relever légèrement le taux de la production, notamment en augmentant le nombre d'heures de travail.

» Deuxième question vitale : les problèmes qui – impérialement et extérieurement – demeurent intégralement posés à la nation. »

Impérialement d'abord :

« Ici, dit-il, ma conviction est que nous devons préconiser ce que nous avons toujours préconisé, à savoir : le développement – sous l'impulsion de la France – des pouvoirs locaux. Jusqu'ici, ce développement n'a pas été réellement effectué. Il ne l'a surtout pas été sous la conduite de l'État. Il importe donc de le susciter, de le favoriser, mais *sous l'autorité exclusive de la France*, c'est-à-dire en affirmant que la France n'acceptera aucune interférence et aucune immixtion dans ce qu'elle considère comme les intérêts vitaux des populations représentées au sein de l'Union française. La France, encore une fois, doit *provoquer* ce développement. »

Extérieurement, enfin :

Le Général commence par indiquer son point de vue, qui est que « le problème de l'organisation de l'Europe et de l'Europe tout court n'est posé nulle part ». Il n'est posé ni par les nations la composant, « qui demeurent épuisées par le récent conflit et comme abruties sous le choc », ni à l'échelle mondiale : « Sur la scène internationale, en effet, n'apparaissent, en réalité, que la Russie soviétique et ses satellites, que les États-Unis d'Amérique et leurs satellites. » Le Général est convaincu que le problème de l'organisation de l'Europe s'appelle, pour la France comme pour la plupart des nations européennes, le problème de l'organisation de l'Allemagne. A ce point de vue, il dit :

« Les États-Unis et les Soviets ont chacun leur thèse, mais cette thèse ne tient aucun compte de l'Europe : pour les États-Unis, elle consiste à faire de l'Allemagne un satellite des États-Unis, c'est-à-dire qu'elle vise à l'instauration de l'hégémonie américaine en Europe. Pour la Russie soviétique, elle consiste à faire de l'Allemagne un satellite de la Russie soviétique, c'est-à-dire qu'elle vise à l'instauration de l'hégémonie soviétique en Europe. »

Il ajoute :

« Il y a, de plus, le truc (*sic*) de Churchill, qui vise bien à la réorganisation de l'Europe. Mais, comme son système revient pratiquement à rassembler les nations européennes autour d'une Allemagne restaurée dans sa puissance, la France ne peut retenir de sa thèse que la partie qui préconise le rassemblement des nations occidentales. »

Il en tire cette conclusion :

« Voilà où nous en sommes et force nous est de reconnaître que dans aucune des thèses en présence, le moindre compte n'a été tenu des intérêts vitaux de l'Europe, partant, des intérêts vitaux de la France. »

Placés devant cette situation, quelle doit être notre position ?

« Ici encore, dit-il, je rappellerai ce qui doit être rappelé et il importera d'autant plus que je le fasse au moment où se placera mon discours que les hommes, qui, chez nous, sont chargés de définir la position de la France dans le monde, seront plus éloignés de la thèse, plus opposés même à la thèse qui doit demeurer la nôtre. »

La politique extérieure de la France vis-à-vis de l'Europe doit être définie, il ne se lassera pas de le répéter, par notre politique allemande : séparation économique et politique de la Ruhr et rattachement de la rive gauche du Rhin. Il observe à ce propos :

« Une Ruhr qui ne serait pas politiquement et économiquement indépendante, c'est, pour la France comme pour l'Europe, le drame qui recommence ; c'est la Ruhr au pouvoir de l'Allemagne. Et la Ruhr au pouvoir et à la discrétion de l'Allemagne, c'est tôt ou tard une Allemagne tournant les yeux puis mettant à nouveau la main sur la rive gauche du Rhin. »

Et il termine ainsi :

« Ici, il faut que cela soit dit et je le dirai, parce que... parce que j'en suis convaincu : il faut que la France et l'Allemagne s'appuient l'une sur l'autre. »

Le Général proposera donc, dans ce discours, un rapprochement entre les deux peuples, « c'est la seule manière d'éviter que l'Europe soit à nouveau écartelée, disloquée et divisée dans un nouveau conflit, divisée en deux groupes de nations ennemies et satellites *. »

Un silence assez prolongé suivit. Le Général, qui n'avait fumé qu'une cigarette jusque-là, en alluma une autre. Après quelques minutes de réflexion individuelle, chacun – sauf Malraux – commença discrètement à épier les réactions de son voisin à travers sa méditation. Ce silence, c'est Bozel qui le rompit le premier, pas très à son aise. Il parla très longuement. Finalement, cela revenait à ceci : Le Général, il y a quinze jours, avait préconisé de faire de ce qu'il appelle « l'associationnisme » (au vrai, je croyais jusqu'ici que l'associationnisme était une thèse psychologique sur l'association des idées...) le centre de son programme économique et social. Le général de Gaulle a-t-il toujours l'intention d'en lancer l'idée à Bruneval ?

« Ne dites pas " Bruneval " », corrige le Général...

M. Bozel s'interroge encore sur les avantages réels du système d'association, quelle réussite ou quel échec a-t-il révélé dans les expériences passées ? Quels travaux, quelles études d'ensemble de quels hommes – en France et à l'étranger – ont-ils été consacrés à ces problèmes ? Ne faudrait-il pas aussitôt s'aviser de mettre les questions qui s'y rapportent à l'étude ?

Ici, le fond de la pensée de Bozel surgit : le général de Gaulle est-il bien au clair sur ce point ?

Celui-ci reconnaît bien volontiers que non. Il ajoute que s'il l'a tiré de l'ombre, c'est parce que après mûres réflexions et des réflexions de longue date, il en est arrivé à cette conclusion que la pratique d'un régime d'association apportait probablement la solution la meilleure possible dans tout domaine où l'ouvrier peut être intéressé à l'entreprise. Certes, ce n'est pas une solution parfaite. Il n'a pas proposé l'association comme la panacée. Ce serait s'illusionner que d'imaginer que la mise en œuvre d'un programme économique et social quelconque puisse porter des fruits tant que la production ne démarrera pas. Or, la production plafonnera, par manque de matières premières, de main-d'œuvre et d'équipement, pendant assez longtemps.

Le Général s'étonne du silence qui s'est fait autour de l'idée d'association. Il a remarqué que chaque fois qu'il essayait d'attirer l'attention d'un technicien ou d'un homme politique sur ce point, il ne recueillait qu'absence de curiosité, la plus complète ignorance le plus souvent, en tous les cas l'indifférence, sinon des résistances. Aucun travail récent, aucune action des pouvoirs publics ne lui ont été signalés dans ce domaine. Est-il inexploré ? Il

* Je m'explique mieux, maintenant, cette interjection jaillie, il y a quelques jours, de sa méditation de Colombey :

« Quel dommage, avait-il en effet observé, quel dommage que ce grand peuple ait commis de telles atrocités ! *(sic)*. On ne peut pas effacer cela... »

acquiesce à l'idée que l'étude de ces problèmes soit entreprise au plus tôt. Certes, il ne s'agit pas de revenir à Proudhon ou à Fourier, ou à une de ces expériences qui ne furent tentées par les socialistes que pour les parer de la toge démocratique. Barbu (?), par exemple, a tenté une expérience dans le domaine de l'horlogerie : est-elle concluante ? S'informer auprès des théoriciens et des expérimentateurs. Le même système ne peut évidemment être employé partout et il ne nie pas qu'il est des branches de la production où il ne s'appliquerait pas. Exemple : les possibilités d'application ne seraient pas les mêmes dans les mines, où l'exploitation du charbon rapporte peu et où les mineurs sont nombreux ; ou dans une centrale électrique, où un nombre réduit de spécialistes et d'ouvriers suffit à produire une énergie considérable, par conséquent à réunir des capitaux considérables. Répartir la totalité des bénéfices dans le premier et le second cas, ce n'est pas aboutir au même résultat.

Je note que le Général ne s'est pas engagé, s'il aborde la question économique et sociale dans son discours, à évoquer ou à préconiser un système d'association.

Soustelle, qui paraît pour la première fois conscient – depuis son entrevue d'hier soir avec le Général – de son rôle de secrétaire général, résume la pensée de Bozel et exprime le souhait que les études nécessaires soient entreprises et les hommes compétents écoutés.

Gaston Palewski entre alors en scène, avec beaucoup de brio et de nuances :

« Les Français, dit-il, sont partagés entre deux tendances, deux aspirations contradictoires. Ils sont fascinés, d'une part, par l'idée d'un État fort, ils sont attirés par l'idée de l'ordre public et d'une politique précise menée d'une main ferme. D'autre part, ils... ils aiment la liberté et tout ce qu'elle comporte, c'est-à-dire jusqu'aux divisions, jusqu'à ces divisions qui en ce moment nous déchirent. Oui, jusqu'au désordre inclus, que pourtant ils abhorrent... De cette contradiction réelle, je crois qu'il est possible, sur le terrain économique et social, de tirer un enseignement... »

Il hésite un peu, puis :

« ... Il y a, me semble-t-il, dans ce mot d'association, un je ne sais quoi... Oui, pourquoi le nier ?... un relent de paternalisme qui se heurte chez nous à notre instinct de liberté... »

Il en arrive à une « idée » qui lui a été donnée récemment par un de ses amis et qui serait peut-être capable de fournir la solution cherchée : « Elle consisterait à dénoncer l'exploitation de l'homme par les sociétés anonymes, elle consisterait secondement à mettre le doigt sur le fait que les nationalisations ont été réalisées au profit des partis, certainement pas de la nation, mais surtout pas de l'individu, qui n'en a tiré jusqu'ici aucun profit. Il convient, selon moi, de reprendre cette idée et de déclarer la guerre aux sociétés anonymes. »

Le doigt levé, Malraux dit le premier, en guise d'acquiescement :

« Ainsi inventons-nous nos trusts ! C'est habile... »

Deuxième idée abordée par Palewski : le transfert, avec le temps, par exemple après deux ou trois générations, de la propriété d'une usine de son propriétaire ou de la société propriétaire aux ouvriers. « C'est, en quelque sorte, la " propriété fondante ". » Il concède que cela poserait des questions particulières, notamment en ce qui concerne les entreprises agricoles. Dans ce domaine, c'est probablement irréalisable.

Après quelques instants de débats collectifs, le Général dit :

« En tous les cas, Palewski, je retiens votre première idée. »

A propos des nationalisations, peut-il les attaquer ? Il dit :

« Il m'est difficile de prendre position contre les nationalisations, pour cette excellente raison que c'est moi qui les ai faites. Je sais bien, je sais bien que je ne suis pas responsable de la suite. Car ce sont les partis qui ont pourri les nationalisations. Chaque industrie nationalisée est devenue le monopole d'exploitation d'un parti ; l'échec et le déficit des sociétés nationalisées vient de là. »

Soustelle, qui sans avoir nullement l'air de présider, résume, de temps à autre, ce qui vient d'être dit, laisse tomber :

« Je pense, mon Général, que dans tout ce que vous formulerez, il faudra prêter une attention particulière au vocabulaire que vous emploierez, car, de toutes parts, on vous guettera, n'en doutez pas. »

Le Général acquiesce avec une bonhomie qu'il exagère visiblement, avec humour...

Je demande alors :

« Dans ce que vous venez de nous dire de votre discours, vous nous avez dit notamment, mon Général, que vous aviez l'intention de le conclure par un appel au rassemblement de toutes les bonnes volontés autour de votre personne. Dans quelle mesure avez-vous l'intention d'associer à votre personne d'autres hommes et, en particulier, avez-vous l'intention d'en faire état, et d'annoncer la formation d'un comité national ? »

Le Général réfléchit un instant et donne cette réponse :

« Je suis convaincu qu'en dehors d'un mandat national, il est déjà et il deviendra de plus en plus impossible de gouverner ce pays. Il faut demander au peuple un mandat. Je sais bien les mauvais souvenirs qu'on évoque chez les Français, en parlant de mandat national. Pourquoi ? pour l'abus qui en a été fait. Abus à des fins dynastiques par Napoléon III... Abus par Boulanger. Mais il y a deux différences, si vous y réfléchissez, entre Boulanger et moi : d'abord, Boulanger était à peu de chose près un inconnu ; d'autre part, Boulanger est apparu sur la scène en une période de prospérité et de défense républicaine. Je crois pouvoir dire que mon nom évoque encore quelque chose dans la mémoire des Français ; le régime est moins républicain que nous, nous sommes épuisés dans notre substance et nous sommes étranglés par les problèmes... »

Il revient alors en arrière, pour trouver, dans la réussite pourtant si fragile du récent ministère Blum, un argument de plus en faveur du mandat national :

« Blum n'a réussi, au début de son expérience, que parce que le pays – en dehors et malgré les partis – lui accordait son adhésion. Oh ! bien faible, cette adhésion ! Mais tout de même, dans une certaine mesure, une adhésion... Si les partis n'ont rien pu contre la volonté – si faible fût-elle – de Blum, c'est précisément dans la mesure où sa volonté agissait dans le sens de ce que souhaitait la nation. Oui, voilà pourquoi il y a eu, pendant quelques jours, un semblant de réussite... Et puis, peu à peu, la volonté de Blum s'est résorbée, parce qu'il demeurait enfermé dans un parti : le sien. »

Puis il tourne la tête vers moi :

« Croyez-vous que le peuple prenne *réellement* au sérieux les imputations de pouvoir personnel qui ont été formulées contre moi par les partis ? Je crois, moi, qu'il me reproche au contraire de ne pas l'avoir conduit d'une main suffisamment vigoureuse... »

Il esquisse un geste qui semble annoncer une nouvelle phrase, mais se tait. Ce silence se prolonge suffisamment pour signifier la fin de cette réunion.

Nous sommes maintenant debout, rassemblés autour d'un guéridon, au centre de la pièce.

Le Général : « Pauvre Ramadier ! Ces malheureux passent leur temps en conseils des ministres, en " conseils restreints ", en conférences de toutes sortes et en palabres... Seulement voilà : *rien n'en sort.* »

Il rit et ajoute :

« Voyez-vous, c'est une espèce de Directoire... Mais c'est un Directoire sans trésors, sans Bonaparte et sans victoires ! »

Un silence, puis :

« N'empêche que j'éprouve une certaine... estime, oui, une certaine estime pour ce pauvre Ramadier : il sait qu'il ne peut *rien* et pourtant il essaie ! Je trouve qu'il n'est pas dépourvu d'une certaine dignité... »

Palewski : « Quant à Vincent Auriol, mon Général, il dit (ici, il imite fort bien l'accent du cyclope de l'Élysée) : Je n'ai riengue, en principe, contreu leu Généralllleu de Gooole. »

Éclat de rire collectif, dont le Général s'extrait le premier : « Oh ! vous savez, Auriol est un brave homme, hein ! Je n'ai, moi non plus, rien contre lui. »

Nouveaux rires.

Soustelle, que cette idée agite décidément beaucoup, demande au Général s'il ne serait pas plus discret, lorsqu'il se rend à Paris, de descendre ailleurs :

« La prochaine fois, mon Général, ils installeront un microphone, à admettre qu'il n'y soit pas déjà !... dans le téléphone, par exemple. » (Coup d'œil circulaire : nos regards tombent sur un téléphone qui doit dater de 1900, en forme de patère de chapelier.)

Le Général : « Oh ! croyez-vous que cela ait beaucoup d'importance ? »

Il soulève les épaules, puis son visage s'anime d'un large sourire :

« Mais nous ne complotons pas, nous. »

Il s'interrompt d'un grand rire, déploie ses grands bras :

« L'État, c'est nous !... Ce n'est tout de même pas eux !... »

Nouveaux rires, interrompus par cette question du Général redevenu sérieux :

« ... D'ailleurs, est-il si mauvais qu' " ils en parlent " ? »

Quelques minutes après notre retour à Colombey, Mlle Millaud me téléphone de Paris. Mlle Mac Nulty, avec une fébrilité dangereuse, la prie de faire transmettre d'urgence au général de Gaulle le texte tronqué d'un communiqué que vient de publier le bureau confédéral de la C.G.T. Je prends un crayon et, au bout du fil, au long duquel s'acharnent certainement les tables d'écoute, la voix lointaine me dicte :

« Le Bureau de la C.G.T. demande à tous les militants et confédérés d'être extrêmement vigilants et d'être prêts à prendre la tête d'un mouvement de masses pour briser net toute tentative réactionnaire dirigée contre la Constitution, la République et la Liberté. »

Comme Paris et notamment les couloirs du Palais-Bourbon sont pleins – d'après ce que ses interlocuteurs ont indiqué au Général depuis hier matin – de rumeurs contradictoires concernant ses intentions, comme, d'autre part, il n'arrive jamais qu'on téléphone des informations au Général, nous nous figurons aussitôt que ce communiqué vise exclusivement l'activité supposée de l'Homme du 18 juin. Parmi ces rumeurs reviennent fréquemment : « Le général de Gaulle prépare un complot », ou bien : « Il va faire prochainement un discours pour réclamer l'amnistie », ou bien : « Il est venu passer plusieurs jours en cachette à Paris », ou bien : « Le général de Gaulle s'est réinstallé à Neuilly », ou bien : « Il a rencontré en secret deux ministres socialistes, Lacoste et Depreux ». D'après Palewski, qui en a fait état ce matin au cours de notre réunion, Pierre-Henri Teitgen a déclaré hier, en Conseil des ministres, que le Général cherchait un appartement à Paris, désignant le Général par le substantif : « cet individu ». Depreux aurait alors parlé des « menées » du Général. Quant à Duclos, il a fait hier après-midi au Palais-Bourbon un discours dans lequel il a fait allusion – en termes relativement mesurés cependant – aux menaces qu'un homme faisait courir à la République...

Comme le Général entrait dans la bibliothèque, je lui tendis le texte incomplet de la C.G.T., tel qu'il m'avait été transmis téléphoniquement. Ce texte, il le lut lentement, sans étonnement, croyant comme moi qu'il constituait la première réaction de l'adversaire. Cette lecture terminée, il me regarda. Sa gravité, faite d'infiniment de calme, s'effaça en l'espace d'une seconde et il partit d'un rire énorme qui s'acheva sur :

« Faut-il qu'ils aient la trouille ! »

Puis, les traits animés d'une sombre joie, il arpenta la pièce, se réjouissant de cette sensibilité de l'adversaire, qui ne pouvait être autre chose pour lui, dans cet instant, que la preuve par neuf de son désarroi.

Je dis :

« Rassembler les masses contre un ennemi sans visage, c'est une arme à deux tranchants. Les masses, d'ailleurs, se mobiliseront-elles ? »

Cette exagération involontaire, il la corrigea presque avec colère :

« Mais, il ne s'agit pas de mobilisation des masses, voyons !

– Peut-être, mais ce que je voulais dire c'est que... c'est que viendra un moment à partir duquel vous ne leur servirez plus d'épouvantail, viendra un moment où ils n'auront plus de ciment pour tenir ensemble leurs troupes. Alors, ces troupes, au lieu de vous craindre, viendront à vous.

– C'est juste !... en tous les cas, ils vont se couvrir de ridicule. »

Quelques minutes plus tard, la radio repassait ce communiqué dans son cadre véritable, il visait l'activité du P.R.L. :

« Tout en proclamant son souci de respecter la liberté de réunion, le gouvernement – qui s'est ému à juste titre des récentes manifestations constituant un défi à la légalité républicaine – a estimé que la manifestation du P.R.L., prévue pour ce soir à la Salle Wagram, et les contre-manifestations qui s'en seraient suivies, étaient pour le moins de nature, à un moment où l'opinion est privée de journaux, à compromettre le maintien de l'ordre public. »

Colombey, samedi 22 février 1947

Ciel brouillé au-dehors, coupure de courant au-dedans. Dans la pénombre, il s'est assis dans ce fauteuil de la bibliothèque qu'il affectionne. Au-delà de la fenêtre, il regarde vers Colombey. Au bout d'un temps très long, il me dit :

« Quand on regarde les choses de haut, de bien haut, on s'aperçoit que *nulle part n'apparaît rien* (sic). Qu'il s'agisse de nous ou des autres, c'est le néant. Il faut reconnaître qu'en France – indépendamment de la conjoncture économique ou internationale – rien ne se manifeste. Il faut reconnaître que rien ne se manifeste dans aucune direction donnée... Aucune force n'apparaît... Rien ne jaillit... »

Un autre silence, puis :

« Pff ! »

Nouveau silence, plus court, suivi de ce jugement :

« Et, vous savez, ça va durer comme cela encore un certain temps, je le crains... on ne voit pas de raison pour que cela change... »

Il s'abîme dans une contemplation ennuyée, puis regarde à nouveau vers la fenêtre et vers Colombey, sur lequel la pluie, dans le vent, jette des rayures en zigzag. Paysage désolant, qu'il me désigne du geste :

« Oui... Et de cet univers assommant, ce ciel nous donne la lugubre image... »

Il me parle avec humour des « bonnes œuvres » d'antan :

« On faisait beaucoup de charité dans ma jeunesse. Non point, je crois, qu'on fût plus généreux : on avait encore de quoi la faire. Toutes les dames avaient alors leurs pauvres... Je dis bien : *leurs* pauvres, car, les malheureux, ils leur appartenaient pour ainsi dire en propre et il n'eût pas fallu qu'une de leurs amies s'en mêlât. Les évêques rendaient visite aux pauvres qu'on réunissait pour l'occasion. " Vous êtes laids, leur disait-on, et pourtant, voyez : on vous rend visite, on vous fait la charité... de sorte que vous devriez être bien reconnaissants à ces dames pour le soin qu'elles prennent de vous. "

» Reconnaissants, ils l'étaient d'ailleurs, n'en doutez pas. »

Il engouffre cette dernière phrase dans un rire cynique et reniflé, qui me l'a rendu presque inaudible.

Un peu plus loin, il me dit :

« Si je compare cette époque à la nôtre, c'est pour constater qu'il n'y a plus personne aujourd'hui qui soit capable de *tenir une conversation.* »

Je lui demande si le fait n'est pas lié au manque d'argent et au rythme de l'existence, qui interdisent les loisirs, la lecture, etc. Il en convient et tranche catégoriquement :

« Au-dessous d'un certain minimum de bien-être, il n'y a plus d'hommes d'esprit... »

Colombey, février 1947
(deux jours après avoir déjeuné chez Revon)

Je dis au Général :

« Rancourt, qui arrive de Londres, me rapportait avant-hier qu'une rumeur persistante circulait au moment de son départ : le roi d'Angleterre, aussitôt après avoir débarqué au Cap, rentrerait par avion en Grande-Bretagne pour quelques jours, le temps de mettre au pouvoir une équipe d'hommes capable de rétablir la situation. On suggère alors que l'opposition serait consultée et Churchill supplié par le roi de reprendre les rênes... »

Le Général éclate de rire :

« Churchill au pouvoir ? Vous n'y pensez pas ! *Ce n'est pas encore assez dur pour lui !* »

On annonce la nomination de Marshall, qui remplace Byrnes à la tête du State Department. Je lui demande ce qu'il pense de Marshall :

« Je l'ai rencontré, me répondit-il. Je le crois, tout d'abord, extrêmement *droit.* Je pense également qu'il a des qualités d'organisateur remarquables. On lui doit la création de l'armée américaine dans la guerre, car, pratiquement, il n'y avait pas d'armée américaine lorsque le Japon a attaqué. Et puis, c'est un homme modeste, qui aime son pays. En ce sens il demeurera inaccessible à la vanité. Je veux dire qu'il n'est pas et qu'il ne sera jamais un politicien. On ne le prendra jamais par la vanité, non ! A ce titre, il dépasse de beaucoup les Byrnes, les Bidault et même Bevin. »

Et de Bidault, il ne peut s'empêcher de dire : « C'est une petite crapule ! »

Colombey, mars 1947

Déjeuner avec le Général et Mme de Gaulle.

Je dis :

« Les négociations de Moscou promettent d'être longues. Tout se passe à l'avance comme si les Quatre Grands – chacun pour ce qui le concerne – étaient déterminés à prendre leur temps et comme si Marshall et Bevin s'accordaient en particulier à ne vouloir discuter d'abord à Moscou que d'un pacte à quatre, remettant à plus tard la signature du traité de paix avec l'Allemagne.

– Oui », me répond-il mollement.

Puis, sans préambule :

« ... En quoi consiste, dit-il comme s'il parlait devant vingt personnes, la politique allemande des Américains et des Anglais ? Elle consiste essentiellement à redresser l'Allemagne. (Et il cite de mémoire la déclaration suivante : " C'est du relèvement de l'Allemagne que dépend le relèvement de l'Europe et du relèvement de l'Europe que dépend, comme jamais auparavant dans l'Histoire, la prospérité de la Grande-Bretagne. ") Vous voyez, je ne le leur fais pas dire.

» Quant aux Russes et quant à Bidault, que veulent-ils ? Se payer sur la bête. Or, c'est exactement ce que les Anglo-Saxons veulent éviter à tout prix : car se payer sur la bête, ce serait compromettre le redressement allemand. C'est pour retirer aux Soviets et, accessoirement, à la France, les réparations qu'ils réclament, que les Anglo-Saxons cherchent en compensation à les persuader que le plan de réorganisation de l'Allemagne tient compte des nécessités de leur sécurité, c'est-à-dire des nécessités de la sécurité à l'Est et à l'Ouest. Le pacte à quatre offert par Byrnes et dont Marshall, à Berlin, proposait la signature immédiate à Moscou, préalablement à celle du traité de paix allemand, revient, de la part des Américains, à tenir ce langage : " Nous vous garantissons votre sécurité. Car l'Allemagne ne pourra recourir aux armes contre vous si elle trouve sur son chemin la force américaine. C'est ce qu'établirait le pacte que nous vous proposons. "

» Quant aux Russes, ils répondront aux Américains comme je l'avais fait aux Anglais : " Avant de signer un pacte, réglons d'abord un certain nombre de problèmes qui nous divisent. "

– Mais croyez-vous, mon Général, que les Russes proposeront de faire aboutir le contrôle international de la bombe atomique et le désarmement, préalablement à toute discussion d'un pacte à quatre ?

– Je ne sais pas... Tout au moins exigeront-ils que l'Allemagne soit d'abord réorganisée selon leur thèse. »

Colombey, mardi 2 mars 1947

Burin des Roziers est venu rendre visite au Général, à Colombey, pour lui soumettre le projet de traité franco-britannique. L'ancien officier d'ordonnance du Général est reparti pour Paris avec une note manuscrite du Général résumant ses objections. Il était bien entendu que Burin des Roziers ne devrait montrer cette note à personne et que ce texte succinct ne devait l'aider qu'à établir un mémoire.

Paris, mercredi 5 mars 1947

Le général de Gaulle, qui était resté à Colombey depuis quinze jours, a réapparu à l'hôtel La Pérouse en fin de matinée. Je l'ai trouvé extrêmement détendu. Il a marqué d'emblée son désir d'avoir des entretiens séparés : « Et alors, hein ! pas de réunion ! »

Il a reçu cet après-midi successivement : Palewski, Malraux, Soustelle et Rémy, ce dernier étant venu lui rendre compte de notre voyage à Rouen, destiné à susciter une invitation de la municipalité de cette ville pour le 30 mars, ainsi que la constitution d'un « Comité national du souvenir de Bruneval ». S'étant rendu compte, au cours de ces trois premières audiences, que la situation politique, c'est-à-dire surtout économique et financière, faisait prévoir un palier et par conséquent qu'un appel lancé le 30 mars serait prématuré, le Général a pris les décisions suivantes :

– Premièrement, il se rendra à Bruneval le 30 mars et y annoncera, au cours d'une brève allocution, un discours ultérieur.

– Deuxièmement : il prononcera, le 7 ou le 13 avril, à Strasbourg, son discours-appel.

Bozel lui a fait tenir, par mon entremise, une lettre assez longue, dans laquelle il agitait le grelot. Un temps précieux était perdu depuis le premier voyage du Général à Paris, les hommes auxquels le Général a confié sa pensée et ses intentions ne font aucun travail constructif, des antinomies de caractère ou d'ambition se sont manifestées parmi eux, les efforts doivent être coordonnés sous une main unique et forte : celle du Général. Il concluait sa lettre en adjurant celui-ci de venir s'installer à Paris.

Le Général, après avoir lu cette lettre, refusa de voir Bozel, non pas qu'il lui en voulût de tant de franchise : je pense au contraire qu'en partageant ce point de vue, il désirait réfléchir avant de prendre la décision de venir à Paris.

J'ai dîné hier soir chez des amis : Amaury était là. Soustelle arriva quelques minutes après *. Sitôt le dîner fini, le magnat de la presse M.R.P. nous décrivit Teitgen sous les traits d'un homme dévoué, mais amer : durant cinq semaines, il avait vainement cherché à être reçu par le Général. Son chef de cabinet, Michel de Boissieu, aurait demandé audience par l'entremise de son cousin Alain, gendre du Général. Celui-ci aurait répondu :

« Le Général ne recevra pas Teitgen. Il est très en colère contre les M.R.P. »

Le vice-président du Conseil aurait été ulcéré de cette réponse...

Autre argumentation d'Amaury : Teitgen est sincèrement ému des propos qu'on lui prête contre le Général. « Il n'a jamais prononcé en Conseil des ministres les paroles qu'on lui prête. Lorsque je lui en ai fait part, il est entré dans une grande colère... »

La conclusion d'Amaury, c'était que demain Teitgen serait probablement président du Conseil et qu'il importait dès maintenant, par une entrevue, de préparer le terrain à un ralliement du M.R.P. autour du Général que seul Teitgen est capable d'opérer. L'effondrement de Bidault serait obtenu du même coup, etc., etc.

Pour qui connaît la politique personnelle d'Amaury, qui consiste actuellement à mettre ses œufs dans le prochain panier et qui cherche d'autre part la perte de Bidault, la méfiance s'imposait. Néanmoins, il était positif : Teitgen cherchait le contact du Général.

Rentrant à pied vers nos domiciles voisins, Soustelle me dit son intention de demander au Général de recevoir immédiatement le vice-président du Conseil et il fut convenu que son nom figurerait sur la liste d'audiences que je lui ai présentée ce matin. Le Général accepta. Contre mon conseil, il voulut même le recevoir à Paris et me chargea d'aller voir Teitgen pour arranger la chose, sous le sceau du secret et du respect de l'incognito du Général.

A l'heure du déjeuner, j'ai téléphoné à Teitgen à son domicile personnel : je fus immédiatement surpris de sa gêne. Il me donna rendez-vous rue Saint-Dominique, sans enthousiasme.

J'y arrivai, comme convenu, à seize heures : il venait de partir en coup de vent. Sa secrétaire me dit :

« Il est parti saluer M. Bidault au départ du train spécial qui le conduit à Moscou. Je vous conseille de l'attendre. Il ne tardera pas. »

Je refusai d'attendre et quittai la rue Saint-Dominique.

Je note ceci, en passant : c'est la première fois depuis janvier 1946 que je remettais les pieds rue Saint-Dominique. Dès que j'apparus dans ce qu'il est convenu d'appeler le « hall d'honneur », un grand mouvement se fit : huissiers et gardes républicains, qui sont, pour la plupart, les mêmes, se levèrent avec des marques de respect et de joie qui – malgré l'obséquiosité de la fonc-

* Un feuillet isolé, daté du 5 mars 1947, comporte les précisions suivantes :

Je fais part au Général de mon dîner avec Amaury et Soustelle, hier au soir : Le « magnat de la presse M.R.P. » prétend que Teitgen désirerait voir le général de Gaulle. Le Général accepte, avec une certaine indifférence. Je lui demande *où* il veut le recevoir. La réponse est immédiate : « Mais ici, voyons ! Si je viens à Paris, c'est en quelque sorte pour cela... C'est pour établir des contacts, pour éviter aussi des déplacements exagérés à ceux qui désirent me voir... » (N.d.E.)

tion – portaient, par l'empressement des gestes et la joie des visages, la marque du regret et de l'espoir.

Une heure plus tard, je retéléphonai à la secrétaire du vice-président du Conseil : « Le président vient de rentrer à l'instant, me dit-elle, il s'est montré fort étonné que vous ne l'ayez pas attendu. ».

Je montai en voiture et dix minutes plus tard, je pénétrai dans le bureau du vice-président du Conseil (l'ancien bureau des officiers du cabinet militaire...). Ce qui me frappa aussitôt, ce fut le masque gris et faux d'un homme dont le regard, il y a quelques mois encore, semblait brillant de dévouement lorsqu'il me parlait du général de Gaulle. Si je ne l'avais pas dévisagé avec soin, sans doute aurais-je d'emblée découvert mon jeu. Je m'en gardai bien et lui dis :

« Si je suis venu vous voir, mon cher Président, c'est qu'au cours d'une conversation que j'ai eue hier soir avec M. Amaury, j'ai eu l'impression qu'un malentendu s'était élevé entre vous et le général de Gaulle. Ce n'est pas lui qui m'a prié de venir vous voir. Je suis venu de mon propre mouvement...

– Quel malentendu ?

– J'ai appris, par M. Amaury, que vous aviez cherché le contact du Général depuis plusieurs semaines déjà et qu'une réponse non autorisée – émanant du gendre du Général – vous avait donné l'impression que le Général refusait de vous recevoir.

– C'est exact. Le commandant de Boissieu m'a fait dire par son cousin que le général de Gaulle ne recevrait certainement pas M. Teitgen : " Il est très en colère contre le M.R.P. " »

Très amer, il poursuivit ainsi :

« Mon désir de rencontrer le Général n'est pas aussi récent que vous avez l'air de le penser. Il date des jours, de la semaine, je crois, qui suivit le discours d'Épinal. Un cas de conscience se posait à moi. Il s'agissait de définir la position du M.R.P. dans les prochains mois. Certes, des conseils du Général m'eussent été alors extrêmement précieux... Ces conseils m'ont été refusés ; il nous a fallu nous débrouiller tout seuls. Eh bien, c'est ce que nous avons fait. Demeuré seul, le M.R.P. a agi en suivant la route qui lui paraissait la meilleure. Peut-être était-ce mieux ainsi... peut-être était-ce moins bien. Toujours est-il que nous n'avions pas le choix, puisque le général de Gaulle refusait le contact.

– D'après ce que vous me dites, mon cher Président, je m'aperçois que les propos de M. Amaury ont dépassé soit sa pensée, soit la vôtre. Il m'a dit en effet que vous cherchiez toujours à rencontrer le Général...

– Oh certes, je me féliciterais toujours de toute occasion qui me permettrait de le revoir. Mais immédiatement, non : je n'ai pas l'intention de lui demander conseil. Je parle dans l'immédiat, bien entendu. Notre conversation n'est pas inutile néanmoins : si plus tard on a l'impression que nous allons vers des récifs, alors, oui, j'espère encore et en dépit de tout que le général de Gaulle me ferait l'honneur de me recevoir. »

Un silence, puis :

« D'ailleurs, les choses vont mieux. Les esprits se calment, après une période d'agitation, ce qui avait artificiellement contribué à empoisonner l'atmosphère. »

Je lui pose alors cette question :

« Je vous ai dit tout à l'heure que j'étais venu vous voir de mon propre chef. Je n'ai pas l'habitude, néanmoins, d'agir dans le dos du général de Gaulle et il est bien entendu que je lui rendrai compte de notre conversation. Mais alors, je vous le demande, que dois-je lui dire exactement ?... »

Teitgen réfléchit un court instant, puis me regarde dans les yeux longuement, probablement pour la première fois. Il me dit alors :

« Transmettez-lui, je vous prie, l'expression de ma dévotion et de mon respect. »

Rien de plus. Si, cependant... car au cours de la conversation, je fis allusion à ce qu'Amaury m'avait dit pour nier que Teitgen ait tenu en Conseil des ministres des propos désobligeants sur le compte du général de Gaulle. A cette simple allusion, Teitgen eut une brève colère nerveuse et me dit :

« Il serait tellement absurde de supposer que j'aie pu tenir de tels propos. Pour qui me connaît, la chose est tellement incroyable que je me garderais bien de m'y arrêter, ne fût-ce qu'une seconde. »

Le général de Gaulle a décidé de rendre visite à Jeanneney. Je l'ai accompagné ce soir à pied, 19, avenue Mac-Mahon, au domicile de l'ancien président du Sénat.

Cherchant un pied-à-terre pour le Général, Courcel, qui part à Moscou, puis à Rome, m'ayant offert d'ouvrir son appartement au général de Gaulle, nous faisons un crochet vers l'avenue Foch. C'est la première fois que je me promène librement dans Paris avec le Général. C'est la première fois qu'il se promène, nez au vent, depuis la Libération de Paris et nous longeons, de son grand pas rapide, cet Arc de Triomphe où il se rendit le 25 août 1944, avant de descendre à pied les Champs-Élysées. Au vrai, j'ai l'impression de promener un prisonnier.

A plusieurs reprises, en traversant l'avenue Victor-Hugo et l'avenue de la Grande-Armée, nous nous arrêtons pour laisser passer les voitures. (Je me dis qu'il n'a plus l'habitude et crains qu'il ne se fasse écraser. En fait, ses réflexes sont plus rapides que les miens.) Peu de promeneurs. Il est vingt-deux heures. Il feint de se gratter la figure lorsqu'un passant approche, cachant ainsi à demi son visage. Il n'a pas été reconnu.

Jeanneney accueille le général de Gaulle très simplement, sans émotion excessive. Pendant que les deux hommes s'entretenaient, je suis resté dans la pièce à côté et ai noté au fur et à mesure, sur un carnet, ces quelques phrases de la conversation :

« Il ne faut jamais souhaiter la catastrophe, surtout dans l'état où nous sommes après trois catastrophes. Comme vous, mon cher Président, je suis sévère, mais je ne puis m'empêcher d'être indulgent, en même temps : nous avons tant à payer, tant d'années, une telle perte de substance... »

Jeanneney lui demande comment sortir de l'impasse :

« Je ne vous cache pas, répond-il, que je ne vois actuellement aucun élément permettant de gouverner ce pays. Oh ! naturellement, je ne dis pas qu'il n'est pas possible de faire la " guéguerre " politique, de rassembler les masses, de fonder un parti, que sais-je encore ? Mais rien qui permette de gouverner réellement. Certes, un rétablissement secret se fait dans les cœurs, en dépit de la politique, sous la politique. Mais on ne peut se substituer à un pays tout entier. »

Le Général indique alors à Jeanneney qu'il faudra, tôt ou tard, mettre les partis devant les responsabilités. Le vieillard objecte :

« Mais alors, on risque de tomber dans l'antiparlementarisme ! Voilà l'écueil...

– Il ne s'agit pas d'antiparlementarisme, car il n'y a plus de Parlement. Vous devriez dire : " antipartisanisme ". *Alors, oui !...* »

« Je vais vous avouer une chose curieuse, une chose fâcheuse à avouer : après avoir été confronté avec des événements colossaux, dès 1945, je leur trouvais moins d'attrait. C'était un peu comme si, après avoir pris l'habitude d'une nourriture épicée, on m'avait soudain servi des plats non assaisonnés. Non, vous savez... la perspective de vivre enfermé à l'Élysée, dans l'incapacité de remédier à l'impuissance... Non, vraiment, non. Ce n'était pas pour moi ! »

Ici, le Général et Jeanneney passent en revue un certain nombre d'événements depuis la Libération. Le Général donne cette justification :

« Il fallait bien rétablir la démocratie (il appuie sceptiquement sur le mot)... Il le fallait, d'abord parce que nous l'avions promis... Il le fallait ensuite parce qu'on n'apercevait pas d'autre moyen de gouverner à l'époque... Enfin, n'était-ce pas alors le seul moyen – imparfait sans doute – d'éviter au pays de nouvelles secousses, qu'il n'aurait pu supporter ? »

D'après Jeanneney deux « erreurs » ont été commises par les gouvernements du général de Gaulle :

1. La représentation proportionnelle, qui a faussé le sens des élections et qui a permis aux partis de s'installer avec des pouvoirs souverains, « comme on occcupe et exploite un local commercial, avec un bail qui devient bientôt irrésiliable ».

La réponse du Général fut : tout autre système eût donné une victoire écrasante aux communistes. Scrutin d'arrondissement à un tour ? Les communistes présentaient une liste dans trois cents arrondissements et les voix des électeurs non communistes s'égaillaient sur dix autres listes, ce qui amenait au Parlement une énorme majorité communiste. Scrutin d'arrondissement à deux tours ? C'eût été coudre les socialistes aux communistes, c'est-à-dire faire de ceux-là la proie de ceux-ci.

2. Le gouvernement, s'appuyant sur le prestige alors incontesté de son chef, le général de Gaulle, aurait dû intervenir auprès du Parlement et de l'opinion publique pour l'éclairer et même pour imposer ce que Jeanneney appelle « ses vues en matière constitutionnelle », au moment de la rédaction

du premier projet constitutionnel. Il reproche franchement au Général de n'avoir pas cherché à imposer des données constitutionnelles. « Il fallait, affirme-t-il, prendre parti ouvertement pour telles ou telles institutions. Ainsi le premier référendum, donnant une victoire éclatante des oui, eût-il également servi de cadre à la Constitution projetée. La Constitution eût été ainsi préfigurée par l'expression de la volonté nationale au premier référendum. »

Réponse du Général :

1. La victoire des oui au premier référendum n'était pas tellement écrasante : deux tiers seulement des voix exprimées.

2. L'hypothèque véritable n'eût pas été levée (il répète cette phrase plusieurs fois), car si le gouvernement avait tracé à l'avance la ligne constitutionnelle, les radicaux, les socialistes et les communistes eussent fait voter « contre » dès le premier référendum. « N'oublions pas que l'ordonnance du 21 octobre, soumise à référendum, n'a été ratifiée par les électeurs que parce qu'elle ne concernait qu'un texte provisoire, volontairement rédigé en termes assez vagues et qui se contentait de définir les rapports entre les pouvoirs publics. Si j'avais prétendu recommander un texte plus précis, bien que provisoire, vous auriez vu les partis ! » Et il affirme que, si – passant outre aux objections des partis – il avait imposé ses vues, tous les partis se fussent peu à peu groupés contre lui.

Colombey, dimanche 9 mars 1947

Après quinze jours de Paris, je retrouve Colombey, sous un ciel tendre et ensoleillé. L'air est émouvant à respirer, promesse de bourgeons et de fleurs. Mme de Gaulle me signale l'apparition de perce-neige chez « le père Piot »...

Sous ses arbres que traverse, au-delà de la grille, l'allée en pente conduisant au perron, je surprends, malgré le ronronnement de mon moteur, un chœur délirant d'oiseaux.

Pour les habitants de la Boisserie, qui, depuis deux mois, n'ont pas mis le nez dehors, le printemps signifiera la délivrance, la délivrance pour nous tous, et d'abord pour le Général, qui, malgré quelques escapades récentes à Paris, est demeuré immobile dans les murs surchauffés de cette maison, confiné parmi ses notes et ses livres et tirant furieusement sur sa cigarette. Il en est résulté récemment des maux de reins, une grande lassitude et cette espèce de fureur solitaire, de recueillement morose, dans lequel je l'avais vu à Paris mercredi et surtout jeudi dernier. Un recueillement dont aucun visage, aucune conversation, aucune idée ne parvenait à le tirer, où toute présence humaine suffisait à l'exaspérer.

Est-ce la proximité de la double délivrance de son discours de Strasbourg et du printemps ? Ces quarante-huit dernières heures semblent lui avoir rendu cet aspect accueillant et ce bon calme qui caractérisent nos conversations et ce regard auquel je suis si sensible : tendre et presque paternel. Ce regard, il le pose sur moi dès mon entrée dans la bibliothèque.

Colombey, lundi 10 mars 1947

Le cœur me brûle à la pensée que notre comité d'étude et de propagande, cette réunion de quelques hommes suscitée par le Général voici un mois, n'a fait – jusqu'à présent – aucun travail digne de ce nom et n'a accompli aucune tâche précise et concertée. Je m'en ouvre à lui, sans indignation, en lui apportant, moi qui arrive de Paris, un témoignage aussi éloquent et pondéré que possible sur ces complots platoniques, ces mille conversations brillantes et sans lendemain après lesquelles nous ne passâmes jamais de l'idée à la réalisation. Alors que le 15 février, des constatations semblables avaient été accueillies par lui avec colère, cette fois-ci, je le vois sourire :

« Cela n'a pas d'importance. Je sais bien qu'ils ne feront rien d'utile et qu'ils n'essaieront même pas, tant qu'ils ne me verront pas *marcher*, tant qu'ils n'auront pas la preuve que “ j'en suis ”. Il faut donc que je m'y mette... »

Un temps, puis avec un sourire et un calme philosophique :

« D'ailleurs, vous verrez : j'aurai beau parler à Bruneval et à Strasbourg, *ça ne changera pas grand-chose*. Il ne faut pas croire que l'opinion se mettra en branle comme ça, du jour au lendemain. Non, non : ce que je veux rencontrera d'emblée, certes, l'adhésion sentimentale des deux tiers environ. Mais, au début, cela n'apparaîtra pas. Vingt pour cent seulement se déclareront ouvertement de mon côté. Nous ferons le plein peu à peu, jour après jour, et cela prendra du temps, car la vague n'est pas prête de déferler, croyez-moi. »

Méditatif, puis, comme s'il s'en réjouissait, il laisse tomber :

« Au début, ce sera comme la France Libre. »

Il a dit cela avec un mélange de dégoût pour la nature humaine, de résolution totalement indépendante du qu'en-dira-t-on, d'humour aussi, d'humour bonhomme, un humour fait de confiance en soi mais nullement dans autrui.

Je m'acharne :

« Je m'excuse d'insister, mon Général, mais je suis convaincu que malgré le temps perdu, il est encore un certain nombre de tâches très simples qui, accomplies avant la date de votre discours-appel, permettraient d'orchestrer dans l'opinion votre rentrée en scène. Je crois, je l'avoue, au “ choc psychologique ”...

– Bon. Enfin... que proposez-vous ?

– D'abord, la désignation et la réunion à Paris, à la veille de votre discours, d'un délégué provisoire par département. Ensuite, la constitution d'une équipe d'une trentaine de *missi dominici*, chargés, après avoir été dûment instruits, de la mise en place des secrétariats départementaux, de l'inspection des délégués en province, de la création – d'accord avec eux et selon les possibilités locales – de nombreuses boîtes aux lettres pour les premières adhésions, etc.

– Mais ça, me fait-il remarquer avec un début d'impatience, c'est le travail de Soustelle ! Je ne demanderais pas mieux qu'il le fasse, or – je le constate – il ne le fait pas ! Alors, qu'est-ce que vous voulez que j'y fasse ? »

Poursuivant ma pensée :

« ... Je suis convaincu d'autre part, mon Général, que la possibilité demeure, malgré les délais très courts qui nous sont impartis, de mettre la main sur deux ou trois quotidiens existants, qui, sitôt votre appel lancé, seraient, par rapport au reste de la presse, ce que les " bateaux-surprises " sont à la marine de guerre.

– Cela, c'est le travail de Malraux... Que ne le fait-il ? »

Il s'attarde alors aux questions de presse, pour me dire :

« En réalité, il nous faudrait trois journaux : un journal de gauche, tout d'abord, qui proteste, qui s'en prenne à toute politique sociale conservatrice... Pour cela, *Libération* nous aurait été utile. Et puis, un journal du matin à gros tirage et d'informations, qui ne prenne pas de position politique trop prononcée, mais qui amène, peu à peu, le lecteur à penser comme nous ; notamment par la manière dont seraient présentées les nouvelles. Enfin, un journal ayant une certaine tenue intellectuelle, une espèce de *Combat* [24]. »

Je lui indique que *Combat* peut être acquis encore. Ce journal souffre de sérieuses baisses dans son tirage, mais son équipe est divisée, Pia préférant, m'a dit Malraux, mettre la clef sous le paillasson plutôt que d'accepter la moindre mainmise. Il m'accorde que le mieux serait d'y conserver Raymond Aron et Albert Ollivier. *Ce matin* [25], qui pourrait être le quotidien d'informations à gros tirage, pourrait également être acquis, depuis vendredi, par 51 %.

(Déjeuner avec le Général et Mme de Gaulle)

Il me dit, avec un extraordinaire contraste entre l'orgueil de la conclusion et la modestie du ton :

« La France, l'Italie et même la Grande-Bretagne, dans une certaine mesure, apportent la preuve qu'un certain type de régime ne répond plus à la question. Le monde attend obscurément quelque chose d'autre que ce qu'on lui propose... »

C'est alors que, sans aucune forfanterie dans la voix, il laisse tomber :

« Seulement voilà : la France, elle, possède une carte que ni la Grande-Bretagne, ni l'Italie ne peuvent jouer : de Gaulle. »

J'affirme qu'en parlant, il s'adonnait seulement à la constatation de l'historien.

A propos des partis, il observe :

« Les Français ne sont pas seulement divisés : ils sont indéfiniment subdivisés. Le " système " c'est d'abord ça ! »

C'est l'heure du thé. Le Général, qui ne m'a pas reparlé, depuis plusieurs jours que je suis ici, de la suite qu'il m'avait prié de donner, par une conversation ou une communication téléphonique, à la lettre qu'il avait reçue, le

4 mars, de l'ancien porte-parole de la France Combattante [26], m'interroge. Je lui indique comment j'ai appelé au téléphone son ancien compagnon pour lui faire remarquer que l'expression « fils spirituel », utilisée par lui dans cette lettre, ne reprenait pas une expression du Général, mais était de moi et que le général de Gaulle, quant à lui, n'invitait personne à venir à Bruneval : c'était la Fédération des réseaux de la France Combattante et le Comité national du souvenir de Bruneval qui avaient seuls qualité pour lancer des invitations.

« Mais alors, me demanda-t-il, amusé, que vous a répondu Maurice Schumann ?

– Il a hésité un instant, puis j'ai entendu au bout du fil sa voix, un peu indécise, qui concluait ainsi : " Je me disais bien aussi. " Il n'y eut d'ailleurs aucun étonnement chez lui, je veux dire qu'il marqua d'autant moins d'étonnement qu'il savait parfaitement à quoi s'en tenir avant d'écrire sa lettre au Général.

– C'est tout ? me demanda-t-il.

– Non, mon Général : il m'a dit son intention de se rendre à Bruneval, pour peu qu'une invitation lui soit envoyée.

– Je préférerais qu'il ne vienne pas. Non pas, bien entendu, à l'égard de Schumann personnellement, mais parce que de deux choses l'une : ou bien Passy n'y viendra pas et alors Schumann triomphera ; ou bien Passy y sera et alors vous les verrez ! Ils joueront des coudes, se mettront en avant, paraderont, se feront photographier, etc., chose qu'il faut éviter. Voilà pourquoi ne devront figurer à la tribune officielle que les membres des réseaux. Que Schumann et Passy soient dispersés dans la foule, mon Dieu, je n'y vois pas d'inconvénient, mais il ne faut pas qu'ils *paraissent*. Arrangez cela ! »

Mme de Gaulle intervient après un instant, par ce jugement :

« Pauvre M.R.P., il a été bien bête. »

Le Général rattrape la balle au bond :

« Bête ?... sans doute, oui, ils ont été bêtes du strict point de vue de leur parti. Car s'ils m'avaient écouté et suivi, ils gagnaient des voix innombrables aux élections, dans tout le pays. Mais ils sont surtout responsables de la situation présente, situation qu'ils eussent évitée en préférant ma voix à celle de Bidault. Sans doute, oui, s'ils m'avaient suivi, y aurait-il eu, pour commencer, quinze jours de... trucs (il veut dire des heurts avec les communistes) ; mais après quinze jours, la confiance de la monnaie renaissant, on lançait un emprunt, on se mettait au travail. Ce que voyant, les États-Unis nous consentaient... D'ailleurs, voyez : Schumann, son crédit est épuisé, même au sein de son propre parti. C'est une loque ! La chose n'est pas apparue du jour où il s'est séparé de moi. L'opinion a mis du temps à comprendre, mais maintenant, elle a compris ! Et Schumann apparaît tel qu'il est : désarticulé. A quoi bon épiloguer, d'ailleurs ? Si le M.R.P. ne m'a pas suivi, c'est que ce qu'on attendait de lui était précisément ce qui lui faisait défaut : *le cœur*. " L'esprit se sent toujours des bassesses du cœur [27]... " S'il avait eu le cœur plus pur, le M.R.P. m'aurait entendu. Et s'il avait eu le cœur plus pur, il se fût du même coup montré moins bête. »

Et cette nouvelle citation encore, à propos de Schumann et de lui, prononcée sur le ton de la joie d'orgueil :

« Violon, archet, cœur, etc. (ici, trois ou quatre vers, de Verhaeren, je crois [28] ?) »

Le Général a reçu mardi dernier (nous sommes lundi) une lettre d'un pilote des Forces Françaises Libres, Jean d'Arcy, qui a combattu au groupe « Bretagne ». Il lui faisait part de son intention de « disparaître », étant écœuré de l'état du pays, se trouvant sans ressources et se prétendant abandonné et trahi par tous ses amis.

Le commandant de Bonneval me téléphone à l'instant de Paris, qu'il a regagné hier soir. Sa voix est blanche :

« Le Général, m'explique-t-il, avait été frappé par la réalité du désespoir contenu dans cette lettre. Il m'avait aussitôt remis une réponse avec – pour toute instruction – de vous la confier pour que vous la portiez à Jean d'Arcy. Comme je n'avais eu aucune liaison avec vous depuis jeudi dernier, lorsque le Général vint à Paris, et comme vous montiez à Colombey dimanche (c'est-à-dire hier), je gardai la lettre du Général pour moi, dans l'intention de la porter à son destinataire dès mon retour à Paris, où je suis parvenu hier soir seulement, vers huit heures. Ce matin donc, à neuf heures, je me suis présenté au domicile de d'Arcy. Il s'était suicidé au cours de la nuit... »

Colombey, mardi 11 mars 1947

Mme de Gaulle a retiré d'un écheveau de laine une bague de papier, qu'elle passe autour du cou de « Poussy », le petit angora. Le Général, qui vient de sortir de son bureau, proteste, en paraissant y attacher beaucoup d'importance, que l'animal va s'étrangler et insiste jusqu'à ce qu'on le débarrasse de cet ornement. Conclusion de ce petit incident domestique, il observe, en passant à table :

« Vous avez bien tort, Yvonne, de vous attacher à cette bête : elle vous trahira. Les chats sont bien pires que M. François Mauriac, dont l'attachement ne va pas plus loin que la " double fidélité [29] ". Les chats, eux, nous révèlent successivement une infinie quantité de fidélités !... »

Il rit avec bonhomie, jusqu'à ce qu'elle réplique :

« Mais, Charles, toutes les bêtes sont fidèles !

– Oui, sauf les chats. Nous devrions avoir un petit éléphant... »

Ramadier, au moment où, après trente-neuf jours, la grève des imprimeurs allait prendre fin par suite d'un arbitrage qui revenait à accorder aux ouvriers une augmentation de 12 % et de 5 % en sus, bloquée jusqu'à parution des journaux sept jours par semaine, Ramadier refuse d'entériner l'accord péniblement conclu. Il argue du fait que l'augmentation projetée aboutirait à une hausse réelle des salaires d'une catégorie d'ouvriers sans augmentation corrélative des heures de travail effectivement fournies. Le Conseil des ministres d'avant-hier s'est rallié à cette thèse. La presse ne reparaîtra donc pas pour l'instant.

Le Général, depuis hier, se plaît à rendre hommage à la détermination de Ramadier :

« Il est entêté. Pour un ministre, c'est une qualité rare de nos jours. Il mérite l'estime, ce pauvre *Ramadier* ! Il ne peut pas grand-chose, mais il essaie cependant. C'est un homme honorable : je l'avais remarqué lorsqu'il était au Ravitaillement. »

Silence interrogatif :

« ... A moins que, dit-il tout à coup, à moins que la position prise par le gouvernement ne soit le fait des communistes...

– Comment cela, mon Général ?

– Oui : les communistes savent que les “ typos ” et les imprimeurs sont, pour la plupart, des trotskystes. Dès lors, en prolongeant la grève, peut-être cherchent-ils simplement à les rendre impopulaires. Je n'avais pas songé à cela... »

Paris, jeudi 13 mars 1947

Je déjeune à l'hôtel La Pérouse avec le Général, Mme de Gaulle et le commandant de Boissieu. Le Général se tait, se recueillant sur ses entretiens de la matinée. Mais comme Mme de Gaulle vient de remarquer que Philippe et Élisabeth furent « des enfants du genre discipliné », il dit en riant :

« Alors, Yvonne, méfiez-vous ! Car chacun d'entre nous dispose d'une certaine dose de dissipation qu'il lui faut, tôt ou tard, dépenser au cours de son existence. »

Cette idée le fait rire quelques instants, puis il rallie son silence et sa décantation.

Boissieu ajoute cependant :

« Vous ne me faites pas peur, mon père. »

Il ne reviendra vers nous qu'au quart d'heure délibératif du cigare, qu'interrompt le départ pour Colombey – avec un luxe de précautions et un rituel exagéré par Boissieu « pour le dissimuler aux regards » –, lorsqu'il gagnera sa voiture en traversant le trottoir de la rue Dumont-d'Urville.

Nous sommes rentrés de Paris ce soir. Il procède, en silence, à la longue digestion intellectuelle et au classement méticuleux des points de vue et des thèses de ses différents interlocuteurs de la veille et de ce matin : Soustelle, Palewski, Malraux, Debré, Étienne Dennery, Debeaumarché, Bozel, Vallon, Jacques Baumel et Dupérier. Parce que toute présence humaine dérange cette rumination, il ne nous parle ou ne tourne les yeux vers nous que rarement, par un cillement agacé ou un regard renfrogné. Il y a quelque chose d'imperceptiblement sentencieux, de trop solennel dans la manière dont il soupire, tousse et taquine ses lunettes, du fond de ce fauteuil d'où jaillissent des genoux extraordinairement haut placés.

Mme de Gaulle, dix minutes après avoir retiré son chapeau et confié à Philomène les pommes qu'elles a achetées à Paris (car maintenant elle profite de ce voyage quasi hebdomadaire pour accabler de paquets de provisions les chauffeurs, à l'aller comme au retour. « Ces pommes, a-t-elle dit à sa cuisinière, viennent de Paris. Il faut les laver et les essuyer soigneusement ! »), s'est remise à sa correspondance. Après avoir fait grincer sa plume dans nos trois silences confondus (son silence, c'est toujours par surcroît celui des autres), elle enlève « Poussy », l'étouffe de tendresse et disparaît dans les étages.

Il se lève alors et marche lentement sur moi, concluant ainsi sa méditation :

« De ces conversations, je retire la certitude que l'agitation a commencé à se faire jour dans les esprits. Cette agitation ira dorénavant en croissant. Plus rien ne l'arrêtera !... Le régime est devenu mélancolique. Collectivement, certes – c'est-à-dire lorsqu'ils se réunissent – les partis n'avouent pas leurs doutes. Mais, pris individuellement, chaque homme de parti n'aperçoit plus de solution. Ce qui ne les empêche pas, bien entendu, de se cramponner encore à leur mangeoire. Ils n'ont pas voulu de ma solution. Tant pis pour eux ! Elle n'est que reportée. Il faudra bien y venir.

– Agitation, certes, mais surtout, mon Général, chez les spécialistes, je veux dire chez les parlementaires. Mais les autres ? Mais les paysans ? Mais les ouvriers ? Mais la Province tout entière ? »

Il me regarde comme quelqu'un qui se réveille et découvre une présence (il s'était adressé à moi, certes, mais sans plus...).

« Mais ceux-là aussi, l'agitation les a gagnés. Ils ne le disent pas encore, ils n'en font pas état, ils ne le publient pas, mais ils n'en pensent pas moins. »

Colombey, vendredi 14 mars 1947

Le général d'Astier est venu déjeuner. A l'heure du thé, il était encore là et la conversation se mit à tourner autour de la Haute Cour, où il doit témoigner dans quelques jours en faveur de Lémery [30] qui, le sachant gaulliste, non seulement ne l'inquiéta pas mais le reçut, d'après ce qu'il nous affirme. Il intervint ultérieurement en faveur de sa famille. D'Astier demande alors au Général :

« Mais pourquoi le fait-on comparaître en Haute Cour ?

– Mais pour ceci seulement, mon général, qu'il a été ministre de Vichy... »

Plus tard, le Général nous rapporte qu'il reçut, alors qu'il était à Tanger, une lettre de Lémery qui visitait à ce moment-là l'Afrique du Nord.

Je demande au Général si ce document figure au dossier d'instruction. Il me répond en riant :

« Je ne sais pas. Mais n'en doutez pas : il s'en vantera. Dans tous les cas, il ne pourra pas se vanter d'avoir reçu une réponse de moi. »

Puis :

« Il y en a un autre qui a fait une démarche auprès de moi pour qu'un bateau de sulfate de cuivre fût admis à franchir le blocus : c'est Caziot [31], le ministre de l'Agriculture de Vichy. Je suis d'ailleurs intervenu dans ce sens auprès des Anglais et le bateau a pu passer. »

Puis il rappelle qu'il est intervenu auprès de Churchill, dès l'hiver 1940-1941, pour qu'il prît l'initiative de proposer, au nom du gouvernement britannique, qu'un certain nombre de bateaux destinés à ravitailler la population française fussent l'objet de mesures d'exception au blocus. « Les Américains auraient pu se charger du contrôle, remarque-t-il, puisqu'il y avait déjà en France des représentants chargés de vérifier que la nourriture amenée dans la métropole par leurs soins était effectivement distribuée à la population et ne tombait pas aux mains de l'ennemi.

» J'ai donné ce conseil à Churchill dès 1940, à un moment où la guerre semblait devoir durer toujours. Il ne m'a pas écouté. Il a eu tort. »

Le général d'Astier lui demande si Churchill le tint au courant de ses négociations avec le professeur Rougier :

« Non, répond le Général. Cela n'avait d'ailleurs pas suffisamment d'importance. »

Il n'en fait nul reproche à Churchill. Il indique alors que Rougier essaya de le voir par l'entremise d'Escarra et qu'il refusa de le revoir, le jeu n'en valant pas la chandelle. « Il n'y a pas eu, à Alger, de négociations à proprement parler, ni d'accord conclu, souligne-t-il. Churchill ayant corrigé de sa main un projet, Rougier s'est empressé d'en faire faire des fac-similés et, par la suite, de les remplir. »

Il nous explique encore que Churchill le tint informé du déroulement des négociations de Labonne avec Sir Samuel Hoare, à Madrid. Son avis ne fut jamais sollicité par Churchill, mais les télégrammes de l'ambassadeur britannique en Espagne lui furent régulièrement communiqués.

« Cela aussi n'avait pas d'importance pour moi, car, après l'affaire de Dakar, je n'avais plus l'intention d'attaquer en A.O.F. Par la suite, comme cette guerre n'était pas une guerre de *gentlemen*, les Anglais foulèrent aux pieds ce *gentleman's agreement* en entrant avec nous en Syrie. »

Je lui demande si Labonne et Hoare signèrent un papier :

« Je ne crois pas. Ce fut un accord verbal *modus vivendi.* »

Il y a plus de six semaines que le général d'Astier essayait d'être reçu, pour l'entretenir d'un mouvement qu'il a créé et qui s'appelle « Les Libertés françaises ». Il est reparti bredouille après avoir vainement essayé d'obtenir du Général une ligne de conduite, c'est-à-dire des instructions dont il eût pu se réclamer auprès de ses adhérents ou auprès d'hommes politiques pour grossir ses troupes.

Colombey, samedi 15 mars 1947

Après le déjeuner et la lecture minutieuse des feuilles d'agence, qui décrivent les débats tumultueux du Palais-Bourbon à propos de l'affaire d'Indochine, il me lit – avec une dérision monumentale – cet extrait du discours du 14 mars de Daniel Mayer : « La paix est l'objectif essentiel de l'éternité et de la grandeur française, mais négociée avec qui ? Nous répondrons : ni avec l'un, ni avec l'autre. Nous devons négocier avec ceux qui auront l'autorité vis-à-vis du peuple, etc., etc. » Et il conclut cette lecture par son habituel : « Non, c'est de la rigolade, je vous assure. »

Il observe ensuite que, pour que Maurice Viollette, du Rassemblement des Gauches, « politicien chevronné, roublard et connaissant la manœuvre », en arrive à reprendre contre les communistes les imputations du P.R.L. (Pierre André et Paul Reynaud), « c'est qu'il y a quelque chose de changé ». Puis il fume la fin de son cigare en silence, l'écrase et me dit :

« Si j'étais un politicien, je veux dire : un quelconque zigoto de n'importe quel parti autre que le parti communiste *(sic)*, je raisonnerais différemment... Je me féliciterais intérieurement du discours du président Truman (quitte, bien sûr, à ne pas l'avouer pour commencer), mais en me réjouissant au fond de moi-même que le président des États-Unis force tôt ou tard mon parti à choisir et que, me forçant par conséquent à choisir, je sois amené un jour ou l'autre à prendre position pour ou contre la Russie, c'est-à-dire – et c'est la chose qui les intéresse surtout – en faveur de tout ce qui n'est pas communiste en France contre tous les communistes français. Moi, je raisonne autrement : la France seule m'intéresse et je n'ai aucune intention de me jeter dans les bras de l'Amérique...

– J'entends bien, mon Général. Mais ce n'est pas parce que vous prendriez position contre les communistes ouvertement que vous seriez forcé demain de vous jeter dans les bras de l'Amérique. »

Il a poursuivi sa méditation, ne m'écoutant que d'une oreille, puis il se ravise et me dit :

« Sans doute, oui, importe-t-il que les communistes ne figurent plus dans aucun gouvernement. Mais il y a une autre manière de poser la question, qui aboutit également à leur élimination de l'exécutif. Cette méthode consiste à me séparer des partis, c'est-à-dire à préconiser une solution dans laquelle le gouvernement ne soit pas formé par les partis, ce qui, par définition, exclut également les communistes... Ainsi se trouveront-ils placés dans l'opposition et alors là, ils auront le choix entre deux attitudes : ou bien y exercer les droits de l'opposition. Ou bien gagner le maquis. Mais alors, s'ils choisissent l'opposition illégale, c'est eux qui prennent la responsabilité des conséquences. »

Avec une note d'autant plus bouleversante que la voix est plus humaine et la sincérité plus insouciante de l'effet produit, du goût de l'attitude ou du désir de maintenir sa légende :

« Voyez-vous, me dit-il avec infiniment de lassitude, je ne me sens pas... je ne me sens pas... (gestes de doute et expression d'à quoi bon se succèdent très rapidement dans ses traits et le regard est habité d'un voile de tristesse). Je ne me sens pas pour cette tâche. D'abord, parce qu'il m'a beaucoup plu dessus et que je ne me sens plus le même entrain. Ensuite, parce que la pâte est bien moche : les Français sont tellement aigris, tellement divisés, tellement affligeants... »

Après un silence prolongé, me parvient cette conclusion :

« Oui, c'est une chose redoutable que de s'attaquer à une tâche lorsqu'on n'en aperçoit pas les éléments de succès. »

« Drugbert et Gingembre [32], souligne-t-il avec une formidable ironie, voilà les deux hommes du jour. »

Et il répète, pour le plaisir, avec une comique lenteur :

« Drugbert et Gingembre, ce sont les nouveaux féodaux ! Il n'y a qu'eux qui fassent entendre leur musique. On entend à peine, derrière leurs cris, ceux des syndicats. Tout cela ne fait d'ailleurs que commencer. »

Strasbourg, vendredi 21 mars 1947

Le général de Gaulle, depuis lundi dernier, a accepté de se rendre à Strasbourg, le 7 avril prochain. Les cérémonies se partageaient entre la pose d'une plaque à la cathédrale, à la mémoire des six mille soldats et officiers américains tombés sur le sol d'Alsace, et une cérémonie, qui devait se dérouler dans l'après-midi de la même journée, en célébration du deuxième anniversaire de la libération définitive de l'Alsace.

J'avais déjà rencontré, dimanche dernier, une immense réticence de la part de M. Frey, maire de Strasbourg, qui, terrorisé à l'idée d'être interpellé par son conseil municipal, refusait de donner à la manifestation de l'après-midi ce caractère que devrait revêtir la venue du Libérateur de la patrie à Strasbourg, en un jour anniversaire.

Quant à la cérémonie du matin, elle était placée sous l'égide d'une association qui s'intitule : « L'Alsace reconnaissante à l'Amérique » et qui est présidée par le président du conseil général, le docteur Bur.

Frey et Bur ont l'un et l'autre obtenu leurs succès électoraux en s'appuyant sur l'Union démocratique de rénovation, espèce d'Union gaulliste alsacienne. Bur ayant montré dimanche dernier moins de réticence manœuvrière que le maire de Strasbourg, je ne m'attendais à aucune difficulté, d'autant plus que l'ambassadeur des États-Unis, invité à la cérémonie franco-américaine, avait fait connaître son acceptation à un moment où il savait déjà que le général de Gaulle présiderait la journée.

Le docteur Bur survint de Strasbourg ce matin, me vit, puis se rendit chez Caffery. D'après nos renseignements, il s'ouvrit à lui de l'inquiétude des milieux gouvernementaux en ce qui concerne la nature du discours que le général de Gaulle aurait l'intention de prononcer à Strasbourg, depuis le balcon de l'Hôtel de Ville, qui donne sur le Broglie. Caffery demanda alors à Palewski de venir le voir (ils sont en excellents rapports). Caffery fit entendre à Palewski que, sur instructions de son gouvernement, il ne lui serait pas possible de figurer aux côtés du général de Gaulle au cours d'une journée qui serait consacrée à tout autre discours qu'un discours franco-américain.

Les choses en sont là. Palewski est venu me voir au milieu de l'après-midi, en coup de vent, et nous partons demain matin à la première heure pour essayer de convertir le Général à accepter un programme qui, plaçant la nuit entre ces deux cérémonies pour les distinguer, ménagerait les appréhensions de Washington sans placer le général de Gaulle dans une position ridicule, l'ambassadeur ne venant pas ou disparaissant au beau milieu de la journée.

Colombey, samedi 22 mars 1947

Le général de Gaulle est entré dans une immense mais très brève colère lorsque Palewski lui a expliqué la raison de notre venue. Quelques minutes plus tard, il m'a prié de me joindre à la conversation. Très calme, il me chargea de me rendre à Strasbourg pour y répandre la terreur et indiquer qu'au cas où le programme précédemment soumis à son approbation viendrait à être modifié, il devrait comporter obligatoirement :

1) la présence de M. Caffery;

2) le départ de M. Caffery aussitôt après la cérémonie franco-américaine, qui ne pourrait être placée que le 6 dans l'après-midi et, d'autre part, le séjour incognito de l'ambassadeur des États-Unis jusqu'à l'entrée officielle du général de Gaulle à Strasbourg.

Le Général m'a, de plus, autorisé, au cas où des obstacles seraient suscités du côté de l'ambassadeur des États-Unis ou du côté du maire, à indiquer sa volonté de publier dans tous les cas son discours de Strasbourg, en expliquant les raisons pour lesquelles il avait été empêché de se rendre en Alsace...

Je suis aussitôt reparti pour Strasbourg où – l'épée dans les reins – le président du conseil général et le maire substituent maintenant à leurs réticences antérieures des protestations d'attachement au Général...

J'oublie de noter cette réflexion de Palewski, lorsqu'il sortit du bureau du Général :

« Il est pessimiste, mais avec infiniment de calme et de détermination. Il constate surtout qu'il n'a pas d'hommes... »

Et d'ajouter :

« J'avais envie de lui crier : " Mais moi, mon Général, est-ce que vous ne m'avez pas ? " »

Paris, mardi 25 mars 1947

Comme il s'agissait de savoir à quoi s'en tenir, c'est-à-dire de s'assurer que le gouvernement ne serait pas opposé à fournir l'assistance préfectorale et les troupes nécessaires pour rendre les honneurs à Strasbourg, je me suis rendu – sur le conseil de Palewski – auprès de Coste-Floret [33], ministre de la Guerre, qui m'a reçu cet après-midi dans le bureau où, durant un an et demi, j'avais regardé gouverner le général de Gaulle. L'aspect du bureau était le même : c'était bien la seule chose qui n'avait pas changé.

Gonflé de fausse importance, le masque fermé mais la bouche aimable, le ministre de la Guerre, lorsque je lui eus exposé « le désir du maire, du président du conseil général et de la population strasbourgeoise de voir conférer à la cérémonie franco-américaine l'éclat d'un défilé militaire », s'enferma encore plus en lui-même. Comme j'avais insisté sur le fait que ma démarche était purement personnelle, qu'elle s'adressait « à l'ami et non point au ministre » et que c'était à l'instigation des autorités locales et de leur part que je formulais cette demande, il me dit :

« L'ami est obligé de vous dire que le ministre de la Guerre ne peut vous procurer ces troupes ! »

Je fis le silence le plus stupéfait que je pus, dans lequel il laissa tomber :

« Je ne puis lever le secret du Conseil des ministres, néanmoins sachez que M. Ramadier, au cours du Conseil de ce matin, a mis son veto dans cette affaire... »

Et comme mon silence se prolongeait :

« Vous savez ce que c'est : ils ont la frousse ! Moi, je leur ai dit, bien entendu, que cette décision n'était pas raisonnable... »

Après un temps et comme quelqu'un qui lâche un secret contre sa volonté, il me dit, étrangement solennel :

« D'ailleurs, *M. Ramadier a décidé de voir le général de Gaulle* [34]. »

Je lui fis, bien entendu, remarquer ce qu'il y aurait de choquant à ne pas voir de troupes à Strasbourg, le jour où le Libérateur du territoire et l'ambassadeur des États-Unis s'y rendent pour commémorer le sacrifice de six mille Américains morts au champ d'honneur.

Pour sortir de cette situation embarrassante, il me proposa alors de téléphoner à Ramadier :

« Je vais demander au président du Conseil de vous recevoir immédiatement. C'est la seule manière d'avoir ces troupes. »

Je refusai, disant que si j'étais reçu par le président du Conseil, j'aurais l'air d'entreprendre une démarche officielle de la part du général de Gaulle, alors que ce dernier n'est même pas au courant de la démarche personnelle que je viens d'effectuer.

Il me demanda alors de quels contingents Strasbourg aurait besoin pour ce défilé militaire. Je lui lus aussitôt une liste que le gouverneur militaire de Strasbourg m'avait remise avant-hier et qui comporte, pour le défilé militaire projeté, l'effectif dérisoire de 1 500 hommes et d'un escadron de Sherman.

Il prit soigneusement note de mon énumération et me dit en conclusion :

« Je vais envoyer cette liste à M. Ramadier, en y joignant – parce qu'il faut toujours faire la chose en pareil cas – une lettre lui indiquant que la cérémonie franco-américaine n'a pas lieu le même jour que le deuxième anniversaire de la libération définitive de l'Alsace, ce qu'il semblait ignorer lorsqu'il a pris sa décision ce matin. »

M. Coste-Floret me raccompagna jusqu'à la porte de son bureau, où flotte encore la grande ombre du général de Gaulle.

Sa poignée de main me révéla sa gêne...

Paris, mercredi 26 mars 1947

A 23 heures, avec Palewski, Soustelle et Malraux.

Palewski avait reçu dans la matinée une visite de Bonnafey (cabinet de Ramadier), venu l'informer du désir du président du Conseil de rencontrer le général de Gaulle. Il se fit l'interprète des objections de Ramadier à ce que le général de Gaulle prenne la parole en un pareil moment. Il ne dissimula pas l'intention de son chef de retirer toute assistance préfectorale, militaire, etc., à l'organisation des cérémonies projetées. Il fut finalement convenu que Palewski serait reçu ce soir à 19 h 30 à l'Hôtel Matignon par le président du Conseil.

Palewski vient de nous donner le détail de sa conversation avec Ramadier, je n'en livre ici que les grandes lignes :

Il commença par rappeler qu'il s'était rendu à l'Hôtel Matignon à titre purement privé, à titre « d'homme de la rue », ce qui eut l'air d'ennuyer son interlocuteur. Celui-ci indiqua alors la position du gouvernement à l'endroit des manifestations projetées :

1) Ou bien le général de Gaulle – « parlant du passé », de la guerre, etc. – se rendra à Bruneval et à Strasbourg en « personnage historique », et alors le gouvernement se fera représenter, les honneurs militaires lui seront rendus, toute l'assistance administrative nécessaire pour conférer à ces cérémonies un caractère officiel sera prévue.

2) Ou bien le général de Gaulle a l'intention de faire des discours intéressant la politique intérieure ou extérieure, et alors, en dehors de la sécurité à prévoir pour protéger sa personne, ni troupes, ni assistance administrative ne seront fournies. La décision du gouvernement est irrévocable sur ce point.

Ramadier insista : dans le second cas, le Général ne serait aux yeux du gouvernement qu'un particulier se rendant à une manifestation.

Palewski objecta qu'il était impossible, à propos du général de Gaulle, de séparer le symbole politique du symbole national. En ce qui concerne le discours de Strasbourg, par exemple (ici, il s'efforça de convaincre M. Ramadier qu'il ne pourrait y avoir rien que de républicain dans le discours de Strasbourg : « Nous lui devons la République ! »), comment peut-on s'attendre à ce que le Général, en se plaçant sur le plan historique et national, ne suscite pas dans les esprits des réflexions d'un caractère politique ?

Ramadier déclara alors qu'au moment de la conférence de Moscou, tout discours ayant trait à des questions intérieures ou extérieures serait parfaitement choquant. Puis il fit part à son interlocuteur de son intention de rencontrer le général de Gaulle. Il dit : « A la rigueur, s'il y consent, je pourrais même aller jusqu'à Colombey. » Au cas où cet entretien ne paraîtrait pas souhaitable au Général, le président du Conseil se propose de lui écrire. Palewski répondit qu'il ne pouvait se charger de transmettre au Général cette proposition de rencontre, car, encore une fois, il ne représentait pas officiellement le général de Gaulle...

La question que nous posa Palewski fut : « Vaut-il mieux que cet entretien ait lieu, ou vaut-il mieux que Ramadier envoie une lettre ? » La discussion sur ce point occupa la majeure partie du débat. En ce qui me concerne, je crois suffisamment connaître le Général pour savoir que, s'il ne se dérobe pas à l'entretien, *il ne l'acceptera qu'à Colombey*.

Au bout d'un instant, je déclarai donc, assez péremptoire :

« La question me paraît mal posée. Nous n'avons pas le choix entre un entretien ou une lettre, pour cette excellente raison que Ramadier, j'en suis convaincu malgré ce qu'il a pu dire à Palewski dans la chaleur de la conversation, n'a pas l'intention d'aller à Colombey. Il usera donc d'arguments concernant son emploi du temps pour déclarer, en fin de compte, que l'entretien ne peut avoir lieu qu'à Paris. Quand bien même il aurait l'intention d'aller à Colombey, croyez-vous que ses amis le laisseraient faire ? Il proposera que l'entretien ait lieu à Paris ; imaginez-vous une seconde, dans ce cas, que le Général consente à se rendre à l'Hôtel Matignon ? Non, non, cet entretien n'aura pas lieu... »

Soustelle me dit alors, assez vivement : « Nous ne sommes pas ici pour faire des horoscopes ! »

Le reste de la soirée se passa en analyses extrêmement brillantes sur les perspectives politiques qu'ouvrirait la venue du président du Conseil à Colombey-les-Deux-Églises.

Palewski – et ceci est plus sérieux – se rendra demain après-midi à Colombey afin de pressentir le Général en lui conseillant de recevoir Ramadier.

Paris, jeudi 27 mars 1947

Le maire de Strasbourg fait parvenir à Cremer, président de l'U.D.R., qui nous la remet, une lettre où, devant les obstacles accumulés par les membres de son conseil municipal, il demande si le Général consentirait à faire son discours du 7 avril, non plus dans le cadre de la municipalité, mais place Kléber, ou à l'Aubette. Palewski, qui est parti à quatorze heures pour Colombey, a emporté la copie de cette lettre.

Paris, vendredi 28 mars 1947

Palewski m'a reçu dans sa ruelle. Il est rentré très tard de Colombey hier soir. Le général de Gaulle lui a dit que « si Ramadier y tenait », il consentirait à le recevoir à Colombey, ajoutant qu'il était bien persuadé que le président du Conseil n'accepterait jamais de faire le déplacement.

Palewski a décidé de téléphoner à Bonnafey, pour lui demander de venir le voir. Il lui dira seulement ceci : « Si le président du Conseil tient toujours à rencontrer le général de Gaulle, le mieux serait que vous téléphoniez à Colombey pour prendre date. » Il lui donnera le n° de téléphone de la Boisserie, un point, c'est tout.

Du Général, Palewski m'a dit ceci :

« Malgré ce que j'ai pu lui dire sur la conviction que Soustelle, Malraux et moi-même éprouvions qu'en l'absence d'événement, ou de toute structure préétablie ou de tout instrument de presse, le lancement d'un appel risquait de conduire à une catastrophe, – le Général est absolument décidé à lancer son appel le 7 avril prochain *. » Palewski m'a dit :

« Je l'ai trouvé incroyablement dégagé de toute contingence : *Il est placé dans sa perspective historique*. Je n'ai pu aborder avec lui aucune question concernant la presse, le travail de Soustelle. Lorsque je lui ai dit, par exemple, que le maire de Strasbourg flanchait, il m'a répondu que ça n'avait pas d'importance et que si on voulait le faire parler en dehors des murs de la municipalité, eh bien, mon Dieu, il parlerait depuis la place Kléber ! (Je cite ce trait parce qu'il attachait encore beaucoup d'importance à ces questions il y a quatre jours.) »

* Soustelle, dans une lettre remise hier au Général, lui disait à peu près ceci :
« Vous vous présenteriez à Strasbourg – si vous y lanciez votre appel – dans la position d'une barque de pêche qui prétend avancer sous le feu de toute une flotte de guerre ! »

Strasbourg, samedi 5 avril 1947

Le général Leclerc, ainsi que la presse ne manquera pas de le souligner, sera absent de Strasbourg, lors des cérémonies solennelles de commémoration du deuxième anniversaire de la libération de la ville. Pourquoi ?

Première raison : l'anniversaire de la libération (car il y a « libération » et « libération définitive ») sera retenu dorénavant, chaque année, par le général Leclerc, qui, en décembre dernier, a été placé au centre des cérémonies anniversaires prévues à cette occasion. Le général de Lattre n'ayant pas la part du lion, il importait de lui laisser les miettes du gâteau.

Deuxième raison : est-ce la lettre ci-jointe ?

Quoi qu'il en soit, j'ai décidé, avec le général de Langlade, d'envoyer au général Leclerc le télégramme suivant :

« A l'occasion du deuxième anniversaire de la libération définitive de l'Alsace, vous serais reconnaissant me faire connaître si général de Gaulle, autorités et population de Strasbourg peuvent compter sur votre présence attendue dimanche 7 avril. »

Lundi 7 avril 1947

Nous quittons Strasbourg vers six heures. La foule l'a rappelé trois fois au balcon, dans un enthousiasme indescriptible. La place Broglie était noire de monde.

Pendant le court vin d'honneur, où se pressaient tous les fidèles de 40, de l'après-Libération, de Bayeux, de Bar-le-Duc, d'Épinal et avant d'être rappelé par la foule, le Général, ému sous l'attitude, parlait à ses interlocuteurs d'un cœur dénoué : un je ne sais quoi de tendre se faisait jour en lui pour la première fois depuis des mois.

Lorsque nous remontâmes en voiture, par la cour de l'Hôtel de Ville pour échapper à la foule, le préfet ni le gouverneur militaire – qui pourtant m'avaient promis de l'être – n'étaient présents. Quelques minutes auparavant, dans le brouhaha, le chef de cabinet du préfet – qui vient d'être nommé sous-préfet d'Erstein – m'accrocha par le bras et me dit : « Le préfet m'a chargé de vous demander si le Général préférait qu'il vienne le “ prendre ” à l'Hôtel de Ville ou à Saverne. »

Je profitai de la présence du Général dans le bureau du maire, pour lui poser la question : « Le préfet m'embête, me répondit-il, je n'ai pas besoin de lui ! »

Finalement, Cornut-Gentille et le général de Langlade apparurent sur la route, quelques kilomètres après Saverne, bougrement gênés... Comme le Général m'avait posé la question, je m'offris cette joie cruelle de demander au préfet, devant le Général, pourquoi les voyages officiels et la police s'étaient acharnés à bloquer, hier et aujourd'hui, toutes les artères conduisant au centre de la ville. Le préfet me répondit, agacé : « Je ne sais pas ce que vous voulez dire. La prochaine fois, il faudra changer le préfet !... »

Nous repartîmes. Sarrebourg, Nancy, où la nuit commençait à tomber. Le Général, dans la voiture, s'était tu, marquant seulement, de temps à autre, sa hâte d'arriver à Colombey, où nous parvînmes vers dix heures. Dans le bois qui précède Colombey, nous aperçûmes un renard. La voiture s'immobilisa devant la grille de la Boisserie et les phares arrachèrent à la nuit, sous les barreaux luisants de pluie, les prunelles phosphorescentes d'un chat, qui décampa. Nous entrâmes dans le hall, éblouis par la lumière crue, qui me révéla que le Général, que je croyais de mauvaise humeur, était radieux. Après avoir retiré son manteau, il gravit l'escalier vers sa chambre, puis se ravisa, tourna la tête vers moi et me dit, d'une voix sonore et décisive, qui m'apporta sa conclusion de cette journée : « *Ça va très bien...* » Et il ajouta, évidemment flatteur et en guise de remerciement : « ... grâce à vous, Guy, d'ailleurs ! »

Philomène nous apporta à dîner. Le Général souriait en mangeant sa soupe. Beaucoup de défi et de satisfaction dans ce sourire. Il dit bientôt :

« Après le paquet que je viens de lâcher, *ils* ne pourront plus s'en sortir. Vous verrez... »

Comme je lui disais qu'on imaginait à l'avance le ton des louanges ou des sarcasmes de la presse de demain matin, il hocha la tête dubitativement et me dit :

« Je crains que vous ne vous trompiez : au-delà, oui, des arguments de tactique, ils seront bien obligés de reconnaître que le discours de Strasbourg apporte un élément nouveau ; cet élément, ils seront bien obligés de le considérer. C'est pourquoi la presse des partis – les communistes mis à part bien entendu – sera très prudente. »

Puis il ajoute :

« Les plus ennuyés, ce ne seront pas les M.R.P. (qui chercheront à prendre une position telle que, *tout en n'en étant pas, ils en seront tout de même...* voyez-vous. Car le parlementaire M.R.P., j'entends le parlementaire moyen, se ralliera de grand cœur, pour conserver son siège, à toute motion qui, ne le liant pas ouvertement à de Gaulle, ne lui fera pas courir le risque de ne pas être réélu parce que *contre* de Gaulle...) Non, les plus embêtés, ce seront les socialistes... c'est la mort du parti socialiste, par *la nécessité* d'avoir à choisir, tôt ou tard, entre les communistes et de Gaulle. S'ils choisissent, ils sont perdus ! S'ils ne choisissent pas, leurs troupes choisiront ! »

Colombey, mardi 8 avril 1947

C'est la première fois depuis « l'affaire Passy » que le colonel Dewavrin revoit le général de Gaulle. (Je ne compte pas Bruneval [35], où ils ne firent que se serrer la main.) Voici l'origine de la conversation d'aujourd'hui : au début du mois de mars, je rencontrai Dewavrin à déjeuner chez des amis. Il me parla du tome un d'un livre qu'il avait entrepris sur l'histoire du B.C.R.A. [36]. Je lui conseillai, avant de le publier, d'en soumettre le manuscrit au général de Gaulle. Il m'indiqua qu'il n'y fallait pas compter, que ce qu'il avait à dire il le dirait, etc. J'insistai. Il finit par céder conditionnellement : tiendrait-il compte des critiques ou des corrections demandées par le Général ? Cela dépendrait des critiques et des corrections demandées...

Je fis part au Général des termes de ma conversation avec Passy. Le Général me demanda de prendre le manuscrit et de le lui apporter.

Vers le 14 ou le 15 mars, Gaston de Bonneval se rendit au domicile de Dewavrin, qui lui remit les pages manuscrites du tome un, qu'il venait d'achever, mais il lui dit : « Je me réserve de ne pas tenir compte des modifications que le Général pourrait éventuellement me demander. »

Lorsque le Général l'apprit, il se fâcha et pria Bonneval d'écrire au bouillant colonel la lettre suivante, qu'il corrigea de sa main :

« 17 mars 1947 »

« Mon Colonel,

» En remettant au général de Gaulle le document que vous m'aviez confié, je lui ai rapporté notre récente conversation. Je lui ai dit, en particulier, que vous vous réserviez de ne pas tenir compte des modifications qu'éventuellement il pourrait vous demander.

» Le Général m'a répondu que dans ces conditions il ne voyait pas, pour lui, l'intérêt de prendre connaissance du manuscrit. Il ne l'a donc pas lu et m'a prescrit de vous le retourner. »

Apprenant la chose à temps et persuadé que les paroles de Dewavrin avaient dépassé sa pensée et que Gaston de Bonneval, qui ne l'avait jamais vu auparavant, avait peut-être exagéré les paroles frondeuses de Passy, je demandai à mon coaide de camp de ne pas envoyer la lettre, de me la confier. Il fut convenu que je ne la remettrais à Dewavrin que si celui-ci s'acharnait.

Je priai Rémy de lui téléphoner devant moi : sa réponse fut fort satisfaisante et le Général consentit à lire le manuscrit.

Dès le lendemain de Bruneval, Dewavrin me téléphona, m'envoya sa femme, etc., de manière à récupérer aussitôt le manuscrit original, que son éditeur lui réclamait avec d'autant plus de mauvaise humeur qu'il avait tardé à terminer son ouvrage. La réponse du Général fut : « Que Passy vienne déjeuner à Colombey après Strasbourg : je lui parlerai de son manuscrit, que je trouve d'ailleurs fort mauvais. Comme dit l'autre : " C'est très bien d'avoir souffert, mais il ne faut pas en abuser. " »

Vers midi, j'arrivai à la gare de Bar-sur-Aube pour le prendre à son train. Dans la voiture qui nous conduisait à Colombey, il me donna l'épilogue de l'incident qui l'opposa, à Bruneval, à l'amiral Ortoli. Le 31 mars, il m'avait, en effet, raconté qu'il avait refusé de serrer la main de l'ancien directeur du Cabinet militaire de M. Michelet. L'amiral d'Argenlieu s'en était ouvert à moi aussitôt et m'avait dit son intention de les réconcilier. Passy m'avait alors dit : « Je vois mon avocat cet après-midi, pour lui faire lire une lettre que j'enverrai aussitôt à l'amiral Ortoli. S'il est capable d'éprouver quelque chose sur le plan de l'honneur, il n'aura pas le choix, il faudra bien qu'il m'envoie ses témoins. Mais alors, je vous le promets, s'il choisit l'épée, je ne me battrai pas comme Defferre et Bastid [37] : je l'étriperai ! Je ne le raterai pas ! »

Il m'avait dit tout cela avec une extraordinaire rage rentrée, mais la voix était douce et l'expression de défi demeurait souriante. Il prétend que l'amiral Ortoli n'a pas répondu à sa lettre et il parle de lui comme d'un homme déshonoré. Voilà à quelle passions extrêmes ses souffrances ont conduit cet homme. Il parle de tout et de tous, comme on se venge.

Entretien du Général avec Passy en présence de Mme de Gaulle, et des Boissieu.

Passy : « Dans votre discours de Strasbourg, mon Général, vous n'avez pas parlé de la réforme électorale. Est-ce à dessein ? »

Après une moue, le Général lui expose sa thèse habituelle sur les inconvénients du scrutin d'arrondissement à un ou à deux tours. Puis il conclut ainsi :

« Il se peut, oui, qu'il y ait plus tard à changer la loi électorale. Mais ne nous emballons pas trop. (Succession d'expressions indécises, il esquisse des gestes contraires...) Si je n'ai pas pris position à Strasbourg pour un système électoral plus qu'aucun autre, c'est que je ne voulais pas préconiser un mode de scrutin qui favorisât l'avènement de personnalités, pour cette excellente raison qu'au début tout au moins, les " personnalités " hésiteront : ce sont les gens de la base, ceux-là seuls, qui viendront d'abord à nous. Il en fut ainsi de la France Libre, qui s'est faite, pour commencer, avec le " tout-venant " des honnêtes gens. Les " personnalités ", elles, ne se décidèrent qu'à la fin... Il en sera de même cette fois-ci, vous verrez. »

Dans un rire, il ajoute :

« C'est d'ailleurs beaucoup mieux ainsi... »

Il sert du vin à la ronde puis, objectivement, sans passion :

« Une chose ignoble, voyez-vous, c'est la presse. *Franc-Tireur*, ce matin, pour ce qui est de l'ignominie, décroche la timbale. »

Boissieu l'interrompt pour lui demander qui est Marcel Fourrier, l'éditorialiste dudit torchon :

« Je ne sais pas, moi : adressez-vous donc au chef du B.C.R.A. »

Comme il a horreur, lorsqu'il est lancé, d'être interrompu, le flot de ses pensées tourne court. Passy lui demande alors :

« Avez-vous l'intention de parler encore ? »

Il répond mollement :

« Oui, je reparlerai...

– Bientôt ? »

Il esquisse un geste qui révèle de moins en moins ses intentions. Mais ajoute :

« Ah ! En ai-je rédigé des discours ! Tous mes discours... depuis 40... C'est un travail infernal.

– *Passy* : De les apprendre par cœur ?

– Non, *de les écrire* ! Je dispose d'une bonne mémoire visuelle. Les apprendre, ce n'est rien. Mais, les écrire...

– Ne faudra-t-il pas essayer, tôt ou tard, de gagner la C.G.T. ?

– N'y comptez pas !

– Ne craignez-vous pas, alors, le choc, la grève générale, que sais-je ?

– Eh bien bon ! La grève générale ? Et alors ? Oui, sans doute, la grève générale. Il faudra probablement en passer par là. »

Une seconde de réflexion, puis :

« Si le gouvernement... (parce que, ce jour-là, *il y aura un gouvernement* !), si donc le gouvernement conserve à sa disposition les moyens de paiement, c'est-à-dire la Banque de France, occupe les monuments publics, la C.G.T. aura beau décréter la grève générale, le gouvernement, lui, pourra tenir plus longtemps qu'eux. Oui, sans doute, les trains s'arrêteront de rouler... Oui, sans doute, les téléphones demeureront silencieux... Oui, sans doute, la production s'arrêtera... Oui, sans doute, le ravitaillement n'arrivera plus dans les villes... Mais ne croyez-vous pas que toutes ces choses deviendront souverainement impopulaires ? Et alors : dès que les ouvriers comprendront que la grève, non seulement ne leur apporte rien, mais encore qu'ils y perdront, alors la C.G.T. perdra la face. Et c'est le moment que choisira le gouvernement pour la coffrer (*sic*). Car, on lui dira, à la C.G.T. : " Voilà les comptes que vous avez à rendre pour avoir attenté à la sûreté de l'État en des circonstances périlleuses pour notre souveraineté. "

– Et vous croyez, mon Général, que les parlementaires laisseront faire ce gouvernement ?

– Il le faudra bien. Sinon, dissolution ! Car vous n'imaginez tout de même pas que si j'avais à revenir, je reviendrais jamais rappelé par M. Vincent Auriol ? (Ici, un rire énorme...) Remarquez bien que je n'ai rien contre M. Vincent Auriol personnellement. C'est un brave homme... (Redevenu sérieux.) Ça m'étonnerait d'ailleurs, voyez-vous, que les parlementaires, le jour venu, et dans des circonstances bien différentes, fassent beaucoup de difficultés. »

Passy, qui a de plus en plus l'air, sans que le Général s'en agace d'ailleurs, de poursuivre un questionnaire :

« Mais comment concevez-vous, mon Général, votre retour ? Dans l'entourage de Vincent Auriol, on répète volontiers qu'il est à l'Élysée pour deux ans... »

Le Général, extraordinairement sûr de lui, fait alors entendre un énorme rire de défi, qui se termine par :

« Moi, je veux bien... Je ne suis pas pressé.

– *Passy* : D'autres, mon Général – des ministres en exercice notamment – disent que vous serez de retour à la Présidence dans trois mois...

– *Le Général* : A quelle présidence ?...

– *Passy* : A la présidence du Conseil, j'entends...

– *Le Général* : Vous ne pensez tout de même pas, cher ami, que j'accepterai jamais, comme un Gouin, un Bidault ou un Ramadier, de revenir sur convocation d'un Vincent Auriol ? »

Le tout, suivi d'un rire mêlé d'amusement et de protestations choquées.

Le Général : « Et puis, il faut voir les choses dans le cadre où elles existent, c'est-à-dire dans l'intérieur du monde *(sic)*. Or, dans l'intérieur du monde, que voyons-nous ? Les États-Unis vont mettre bientôt les Russes en demeure de reculer.

– *Passy* : Bientôt ?

– *Le Général* : Prochainement, oui, j'en suis convaincu. Car le malaise actuel ne peut se prolonger très longtemps. Le monde est trop malade... il faut en sortir...

– *Passy* : Alors...

– *Le Général* : Eh bien, alors, de deux choses l'une : ou bien les Russes refuseront de reculer. Et alors c'est la guerre. Ou bien, et c'est, je crois, la solution qu'ils choisiront, ils reculeront. Et s'ils reculent, ils le feront un peu comme au congrès de Berlin, après San Stefano [38]... Mais d'une manière décuplée. »

Palewski a téléphoné ce matin. En mon absence, c'est le commandant de Boissieu qui lui répondit. L'ancien directeur de cabinet du général de Gaulle désirait savoir comment, au lendemain du discours de Strasbourg, il convenait d'accueillir les mille questions posées par les parlementaires, les journalistes et les amis du Général. Que dire surtout à propos du rassemblement annoncé ?

Boissieu, qui n'avait cure de s'attirer une réponse brutale, me mit au courant de cette communication téléphonique, me laissant le soin d'obtenir la réponse.

Au milieu de l'après-midi, je choisis donc un instant de tranquillité. Dès le départ du colonel Passy, je me rendis dans le bureau du Général, qui refermait sa porte :

« Dites à Palewski d'éviter, ainsi que Soustelle et Malraux, tout contact jusqu'à nouvel ordre. Nous allons commencer par les laisser cuire dans leur jus pendant quarante-huit heures. Ensuite, j'irai à Paris et nous verrons. »

J'appelai Palewski. A ces instructions, il m'objecta : « C'est trop tard. Jacques Soustelle vient de remettre un texte à l'Agence France-Presse. » Le Général donna alors l'ordre d'arrêter ce texte. Palewski rappela quelques minutes plus tard pour m'indiquer que l'A.F.P. l'avait déjà publié. Il ne put m'en donner le texte exact, qui revient à ceci : A son retour de Strasbourg, Soustelle apprend que des informations fantaisistes ont été publiées à propos du rassemblement préconisé par le général de Gaulle. Il a été et il demeure un collaborateur du Général. Des précisions seront fournies en temps utile ; toutes informations mises en circulation d'ici là ne reposeraient sur aucune réalité.

Nous parlons des Français libres demeurés en place après janvier 1946 et qui, de crainte de nuire à leur carrière, rompirent tout contact avec le général de Gaulle. Beaucoup d'entre eux ne se contentèrent pas de se cramponner jalousement à leur gagne-pain : ils s'opposèrent insensiblement aux prises de position du Général depuis son départ. Ce sont parfois nos adversaires les plus acharnés. A ce propos, le Général dit en riant :

« Le général Lefebvre reprochait à Napoléon l'attitude hostile ou la trahison de ses maréchaux : " Il a eu le tort de retirer trop tôt, observait-il, la besace de dessus nos épaules. " Ainsi de quelques-uns de mes compagnons, qui ne se sont souciés – après mon départ – que de demeurer en selle... »

Il n'en paraît nullement offusqué et il en rit presque joyeusement.

Paris, jeudi 10 avril 1947

Mme de Gaulle s'étant abstenue à la dernière minute, nous quittons Colombey pour Paris, nous : c'est-à-dire lui et moi.

Dans la petite Citroën, malgré la présence du chauffeur (il parle toujours à haute voix, il téléphone toujours en clair...), il me dit :

« Je ne sais pas ce que je vais faire à Paris. Voyez-vous : c'est épuisant... c'est épuisant parce que, quoi qu'on fasse, rien n'advient. »

J'objecte que son discours de Strasbourg a remué l'opinion :

« Oui, sans doute, me répond-il avec une moue désabusée, oui, ils ont crié : " Vive de Gaulle ! ", ils se sont donné chaud, ils ont applaudi. Illusions ! car, de retour chez eux, ils ont repris leur sieste là où ils l'avaient laissée. Je ne me fais pas d'illusions : *il n'y a rien à tirer d'eux*. Voyez-vous, quoi que je fasse, j'ai l'impression de taper dans un édredon. On imprime une marque... On s'efforce... mais l'édredon reprend sa forme antérieure et aucune trace ne demeure de votre effort... Tenez, un exemple : voilà six ans que je leur parle, voilà six ans que je m'exténue à leur montrer le chemin... Voilà six ans que, par des discours, par des appels, par des proclamations, par des ordres du jour, je m'exténue à tirer quelque chose d'eux, à admettre qu'il reste quelque chose en eux... Voilà six ans que je me " tape " cet effort de mémoire qui consiste à leur parler, ou à peu près, sans notes... Eh bien, prenez un certain monsieur qui signe A. de Gobart dans un journal qui s'appelle *France Libre* [39], c'est-à-dire un journal qui, depuis la Libération, semble – par extraordinaire – être demeuré fidèle aux idées que nous défendons. Eh bien, que dit M. de Gobart ? M. de Gobart fait une découverte : il paraît que j'ai utilisé les mois d'hiver qui me furent laissés par ma retraite du pouvoir à modifier heureusement ma façon de parler en public. Selon lui, pour la première fois à Strasbourg, j'ai fait ce qu'il appelle " un exercice de mémoire ". Grâce à cet exercice de mémoire, je parviens, pour la première fois, à m'exprimer à peu près en public. »

Une flamme brûlante dans les yeux qui, pour la première fois peut-être, devant moi, a l'air de réclamer justice. Puis, après un rire sardonique, cette conclusion virile :

1 - Claude Guy arrivant en Suisse après son évasion (fin juin 1940).

2 - Claude Guy, engagé dans les Forces aériennes françaises libres, avec son équipement de parachutiste.

3 - A son arrivée en France, le 20 août 1944, le général de Gaulle s'entretient avec le général Eisenhower.

4 - Le général de Gaulle et le général Eisenhower, juste avant la libération de Paris (Claude Guy sert d'interprète).

5 - Descente des Champs-Elysées le 26 août 1944. Au moment du départ : le général de Gaulle et les généraux Juin et Leclerc.

6 - Le cortège s'est formé. *En tête* : le général de Gaulle, entouré d'André Le Troquer, commissaire national pour les Territoires libérés, *à gauche*, et d'Alexandre Parodi, délégué général du Gouvernement provisoire pour la France occupée, *à droite*.

7 - Georges Bidault, président du Conseil national de la Résistance, a pris place à droite du général de Gaulle.

8 - Le général de Gaulle et le général Eisenhower déposent une gerbe à l'Arc de Triomphe. *Derrière*, les généraux Koenig et Leclerc, Claude Guy.

9 - Claude Guy servant d'interprète entre de Gaulle et Eisenhower, après la libération de Paris.

10 - Churchill, en visite à Paris, descend les Champs-Elysées
le 11 novembre 1944, aux côtés du général de Gaulle.

11 - Visite du général de Gaulle en Union soviétique. A son arrivée à la gare de Moscou,
le 1er décembre 1944, le Général est accueilli par Molotov.

12 - Le général de Gaulle remet au sultan du Maroc
une épée d'honneur dans la salle des Armures, au ministère de la Guerre,
rue Saint-Dominique (16 juin 1945).

13 - Le général de Gaulle, en visite officielle aux Etats-Unis, avec le
président Truman, à la Maison Blanche (22-26 août 1945).

14 - Devant la tombe du président Roosevelt, pendant cette visite.

15 - Le général de Gaulle décore le maire de New York, Fiorello La Guardia, de la grand-croix de la Légion d'Honneur (26 août 1945).

16 - À Dijon (23 octobre 1944).

17 - Visite officielle du général de Gaulle au prince-régent
à Bruxelles (10-11 octobre 1945).

18 - Le 28 août 1946, le Général se rend à l'île de Sein, à laquelle il remet la croix de la Libération.

19 - Visite à Epinal (29 septembre 1946) pour présider les cérémonies du deuxième anniversaire de la Libération.

20 - Le Noël des enfants avec le général et Mme de Gaulle (1946), au ministère de la Guerre, rue Saint-Dominique.

21 - Discours du général de Gaulle à Bruneval (en Seine-Maritime), devant les combattants de la Résistance : « Le jour va venir où (...) la masse immense des Français se rassemblera sur la France » (30 mars 1947).

22 - Bruneval (30 mars 1947).

23 - Le général de Gaulle aux côtés de Claude Guy, le 7 avril 1947, à Strasbourg où il annonce la création du Rassemblement du Peuple Français.

24-25 - Discours du général de Gaulle
à Bordeaux, sur l'Union française,
le 15 mai 1947.

26 - Le général de Gaulle à Charolles (2

eptembre 1947).

27 - A bord du thonier le *Claudine-Henri*
à Saint-Jean-de-Luz (8 septembre 1947).
Derrière : Jacques Baumel et Jean Mauriac.

28 - 29 - Discours sur le thème de l'association entre le capital et le travail à Saint-Etienne

30 - Le général de Gaulle est porté en triomphe lors d'une manifestation du R.P.F.

4 janvier 1948.

31 - A Marseille, le général de Gaulle avec ses deux aides de camp : Claude Guy *à droite* et Gaston de Bonneval (10 juillet 1949).

32 - A Versailles, le général de Gaulle, Gaston de Bonneval et Claude Guy (Conseil national du R.P.F., 30 septembre-2octobre 1949).

33 - Claude Guy et Jean Mauriac,
devant Saint-Séverin, lors des obsèques de Harold King,
ancien directeur de l'agence Reuter (4 octobre 1990).

34 - Dernière photo de Claude Guy prise par sa femme dans le Midi, deux mois avant sa mort, le 28 janvier 1992.

« Non, je sais bien, j'ai tort de m'accrocher à cet exemple... Mais enfin, vous avouerez, tout de même... »

Paris, vendredi 11 avril 1947

Le Général a reçu toute la journée chez Malraux. Il a beaucoup reçu depuis hier soir. Tout d'abord, une réunion dans son appartement de l'hôtel La Pérouse, tenue aussitôt après dîner hier et qui réunissait, pour la première fois depuis Strasbourg, le Général, Soustelle, Baumel, Palewski, Malraux, Bozel, Rémy et moi.

Je n'entre pas dans le détail de ces conversations, sinon, pour résumer le sentiment général, qui ne fut pas exprimé franchement : le discours de Strasbourg n'a pas intéressé l'opinion par son contenu. Ce qui a frappé les esprits, c'est :

1° le caractère républicain ;

2° l'annonce de la création prochaine d'un Rassemblement du Peuple Français. A ce propos, la tactique du Général paraît bonne : ménager la curiosité en ne révélant jamais les intentions, mais en en livrant chaque fois une nouvelle, à chaque étape. Le Général, placé très au-dessus des débats, n'entend qu'à demi les interrogations ou les critiques, préférant évidemment son propre jugement. Malraux, cependant, retient au passage une observation du Général : « Je suis plus démocratique que Blum, puisque je préconise que les conflits intéressant l'avenir de la nation soient tranchés directement par le peuple. A Blum, qui proteste que les partis sont seuls habilités à représenter le peuple, je réponds : " Les partis ne représentent pas l'opinion. Ils font écran entre la volonté populaire et l'exécutif. " La volonté populaire ne peut s'exprimer que par le suffrage universel libre. On ne pourra plus gouverner ce pays, j'en suis profondément convaincu, qu'en s'appuyant sur un mandat national. Je ne cesserai de le répéter. »

Malraux indique que si le Général, à Bordeaux ou ailleurs, pouvait formuler cette position, elle aurait un grand retentissement dans l'opinion. Le Général accepte de le faire. On lui demande alors s'il pourrait formuler la chose dans la déclaration qu'il a l'intention de remettre demain soir à Palewski pour indiquer :

1° la création du Rassemblement du Peuple Français ;

2° qu'il en prend la tête.

(Le texte, mauvais selon nous, en a été remis à Palewski ce soir juste avant le dîner. Au début du dîner, le Général y avait introduit des corrections.)

A cette deuxième question, le Général répond qu'il réfléchira. Puis il dit tout à coup :

« Eh bien, moi, je vais maintenant vous donner mon opinion. »

Le silence s'établit aussitôt.

Le Général indique alors qu'il ne faut pas se presser et que le Rassemblement, s'il réussit, « prendra du temps ». Il importe de se méfier des personnalités et de faire d'abord le plein des adhésions provenant de « la base ». Les personnalités, elles, comme elles l'ont toujours fait en toute période de notre Histoire, ne viendront à nous qu'à la fin. Les personnalités n'ont adhéré à la France Libre et à la Résistance que lorsque leur certitude de la Libération fut inscrite clairement dans les étoiles. D'ici là, pas de tam-tam, pas de démagogie, pas de vaine propagande.

Puis le Général, très en forme et avec une objectivité à la fois goguenarde et virile, fait remarquer à ses interlocuteurs que si les Allemands avaient gagné la guerre, lui, le Général, « aurait eu tort ». Si donc les événements nous donnent raison, si l'écroulement de la monnaie se poursuit, si la dislocation de l'Union française, qu'il annonce, se produit, si la position de la France à l'extérieur s'effondre, alors la France aura, grâce à nous, cette deuxième corde à son arc. Si, au contraire, d'expédient en expédient, cahin-caha, en dépit des divisions des partis et de l'incapacité du régime, les choses s'arrangent à peu près, si la production, peu à peu, démarre, si l'équilibre budgétaire, grâce à un retour de la prospérité mondiale, peut être obtenu, si les populations de l'Union française ont intérêt à demeurer plus ou moins rassemblées, si la rivalité russo-américaine ne conduit plus la planète à sa destruction – « alors nous ne servirons à rien ». Ce sont les événements, qui nous donneront tort ou raison. Voilà pourquoi il importe de ne pas se presser.

Il dit alors en riant que si la France n'a pas besoin de lui, il regagnera volontiers Colombey-les-Deux-Églises...

Aujourd'hui, le Général est parti vers dix heures, 19 *bis*, avenue Victor-Hugo à Boulogne, chez André Malraux. Ce cadre surréaliste, ces peintures d'avant-garde, ces bas-reliefs et ces statuettes gréco-bouddhiques, décor de luxe ultramoderne, tout cela, il me l'a dit le soir, lui a paru un peu choquant. « Mais où donc, m'a-t-il demandé, trouve-t-il tout cet argent ?

– Ses droits d'auteur, probablement », lui ai-je répondu...

Il a reçu successivement : Mendès France, Giacobbi, Diethelm, Lacoste, ministre de la Production industrielle en service, Rémy Roure, le Révérend Père Chaillet *(Témoignage chrétien* [40]*)*, Beuve-Méry, Palewski et Soustelle à deux reprises, à propos de la rédaction du texte de sa déclaration. A ce sujet, Soustelle avait remis au Général un projet jugé mauvais. Après l'avoir raturé, et indéfiniment corrigé de sa mince écriture, le Général finit par prendre une feuille de papier blanc et par rédiger le texte ci-joint. Ce texte, Palewski et Soustelle, revenus voir le Général au début de l'après-midi, l'ont jugé franchement mauvais et avec beaucoup de ménagements, ils s'en ouvrirent au Général, qui, de guerre lasse et ne disposant pas d'une minute, finit par dire à Palewski : « Alors, proposez-moi un autre texte ! »

Palewski descendit, s'assit au bureau de Malraux et rédigea le texte suivant :

« Le 7 avril, à Strasbourg, j'ai fait connaître la tâche qui s'impose à tous les Français. Ce qui est en cause, c'est l'avenir de la nation ; c'est le sort et la liberté de chacun ; c'est le salut de la République.

» L'État, fondé aujourd'hui sur nos divisions, doit – dans la réforme profonde de nos institutions – l'être sur notre accord. Tel est notre premier objectif.

» Je demande à toutes les Françaises et à tous les Français de se rassembler par-dessus leurs divergences et dans le cadre des lois. Pour cette tâche de salut public, qu'ils écartent d'eux tout ce qui n'est pas l'intérêt supérieur de la Patrie.

» Aujourd'hui est créé le Rassemblement du Peuple Français. J'en prends la direction.

» Vive la République, Vive la France !

» P.S. – Le Secrétariat général indiquera les conditions dans lesquelles sont reçues les demandes d'adhésion qui vont ensuite servir de base à la formation des groupements. »

Comme nous n'en sortions pas, j'en rédigeai un autre. Palewski revint vers sept heures et remontra au Général : 1° son propre texte, 2° le sien, à lui Palewski, 3° le mien. Le Général, pressé et les trouvant aussi mauvais les uns que les autres, finit par tronquer son texte du matin, qui devint :

« Le 7 avril, à Strasbourg, j'ai demandé au peuple français de se rassembler, par-dessus les divergences d'opinions et dans le cadre des lois, pour assurer le salut de la République.

» Aujourd'hui est créé, en conséquence, le Rassemblement du Peuple Français. J'en prends la direction.

» J'invite à se joindre à moi, dans ce Rassemblement, toutes les Françaises et tous les Français qui sont résolus à s'unir pour l'effort au salut commun et à faire passer avant tout la prospérité, l'indépendance et la grandeur de la France. »

La fin de cette dernière phrase fut alors modifiée ce soir, au début du dîner, dans les conditions suivantes :

Palewski et moi, par notre silence, dès que nous fûmes enfermés dans l'appartement de l'hôtel La Pérouse, fîmes comprendre au Général que nous n'étions pas enchantés du texte définitif remis à Palewski. Le Général était harassé. Après un long silence, il dit tout à coup à Palewski : « Remontrez-moi ce texte ! » Il s'assit sur le coin de la table de la salle à manger, où un maître d'hôtel mettait les couverts et auquel je fis signe de s'écarter. Impatient de notre présence qui dérangeait sa méditation, tortillant son stylo, il dit, après un temps très long :

« Bah... non. Il faut changer la fin. Il faut, oui, se soucier d'écarter dès le début tous ces vichystes qui vont vouloir se réclamer de nous. »

Palewski l'aida alors à élaborer la fin de la phrase incriminée. Puis le Général écrivit je ne sais quoi et rendit le texte à Palewski pour publication dimanche ou lundi. Ensuite, nous dînâmes, ce qui me rappelle mon dîner d'hier, en tête à tête avec le Général, aussitôt après notre arrivée de Colombey et avant la réunion projetée. Ce qui me frappa le plus, au cours du dîner d'hier, qui fut parfois silencieux, ce fut l'accablement du Général, accablement de l'ennui d'avoir à créer ce Rassemblement, d'avoir à rencontrer des gens médiocres et de descendre dans cette cuve où bouillonnent les petites intrigues, les passions les plus méprisables, les ambitions les plus intéressées. C'était, oui, et sans doute s'en rendait-il compte, la première fois depuis le 20 janvier 1946 qu'il allait se retrouver au contact du « bonhomme ».

Après un silence mélancolique, qui dura tout le temps du potage, il me regarda tout à coup de son regard extraordinairement jeune, malgré les paupières plissées et les cernes des yeux, et me dit, au dépourvu :

« Voyez-vous, Guy, il y a des gens – et Churchill est de ceux-là – que la bassesse amuse. (Il n'avait rien dit auparavant qui pût laisser supposer qu'il souffrait à l'avance de la bassesse des hommes.) Moi, je l'avoue, elle me déplaît, elle me désoblige, elle... oui, *elle m'attriste* ! »

Il prononça ce « elle m'attriste » sur un ton de tonnerre. Il me jeta un nouveau regard presque tendre, au fond duquel il y avait sans doute beaucoup de désespoir, et ajouta :

« La vie ne m'amuse plus. »

Et, comme s'il désirait probablement corriger l'effet de sa confidence, il m'en donna cette explication :

« Quand on a gagné une fois, ce n'est plus amusant de gagner à nouveau... c'est entendu, je vais essayer. Mais j'essaie avec ennui... Non, décidément, cela ne m'amuse plus. »

Après un temps, il laissa tomber, d'une voix infiniment désabusée :

« " La gloire est le soleil des morts [41]. " »

Le tout, suivi d'un rire sorcier. Puis, après un nouveau silence, interminable celui-ci, cette conclusion à ses méditations :

« Enfin, nous verrons bien... vous savez, *je ne suis pas sûr de réussir.* »

Ces phrases d' « à quoi bon ! » d'hier soir, je les ai notées aussitôt. Avant la réunion, ce soir, au cours de notre dîner avec Palewski, il répétait exactement sous la même forme, avec la même lassitude, les mêmes choses. Je viens de noter ceci, par exemple, qu'il adressa cette fois-ci à Palewski :

« Voyez-vous : quand on a gagné une fois, ce n'est plus amusant de gagner à nouveau. Et puis... et puis : " La gloire est le soleil des morts. " Gagner à nouveau ? Pour les autres, oui, mais pour moi, je vous le demande, où est l'intérêt ? »

Palewski lui répondit ainsi :

« ... mais pour le plaisir, mon Général, ayant franchi déjà tant d'obstacles, d'en vaincre encore et toujours !

– Plaisir ? Où voyez-vous donc du plaisir, vous, en ce monde ? »

Il se tut. Des hochements de tête, des expressions qui creusaient encore ses traits... Et enfin ceci, précédé d'un rire sardonique :

« Ah ! Ah ! je sais bien que plus tard, si ce que j'essaie réussit, il y aura des imbéciles pour dire : " Eh ! Eh ! il savait bien ce qu'il faisait, en 1946, quand il est parti. Il préparait son retour, et cetera, et cetera. " Vous verrez, il y en aura, vous verrez. »

Il poursuit, après un nouveau silence :

« En réalité, j'aurais préféré ne pas avoir à intervenir. » Puis, presque brutal et regardant Palewski droit dans les yeux :

« Vivre à Colombey jusqu'à la fin de mes jours ? Y mourir ? Mais, vous savez, Palewski, *moi, j'en serais bougrement satisfait.* »

Puis, après réflexion, il ajoute rapidement :

« ... tout au moins, avec – de temps à autre – un voyage, oui, ça m'aurait suffi. »

Pendant qu'il disait cela, j'ai surveillé son visage, en cet instant ému et furieux : il avait l'air, malgré le doute qui m'habitait, d'une bouleversante sincérité.

Un peu plus loin, je demande à Palewski, pour rompre l'éternel silence du Général, s'il voit parfois Reynaud. Palewski rit longuement et répond à la question que je n'avais osé poser :

« Reynaud est contre, mais il ne le dit pas. " A quelle sauce allez-vous nous manger ? " me demande-t-il quelquefois. »

On parle de Reynaud et de juin 40. Je m'aperçois ici d'une erreur qui s'est glissée dans ce journal : c'est Laurent et non le général de Gaulle, dont il était le chef de cabinet au sous-secrétariat d'État à la Défense nationale, qui alla voir Reynaud quelques heures avant le départ définitif du Général pour la Grande-Bretagne. Reynaud, qui n'était plus président du Conseil depuis la veille au soir, lui remit, sur les fonds secrets, cent mille francs pour le général de Gaulle, qui constituèrent, pour tout potage, la caisse de la France Libre au départ.

Du caractère de Reynaud, le Général, auquel je demandais, pour surveiller les réactions de Palewski, ce qu'il en pensait, me dit notamment :

« C'était un ami très fidèle. Il avait du caractère dans le seul domaine qui était fait pour lui : la vie parlementaire, où il avait observé, travaillé durant vingt années. Hors l'hémicycle, rien ne comptait véritablement pour lui, je veux dire qu'aucune réalité ne s'imposait à lui. Il faut ajouter à sa décharge, qu'il s'est trouvé confronté avec des événements tellement... des événements sur lesquels peu d'hommes ont prise. »

Il a dit cela avec beaucoup de pondération et sans orgueil aucun.

Il ajoute encore ceci :

« Reynaud avait souffert de sa laideur, Reynaud avait souffert de sa taille aussi, ce qui explique cette part agressive de son attitude en face des hommes. »

Et ce souvenir :

« La dernière fois que je l'ai vu, je lui ai dit : " Si vous n'allez pas à Alger, vous serez un homme déshonoré. " Il me dit qu'il y allait. »

Et le Général de constater, sans hostilité, sans triompher, qu'il n'y était pas allé...

Colombey, soir du vendredi 11 avril 1947

(J'écris ceci à mon retour de Paris, au lit, vers minuit.)

Dans la voiture, après avoir dîné au La Pérouse avec le Général et Palewski, je regardai, un long moment, son cigare rougeoyer. Après un interminable silence, il pencha la tête vers moi, comme confidentiellement :

« En réalité, me dit-il d'une manière appuyée, ne vous le dissimulez pas : *il s'agit d'une campagne présidentielle !* »

Du Rassemblement, il me dit encore bien des choses, mais surtout ceci, qui revint plusieurs fois dans la conversation et que j'ai beaucoup entendu depuis Strasbourg :

« Si les choses s'arrangent cahin-caha, alors le Rassemblement ne servira à rien. Mais si, comme je le crois, les choses ne s'arrangent pas, c'est-à-dire si elles s'aggravent, c'est-à-dire si les Américains et les Russes se prennent à la gorge, c'est-à-dire si l'Union française se disloque, c'est-à-dire si la monnaie s'effondre, alors la France sera bien contente d'avoir cette deuxième corde à son arc. »

Et encore ceci, à propos du problème de la double appartenance [42], qui fut soulevé hier soir par Soustelle et Bozel, au cours de notre réunion (ils se montrèrent vigoureusement en faveur de la double appartenance) :

« Pour ce Rassemblement, on ne leur demandera pas leur avis. Dès le moment où auront lieu les élections municipales, pour lesquelles je patronnerai des listes, si un adhérent socialiste n'est pas d'accord avec de Gaulle sur la révision, par exemple, alors on lui dira : " A la porte ! " Nous ne garderons que ceux qui acceptent l'ensemble du programme. »

Silence interminable, presque oppressant. Tout à coup :

« Depuis la Libération, on n'a pas vu apparaître un seul écrivain nouveau. C'est incroyable : dans aucun domaine, nous ne semblons produire... *Rien*. Rien ! Il est vrai, ajoute-t-il, que certains hommes – des déportés, par exemple – peuvent, tout en n'étant pas encore sortis de l'obscurité, porter en eux quelque chef-d'œuvre qui ne nous sera révélé que plus tard... Mais enfin, le fait est là, jusqu'ici : *rien*. »

J'observe que, parmi les écrivains datant de la Libération, c'est Rémy qui a remporté le plus gros succès de librairie.

« Oui, consent-il... Roulier est un homme étrange, c'est *un caractère étrange*. »

Puis, comme je lui indique que Roulier a écrit son dernier ouvrage en trois semaines, dans le secret de son moulin normand, il me confie sans difficulté :

« Croyez-vous, j'admire les gens qui peuvent écrire vite, j'entends qui peuvent écrire bien, avec facilité. Moi, je n'ai jamais pu. La rédaction du moindre texte me demande parfois des jours. *C'est horrible !* »

Jusqu'ici, le Général ne m'a pas encore parlé de l'affiche de Strasbourg, dont j'ai conçu l'idée et exécuté le montage en trente-six heures avec deux amis de Rémy et que, par Amaury, j'ai fait coller par l'Agence Havas dans toutes les villes de plus de trente mille habitants. Mais, cette affiche, je sais fort bien qu'il l'a remarquée. J'en ai eu la preuve hier soir, en effet, lorsque nous sommes entrés dans Paris, son regard surveillait évidemment les emplacements réservés à la publicité ; et si l'affiche de Strasbourg s'y trouvait placardée (il y figure en effigie), il tournait chaque fois la tête pour mieux voir si elle était intacte. En fait, sur l'itinéraire populeux qui nous conduisit à l'hôtel La Pérouse (rue de Creil à Maisons-Alfort, boulevards extérieurs, porte d'Orléans, Montparnasse, École militaire et place de l'Alma), un peu moins d'un quart des affiches seulement avait été lacéré par l'adversaire.

L'Homme

Son goût de l'ordre le force malgré lui à catégoriser les gens. Cet étonnement un peu scandalisé qu'il a, par exemple, lorsque les gens ne se tiennent pas, à l'épreuve des faits, dans le cadre où il les a placés en imagination. Qu'un F.F.L., classé « condottiere » (Rémy), lui parle avec amour de la vie de famille et il en sera presque choqué. Qu'un « guerroyeur » aime la paix, qu'un vieux Parisien ne rêve que d'agriculture, cela ne convient pas !

Il est des mots que je ne lui ai jamais *entendu prononcer : bonheur, tendresse, joie de vivre...*

Universelles et musclées, sa pensée, sa parole, se meuvent à un rythme extraordinairement lent et méthodique : il lit et parle avec ordre, ce qui prend du temps. Mais si l'interlocuteur, qui n'a rien à lui apprendre, dans l'espoir de parvenir jusqu'à lui, ralentit semblablement le rythme de sa conversation, le Général, soudain, s'impatiente : « Bon ! Bon ! Et alors ?... »

Il a horreur du désordre de la pensée ou de l'expression. « Avoir un macaroni dans la cervelle », selon sa propre image, c'est se condamner à n'être jamais entendu de lui.

Colombey, samedi 12 avril 1947

Placide, rose, le regard rieur, la voix cordiale et légèrement enrouée, Camille Gutt est venu déjeuner à la Boisserie avec sa femme. Ils arrivent de Paris, où le président du Fonds monétaire international (ou de la Banque internationale [43] ?) a rencontré Vincent Auriol et Ramadier. La puissante Mercury (c'est tour à tour elle et lui qui prennent le volant), qui est garée sur le gravier, les conduira cet après-midi à Bruxelles, d'où il rejoindra Washington.

Le Général a été longuement interrogé par l'ancien ministre du gouvernement belge en exil. Le Général, réservé sur ses intentions, s'est longuement étendu sur ses projets au cours du déjeuner, auquel assistait également Pierre de Gaulle. Je n'entre pas dans le détail de cette conversation, pour avoir noté précédemment chacune des thèses exposées au cours de ce repas. (Depuis quelque temps, il m'arrive fréquemment, pour éviter des répétitions dans ce journal, d'omettre de mentionner des conversations pourtant importantes, parce que les éléments desdites conversations, je les ai mis sur le papier depuis longtemps, pour les avoir enregistrés fréquemment.) Ceci, cependant, qui se passa à la fin :

– *Gutt* : Comment voyez-vous l'avenir du monde, mon Général ?

– *Le Général* : L'avenir du monde, mon cher Président, dépend du jeu de forces qui dominent infiniment les pauvres hommes et sur lesquelles ils n'ont aucune prise.

– *Gutt* (mi-sérieux, mi-taquin) : Seriez-vous devenu fataliste, mon Général ?...

– *Le Général* (que cette insinuation agace et dont la réponse arrive lentement) : Est-ce que vous pensez un instant que, si j'étais fataliste, j'aurais entrepris de parler à Strasbourg comme je l'ai fait ?...

Puis à l'heure du café :

– *Gutt* : Comment se fait-il que Churchill n'ait pas soutenu votre politique occidentale ?

– *Le Général* : Il y a longtemps que Churchill n'est plus continental. Pour gagner la guerre, il a *dû* s'appuyer sur les États-Unis. Et lorsqu'il s'est mis à souhaiter et à rechercher la guerre avec la Russie *(sic)*, c'est encore sur les États-Unis qu'il a compté. Je n'y puis rien : les regards de Churchill sont tournés vers l'Ouest...

Avec son frère Pierre, après le thé.

Il se hisse hors de sa méditation par une suite de grognements désabusés et d'expressions hésitantes. Puis, avec une extraordinaire lenteur dans le débit :

« Qu'est-ce qu'on va faire ?... Mais, qu'est-ce qu'on va bien pouvoir faire, je vous le demande un peu. Car enfin, ce mal est mondial et il faut dorénavant juger des choses *à l'intérieur du monde*. Or, le caractère mondial dominant, c'est *le désespoir*. La réalité, pour la planète, c'est que, parmi chaque nation, chaque homme est un désespéré. Alors, comment sortir l'humanité de ce désespoir ? Y a-t-il un remède ? »

Ici, un claquement de langue dubitatif. Puis :

« Voyez-vous, l'élément nouveau – j'entends celui qui sert d'assise à ce désespoir de l'homme – c'est l'atome. De même que l'homme savait jusqu'ici que les forces de la création lui échappaient, il sent que les forces de la destruction lui échapperont désormais. Dominé par le jeu des forces de destruction, il se voit constamment au bord de sa propre désagrégation. »

Colombey, dimanche 13 avril 1947

Après le déjeuner, il dit devant moi à Pierre de Gaulle :

« Dentz était un imbécile, un gendarme. Enfin... je n'en parle plus : il est mort. »

Je demande au Général si le fait est exact que des aviateurs allemands se trouvaient en Syrie lorsque commencèrent les opérations.

« Oui, quelques avions allemands, les premiers, venaient d'atterrir en Syrie. D'autre part, Vichy envoya à ce moment-là, en Proche-Orient, un certain nombre de travailleurs : ils passèrent par Athènes, où ils furent accueillis à bras ouverts par des officiers de la Luftwaffe. D'autre part, les bateaux allemands qui croisaient au large de la Syrie se battaient, en réalité, en coopération avec les troupes de Vichy. Oh ! on ne le disait pas, bien entendu, parce que ça aurait fait mauvaise impression... Mais c'est ce qui s'est passé. »

Mme de Gaulle, cependant que le Général s'est enfermé avec le professeur Cassin, vice-président du Conseil d'État (cette entrevue révéla de nombreuses divergences), observe devant Pierre de Gaulle, avec beaucoup de calme :

« Étant donné ses projets, il y aura des tentatives d'assassinat, c'est inévitable... »

Alors qu'elle parle, les deux voix s'élèvent furieusement derrière la porte du bureau. Je dis :

« Le professeur Cassin n'a pas l'air d'être d'accord...

– Moi non plus, dit-elle tristement.

– Pourquoi ? demande son beau-frère.

– Qu'il parle, passe encore ! mais qu'il descende dans cette boue, pour former ce Rassemblement, moi, voyez-vous, ça me dégoûte, car, de cette boue, il sera inévitablement éclaboussé. »

Pierre de Gaulle essaie de la raisonner :

« Oh ! Il est bien certain qu'il ne conservera pas sa stature de 1940. Mais cela, il le sait. Et d'avance, il en fait le sacrifice, car, pour " nous en sortir ", il est prêt à renoncer, s'il le faut, à demeurer le personnage légendaire. Il n'y a pas de plus bel exemple de courage. »

Elle, avec obstination :

« Non, Pierre, vous ne me sortirez pas de la tête qu'il a tort de faire ce Rassemblement ! Avec quels hommes, d'ailleurs ? Si c'était pour y mettre des gens nouveaux, je ne dirais pas ! Or, c'est impossible. C'est impossible, puisque, des gens nouveaux, il n'y en a pas. Vous allez voir ce que je vous dis : il va se faire entortiller *(sic)* par un tas de " grenouilleurs " *(sic)* qui n'ont qu'une idée en tête : se servir de son nom. On les voit déjà qui accourent. »

Après cette déclaration candide, mais articulée avec une émouvante détresse, elle mit son manteau noir et alla semer des petites graines dans une plate-bande de « terre de Brière [44] ».

Je fis alors quelques pas, dans l'après-midi, avec Pierre de Gaulle, qui me parla longuement de ses craintes au sujet des dangers qui pèsent sur la sécurité personnelle de son frère. Au bout d'un instant, nous fîmes demi-tour parmi la prairie constellée de jonquilles, dont certains oignons furent cueillis à Marly l'an dernier : des promeneurs avec kodak se dissimulaient en effet derrière la haie.

Pendant un rapide tour de jardin et au moment de regagner la maison, Pierre de Gaulle s'exclame :

« Pétain nous enterrera tous. Il jouit, paraît-il, d'une santé extraordinaire. »

Alors qu'il va pénétrer sous le porche et que je songeais que les paroles de son frère n'étaient probablement pas parvenues jusqu'à lui, le Général se retourne vers moi et me dit, d'une voix pondérée :

« Il faudra, dans quelque temps, le changer d'endroit *(sic)*. On saisira, par exemple, le prétexte d'une alarme de médecin pour le transférer dans une clinique *(sic)*. Ensuite, il recouvrera insensiblement une sorte de liberté *(sic)*... »

Je note aussitôt ce style direct, car c'est la première fois depuis longtemps qu'il me parle de Pétain et c'est la première fois qu'il exprime ceci. Il avait presque l'air de se le murmurer à lui-même. A ma connaissance, c'est la première fois qu'il prononce, à l'endroit de « l'homme de Vichy », une parole d'amnistie.

Colombey, lundi 14 avril 1947

Je déjeune avec le Général et Mme de Gaulle.

Une demi-heure avant le déjeuner, il a téléphoné à Palewski le texte final de son appel au Rassemblement. Hier soir, en effet, sans nous en rien dire, vers minuit ou une heure du matin, alors qu'il était seul, il a accompli ce que je souhaitais tant : premier coup de téléphone à Palewski, lui demandant de ne pas publier le texte qu'il lui avait laissé à Paris pour publication dimanche ou lundi. Ce matin, il se leva exceptionnellement tôt, se rendit avec Mme de Gaulle à la messe de sept heures et demie, dans la petite église de Colombey où, devant quatre fidèles matinaux, il fit ses pâques.

Le texte est très différent du projet de vendredi, plus détaillé. Il l'a dicté mot par mot, très lentement, au téléphone. Il paraîtra ce soir. En voici le libellé :

« Dans la situation où nous sommes, l'avenir du pays et le destin de chacun sont en jeu. Cela, chaque Français le sait.

» Pour nous assurer la prospérité économique, la justice sociale, l'unité impériale, la puissance extérieure sans lesquelles nous perdrions jusqu'à la liberté de citoyens et l'indépendance de la France, la Nation doit se rassembler dans un long et puissant effort de travail et de rénovation. Cela, chaque Français le voit.

» Pour marcher droit vers son but, il faut que la Nation soit guidée par un État cohérent, ordonné, concentré, capable de choisir et d'appliquer personnellement les mesures commandées par le salut public. Le système actuel suivant lequel les partis rigides et opposés se partagent tous les pouvoirs doit donc être remplacé par un autre où le pouvoir exécutif procède du pays et non point des partis, et où toute confusion insoluble soit tranchée par le peuple lui-même. Cela, chaque Français le sent.

» Aujourd'hui est créé le Rassemblement du Peuple français. J'en prends la direction.

» Il a pour but de promouvoir et de faire triompher par-dessus nos divisions l'union de notre peuple dans l'effort de rénovation et la réforme de l'État.

» J'invite à se joindre à moi, dans le Rassemblement, toutes les Françaises et tous les Français qui veulent s'unir pour le salut commun comme ils l'ont fait, hier, pour la libération et la victoire de la France.

» Vive la France !

» Vive la République ! »

Signé : Charles de Gaulle.

Lorsqu'il me l'a lu ce matin, il avait dans la voix ce ton de quelqu'un qui accorde sa dernière concession et qui n'acceptera plus de critiques. Je lui ai néanmoins demandé si l'épithète « concentré » ne risquait pas d'effrayer. Je lui ai également fait remarquer que, dans son texte précédent, l'invitation à se rassembler « au-dessus des partis » attirait mieux l'attention.

Je pensais, en abordant ce déjeuner, que le sentiment d'avoir « déposé le paletot » lui apporterait la détente. Mais, après quelques considérations sur le soleil et l'abondance des primevères et des daffodils [45], il se tut. Et son silence devint bientôt gênant. Ainsi demeura-t-il muet pendant longtemps, muet comme un cadran solaire. Mais ce silence, il le remplit soudain d'un rire annonciateur. Il me regardait gaiement et dit :

« Les journalistes ne peuvent pas se plaindre : depuis Bruneval, je ne leur aurai guère laissé l'occasion de chercher un sujet d'article. Quant aux partis, ils vont se lasser de mes interventions. Ils vont se lasser des paquets que je vais désormais leur lâcher régulièrement sur le crâne. Oui, ils vont s'en lasser ! Mais ils vont surtout s'en épuiser. »

Après un nouveau rire, encore plus gai et plus franc que le précédent :

« Si je mourais, observe-t-il, ils m'enterreraient bien volontiers. Ils me réserveraient, avec empressement, d'immenses honneurs funèbres *(sic)*... »

Son nouveau silence, Mme de Gaulle le rompt à son tour :

« En tous les cas, Charles, vous devriez mettre dans votre testament que vous refusez, pour votre enterrement, la présence de tout homme politique ou de tout journaliste et que vous demandez à ce que la cérémonie ait lieu à l'église de Colombey, entre quatre cierges. »

Il sourit bizarrement, y ajouta un rire sorcier, mais ne répondit pas.

Je dis, pour lutter contre le silence qui se formait à nouveau :

« Dans tous les cas, mon Général, une chose est certaine : on n'est pas superstitieux sous votre toit. »

Il en convint volontiers.

Colombey, mardi 15 avril 1947

Je me souviens que, le 8 avril, c'est-à-dire le lendemain du discours de Strasbourg, Palewski, qui était venu déjeuner, lui demanda :

« Et maintenant que vous avez parlé, mon Général, il va falloir organiser le Rassemblement que vous avez préconisé hier : mais alors, je vous pose la question : *avec quels hommes ?* »

Le Général se rembrunit, puis sortit de son humeur par un rire sorcier :

« Ah ! Je sais bien. Voilà bien ce qui, à l'avance, effraye : je n'ai pas d'hommes. Mais qu'y puis-je ? Si je n'en ai pas, c'est parce qu'il n'y en a pas. Quels que soient ceux sur lesquels j'arrêterai demain mon choix, l'adversaire aura donc beau jeu pour baver sur eux. La presse, soyez-en certain, va découvrir à Soustelle, à Baumel et à Malraux, par exemple, des vices extraordinaires, des crimes, que sais-je ?... »

Il rit à nouveau, puis conclut :

« Enfin, il va falloir m'occuper de cela tout de suite. Je vais à Paris à la fin de la semaine dans ce but. J'y passerai vraisemblablement toute la semaine prochaine. »

Depuis, se sentant au moment de descendre dans cette cuve bouillonnante, il pense avec une indicible horreur à la réalité de la tâche qu'il s'est imposée : la constitution d'une infrastructure, le choix d'un personnel, etc. Mercredi matin, il ne s'est pas endormi avant cinq heures.

Dès son retour de Paris, vendredi dernier, cette nécessité d'avoir à quitter son socle l'obsédait au point que, pratiquement, il n'a pas ouvert la bouche depuis.

A une disposition d'humeur amène jusqu'au soir où il quitta Paris, succéda bientôt l'humeur, la solitude hostile, presque brutale...

Mme de Gaulle éprouve une vive inquiétude quant à sa santé : « Il ne sera pas, dit-elle, s'il continue de ce train-là, il ne sera pas en état physique d'affronter cette lutte *(sic)*. »

Déjeuner affreux. Il est impénétrable, exaspéré par toute présence. Toute parole, il l'écrase d'une phrase massacrante. Au café, il se détend cependant :

« Le tout, voyez-vous, est d'avoir raison et seuls les événements pourront, une fois de plus, me donner raison. (Ici, sourire madré, comme s'il était certain du succès alors que tout prouve au contraire que le doute l'assaille, sa décision prise.) Ne vous faites pas la moindre illusion sur ce point : si les Allemands avaient gagné, de Gaulle aurait eu tort. Il en va de même aujourd'hui. Si les événements n'empêchent pas la survie des partis, si les événements ne contraignent pas les politiciens à abandonner leur ratelier, si les événements permettent au régime de rendre plus ou moins la prospérité au pays – alors le Rassemblement tournera en queue de poisson *(sic)* ! »

Je lui parle avec éloge de certains de nos futurs adhérents, je plaide bien des mérites obscurs. Il m'écoute en silence, dubitatif, et se renferme en lui-même. Cinq minutes s'écoulent et je pense son esprit bien éloigné de ce que je viens de lui dire. Il me regarde alors avec une lueur étrange :

« Non, non... ne les prenez pas trop au sérieux. Ce sont des pauvres types, voilà la vérité ! Tous !... Nous allons faire le parti unique... Vous allez voir : après s'être dévorés entre eux, les partis feront place, oui, au parti unique ! Dans ce cas, bien entendu, je veux dire dans le cas où les événements bouteraient les politiciens hors de leurs fourrés, ils n'adhéreront pas pour des raisons bien intéressantes. Quant aux politiciens, ils ne me résisteront que pour des raisons mesquines, ignobles : rester au chaud, conserver leur fromage grâce à ce régime, voilà tout ce qu'ils voient, tout ce qu'ils cherchent ! Ce n'est pas pour des raisons sublimes, allez, qu'ils s'attaquent à ce que je représente ! »

Paris, samedi 19 avril 1947

Le général de Gaulle arriva de Colombey mardi pour le dîner, avec Mme de Gaulle. L'affaire du Rassemblement, son organisation, les problèmes multiples qu'il pose l'avaient pratiquement confiné en lui-même depuis son départ de Paris. Auprès de lui, à Colombey, j'ai pu juger par moi-même, samedi, dimanche, lundi, mardi et mercredi, par son silence, par son humeur maussade, par son irritation au moindre geste ou à la moindre parole, qu'il n'était nullement satisfait. Claude Mauriac, qui vint le voir rue

George-Sand, jeudi matin, me dit en sortant : « Qu'est-ce qu'il a ? Je ne l'ai jamais vu comme ça... » Claude Mauriac est pourtant une des seules personnes que je connaisse auxquelles le Général réserve habituellement un accueil également amène. Au cours de cette même matinée, d'une voix massacrante, le Général qui avait vu, depuis mardi 15 avril, à 21 h 30, Palewski, Soustelle, puis, le 16, Amaury, le R. P. Maydieu, Louis Chevallier (un de ses cousins, M.R.P.), Michelet, Gromand (ancien secrétaire général de Mast en Tunisie, actuellement préfet en mission) et, au cours de la matinée en question, le commandant Bonneau, Bourgès-Maunoury et l'amiral d'Argenlieu, me demanda, à brûle-pourpoint, mon « impression ».

« Il y a deux mois et demi, mon Général, vous êtes venu à Paris pour la première fois. A la première réunion, vous avez réclamé la création d'une infrastructure et d'un organisme d'étude. Les hommes qui vous entouraient ce soir-là ne se sont pratiquement mis à cette tâche qu'au lendemain de Bruneval... »

Il m'interrompt déjà par des : « Bon ! Bon !... et alors ? »

« Eh bien alors, mon Général, ceci veut dire que, sans infrastructure préalable, sans concours organisé, sans dactylo ou à peu près, MM. Soustelle, Bozel, Dumont, Picard, etc., reçoivent de huit heures du matin à deux heures du matin un flot ininterrompu de visiteurs venus de toute la France, dont ils ne connaissent la plupart du temps *rien.* Ils leur confient des instructions souvent contradictoires, sans qu'aucune méthode prévale, sans avoir le temps, d'ailleurs, de faire prévaloir une méthode, ce qui supposerait un instant de réflexion qu'ils ne pourront pas trouver avant longtemps. Les tâches essentielles sont donc remises à plus tard. Mais surtout si l'on n'y prend garde, la constitution des cadres, faute d'avoir été tracée à l'avance, échappera bientôt à notre contrôle...

– Votre conclusion ?

– Ma conclusion, c'est que pour sortir de ce que je n'hésite pas à appeler une grande bagarre, il importe que la seule personne qui puisse imposer l'ordre – et en même temps la seule personne qui ait le temps de réfléchir –, c'est-à-dire vous, mon Général, vous vous occupiez directement de définir les méthodes, de tracer ce cadre, d'énoncer les directives. D'autre part, il faut régler de toute urgence des problèmes aussi terre à terre que ceux-ci : embauchage de petit personnel, création d'un fichier établi selon des données modernes, placé sous le contrôle d'un archiviste paléographe, etc. Ceci revient à dire qu'il faut que vous receviez avant ce soir ces messieurs de la rue Taitbout [46], pour mettre leurs idées en ordre. »

Après s'être fait tirer l'oreille toute la journée, sous prétexte qu'il était débordé, Soustelle arriva finalement, vers 22 h 30, le même jour, exténué et reconnaissant lui-même « qu'il n'avait plus sa tête sur ses épaules ». Baumel l'accompagnait. Bozel arriva bientôt.

A peine étaient-ils partis, c'est-à-dire vers minuit, que le Général m'appela, me fit asseoir et m'indiqua en quelques brèves paroles que le but n'avait pas été atteint et que, néanmoins, il n'était pas intervenu de telle manière que Soustelle se sentît forcé à mettre de l'ordre rue Taitbout. Puis il me demanda de chercher, d'ici jeudi, à recruter du personnel, à trouver des collaborateurs compétents, dont il verrait une dizaine à son retour à Paris, mercredi prochain.

Inquiet de voir le Général repartir hier matin (il a quitté Paris à 6 heures du matin pour Wimes, dans le Nord, où il doit assister à l'enterrement de son parrain de Corbie), sans avoir obtenu la solution de ce problème, et résigné pratiquement à laisser faire, je vis Palewski : il accepta d'écrire au Général une lettre qui fait écho à ma propre inquiétude.

Paris, mercredi 23 avril 1947

Le général de Gaulle, arrivant de Colombey avec Mme de Gaulle, nous avait donné rendez-vous, à Bozel et moi, au carrefour de la Défense, d'où nous allâmes visiter une villa de Rueil, que l'Association des Français libres se proposerait d'acheter, à la demande du général de Larminat, qui décidément a changé d'attitude depuis le mois de janvier, pour la louer ensuite au général de Gaulle. C'est une bicoque d'un rez-de-chaussée et d'un étage fraîchement repeints, à l'intérieur comme à l'extérieur, au début d'un jardin pelé, qui donne accès à un assez grand potager limité d'un grand mur peint à la chaux. Des villas et de l'école maternelle environnantes, les fenêtres regardent la maison. Les calorifères ont éclaté sous l'effet de la gelée.

Pendant que Mme de Gaulle, suivie de Bozel, s'acharne à trouver l'endroit charmant, le Général, demeuré avec moi dans le jardin, me confie à quel point cet endroit lui déplaît et qu'il accepte la proposition que je lui ai faite – il y a plus de deux mois – de réintégrer purement et simplement la villa de Neuilly, ce qui marquerait la continuité. De manière à ne pas rendre la chose scandaleuse, le rez-de-chausée serait transformé en bureaux et salle de réunion, le Général se servant de l'appartement du premier étage comme pied-à-terre, lors de ses séjours à Paris. Le Général me demande ce que j'en pense.

Je lui répète inlassablement ce que je lui ai dit précédemment, à savoir que Soustelle et Bozel, dont l'optique est décidément parlementaire, ne paraissent pas avoir les pieds sur la terre. Qu'en se gardant d'un pessimisme exagéré, on est bien obligé de s'inquiéter de la présence, autour de Soustelle, de quantité d'hommes issus des partis, de la D.G.E.R. [47] ou de l'Union gaulliste. « Si vous n'opérez pas vous-même, en intervenant personnellement dans les prochains jours, nous aurons des ennuis. »

Il accueille mes propos avec des signes d'acquiescement modérés, cependant avec bonne humeur.

Bonneval, que j'interroge, me dit qu'après avoir lu la lettre de Palewski, le Général, avant-hier, très sombre, s'enferma en lui-même, se refusant à toute conversation. Mais hier matin, me dit-il, il se détendit. Après la lecture des journaux du matin, il dit sa confiance et nota comme un facteur encourageant le fait que les journaux des partis, les socialistes notamment, avaient baissé le ton. Personnellement, je n'y vois pas un signe : n'est-ce pas tout simplement que leurs plumes, sollicitées par une plus récente actualité, ont craché tout leur venin ? On en jugera vendredi, après sa conférence de presse...

Hier au soir, il a reçu successivement : Louis Vallon, qui s'occupe du département de la Seine, Palewski et Diomède Catroux, venus l'entretenir des questions que les journalistes se proposent de poser jeudi, et Soustelle, qu'il a gardé de vingt-trois heures trente à deux heures et quart, ce matin.

Entre le dîner et ces quatre audiences, le Général avait jeté sur le papier les questions suivantes, qu'il désire particulièrement se faire poser [48] :

« Je ferai d'abord une déclaration assez courte et assez " bonhomme ", mais nette.

» Questions à poser ensuite :

1. Comment comptez-vous organiser le R.P.F. ?

2. Quelle va être la place du R.P.F. vis-à-vis des partis ? Ne va-t-il pas tendre à devenir le " parti unique " ?

3. Le R.P.F. interviendra-t-il dans les futures compétitions électorales ?

4. A Strasbourg, vous avez esquissé un programme. Pensez-vous donner à ce sujet quelques précisions ?

5. Certains pensent et disent que vous auriez dû, dès votre arrivée à Paris, en août 1944, faire connaître publiquement vos conceptions en matière constitutionnelle ?

6. Votre conception consiste, notamment, à séparer les pouvoirs et, pour cela, à faire élire le chef de l'État par le pays et non par les partis. A cette conception, on objecte souvent qu'elle conduirait au plébiscite et au pouvoir personnel. Quelques-uns ajoutent même que l'expérience faite du pouvoir personnel sous votre propre direction n'engage pas à y revenir. Pensez-vous devoir répondre à ces objections ?

7. Votre intervention à Strasbourg et à la création du R.P.F. ont paru à certains coïncider volontairement avec la prise de position américaine, telle que l'a exprimée le Président Truman. Avez-vous quelque chose à dire à ce sujet ? »

[Fin avril 1947]

Hier après-midi, quelques instants avant le dîner, alors qu'il se renfermait en lui-même, je pénétrai dans son silence, une fois de plus, pour lui dire mon alarme. Il m'avait en effet demandé hier matin, alors que son humeur était meilleure, « ce que j'en pensais ». Ma réponse, qu'influença certainement une conversation de la veille avec Malraux, avait été :

« Il y a plus de deux mois que l'infrastructure du Rassemblement devait être bâtie. Il y a plus de deux mois que vous le demandiez. Rien n'a été fait, vous le savez bien, rien n'a été fait depuis, rien de sérieux, par les hommes auxquels vous avez confié cette tâche. Soustelle et Baumel ne se sont pratiquement mis au travail que le lendemain de Bruneval et aucun personnel n'a encore été recruté. Soustelle, Baumel, Palewski, Malraux, Catroux, Dumont, et Picard reçoivent certes, rue Taitbout, de huit heures du matin à minuit une foule de braves gens venus du fond des provinces pour faire des offres de service. A ces braves gens se mêlent d'ailleurs beaucoup de gens marqués politiquement, un peu de canaille aussi. Vous verrez que dans quinze jours monteront vers nous les premières indignations locales sur les représentants désignés du Rassemblement. Que leur désignation ait été effectuée à titre provisoire, qu'importe ! La mauvaise impression sera créée...

– Mais que fait-on, me demande-t-il, de tous ceux qui m'écrivent ? A-t-on la sagesse d'enquêter sur toutes les offres de service que je reçois directement ?

– Ces lettres, mon Général, sont remises par Claude Mauriac à M. Soustelle. Personne ne les lira de longtemps, par manque de collaborateurs et de main-d'œuvre. Il n'y a ni secrétariat organisé pour ouvrir le courrier, ni rédacteurs pour dicter des lettres, ni classeurs, ni moyens d'enquête sérieux sur la qualité de ces correspondants. Un travail assez candide de recrutement et de mise en place s'effectue au petit bonheur. Soustelle et Baumel se préoccupent trop des parlementaires et ils absorbent trop de gens au vu de leur bonne mine, ou en considération de leur passé politique, ce qui devrait au contraire les exclure. Ils ne donnent aucune consigne ou directive ferme, précise, à ceux qui sont ainsi désignés. Enfin, ils gardent jalousement pour eux l'essentiel de leurs informations et de leur travail. »

Si bien que nul autre collaborateur du Général n'étant tenu au courant, tout contrôle réel échappe au Général...

Si je voulais marquer la différence essentielle qui sépare un Soustelle et un Baumel d'une part, d'un de Gaulle, d'un Malraux, d'un Palewski, ou d'un Diomède Catroux, je dirais ceci : Soustelle n'aime personne. Certes, cette totale indifférence subjective, cette absence totale de sympathie humaine s'estompe en présence du Général pour lequel le mot « attachement » serait déjà exagéré, lien intellectuel tout au plus, qui n'anéantit jamais tout à fait les considérations personnelles, égoïstes. Ce qui prend l'allure d'une considération trop subjective, comporte au contraire des conséquences sur le plan politique. Car si le Général s'entoure de « compagnons », Soustelle et Baumel s'entourent d'agents et les considérations de pureté, de loyauté et de caractère sont absolument secondaires dans le choix des hommes dont ils s'entourent. Si Malraux choisit un Diomède Catroux, c'est parce qu'il perçoit – sur le plan de l'idéal – des atomes crochus. J'imagine un instant que Diomède Catroux commette une grande erreur dans son travail ; Malraux le défendra, après l'avoir secoué. C'est exactement ce qui le différencie du secrétaire général du Rassemblement du peuple français... Quoi d'étonnant, dès lors, à ce que la D.G.E.R. s'introduise peu à peu ? Sans vouloir être injuste, comment oublierais-je que Soustelle ne s'est mis au travail qu'au début de ce mois, alors que l'amour de la cause que nous défendons aurait dû le porter à agir dès ses premiers contacts réguliers avec le Général, c'est-à-dire dès le mois de janvier ? Force est bien de reconnaître que les considérations d'intérêt personnel et les calculs d'avenir prévalurent toujours dans son esprit ; jusqu'à la fin du mois dernier, il donna la priorité à la rédaction et à la publication d'un ouvrage, soulignant – et il le fit à deux reprises devant moi – que ses « moyens » ne lui permettaient pas de s'adonner entièrement à une tâche qu'il avait l'air, alors, de considérer comme un violon d'Ingres. N'apercevant pas d'échéance certaine de succès – et il faut reconnaître qu'encore maintenant il n'y en a pas – il n'était pas fou, il n'allait pas se jeter à l'eau au premier signe du Général... Comment oublierais-je que Malraux, Palewski et moi avons été très frappés par la réaction de Soustelle au texte du discours du Général à Strasbourg : ces pages de discours, il les parcourut avec indignation, au soir du dimanche de Pâques (le discours devait être prononcé le lendemain). C'était un discours et non point ce brillant discours-appel qu'il avait promis à ses amis. Il m'avait dit alors : « Je ne peux pas... je ne peux pas continuer comme ça... *Je me suis engagé vis-à-vis de nos amis.* » En clair, cela voulait dire : « Je me suis beaucoup plus avancé que le Général n'entendait le faire. Mes amis ne me prendront plus au sérieux... » (Il confia à Palewski une lettre que celui-ci remit le lundi matin, au Hohwald, au Général et qui contenait une critique assez vive du discours, de sa tiédeur, etc. Le Général m'a dit, trois ou quatre jours après Strasbourg, que non seulement il n'en avait tenu aucun compte, mais qu'il s'était contenté – sans la lire – de mettre cette lettre dans sa poche, ajoutant : « Soustelle est un enfant. »)

Gros travailleur, disposant du don de l'exposé, sans que la chose apparaisse trop professorale, Soustelle est singulièrement indulgent en hommes, plus par vulgarité de cœur que par cynisme d'ailleurs ; la notion de la dignité de l'homme – toujours si présente à l'esprit du Général malgré les apparences – lui échappe absolument. L'homme, c'est pour lui l'animal évolué du Musée de l'Homme. Par beaucoup de traits, l'ancien directeur général de la D.G.E.R. s'apparente aux ambitieux de Balzac. Il ne raconte d'ailleurs au Général que ce qu'il veut bien lui dire et son compte rendu est toujours exagérément optimiste. Comme nul collaborateur du Général n'est tenu au courant de son activité, parce qu'il n'échange jamais ses informations, tout contrôle réel échappe, pour l'instant, à celui-ci. Soustelle a d'ailleurs fait un patient calcul pour que l'ensemble du clavier demeurât sous ses doigts. Si le Général ne désigne pas rapidement une espèce d'inspecteur chargé de surveiller les travaux du secrétariat général et d'enquêter dans les départements, tout moyen de gouvernement du mouvement lui fera défaut. Voici un exemple d'optimisme exagéré : avant de lancer son appel au rassemblement du 12 avril, le Général avait demandé à Soustelle et à Baumel, au cours d'une réunion à laquelle j'assistais, « ce qu'il y avait en province ». Soustelle répondit aussitôt : « Nous disposons approximativement d'un représentant sérieux par département. Manquent encore dix secrétariats départementaux... » Le Général fait alors son appel et découvre seulement maintenant la réalité : vingt personnes seulement avaient été désignées, avaient accepté, qui ne commencèrent d'ailleurs leur travail qu'après le 15 avril, département du Nord mis à part. Il n'y avait donc que vingt embryons de secrétariats départementaux provisoires en puissance, lorsque le Général lança son appel...

Je suis tout de même parvenu à provoquer, hier soir, à vingt-deux heures, rue George-Sand, une réunion autour du Général : Soustelle, Malraux et Baumel.

Le Général, qui vient de repartir pour Colombey, m'a remis pour Soustelle la lettre suivante :

« Vendredi matin »

« Mon cher ami »,

« Hier soir, vous m'avez dit que vous vous rendiez à un comité de l'U.D.S.R. avec Jacques Baumel et, sur le moment, je n'ai pas réagi. Mais, à la réflexion, je crois que cela n'était pas heureux. Car que signifiait cette réunion en ce qui vous concerne ? Vos amis d'hier et sans doute de demain (Avinin, etc.) s'en vanteront partout et cela aura l'air d'un " choix " au lieu d'une " justification " de votre part.

» Je vous demande de bien vous tenir *en dehors* de tous les partis. Sans quoi, le Rassemblement prend une couleur politique, ce qu'il ne faut pas.

» A bientôt et toutes mes amitiés. »

Signé : C. de Gaulle *.

Paris, mercredi 28 mai 1947

Ulver, ancien agent de la D.G.E.R., que Jacques Soustelle a imposé à Louis Vallon comme secrétaire du comité parisien du R.P.F. et dont d'aucuns prétendent qu'il est l'œil de l'Intelligence Service au sein de notre mouvement (en aurait-il plusieurs que je ne serais pas étonné...), téléphone à Diomède Catroux, au moment le plus inattendu, à l'hôtel La Pérouse où le Général est descendu :

« J'ai un message extrêmement urgent et de la plus haute importance, qu'il conviendrait de remettre aussitôt au Général. »

Diomède Catroux me demande ce qu'il convient de faire et je lui conseille, pour éviter la venue d'Ulver, de le prier de rédiger son message et de nous le faire porter.

Quelques minutes après arrive le papier : dix lignes expliquant qu'un ami

* 1er juin 1947 :
A ma connaissance, Soustelle obéit à ces instructions avec vingt-quatre heures de retard, assistant à une nouvelle réunion de l'U.D.S.R. Quant à Baumel, auquel Soustelle aurait dû transmettre la consigne, il a fait, il y a une huitaine de jours, un discours maladroit et véhément devant le comité de l'U.D.S.R., procurant des armes faciles à ses adversaires et s'attirant notamment une réplique très vive de Claudius-Petit.

de Londres vient de lui téléphoner pour lui indiquer qu'il serait utile que le Général reçût un membre conservateur de la Chambre des communes ayant ses entrées chez Churchill.

Soulignant le peu de sérieux probable de ce document, je le lui mets néanmoins sous les yeux cet après-midi, par acquit de conscience. Le Général me répond, presque brutalement :

« Je n'ai pas besoin de voir ce parlementaire britannique pour entrer en contact avec Churchill. Qu'il me fiche la paix ! »

Il a dit cela avec une irritation orgueilleuse, et cela voulait dire : « Churchill n'a qu'à attendre que je lui fasse signe ! »

Paris, vendredi 30 mai 1947

Palewski a passé une demi-heure avec lui ce matin, à l'hôtel La Pérouse. En sortant de l'appartement du Général, il m'entraîne à pas rapides le long des trottoirs, côté ombre – il fait très chaud. Rien de très nouveau dans ce qu'il m'a dit :

« Je l'ai trouvé très sombre. Il est mécontent des hommes : " Comment gouvernerai-je avec de tels hommes ? Dès notre arrivée au pouvoir, ils me trahiront. " »

Je m'indigne auprès de Palewski qu'il ne « gouverne » pas : tout se passe comme s'il attendait que les hommes viennent à lui, s'organisent, choisissent eux-mêmes leurs collaborateurs, décident, sans qu'il fasse peser un contrôle continu et efficace, sans qu'il les embarrasse de sa présence, de ses questions, de ses instructions. Il devrait traiter, selon moi, toute l'affaire beaucoup plus impérativement. En un mot, il ne fait pas peur.

Palewski partage mon sentiment. Il vient de faire une intervention très vive auprès du Général pour qu'un travail pré-gouvernemental très poussé soit élaboré pendant qu'il en est encore temps. Palewski m'a répondu qu'il n'a guère fait d'objections, sans toutefois l'y pousser, sans manifester le moindre assentiment : il a tendance à penser que les événements et sa présence à la tête de l'État, que les pouvoirs qui seraient alors les siens, suffiront. Il compte exclusivement sur soi.

Paris, samedi 7 juin 1947

M. Amaury est venu me voir, vers 18 heures, chez moi.

Dès son premier contact avec le général de Gaulle, qui eut lieu à sa demande à Colombey, fin janvier ou au début de février, il n'a cessé de faire pression sur le Général et son entourage, ainsi que sur les dirigeants républicains populaires, pour susciter des contacts entre les deux parties. Il a d'abord essayé de nous convaincre que Pierre-Henri Teitgen n'avait jamais prononcé sur le compte du Général les propos qu'on lui prête en Conseil des ministres ou auprès de ses amis et que Teitgen avait le désir de rencontrer le Général. Voici une quinzaine de jours, il m'a montré une page de son agenda, sur laquelle Teitgen avait hâtivement rédigé au crayon « tout ce qui sera organisé par vous, c'est oui », prétendant que Teitgen l'avait mandaté pour rechercher le contact de De Gaulle. J'en fis part au Général, qui consentit, avec beaucoup de mauvaise grâce, à recevoir l'homme de presse du M.R.P.

Le Général, auquel Amaury répétait ce qui précède, lui répondit : « Si M. Teitgen exprime le désir de venir à Colombey, je le recevrai avec sa femme à déjeuner. Je garantis de mon côté que le secret de cette entrevue serait respecté. » Quatre jours après, quelques M.R.P. colportaient déjà dans Paris que « le général de Gaulle avait invité Pierre-Henri Teitgen à déjeuner à Colombey ». Le Général l'apprit il y a trois ou quatre jours, haussa les épaules et rappela qu'il n'avait jamais envisagé cette entrevue que si Teitgen avait la position du demandeur.

Amaury, que sa position avancée et ses contacts avec le Général et les dirigeants du R.P.F. risqueraient de mettre demain dans une mauvaise posture vis-à-vis du M.R.P., passe son temps à s'entremettre. Un contact entre le Général et l'un des principaux dirigeants du M.R.P. (Bidault ou Teitgen) lui servirait en effet de couverture. Il y emploie un zèle un peu bruyant. C'est encore dans ce but qu'il est venu me voir cet après-midi.

« Mais Pierre-Henri Teitgen, à la suite de l'entretien que vous avez eu avec le Général, est-il demandeur ? lui ai-je demandé une fois de plus.

– La question, m'a-t-il répondu, ne peut pas se poser comme cela. Il faudrait que, de part et d'autre, on fût d'accord pour se rencontrer. Alors cet entretien – *qui doit avoir lieu* – porterait, j'en suis persuadé, de grands fruits. »

Et il ajoute :

« La vérité, c'est que c'est une question d'honneur vis-à-vis de Ramadier : il ne pourrait pas demander la chose sans le consulter au préalable... »

(J'ai envie de rigoler...)

Il demande alors à être reçu par le Général, pour tâcher d'obtenir la fixation d'une date pour un dîner des deux hommes, à Paris, chez une tierce personne ; et de proposer M. Jacques Vendroux.

Il continue ainsi :

« Et puis, il y a Bidault. Bidault, lui, m'a dit le 23 mai à peu près ceci : " Je voudrais voir le Général, ainsi que je l'ai dit à Michelet. Je voudrais le voir pour lui dire : premièrement, qu'il se taise ; deuxièmement, que le R.P.F. est une erreur ; troisièmement, qu'avec son histoire constitutionnelle il nous emm... " Puis il aurait ajouté : " De Gaulle demeure la caution de l'indépendance française. Mais il ne faut pas qu'il nous gêne. Il doit nous laisser travailler. " Il aurait formulé devant plusieurs membres du groupe parlementaire du Conseil de la République son intention de rencontrer le général de Gaulle.

» Ceci est important, explique Amaury ; c'est important en ce qui concerne Teitgen, car son principal souci – relativement à un entretien éventuel avec le Général – était de ne pas prendre une position trop avancée, de ne pas avoir l'air d'être le premier à prendre l'initiative de rencontrer le Général. »

Mon opinion est que le Général aurait bien tort – dans les circonstances présentes (grèves de plus en plus généralisées ; celle des chemins de fer a commencé hier, suivant de peu celle des boulangeries, de l'essence et du bâtiment), – aurait bien tort de rechercher le contact des principaux ténors démocrates-chrétiens. Quant à les recevoir sur leur demande, cela ne me paraît pas nécessaire jusqu'à ce que les événements aient parlé. Cela ne peut qu'affaiblir la position du Général pour le jour des grandes décisions. Il me paraîtrait, au contraire, souhaitable qu'il consentît à recevoir, sur leur demande, le « tout-venant » des parlementaires M.R.P., le plus possible de ceux qui n'ont pas de responsabilités directes dans la direction de ce parti.

A noter que le Général a reçu la semaine dernière un certain nombre de M.R.P. : Bichet, Paul Hutin, Guillaud, etc., venus, affirme Amaury, sur leur demande.

Lille, mardi 1er juillet 1947

A peine le général de Gaulle avait-il prononcé son discours de Lille [1] que les journaux du soir – *Ce soir* [2] notamment – annonçaient en grande manchette qu'un complot avait été découvert en Bretagne [3]. Parmi les noms des personnalités arrêtées, on relevait le nom du général Guillaudot, l'un des deux inspecteurs de la gendarmerie. Je ne sais si les faits reprochés à Guillaudot, compagnon de la Libération, magnifique résistant, qui a horriblement souffert en déportation, sont fondés, mais ce que je note aussitôt, c'est que son nom suscite dans ma mémoire un certain nombre de rapprochements et évoque des démarches qui – à paraître relativement anodines – s'éclairent maintenant d'une lumière assez trouble.

Tout d'abord, cette étrange visite du commandant Brunel, qui est venu me voir à l'improviste, sur un simple coup de téléphone, à mon domicile, voici quelques semaines. C'était le samedi de mon retour de Bordeaux [4], exactement le 17 mai. Brunel me dit au bout du fil : « Il faut que je vous voie immédiatement pour une affaire très importante et que je vous présente un ami. » Ai-je conservé la copie de notre entretien ? Je ne sais. Il serait possible, de toute manière, de retrouver une note que je fis au général de Gaulle le jour même et qui lui fut remise par mes soins au La Pérouse, dès son arrivée de Colombey, le mardi 20 mai. Voici les faits :

Brunel avait remisé dans mon antichambre M. Loupias, directeur des Renseignements généraux de la Préfecture de police, qui avait une communication importante à me faire et qui désirait recevoir des instructions du Général par mon entremise. Je refusai tout net de le recevoir et indiquai à Brunel que, si ce qu'il avait à me dire était tellement important, il n'avait qu'à m'en faire part, lui, Brunel, directement. Avec une extraordinaire agitation et une attitude étrange (je me souviens particulièrement de son regard), il m'indiqua que les communistes avaient décidé d'occuper les ministères le samedi suivant, 24 mai, à six heures du matin. Ils comptaient, pour assurer le succès de leur putsch, sur l'arrivée à Paris – qui, d'après les Renseignements généraux, venait de s'accomplir – d'une brigade de choc communiste, qui, dans la nuit du vendredi au samedi, s'arrangerait pour couper l'électricité et l'eau. Tout cela était un peu vague.

Comme je demeurai de glace, il me dit : « Pour vous montrer à quel point Loupias est de notre côté, il s'occupe cet après-midi même de faire prendre des billets de chemin de fer pour sa famille, afin qu'elle ne soit pas à Paris samedi prochain, car son nom figure sur une liste de trois cents personnes (?). En cas de réussite du putsch, il serait un des premiers à passer à la casserole. »

Je persistai à ne pas vouloir établir un contact direct avec Loupias et demandai quelles étaient ces « instructions » réclamées par le directeur des Renseignements généraux de la Préfecture de police. Brunel me répondit que des télégrammes étaient parvenus à Loupias, indiquant qu'un putsch anticommuniste se préparait en Bretagne, que des dépôts d'armes s'y concentraient. Les communistes risquaient de se réclamer de ce complot pour prétendre la République menacée et passer à l'action. Il importait donc à Loupias de savoir quelle attitude il devait avoir vis-à-vis des conjurés de Bretagne. Ou bien le général de Gaulle lui ferait savoir qu'il fallait fermer les yeux, ou bien, la réorganisation en cours d'un maquis breton ne servant en rien les desseins de l'Homme du 18 juin, il n'y avait plus de raison de les ménager. Et Brunel d'insister à nouveau pour que j'obtienne des instructions du Général : je lui répondis de la manière la plus catégorique que « le général de Gaulle n'avait pas et ne donnait pas d'instruction », qu'au surplus, l'activité du Rassemblement du peuple français était une activité à ciel ouvert et que le Général ne couvrait, de près ni de loin, aucune activité clandestine. Brunel ayant renoncé à me faire recevoir Loupias – qui, pendant ce temps-là, tournait en rond autour de la table de ma salle à manger –, revint sur la question du putsch communiste de Paris et me demanda si j'accepterais d'alerter aussitôt le Général. Je répondis à Brunel : « Vous êtes compagnon de la Libération. Le général de Gaulle vous connaît. Vous n'avez pas à passer par moi pour lui transmettre des informations. Ces informations, vous n'avez qu'à les dicter immédiatement à ma secrétaire. Cette note, signée de vous, je m'engage à la mettre sous les yeux du Général lundi prochain. » Cette note fut dictée.

Le lundi suivant, j'ai remis au général de Gaulle la note de Brunel, avec quelques lignes de ma main indiquant que je transmettais les informations de celui-ci sous toutes réserves.

Le général Guillaudot, lui aussi, fit récemment auprès de moi une démarche assez singulière. La première fois que je le rencontrai, c'est lors de mon premier voyage à Bruneval, un mois environ avant les cérémonies, à un déjeuner où Rémy avait convoqué une quinzaine de chefs de réseaux et d'amis de la Confrérie Notre-Dame [5]. Le but de ce déjeuner était de tracer les grandes lignes de la journée projetée et de demander aux convives leur concours pour l'organisation de celle-ci. Le général Guillaudot vint à moi à plusieurs reprises et me dit sa dévotion pour le Général. Il ajouta qu'inspectant la gendarmerie de vingt-quatre départements, il se pouvait qu'il nous rendît des services pour la protection du Général au cours de ses déplacements. J'ai su depuis que Rémy lui avait demandé de constituer, pour la garde personnelle du Général, une équipe de gardes du corps, formée avec des éléments ayant appartenu à la gendarmerie et rendus à la vie civile.

Mais ceci m'écarte de mon propos, qui est une démarche effectuée auprès de moi par le général Guillaudot, lors d'un séjour du général de Gaulle à Paris. Il s'agit probablement du séjour effectué par le Général au La Pérouse entre le 28 et le 31 mai. L'Inspecteur général de la gendarmerie m'indiqua qu'il avait quelque chose de très important à me dire. Ne pouvant quitter le Général, je lui demandai de venir séance tenante au La Pérouse. Il m'expliqua alors que, d'après divers renseignements, un attentat se préparait contre le Général. Comme j'insistais pour avoir des détails, il me dévoila seulement qu'il s'agissait « probablement » d'amis de Loustanau-Lacau conjugués ou non avec des amis de l'amiral Auphan [6]. Et il ajouta mystérieusement : « J'ai pris mes précautions : depuis hier après-midi, j'ai fait prendre l'un de ces individus en filature. » Je demandai au général Guillaudot de ne pas manquer de me tenir au courant de tout déroulement ultérieur. Il ne devait plus me donner signe de vie et c'est un pur hasard qui nous fit nous rencontrer à l'hôtel Carlton, lors du premier voyage que je fis à Lille, en compagnie de Pia, le 2 juin dernier. Il faisait une chaleur accablante. J'arrivai à la caisse de l'hôtel et demandai ma clef au concierge. Je reçus une bourrade vigoureuse dans le dos, me retournai et aperçus le général Guillaudot en civil. Était-ce la canicule ? Je trouvai son accueil extraordinairement revêche. Il me demanda de venir le voir dans sa chambre, ce que je fis quelques minutes plus tard. Sa femme était présente et s'affairait dans la salle de bains. Il me dit d'emblée, avec colère : « Je ne voudrais pas que vous pensiez que je ne fais que me plaindre. Néanmoins le Général a tort de ne pas se servir de gens comme moi. Je suis las de faire mes offres de services. Il y a quelque temps, Rémy m'avait demandé de constituer pour Bordeaux une équipe de gardes du corps pour le Général. Au cours d'un voyage en Bretagne, j'ai revu les types dont je lui avais parlé : ils étaient gonflés à bloc et se réjouissaient d'aller à Bordeaux. A quoi bon ? Vous m'avez laissé tomber. Rémy ne m'a plus donné signe de vie. La date de Bordeaux est arrivée et vous m'avez mis vis-à-vis de ces braves gens dans une position impossible. »

J'essayai de lui remettre du cœur au ventre en lui expliquant que Rémy était débordé et que je l'alerterais dès son retour à Paris. Guillaudot se répandit alors en critiques amères contre Soustelle et les principaux représentants parisiens ou départementaux du R.P.F. Il me demanda de le rappeler sans faute le vendredi 6 juin, pour l'aider à reprendre contact avec « des gens sérieux du Rassemblement ».

L'attitude de Guillaudot m'avait déplu. N'ayant plus trouvé chez lui aucune résonance de cette dévotion dont il faisait constamment état jusqu'alors, je m'abstins de lui téléphoner.

Je ne sais si ce que la presse avance est exact, mais au cas où la chose se confirmerait, il faut avouer que Rémy aurait été singulièrement léger de confier la sécurité du Général à des hommes chargés de le tuer. La sympathie humaine de Rémy le porte à une confiance illimitée dans les hommes. Ce qui fut – en temps de guerre – la condition sine qua non de sa réussite en tant que chef de réseau risque en temps de paix et parmi des manœuvres politiques qu'il n'aperçoit pas et dont la perfidie dépasse peut-être celle de la Gestapo, de le conduire, un jour ou l'autre, à commettre de fatales erreurs.

Dans la fièvre de la préparation du voyage du général de Gaulle à Lille – c'était probablement le jeudi 25 juin –, je me souviens tout à coup qu'un commandant de gendarmerie que j'avais rencontré chez le préfet la veille vint me trouver pour me dire que le général Guillaudot cherchait à me joindre téléphoniquement et s'offrait à m'aider. Je répondis imprudemment : « Oui, oui... je lui téléphonerai dès que j'aurai une minute. » L'avenir dira si Guillaudot cherchait à mettre à ma disposition – pour assurer la sécurité du général de Gaulle le 29 juin – une bande de tueurs.

Paris, 31 août 1947

Cet après-midi, cérémonie solennelle au siège de l'ordre de la Libération. L'amiral d'Argenlieu remettra au Général, devant ses compagnons rassemblés, le grand collier de l'ordre.

Il accélère la fin du déjeuner, par impatience de se ruer sur son cigare. Alors, très détendu, il plaisante, tout en cherchant, parmi ses papiers, à retrouver le perce-cigare (gaine en argent et pointe en ivoire) :

« On peut concevoir des circonstances qui contraignent un fumeur à abandonner sa cigarette. Mais il n'est pas un événement, si tragique soit-il, il n'est pas une considération (hormis, bien entendu, les convenances), qui puissent forcer un honnête homme à lâcher son cigare... »

Colombey, entre le 1er et le 5 septembre 1947
L'Homme

Xavier de Gaulle est à la Boisserie. Le Général a reçu son frère fort civilement, accomplissant correctement les gestes de l'hôte ; mais on sent qu'il n'éprouve pas beaucoup plus d'attachement pour lui, dans le sens où l'on entend habituellement le mot « attachement », que pour aucun autre être humain. Il n'avait pas l'air très heureux de le voir et nullement malheureux de le quitter. La rédaction de son discours de Bayonne, voilà ce qui le captive. On avait un peu l'impression que son frère aîné le dérangeait dans ses jeux...

Je note, une fois de plus, à quel point il est détaché : renonciation à toute sentimentalité sur soi ou sur le compte d'autrui. Ou bien, s'il en éprouve, elle demeure parfaitement incommunicable. Au début, l'observateur en doute et en doutera encore pendant longtemps. Je suis arrivé à cette conclusion que, si ce qui l'entoure ne le touche pas, c'est parce qu'il ne se soucie guère de songer à ce qui l'entoure. Ce n'est que par accident que la partie vivante en lui entre tout à coup au contact d'une destinée individuelle. Ce qui ne veut pas dire, d'ailleurs, qu'il n'ait pas prise intellectuelle sur les êtres vivants : mieux qu'un autre, il conserve la mémoire des antécédents, du nombre d'enfants, de la situation sociale, des traits de caractère, des actes. Des actes, surtout. Mais en dehors du plaisir qu'il éprouve à exercer sa mémoire sur ceux qu'il a connus, et qui le porte le plus souvent à la prévenance par respect des convenances et du devoir de civilité, – tout ce qui, autour de lui, remue, respire, s'émeut, souffre, l'accable instinctivement d'ennui et relèverait volontiers à ses yeux du trivial. S'il n'existait la nécessité d' « essayer » ses thèses et d'aiguiser sa pensée sur l'interlocuteur, je crois qu'il préférerait ne jamais voir personne. Sa vie la plus existante commence lorsqu'il pénètre dans son cabinet et non point quand il en sort. Que de fois l'ai-je entendu – d'une voix gourmande – aspirer à la cellule du moine ! L'infini de l'isolement l'attire. Aucune absence lui a-t-elle jamais réellement pesé ? Si je ne craignais pas les formules, je dirais : la sensibilité la plus développée exige qu'il ne hasarde jamais sa sentimentalité. Mais cette loi pèse sur son destin. Sa sentimentalité s'est atrophiée.

Et pourtant... Et pourtant, il n'omet jamais, vers dix-neuf heures, de disparaître au premier étage, où il demeure longuement auprès de sa fille. A peine rentre-t-il de voyage qu'il gagne la petite chambre rose.

Il y aurait moyen de tracer les frontières de son caractère en citant le type même de phrases qu'il ne prononce jamais. Quelque grande que soit sa fatigue, vous ne l'entendrez jamais dire : « Je suis rompu. » Ce qui ne l'empêchera pas, si l'on en fait état, de vous parler de son genou, qui lui fait mal, avec une complaisance qui étonne. Il ne dira jamais : « Ce travail m'assomme » mais grommellera contre la personne qui vient lui demander une décision à propos d'un point auquel il n'a pas encore réfléchi... Il ne dira jamais : « Avez-vous remarqué comme cet homme a un beau regard profond ?... Cette toccata de Bach est une chose admirable !... Comme la campagne est émouvante en cette saison !... J'admire profondément Untel... Cette femme est ravissante... Comme je m'ennuie !... » ou « je vous remercie beaucoup ». Faites une allusion à un trait qui relève du domaine sentimental, il demeurera silencieux. Vantez-vous, il vous vouera au néant. Flattez-le, il s'écartera de vous. Entretenez-le de questions de personne, il se taira. Si vous insistez, il mettra fin à la conversation. Dans une cérémonie, une veuve bouleversée lui disait devant moi : « Mon mari est mort avec une seule pensée : le général de Gaulle. » Il ne répondit pas.

D'une manière générale, il accueille avec ennui ou par un profond silence tout ce qui ne lui est pas prouvé sur-le-champ : il y soupçonne l'exagération. Sa confiance va naturellement à ceux qui savent mettre la sourdine à l'expression de leurs sentiments, mais il n'estime que ceux qui ont du feu.

Samedi 11 octobre 1947

Le général Beynet, ancien haut commissaire au Levant du général de Gaulle, a été inculpé récemment de trafic d'or. Les communistes, qui entendaient donner à cette affaire le plus grand retentissement possible, ont prétendu qu'il était inspecteur général du R.P.F. En fait, ayant demandé à être reçu par le général de Gaulle au printemps et ayant fait ses offres de services, le général de Gaulle s'était contenté de le renvoyer à Soustelle, qui, lui-même, le renvoya en Haute-Savoie avec cette bonne parole : « Dès que j'aurai trouvé quelque chose pour vous, je vous le dirai. »

Deux ou trois jours après qu'éclata l'affaire, le général Beynet écrivit à M. Palewski une lettre de quatre pages qu'il lui demandait de soumettre au Général et qui donnait de l'affaire l'explication suivante : ayant vendu une villa qu'il possédait sur la Côte d'Azur, il s'était trouvé en possession d'argent liquide, en période d'inflation. Il s'adressa donc à un agent immobilier et le pria de lui trouver un placement. Cet agent immobilier lui parla quelques mois plus tard d'une villa à vendre, d'un coût plus élevé que la somme dont disposait l'ancien haut commissaire au Levant. Le général Beynet ne donne pas de grandes précisions sur la suite. Il se contente d'indiquer qu'il s'adressa à des amis libanais pour faire l'appoint. Ceux-ci auraient versé une caution en pièces d'or libanaises. Le général Beynet terminait sa lettre en reconnaissant qu'il avait fait une « imprudence inexcusable ». La dernière phrase de sa lettre était pour dire que dorénavant, « on n'entendrait plus parler de lui ».

Cette lettre ayant été soumise au Général, celui-ci répondit par un mot très court, où l'on ne retirait pas son amitié.

Une lettre est arrivée ce matin de Haute-Savoie pour le général de Gaulle. L'écriture est nerveuse, la ponctuation presque absente et, sur l'enveloppe, « de Gaulle » était écrit avec un seul « l »...

Colombey, lundi 13 octobre 1947

Nous avons pris l'avion à Boufarik [7]. (C'est le C. 54, que Truman donna jadis au général de Gaulle et que celui-ci rendit à Félix Gouin au lendemain de son départ du gouvernement...)

Dans l'avion, le général de Gaulle change constamment de siège, rendant visite successivement aux différentes personnes de sa suite. Au bout d'une heure environ, ces conversations individuelles se fondent dans une conversation générale, le Général étant entouré de Soustelle, Pompéi, Vallon, Bozel et Palewski. On parle, bien entendu, beaucoup de l'Algérie. Puis le Général parle du passé et fait un éloge très appuyé de M. Diethelm, disant notamment :

« Il a montré beaucoup de courage au moment de la Libération en tranchant l'affaire du C.O.S.O.R. [8], des milices patriotiques, etc. C'était une tâche ingrate et il l'a fait sans aucune arrière-pensée personnelle. Je n'oublie pas Diethelm : il a rendu de grands services. Seulement voilà : c'est un timide. Il ne sait pas se défendre dès qu'il s'agit de lui. »

Un peu plus tard dans la conversation et après un assez long silence, il se tourne brusquement vers l'avenir et dit de la manière la plus appuyée : « Et puis alors maintenant, il faut absolument agir sur tous les Lacoste, sur tous les Thomas, sur tous les Augustin Laurent, sur tous les Bouzanquet et sur tous les Bothereau [9], pour qu'ils finissent par comprendre et par agir. C'est très important. »

Paris, mercredi 15 octobre 1947

Dans la voiture qui nous conduit rue de Solférino, je l'interroge sur les causes de la démission de Terrenoire : le gendre de Francisque Gay, député M.R.P. de l'Orne, semble avoir jugé l'heure venue de tirer la leçon des événements, il démissionne de son poste de rédacteur en chef de *L'Aube* et publie dans *Carrefour* un article préconisant le retour de De Gaulle. Puis, devant le tollé, il part pour le Portugal. Le M.R.P. explique, bien entendu, que ce voyage avait été prévu trois semaines avant, et susurre déjà que Terrenoire a écrit un article qui n'était pas destiné à l'exploitation politique que certains en font...

Je demande notamment au Général s'il croit à une détermination individuelle ou à une manœuvre concertée entre l'intergroupe [10] et lui et destinée à nous ramener dans une nasse les « têtes de Turc » du M.R.P. La question, qui passionne en ce moment les hommes politiques et la presse, l'accable d'ennui, à la lettre :

« Peu m'importent les raisons de son attitude. Ça n'a d'ailleurs aucune importance, puisque le M.R.P. a perdu la partie. Que M. Terrenoire cherche à se placer, ça ne devrait faire d'illusion ou d'effet qu'à lui-même. Moi, cela me laisse totalement indifférent... »

Hier, il me parla à peu près en ces termes :

« Plusieurs secteurs de l'opinion demeureront toujours inassimilables. Quoi que je fasse, vous aurez tout d'abord environ deux millions et demi de " révolutionnaires ". Ce sont ceux d'Étienne Marcel, ceux de la Fronde, ceux aussi de la Révolution française (non point ceux qui l'ont faite, mais ceux qui en ont commis les excès). Ce sont également ceux de la Commune. Ils se sont toujours reproduits à travers notre Histoire, s'opposant – par principe – à tout ordre établi. Ce sont ceux qui souhaitent perpétuellement le " chambardement ". Ils me demeureront toujours irréductiblement opposés... »

Le ton est objectif à leur endroit. On sent qu'il n'est ni pour, ni contre, attitude du médecin envers le malade. Je me souviens qu'il m'a d'ailleurs dit : « Je ne dis pas qu'ils ne soient pas estimables : ce sont des révolutionnaires, voilà tout !

» Ensuite, poursuivit-il, vous avez deux millions de ratés, de cocus (ici, Mme de Gaulle étant présente, il rajouta vite : Oh ! pardon !), deux millions d'aigris et de jaloux. Ils constituaient jadis la plus grosse partie de la clientèle radicale, puis ils sont passés au socialisme. Ceux-là en veulent aux gens en place pour cette seule raison qu'ils sont en place... Le petit instituteur, voilà leur type ! Observez bien : je ne dis pas qu'ils ne se donneront pas l'apparence de m'appuyer à tel ou tel moment : ce fut déjà le cas, par exemple, au lendemain de la Libération. Mais alors, il ne faut pas se faire d'illusions : cela veut seulement dire qu'ils sont plus jaloux encore d'une autre politique et d'autres hommes qu'ils ne le sont de moi, encore plus jaloux de Vichy qu'ils ne l'étaient de De Gaulle... (Il rit.) Enfin, dans l'ensemble, vous aurez toujours dans ce secteur de l'opinion deux millions de ratés qui me demeureront opposés... Troisièmement, vous aurez toujours, contre moi, un million de démocrates-chrétiens. Ceux-là en veulent à la réalité parce qu'elle s'appelle la réalité, en veulent à tout objet parce qu'il s'appelle un objet. (Succession de gestes : il cherche à préciser sa pensée.) Je veux dire qu'ils n'aiment que le vaporeux, que l'irisé, que l'imprécis, enfin vous voyez ce que je veux dire : hors le brouillard, tout les choque. Ceux-là demeureront éternellement dans *l'opposition du réel.* J'ajoute encore ceci : ils seront toujours *incapables de tirer !...*

» Enfin, vous aurez toujours un million de traditionalistes de droite, monarchistes pour la plupart, émigrés de l'intérieur, en voulant à la France d'être la France... Ceux-là présentent parfois – mais très rarement – un avantage : ils sont capables de se battre. Mais seulement lorsque l'événement est très nettement tranché, lorsque l'honneur est on ne peut plus clairement engagé, à l'occasion de circonstances d'un caractère tellement national qu'ils ne puissent plus reculer... »

Et il conclut par un : « Voilà !... » satisfait, avec un : « Tant il est vrai que les choses demeurent toujours les mêmes en France. » Puis, cette conclusion :

« Tous ces gens-là, cela fera demain une masse inassimilable de six millions et demi, peut-être de sept ou huit millions de gens qui ne viendront jamais à moi, *pour l'essentiel.* Et si je dis " pour l'essentiel ", c'est parce qu'il se peut qu'en telle ou telle occasion – détestant moins ce que je préconise que ce que d'autres préconiseront en même temps que moi –, ils feront semblant d'aller à de Gaulle ou bien par haine des révolutionnaires ou des socialistes ; ou bien les socialistes feront semblant de m'appuyer, par horreur des gens de droite. Quant aux révolutionnaires, ils ne viendront jamais à moi. D'ailleurs, ce ne sera jamais qu'accessoire et pour un temps : dans l'ensemble, vous verrez qu'ils demeureront contre. Je ne me fais aucune illusion là-dessus. »

Sourire moqueur, puis :

« Alors... eh bien, alors : *il reste les autres !...* Les autres, eux viendront tous, s'agrègeront ; oh !... je le sais bien : *par peur !* »

Colombey, vendredi 17 octobre 1947

Billotte est venu déjeuner. Il arrive de New York et y repart vendredi. Au moment du café, le Général nous dit paisiblement :

« Vincent Auriol croit, les partis croient que, le jour venu, ils pourront encore me dire : “ Nous sommes encore là. Nous comprenons... et vous savez, mon Général, nous ne demandons pas mieux, nous, que de vous aider... ” Ils croient, oui, ils espèrent encore que ça se passera comme avec Doumer [11]. »

Ici, la voix durcit brusquement quand il ajoute :

« Et c'est précisément là que je les attends ! C'est à cet endroit précis que se produira la plus forte secousse ! Car ils ne seront plus en position de discuter. »

Un répit, un grand geste étonné des bras, puis :

« Car c'est tout de même incroyable : le régime en est encore là qu'il s'imagine que je vais composer avec lui. Quelle illusion ! Entre eux et moi, il faut bien le comprendre, *c'est une question de régime.* »

Un temps, puis :

« Oh, je sais bien : certains me pressentent parmi eux, mais sans se l'avouer encore entre eux car – individuellement – ils en désespèrent de leur régime : ils voient bien que l'échéance est sur eux... Seulement ça, ils ne se le disent pas encore entre eux... Alors... quoi ? Eh bien, il s'agit, à leurs yeux, de durer. De durer... Pourquoi ? Ils ne le savent pas eux-mêmes. Ils se disent qu'avec le temps les choses s'amélioreront peut-être, et – avec cette dualité de pensée qu'ils s'avouent en même temps – que les choses ne peuvent aller qu'en empirant. Bref, ils croient au Père Noël. Tous, d'ailleurs ! que ce soit Maurice Schumann, Bidault, Herriot, Vincent Auriol, ou que ce soit même Lacoste ou Terrenoire... (il rit encore, en répétant : Terrenoire !) Car, voyez-vous, les uns et les autres, ils sont tous faits de la même farine... »

Un peu plus loin, Billotte lui parle de Bidault qui, en Amérique, « a fait la politique du général de Gaulle ». Le général de Gaulle réplique par un rire rapide : « Ça ne l'avancera à rien. » Puis, rembruni : « Il a joué contre moi... Il a perdu... [Chirurgie à froid :] *il paiera.* »

Puis on en vient à parler de Blum. Le général Billotte constate :

« Blum ? Il n'y a qu'en prison qu'il fasse des progrès...

– *Le Général* : Alors, n'en doutez pas : il s'améliorera encore... Il rit joyeusement et ajoute : les communistes, soyez-en certain, ne l'oublieront pas.

– *Billotte* : Quant à nous, mon Général, autant n'en point parler.

– *Le Général* : Nous ?... Vous, vous ferez ce que vous voudrez ; quant à moi, je n'ai nullement l'intention de me laisser arrêter par les communistes. »

Lundi 20 octobre 1947

J'attends quinze heures pour retourner à Colombey.

En fin de matinée, le ministère de l'Intérieur communique, sur un dépouillement de 2 200 000 voix environ, les résultats du premier tour des élections municipales :

R.P.F. : 40 %.

Communistes : 30 %.

Socialistes : 14,7 %.

M.R.P. : 9,5 %.

La presse américaine s'enthousiasme. La Grande-Bretagne s'inquiète que sa voisine soit « divisée en deux blocs ». Et tous les points d'interrogation de tous les observateurs politiques du monde se posent sur la tête du général de Gaulle, que j'ai quitté samedi à Colombey. Il m'avait prié de me renseigner à Paris et de n'en revenir qu'après avoir recueilli une moisson suffisante de résultats électoraux, le dépouillement dans toute la France, en raison des nombreux « panachages », ne devant prendre fin que dans la journée de mercredi.

Oui, la France entière est secouée, la vague R.P.F. recouvre la carte, les capitales sont en émoi ; que va faire le général de Gaulle demain ?

Je m'extrais donc de l'ébullition politique, quitte Paris vers 15 h 30, chargé de dossiers, et me précipite à Colombey : il est 19 heures. Le silence de la nuit étoilée, les abois d'un chien dans la ferme voisine, aucun gendarme, aucun inspecteur, aucun service de surveillance d'aucune sorte. Je demande à mon chauffeur d'éclairer avec ses phares la grille d'entrée. Il essaie d'ouvrir la petite porte de métal qui lui permettrait d'entrer dans le jardin et d'ouvrir cette grille. Impossible : le pêne de cette porte a été décroché. La nuit dernière, à deux heures du matin, j'ai essayé avec Pierre de Gaulle et Jacques Soustelle, qui avaient réuni leurs amis avenue Henri-Martin [12], d'obtenir Colombey. Au passage, les téléphonistes de l'interurbain de Chaumont m'interrogeaient sur les résultats au su de mon nom : « Êtes-vous satisfait ? » Ou bien : « Félicitations ! » Et je répondais : « Ce sont les électeurs qu'il faut féliciter... »

Bref, ne pouvant entrer et ne désirant pas envahir sa solitude au cas où cette porte aurait été fermée par préméditation, j'appelle Mme de Gaulle depuis le village, je reviens à la grille, j'entends le pas de Marie qui traîne vers moi dans le gravier, elle ouvre la petite porte. Ébloui, je pénètre dans le hall, je traverse la pénombre du salon et je trouve le Général paisiblement assis devant la table de bridge, près de deux grosses bûches, occupé à aligner méticuleusement les cartes d'une patience, avec – à proximité de son regard – une brochure de statistiques électorales. La sérénité de cet homme est saisissante : la même stabilité, le même regard sûr, la même voix qu'avant-hier, lorsque je l'ai quitté. Avec un sourire paternel, il me dit : « Excusez-moi, cher ami, si je ne me lève pas : hier, je me suis conduit comme un imbécile :

après avoir été voter à la mairie de Colombey, j'ai voulu faire un tour dans le jardin et suis à nouveau tombé. »

Il n'a pas dormi depuis hier matin : la souffrance de son genou et le début de la nuit consacré à écouter la radio. Malgré cela, son humeur est exquise, sans aucune jovialité, ni aucun étonnement d'ailleurs. Il repousse les cartes qui sont devant lui et me dit : « Alors, vous avez vu ? La preuve est faite... Ne vous faites pas d'illusions : c'est la mort du régime. » Il répète : « Le régime est fini. Le M.R.P. n'existe pratiquement plus, beaucoup de socialistes ont voté pour nous et même quelques communistes. En clair, cela veut dire : il n'y a plus de partis. »

Il a dit cela sans enthousiasme, sur le ton de l'objectivité historique. Je ne sais pourquoi j'ai l'impression de me trouver tout à coup chez un prodigieux expérimentateur, quelque chirurgien fabuleux qui aurait commandé une opération à distance, demeuré immobile, dans ce fauteuil, loin de la vague qu'il suscite, étranger aux passions des hommes, déclenchant irrévocablement – par les opérations de sa logique – des combinaisons moléculaires, des désintégrations d'atomes, sans avoir vu ou touché la molécule ou l'atome... Aucune anxiété, aucune apparence d'avoir à porter demain un terrible fardeau, une paix souriante, sur le visage de cet homme.

Je suis reparti dans la paix glacée des étoiles. D'où lui venait cette sérénité incroyable ? Impression que tout au long de son destin, il a cherché à voir clair, à mettre sa vie en ordre, à agir en son âme et conscience, à exiger de soi, il a fait face : le reste appartient à Dieu. A mon sens, c'est la seule explication possible. Ou bien cela ressemblerait à une folie. Et puis, au surplus : autant le menu, le petit, le bas le jette aux extrémités de la colère ou de la passion, autant un événement gigantesque sorti de ses mains, prédit et produit par sa pensée, le trouve impavide. Alors, la sérénité descend sur lui comme une cloche et le protège des cris de la foule. Ainsi le jour de la Libération de Paris ou les jours qui précédèrent, la détermination prise, son départ du gouvernement.

Colombey, jeudi 23 octobre 1947

J'arrive de Paris à midi trente. Dernières roses sous les fenêtres de son bureau, dont je trouve la double porte grande ouverte sur la bibliothèque, pour laisser pénétrer la chaleur d'un feu de bûches. Vincam s'apprivoise peu à peu et vient traîner dans mes jambes. Poussy, jalouse, est reléguée au grenier. Le jeune chiot a été offert au Général par un F.F.L. du début [13]. Le père du petit chien-loup fut découvert par lui à Berchtesgaden et appartenait au chenil de Hitler.

Ce qui me frappa le plus, c'est l'état d'esprit du Général. Le contraste est éclatant avec la période préélectorale. Le samedi 18 octobre, lorsque j'étais parti voter à Paris, je l'avais quitté dans un état d'humeur silencieuse, incontestablement anxieuse. La réticence était dans tous ses propos... Ce qu'il dissimulait alors, était-ce de l'espoir ou de l'inquiétude ? Ce sentiment dominait probablement en lui, qu'il était entouré de médiocres, d'arrivistes ou de « farfelus » et que – de leur fait – l'expérience tentée par lui ne serait pas suffisamment concluante. D'où la limitation de la conversation aux échanges indispensables...

Ce matin, tout a changé : en dépit des apparences, qui sont tout autant qu'auparavant de méditative pondération, *on sent qu'au-dedans de soi, il s'amuse énormément.* Et puis, surtout : il semble réconcilié avec ses semblables. Car il ne cesse de poser dans le vôtre un regard chaleureux, ironique, espiègle, juvénile, affectueux et complice... Son grand rire de défi débouche à tout propos dans la conversation, surtout lorsqu'il souligne les raisons pour lesquelles les partis sont « brisés », avec – pour les hommes qui les composent – cette unique chance de survie : se joindre, tôt ou tard, au Rassemblement. Et encore laisse-t-il entendre qu'il vaudrait mieux que ce soit tôt que tard...

Ses quotidiens du matin, que je lui apporte, c'est à peine s'il les parcourt après le déjeuner. Jamais on n'adhéra moins à l'accessoire et à l'épisodique : ce remaniement ministériel s'est effectué la nuit dernière à une heure trente, « concentrant » le ministère Ramadier de vingt-deux à treize portefeuilles. Le fait ne retient même plus son attention... A tel titre qu'il ne s'est pas encore aperçu – une heure après avoir parcouru les manchettes des journaux – que la liste définitive du nouveau Cabinet y figure. La chose me paraît tellement incroyable que – pour m'en faire la preuve – je dis :

« Sur treize ministres, mon Général, Ramadier en a conservé cinq de votre dernier gouvernement. »

Il me demande lesquels. Je lui apprends alors le départ de Maroselli et de Pierre Bourdan. Pour Jacquinot, il me dit en riant :

« Il a compris qu'il n'était que temps de s'en aller s'il voulait conserver une chance quelconque de redevenir un jour ministre. »

Pour lui soumettre la liste ministérielle, je lui tends *Le Populaire* et *Le Figaro*. Il se plonge alors un court instant dans cette lecture, se frottant bientôt les yeux avec lassitude :

« Tout cela n'a *aucune* importance. »

Lacoste a fait savoir à Soustelle, qui m'a prié d'en faire part au Général, que les communistes préparent la grève générale pour lundi : les dispositifs de grève interviendraient en ce moment même et ce serait la raison de la convocation brusquée par Ramadier du Parlement.

Au déjeuner, comme je lui communique les informations et l'opinion de Lacoste, il conteste cette dernière, affirmant péremptoirement :

« Si Ramadier convoque le Parlement pour le 28, c'est pour trois raisons : tout d'abord, la situation financière, qui est effroyable... Immédiatement, il a besoin de nouvelles avances de la Banque, ce qui veut dire qu'il a besoin d'un nouvel accord entre la Banque et l'État, pour de nouveaux crédits, c'est-à-dire pour un nouveau coup de l'inflation... Or, pour cela, il faut un vote. Deuxièmement, il aura besoin, demain, de pouvoir se réclamer d'un vote de confiance de la Chambre, lorsque les choses iront mal. Et puis quoi encore ? Eh bien, pour pouvoir céder sur les innombrables revendications de salaires qui lui sont présentées et qui lui seront présentées plus encore demain, il a également besoin de la complicité du Parlement. Celle-ci est acquise par avance, car aucun parlementaire socialiste ou M.R.P. ne se soucierait sérieusement d'ouvrir une crise en ce moment. Et ils préféreront l'issue facile de la hausse des salaires, c'est-à-dire de la hausse des prix, à la capitulation immédiate. Seulement, voilà : en acceptant cela, ils s'enfoncent un peu plus. Ils se cramponneront ainsi pendant quelques semaines encore, mais leur effondrement est inscrit dans le ciel, c'est évident. »

Et il répète plusieurs fois : « C'est évident. »

Puis il reprend le cours de ses pensées :

« ... Alors, oui, ce que vous disiez : la crainte de l'agitation sociale. Point tant que Ramadier craigne la guerre civile : *il a intérêt à dramatiser*, pour obtenir ce dont il a besoin. Il montera donc à la tribune et – sans être trop précis – il évoquera dans sa déclaration les menaces que les uns (ici, il se tournera vers les communistes) et les autres (un regard sévère vers les bancs de droite) font peser sur la République. » (Il a dit cela en faisant un geste immense du bras gauche, puis un geste immense du bras droit.)

Je lui demande s'il croit que les communistes quitteront alors l'hémicycle. Il hausse les épaules :

« Non, mais non, voyons ! Ils pousseront bien entendu des clameurs mais ils n'iront pas encore jusque-là. »

Il réfléchit un instant, puis :

« Observez que l'avantage de l'intergroupe se fait déjà sentir : Godin ou un autre pourra monter à la tribune et proposer, comme seul moyen d'en sortir : le retour aux élections générales. »

Il rit...

Il médite un instant, puis :

« En somme, voyez-vous, il y a deux solutions : ou bien ils s'en vont d'eux-mêmes, ou bien les événements les chassent. Dans le premier cas, c'est le recours aux élections générales, d'où sortira un mandat national. Dans le second ? Eh bien, dans le second, il n'y aura plus rien bientôt, plus de gouvernement, plus de Parlement, les députés n'osant même plus pénétrer au Palais-Bourbon... Alors, moi, en pareil cas, vous comprenez bien : j'empoigne le micro pour déclarer qu'étant venu à Paris, j'ai constaté la disparition des pouvoirs publics, qu'étant venu à Paris, j'ai constaté qu'il n'y avait plus rien à Paris *(sic)*, plus rien de fait... »

Ici, un geste significatif, une résolution absolue du regard : « Alors, vous comprenez, à partir de ce moment-là : " Salus patriae suprema lex ". Je proclamerai donc qu'ayant constaté l'absence de tout gouvernement, l'absence de tout Parlement, j'assume temporairement la direction des affaires publiques, pour accomplir l'œuvre de salut qui s'impose... »

Et il conclut, rieur : « Et voilà ! »

Après un court silence :

« Maintenant, vous savez (le ton est grave et confidentiel), il se peut également que les choses se compliquent d'ici là. Qui sait ?... C'est peut-être d'Alger ou de Brazzaville que j'aurais à lancer un tel appel... »

Il me dit encore :

« Les communistes ne se font aucune illusion : ils savent bien qu'entre eux et moi ça ne se passera pas comme *en 1945* (sic). »

Ayant dit, il me fixa droit dans les yeux, avec une résolution insondable...

Je lui ai également parlé du livre de Kravchenko : *J'ai choisi la liberté* :

« L'avez-vous lu ?

– Oui.

– Est-ce sérieux ?

– Sans aucun doute.

– Je veux dire : n'exagère-t-il pas ? N'avez-vous pas perçu une gêne ?

– Oh ! n'est-ce pas, il a trahi. D'où la tendance à exagérer, à se venger. Mais l'essentiel, ce qu'il décrit, lui est arrivé. D'autres avaient d'ailleurs décrit avant lui des expériences analogues, vous comprenez : il a passé d'un univers à l'autre... »

Et il ajoute, méditativement :

« Il a de suffisamment bonnes raisons pour préférer – si prorusse soit-il au secret de son cœur – son nouvel univers à l'ancien, notre univers à celui de Staline, si étranger, par ailleurs, que lui demeure notre univers... »

Il se tait, puis un sourire sarcastique apparaît dans ses traits :

« Car, n'en doutez pas, il ne tient nullement à retourner chez lui ! Ouvrez les frontières, rendez possible le transvasement, en est-il un seul qui passerait le rideau de fer vers l'Est ? Oh évidemment oui ! on en trouverait quelques-uns. Mais au contraire, quelle invasion – quelle invasion pacifique – si l'Occident s'ouvrait tout à coup aux Russes, je veux dire : si c'était permis, si c'était légal... »

Il s'esclaffe, puis :

« Un de ces jours, il faudra que je dise quelque chose comme ça dans un de mes discours. Les " séparatistes [14] " ne goûteront pas cette hypothèse imagée. »

Après le déjeuner, nous demeurons tous les deux seuls, Mme de Gaulle étant remontée dans les étages.

Comme Amaury me l'a dit hier matin et comme Chaban-Delmas semblait croire cet après-midi que quarante M.R.P. allaient se joindre mardi à « l'intergroupe parlementaire », puis qu'un total de cent vingt M.R.P. déserteraient bientôt leur parti pour se joindre à nous, je lui demande s'il pense que de nouvelles adhésions puissent faire éclater, mardi, la majorité parlementaire. Avec l'ennui qui s'attache à l'accessoire, il me répond avec lassitude :

« *Ils* feront ce qu'ils voudront. En vérité, cela n'a aucune espèce d'importance, car ce n'est pas sur ce terrain, j'entends sur le terrain parlementaire, que l'affaire se jouera. La solution ne peut être une révision par le Parlement actuel. La solution, d'ailleurs, je vais l'annoncer... »

Ici, sa voix reprend vie ; il poursuit :

« ... car, moi, je vais faire la semaine prochaine une déclaration... Et dans cette déclaration, je leur dirai à peu près ceci... »

Il se rassied plus confortablement dans son fauteuil, me regarde, puis regarde le plafond. Après un temps de réflexion, il commence :

« Voilà... »

Il hésite encore, remonte au « symbole », puis :

« Premièrement, les élections municipales : *le peuple a choisi.* On voit maintenant de quel côté il se tourne. Il a saisi le moyen qui lui était fourni, si imparfait pourtant, puisqu'il tendait à restreindre et à éparpiller l'expression de sa volonté.

» Deuxièmement, les séparatistes : ils viennent de perdre au moins un huitième de leurs électeurs... *Un huitième !...* Ce que la presse, toute la presse, toutes les presses, ou bien cachent, ou bien ne disent pas !... ce qui signifie – dirai-je en passant – que, parmi les communistes, certains – qui sont de bons Français – ont commencé à voir clair, n'entendront plus désormais se laisser entraîner et sont dès à présent disponibles pour l'œuvre de rénovation nationale... »

Il a dit tout cela en esquissant les gestes d'un compositeur qui écoute sa musique.

« ... Ensuite, les socialistes et les M.R.P. Les premiers ont perdu vingt pour cent de leurs voix et sont bien malades. Quant aux seconds, ils ne retiennent plus que quelques vestiges, qui s'écrouleront rapidement. Ceci veut dire notamment que – mis à part les séparatistes, qui sont une entreprise de domination étrangère – les partis voient se précipiter leur chute : en effet, ils n'ont pu réunir, les partis, tous les partis, ils n'ont pu réunir tous ensemble qu'*un quart* des suffrages des électeurs inscrits. Vous entendez bien : moins d'un quart ! »

Ici, il ne peut s'empêcher de s'interrompre pour rire, d'un rire qu'il termine par : « Alors, vous comprenez : quand on en est là... »

Il reprend le fil de sa pensée, réfléchit un court instant à son « plan » et poursuit ainsi :

« Et puis alors, je dirai : " Une force immense s'est levée. La vague n'en est d'ailleurs qu'à son début, bientôt elle va déferler. Le Rassemblement n'existe que depuis six mois ; malgré cela, il groupe déjà plus de Françaises et de Français que tous les partis réunis. " »

Il me prend à témoin du regard et poursuit : « Ici, alors, une tirade sur l'Europe, une phrase, pour indiquer que l'Europe qui... (ici, un geste immense du bras), que l'Europe... etc. (un autre geste de tirade) se reprend à espérer et tourne à nouveau ses regards vers la France, qui a su, la première, se ressaisir. »

Un temps, puis il reprend :

« " Une condamnation a été portée par la voix populaire contre un régime qui organise l'impuissance de l'État. " Et j'en arriverai à cette solution que les pouvoirs publics, privés de la confiance de la nation, n'ont plus de base légitime. En effet, un système qui repose sur moins de vingt-cinq pour cent de la volonté nationale n'en est plus un. Il est illégitime. Parfaitement, illégitime ! »

Il me regarde et dit :

« La solution ?... Eh bien, la solution, je vais la leur donner. Elle est simple et il n'y en a qu'une : recourir à des élections générales... au scrutin majoritaire, bien entendu. Ça, c'est la seule solution démocratique. Il faut remonter aux sources de toute autorité légitime. C'est la voix du peuple, et elle seule, qui doit être consultée *pour indiquer par quoi il convient de remplacer des pouvoirs qui ne s'appuient plus sur rien.*

» Mais alors, me direz-vous : *quand* ? Je réponds : *immédiatement !* Les périls intérieurs et extérieurs menacent. Attendre serait un crime. Ici, il faut " leur " faire peur, il faut " leur " dire : " D'un moment à l'autre, vous allez vous effondrer dans l'anarchie. Vous êtes illégitimes, allez-vous-en alors qu'il en est encore temps. Et si vous refusiez d'accomplir ce devoir national, alors, messieurs, quelle responsabilité effrayante serait demain la vôtre ! La crise économique est trop profonde, le franc est trop menacé, l'anarchie est à nos portes ! En vous dérobant au verdict populaire, vous placeriez le pays en danger de mort. "

» Et puis, ici, je dirai : " La Constitution, vous le savez, offre formellement le texte qui permet de provoquer la consultation électorale exigée par les circonstances. " En terminant, j'indiquerai enfin que le Rassemblement, quant à lui, va s'organiser pour faire face aux circonstances... enfin, vous voyez ce que je veux dire. »

Son regard étincelle, il se tait, puis rit, d'un rire moqueur, étrangement tendre, et conclut :

« Vous savez, Guy, avec ce paquet sur les épaules... »

Il ne termine pas sa phrase. Je dis :

« Croyez-vous qu'il y ait une chance quelconque pour qu'ils cèdent ? »

Il répond immédiatement :

« Non, pas tout de suite, je ne le pense pas... Mais alors à chaque nouvelle hausse des prix, à chaque nouvelle grève, les gens diront de plus en plus : " Il n'y a pas d'autre solution. C'est de Gaulle qui a raison. Il faut dissoudre les chambres et retourner aux urnes. " »

Avec une certitude totale :

« Vous verrez ce que je vous dis : on votera au printemps. C'est forcé... *Ils* seront incapables de remonter un tel courant... »

Seize heures : Chaban-Delmas est venu passer une heure à la Boisserie, après sa remarquable victoire électorale. Sa main bandée est couverte de furoncles. Pendant sa conversation avec le Général, très affaibli par le surmenage, il n'y tient plus : il me demande de l'aspirine et du cognac.

L'objet de cet entretien est de demander des instructions au président du R.P.F. : l'autorise-t-il à refuser sa candidature à la mairie de Bordeaux ? Le

Général insiste pour qu'il pose cette candidature. Pendant le thé, Chaban lui demande ceci : « Une simple révision suffira-t-elle à nous tirer de l'ornière ?

– Mais non ! répond gravement le Général, qui garde pour lui ses intentions véritables. Il faut tout refaire de fond en comble. Comprenez-le bien : le régime est fini. Personne n'en voudra plus au printemps. Donc : élections générales, réunion immédiate du nouveau Parlement, pour rédaction immédiate – je dis bien immédiate – de la nouvelle Constitution. Et puis alors, bien entendu, après : un référendum et l'élection du président de la République avec un collège élargi... »

Et il conclut, catégoriquement :

« Non, non ! Il faut faire table rase du passé (il esquisse une mimique d'évidence)... on ne peut pas s'en sortir autrement. »

Chaban s'en retourne.

Demeuré seul avec le Général, je lui reparle de sa déclaration [15] :

« La solution qu'elle apportera la semaine prochaine aura en particulier cet avantage : elle est parfaitement démocratique, puisque vous préconisez le retour aux élections générales... »

Il acquiesce lentement de la tête, mais sans emballement : « Mais eh ! oui... c'est *la seule* solution démocratique. » Il n'a pas l'air d'y croire outre mesure...

Je poursuis par cette question :

« Mais alors, mon Général, admettons qu'ils refusent de s'en aller.

– Eh bien, alors ils s'enfoncent. Et ils s'enfoncent dans l'illégalité. »

Il pose un étrange regard dans mes yeux :

« ... Eh ! Eh ! Être dans l'illégalité, mais c'est très grave, vous savez ! C'est disparaître, contre la volonté populaire, dans l'effondrement total... »

Il médite un instant, puis :

« En somme, voyez-vous, il y a deux solutions : ou bien ils s'enfoncent d'eux-mêmes, ou bien les événements les chassent. »

Colombey, vendredi 24 octobre 1947

Malraux et Bénouville, ayant eu une panne de voiture, arrivent pour déjeuner à quatorze heures, ce que le Général accepte avec une bonne humeur inusitée.

A l'heure du café, Malraux lui demande si les résultats du premier tour des élections municipales ont correspondu à ses prévisions :

« Je pensais bien, répond le Général sans ambages, qu'une vague déferlerait... Mais, ce que je ne prévoyais pas, je vous l'avoue, c'est que nous aurions autant de voix dans tous les grands centres. Pratiquement, le R.P.F. a fait le plein chaque fois qu'il s'est présenté quelque part : à Paris, notamment, où les résultats ont été foudroyants, je ne prévoyais pas un pareil succès. Cela est dû principalement au caractère des Parisiens : ils pigent au quart de tour ; on ne la leur fait pas. Ce sont des humoristes et puis, surtout, le vieil élément patriote, qui est si caractéristique du Parisien, est ressorti... A Marseille, à Lyon, à Lille, je ne pensais pas que le Rassemblement réussirait aussi bien. A l'exception de Toulouse, où nous aurions pu faire plus, et de Limoges, où la présence de Betoulle tendait à donner aux élections un caractère purement local, on peut dire, oui, que nous avons fait le plein... »

Malraux conteste qu'à Toulouse, nous eussions pu faire plus, ce que le Général nie sans vigueur, s'indignant avec indifférence que Bourgès-Maunoury ait présenté une liste en face de celle du Rassemblement. (Chaban-Delmas, bien entendu, défend son ami...)

A Paris, le Général m'avait dit, la veille des élections : « Vous verrez que nous aurons au moins quarante pour cent des voix... » Puis son regard s'était mystérieusement ému et il n'avait pu s'empêcher d'ajouter : « Qui sait ?... Peut-être même atteindrons-nous cinquante pour cent... »

Mais, en son for intérieur, il n'osait trop y croire...

Quant à l'ensemble du scrutin, il m'avait dit :

« Quels que soient les résultats, vous verrez qu'une lame déferlera... »

A l'heure du thé, le Général parle de Chateaubriand :

« L'an dernier, j'ai relu lentement les *Mémoires d'outre-tombe* que quelqu'un (il s'agit de son ancien Cabinet) m'avait donné pour mon anniversaire. C'est une œuvre prodigieuse... Il pose sur l'avenir un regard profond... En fait, il a presque tout vu... y compris les bolcheviks. »

Moue prolongée, hochements de tête successifs, puis, le visage qu'il fait lorsqu'il se confie contre ses vœux :

« Et puis, *je sens comme lui* : essentiellement, voyez-vous, Chateaubriand est un désespéré... mais son désespoir est plein de... (il se reprend) jusque dans ce désespoir, il fait face. Jusque dans ce désespoir, il se redresse de toute sa taille... »

André Malraux, qui n'aime pas Chateaubriand, a vainement cherché un mot qui pût freiner à temps l'enthousiasme du Général :

« Sais pas... Quoi ? Oui... Seulement, mon Général, *c'est un si grand comédien...* »

Le Général a l'air étonné et demande : « En quoi ? » Ses sourires retombent, et il dit rapidement : « Peut-être... » Puis abandonne aussitôt cette ennuyeuse réflexion pour revenir à son admiration :

« Non, je ne vois pas... Non, ça, franchement, cela ne me choque pas. »

Malraux lui parle des ouvrages de Weygand. Quand il aborde la question des Mémoires qui parurent récemment, le Général l'interrompt avec mépris :

« Je vais vous avouer une chose sans aucune honte : je n'ai jamais lu jusqu'au bout aucun livre de Weygand. Ce n'est pas de ma faute, cela me fut toujours impossible. »

Après avoir ri, il redevient méditatif, puis, le pouce taquinant la lèvre à nouveau ironique, regarde Malraux :

« Je ne sais pas si je vous ai déjà raconté une histoire que je trouve assez drôle : c'était juste après le coup de Libreville. Le général Weygand vint en Afrique du Nord et réunit, autour de lui, à Abidjan, les autorités. Il leur fit un laïus... Il s'agissait, bien entendu, de les animer contre nous. On m'a rapporté que, dans son discours, Weygand ne trouva rien de mieux à dire que ceci : " Messieurs, la situation actuelle est comparable à celle qui opposa Turenne et Condé. " »

Le Général se tait et nous regarde pour nous prendre à témoin. Puis :

« J'ai souvent repensé à cette référence historique, qui m'apparaît particulièrement caractéristique de l'état d'esprit d'un Weygand... »

L'œil taquin, sans fureur aucune, avec une espèce de mépris bien portant, il rit encore...

Malraux : « Les M.R.P., après votre départ, mon Général, se sont pris pour vous. Ils marchaient... Ils marchaient... Ils croyaient marcher avec vos jambes... Car enfin, mon Général, il y a cette scène incroyable de Bidault arpentant l'autre soir son bureau et répétant (il venait, n'est-ce pas, de mordre la poussière) répétant le grand mot historique : " Peuple ingrat [16] ! " Cela paraît incroyable. En fait, c'est le contraire qui l'eût été : Bidault, depuis si longtemps, se croyait Charles de Gaulle... »

Malraux apporte de Paris des renseignements transmis à Raymond Aron par Depreux, ministre de l'Intérieur, à notre intention. Il me montre des télégrammes de préfets, indiquant que la C.G.T. se prépare partout à une grève générale violente. A Poitiers, notamment, des agents russes auraient présidé une réunion communiste.

Devant le Général, Malraux plaide avec flamme la thèse suivante : les communistes vont chercher dans les quinze prochains jours à susciter des troubles, dont l'objectif principal serait la « liquidation du général de Gaulle et des dirigeants principaux du Rassemblement, et non point la prise du pouvoir ». A l'occasion de l'agitation sociale, des actes de violence nombreux seraient commis, qui trouveraient l'antimarxisme privé de ses chefs. Voilà le thème...

Le général de Gaulle n'en croit rien. Il écoute cependant avec attention, se taisant soigneusement.

Malraux, lui, y croit à ce point qu'il mettra en lieu sûr Madeleine Malraux et ses enfants pour la durée de la semaine prochaine. Au cours d'un tour de jardin que je fais avec lui pendant que le Général reçoit Guillain de Bénouville, il me conseillera d'en faire autant. A tout hasard, j'occupe ma soirée en téléphonant à Paris pour faire venir à Colombey le détachement de sécurité du lieutenant Gérard (deux officiers, un adjudant, cinq ou six sous-officiers et dix-sept gendarmes), qui seront chargés par moi – pour la première fois depuis la rue Saint-Dominique – de disposer un réseau de protection nocturne et de jour autour du Général. C'est le résultat d'une conversation difficile avec lui (dix-huit heures), qui s'est laissé fléchir, bien à contrecœur, car il défend avec rage le peu de liberté qui lui reste.

Ce que je me suis bien gardé de lui dire, c'est qu'au moment où notre conversation eut lieu, j'avais déjà donné mes instructions.

Colombey, samedi 25 octobre 1947

Première conversation avec Mme de Gaulle « sur le fond » que j'aie eue depuis longtemps avec elle. Elle me parle avec inquiétude de la santé du Général, m'affirmant que lui-même partage cette inquiétude : « S'il " revenait ", il ne pourrait pas " tenir le coup ", il s'en rend compte lui-même... »

Elle affirme : « Parfois, il me le dit, tout cela finira mal. Ça sera beaucoup plus dur qu'ils ne se l'imaginent. » Elle se plaint amèrement de Soustelle, de Palewski et de Malraux. De Malraux, elle me dit : « C'est un homme de génie, mais c'est un excité. Que voulez-vous que je vous dise ? Il est fait pour ses livres, il ne devrait pas s'occuper de politique. » Puis, elle répète : « Oui, tout cela finira mal. Le Général lui-même, dans un moment de dépression, m'a dit l'autre jour qu'il pensait que la prédiction de Pologne finirait par se réaliser. »

Elle critique le principe d'une candidature de Pierre de Gaulle à la présidence du conseil municipal, s'enquérant de savoir si « le président du conseil municipal a droit à un appartement à l'Hôtel de Ville ». Puis elle me dit : « Mes beaux-frères ressemblent par certains côtés au Général. Ce qui leur manque, c'est le caractère. »

Je ne me souviens plus à quel moment de la conversation elle fit cette remarque :

« Le Général " tape " tout le temps sur les bourgeois : il ne devrait pas, car enfin, ce sont des bourgeois qui l'ont fait ce qu'il est. D'ailleurs, il a beau le nier, lui aussi, c'est un bourgeois. »

Malgré son pessimisme quant à l'avenir, force m'est de constater qu'elle a abandonné son humeur sombre et inquiète qui fut la sienne jusqu'au jour où, le R.P.F. ayant été créé et les premiers signes de réussite ayant été acquis, le général de Gaulle revint de Bordeaux.

Xavier de Gaulle m'ayant rendu visite à mon domicile après le voyage du général de Gaulle à Lyon, je me souviens qu'il fit état auprès de moi d'une conversation au cours de laquelle sa belle-sœur lui aurait déclaré que c'est pour avoir été « mal conseillé » que le Général avait décidé de présenter partout des listes aux futures élections municipales. Je note ici qu'ayant eu une conversation assez prolongée avec Soustelle, au soir du comité exécutif où le Général annonça sa décision, le secrétaire général du Rassemblement m'exprima au contraire que le Général l'avait prise envers et contre tous, quatre membres du comité exécutif seulement s'étant timidement ralliés à son point de vue au cours de la séance. Il m'avait dit alors, dans la voiture qui nous raccompagnait de l'hôtel La Pérouse à son garage, proche de nos deux domiciles :

« Vous savez, Guy, il faut voir les choses comme elles sont, le Général vient de prendre la décision la plus grave. Il joue en effet l'avenir du Rassemblement en mettant tous ses jetons sur la même couleur. »

Soustelle, ce jour-là, se montra particulièrement beau joueur, non point que l'angoisse ne lui dévorât le cœur...

Le docteur et Mme Lévy-Solal sont venus déjeuner avec leur fils, Jérôme, qui est attaché au Cabinet de Ramadier. (Le docteur Lévy-Solal mit au monde deux enfants du Général.)

Pendant le déjeuner, celui-ci dit de Blum :

« Il me reproche de vouloir exercer le pouvoir personnel : ne l'ai-je pas exercé entre 1940 et 1945 ? Mais alors, il ne trouva pour moi que des louanges... »

Il rit beaucoup.

Plus tard, il dira :

« Après la Libération, j'étais entouré des partis, plus nombreux, plus fallacieux, plus mobiles, plus changeants, plus inconsistants, mais plus exigeants que jamais. Les Français n'y trouvaient rien à redire : parce qu'ils étaient attachés à leurs habitudes – mais surtout aux mauvaises ! – ils revinrent tout naturellement à leurs partis. »

Un silence, puis un rire :

« Ah ! Si seulement Pétain avait eu le bonheur de s'entourer d'Herriot, de Blum et de Bidault ! Ce n'est pas eux qui eussent décliné ses avances et cela eût singulièrement facilité ma tâche. »

A un moment donné, il dit :

« On voulait faire de moi un président de la République sans pouvoir, " un arbitre ", comme ils disaient... Pourquoi aurais-je accepté d'être un arbire entre la menace et la France ? De même – et c'est assez comparable – ai-je jamais accepté – comme tant m'en suppliaient à Londres – d'être un arbitre entre Vichy et la France ? »

Le regard est habité d'une passion étrange.

Comme on parle de Schumann, Mme Solal dit :

« Une caisse de résonance ! »

Le Général sourit sans méchanceté, soulève de l'accoudoir de son fauteuil un avant-bras rêveur et cite de mémoire :

« Tu n'étais qu'un banal instrument sous mon archet vainqueur [17]... »

Il rit plus cruellement et ajoute :

« Car enfin, *essentiellement*, Schumann n'est qu'un rhéteur ! Seulement voilà : à Londres, sa rhétorique embrayait aux réalités... sur la dure, sur l'agressive réalité du combat. Il habillait, il enveloppait d'images brillantes des événements qui prenaient la France aux entrailles... Et puis (il le constate sans vanité), il avait quelqu'un derrière lui... Mais maintenant, maintenant sa rhétorique ne s'appuie plus sur rien... si bien que sa rhétorique ne se suffit même plus à elle-même. »

De Schumann, la conversation passe à Mauriac. Le Général demeure silencieux jusqu'au moment où le docteur Solal suggère :

« Au fond, mon Général, il est d'accord avec vous... »

Le Général, sans y attacher beaucoup d'importance, proteste cependant : « Croyez-vous ?... » Puis il tranche : « Quoi qu'il en soit, Mauriac n'est pas un animal de combat. » Éclat de rire collectif...

Le Général poursuit alors plus gravement :

« L'attrait de la classe ouvrière, cette velléité profane d'être à gauche, tout en lorgnant vers la droite... Voyez-vous, Mauriac a adhéré une fois pour toutes et demeurera toujours attaché à cette représentation de l'univers, à des choses où les réalités ne tiennent aucune place. Pour lui, Marc Sangnier et le Sillon représentent un sommet ; je veux dire : cette philosophie qui revient pratiquement à ceci : une immense générosité verbale, une délectation dans l'impuissance, un enivrement dans l'incapacité... enfin, vous voyez ce que je veux dire... Schumann, d'ailleurs, c'est un peu du même ordre d'idée. »

Le docteur Solal l'interroge sur la représentation proportionnelle et le scrutin majoritaire à un tour. Le Général, une fois de plus, esquisse une explication :

« Au début, dit-il, tous les partis m'entouraient. »

Un silence, puis :

« Si j'ai accepté la représentation proportionnelle, c'était comme un pis-aller, sans me faire d'illusions d'ailleurs. En effet : si le scrutin majoritaire avait prévalu à cette époque, vous auriez eu... *quoi* ? Les électeurs auraient eu pratiquement à se prononcer partout, dans chaque bureau de vote de chaque circonscription, entre une liste communiste – qui eût été gagnante dans chaque bureau de vote de chaque circonscription contre dix listes se répartissant les voix non communistes, je veux dire : dix listes formées par dix imbéciles, par les socialistes, par les radicaux, par les démocrates-chrétiens, par les conservateurs, par... enfin par dix groupes d'imbéciles s'opposant les uns aux autres, se chicanant, se jalousant et prétendant chacun faire l'union sur leurs noms. Le résultat, je le répète, c'eût été : *les communistes partout*, si bien que le Parlement eût été composé – à une écrasante majorité – par des communistes avec ou sans faux nez, avec ou sans l'étiquette du Parti, mais communistes, n'en doutez pas, communistes lorsqu'il se fût agi de voter la Constitution de Pierre Cot !... »

Il marque un temps, se lève et va s'accouder à la cheminée :

« N'ayant pu réaliser cela, qu'ont voulu les communistes, je veux dire : quel a été le plan constitutionnel des communistes ? » Avant de répondre, il rallume lentement son cigare, qui s'éteint à nouveau.

« Eh bien... voilà... Tout d'abord, il s'agissait, pour les communistes, d'empêcher l'instauration de tout pouvoir public en France. Il importait, oui, au premier chef, pour eux, qu'il n'y eût *pas de pouvoir public*. Si bien que Pierre Cot et ses amis prétendirent aussitôt faire reposer tout le système sur des combinaisons de partis, sachant parfaitement qu'en France il n'y a jamais eu de stabilité, d'efficience, bref d'État, qui s'appuyât sur une majorité de partis et espérant surtout que cette majorité, *quelle qu'elle fût*, demeurerait dorénavant sous leur dépendance dès l'instant où le parti communiste était devenu le parti le plus nombreux. Car notez bien ceci : le parti le plus nombreux, ce parti qui était déjà devenu le plus nombreux, ils escomptaient qu'il envahirait bientôt tout l'hémicycle, après s'être enflé, de succès électoraux en succès électoraux. Seulement voilà : avant d'en arriver à cela, c'est-à-dire avant d'être devenus à eux seuls la majorité, il fallait que le parti communiste préparât, assurât à l'avance son triomphe, en proposant à d'autres partis un marché de dupes et de trahison, dont les termes étaient clairs : " Vous allez nous donner votre appui, vous allez nous permettre d'organiser une majorité à notre merci (sous-entendu : dont vous serez rejetés dès que nous serons, nous communistes, suffisamment en force pour vous en rejeter...). Nous allons commencer par faire ensemble une Constitution faisant reposer exclusivement l'équilibre et les pouvoirs d'État sur cette *combinaison de majorité à notre profit.* " »

Il souligne à nouveau :

« Que substituer, en effet, à ces pouvoirs publics dont ils ne voulaient à aucun prix ? Eh bien, voyons ! un système reposant sur une combinaison entre les partis ! Pourquoi ? pour organiser l'impuissance et ruiner l'État ! »

Il conclut par un éclatant : « *Voilà !* », va se rasseoir et observe :

« Et le crime des socialistes, mais surtout le crime des républicains populaires, c'est – en apportant leur alliance aux communistes et en votant une constitution ainsi définie – *d'avoir laissé faire cela.* Que dis-je ? de l'avoir souhaité, voulu, consenti, réalisé... »

Un temps, puis, avec une ironie énorme :

« ... et ce n'était pourtant pas le temps de la réflexion ou des avertissements de la part de De Gaulle qui leur auront manqué, aux républicains populaires ! »

Il termine alors en faisant l'historique de ses conversations, de ses multiples contacts et de ses échanges de lettres avec la plupart des dirigeants du mouvement républicain populaire : de Menthon, rapporteur général M.R.P. du premier projet constitutionnel, Maurice Schumann, qui vint le voir à Marly avant le premier référendum constitutionnel, et qu'il mit en garde : « Si vous votez ce projet de Constitution, je vous préviens, moi : je dis au pays ce que j'en pense et il le repoussera. »

Le Général ironise rétrospectivement sur l'immédiate volte-face que le comité directeur du M.R.P. effectua alors, Coste-Floret, qui vint le voir dans la loge de la villa de Neuilly, au moment de son voyage à l'île de Sein (Coste-Floret était alors rapporteur général du deuxième projet constitutionnel). Puis, dans la période qui précéda Épinal, encore Maurice Schumann, Michelet, Teitgen, Léo Hamon, etc.

Colombey, samedi 25 octobre 1947

Le second tour l'indiffère visiblement. Il ne m'en a pas parlé une fois, sauf à propos de telle conjoncture électorale plus particulière. En fait, il ne m'en a parlé cet après-midi qu'à propos de Colombey : « Qu'est-ce qui se passe demain à la mairie ? », m'a-t-il demandé, légèrement soucieux et nullement ironique.

Je vais donc voir l'instituteur et M. Valleur, le maire. (Il a soixante-dix ans passés, une étincelle madrée vit encore au fond de sa prunelle terne...) J'apprends ainsi que le deuxième tour a pour objet de pourvoir au remplacement de « De Gaulle Charles », élu dimanche dernier avec cent vingt-deux voix, mais qui refusa qu'on le proclamât élu, de même qu'il avait refusé de poser sa candidature.

En ce qui concerne le plan national, ce qui l'intéresse encore, ce sont les élections des maires et de leurs adjoints. Sur ce point, il prévoit la mise en quarantaine des communistes par les socialistes dans toute la France, c'est-à-dire un véritable effondrement des anciennes municipalités communistes, les socialistes étant destinés à leur dérober des positions municipales et à soutenir dans beaucoup de cas, de leurs bulletins, les candidatures R.P.F. aux bureaux. Il croit notamment possible l'élection de notre candidat à la mairie de Marseille, en dépit du déséquilibre considérable des voix.

Colombey, dimanche 26 octobre 1947

Deuxième tour des élections municipales. Le Général va voter à l'heure de la messe. Il s'agit de désigner le conseiller municipal destiné à le remplacer, puisqu'il a été élu malgré son refus de poser sa candidature.

A onze heures et demie, comme d'habitude, j'assiste à la messe, pour détourner les soupçons, le lieutenant Gérard se chargeant de surveiller les abords de la mairie.

Palewski est attendu à quinze heures et Michelet à dix-sept heures.

Avant l'arrivée de Palewski, c'est-à-dire aussitôt après le déjeuner, il retourne à sa table de travail où s'accumule depuis jeudi dernier le texte cent fois raturé de sa déclaration, qu'il va remettre à son ancien directeur de cabinet pour publication dans la presse, demain vers midi. Quand Palewski arrive, il fait semblant de ne pas s'en apercevoir, se donnant ainsi trois ou quatre minutes pour achever de recopier le texte définitif. Palewski s'enferme environ une heure avec le Général. En ressortant, il me glisse, pendant qu'on va chercher sa voiture :

« Sa déclaration me paraît bonne. Peut-être n'aurais-je pas choisi la méthode qu'il emploie. Après tout, la sienne est peut-être préférable. »

Puis il me parle de l'ambassadeur des États-Unis, qu'il a vu longuement hier : « Il est passé définitivement de notre côté et s'emploie activement à ouvrir les yeux du State Department. »

J'ai profité de notre conversation pour faire éclater, ici et là, quelques pétards... (Allusions à la guerre sourde qu'il mène contre Soustelle et ses amis.)

Le Général réapparaît sur le perron, Palewski s'en retourne à Paris. Revenu dans la bibliothèque avec lui, je lui parle de la majorité probablement faible qu'obtiendra Ramadier mardi. Il me dit, avec un singulier mélange d'orgueil, de mépris et d'objectivité :

« Peu importe ! Tout cela ne compte pas... La seule chose qui compte, à partir de demain, c'est la déclaration de De Gaulle. Alors ça, oui, ça compte ! »

Il rit avec une étrange violence rentrée. Puis, redevenu grave, il conclut :

« Oh oui, évidemment, il aura sa majorité. Oh oui, évidemment, *ils* pourront se cramponner ainsi pendant quelque temps encore, par le seul fait que les événements ne les contraignent pas encore à partir. »

Il se frotte le visage et poursuit :

« Non, non... Ce qui va compter désormais de plus en plus, c'est, à propos de chaque difficulté nouvelle : " De Gaulle nous propose des élections générales. C'est la seule manière de nous en tirer. " Vous verrez ce que je vous dis. Vous verrez que les murs vont se couvrir de plus en plus du mot : " Dissolution ! " »

Michelet arrive à dix-sept heures, transi de froid (il a gelé la nuit dernière), transi de honte surtout, car il a présenté à Brive une liste M.R.P. (Avant son arrivée, le Général avait rétorqué à sa femme, qui lui reprochait de le recevoir : « Mais, si j'accepte de le voir, c'est pour avoir une occasion de " l'engueuler " ! »)

A son arrivée dans la bibliothèque, le Général se lève lentement et le salue avec froideur, l'entraîne dans son bureau. Derrière les portes refermées, vient vers moi une rumeur de plus en plus grondante de voix.

Une heure après, Michelet ressort plus transi encore : le Général l'a, en effet, proprement « engueulé ». Au moment des adieux, derrière la porte cochère, il proteste encore :

« Vous savez, mon Général, moi, je ne suis pas un homme politique. Il se peut que je ne sois pas toujours très habile. »

Le Général me jette un regard ironique et complice et laisse tomber en réponse :

« Ah ! cher ami, comme je souhaiterais pour vous que vous disiez vrai ! Par les temps qui courent, les hommes habiles n'ont plus aucun avenir. J'ai horreur des gens habiles. »

Je raccompagne Michelet vers la grille. La nuit est presque close. Mon interlocuteur a l'air bien ennuyé. Comme je lui demande s'il s'attend à un ralliement nombreux de ses amis à la thèse du Général, il marmonne :

« C'est difficile à dire... Ils ne veulent pas avoir l'air de voler au secours de la victoire. Et puis, il faut bien le dire, beaucoup d'entre eux n'aiment pas les sommations... Enfin, je vais voir ce que je peux faire... Ce n'est pas tant au

Palais-Bourbon qu'à la réunion de groupe qui se tient demain après-midi, que se décideront les choses. »

Il me quitte mélancoliquement.

Après le thé, je demeure seul avec le Général, qui me reparle de la déclaration qu'il publiera lundi prochain. A ce propos, il me dit :

« Je leur donne la solution. Oh ! bien entendu, *ils* commenceront par tergiverser et par dire : " Non, c'est impossible ! En ces temps troublés, des élections générales entretiendraient un état d'esprit qui risquerait de jeter la France dans l'abîme... De Gaulle recherche le plébiscite, etc. " Mais, malgré leurs cris, il faudra bien qu'ils en passent par là. Si bien que les élections auront lieu au printemps, qu'ils le veuillent ou non. D'ici là, l'agitation sociale, l'inflation, mille difficultés auront atteint ce degré où tout sera écroulé, ou presque... L'opinion aspirera alors au calme, en un moment où plus que jamais nous représenterons l'ordre, car d'ici là, le Rassemblement va s'organiser... Partout, dans toutes les professions, dans toutes les classes sociales et dans tous les centres, oui, nous représenterons chaque fois un élément d'ordre, un foyer d'attraction vers des idées d'ordre et de raison. Lorsque tout sera liquidé, anarchique, alors des hommes du Rassemblement se présenteront, qui se substitueront aux grévistes pour faire marcher les camions, ravitailler les villes, de même que les polytechniciens et les centraux assurèrent jadis à Paris la circulation du métro. Ces élections générales trouveront donc l'opinion beaucoup plus décidée que maintenant à faire triompher l'ordre. La lassitude et le dégoût, vous verrez ce que je vous dis, enverront au Parlement de soixante à quatre-vingts pour cent d'hommes du Rassemblement. Alors, *mais sans perdre une seconde*, révision de la Constitution et élection du président de la République. Après cela, oui, mais seulement après cela, j'aurai les moyens de gouverner. Alors, mais alors seulement, on pourra se remettre au travail. »

Il réfléchit encore et conclut :

« Oui, *c'est ainsi que cela arrivera.* »

Un nouveau silence, puis :

« Quant à gouverner avec des Daniel Mayer, des Bidault ou autres farfelus, non, jamais de la vie, je préférerais crever ! Je leur donne la solution. »

Je me rappelle, ici, l'avoir interrompu pour lui dire : « Et c'est une solution démocratique. » Il avait répondu rapidement : « *C'est la seule* solution démocratique, c'est d'ailleurs comme ça qu'on a fait la République. »

Le chanoine Kir, maire de Dijon, qui refusa voici deux mois d'inviter le général de Gaulle à venir dans ses murs et déclina l'honneur de défendre nos couleurs aux élections municipales, a perdu de nombreuses voix. Sa réélection à la mairie se trouve maintenant à la merci du Rassemblement. Jeudi dernier, le Général recevait de ce pittoresque ecclésiastique une lettre où la supplication se lisait entre les lignes, puis qui proposait – noir sur blanc – ce marché : si le R.P.F. local recevait des instructions pour ne pas s'opposer à sa réélection, il adhérerait à l'intergroupe parlementaire. (Le pétulant chanoine, d'après ce que m'a dit Soustelle, s'est opposé au R.P.F. tout au long de la campagne électorale, faisant photographier notre courrier, manœuvrant durement contre nous, etc.)

Le Général a parcouru cette lettre devant moi avec mépris, pour conclure : « Tôt ou tard, il nous appartient. Il ne peut plus aller contre le courant. Mieux vaut l'aider, car réélu grâce à nous, ce pitoyable individu demeurera à notre merci. »

Et le Général de téléphoner le lendemain à Soustelle qu'il convenait de lever notre barrage. Puis il a fait tenir ce matin la lettre suivante à Kir, réélu dans l'intervalle :

« Colombey, 26 octobre 1947 »

« Monsieur le Chanoine,

» Vous voilà réélu maire de Dijon. Soyez assuré que je n'ai rien à y redire. J'aurais, toutefois, préféré, pour vous-même, pour Dijon et pour le pays, que vous preniez, aux élections, la tête de la liste du Rassemblement du peuple français. Cela aurait donné à votre élection un caractère et une signification d'intérêt national qui eussent été utiles pour l'avenir.

» Veuillez croire, Monsieur le Chanoine, à mes sentiments bien sincèrement dévoués. »

« Signé : C. de Gaulle »

Colombey, lundi 27 octobre 1947

Mercredi dernier, j'avais trouvé à mon domicile une courte lettre du général Leclerc, félicitant son ancien chef des résultats acquis au premier tour des élections municipales. Le général de Gaulle m'a remis, hier, sa réponse :

« 26 octobre,

» Merci, mon cher ami, de votre attention et de vos sentiments. Le but de l'opération du 19 octobre était de donner à l'opinion l'occasion, les moyens de se ressaisir et de se tourner vers l'intérêt de la France.

» Le résultat est important. Il aura ses conséquences aux points de vue national, impérial et international. Nous allons maintenant organiser la suite.

» Veuillez croire, mon cher ami, à mes sentiments cordialement dévoués. »

« Signé : C. de Gaulle. »

Si je cite cette lettre, c'est qu'on y trouve une phrase caractéristique de sa correspondance depuis les élections : l'idée de l'organisation. Hier, il écrivait à quelqu'un d'autre : « Nous allons maintenant nous organiser *solidement.* » Et ailleurs, il écrivait : « L'affaire des élections municipales est capitale : voici le courant créé. »

Une fille illégitime d'Édouard VII, Mme Trefusis, vient de lui faire don de l'*Almanach royal* de 1780. Dans sa lettre de remerciements, il écrit, à la date du 28 octobre :

« Le de Gaulle qui s'y trouve mentionné parmi les membres de la Chancellerie du Parlement de Paris est mon aïeul (Lucien, père de mon arrière-grand-père Philippe). Il devint en 1782 procureur au Parlement et le resta jusqu'à la dissolution prononcée par la Constituante révolutionnaire. »

Colombey, mardi 28 octobre 1947

Gérard est arrivé avec ses premiers hommes. Émotion... A l'office, on pleurniche, sous le prétexte effarant que « ce n'était déjà pas bien gai, mais maintenant, voilà qu'on nous surveille : c'est une vraie prison ».

Je profite d'une conversation avec Mme de Gaulle, qui me fait part des desiderata de ses domestiques, pour lui indiquer – car elle est dans de meilleures dispositions – un endroit au rez-de-chaussée où il me serait possible de déposer une mitraillette, moyen de protection immédiate à la disposition des hôtes de la maison, le Général y étant le seul homme la nuit et la seule arme étant jusqu'ici le fusil de chasse de Philippe de Gaulle, dont elle m'explique que les cartouches ont été égarées...

Son premier mouvement est pour rechercher l'emplacement demandé en visitant le hall avec moi : je lui propose le bahut ou la cabine du téléphone, où sont empilées des bûches. Mais soudain, elle se ravise et la voilà qui lève vers moi son étrange regard délavé : méfiance et ironie... Un feu de franchise moqueuse s'y déclare un instant lorsqu'elle me dit :

« Et puis, non... A quoi bon, d'ailleurs ?... Quand bien même une mitraillette serait à portée de sa main, *il ne s'en servirait pas.* »

Comme beaucoup d'étonnement se lit probablement dans mes yeux, elle sourit encore :

« Mais oui... Mais oui... Il ne s'en servirait pas (et puis, une moue). Saurait-il d'ailleurs s'en servir ? J'en doute. » (La phrase disparaissant à moitié dans un petit rire.)

Je lui dis alors, un peu trop solennellement peut-être :

« Réfléchissez bien, Madame. Est-ce oui, ou est-ce non ? »

Avec l'entêtement incroyable qui la caractérise, je sens que la partie est perdue :

« Je vous le répète, me dit-elle lentement, étrangement, vous ne le connaissez pas si vous croyez qu'il se servirait de votre machin. »

Je dis, aussi respectueusement que je le puis :

« Madame, Madame, vous avez une manière d'en décider !...

– Je vous ai déjà dit ce que j'en pense : ce n'est pas tous vos gens-là (geste indiquant la fenêtre) qui empêcheraient... qui empêcheraient *ça* d'arriver, si ça devait arriver. Allez, allez ! Ce n'est pas sérieux. Si les communistes veulent le descendre *(sic),* eh bien moi je dis : ils le descendront ! A plus forte raison, ce n'est pas cet engin... » (Ici, elle reprend sa litanie...)

Nous regagnons la bibliothèque. Elle m'indique, en guise de conclusion, la mitraillette que la Corse libérée donna au premier résistant de France en 1944 et qui trône au dernier rayon d'une étagère :

« D'ailleurs, une mitraillette, nous en avons une ! Cette arme-là, alors oui. C'est la seule chose que je permette chez moi. »

Et elle rit de plus belle.

Si je cite cette conversation, c'est que j'y vois quelque chose de très réel : au cas où le Général serait attaqué directement, il ne se défendrait pas, j'en ai maintenant la certitude.

Le lieutenant Gérard, très intimidé, est venu déjeuner. Ceci m'amène d'abord à parler de la psychologie très particulière du général de Gaulle pour tout ce qui touche à sa sécurité personnelle.

Dans les quelques jours qui suivirent son départ du gouvernement, le général de Gaulle toléra que son « escorte de sécurité et d'accompagnement », constituée par mes soins au lendemain de la Libération et qui groupait sept officiers et une quarantaine de sous-officiers et de gendarmes, continuât à assurer sa protection. Mais dès son retour des Ardennes et son installation à Marly, le Général se fâcha et demanda qu'on le débarrasse de tout garde du corps. En fait, des inspecteurs de la Sûreté furent installés à proximité du pavillon de Marly : chaque fois que le général de Gaulle gagnait la forêt pour une promenade, il était suivi à distance respectueuse par des policiers en civil, qui assuraient beaucoup plus sa surveillance que sa protection, surveillance qui eût d'ailleurs été singulièrement inefficace, le cas échéant... Le président Gouin était alors informé de ses moindres déplacements. Puis, peu à peu, un seul inspecteur demeura à proximité de son habitation. Lorsqu'il s'installa à Colombey, deux inspecteurs des Renseignements généraux de Chaumont se relayèrent à la grille de la propriété, sous le prétexte d'assurer sa sécurité, en réalité pour faire parvenir au directeur de la Sûreté (Boursicot) des fiches donnant, dans la mesure du possible, les noms des visiteurs.

Lorsque le R.P.F. fut créé, je demandai au Général la permission d'installer à Colombey quelques « fidèles » du réseau de Rémy. Il refusa violemment. Je pressentis alors Soustelle et Rémy au cours de deux comités exécutifs, en avril, puis en mai. Ils entreprirent le Général sur cette question. Il répondit d'abord par des boutades, puis, sur le fond même du problème, prétendit que ça n'était pas la présence d'une équipe de protection autour de sa propriété qui empêcherait les communistes d'avoir sa peau « s'ils décidaient de commettre un attentat ». Puis il nous représenta qu'en le tuant, ses adversaires politiques feraient une bêtise tellement énorme qu'elle n'était pas à envisager.

Peu à peu, nous renonçâmes.

Il y a trois mois environ, nous nous entendîmes à l'insu du Général avec le commandant de la gendarmerie de Haute-Marne, pour qu'il installât un poste de huit gendarmes à Colombey. Ceux-ci passèrent bientôt la majeure partie de leur temps à manger et à dormir, se contentant de « patrouiller » aux abords de la propriété entre vingt-deux heures et le lever du soleil.

A Alger enfin, le 12 octobre dernier, je me décidai à en reparler à Rémy, et, dans l'avion du retour, à Bozel, qui détient le nerf de la guerre. Nous décidâmes alors – quelle que dût être la réaction du Général – de faire venir à Colombey une demi-douzaine d'amis armés. Cette solution présentait de multiples inconvénients : nervosité, installation, etc.

Quel ne fut pas mon étonnement, lorsque, quittant la rue de Solférino après un comité exécutif, le 16 octobre, il se pencha vers mon oreille, dans la voiture qui le reconduisait à l'hôtel La Pérouse, et me dit :

« Guy, je vais vous demander une chose... »

Il avait l'air un peu honteux, exagérément confidentiel :

« ... Il faudrait que – très discrètement – vous fassiez venir à Colombey deux ou trois garçons bien, je veux dire des types qui ne s'excitent pas facilement. La nuit, ils se promèneraient autour de la propriété. Je ne vous demande pas de faire la chose immédiatement : mais cet hiver, il faudra tout de même y penser, car les nuits sont longues. »

Dès la nuit des élections, notre victoire faisant peser sur la vie du Général une menace singulièrement accrue et parce que je repartais le lendemain pour Colombey, je demandai à Bozel d'aller voir le général Chouteau, gouverneur militaire de Paris, pour lui demander le détachement à Colombey d'une partie de son escorte de gendarmerie, celle-là même qui fut au service du Général, rue Saint-Dominique, et qui l'accompagna au cours de tous ses déplacements, depuis la Vendée jusqu'à Alger. J'y voyais un grand avantage : comme le Général a développé depuis sept ans la « psychologie du prisonnier » et comme, d'autre part, je prenais cette décision immédiatement et sans le consulter, j'espérais que la présence du lieutenant Gérard et de ses hommes, qu'il connaît de vue pour la plupart, nous éviterait une réaction violente.

En fait, les circonstances m'aidèrent énormément : vendredi dernier, 24 octobre, Malraux survint avec une documentation que Depreux, ministre de l'Intérieur, lui avait fait transmettre par Raymond Aron. On y voyait des télégrammes de préfets indiquant que dans toute la France, les communistes tenaient des réunions extraordinaires, destinées à la mise en place immédiate de dispositifs de grève, visant à la violence, et présidées parfois – comme par exemple à Poitiers au début de la semaine dernière – par des Russes fraîchement arrivés de l'Est.

Malraux dit au Général :

« Les communistes ont le choix entre trois solutions. J'écarte aussitôt l'une d'elles : l'opposition légale. Ils ont déjà trop perdu aux élections pour ne pas craindre l'abandon des masses ouvrières. Ils doivent donc recourir immédiatement à l'une ou l'autre de ces deux tactiques : ou bien l'occupation des ministères et l'accession au pouvoir. Mais alors, c'est la guerre civile, qui signifie la guerre internationale. Or, notre postulat, c'est que Staline ne peut faire la guerre immédiatement.

» Reste donc cette dernière solution : la grève générale, mais une grève violente ayant pour but de désarmer l'opposition. Les communistes n'ignorent pas que nos troupes, comme les leurs, sont constituées de " veaux ". Plus j'y réfléchis et plus je pense qu'ils voient que la lutte se circonscrirait entre mille personnes à eux et mille personnes à nous. Je veux dire qu'ils ont intérêt à brusquer les choses, c'est-à-dire à émasculer l'adversaire. Comment ? Ce ne peut être que par la " liquidation " du général de Gaulle et de son entourage, car – je vous le demande, mon Général – que serait le Rassemblement du peuple français sans de Gaulle et les quelques hommes décidés qui combattent à ses côtés ? »

Le Général, la tempe penchée sur la paume de la main, écoutait, le regard lointain. Mais il ne laissa tomber aucune parole ; Malraux poursuivit :

« Je vois donc, dans un avenir tout à fait immédiat, je veux dire dans les quinze jours qui viennent, des actes de violence surgissant un peu partout à l'occasion d'une grève générale très courte, n'ayant pas du tout pour objet la défense des intérêts de la classe ouvrière. En bref, une tactique politique permettant purement et simplement la purge. »

Le Général resta parfaitement silencieux, mais m'expliqua, après le départ de Malraux : « Je n'y crois pas... », l'affirmation s'exprimant sans chaleur.

Mme de Gaulle, vers dix-neuf heures, disparut dans les étages. Je choisis ce moment pour dire :

« Je désirerais, mon Général, vous reparler des instructions que vous m'aviez données il y a une dizaine de jours, en ce qui concerne la possibilité d'installer à Colombey quelques hommes sûrs chargés de surveiller les abords de la propriété.

– Oui ? Eh bien, alors ? me demanda-t-il, sans impatience.

– Eh bien alors, mon Général, après ce que vient de vous dire Malraux, je pense qu'il y a tout intérêt à ce que le lieutenant Gérard et ses hommes viennent immédiatement à Colombey. Avant de quitter Paris, j'ai pris les dispositions administratives nécessaires. Gérard peut être détaché à Colombey à tout moment...

– Qu'entendez-vous par " dispositions administratives " ?

– Je veux dire que le général Chouteau offre bien volontiers de mettre son escorte à votre disposition.

– Mais alors, c'est une affaire qu'il faut régulariser. Et comment allez-vous la régulariser ?

– Je pensais demander au général Revers de signer une note...

– Surtout, ordonna le Général, ne vous adressez pas au ministre ! Je n'ai rien à demander à ce zigoto de Teitgen. Surtout en ce moment... »

Ce que je me gardais bien de dire au Général, c'est qu'au moment où je lui parlais, l'escorte de sécurité était déjà sur la route : j'avais pris ma décision la veille.

Ceci veut dire que j'installe à Colombey un officier, une vingtaine de sous-officiers et de gendarmes, que je suis intervenu à Chaumont pour qu'on place sous les ordres du lieutenant Gérard le poste de huit hommes qui existait déjà à Colombey. Armement : deux fusils mitrailleurs, dix mitraillettes, une caisse de grenades, un revolver par homme, un groupe électrogène, une liaison radio avec Paris, une autre avec Chaumont et d'autre part, j'ai mis sur pied, avec un ancien déporté, un système qui me permettrait – en cas de « coup dur » – de faire venir à Colombey dans un délai d'une demi-heure une vingtaine de résistants, domiciliés dans les environs, tous munis de voitures et des armements les plus divers, allant du fusil de chasse à des armes récupérées de divers parachutages effectués sous l'occupation...

Après le déjeuner, je me répétais à moi-même ce que j'avais déjà constaté ce matin : pour la première fois depuis les élections, « l'humeur morose » reprend le dessus. A mon sens, il y a plusieurs raisons à cela. Tout d'abord, il s'ennuie. En publiant sa déclaration d'hier, il prenait date. Il prenait date pour dans trois mois, car il ne se fait pas la moindre illusion : le débat de cet après-midi à l'Assemblée nationale, bien qu'il le prévoie houleux, indiquera déjà que Ramadier peut compter sur sa majorité. Mais ce qu'il souhaitait, le dégoûte en même temps : le spectacle lui est donné, une fois de plus, de la trahison de ses anciens fidèles. Je veux dire par là qu'il espérait secrètement un ralliement plus nombreux du M.R.P. à sa thèse. Or, en fait, malgré son effondrement, le M.R.P. ne s'est pas coupé en deux.

Après un interminable silence, je l'entends rire, je lève les yeux vers lui. Sans même me regarder, il rit encore, de tout son mépris. Puis, sans la moindre introduction, je l'entends marmonner :

« Ces parlementaires sont des malheureux !... »

Un sourire railleur, ce sourire qu'éveille dans ses traits l'évocation de la bassesse et de ces calculs :

« Moi, je veux bien !... Ils se cramponneront autant de temps que les événements le leur permettront. Seulement voilà : il n'y a plus d'issues pour eux. D'ailleurs, je vois bien la manœuvre. L'opération va consister pour eux à essayer de se rapprocher des communistes. Car la seule " conjonction des centres ", ils le voient déjà eux-mêmes, ne les conduirait nulle part. Alors ?... Eh bien, alors, vous verrez que le M.R.P. et les socialistes – tous les Bidault et autres Blum – pousseront la lâcheté jusqu'à cette extrémité de chercher à s'entendre avec les communistes. Je ne dis pas qu'ils y réussiront : je prévois seulement qu'ils essaieront. Car ils en sont encore là qu'ils s'imaginent que Thorez se laissera apprivoiser, leur donnera des garanties, acceptera d'être gentil, donnera le contrordre pour les grèves, si, en échange, ils lui offrent de l'associer à nouveau au gouvernement. Vous voyez ce que je veux dire ?... »

Il s'esclaffe, puis :

« C'est incroyable ! Ils en sont encore là ! Ils en sont encore là qu'ils espèrent des communistes un geste conciliant, l'arrêt des grèves, est-ce que je sais, moi ?... »

J'exprime un doute en raison de « l'énormité de la manœuvre ». Alors il se penche en avant vers moi et me décoche, à bout portant :

« Mais, cher ami, convenez donc que ce sont tous des malheureux. En leur for intérieur, oui, ils savent bien que désormais ils s'enfonceront chaque jour un peu plus. Ils savent bien surtout que chaque jour un peu plus, une confrontation avec les électeurs leur confirmerait qu'ils sont des hommes morts. Mais ceci ne va pas faire qu'ils ne vont pas essayer de se maintenir. Alors ?... Eh bien alors : ils vont multiplier les trucs et les machins jusqu'à l'effondrement total. »

Un rire assez long, railleur, puis le silence. Puis un nouveau rire le hisse hors de sa contemplation et il me dit :

« Ils croient... ils en sont encore à imaginer que Thorez va les aider ! »

Nouvel éclat d'hilarité :

« Thorez !... S'ils succombaient à Thorez, alors c'en est fini d'eux, car c'est le pacte du diable... Quant aux Américains, bien entendu, ils arrêteraient aussitôt les crédits. »

Geste interrogatif :

« Alors ?... Quelle carte jouer ? Voilà bien le point : il ne leur en reste plus une et s'ils trichaient en jouant celle-là, ils seraient à la merci de Staline. Car, ne l'oublions pas, le jeu des communistes est celui-ci : entretenir l'instabilité, tant et si bien que les Américains finissent par se dégoûter de l'Europe. Alors, Thorez leur dira : " Vous voyez ?... Je vous l'avais bien dit ! Les Américains vous ont laissé tomber. Ils se soucient bien de vos souffrances ! " »

Tout à coup la passion redescend en lui, il se tait, d'un silence grave, puis me regarde dans les yeux, avec un mélange d'objectivité et de sorcellerie et tranche calmement :

« Alors, là, oui, Staline aurait une carte sérieuse à jouer. Surtout si, d'ici là, les Américains se trouvaient aux prises avec une crise économique... »

Il n'en dit pas plus long, s'empare, dans une boîte à cigarettes en argent, d'un jeu de cartes, qu'il se met à aligner méticuleusement sur la table de bridge : les cartes d'une « patience »...

Comme j'essaie de démontrer au Général que l'Agence Express a eu tort d'ajouter à sa déclaration un communiqué repris par l'A.F.P. et publié généralement dans la presse à côté de sa déclaration, à savoir un texte expliquant que la statistique dont fait état le Général à propos des partis ne tient pas compte des communistes, parti nationaliste étranger, et comme je lui demande s'il ne pense pas que le R.P.F. se donne ainsi l'air de plaider non coupable pour son président, il me dit avec une certaine impatience :

« Mais enfin, cher ami, pourquoi me tarabustez-vous à chaque instant avec la médiocrité des autres ? Qu'est-ce que vous voulez que j'y fasse ? »

Hôtel La Pérouse, vendredi 31 octobre 1947

Nous sommes arrivés de Colombey le 29 pour le déjeuner. Il repart au début de l'après-midi pour la Haute-Marne. Louis Vallon, Chaban-Delmas et Bénouville sont venus lui exposer la manœuvre qui semble devoir s'amorcer dans les prochains jours, en raison de la faible majorité qui s'est ralliée hier soir au vote de confiance (trois cents voix contre deux cent quatre-vingts et dix-sept abstentions...). Dans les couloirs du Palais-Bourbon, on susurre déjà que le troisième ministère Ramadier ne saurait survivre et affronter avec chance de succès une situation aussi redoutable. Et l'on parle de plus en plus d'un ministère d'union nationale allant de Reynaud à Blum, en passant par Herriot.

A Louis Vallon, qui lui demandait s'il y avait intérêt à enrayer la manœuvre, le Général a répondu, bougon :

« Qu'ils fassent ce qu'ils veulent, quoi qu'ils fassent, ça n'a aucune importance. »

Ayant réfléchi à la question depuis ce matin, il vient de dire à Chaban-Delmas :

« Ils auront à compter sans l'Amérique... Mais surtout, on ne refait pas la France sans la France... Or, ils n'ont pas la France... »

Puis il énuméra :

« Primo, ils échoueront. Secundo, ils prolongeront la crise. Tertio, les hommes qui y participeront se casseront les reins... »

Et puis, après un grand rire, il ajouta :

« Quant à Reynaud, s'il fait ça, je me charge de son avenir !... »

Paris, mardi 4 novembre 1947

Déjeuner avec le général et Mme de Gaulle, à l'hôtel La Pérouse. Il est plein d'entrain, parle de mille choses, surtout du passé et notamment de cette lettre qu'il remit à l'amiral Stark au moment de l'affaire Darlan [18]. De mémoire, le Général me cite une phrase de cette lettre : « " J'admets à la rigueur que vous essayiez de faire progresser votre tactique en vous appuyant sur des traîtres, mais je n'admets pas que vous le payiez de l'honneur de la France... " Ce pauvre Stark, qui était une espèce de terre-neuve, s'arrachait les cheveux. Ma lettre fut reprise par Palewski, que je renvoyai pour ce fait, mais, bien entendu, Stark l'avait télégraphiée à Washington dans l'intervalle. » (Ce qui procure au Général une évidente joie rétrospective.)

Il me parle alors en riant énormément d'une autre lettre : c'est celle qu'il avait remise à Lyttleton au moment des affaires de Syrie [19] :

« J'ajoute que la lettre était particulièrement rude. Lyttleton me demanda audience : " Le gouvernement de Sa Majesté, me dit-il, *ne peut recevoir une telle lettre*. Je vous prie instamment, mon Général, de bien vouloir la reprendre.

– Je ne puis la reprendre, car, cette lettre, *le gouvernement de Sa Majesté l'a reçue !* En sorte que nous n'y pouvons plus rien, ni l'un ni l'autre... " »

Il s'esclaffe. Il parle ensuite de ses broadcasts [20] à la B.B.C. Je lui demande si, « au début », le gouvernement britannique les soumettait à sa censure.

« Non, je disais exactement ce que je voulais. Sauf au moment de l'affaire Darlan, aucune censure ne s'exerça jamais. Et quand elle s'exerça à propos de l'affaire Darlan, je refusai de parler. Ou plutôt, je parlai par la radio de

Brazzaville, ce qui était excellent : l'effet de curiosité était beaucoup plus grand *. »

Je lui demande alors si, au moment de l'affaire Darlan, il estime que la presse américaine et britannique censurait beaucoup ses allocutions radiophoniques de Brazzaville :

« Non, dans l'ensemble, mes textes étaient exactement reproduits ; les agences anglaises ne pouvaient demeurer en retrait alors que les agences américaines publiaient mes allocutions " in extenso ". L'émulation et la concurrence aidant, il fallait bien que cela sorte. » Au moment de Mers el-Kébir, Duff Cooper demanda au général de Gaulle de venir à Downing Street à l'issue d'un conseil de cabinet, où l'on avait examiné (Duff Cooper faisait alors partie du cabinet) s'il convenait de censurer une de ses allocutions radiophoniques. « Duff Cooper eut alors une heureuse influence et le cabinet se rallia à son point de vue, qui était qu'il ne fallait pas changer une virgule au texte du chef de la France Libre. »

Nous parlons alors du départ de Duff Cooper et de l'arrivée de Sir Oliver Harvey, récemment nommé à Paris : « Je regretterai Duff Cooper ; c'était un *homme*, il était sensible, oui, à la sympathie, aux arts, aux choses humaines. Je le répète : c'est un homme, l'autre est seulement un fonctionnaire. »

La presse de ce matin annonce le suicide de Winant, qui, ayant terminé la rédaction de ses Mémoires, se tira un coup de revolver. La balle s'étant enrayée, il tira à nouveau, avec un revolver d'ordonnance allemand.

Il parle de ce suicide comme il parle toujours du suicide, sans reproche. Il me décrit Winant, qu'il a bien connu à Londres, où il était ambassadeur, comme d'un « " artiste ", brillant, ami des belles choses, avec un regard légèrement déséquilibré. Un je ne sais quoi de folie se dégageait de toute sa personne. Mais il était sympathique... »

Paris, dimanche 9 novembre 1947

En ce dimanche, le Général a tenu à revenir rue de Solférino pour recevoir MM. Lespès et Terrenoire, M.R.P. [21]. Le Général m'a dit, en rentrant au La Pérouse, que Lespès l'avait intéressé. Il parle avec compétence et seulement de ce qu'il connaît. Ni l'un ni l'autre n'avaient l'air particulièrement gais en entrant ou en sortant. Comme j'en faisais la remarque au Général et comme je faisais devant lui la supposition qu'il avait dû leur parler avec une singulière vigueur, il me répondit avec mesure : « Non, non... On ne peut pas dire que je les aie secoués. Je me suis contenté de leur rappeler quelques souvenirs et de leur décrire, pour le M.R.P., un avenir effrayant... » Mais s'il était détendu en rentrant déjeuner, par contre je l'ai rarement vu aussi

* Sir Gladwyn Jebb, chez Sir Arthur Mayer, en 1956, m'a parlé d'une démarche dont il fut chargé, en 1944, je crois, au moment du débarquement, pour incliner le Général à atténuer telles phrases blessantes pour les oreilles du lion britannique.

brusque qu'au début de cette matinée. Soustelle m'a téléphoné vers dix heures et demie pour me demander d'expliquer au Général que l'interview du secrétaire général du R.P.F., publiée dans *L'Aurore*, n'était pas destinée à la consommation française. Il aurait répondu très brièvement à des « interrogations candides » de Jean Nocher qui avait représenté amicalement à M. Soustelle l'intérêt qu'il y aurait à apaiser les inquiétudes qui se font jour dans l'opinion américaine en ce qui concerne le général de Gaulle et le R.P.F. C'est la presse Hearst et non *L'Aurore* qui devait publier la teneur de cette interview. *L'Aurore* lui aurait prêté des propos qu'il n'aurait jamais tenus. Aussitôt après avoir raccroché, je pénètre dans le bureau du Général. A peine ai-je commencé à lui fournir les explications de Soustelle qu'il s'emporte au-delà de toute expression : « J'en ai assez de ces déclarations perpétuelles et maladroites de Soustelle, de Malraux, de Palewski et de Diomède Catroux ! Il faut que cela cesse ! Je suis assez grand pour faire état moi-même de mes intentions au moment choisi. »

Pour mettre un frein à sa fureur, je lui suggère d'établir le texte d'une circulaire que Soustelle pourrait distribuer dans les services. Mais, sans doute parce qu'il se souvient que Soustelle ne fait aujourd'hui que récidiver (il avait été choqué, à la veille de Strasbourg, par un article du futur secrétaire général du R.P.F., publié dans la presse marocaine), il ne se le fait pas dire deux fois, s'empare rageusement de son stylo et – d'un seul trait – lui, qui écrit d'habitude si lentement, rédige la note suivante pour Soustelle :

« 10 novembre 1947

» Je répète, une fois de plus, que personne ne peut ni ne doit faire de déclaration à quiconque quant à ce qui me concerne personnellement.

» Ce que je pense, ce que je fais, ce que je projette, c'est mon affaire. Il n'appartient qu'à moi de le dire ou de le taire.

» Prière d'en tenir compte absolument et de faire le nécessaire auprès de tous les membres de mes services pour qu'ils se conforment, eux aussi, à cette règle indispensable de convenance et de tactique.

« Signé : C. de Gaulle. »

Il y a deux mois, à la lecture d'une telle note, Soustelle aurait démissionné. Bonneval pense qu'il le fera. Je suis persuadé du contraire.

Colombey, mardi 11 novembre 1947

Plus sa conférence de presse approche et plus le Général se renferme en lui-même. A déjeuner, c'est à peine s'il a desserré les lèvres, sinon à la fin du repas, avec un sourire extraordinairement moqueur et sans que rien n'ait suscité la chose :

« Je ne sais plus qui disait, si justement : " Une nation fournit des grands hommes malgré elle. " Je ne sais plus qui ajoutait à peu près ceci : " Il faut à un grand homme une faculté supérieure à la faculté de résistance de tous les autres. " » Il éclate de rire et ajoute : « C'est exactement cela : il faut que le grand homme manifeste, à lui tout seul, plus d'énergie que la nation tout entière. »

Court silence, puis, dans un nouveau rire :

« C'est un sacré boulot, vous savez... »

Il parle alors de la rentrée du Parlement, qui a lieu après-demain :

« Alors, voilà, ils vont se retrouver ensemble, mais face à face, très mélancoliquement. Au fond, personne ne se fait plus d'illusions : ils ne représentent plus qu'eux-mêmes et c'est déjà un peu comme s'ils n'existaient plus. »

Il prend plaisir à évoquer à l'avance l'embarras dans lequel sa conférence de presse va placer, une fois de plus, les parlementaires : « Mes paroles ne seront pas perdues pour eux. Quelle douche ! Ne vous faites pas d'illusions : ils vont se tenir très rapidement informés de ce que je dirai demain matin. Et alors, j'en connais qui feront une de ces " gueules " ! »

A l'avance, il essaie ses flèches. Il les réessaie même. Pour la troisième fois depuis quarante-huit heures, il me répète qu'il recommandera « amicalement » au peuple anglais de chercher une solution en dehors des partis, en créant le « Rassemblement du peuple anglais ».

Nous passons dans la bibliothèque ; je lui tends son café, qu'il sucre, comme à l'ordinaire, abondamment. Après avoir percé son cigare, ce qui éveille toujours dans ses traits un étrange sourire méditatif et satisfait, il me dit, ne quittant pas le havane du regard :

« Voyez-vous, à chacune de mes conférences de presse, depuis des années, j'aperçois un petit nombre de visages qui sont toujours les mêmes : Glarner, Norman, Harold King, Callender, etc. Eux savent bien à quoi s'en tenir, allez ! Ils savent qu'il y aura " du sport ". S'ils viennent chaque fois, c'est parce qu'ils ne se font pas la moindre illusion sur la dose d'humour que comportent chaque fois mes conférences de presse, sur l'immense drôlerie de toute l'affaire. »

Je lui demande sur quel principe il s'appuie pour répondre, du tac au tac, aux questions qui lui sont posées : « Écrivez-vous d'abord votre texte, sans tenir compte des questions qui vous seront posées, ou bien les étudiez-vous d'abord soigneusement * ? »

Il me répond, avec un grand geste de la main qui balaie :

« Oh ! les questions qui me seront posées, vous savez, il n'est pas bien difficile de les deviner à l'avance. L'important, c'est de méditer un texte de synthèse, qui groupe toutes les réponses que je désire faire. Alors... Eh bien, alors : ou bien on me pose les questions que je veux et j'y réponds ; ou bien on ne me les pose pas et je fais dévier la conversation vers le terrain que j'ai choisi à l'avance. Ou bien encore, on me pose une question à laquelle je ne

* Malraux et Catroux lui ont remis samedi les questions susceptibles d'être posées. Depuis jeudi dernier, il me les réclamait à cor et à cri.

veux pas répondre, et là encore, je fais dévier vers une autre réponse. C'est l'enfance de l'art. »

Un temps. Puis :

« La seule chose qui compte en définitive, c'est de préparer un certain nombre de ripostes foudroyantes pour assommer les attaquants et refroidir toute nouvelle velléité d'attaque. Je ne crois pas, d'ailleurs, que les communistes essaient à nouveau avec moi ce qu'ils ont tenté avec Claude Morgan en avril dernier. Le malheureux s'est fait échauder. Ils ne seront plus dupes. Néanmoins si, demain, la chose arrivait, vous verrez ce qu'il adviendra, par exemple, de ceux qui laisseraient entendre que je suis moins républicain que d'autres... »

Son rire retentit comme une menace...

Paris, mercredi 12 novembre 1947

Dans la voiture qui le raccompagne à l'hôtel La Pérouse, après la conférence de presse, il se détend enfin : si je compare son état d'âme de ce matin à celui du 24 avril, date de sa dernière conférence de presse, cette différence s'impose à l'esprit : en avril, il avait passé le temps qui précéda et suivit son échange de balles avec les journalistes à s'entretenir familièrement, un peu goguenardement, avec Palewski et moi. Il était enchanté de se retrouver à Paris, le pittoresque de cette situation l'amusait, impression qu'il faisait l'école buissonnière, délesté de tout fardeau. Il en était résulté pratiquement une plus grande aisance dans ses rapports humains, dans la mesure où l'on peut parler de rapports humains lorsqu'il s'agit de contacts entre lui et la presse. Sur le plan des idées, la conférence de presse de ce matin me paraît plus brillante, bien qu'à mon sens une certaine raideur soit apparue dans ses gestes. L'ensemble manquait de « liant ». Ceci me revient à l'esprit (je ne relis jamais ces notes...) : cependant que les journalistes, en contrebas de la fenêtre où nous étions postés au deuxième étage de l'immeuble, se faufilaient difficilement par la petite porte du 53 de la rue François-Ier, puis, le barrage franchi, se précipitaient à travers le gravier jusqu'au perron principal, Palewski laissa tomber, avec une certaine hésitation, mais sans pouvoir s'empêcher de « l'essayer » sur le Général, la phrase suivante :

« Il se peut que socialistes et M.R.P. finissent par s'entendre – oh, je ne dis pas tout de suite ! – sur le dos des communistes...

– Ce n'est pas sérieux », repartit le Général, avec une énorme moquerie au fond de la voix.

Il s'assit alors sur un divan, il fixait Palewski du regard moqueur dont on regarde un homme trop candide :

« C'est de la rigolade. Le fond des choses c'est que jamais, vous m'entendez, *jamais* aucun parti politique n'osera jamais montrer la porte aux communistes. Si les communistes s'en vont, ce sera soit du fait de De Gaulle, *soit de leur propre fait* et parce qu'ils auront décidé de quitter le gouvernement. On ne les chassera pas. Ni le Bidault, ni le Blum, ni aucun autre n'auront jamais le courage de se séparer d'eux. Ils ont beaucoup trop peur des communistes pour les rejeter : voilà la vérité, mon pauvre ami ! *Ils en ont une peur bleue.* »

Ce matin, c'est à peine s'il desserra les lèvres avant l'heure à laquelle il regagna l'hôtel La Pérouse. Alors, il me dit, avec, dans la voix, cette joie du mépris qui lui est si particulière :

« Quelle douche pour le Parlement ! N'en doutez pas : mes phrases, en ce moment même, sont épluchées, passées au crible. Pauvre Blum, " Tyrtée " de la Troisième Force [22], ah !... »

Et d'évoquer en quelques phrases la figure du vieillard Tyrtée délégué ironiquement par les Athéniens aux Spartiates et galvanisant ceux-ci de ses chants.

Ce thème lui demeure sans doute dans l'esprit car, pendant que la petite Citroën grimpe le long d'une rue étroite, un étrange sourire tend plutôt qu'il ne détend ses traits. Il ajoute alors :

« Des crachats dans la mer ! Des crachats dans la mer [23] ! Non, vous savez, j'ai été dur. »

Petit sourire cruel et radieux, petit sourire de délice...

Ce soir, comme nous rentrions de la rue de Solférino, il tranche :

« Vous verrez que, pour former leur " gouvernement fort et stable ", ils ne trouveront rien de mieux que de faire appel à Robert Schuman. »

Et il répète : « Robert Schuman ! Ah, ah !... Blum, lui, n'a aucune chance. Quant à Reynaud, il s'agite beaucoup, mais les socialistes n'en voudront pas *. »

Paris, mardi 18 novembre 1947

Le 23 octobre dernier, à Alger, Rémy me fit part de son intention de se retirer dans son moulin et d'écrire un bouquin sur la torture. Je lui dis :

« Non, Rémy ! Je vais vous dire ce que vous allez faire : vous allez écrire un bouquin de cent cinquante pages au maximum, que tous les Français ont besoin de lire, que vous intitulerez : *De Gaulle, cet inconnu* et dans lequel, vous appuyant sur le texte d'un article de *Carrefour* [24] et d'une conférence que vous avez déjà faite un peu partout, vous essaierez de donner au tout venant la sensation physique de ce qu'est le général de Gaulle dans la vie quotidienne, dans ses observations familières, dans son humour, dans son affection..., en un mot, de Gaulle tel que vous l'avez " vécu " depuis 1940. »

* M. Palewski devait me dire quelques jours plus tard, le 24 novembre : « Lorsque je lui ai dit, mercredi dernier (12 novembre), que j'avais vu Paul Reynaud, il m'a dit, avec son extraordinaire don de double vue politique *(sic)* : " Ce n'est pas parce que vous l'avez vu qu'il a renoncé, c'est parce que les socialistes n'ont pas voulu de lui. " »

J'observe d'ailleurs que, si, dans la soirée du 23, Robert Schuman a failli échouer dans la formation de son ministère, c'est en grande partie par suite de l'hostilité des socialistes à la présence de Reynaud sur la liste. Reynaud a fini par lui écrire une lettre que publie la presse de ce matin. Les socialistes levèrent alors leurs objections.

Rémy était exténué ce soir-là et d'autant moins résolu à consacrer son temps à ce travail qu'il venait d'avoir avec le Général une discussion assez vive au cours de laquelle celui-ci l'avait bousculé...

Le lendemain, cependant, ayant un peu dormi et la nuit portant probablement conseil, il revint à ma suggestion et me dit :

« Je répugne à faire un tel travail, parce que beaucoup d'autres que moi sont mieux placés pour le réussir, mais enfin, puisque vous me dites qu'il serait tellement nécessaire, je suis d'accord pour " essayer ". A une condition, cependant : il faut que vous m'aidiez. Je vais donc me mettre au travail dès mon retour. Dès que j'aurai mis quelque chose sur pied, nous reverrons ce travail ensemble et je vous demanderai de me reprêter les notes que vous m'aviez montrées il y a quelques mois. » (Mes notes de janvier, février, mars 1946.)

Un mois plus tard environ, c'est-à-dire il y a dix jours peut-être, Rémy m'emprunta mon manuscrit et retourna dans son moulin. Hier soir, il me demanda de venir le voir immédiatement à l'hôtel La Pérouse et me lut rapidement les principaux passages d'un manuscrit composé de deux parties : tout d'abord, un travail de synthèse d'une cinquantaine de pages environ, secondement quarante-cinq pages d'extraits de mon journal, tous très courts et présentés sous le titre « Anecdotes. » Après ce premier coup d'œil rapide, il me prêta le manuscrit que je lus hier soir dans mon lit, vers minuit. Je sursautai. Il avait en effet choisi les confidences les plus familières, les plus crues, les plus indiscrètes qu'on puisse imaginer. Mon inquiétude eût été moindre si Rémy ne m'avait dit son intention de soumettre l'ensemble du manuscrit au général de Gaulle dans l'après-midi d'aujourd'hui, l'audience ayant déjà été prise pour quinze heures trente et le bouquin devant partir à l'impression ce soir même...

Malraux, qui m'a fait l'amitié de parcourir l'ouvrage, m'a prié de venir le voir à onze heures : il était scandalisé. « Dites à Rémy de venir me voir tout de suite, qu'il n'a pas le droit de mettre ces " anecdotes " sous les yeux du Général, car cela signifierait pour vous la fin d'un ouvrage capital pour l'Histoire et qui n'a d'intérêt que dans la mesure où vous pouvez le continuer jusqu'au bout. Deuxièmement, et c'est plus grave, j'estime que ces coupures, présentées bout à bout, desserviraient le Général. Cela donne un caractère de " déclaration au monde entier " à des confidences familières et à des boutades. Ce serait un geste inamical. »

Finalement, il ne fut pas nécessaire que Malraux en parlât à Rémy : il se soumit immédiatement à mon point de vue et remplaça la deuxième partie de son livre par... un poème de Jean Choux !...

Emprunt fait par le colonel Rémy à ces notes, à la date du 15 novembre 1947 :

Au mois de juillet 1945 (manuscrit : page 44), alors qu'il était encore à la tête des affaires de la France, le Général confiait à l'un de ses intimes :

« Voyez-vous, cela a trop duré. Cela dure trop longtemps... A la longue, tout cela devient fatigant. Le malentendu n'est pas entre la nation et moi, il est entre le " *grenouillage* " et moi. Le " grenouillage ", c'est lassant ! Je n'ai pas l'intention de rester indéfiniment... Je vais rester, certes, quelque temps encore... Il faut à la France, bien entendu, des institutions et quelques cadres. Après, je m'en irai...

» Nous vivons des temps redoutables... Je préfère me réserver et, en prenant ma retraite, rester disponible pour des temps plus durs. Qui sait ? Peut-être faudra-t-il, demain, servir à nouveau au rassemblement des Français. »

Paris, mercredi 19 novembre 1947

Le Général est venu passer deux jours à Paris. Finalement, dès son arrivée, alors qu'il vient de jeter un coup d'œil sur les journaux du soir, il me dit :

« Vous savez, non : je ne veux pas m'attarder ici. J'aurais l'air de " grenouiller ". Comptez donc que je repartirai demain, en fin de matinée. »

Ce soir, en rentrant de la rue de Solférino, il se détend un peu pour me dire :

« Vous verrez ce que je vous dis : *les communistes veulent que les socialistes leur tirent dessus.* Ils vont faire tout ce qu'ils peuvent pour cela. Il leur reste, d'ailleurs, peu de temps pour cela. Moi, oui, je crois que d'ici quarante-huit heures, ils se seront brouillés, pour que Ramadier leur tire dessus. Alors après, eh bien, ils diront : " Le parti socialiste a trahi la classe ouvrière. En assassinant les ouvriers, il se place au ban de la nation. " »

Un silence, puis :

« Quand je pense ! Tant de bruit pour l'affaire de Marseille [25] ! Tant de boucan à propos de quoi ? Un seul malheureux type tué et les communistes cherchent à déclencher la grève générale ! »

Paris, samedi 22 novembre 1947

Le manuscrit définitif de *De Gaulle, cet inconnu* a été remis par Rémy au général de Gaulle à la fin de la semaine dernière. Après lecture, le Général me demande de le rendre à son auteur avec une page annotée de sa main. Voici les critiques du principal intéressé :

Page 13 du manuscrit « Escapades », Rémy écrivait : « Je parlais donc, dans des termes qu'on peut aisément supposer comme assez peu amènes, du " cas Pétain ". Le Général m'interrompit dans ma diatribe :

" Voyez-vous, Rémy, il faut que la France ait toujours deux cordes à son arc. Il lui fallait alors la corde de Gaulle, mais il lui fallait aussi la corde Pétain. " »

Observation manuscrite du Général : Scabreux. J'ai noté sur le texte ce que je voulais dire :

« Voyez-vous, Rémy, il *fallait* que la France *eût alors* deux cordes à son arc. Il lui fallait la corde de Gaulle. Il lui fallait aussi la corde Pétain. Mais à la condition qu'elles fussent toutes deux à son service. »

Je note ici (c'est moi qui parle) qu'au cours de la conversation mentionnée par Rémy, la dernière phrase ne fut jamais prononcée.

Plus loin, Rémy met dans la bouche du Général :

« La corde Pétain eût pu jouer au profit de la France. Pour dérisoire et fragile qu'elle fût, elle était seule de nature à permettre d'espérer qu'une représentation française s'opposerait aux exactions de l'ennemi. »

Ici, de Gaulle a ajouté à la plume : « Mais il aurait fallu qu'elle s'y opposât. »

Page 26 : « Je n'étais pas à Londres, mais devant Dakar, quand le général Catroux est arrivé d'Angleterre. C'est à Fort-Lamy, chez Éboué et en octobre 1940, que nous nous sommes vus et qu'il m'a fait, devant témoins, son acte de subordination. »

Page 37 : « Viénot n'était pas commissaire aux Affaires étrangères, mais ambassadeur à Londres. »

Ce sont là les seules observations faites par le Général à Rémy.

Mercredi 26 novembre 1947

L'annotation manuscrite du Général (page 13) fut l'objet, entre lui et moi, de la conversation suivante, en auto, cet après-midi. Lui, l'air lointain, mais, je crois, fort vigilant :

« Guy ! Avez-vous rendu son manuscrit à Rémy ?

– Oui, mon Général.

– Lui avez-vous montré mes trois corrections ?

– Nous les avons lues ensemble...

– Bon ! Mais en tiendra-t-il compte, au moins ?

– ???

– Voyez-vous, le mieux serait, pour la France, sur la " corde Pétain ", qu'il la supprime, ou qu'il la reprenne à son compte...

– Je le lui demanderai dès ce soir, mon Général. »

Ici, un assez long silence. Nous passons devant les grilles du Palais-Bourbon, où le service d'ordre a été doublé et où le public fait la queue pour accéder à la tribune. Il murmure, dans son cigare :

« Pas si bêtes, les Parisiens : ils emploient tous les moyens pour se chauffer ! »

Mais cette boutade ne l'empêche pas de suivre sa pensée :

« ... Voyez-vous, Guy, ce genre d'écrits présente un inconvénient : on se saisit, ici ou là, d'une phrase qui n'avait le plus souvent que la valeur ou la portée d'une boutade dans la bouche de celui qui l'a prononcée, mais *on en tire gravement des conséquences.* D'abord, le hachis ne restitue pas le bœuf. Et puis, surtout, on présente involontairement le hachis de telle manière qu'il prend l'importance d'un plat de résistance... »

Paris, vendredi 28 novembre 1947

Très tôt après le déjeuner, je repars par la route pour Colombey. Premières neiges. Il est dix-neuf heures environ au sortir de La Villeneuve-au-Chêne, dernier village avant Colombey. Un lapin aveuglé par les phares court le long de la voiture sur plus de deux cents mètres.

Colombey dans la neige, devant la grille de la Boisserie, un garde dans le froid, qui, sous sa houppelande, esquisse un geste de circulation routière. Mme de Gaulle s'amuse avec le Général des traces de pas que Marie et Philomène ont imprimées dans l'allée principale, que la petite Citroën dévale. Le Général dit :

« Ce que je n'aperçois pas, ce sont les traces de pas de Vincam. »

Et je réponds :

« Il faudrait prendre une loupe. »

Le perron est éclairé ; Marie aide le chauffeur à descendre les bagages de la voiture de sécurité qui nous suivait. Philomène me dit : « Le commandant de Bonneval vient de téléphoner et demande que vous le rappeliez de toute urgence. »

Cinq minutes se passent. Bonneval au bout du fil :

« Nous n'avons pas encore les derniers détails, mais tout laisse supposer que le général Leclerc a trouvé la mort cet après-midi dans un accident d'avion. »

Et de m'expliquer que le doute subsiste sur le point suivant : l'avion qui quitta Villacoublay, il y a quarante-huit heures, pour Colomb-Béchar avait fait escale à Oran, où le général Leclerc avait passé les troupes en revue. A-t-il repris place dans le même avion, qui s'est écrasé à trente-huit kilomètres au nord de Colomb-Béchar et dont tous les occupants ont péri carbonisés ?

Je sors de la cabine téléphonique, qui sert également de coffre à bois et qui est située sous l'escalier, sur lequel résonne le pas lent du Général, qui descend du premier étage. Devant l'inquiétude qui se lit sur mon visage, il s'arrête avant d'avoir atteint le rez-de-chaussée. Nous sommes séparés par la balustrade. Je lui dis :

« Le commandant de Bonneval me prie de vous dire, mon Général, qu'il se peut que le général Leclerc ait péri cet après-midi dans un accident d'avion. »

Il ne semble nullement ému, mais réplique avec impatience :

« Que veut dire : “il se peut que... ?” »

Je lui communique les phrases exactes du commandant de Bonneval, lui indiquant que, d'une minute à l'autre, le général Valin et l'état-major du général Leclerc infirmeront ou confirmeront la nouvelle. Puis je dis : « Le général Valin pense qu'il y a quatre-vingt-dix-neuf chances sur cent pour que le général Leclerc ait pris place dans cet avion. »

Alors seulement, le Général élève les bras et les laisse retomber avec tristesse : « Si c'était vrai, ce serait lamentable !... » Il me quitte pour se rendre dans la bibliothèque, se retourne et me dit : « Voulez-vous m'appeler Pompéi ? » Je pense qu'il s'agit – par l'ancien préfet d'Oran – d'obtenir une liaison directe avec cette ville. Mais non, il s'agit des élections municipales qui se tiendront dans une dizaine de jours. Ne pouvant obtenir Pompéi, je rappelle le commandant de Bonneval pour lui demander de prier l'ancien préfet d'Oran de téléphoner à Colombey dès qu'il aura pu le joindre. Bonneval m'interrompt et me dit : « Nous avons eu confirmation, à l'instant, que le général Leclerc se trouvait bien dans l'avion. »

Le Général est remonté dans sa chambre, où je le fais prévenir par Marie que je désire le voir. Il descend et c'est encore dans l'escalier que je lui annonce la mort de Leclerc. Il me fixe d'un regard étincelant, chargé de choses qu'il ne veut pas dire. Puis son regard retombe sur les marches de l'escalier. Après un temps, il me regarde à nouveau et me dit tout banalement : « C'est une catastrophe nationale !... » Je lui demande s'il veut parler à Bonneval, qui est resté au bout du fil. Il prend l'appareil : « C'est vous, Bonneval ?... » Il le prie de faire une démarche avec Palewski auprès de Mme Leclerc pour lui exprimer « les sentiments qu'il ressent devant la mort de son compagnon ». Puis il définit sa position par rapport aux obsèques. Si ce sont des funérailles nationales, la présence du gouvernement ne lui permettrait pas d'y aller.

Après avoir donné ses instructions à Bonneval, il raccroche et gagne la bibliothèque, où je le suis. Cinq minutes ne se sont pas écoulées. Un court silence, puis, d'une voix extraordinairement douce, il me demande ce que c'est qu'un « Mitchell ». Il pense alors qu'il s'agit peut-être d'un « attentat ». Il porte la main à la poche de son veston, les doigts quêtent une lettre parmi d'autres. La lettre ouverte, je reconnais l'écriture du général Leclerc. Sans un mot, il me la tend, puis se ravise, met ses lunettes et me la lit lentement. C'est une courte missive, datée du 25 novembre, informant le général de Gaulle qu'après une conversation avec Pleven, il en est arrivé à cette conclusion que les communistes peuvent déclencher, d'un jour à l'autre, des « opérations » en Afrique du Nord. Il a compris que son devoir était d'aller passer quelques semaines de l'autre côté de la Méditerranée pour parer, le cas échéant, à un « coup de chien ». La lecture terminée, il me dit :

« Vous voyez, hein ?... »

Il n'en dit pas plus ; suit un long silence haché de plusieurs : « C'est lamentable !... » Je me retire bientôt pour le laisser seul avec ses pensées...

J'évoque ici mon dernier entretien avec le général Leclerc, à l'occasion de la préparation du voyage du général de Gaulle à Alger. J'avais demandé au colonel Fieschi, qui vient d'être tué aux côtés de Leclerc, et qui servait à son état-major, de venir me voir pour faire part à son chef des difficultés faites par le gouvernement à l'attribution de troupes d'honneur aux cérémonies projetées. Le lendemain, Leclerc me demanda de venir le voir 26, avenue Kléber, dans un appartement occupé par lui depuis peu de jours et qui n'était pas encore complètement aménagé. A droite de la porte d'entrée, le regard donnait sur une salle à manger avec, pour tout mobilier, une grande table sans nappe où les couverts de la famille étaient mis (ronds de serviettes d'une famille nombreuse...). L'ordonnance poussa une porte à gauche, au fond du corridor ; au milieu d'une grande pièce, sur un tapis africain, le général Leclerc, en civil, sa fameuse canne à la main, était assis. Dans ce cadre aux murs dénudés, la lumière était extraordinairement blanche.

De sa voix jeune et chaude, le général Leclerc me pria de m'asseoir et me regarda. Ses paupières clignaient, selon son tic habituel. Nous nous concertâmes sur la meilleure technique à employer pour obtenir la participation des troupes, le dimanche suivant à Alger. Cette question réglée, il me dit en substance :

« Il y a intérêt à ce qu'on ne nous voie pas ensemble. Je vous ai fait dire par Fieschi mon regret de ne pouvoir paraître aux côtés du général de Gaulle le 12 octobre. Ce ne serait pas politique. Cela correspond d'ailleurs au point de vue du Général. Il a été convenu entre nous que, pour l'instant, il ne fallait pas me " mouiller ". Vous savez que si je ne suis qu'inspecteur et non pas commandant des troupes en Afrique du Nord, c'est parce qu'aux yeux du gouvernement je suis marqué de " gaullisme ". Bien entendu, si le Général exprimait un souhait contraire pour la cérémonie d'Alger, je m'y conformerais. »

Il y avait énormément de chaleur humaine quand il parlait du général de Gaulle dont, plus qu'aucun autre peut-être, il avait le « béguin », quelle que fût sa susceptibilité aux ordres du « Patron ».

J'évoque cet autre souvenir : un dîner sur le pont d'un bateau amarré au bord d'un lac allemand (Augsbourg [26] ?), aux lendemains immédiats de la Victoire. Le général Leclerc et ses officiers supérieurs recevaient le général de Gaulle au soir d'une journée particulièrement émouvante : pour la dernière fois, en effet, le Général avait passé en revue, sur un immense terrain de manœuvre, tous les hommes et tout le matériel de la fameuse Division, avant l'éclatement de celle-ci. Au-dessus du lac, un orage menaçant, l'orage de *Guillaume Tell*... Je ne me souviens pas exactement des paroles tenues par le Général, mais le thème en était, à peu près, le suivant :

« Ah ! Leclerc... Vous n'avez jamais voulu aller là où j'entendais vous conduire !...

– Comment cela, mon Général ? interrogea Leclerc, stupéfait.

– Mais oui. Rappelez-vous... Quand je vous ai dit d'aller au Tchad, vous ne vouliez pas aller au Tchad ; arrivé en Tunisie, vous vouliez aller en Italie ; arrivé au Maroc, vous ne vouliez pas aller en Angleterre : vous vouliez débarquer dans le Midi, etc. » (Le Général cita une dizaine de circonstances où Leclerc renâcla.)

Comme le Général poursuivait, tout à coup Leclerc, n'y tenant plus, l'interrompit :

« Ah ! mon Général, je vous en prie : pas devant mes subordonnés !... »

De Gaulle rit. Leclerc bout, mais se calme très vite, la pluie est devenue trop dense. Dispersion des convives.

Colombey, samedi 29 novembre 1947

Il apparaît vers onze heures. Sur sa table de travail, sa serviette est demeurée fermée depuis la veille, indiquant qu'il n'a pas travaillé hier soir. Je m'interroge sur ses pensées et me rends compte, une fois de plus, que – malgré trois ans et demi passés à ses côtés – je ne le connais pas assez encore pour savoir s'il est ému, ni pour être certain qu'il peut l'être sincèrement. Je crois surtout que ni ses joies ni ses douleurs ne ressemblent jamais aux joies ou aux douleurs des autres.

Au bout de cinq minutes, il s'approche de ma table de travail et me dit :

« La mort de Leclerc est une perte incalculable pour le pays. Je l'aimais. Oh ! il était " cabochard ", bien entendu... On ne peut être parmi les plus grands sans être un peu cabochard. Mais, voyez-vous, je me souviendrai toujours de ceci à son propos : il *avait* une chose que les autres n'avaient pas souvent : aucun sentiment, chez lui, aucune pensée, aucune parole ni aucun geste n'était jamais vulgaire, ou médiocre. Je lui avais demandé d'aller en Afrique, il y a un an. C'est à contrecœur qu'il avait accepté. C'est un des seuls et peut-être le seul qui aurait tenu jusqu'au bout, là-bas, sans arrière-pensée... »

Va-et-vient à travers la bibliothèque, un hochement de tête, puis il regarde ses pieds :

« C'est lamentable !... » murmure-t-il.

Puis, plus tristement, mais avec je ne sais quelle immédiate résignation :

« Enfin, tant pis !... »

Il s'approche alors de ma table de travail, se saisit de l'atlas situé sur une étagère, déplie la carte d'Afrique, pose l'index sur le lieu de l'accident et me dit :

« Hier soir, j'ai d'abord cru à un attentat. Réflexion faite, ce n'est pas vraisemblable. Si l'accident avait eu lieu au décollage d'Oran, alors oui. Mais pourquoi la catastrophe se serait-elle produite en plaine, à proximité de l'aérodrome de destination ? Non, je n'y crois pas. »

Puis, il me parle des obsèques de Leclerc :

« Quelles que soient ces obsèques, *ils* s'y empresseront, n'en doutez pas. Il se peut également que les Teitgen et autres farfelus se décident immédiatement à le mettre aux Invalides *(sic)*. Dans ce cas, moi, je ne pourrais assister à aucune cérémonie.

– Et si l'inhumation a lieu dans son pays natal ? »

Il s'interroge un court instant et me dit résolument :

« En ce cas, des membres du gouvernement y assisteront également, c'est du moins probable. Alors, moi, je ne pourrais y aller que le lendemain.

– Qu'importe, mon Général ! Les compagnons de la Libération resteront autour de vous, c'est-à-dire qu'eux aussi, ils paraîtraient le lendemain, pour pouvoir s'associer à votre geste... »

Un murmure amer et dubitatif, puis :

« Oh ! ce n'est pas sûr... Ils ne pourraient s'empêcher de paraître aussi la veille de ma venue et, la première cérémonie terminée, vous verriez qu'ils reprendraient le train comme les autres... »

Je proteste. Il m'interrompt par cette conclusion :

« Enfin... attendons ! Il faut d'abord savoir ce qui est décidé. »

Le général de Gaulle vient de me remettre une lettre pour la veuve du général Leclerc.

Après le déjeuner, le Général et Mme de Gaulle.

Elle parle du Pape « qui reçoit fréquemment des pécheurs ». Elle parle notamment de l'audience accordée à Mme Peron, « une femme qui a tout fait [27] ! » Il sourit, tire sur son cigare et dit :

« Au total, voyez-vous, l'Église plane toujours largement au-dessus de ses propres erreurs. En définitive, elle considère en toute chose l'aspect surnaturel. Voilà pourquoi il faut bien se garder de juger l'Église à l'échelle humaine. Ce qui compte, pour elle, c'est de conduire les fidèles vers leur salut, c'est d'assurer celui-ci. Voilà pourquoi l'Église considère les choses humaines avec cette suprême indifférence... »

Il rallume lentement son cigare et poursuit ainsi :

« ... Ce qui ne l'empêche pas, l'Église, de considérer aussi les problèmes temporels, car les fidèles vivent sur la terre. Ce qui ne l'empêche pas d'envoyer des représentants auprès des gouvernements, de recevoir des ambassadeurs, etc. Bref, ce qui ne l'empêche pas de faire de la politique. Oui, mais (ici, il ouvre immensément et joyeusement les bras) ce qui ne l'empêche pas de sentir une énorme dérision à l'endroit des gouvernements... »

Un temps, puis :

« Remarquez bien qu'il n'en fut pas toujours ainsi. Du temps de la monarchie, notamment, il est arrivé au Vatican de marquer une certaine considération, une certaine prédilection à l'endroit de tel ou tel État, ou de tel ou tel groupe d'États, soit qu'ils représentassent un élément de continuité, soit qu'ils fussent en fusion étroite avec leurs peuples. Ce fut le cas, par exemple, pour l'Empire germanique, pour la monarchie française, ou la monarchie espagnole. Alors le Pape acceptait la présence, aux conclaves, d'ambassadeurs chargés de faire entendre la voix et de défendre les intérêts de leurs gouvernements. »

Ici, l'humour émeut ses traits, puis il dit, après un court silence destiné à ménager le contraste :

« Mais maintenant... (Les bras se sont soulevés avec ironie et retombent avec une lassitude comique :) ... Maintenant ! Car vous avouerez que, maintenant, le Pape a de sérieuses raisons pour ne pas prendre trop au sérieux les gouvernements, qui ne représentent plus guère les peuples et qui de toute manière ne durent jamais plus de quelques années, quand ce n'est pas quinze jours. »

Grand éclat de rire au nez du temporel. Puis il redevient grave, une gravité admirative. Il me regarde avec un éclat presque mystique au fond de l'œil, pour conclure, ses mains prenant lentement un vol divergent :

« Oui, je le répète : l'Église planera toujours largement au-dessus de ses propres erreurs. »

Mais elle, obstinée, revient à Mme Peron :

« Enfin, vous me direz ce que vous voudrez, moi je ne vois qu'une chose : tout le monde s'intéresse beaucoup plus à ces *femmes-là (sic)* ! »

Elle lève la tête de dessus son tricot et cherche un exemple :

« Tenez, Chateaubriand, par exemple... Eh bien, quand sa bonne amie... »

Elle se frotte le bout des doigts, cherchant son nom :

« Vous savez bien, Charles... celle qui était malade...

– *Lui* (immédiatement) : Mme de Beaumont... (Impatient) Eh bien, Mme de Beaumont, quoi ?...

– *Elle* : Eh bien, le Pape demanda à Chateaubriand des nouvelles de la santé de cette femme...

– *Lui* (ironique) : J'appelle cela de l'excellente politique...

– *Elle* : Qu'est-ce que vous voulez, moi, je ne trouve pas ça bien... Ce n'était pas une femme honorable. C'est comme Mme Pétain : quand le Maréchal a été à Rome, le Pape l'a reçue...

– *Lui* (énergique, mais rieur) : Que voulez-vous, Yvonne, ils s'étaient mariés religieusement. Quant à son sculpteur de premier mari, il était mort depuis longtemps...

– *Elle* (de plus en plus entêtée) : N'empêche qu'ils avaient vécu ensemble dans le péché. Alors, moi, je dis : ils n'auraient pas dû se marier à l'Église...

– *Le Général* (l'interrompant avec une indulgence narquoise) : Oh ! vous... Pourquoi voulez-vous toujours la mort du pécheur ? Est-ce que je sais, moi ? Ils s'étaient peut-être repentis depuis la mort de X. Il faut tout de même que vous leur laissiez une chance ! L'Église l'a bien fait.

– *Elle :* “ Bienheureux les miséricordieux, car ils obtiendront miséricorde [28] ! ” »

Quelques instants après et pour mettre fin à cette conversation, je lui demande s'il est exact que le général Leclerc, comme le prétend Georges Cattaui dans sa biographie, fut élève rue de Vaugirard [29]. Il est certain du contraire. Pour le général de Lattre, c'est exact. Nous en venons à parler de Waldeck-Rousseau et de Combes. Il me fait, à brûle-pourpoint, l'historique des rapports entre l'Église et l'État depuis Napoléon Ier. C'est un cours d'histoire d'une précision incroyable. J'avais beau me dire que son père fut directeur des études de l'école de la rue de Vaugirard, je fus stupéfait de l'analyse, mais surtout du « plan » de la courbe, en forme d'escalier médiéval. A croire qu'il lisait un cours d'histoire.

Nous écoutons les nouvelles à la radio. Seul commentaire :

« Fondamentalement, ce qui manque aux communistes, c'est le talent. »

Et il répète : « *Le talent...* » Puis :

« Sans le talent, on n'est pas suivi. »

Il me conte alors une anecdote qui circule sur Thorez :

« C'était à la veille de son départ pour Moscou. Il rencontre un camarade de leur parti qui l'interpelle : " Alors, mon vieux, tu pars en voyage ?... C'est-y qu'on va avoir la guerre ? " »

Il rit, comme on rit à vingt ans. Puis la gravité revient dans ses traits, lorsqu'il dit :

« Voyez-vous, si les choses devaient aller aussi loin, ou seulement se corser, Thorez ne serait pas rentré. Vous n'avez jamais vu un dirigeant communiste se montrer en cas de coup dur. Quand les balles sifflent, ils restent dans les caves. »

Au déjeuner, il m'a parlé avec beaucoup d'entrain de l'époque où, étant caporal au 33e régiment d'Infanterie, les grèves éclatèrent à Dunkerque. La troupe fut chargée de maintenir l'ordre. Le colonel Schwartz, qui commandait ce régiment, cria à la foule hostile : « Allons, allons ! Ne nous obligez pas à faire ce que nous n'avons pas envie de faire. » Et de proposer ce marché à la foule : « Si vous vous tenez bien, je fais retirer les baïonnettes *(sic).* » La foule se radoucit et le colonel Schwartz ordonna à ses hommes de rengainer leurs baïonnettes.

« Alors, explique le Général, ce fut un tonnerre d'applaudissements. La foule cria : " Les soldats avec nous ! Les soldats avec nous ! " Bien entendu, il n'avait jamais été question de cela dans l'esprit de ce pauvre Schwartz. Ce qui n'empêcha pas le ministre de la Guerre de prescrire une enquête. Il y eut des inspections. Chaque gradé dut écrire un rapport. Je rédigeai fièrement le mien... Dame, oui, j'étais caporal ! »

Autre expérience de grève. Le sous-lieutenant de Gaulle fut envoyé à Lens, où il assista à la sortie des chevaux de la mine :

« Je fus extrêmement frappé par cette scène. Les femmes de mineurs étaient là, les visages étaient tristes, les regards s'interrogeaient, mélancoliquement, car les chevaux hors de la mine, cela signifiait une grève longue, c'est-à-dire plus de pain à la maison, c'est-à-dire la misère... Ce qui me frappa également, ajoute-t-il, c'est la familiarité de la troupe et de la foule. La plupart des mineurs qui étaient là avaient fait leur service au 33e et reconnaissaient leurs copains sous l'uniforme. " Bonjour, mon lieutenant ! " me criait-on, et je reconnaissais d'anciens hommes à moi parmi les mineurs. »

Il nous raconte qu'il fut chargé, au cours de la même grève, de délivrer des non-grévistes auxquels la foule voulait faire un mauvais sort :

« Il y avait là des hommes et des femmes. Parmi celles-ci, certaines avaient été dévêtues. On les menaçait du poing. Nous intervînmes pour affranchir ces malheureuses... »

De la fenêtre, nous apercevons Vincam qui joue dans la neige du jardin. Ses oreilles commencent à se dresser et nous rions beaucoup de ses premiers aboiements. Mme de Gaulle va le chercher et le ramène à l'office. Puis elle regagne la bibliothèque, portant sa chatte :

« Viens avec moi, Poussy, viens ! Je vais te consoler du chien. »

Il me demande – avec une curiosité exagérée – des nouvelles de ma fille, qui a été opérée des végétations, désirant savoir si cela lui a fait « très mal à la gorge ». Et il évoque ce souvenir :

« Enfant, j'ai subi la même opération. Alors, on n'endormait pas. J'en ai conservé un atroce souvenir. Après, pendant quelques jours, on me faisait avaler de la glace... »

Et il ajoute, avec une solennité pleine d'humour :

« Je me souviens que, pour me consoler, on me fit cadeau d'une boîte de soldats de plomb. Et ces soldats, chacun de ces soldats, je les vois encore. »

Le commandant de Bonneval m'a téléphoné, à 18 h 15, le message suivant : « Séance houleuse à l'Assemblée. La gauche [30], debout, chante *L'Internationale*. Le restant de l'Assemblée chante *La Marseillaise*. Atmosphère très lourde. La température monte. » Puis, à 18 h 25, je reçois celui-ci : « Le président de l'Assemblée a fait évacuer la Chambre. » Bonneval m'a fait appeler précédemment, à 17 h 40, depuis la rue de Solférino, pour m'apprendre la distribution gratuite, dans Paris, d'une édition spéciale de *L'Humanité*, avec double manchette rouge sur quatre centimètres de hauteur : « Coup d'État machiné pour minuit. » Puis, en sous-titre : « Démocrates, vous avez la force de vous défendre. » Au moment où je rentre à la bibliothèque, on me fait parvenir le rectificatif suivant au message de 18 h 25 : ce n'est pas la Chambre, mais les tribunes, que le président de l'Assemblée a fait évacuer.

Le Général parcourt ces textes et hausse les épaules...

Colombey, dimanche 30 novembre 1947

La mort du général Leclerc, qui l'eût accablé voici deux mois, le trouve inébranlable. Sérénité ? Je ne sais pourquoi, il n'a jamais été plus impavide, apparemment plus « disponible », certainement plus détendu depuis la Libération. Pratiquement, il est inactif, perdu le plus souvent dans sa méditation. Depuis avant-hier, son activité s'est réduite à ceci : écrire une lettre à Mme Leclerc de Hauteclocque, un mot à Jacques Soustelle ce matin (pour l'inviter à dîner avec sa femme après-demain à Paris et pour annoncer sa décision de recevoir mercredi et jeudi les délégués nouvellement désignés dans les départements). Hier, l'absence de journaux, en un moment où chacun pense que l'événement s'avance à pas de géant, ne lui pesait nullement. Grèves partout. Il ne se précipite nullement sur la radio, se console aisément d'en avoir oublié l'heure. Il n'a guère prêté attention au texte du projet de loi gouvernemental sur la protection et la liberté du travail.

Comme il lit dans les journaux que Churchill a soixante-treize ans aujourd'hui, il fait entendre un grognement ironique :

« Soixante-treize ans ! Je n'aurais jamais cru, à le voir, que ce vieux forban *(sic)* vivrait jusqu'à un âge pareil !... »

Puis, me regardant d'un œil narquois, bridé d'humour :

« Il est vrai qu'il a fait toute sa vie des affaires avec le diable... »

Il lève l'index :

« Je vous dis : celui-là, c'est la méchanceté et l'alcool qui le conservent. »

10 h 35

Ce message me parvient : « Les pourparlers ont échoué cette nuit entre M. Daniel Mayer et les délégués tant de la C.G.T. majoritaire que de la fraction Léon Jouhaux. Les ministres socialistes donneront-ils ce soir leur démission ? C'est fort possible. On perçoit chez eux une réticence de plus en plus grande à voter une loi antigréviste. Ils sont tentés de faire bloc avec Force Ouvrière. »

Le Général, parcourant ce texte, observe simplement :

« Oui !... Seulement les meetings communistes d'hier soir ont été un échec complet... »

Le Général ayant invité, l'autre jour à déjeuner, à l'hôtel La Pérouse ma femme et ma mère, celle-ci décrivit au Général l'île de Sainte-Hélène, qu'elle visita aux environs de 1935. Le Général écouta sa description avec une très vive curiosité, la harcelant de questions. Puis il nous regarda successivement d'un regard étrange et dit, de manière très soulignée :

« La puissance de Napoléon est encore énorme. »

Alors il parla du livre que Trevor vient de publier sous le titre *Les Derniers Jours de Hitler*, qu'il juge « très intéressant ». L'évocation de cet ouvrage le rend profondément méditatif. Puis, au bout de quelques instants, il dit :

« Hitler est mort comme il convenait qu'il mourût... » Il explique : « Je veux dire que c'était la seule mort possible pour Hitler... »

Il cherche, l'espace d'un instant, la manière de préciser sa pensée, son regard devient très mobile, plus brillant aussi :

« *Hitler ne pouvait mourir que de son propre fait.* Étant donné ce qu'il était... ou étant donné ce qu'il prétendait être... il n'avait pas le choix : sa disparition ne pouvait être que le résultat d'une décision de Hitler... C'était à lui à en déterminer le lieu et le moment et la mise en scène. »

Comme j'observe que la succession d'intrigues et de conversations délirantes, au fond de cet abri, rend compte au lecteur de l'incroyable perfidie et du « gangstérisme » de Hitler et de tout ce qui l'entourait, le Général me répond doucement :

« Pourquoi voulez-vous que cela ait changé à la fin, puisque ç'avait été ainsi à tout moment ? »

Si je cite cette conversation, qui eut lieu jeudi dernier à Paris, c'est parce que le Général m'a reparlé aujourd'hui longuement de Sainte-Hélène et de Hitler, terminant le tout par des vers de Victor Hugo sur Napoléon.

Les dispositions du projet de loi soumis au Parlement prévoient la mise sur pied d' « unités militaires de secteur », cadre nouveau, à la disposition du ministre de l'Intérieur. Le Général s'en prend à ce projet :

1° – Les disponibles et réservistes seront « dispersés et répartis au petit bonheur ». Ne connaissant pas leurs chefs et leurs camarades, l'esprit de corps fera défaut. « Il fallait les rappeler à leur régiment d'origine ou même, le cas échéant, reconstituer des régiments. »

2° – Ces hommes sont trop jeunes : vingt-deux ans pour la plupart. Comment s'adapteraient-ils aux conditions de vie qui vont être les leurs : gardes le long des voies ferrées, barrages sur les routes, etc. De plus, un statut particulier les assimile maintenant à la garde mobile, ceci va créer un précédent qui – à l'usage – se révélera dangereux.

Il a l'air préoccupé par cette pensée :

« C'est encore une histoire à Teitgen ! Entre lui et Jules Moch, de même qu'entre le général Revers et Boursicot, j'imagine qu'une guerre sourde est actuellement menée. »

Après un silence rêveur, l'œil étrangement juvénile et comme candide, suçant de biais l'extrémité d'un doigt :

« Non, je vous assure ! C'est la République de Weimar. »

Je lui fais remarquer que, dans sa perspective de l'activité communiste dans les prochains mois, il n'envisage pas la possibilité d'un coup d'État : « Tout se passe, dans votre analyse de la situation, comme si vous ne croyiez pas à la " bagarre ".

– Non, je n'y crois pas ! Pourquoi la bagarre ? Où cela les conduirait-il ? A prendre le pouvoir ? Ils savent bien qu'ils ne pourraient pas le conserver. *On ne veut pas d'eux* !

– Ils peuvent envisager leur maintien par la terreur, mon Général...

– Pour cela, il leur faudrait des hommes et des armes ! Or, ni l'armée ni la police ne sont pour eux. On l'a bien vu à Wagram. Tous les Deforge * leur tireraient dessus !... »

Comme je n'ai pas l'air convaincu, il devient de plus en plus décisif :

« Mais oui ! Comment ne voyez-vous pas que, le jour où, par exemple, ils essaieraient de franchir les grilles d'un ministère, il n'y aurait pas de question : la police, comme la troupe, tirerait ! Quoiqu'elle n'ait pas encore envie d'intervenir, l'opinion commence déjà à en avoir assez ! Vous verrez, dans un mois : les communistes susciteront partout l'animosité ; les grèves seront devenues souverainement impopulaires et les gens chercheront à les faire payer aux communistes. »

J'envisage alors l'hypothèse suivante :

« Et si un gouvernement, demain, " coffrait " leurs dirigeants ?

* Chauffeur de la préfecture de police mis au volant du Général par Luizet.

– Alors, là, vous auriez des bagarres, oui ! Pendant quinze jours, seulement ! En définitive, force resterait à la loi. »

Colombey, lundi 1er décembre 1947

Diomède Catroux me communique à treize heures : « Tous courants force coupés. Métro en grève, autobus s'arrêtent dans une demi-heure. Les lois non votées malgré les déclarations de la radio. Les débats continuent. Le ravitaillement de Paris non assuré pour demain. Consignes d'agitation généralisées pour l'ensemble du territoire. »

Humeur un peu sombre. Je l'explique par sa résolution de ne plus fumer, qu'il m'a confiée ainsi :

« Je ne fumerai plus jusqu'à la prochaine guerre... (Et il souligne :) Je dis bien : *je recommencerai à fumer s'il y a la guerre* ! »

Et il ajoute, pour rire, en sourdine :

« N'est-ce pas, il faut toujours se conserver un peu d'espoir !... »

A en croire Bonneval, qui m'a téléphoné à plusieurs reprises hier soir, cette nuit et à l'aurore, l'atmosphère était particulièrement tendue, hier, à Paris. « Soustelle et Malraux étaient, hier soir, sous pression », m'a-t-il dit ce matin. Comme j'en faisais part au Général, il s'écria, sur un ton moqueur :

« Ah, comme ils manquent de sérénité ! Ils devraient prendre exemple sur le " patron ". »

Un petit rire, il sort, puis revient avec une bouteille de vieux porto et me lance :

« Tenez, buvons un peu et réjouissons nos cœurs ! »

Mme de Gaulle a l'air enchantée.

18 heures

Jacques Soustelle me fait téléphoner un court message annonçant l'arrivée de Togliatti à Paris, où il vient s'entretenir avec Thorez.

Colombey, mardi 2 décembre 1947

Depuis son retour de Paris, c'est-à-dire depuis quatre jours (il y retourne cet après-midi), il n'a reçu ni vu personne, en dépit d'événements menaçants. Seuls contacts avec le monde extérieur : la radio, les quelques journaux qui parviennent de Paris, lorsque la grève des transports le permet, mais surtout la radio... Au vrai, l'actualité lui demeure parfaitement indifférente *dans son détail*. Ce qui l'intéresse : la courbe, son tracé... D'ici, je veux dire, au cœur de cette paix, on a l'impression que trop d'agitation règne dans les esprits. Le commandant de Bonneval nous harcèle, depuis trois jours (encore un coup de téléphone à une heure et demie du matin, puis un message radio parvenu à l'aurore), de rapports alarmants, ou plutôt alarmés, dont la source est : Diomède Catroux ou Soustelle. Ces textes sont rédigés au superlatif. Ils ne semblent retenir de l'événement que la part qui annonce la catastrophe. L'ensemble ne fait pas très sérieux. Quant à Malraux et Soustelle, Bonneval me les décrit comme « très inquiets ». Je n'ai jamais vu le Général plus indifférent...

Mme de Gaulle me dit son regret d'avoir précipité de vingt-quatre heures la venue du Général à Paris, sous prétexte d'un engagement antérieur contracté par elle :

« Ils vont tous essayer de l'agiter, de l'énerver, de le pousser à agir. Or, ce serait une erreur fatale d'intervenir maintenant, car tout alors serait perdu. »

Ma fille ayant été, il y a une quinzaine de jours, transportée dans une clinique de la rive gauche, j'y rencontrai, par le plus grand des hasards, le docteur Richier. Il se précipita sur moi et s'enquit de la santé du Général : « Fume-t-il encore ? »

Ma réponse étant affirmative, il s'emporta amicalement et m'annonça sa résolution d'envoyer au Général une lettre personnelle.

Trois ou quatre jours plus tard, je remis celle-ci, cachetée, au général de Gaulle, qui la prit sans commentaires et ne m'en reparla plus que pour me dire évasivement, quelques jours plus tard, et comme si je pouvais l'ignorer :

« Votre médecin de l'année dernière m'a fait tenir une lettre. »

Il descend de sa chambre vers onze heures. Est-ce l'abandon du tabac ? Je le trouve d'une incroyable jovialité, que la lecture d'un message renforce. La voix pathétique, au milieu de la nuit, ne parvenait pas à troubler la paix de cette campagne. Ces phrases alarmantes contrastent drôlement avec le tempérament impavide du Général. Je ne sais pourquoi : cela prend une allure cocasse. Il arpente, à larges enjambées, la bibliothèque et le bureau, ne perdant pas un pouce de l'espace disponible pour sa marche. Une de ces allées et venues le rapprochant de moi, il me crie :

« Non... non, vous savez : *ça ne tient plus à rien maintenant* ! C'est en train de se disloquer. »

Puis il lit le message et prononce, avec un ton d'humour formidable, la phrase : « On peut craindre qu'ils se déclarent pouvoir législatif légitime. »

« Je trouve cette phrase énorme : parce que quelques malheureux parlementaires s'accrochent à la tribune du Palais-Bourbon et refusent de quitter la salle des séances, *ils* croient sincèrement que la France est menacée dans son indépendance. »

Volte-face : il reprend son élan à travers le tapis, s'arrête à nouveau devant moi, secoué d'un rire d'une impertinence radieuse et colossale :

« Pour eux, voyez-vous, la réalité politique, c'est *ça*... Ils n'en voient pas d'autre. Giacobbi et Godin, comme les autres, ce sont tous des malheureux. » (Allusion à : « ils lancent un appel au pays pour dénoncer leur carence à tous les deux... ».)

Il revient vers moi à grands pas et quand il s'arrête, son visage est presque contre le mien ; je considère le regard, qui étincelle d'un feu étrange, où prédomine l'humour taquin :

« Non, ce n'est pas du tout sérieux... Quelle présomption !... Ils vivent tellement claquemurés dans cette maison sans fenêtre, qu'ils croient la République en danger pour peu que la scène de leur théâtre soit occupée quelques heures par une autre troupe. *Car, c'est un théâtre,* ce n'est qu'un théâtre. »

Écrit dans la voiture, entre Colombey et Paris :

« Pauvre France... Quel coup de tonnerre ! Moi qui croyais, vendredi dernier, avoir été ému par la mort de Leclerc... »

En fin de matinée, j'avais noté combien sa jovialité m'avait frappé. Puis il avait regagné sa table de travail, la double porte du bureau demeurant ouverte sur la bibliothèque, pour que la chaleur du feu de bûches lui parvienne.

A une heure, sur la chaîne nationale, le Journal parlé : il se lève, se retourne vers nous pour se diriger vers son fauteuil habituel, à droite de la cheminée. Est-ce une illusion ? Son masque est devenu gris de cendre, la flamme qui l'éclairait tout à l'heure s'est-elle éteinte d'un coup ? A peine la voix du speaker a-t-elle commencé à égrener les nouvelles que ses paupières retombent. A la dérobée, je considère ses traits : il a l'air exténué. En fait, ne se serait-il pas endormi ? Pendant cinq bonnes minutes, il demeurera ainsi, la tête penchée en avant, dans une immobilité totale. Malgré les convenances, je ne puis m'empêcher de le regarder, tant la chose me semble insolite. Certes, je cherche à me rassurer avec cette pensée que l'absence du tabac en est la cause. Soudain, il relève la tête, les paupières se soulèvent, il aperçoit mon regard qui dérive vers la fenêtre ; mais je sens bien qu'il est gêné d'avoir été vu. Fin du bulletin de nouvelles : avec une vivacité qui ressemble à de la colère, il se précipite vers le poste de radio, en tournant le commutateur et nous crie : « Allez ! Allez vite, il faut déjeuner. »

Au moment de passer à table et selon son habitude – mais avec une impatience marquée – il m'indique du geste, lorsque nous sommes devant la porte, de passer devant. Son visage est tourné vers la fenêtre placée à côté de cette porte : il est maintenant presque cramoisi, ce que j'attribue partiellement à la colère d'avoir été surpris dans cet étrange sommeil.

A travers la table de la salle à manger, est-ce, à travers les carreaux, le reflet de la neige sur son visage ? Il m'apparaît plus pâle que dans la bibliothèque. Silence oppressant, « puéril », pensai-je : « Tout cela, parce qu'il a mal à une dent, ou bien parce que, sevré de cigarettes, il a le “ coup de bambou ”... » Les minutes passent. Il ne desserre les lèvres que pour manger. Je pense également : « C'est à contrecœur qu'il se rend à Paris. » Notre présence lui est-elle de plus en plus intolérable ? Un instant, je crois qu'il va s'égayer, lorsqu'il fait effort pour parler des grèves, faisant dépendre la conjoncture de la reprise possible des mineurs. Mais ses paroles lui semblent aussi indifférentes que les nôtres. Un silence impressionnant retombe. Pas de doute : il est en proie à une colossale agitation intérieure. Bientôt, il s'en prend à la lenteur du service (il n'y a que vingt minutes que nous sommes à table)... Puis, soudain, il nous dit, désignant de l'index la bouteille de bière :

« Vous vous servirez vous-même ! Moi, je n'en puis plus... »

Sa pâleur augmente, au-delà, semble-t-il, de toute possibilité. Il se frotte longuement le visage, de la paume des deux mains. Puis il regarde la neige et marmonne, plus triste que sardonique :

« Aujourd'hui, voyez-vous, c'est la retraite de Russie. »

Rire sinistre. Il ajoute : « C'est triste ! Que c'est triste ! »

Alors, au moment le plus inattendu, il se lève, stupéfiant de précipitation, avant même que nous ayons abordé les beignets aux pommes (dès la viande, il brisait les noix placées devant lui dans un compotier), la porte a claqué derrière ses talons :

« Excusez-moi, avait-il répété, énigmatiquement, je n'en puis plus ! »

En cet instant, son « impatience » me semblait ridicule. Mme de Gaulle, un peu gênée, pour moi, cherchait une explication :

« Il a mal à cette dent...

– Il devrait prendre un cachet !

– Un cachet ? Merci bien ! Comme d'habitude, il en prendrait cinq ou six. »

J'avais dit cela « pour dire quelque chose », mais je me disais en moi-même : « C'est l'absence du tabac ! Il est beaucoup plus intoxiqué que je ne l'imaginais... »

Elle jeta sa serviette sur la table :

« Comme nous allons à Paris, ce n'est pas la peine de plier la vôtre... »

A aucun moment, depuis trois ans et demi, je ne m'étais ainsi senti « de trop ». J'arpentai le salon, puis gagnai la bibliothèque pour y réunir les dossiers que je devais emporter à Paris ; je l'aperçus, de dos, debout devant sa table de travail. Décidé à « agir comme si de rien n'était », je lui demande la permission de prendre, sur sa table de travail, son courrier des derniers jours, pour y faire répondre par Paris. Avec une passion décidément extravagante, il me crie :

« Eh bien, prenez-le ! »

Et, d'un formidable plat de la main, il me désigne, parmi tant de documents accumulés sur son bureau, les dossiers cherchés.

Est-il attristé d'avoir agi ainsi envers moi ? Il quitte la pièce précipitamment et gagne le premier étage. Je m'empare de sa serviette et retourne dans le hall mettre mon manteau, où je la croise : elle a l'air accablé. Alors, il descend, se dirige vers moi et me dit, trop cordialement :

« Cher ami, j'avais oublié le café. Allons prendre du café. »

Maintenant, nous sommes tous les deux seuls à la bibliothèque. Contrairement au rite, il me verse mon café, puis se verse le sien, y précipitant deux morceaux de sucre, qu'il écrase rapidement au fond de la tasse. A nouveau, le silence... Mais il fait soudain volte-face, et le dos tourné au feu, s'appuie des coudes sur la cheminée. Je sais qu'il va parler... Alors, de cette voix qu'il emploie pour énoncer un projet ou une décision et comme répondant à une question explicitement posée par moi, je l'entends me dire :

« Voilà... Alors, maintenant, je vais m'en aller tout doucement d'un cancer... »

Parce que je crois à une hallucination auditive, je me tais d'abord puis proteste tardivement :

« Quelle idée, mon Général !... »

Mais il m'a déjà interrompu de sa voix de certitude :

« Non, c'est ainsi ! Dès que j'ai vu votre type il y a un an, vous savez bien... votre spécialiste de la gorge... eh bien, j'ai fort bien compris que c'était un cancer... Un cancer de la base de la langue... »

J'essaie de lui expliquer que la thèse du docteur Richier était qu'il risquait le cancer dans les cinq ans s'il ne s'arrêtait pas de fumer. Mais il ne m'écoute pas, à la lettre, poursuivant :

« Enfin, voilà... C'est un cancer ! Vous m'avez conseillé de ne plus fumer. A quoi bon ? Je continuerai à faire l'effort, c'est entendu. Si bien que je me prépare à des souffrances abominables pour rien, car la fumée, elle, diminue la souffrance... »

Je l'adjure de consentir à revoir ce médecin. Je lui dis notamment :

« Si vous le voyez immédiatement, tout peut certainement encore être sauvé, car une chose est un cancer et une autre le début d'une prolifération cellulaire conduisant à un cancer. »

Mais, de la même voix douce et certaine, il proteste :

« Mais non, mais non... Il n'y a pas cancer et cancer : il y a cancer tout court. Dès lors, à quoi bon voir votre type : il ne me dira pas la vérité. La vérité, ce serait de me dire que j'ai un cancer et vous n'avez jamais vu un médecin dire à quelqu'un : " Vous avez un cancer. " »

« A quoi bon insister », pensai-je. J'ai pris la décision d'aller trouver dès demain ce spécialiste et de lui poser brutalement la question, car, de deux choses l'une : ou bien le mal est déclaré, ou bien ce qu'il m'avait dit, il y a un an, est exact, et il n'y a qu'une menace. Dans le second cas, quoi qu'il m'en doive coûter, je lui amènerai le docteur Richier un soir, sans l'annoncer.

Que de pensées affluent maintenant à mon esprit ! Celle-ci notamment : que ce que le général de Gaulle prophétise a pris depuis longtemps l'habitude d'arriver. Depuis cette scène, pour moi, tout s'éclaire : les paroles du passé, les hésitations, l'incroyable détachement de l'homme. Oui, à la lumière d'une simple phrase, les intentions prennent maintenant pour moi leur véritable poids, les gestes révèlent leur portée, la densité de son destin m'apparaît d'un coup, pour la faible part que j'en connaisse. Je me sens aveugle.

Voici les faits, pour ce que j'en connais :

Environ trois mois après son arrivée à Marly, et parce que sa santé générale m'inquiétait, il consentit – après nous avoir suscité mille obstacles – à ce que j'aille trouver le docteur Lichtwitz. Le Général et Mme de Gaulle vinrent me trouver séparément et insistèrent sur la nécessité d'une discrétion totale. Je m'en étonnai d'autant plus que le docteur Lichtwitz est entièrement à la dévotion du Général, dont il a probablement sauvé la vie à Alger, en 1943 [31]. En étant prié, je demandai néanmoins à Lichtwitz – qui naturellement s'en offusqua – de bien vouloir assurer, aux conclusions de sa visite à Marly, les commandements les plus impératifs du secret professionnel...

En fait, Lichtwitz se montra extrêmement satisfait des approches de son examen médical. Sans être excellent, l'état général était « assez bon ». Par acquit de conscience, il conseilla au Général de se faire ausculter par un otorhino. Le docteur Jacques Richier fut choisi, parce que fervent du Général et lié d'amitié avec Lichtwitz.

Je conduisis moi-même Richier à Marly. L'auscultation dura une demiheure environ. En redescendant du premier étage, je me souviens que les deux hommes avaient l'air satisfait, tout au moins en apparence... Avant de repartir pour Paris, le spécialiste me prit par le bras et me dit, en semblant y attacher de l'importance, mais sans particulière énergie : « Sa gorge est rouge. Mais toutes les gorges de tous les fumeurs invétérés sont rouges. Néanmoins, j'ai pu déceler, à la base de la langue, une tendance à l'induration, qui commande l'abandon immédiat du tabac. En effet, s'il continuait à fumer, je crains – non pas immédiatement, mais d'ici quatre ou cinq ans – que le terrain ne devienne trop propice au cancer. »

Et d'insister pour que j'intervienne « solennellement » auprès du Général, afin qu'il renonce à fumer : « Je le lui ai dit moi-même, mais obéira-t-il ? »

J'entrepris le Général dès le lendemain. Il accueillit ma démarche avec une certaine ironie et me promit de fumer moins. En fait, malgré de nombreux rappels, il continue à fumer autant.

En mars ou avril dernier, je me souviens qu'un matin il me fit une espèce de « déclaration » aux termes de laquelle il décidait de « fumer moins », s'empressant d'ajouter que, s'il s'y résolvait, ce n'était pas pour des « raisons médicales, mais par éthique »...

Paris, mercredi 3 décembre 1947

Hier soir, après le dîner, le général de Gaulle a rendu visite à la veuve du général Leclerc. Mme de Gaulle l'accompagnait. En quittant l'épouse de son compagnon, il pleurait, fait sans précédent à ma connaissance.

En descendant les escaliers, la tête inclinée, accablé, cherchant pour la première fois un point d'appui affectif, il dit à sa femme : « Yvonne, donnez-moi votre bras, j'ai besoin de m'appuyer dessus. » Il s'épongeait les yeux.

Déjeuner avec lui et Mme de Gaulle à l'hôtel La Pérouse. Silence mortel. Je ne l'ai jamais vu plus déprimé, sauf hier. Pourtant, au milieu du repas, il fit un effort alors que je lui demandais s'il avait connu le maréchal Lyautey : « Je n'ai jamais conversé avec lui, me répondit-il. Cela peut paraître étrange maintenant : j'étais, avant la guerre, à l'état-major de Pétain, et de son clan. Or, vous savez comment Pétain servit d'instrument à Painlevé pour limoger Lyautey. Il " grenouilla " dans ce sens. Mes contacts avec Lyautey se réduisirent à des contacts épistolaires. »

Puis, il parle longuement de la « veuve Fortoul » et de l'hostilité de Lyautey à son endroit, à partir du moment où – le croyant sur sa fin (il avait une pneumonie) – elle avait pris des dispositions en prévision de sa mort. Il ne l'appelait plus que : « Veuve Fortoul ».

Et le Général de dire :

« " Alors, veuve Fortoul ?... " " Venez ici, veuve Fortoul... " " Qu'y a-t-il pour déjeuner, veuve Fortoul ? " »

Cette pensée excitant sa bonne humeur, il me raconte qu'étant à Rennes, Lyautey se fiança et réunit à un grand dîner ses camarades officiers. Il avait alors plus de cinquante ans, et Mme veuve Fortoul cinq ou six enfants. Comme le dîner battait son plein, Lyautey se pencha, à travers la table, interpella l'un de ses camarades et – la main en cornet – cria interrogativement : « Alors, elle est bien, hein ?... »

Mme de Gaulle répète à voix basse : « Quand on est veuve, on ne devrait jamais se remarier ! » Comme elle dit cela pour la troisième fois, il répond : « Que voulez-vous, elle avait de l'ambition, elle aimait les " honneurs " !... »

Cette pensée l'amuse.

« En somme, tranche Mme de Gaulle, parmi *elles*, il n'y en a eu que deux d'honorables : Mme Foch et Mme Franchet d'Esperey ».

Le Général s'élève avec force contre la sévérité de ce jugement. Pour changer de sujet, Mme de Gaulle me demanda si j'ai vu le dernier numéro de *Samedi Soir* [32], qui publie ce qu'elle appelle, avec une acidité moqueuse, la « brochette du R.P.F. » Il s'agit d'une photographie montrant, autour d'un guéridon, les membres du comité exécutif. Le Général vole au secours de ses amis et clôt ainsi la conversation amorcée :

« Oui, ça va bien comme ça, hein ! Vous n'avez pas le droit de parler du Rassemblement, pour cette excellente raison que vous n'y êtes même pas inscrite. »

Elle rit avec bonne humeur et se tait.

Cet après-midi, j'ai été voir le docteur Richier. Je lui ai décrit la psychologie si particulière du Général depuis qu'il a cessé de fumer, j'ai fait état aussi de ma conversation avec lui, hier, à l'heure du café. Lorsque, retraçant cette conversation, je lui dis que le général de Gaulle affirmait avoir perçu au cours de la consultation de l'an dernier qu'il était atteint d'un cancer, l'éminent spécialiste a bondi :

« Je vous déclare de la manière la plus formelle, ou plutôt non, je vous donne *ma parole d'honneur* que lorsque j'ai examiné le Général à Marly, il n'avait pas de cancer. Je vous ai simplement signalé, à lui comme à vous, une " candidature à... ". Il s'agit d'une prédisposition des papilles de la base de la langue, qui, s'il continuait à fumer, pourrait conduire au cancer dans un délai plus ou moins long, cinq ans environ. »

Comme je l'interrogeais sur les stades pouvant conduire à l'implantation définitive du mal, il m'énuméra la papillite, les taches brunâtres (il en vit deux à l'époque), puis deux autres étapes dont l'appellation technique m'échappa. Je lui demandai alors les symptômes d'un cancer ainsi localisé : névrite de l'oreille, mauvaise haleine et difficulté à avaler.

Il insista alors sur le fait que l'arrêt instantané et total du tabac pour « un fumeur de quarante à soixante cigarettes » entraîne une « psychose », divers troubles psychologiques, notamment une « dépression monstrueuse ». Durée de ces symptômes : six semaines. Comme il m'indiquait que trois médicaments permettaient de diminuer ces effets, je convins avec lui de la chose suivante : je parlerai au Général de la possibilité d'atténuer la dépression consécutive à l'abandon du tabac, la condition étant qu'il consente à recevoir le docteur Richier. J'espère, en effet, de cette entrevue, la possibilité de faire ausculter le Général et de lui apporter la certitude – pour peu que les choses n'aient pas évolué depuis un an – que le mal est moins étendu qu'il ne le croit. Quoi qu'il en soit, j'ai réclamé, à l'avance, au docteur Richier la plus grande franchise. Selon moi, rien ne servirait de cacher la vérité, si dure soit-elle, à un sujet auquel seule la franchise inspire confiance.

Colombey, vendredi 5 décembre 1947

Mme de Gaulle ayant passé la matinée à Chaumont, j'ai soigneusement guetté, ce matin, le moment où il descendrait de sa chambre, pour rechercher avec lui la conversation souhaitée par moi depuis mon entretien avec le docteur Richier. Il est descendu vers dix heures et demie. J'ai aussitôt attaqué par :

« Mon Général, il faut que vous m'écoutiez un instant, quitte à me flanquer par la fenêtre. »

Comme il se préparait à travailler, à porte fermée, dans son bureau, il se retourna et me regarda d'un regard d'interrogation brutale, déjà impatiente...

Je dis rapidement :

« Il s'agit de votre gorge... »

Ses traits se radoucirent aussitôt. Il me dit (appellation inusitée chez lui) :

« Allez-y, mon vieux... »

Je lui décrivis alors mon entretien avec Richier, dont je retire la conviction : 1° – que celui-ci n'a jamais décelé, comme le Général le croit depuis un temps, la présence d'un cancer, ou même d'un début de cancer, lorsqu'il l'examina à Marly ; 2° – que ce serait une « folie » de ne pas se prêter à un nouvel examen médical alors que, dans les mois à venir, le mal risquerait de se déclarer. J'adjurai enfin le Général d'accepter de recevoir la visite de cet oto-rhino-laryngologiste, « dans les conditions les plus discrètes possibles, de nuit, dès son retour à Paris ».

Le Général me laissa parler ainsi cinq bonnes minutes, sans qu'un trait de son visage bougeât, sans une parole. Lorsque je me fus tu, le silence se prolongea assez longtemps ; le Général se mit alors à arpenter la bibliothèque, puis, comme se parlant à lui-même, dit d'une voix très douce :

« Vous et votre Richier devriez déjà vous estimer satisfaits : je vous ai fait cette concession – très cruelle pour moi – de ne plus fumer. Alors, quoi encore ? Je vous ai dit l'autre jour que j'allais mourir d'un cancer. Si je vous l'ai dit, c'est parce que j'ai la conviction que je dois mourir ainsi, un jour ou l'autre. J'ai connu, au cours de mon existence, plusieurs êtres chers qui sont morts de la sorte, mais j'ai toujours constaté que ni la médecine ni les médecins ne pouvaient rien pour eux. Oh ! certes, oui, ils se sont laissé faire par les médecins. C'est-à-dire que les médecins leur faisaient croire qu'en les opérant ils parviendraient à les sauver. Aucun d'entre eux n'a jamais été sauvé : on ne peut pas vous guérir d'un cancer !...

– Non, mon Général, non. Mais on peut prévenir, par des soins appropriés, la naissance d'un cancer. »

Ici, dénégations presques violentes, suivies de cette évocation :

« Ma belle-mère est morte d'un cancer. C'était une femme de caractère et de courage, d'un caractère qui fit mon admiration. Eh bien, elle se confia aux mains des docteurs... Elle est morte au bout d'un an et demi dans d'atroces souffrances, malgré leurs interventions. Rien n'y fit. »

Puis il prit d'autres exemples, entra dans le détail de diverses interventions chirurgicales, ce qui dura assez longtemps. Tout à coup, il se tourna vers moi : comment oublierais-je de quelle voix, mais avec quelle absence de forfanterie, il me dit : « Vous savez, Guy, je n'ai pas peur de la mort, ni de ce qu'elle suppose... »

La conversation se prolongea encore assez longtemps... Je la terminai en lui disant :

« Depuis trois ans et demi, mon Général, je ne vous ai rien demandé. Aujourd'hui, je vous demande l'autorisation de vous prouver que vous vous trompez en ce qui concerne votre état, et cela en consentant à ouvrir votre porte, ne fût-ce que cinq minutes, à un médecin que vous ne reverrez jamais par la suite, pour peu que vous en exprimiez le désir. Ce n'est pas grand-chose, ce que je vous demande là, et je vous adjure d'accepter. »

Pour éluder toute réponse, il reparla de sa belle-mère avec une admiration et une tendresse inhabituelles chez lui.

Après la lecture des journaux du matin, il fait une grimace prolongée, celle de l'intellectuel qui découvre une perspective :

« Les communistes semblent avoir pris une décision : faire dorénavant partout appel à la violence. »

Il en parle sans passion, comme chaque fois qu'il s'agit des communistes. (Sauf en public, bien entendu...) Je lui demande comment il explique qu'ils répandent maintenant des consignes qui leur feront perdre tôt ou tard – le réflexe national jouant – une fraction de leurs partisans. Voici sa réponse :

« Le parti communiste français obéit sans discussion à des ordres venus de l'extérieur. Il avait obéi de même, en 1939 et 1940, à des instructions qui – il le savait alors parfaitement – allaient lui faire perdre beaucoup d'adhérents. Il ne faut jamais oublier ceci : les communistes ne considèrent pas seulement le présent. Ils sont capables, pour un temps, d'envisager une perte de prestige et même, par discipline, de la provoquer. »

Il attache de l'importance au fait que les gardes mobiles ont fait, pour la première fois, usage de leurs armes, durant les grèves en cours. Il prédit sans passion :

« Vous allez voir... Dorénavant, les hommes chargés du service d'ordre vont constater que, pour n'avoir pas tiré, certains de leurs camarades ont été tués ou blessés. Alors ?... Eh bien, alors, ils tireront la prochaine fois !... Ce qui contrastera, d'ailleurs, avec l'attitude d'un gouvernement qui, lui, n'osera jamais tirer ! Schuman, voilà leur grand homme !... Eh bien, vous verrez : Schuman n'osera jamais tirer. »

Cette image revient souvent dans sa conversation : *ne pas oser tirer*. Il en parle avec la nuance de mépris qu'on destine aux lâches, à ceux qui – provoqués – hésitent éternellement sur la riposte.

Ensuite, il s'amuse de la grenade qui éclata hier dans le jardin de Maurice Thorez : « La grenade du Plan bleu... Quel roman ! »

Il rit beaucoup.

Un peu plus tard, il constate :

« Tous les anciens cadets de la France Libre sont rappelés [33]. Pardi ! Il n'y a qu'en eux que le gouvernement puisse avoir confiance, pour cette excellente raison qu'il n'y a qu'eux qui soient capables de se battre ! Et puis, voyez-vous : au moins, on ne pourra pas leur dire, aux petits Français libres : " Pendant que le peuple souffrait, qu'est-ce que vous faisiez ?... Du marché noir, hein ! " »

Foster Dulles est arrivé hier soir à Paris. La radio de treize heures publie un démenti du général Marshall à une dépêche de l'Agence United Press, selon laquelle le conseiller du secrétaire d'État américain viendrait à Paris pour accomplir une mission déterminée auprès de M. Robert Schuman et du général de Gaulle.

Colère du Général : il me demande de lui expliquer comment la nouvelle de leur rencontre, qui fut négociée par Guillain de Bénouville (sur approbation implicite du Général, mais sans que celui-ci l'ait souhaitée avec beaucoup de chaleur), a bien pu filtrer dans la presse. Je saisis cette occasion pour attirer son attention sur les nombreuses fuites qui se produisent depuis la création du R.P.F., observant qu'il était loin d'en être de même lorsque le Général était rue Saint-Dominique.

« Mais, c'est dû à quoi ?... » me demande-t-il brutalement.

Comme je tente de lui répondre, il me crie, depuis la cheminée où il est maintenant adossé :

« Mais enfin, c'est inouï !... Alors, il suffit que je parle à deux ou trois personnes parmi mes proches, à deux ou trois familiers, pour qu'aussitôt après ils aillent le répéter aux quatre coins de la ville ? C'est insensé ! Comment expliquez-vous cela ? »

Cherchant à prévenir une nouvelle interruption, je me dépêche de caser ce que depuis deux mois je cherche vainement à lui faire comprendre :

Rue Saint-Dominique, l'autorité était organisée sur le mode pyramidal. Si une indiscrétion venait à se produire, ce qui était fort rare, son directeur de Cabinet était seul responsable devant lui. Maintenant, si le secrétaire général du Rassemblement ne peut obtenir le silence, c'est qu'il ne dispose d'aucune autorité *réelle* sur les membres du comité exécutif. L'absence de Paris du Général, je le souligne, y est également pour une part. Soustelle, enfin, ne répond pas devant lui comme faisait Palewski *.

Le silence est retombé lourdement. Son regard est terrible. Minute indécise : c'est l'Olympe encore masquée de buée... Alors avec un soudain emportement de l'âme :

« Même pour Palewski et Soustelle, ce qui fait que je n'arrive pas à avoir de véritable estime pour eux *(sic)*, c'est cela... »

Il précise après un instant : « C'est cet empressement, cet " histrionisme " perpétuel, ce... »

... La volonté l'emporte. Il se radoucit et ajoute :

« N'est-ce pas, ils ne peuvent pas s'empêcher de jouer des coudes ! Ils *veulent qu'on les voie !* »

L'indignation est retombée, immédiatement. Après un long silence, le philosophe fait entendre sa voix, une voix encore un peu grondeuse, bientôt amusée :

« Voyez-vous, à Londres, c'était pareil... Au fond, ça a toujours été la même chose !... J'avais beau passer mon temps à les flanquer à la porte quand ils venaient me parler de leurs " grenouillages ", en définitive, ça a duré pendant toute la France Libre. »

Il a l'air d'un homme qui découvre une perspective :

« Mais oui, à Londres !... A cette époque-là, je me rappelle... Le plus assommant, c'était Cassin !... Et puis, il y avait là Pleven, Dejean [34]... Enfin, tous ! C'était tout le temps des histoires de télégrammes entre eux : oui, ils se plaignaient tous que l'autre gardât les télégrammes. Il suffisait qu'un malheureux bout de papier ne leur fût pas immédiatement montré, pour que – une heure après son arrivée – ils commencent à s'agiter abominablement et à venir geindre dans mon bureau... »

Je profite du silence qui suit pour souligner ce qui oppose Soustelle à Palewski et qui a, pour première conséquence, de séparer les membres du comité exécutif et leurs subordonnés en deux clans. Il feint la stupéfaction :

* Dans le sens : « en répondre ».

« Mais enfin, pourquoi... pourquoi Palewski ? Je ne vois pas que Soustelle, qui est secrétaire général du Rassemblement, ait des histoires à raconter à Palewski ! Car enfin, j'aime beaucoup Palewski... mais Palewski, est " en dehors " ! Palewski, lui, s'occupe d'une commission d'études, en dehors et à côté du R.P.F. Cela devrait lui suffire.

– Oui, mon Général, seulement voilà : Palewski, il faut bien en convenir, est mieux informé que Soustelle. Il connaît tout le monde à Paris... Politiquement, il est averti...

– Oui, oh ! je sais bien que Palewski est plus acoquiné que Soustelle avec les politiciens et les journalistes. Alors ?...

– Eh bien, alors, mon Général, Soustelle se soucie de conserver des contacts avec Palewski, afin d'en obtenir des informations, des conseils, des contacts... Mais, comme Soustelle ne lui fournit en échange aucune information et aucun contact au R.P.F., Palewski se dérobe et se tait.

– Ceci, me réplique-t-il, n'explique pas pourquoi, à force de se taire, ils en arrivent tous à trop parler !

– C'est le résultat de l'atmosphère de compétition créée par les deux clans dont je parlais tout à l'heure. Palewski recrute des amis. Soustelle, parfois, il faut bien le dire, des agents... Si bien qu'au total, nous manquons pour l'instant au Rassemblement de cette atmosphère d'énergie et de générosité qui fut un des signes de la France Libre... »

Il se tait, dubitatif... Je m'acharne :

« Les indiscrétions sont le fruit de l'esprit de compétition et d'une émulation malsaine. Il en sera ainsi tant que les rapports de Soustelle et de Palewski seront construits sur l'animosité. Il est possible qu'il ne soit pas possible de remédier à cette situation pour l'instant. Néanmoins, il importait que vous connaissiez le fait. Il se peut, d'ailleurs, qu'il ne soit pas nécessaire de les réconcilier !... Je crois, moi, que vous devriez tenter de le faire... »

Le Général m'a écouté avec une attention croissante. Recueilli, il suce l'extrémité d'un doigt, puis me regarde avec beaucoup d'approbation songeuse et met fin à la conversation en me jetant – d'une interjection extra-brève : « *Oui !...* »

Puis, il s'enfonce dans une profonde méditation *.

Dès mon retour à Paris, j'ai vu Passy, qui est, de tous ceux que je connais, celui qui est le plus lié à Soustelle. Je me suis ouvert à lui des inconvénients causés par l'attitude fermée et méfiante de Soustelle à l'endroit de tout ce qui l'entoure. J'ai conseillé à Passy de s'en ouvrir à Soustelle et de lui recommander d'user dorénavant d'un peu plus de sympathie humaine. Je suis en effet persuadé que cette attitude résulte beaucoup plus du fait de ses « complexes », que d'intentions clairement arrêtées. Puis, j'ai rendu visite à

* Je lui avais manifesté, en août dernier, à l'hôtel La Pérouse, alors que, la nuit tombée, nous nous promenions place de l'Étoile, mon inquiétude quant à la qualité des hommes dont s'entourait Soustelle et quant aux conséquences de l'atmosphère de discorde qui régnait entre lui et Palewski. Sur le premier point, il s'était emporté. « Qu'est-ce que vous voulez que j'y fasse ? Ce n'est pas de ma faute, à moi, si " les gens bien " se réservent... D'ailleurs, les " gens bien " ne viennent jamais à de Gaulle que lorsque tout est fini ! Tout cela je le sais bien ! Alors, voilà : *je suis obligé de prendre ce que j'ai.* »

Palewski, auquel j'ai conseillé de désarmer. Palewski a suivi mon conseil et les rapports se sont aussitôt améliorés entre les deux hommes. Je n'affirmerais pas que c'est la conséquence de cette conversation, si Palewski ne m'avait dit récemment : « J'ai suivi votre conseil ! Les choses vont mieux avec Soustelle. » Et il ajouta :

« Si je l'ai fait, c'est par considération pour les intérêts du Général. »

Paris, samedi 6 décembre 1947

Nous arrivons de Colombey pour l'heure du déjeuner. Mon chauffeur, qui transportait les bagages, a été accidenté, ce qui permet aux journaux du soir de publier les manchettes les plus fantaisistes. Dans la voiture, après avoir parcouru les journaux du matin, le général de Gaulle m'avait dit :

« La radio et la presse de ce matin font état de déclarations de M. Foster Dulles. Au cours d'une conférence de presse à l'ambassade des États-Unis, il a déclaré à un journaliste qui lui demandait s'il verrait le général de Gaulle : " Je rencontrerai probablement les représentants des partis politiques français. " »

Sans colère, le Général conclut :

« Je ne le verrai pas. Dès l'arrivée à Paris, amenez-moi Bénouville, que je préviendrai moi-même. » (Celui-ci a arrangé un entretien au La Pérouse pour seize heures...)

A partir d'une heure quinze et pendant deux heures, j'essaie vainement de le retrouver dans Paris et téléphone de quart d'heure en quart d'heure au commandant de Bonneval, qui est resté auprès du Général, dont l'impatience augmente. A trois heures, Bonneval me dit que le Général me réclame « immédiatement ».

Il est hors de lui et me dit :

« Bien entendu, vous vous êtes tous arrangés entre vous pour que je sois forcé de le recevoir ; comme il est quinze heures, il est trop tard pour reculer. Je le recevrai donc, mais je m'en souviendrai ! »

Bénouville rapplique sur ces entrefaites et le moins que l'on puisse dire est que le Général le reçoit sans excessive cordialité. Quelques minutes passent. Le Général me rappelle et me dit brutalement : « Vous traduirez. »

Je lui explique sans ambages qu'il m'eût été difficile de téléphoner depuis la petite Citroën qui me conduisait de Colombey à Paris et que c'est sur la route seulement qu'il me donna le contrordre. Avec une mauvaise foi d'une incroyable sincérité, il m'affirme que ses instructions m'avaient été données avant le départ de Colombey. Puis la mémoire lui revient sans qu'il l'avoue. Mais sa voix se radoucit aussitôt jusqu'à la plus grande aménité...

Seize heures à dix-sept heures trente-cinq : le Général reçoit Foster Dulles. C'est un homme d'aspect *Christian Science Monitor*[35], dont les artères semblent prématurément durcies, qui cherche perpétuellement à lire sa pensée au plafond et qui s'affaisse peu à peu dans son fauteuil, jusqu'à donner l'impression qu'on le rase... Au début de la conversation, le Général le laissa tout à loisir jouer au professeur. Puis il le réduisit au silence en quelques phrases qui contrastaient par leur intelligence cartésienne avec l'exposé irréel et candide de son interlocuteur. Celui-ci parut déconcerté, presque choqué... Il était trop fin cependant pour ne pas déceler dans les paroles du Général quelque chose d'autre et de plus que de l'originalité. A partir de son deuxième tiers, la conversation tourna presque uniquement au monologue, sans que le Général en imposât d'ailleurs autrement que par sa supériorité intellectuelle. D'une voix presque douce, sans énergie excessive, progressant à force de logique, mais ne s'écartant jamais des réalités, il apportait à chaque instant des solutions constructives. Chez Dulles, la curiosité l'emporta enfin sur le désir de prendre des attitudes présidentielles. Il prit alors un crayon, tira d'une poche une de ces enveloppes américaines oblongues de grand format et – de temps à autre – se mit en devoir de prendre des notes. Il éprouvait un tel désir (n'avait-il pas passé plusieurs mois en Sorbonne, à suivre des cours de philosophie ?), un tel besoin de montrer ses connaissances de notre langue, que je ne suis pas tout à fait certain qu'il ait parfaitement enregistré toutes les phrases du Général, souvent phrases du XVIIe... Quant à ce dernier et bien qu'il n'entende jamais parler anglais, je m'étonne des progrès qu'il a encore faits depuis la dernière fois. Je n'eus presque jamais à traduire son interlocuteur américain. Il insistait seulement, à tel ou tel endroit, pour qu'on le traduisît, lui.

AUDIENCE ACCORDÉE PAR LE GÉNÉRAL DE GAULLE À M. J. FOSTER DULLES

Le conseiller du général Marshall arrive à l'hôtel La Pérouse à 16 h 05, accompagné par Guillain de Bénouville, qui le présente au général de Gaulle. Après les phrases d'usage, M. J.F.D. indique au Général qu'il souhaiterait s'entretenir avec lui de leurs « philosophies » respectives, quant aux problèmes relatifs à l'Europe et à l'Allemagne.

Sa présence à Paris a un caractère privé. Il ne s'engage nullement à faire prévaloir auprès du général Marshall la thèse qu'il défend et qu'il croit très proche de celle du général de Gaulle. (Il rappelle, en passant, que dix jours avant la reconnaissance du gouvernement provisoire de la République française, il avait remis au président Roosevelt un rapport concluant à celle-ci. Il croit modestement que la position prise alors par lui ne fut pas sans influer sur la décision à laquelle le président Roosevelt s'arrêta finalement. Autre influence exercée sur le State Departement : le rapport qu'il déposa voici un an.)

Le général de Gaulle lui demande à quoi, selon lui, aboutira la conférence qui se déroule actuellement à Londres. « A un échec », répond catégoriquement M. Foster Dulles. Le Général acquiesce :

« J'en suis également persuadé. »

M. J.F.D. demande au général de Gaulle s'il n'y aurait pas lieu, en cas d'échec des Quatre Grands à Londres, de prévoir une « discussion » entre les ministres des Affaires étrangères des trois puissances occidentales. Le Général répond :

« Oui, s'il s'agit d'une libre discussion destinée à conduire à un accord. Non, si le point de départ d'une telle discussion doit signifier, pour la France, ou bien l'abandon d'une position vitale (vitale non pas seulement pour garantir sa puissance, mais sa survie tout court...), ou bien la défense d'une politique allemande opposée à celle des États-Unis et de la Grande-Bretagne. Dans l'un et l'autre cas – je vous le demande – quel avantage la France pourrait-elle trouver dans une discussion à trois ? »

Sa position est celle qu'il n'a cessé d'affirmer depuis Yalta et depuis Potsdam :

« Je ne vous le cache pas : mon point de vue à l'égard du problème allemand demeurera le même demain, qu'il doive être exprimé par moi ou par mes amis, et cela indépendamment de la politique pratiquée aujourd'hui ou demain par les partis qui figurent ou figureront au gouvernement... »

Ailleurs :

« Si les circonstances étaient telles, demain, que je sois rappelé à la conduite des affaires de la France, ma position serait celle que je vous exprime en ce moment. »

Le général de Gaulle préconise alors :

1° – la création d'États allemands de l'Ouest ayant un caractère autonome ;

2° – en dehors et avant tout examen de la question d'un gouvernement central allemand, une entente des trois puissances occidentales portant sur les points suivants :

a) l'occupation serait maintenue ;

b) la Rhénanie, la Westphalie, le Wurtemberg, le Palatinat, la Bavière, Hambourg, le Pays de Bade, etc., bref chacun des États inclus dans l'une des trois zones occidentales serait autorisé à constituer un gouvernement autonome, à élire un parlement propre et à choisir sa constitution ;

c) les libertés politiques seraient placées sous la garantie des trois puissances ;

d) le délai imparti pour atteindre ces objectifs serait défini – un an par exemple (ex : l'année 1948) ;

e) chaque État allemand [« Land »] de l'Ouest, doté d'un gouvernement, d'un parlement et d'institutions autonomes, aurait alors toute liberté pour négocier avec ses voisins des accords particuliers relatifs aux transports, aux relations postales, aux échanges économiques, etc. Une liberté d'autant plus grande serait laissée à ces États dans leurs relations entre eux que celles-ci ne risqueraient pas de tomber sous l'autorité d'un gouvernement central allemand ;

f) « Ensuite, eh bien, on verrait !.. »

Le général de Gaulle, après un silence :

« Ne nous faisons pas d'illusions : la guerre est inévitable. Dès lors, la seule chance que la France ait de s'en tirer, c'est qu'un quatrième Reich reconstitué ne vienne pas surajouter sa puissance à celle des Soviets. Si l'Allemagne de l'Ouest s'unissait, dans la guerre, aux États-Unis, à la Grande-Bretagne et à la France, alors nous aurions une chance sérieuse de nous en tirer. Voilà pourquoi la reconstitution d'un gouvernement central allemand est une absurdité... »

M. J.F.D. proteste doucement :

« Absurdité, peut-être. Mais, c'est la thèse de M. Molotov !... »

Avec encore plus de douceur et d'objectivité dans la voix, le Général réplique :

« ... C'est également la thèse du général Marshall !... »

Et il observe :

« Non, non !... Encore une fois, ne vous faites pas d'illusions ! La construction – sous votre égide – d'un gouvernement central prendrait peut-être, pendant deux ans, des apparences apaisantes. Mais, en définitive, votre Schumacher trahirait et ce que vous auriez alors à Berlin, ce serait un gouvernement Staline-von Paulus... »

M. J.F.D. ayant demandé au général de Gaulle quelles pourraient être, demain, les possibilités économiques d'une Europe de l'Ouest, celui-ci insiste sur la nécessité d'organiser, d'abord entre la France et l'Allemagne, mais également avec l'Italie, la Belgique, la Hollande, la Suisse et la Tchécoslovaquie – sans parler d'autres nations –, des échanges économiques. Par exemple, les ressources agricoles de la France pourraient être exportées vers l'Est, en contrepartie d'importations de charbon allemand.

Comme le général de Gaulle vient de mentionner les ressources de l'Afrique française et belge et la possibilité d'unir ces ressources à celles de l'Europe occidentale, M. J.F.D. en prend note, par écrit, sur le dos d'une enveloppe.

« Ces points étant acquis, non seulement je ne verrais pas d'objections à la conclusion d'un accord économique franco-allemand, mais même j'en souhaiterais également un qui fût politique. Il fut d'ailleurs toujours souhaitable. Ce qui l'empêcha dans le passé, ce fut, comme vous le savez, l'esprit et les tentatives de domination du Reich allemand. L'effondrement de celui-ci et les tentatives actuelles de domination de l'Union soviétique rendent possible, pour la première fois, une entente entre la France et l'Allemagne ; les conditions préalables étant d'abord un régime particulier pour la Ruhr et la conclusion d'un accord économique durable portant sur la Sarre. (Notez bien que je ne parle pas d'annexion de la Sarre : un lien économique durable nous suffirait.) »

A la fin de l'entretien, M. Foster Dulles revient encore sur la signification de sa présence à Paris et définit ainsi les conséquences qu'elle peut avoir :

« Je suis républicain. Les élections de 1948 peuvent donner la victoire à notre parti. Mon influence se mesure un peu à cela. Si je ne prétends pas détenir le moyen de convertir le général Marshall à exécuter la politique que je préconise, par contre j'ai une " influence " et cette influence sert d'indication et d'orientation à Washington. Je ne dis pas " immédiatement ", mais peut-être " plus tard " mes points de vue peuvent l'emporter. Or, Général, je constate que nos points de vue sont très proches... »

Le Général sourit et me dit :

« Dites à M. Foster Dulles que je vais lui raconter une histoire... C'était au Caire, en 1941. Le Comité national de Londres n'avait pas été reconnu. Je rencontrai M. Nahas Pacha. Celui-ci n'était plus Premier ministre mais était destiné à le redevenir (ce qui advint quelque temps plus tard). Il me dit : " Vous et moi, nous ne sommes rien. Et pourtant quelque chose me dit que, demain, il n'en sera plus de même... " »

Le Général observe que la position définie par lui au cours de cet entretien le fut déjà mainte et mainte fois. Elle peut se résumer en une phrase : pour la France, il n'y a pas de règlement possible du problème allemand si on commence par créer un gouvernement central allemand. Dans une nouvelle guerre – il le souligne à deux reprises –, les forces en présence ne pourraient se répartir que de deux façons : Reich allemand et Russie contre Occident, ce qui signifierait la mort de la France ; ou bien : Allemagne de l'Est et Union soviétique contre les trois puissances occidentales, l'Allemagne de l'Ouest et l'Italie ; alors, la France aurait une chance sérieuse de s'en tirer.

M. J.F.D. questionne le Général sur la Grande-Bretagne.

Celui-ci observe alors en substance : la Grande-Bretagne a joué un rôle souvent néfaste dans l'histoire de l'antagonisme franco-allemand, moins d'ailleurs par préméditation que par instinct. Se refusant de choisir si elle était d'outre-mer ou européenne, ne pouvant se résoudre à choisir, la Grande-Bretagne voyait une espèce de garantie dans une Europe divisée, enhardissant tour à tour la France ou l'Allemagne contre sa voisine, en apportant ou en refusant ou en laissant perpétuellement espérer son concours.

M. J.F.D. suggère à demi-mot au général de Gaulle que les États-Unis d'Amérique pourraient peut-être, demain, simplifier les affaires de l'Europe en encourageant la Grande-Bretagne outre-mer.

Le général de Gaulle répétera plusieurs fois, au cours de l'entretien, que la France n'en a pas au peuple allemand mais que c'est une question de vie ou de mort pour elle que ne renaisse jamais un Reich allemand, défini comme *empire*.

Au moment de prendre congé, M. J.F.D. demande au général de Gaulle s'il n'a rien de plus à dire. Le Général lève l'index et dit :

« Si. Il faut aider l'Italie, notamment en lui rendant des colonies, qu'on n'appellera pas, bien entendu, des colonies; j'entends une base d'activité outre-mer. C'est essentiel pour soutenir le moral du peuple italien. »

En quittant le Général, M. J.F.D. lui indique que le général Marshall l'a prié de le rappeler au bon souvenir du Général, ainsi que le général Bedell Smith. Le général de Gaulle charge son visiteur de transmettre les mêmes messages en retour.

La conversation est terminée. Il est dix-sept heures trente-cinq.

M. Guillain de Bénouville ayant quitté l'hôtel La Pérouse avant la fin de l'entretien, le capitaine Guy s'offrit à raccompagner à son hôtel le conseiller du général Marshall. Celui-ci se montra extrêmement surpris et fâché que des représentants de la presse se soient trouvés à la sortie de l'hôtel La Pérouse. Il refusa de faire toute déclaration et demanda au capitaine Guy de faire arrêter sa voiture à deux cents mètres de la place Vendôme, regagnant son hôtel à pied...

21 heures

André Malraux me fait téléphoner qu'il doit être reçu immédiatement par le Général « pour une question d'intérêt national ». On lui envoie une voiture. A vingt et une heures trente, il arrive, vêtu d'une canadienne en poil de chameau, me prend par le bras et m'entraîne dans le boudoir du rez-de-chaussée : il y a quelques instants, son ami Gallimard, l'éditeur, lui a demandé de rester à son domicile. Quinze minutes se passent, le téléphone retentit à nouveau : « Allô ! Ici, Georges Bidault. J'arrive de Londres à l'instant. Il faut que je voie le général de Gaulle immédiatement. *Si je le lui demande, c'est pour la France.* » Malraux insiste sur deux points : ce n'était pas un imposteur : il a bien reconnu la voix de Bidault, avec lequel il siégea au Conseil des ministres. D'autre part, Bidault n'était pas saoul... Interprétation de l'auteur de la commission lui-même : « C'est un fou, mais nous ne sommes pas chez les fous. Il a vraiment quelque chose d'important à dire, quelque chose qui a une importance internationale (" J'arrive de Londres à l'instant "); je ne sais pas, moi, quelque chose comme " la guerre va être déclarée d'une minute à l'autre ". »

Je trouve le Général assis au coin d'un petit secrétaire. Le dîner vient de s'achever. Mme de Gaulle coud une fourragère sur l'épaule de Philippe, qui se tient droit devant elle... Le Général les prie de se retirer et reçoit Malraux pendant dix minutes. Au sortir de l'entretien, celui-ci me glisse : « Il m'a dit : " Ben, naturellement, je le recevrai ", avec une lassitude moqueuse. Heure de l'audience : vingt-trois heures trente. Bonsoir. »

Je le raccompagne au rez-de-chaussée. Son regard est ému d'ironie. Il s'arrête une seconde dans l'escalier et, la tête penchée vers moi, confidentiel, complice : « Avouez que nous sommes dans le pittoresque », laisse-t-il tomber. Il est tellement enchanté qu'il ne peut s'empêcher de virer à gauche vers le boudoir pour épiloguer pendant dix bonnes minutes, au lieu de gagner immédiatement la sortie, comme il se l'était promis.

Dix heures trente, coup de téléphone d'André Malraux : « Il [Bidault] m'a retéléphoné pour me dire : “ Dans l'état actuel des choses, je ne puis me permettre une indiscrétion. ” Je l'ai rassuré en lui disant que de mon côté, la discrétion serait de rigueur, mais il a néanmoins insisté pour que j'en fasse état auprès de vous (et quand je dis “ vous ”, j'entends : “ vous, Zozo ”) pour que toutes les précautions soient prises... Alors, eh bien, voyez ! »

Je licencie les six gendarmes de sécurité, prends mes dispositions avec le lieutenant Gérard pour que le hall soit désert, donne mille francs au portier de l'hôtel pour qu'il disparaisse pendant une heure et conseille au groom d'aller se coucher.

Ma faction commence vers onze heures vingt... Les minutes passent. Je remarque une voiture qui tourne en rond inlassablement autour du pâté de maisons où est construit cet immeuble. Je me dis : « Ça doit être lui. » D'autres minutes, beaucoup d'autres minutes passent. Pluie légère à l'extérieur. Rien. A minuit quarante-cinq, de guerre lasse, j'abandonne le guet.

Paris, dimanche 7 décembre 1947

Avant de repartir ce matin pour Colombey (vers neuf heures quarante-cinq), le Général m'a demandé. Il me dit, sans aucun étonnement visible : « Alors, *il* n'est pas venu. »

Je hoche la tête. Il passe immédiatement outre et me parle de Saint-Étienne, où, contre vents et marées, il désire parler le 21 décembre, bien que la municipalité stéphanoise elle-même ait décidé de remettre la chose à plus tard, en raison des grèves en cours et de la quasi-impossibilité d'organiser matériellement la cérémonie projetée pour la date convenue. Puis, avant de me quitter, il me dit rapidement, sans avoir l'air d'y attacher la moindre importance : « Quant à Bidault, c'est sans importance. »

J'ai retéléphoné à Malraux ce matin : Bidault ne s'est pas fait excuser...

Lundi 22 décembre 1947.

Le commandant de Bonneval m'indique qu'au cours de son dernier séjour à Paris (j'étais moi-même à Saint-Étienne), le général de Gaulle alla dîner, rue George-Sand, chez M. Jacques Vendroux, dès son arrivée de Colombey. Parvenu chez son beau-frère, le Général demanda à Bonneval de lever tout dispositif de sécurité et de s'en retourner tranquillement chez lui. Bonneval avait l'air stupéfait de cette mesure exceptionnelle et me demanda si j'avais la moindre idée de la « personnalité » qui fut reçue ce soir-là.

Le docteur Richier m'ayant téléphoné à deux reprises, depuis mon retour de Saint-Étienne, je sais maintenant que ces dispositions avaient été prises afin de le recevoir le plus discrètement possible.

1948

Janvier 1948

Mme Pierre de Gaulle étant venue déjeuner à l'hôtel La Pérouse, au cours du mois de janvier, j'ai omis de noter ce qu'il avait alors dit de l'ennui.

Comme on venait à parler de la vie en province, Mme Pierre de Gaulle déclara qu'on s'y « assommait ». A ce jugement catégorique, le Général répondit qu'il était vrai qu'on s'y ennuyait, mais que l'ennui « remplissait une fonction très importante dans la continuation des sociétés ». La belle-sœur du Général le nia d'un énorme éclat de rire. Le Général poussa volontairement le paradoxe plus loin :

« Oui, oui. L'ennui est une chose très importante. Je me souviens d'avoir vu jouer dans une ville de garnison une pièce de Sacha Guitry [1], qui donnait de l'ennui une image à laquelle j'ai souvent repensé depuis : le rideau se leva ; sur la scène, apparurent deux poufs et une pendule ; de gauche à droite on voyait Sacha Guitry, la pendule, puis une dame de province. Ils étaient ainsi tous deux assis très convenablement sur leurs poufs, se regardant sans mot dire. Puis de temps à autre, d'un commun accord, ils jetaient un regard sur la pendule, puis soupiraient profondément. Quand je repense aux villes de province par où j'ai passé, à Arras, ou à Metz, par exemple, je dois bien convenir que l'ennui y était organisé d'une manière remarquable. On ne pouvait s'ennuyer avec une plus grande perfection. Par exemple, vous alliez prendre un verre de porto avant le dîner : vous rencontriez chez votre hôte une dizaine de personnes que vous étiez assuré à l'avance de trouver quelques minutes plus tard à dîner dans une seconde maison amie. Et si vous terminiez la soirée par un bridge, c'étaient encore les mêmes gens qui apparaissaient devant vous, ceux-là mêmes, d'ailleurs, avec lesquels vous aviez passé la soirée de la veille et vous passeriez la soirée du lendemain. »

Mme Pierre de Gaulle s'exclame : « Eh bien, moi, je trouve cela abominable ! » Le Général, de plus en plus pince-sans-rire, la contredit avec gravité : « Mais non, mais non, croyez-moi : l'ennui est une chose très utile. Je le ressens. D'ailleurs, continue-t-il, prenez les Anglais. Eh bien, ce grand peuple, le peuple britannique, a fort bien compris tout ce que l'on pouvait tirer de l'ennui. Tout, en Grande-Bretagne, est organisé en fonction de l'ennui. Qu'est-ce, en effet, qu'un club anglais, sinon l'endroit par excellence où l'on s'ennuie le mieux ?... »

Colombey, lundi 26 janvier 1948

Jacques Maritain vient de faire savoir officiellement à Georges Bidault qu'il abandonnerait au mois d'avril ses fonctions d'ambassadeur au Vatican, pour retourner à la philosophie. Comme le général de Gaulle l'avait nommé à ce poste et bien qu'il suivît avec méfiance sa doctrine et son effort de rassemblement, il lui a fait parvenir, à la fin de la semaine dernière, une lettre l'informant de sa décision. Le Général lui a répondu par la lettre suivante :

« Mon cher Ambassadeur »,

« La philosophie est une magie. Magicien admirable, vous retournez à ses enchantements. Vous nous les ferez, de nouveau, goûter. Tout cela est très justifié et je m'explique votre résolution de quitter l'Ambassade de France auprès du pape. Vous l'aurez occupée dignement et, dans l'ensemble, utilement, malgré les secousses de notre époque. Le pays aurait tiré plus de profit encore de vos efforts si l'État lui-même était ce qu'il devrait être et qu'il faudra bien que nous le fassions.

» Je vous prie de croire, mon cher Ambassadeur, à mes sentiments les plus distingués et bien dévoués. »

« Signé : C. de Gaulle. »

Les éditions Robert Laffont viennent de publier *Le Testament politique de Richelieu*, préfacé par Léon Noël. Le Général l'aperçoit sur mon bureau et me dit :

« Le temps de Richelieu présentait bien des avantages : la richesse de la France, sa population, la valeur des personnes, les traditions enfin, source de pouvoirs bien établis... Maintenant, la France est ingouvernable. De son temps, Metternich le disait déjà, énumérant, dans ses Mémoires, les vingt-huit ministres des Affaires étrangères de France auxquels il avait eu affaire en vingt-sept ans... »

Le professeur d'histoire, qui transparaît si souvent chez le Général, énumère alors – après un très faible effort de mémoire – les vingt-huit ministres en question, à l'exception d'un, dont il ne parvient pas à retrouver le nom.

Paris, vendredi 6 février 1948

Je me rends chez Malraux, pour régler quelques points relatifs à la propagande, à la veille du voyage du général de Gaulle en Seine-et-Oise, qui doit se dérouler demain et après-demain. Il est quinze heures trente. J'appelle Colombey, le commandant de Bonneval m'ayant lui-même téléphoné quelques minutes plus tôt. La petite Anne est assez gravement malade. Je n'ai pas de détails...

La voix de Bonneval, au bout de la ligne, paraît étrangement lointaine : « Ne quittez pas, le général de Gaulle voudrait vous parler. » Presque aussitôt, la voix du Général : « C'est vous, Guy ?... » D'emblée, j'ai compris qu'un drame était noué : c'est sa voix extraordinairement détachée de la mort de Viénot, celle que j'entendis pour la dernière fois à Colombey lorsque, il y a peu de semaines, je lui annonçais la mort de Leclerc. La petite Anne est atteinte d'une pneumonie double... Il me demande de partir immédiatement en Seine-et-Oise pour tout décommander.

Minuit. Je rentre à mon domicile, où je trouve un message du commandant de Bonneval me demandant de rappeler sa femme de toute urgence. J'appelle. La petite Anne est morte.

Colombey, samedi 7 février 1948

Je suis arrivé à la Boisserie aussitôt après le déjeuner. Sur la façade, tous les volets sont clos. Silence absolu. On a attaché le petit chien-loup, qu'on entend hurler du côté du poulailler. Dans les pièces du rez-de-chaussée, tous les rideaux sont tirés. Bonneval vient me chercher dans le hall et me conduit auprès du Général, qui est assis, les bras ballants au-delà des accoudoirs, mais qui tient à se lever pour m'accueillir. Il me fait asseoir près de lui. Il est pâle, extraordinairement, mais sa voix est parfaitement assurée, lorsqu'il me décrit les circonstances de cette mort foudroyante : au début de la semaine, la petite Anne était grippée. Mme de Gaulle crut à un gros rhume. L'impossibilité où elle était de décrire ce qu'elle ressentait ne permit aucun diagnostic inquiétant avant hier matin. Jusqu'alors, c'était le médecin du village, le docteur Colomb, qui l'avait soignée. Le commandant de Bonneval insista pour qu'on l'autorisât à faire venir un médecin de Troyes [2]. Celui-ci arriva hier, vers quinze heures. Le mal avait déjà fait ses ravages. Il ne dissimula point au Général qu'il y avait peu de chances de sauver sa fille. La pénicilline et l'oxygène s'imposaient, mais ce n'est qu'en fin d'après-midi que le matériel nécessaire put être apporté de Troyes. Première piqûre de pénicilline, vers dix-huit heures. Le médecin était redescendu et conversait avec le Général, dans la bibliothèque. Mme de Gaulle vint prévenir, au bout de quelques minutes, que la petite Anne semblait étouffer. Le médecin remonta lui faire une piqûre, que le cœur ne supporta pas. Dix minutes après, elle était morte.

Pas un signe de déséquilibre ou d'émotion physique, pendant que le Général me décrit cette agonie. Après s'être tu assez longuement, il me dit :

« C'était une prisonnière. Il y avait quelque chose de très particulier et de très attachant chez ce petit être et j'ai toujours pensé que si elle n'avait pas été... comme elle était, elle aurait été une personne assez remarquable. Elle était tellement affectueuse pour nous ! Malgré l'effacement dû à son état, elle aura joué son rôle, elle aura été utile. Oh ! je sais bien, évidemment, il y en a beaucoup qui ont été plus utiles qu'elle et qui sont morts ! Mais, s'il y a un Dieu, c'est une âme libérée qu'Il vient de rappeler à Lui. Elle aura été utile, notamment à deux égards : tout d'abord, elle a servi de lien entre sa mère et moi, elle aura permis que nous demeurions ensemble à un moment où il était essentiel que Mme de Gaulle et moi demeurions ensemble, j'entends... aux yeux du pays *.

» Enfin, sans la petite Anne, la Fondation de Mme de Gaulle n'eût jamais été créée. Après sa mort, elle continuera à faire du bien à des enfants atteints du mal qui, finalement, devait l'emporter. Car nous savions – plusieurs médecins nous l'avaient dit – qu'elle entrait dans un âge particulièrement critique. Le cœur ne se développait plus normalement, il était trop faible... »

Il s'est tu. Aucune émotion visible, mais une espèce d'immense tendresse baigne ses traits. Il me regarde, d'un regard prolongé, d'une bouleversante beauté. Puis il me dit :

« Tenez, si vous le voulez, nous pourrions aller faire là-haut un petit signe de croix. »

Il me précède dans la chambre mortuaire. A droite, en entrant, devant les rideaux tirés, Mme de Gaulle assise et les mains jointes, impressionnante de cran, de pâleur, de raideur. A gauche, au fond de la pièce, la petite Anne sur son lit, presque belle. A son chevet, une nonne venue d'un couvent de Chaumont et en prière. Le Général s'assied et regarde sa fille. Je prie...

Colombey, dimanche 8 février 1948

Le calme et la simplicité des deux hôtes de cette maison des morts sont impressionnants. On attend, d'une minute à l'autre, l'arrivée de la vieille Mlle Potel, qui fut la gouvernante d'Anne depuis sa plus tendre enfance et qui prit sa retraite voici quelques mois. On attend son arrivée pour procéder à la mise en bière. J'accompagne le Général et Mme de Gaulle à Maranville, où, dans une petite chapelle, nous entendons la messe. Dehors, il n'a pas cessé de pleuvoir. Après la messe, le Général m'entraîne à l'écart et me demande, pour ne pas ajouter au martyre de Mme de Gaulle, de prévoir

* Cette confidence m'étonna à ce point que je crus avoir mal entendu. Le soir même, j'ai demandé à Bonneval, qui avait assisté à notre entretien, s'il en avait conservé le même souvenir que moi. Il me confirma que j'avais bien entendu.

avec le commandant de Bonneval une mise en bière aussi rapide que possible, dès que Mlle Potel aura revu la petite Anne.

Un menuisier du voisinage et le chauffeur du Général entrent dans la chambre mortuaire pour y déposer le cercueil. J'entre derrière eux et donne le poêle à Mme Michignau, puis, avec le commandant de Bonneval, je gagne la pièce voisine. La porte de la petite chambre rose se referme sur le Général, son fils, Mlle Potel et la bonne sœur. Mme de Gaulle et sa belle-fille avaient été conduites précédemment au rez-de-chaussée, où le Général ferma sur elles la porte de la bibliothèque.

Avec le commandant de Bonneval, dans un silence traversé de quelques chuchotements qui nous parviennent à travers la paroi, puis du bruit des vis qui grincent dans le bois, nous restons là, assez longtemps, au milieu d'un tapis. Peu à peu, d'instinct, nous nous sommes redressés et lorsque le général de Gaulle rouvre la porte, nous découvrons que nous sommes au garde-à-vous.

Le Général a décidé que le cercueil serait transporté dans le salon, qui est situé au rez-de-chaussée. Cette décision improvisée se réalise en quelques secondes : le commandant de Bonneval, le menuisier, le chauffeur et moi, nous descendons lentement le cercueil, car l'escalier décrit un virage serré. Nous posons le cercueil sur deux tabourets de cuisine, du côté de la fenêtre qui donne sur la prairie, mais dont les volets sont clos et les rideaux tirés. Nous recouvrons le cercueil avec le poêle et posons sur un petit guéridon une assiette contenant de l'eau bénite avec un rameau de buis et deux flambeaux dont nous rallumons les bougies.

A quinze heures, le Général désirant respecter en détail les traditions du petit village, les habitants commencent à défiler. M. le Curé et les enfants de la paroisse viennent réciter ensuite des dizaines de chapelets. Il est resté constamment auprès du cercueil, le plus souvent assis. Ce qui me frappe le plus, depuis que je suis arrivé dans cette maison, c'est son désir évident de faire face, de tout observer, de ne rien perdre de ce drame. A Bonneval, il avait dit hier soir aussi : « Évidemment, il y en a beaucoup qui ont été plus utiles et qui sont morts. Mais, s'il y a un Dieu, c'est une âme libérée qu'Il vient de rappeler à Lui. »

Et Bonneval de me confier : « Voyez-vous, Guy, j'ai vu beaucoup mourir en déportation, si bien que l'aspect matériel de la mort m'est à peu près indifférent. Ce qui m'a fait le plus souffrir depuis hier, ce n'était pas, cet après-midi, ce bruit des vis qui entraient dans le bois, c'était l'idée de la souffrance du Général. Et puis, j'ai songé également à ceci : mes camarades de déportation mouraient comme des bêtes ; les Allemands étaient parvenus même à ceci que la mort était devenue une chose ignoble, une chose sans dignité. Anne, elle, est morte entourée de soins et d'affection. Elle sera accompagnée demain, dans sa dernière demeure, par l'affection, oui, par l'estime et l'affection de tous les habitants de ce village. »

Colombey, jeudi 12 février 1948

Dès mercredi, il a essayé d'exiger de soi la reprise d'une vie intellectuelle. Efforts atroces. Lorsqu'il referma pour la première fois derrière lui les portes de son bureau, s'étant fixé pour tâche de refondre son discours inachevé de Versailles, je l'entendis, au bout de quelques instants, marcher de long en large dans cette pièce minuscule. Ainsi d'un fauve en cage... J'avais l'impression qu'il s'agissait pour lui d'une épreuve décisive. Parviendrait-il à se *réintéresser* ? Puis le silence s'établit soudain derrière la porte. Une heure plus tard, il rentrait dans la bibliothèque, sauvé, détendu. Deux pages fraîchement écrites étaient sur son bureau. Et pour la première fois, extraordinairement détendu, il se mêla à la conversation.

Depuis, je m'interroge à nouveau avec angoisse sur les conséquences de ce malheur. Parviendra-t-il à se tirer de cette espèce de léthargie, de cette sombre délectation, qui a rempli, aujourd'hui encore, la plus grande partie de sa journée ? Pour l'instant, il est encore trop détaché pour pouvoir prêter une attention véritable aux choses de ce monde. Il y faudrait un minimum d'optimisme. Mme de Gaulle m'a dit, à deux reprises, qu'elle craignait beaucoup pour lui. Lundi dernier, prévoyant la suite, j'avais demandé à Pierre de Gaulle d'insister auprès du Général pour qu'il consentît à quitter Colombey pour une quinzaine de jours. Mme de Gaulle, à mon étonnement, se joignit à mes efforts. Dès mardi après-midi, il opposait un « non » définitif à ce projet : « L'amour-propre est le plus fort, me confia Mme de Gaulle. Il lui importe de donner l'impression que rien n'est changé dans sa manière de vivre. »

Cet après-midi, il m'a reparlé pour la première fois de la situation. Au vrai, je n'avais pas l'impression qu'il s'adressait à moi. Certaines de ses phrases, bien qu'il n'ait jamais donné l'impression de la moindre faiblesse intellectuelle, étaient interrompues, sans transition, apocalyptiques :

« Je vois apparaître dans le pays une volonté de moins en moins grande de redressement. Il y a hélas ! beaucoup d'excuses à cela... La question : savoir si c'est pour toujours. D'énergies, il en reste encore un peu. Je sais bien, il reste encore des gens touchants, des gens dévoués à la cause. Mais, à la vérité... »

Il n'achève pas sa pensée.

« ... c'est une minorité, à laquelle je reproche de ne pas se révéler... Il faut espérer... On peut toujours espérer... on peut encore espérer... »

Un grand geste de l'avant-bras, qui retombe sur le genou :

« Il faut... imaginer !... »

Un court silence. J'entends :

« Et puis, prenez les Anglais... Je ne vois plus apparaître leurs qualités... Après Churchill, plus rien... Chez les Italiens, rien... Il est certain qu'actuellement c'est lamentable : on ne voit aucune personnalité se former. La dégradation de l'État s'accentue partout, beaucoup plus que ne se manifeste la dégradation du pays, qui – sans se manifester – ne semble pas vouloir perdre et abandonner les éléments de sa vie... »

Il parle ainsi de la crise présente :

« Sa puérilité, à cette crise... La manière dont les choses ont été prévues à l'extérieur... L'intervention des Anglais... L'importance semble être, en chaque occasion, de trouver un compromis qui permette de survivre quelque temps. »

Je lui demande son sentiment sur un homme qui n'a pas joué depuis la Libération le rôle que certains attendaient de lui : Blum. Il me dit :

« Lorsqu'il est revenu d'Allemagne, j'en ai été personnellement très heureux et j'en ai conçu de grandes espérances. Et puis, tout à coup... tout à coup, je me suis demandé si c'était par démagogie sans y croire. Et quand je le vois, maintenant, m'accuser avec autant de mauvaise foi, je suis très embarrassé pour me prononcer. Je ne crois pas pourtant qu'il cède à des mobiles personnels... Il n'est devenu enragé contre moi qu'à partir du moment où je me suis trouvé seul à Colombey-les-Deux-Églises. Eh bien, il aurait dû enrager avant ! Herriot, lui, n'a tout de même pas eu le front de me faire une campagne publique. Encore une fois, je n'aperçois aucune explication. Peu importe, d'ailleurs... Mais c'est dommage, car, après tout, ce n'est pas n'importe qui. »

Puis, cette conclusion :

« Voyez-vous, Blum est un homme qui n'a jamais pu poursuivre aucune fin nationale, s'appliquant en tout à demeurer étranger à la France. Il veut confondre, depuis quelques mois, les intérêts de la France avec la solidarité internationale, telle qu'il la voit. »

Colombey, samedi 21 février 1948

Je lui demande, de la part de Malraux, s'il a décidé à quelle date il se rendra à Reims. Il me répond vivement :

« Mais Malraux n'a pas à s'occuper de mes déplacements. Mes déplacements sont prévus par moi seul. L'ordination dépend de vous seul, Guy, ou de la personne à laquelle je décide d'en confier l'exécution. Pour la Marne, comme pour l'Oise, c'est vous. Je ne veux pas que le Rassemblement s'en occupe. Ce n'est pas nouveau d'ailleurs : Vincennes mis à part, aucun de mes déplacements n'a eu d'autre origine qu'une cérémonie. Or, l'organisation d'une cérémonie n'est pas du ressort du Rassemblement, qui ne s'y entend que pour flanquer la pagaille dans tout ce qu'il touche. Il faut que cela soit clairement compris. »

L'homme

Son sens de la propriété. Qu'en penser ? J'ai toujours observé avec étonnement que l'arrivée d'un cadeau, fût-il de grande valeur, le révèle complètement désintéressé. La signification du cadeau est la seule chose qui lui importe. Son sens de la propriété est à sens unique. Recevoir le laisse indifférent. Seule, la menace du droit de propriété, qu'il s'agisse du sien ou de celui de la France, l'agite violemment, qu'il soit question d'une poule du voisin picorant dans son jardin, ou des droits de la France en Syrie et au Liban...

Il a toujours ironisé, souvent avec cruauté, devant cette avidité de Mme de Gaulle à « amasser », selon sa propre expression. Financièrement parlant, il a toujours le geste du grand seigneur, qu'il donne un pourboire, ou qu'il envoie un chèque à un inconnu, qui, par lettre, lui décrit sa misère.

J'ai noté son indignation devant toute cruauté, s'agissant des animaux. Voici deux exemples récents :

1) Au fur et à mesure qu'il prend de la taille, son chien-loup devient de plus en plus insupportable. Le commandant de Bonneval prétendit le dresser. Le Général s'aperçut que son aide de camp, bien loin de le rouer de coups, usait de temps à autre d'une bonne tape. Il s'en émut exagérément.

2) Geneviève de Gaulle-Anthonioz et son mari vinrent passer à la Boisserie le week-end qui suivit la mort d'Anne. Sa nièce, évoquant des souvenirs d'enfance, vint à évoquer un paysan tranchant le cou d'un canard. Le Général fit une moue de dégoût et lança presque violemment :

« Ah ! je t'en prie, parle d'autre chose !... »

Colombey, mars 1948

La bibliothèque du Général date presque entièrement de la Libération. Cependant un petit fonds a pu être sauvé ; quelques ouvrages militaires, parmi lesquels je parcours un ouvrage du lieutenant-colonel Émile Mayer [3], intitulé *Nos chefs de 1914*. A en juger par son état de détérioration, il a dû être lu et relu. J'y ai trouvé quelques passages sur Joffre, Foch, ou Lanrezac, qui, par certains traits, se rapprochent, probablement par accident, de la psychologie du Général.

Sur Foch : « La fougue de ses gestes contrastait avec les idées exprimées. Il mettait beaucoup de chaleur, de conviction, *à soutenir des thèses qui avaient traîné un peu partout, auxquelles cette véhémence conférait l'air de nouveauté dont il vient d'être parlé*. Cette véhémence se traduisait d'ailleurs par " *le langage apocalyptique* qui caractérisait sa manière ". Les lieux communs, dans la bouche de Foch, prenaient " une valeur toute nouvelle par la plénitude de sa voix et l'autorité de ses gestes " » (p. 64).

Sur le général de Lanrezac, il dit : « [...] une vigueur de langage qui sentait parfois la grossièreté du corps de garde. Il s'en faisait un peu un sport, car il était un militaire parfaitement civil, quand il le voulait, fort bien élevé » (p. 159).

Cette citation de Clausewitz : « Par une âme forte, il faut entendre, non pas celle qui ne connaît que les fortes émotions, mais bien celle dont les plus fortes émotions ne troublent pas l'équilibre. »

Sur Foch encore (p. 59 de l'ouvrage d'Émile Mayer) :

« Puis il étudia les solutions qu'on lui apportait. Étude laborieuse. " Pendant cette élaboration, qui dure parfois plusieurs jours, on peut suivre à la trace la marque de sa pensée. *Les idées qu'il veut développer le hantent. Elles reviennent à tout instant dans ses conversations.* " (Cette citation provient du livre du commandant Bugnet, *En écoutant le Maréchal Foch*, p. 57.) A en croire son panégyriste, il avait une certaine lenteur d'esprit : " Voit-il clair ? Pas toujours tout de suite " » (p. 98).

P. 60 de l'ouvrage de Mayer : « [...] souvent l'indigence de la pensée se manifeste par ce que le commandant Bugnet appelle " des rengaines " (p. 52). Il nous montre (p. 28) que Foch revient volontiers à ce qu'il a déjà dit et qu'il répète " chaque fois à peu près de la même façon, dans les mêmes phrases, avec les mêmes tournures, les mêmes images ". »

J'avais souligné auprès de Rémy, qui en fait état dans : *De Gaulle, cet inconnu* (en réalité, mon ouvrage...), cette habitude du Général de peindre et reprendre sa fresque. D'une fresque à l'autre, la composition peut être différente, mais les fragments sont habituellement les mêmes, la dernière fresque faisant apparaître l'élément nouveau. J'évoque cette impertinence de Mme de Boissieu, entendue à Marly : « Mon papa, vous radotez. »

P. 824, de l'ouvrage du commandant Bugnet : « Dans ces moments où il faut une volonté exaspérée pour insuffler à tous une énergie que rien ne doit affaiblir, *il exige, quoi qu'on lui oppose, il bouscule pour obliger à vouloir, alors il redit inlassablement la même chose.* »

J'ai souvent observé, avec Palewski notamment, qu'il use fréquemment de ce que j'appellerai : « une mauvaise foi d'une désarmante sincérité ». Cette méthode, il l'emploie inconsciemment lorsqu'il désire découvrir quoi que ce soit de *réel* ou d'*utilisable* au fond de la thèse qu'on défend devant lui.

Autre méthode du Général : Il part de l'idée que, s'il existe quelque chose de valable dans le point de vue que l'on prétend faire triompher dans son esprit, on s'acharnera à poursuivre l'attaque (ce qu'il ferait certainement à la place de son interlocuteur), jusqu'à le convaincre. Il affecte ainsi, le plus souvent, même s'il est secrètement de votre avis, de prendre le contre-pied systématique de ce que vous lui dites, commençant par hausser les épaules et par dire : « Non ! » Tout se passe comme s'il disait : « Si la thèse qu'il défend est bonne et si je lui résiste, il rentrera par la fenêtre. Alors, il sera toujours temps de céder. » J'en connais malheureusement beaucoup qui, ébranlés par son accueil hostile, ont renoncé dès l'abord, alors que ce qu'ils préconisaient était raisonnable et qu'ils n'avaient qu'un tort : désespérer de parvenir à le convertir. A ce propos, Billotte m'a dit à Londres, en mai 1944, alors que j'allais prendre mon service auprès du Général :

« De mon travail aux côtés du général de Gaulle, j'ai tiré parfois grand profit. Jamais autant qu'en faisant mienne cette tactique qu'il affectionne entre toutes : *commencer par dire* “ *non* ” ! Car, de deux choses l'une : ou bien votre “ non ” est destiné à demeurer “ non ”, et alors vous faites preuve de caractère. Ou bien vous serez finalement amené à dire oui. Mais alors : a) vous vous serez accordé un délai de réflexion ; b) on vous saura d'autant plus gré de votre oui final. »

P. 73 de l'ouvrage du commandant Bugnet : Son « point de vue est rarement celui de tout le monde, ou celui auquel on penserait tout d'abord ».

Commentant l'ouvrage du commandant Bugnet, le lieutenant-colonel Émile Mayer, qui a bien connu Foch, écrivait, p. 58 : « ... Un certain illlogisme était donc une des caractéristiques de sa personnalité. Homme d'action, il vivait en bureaucrate ponctuel et même maniaque... »

J'évoque ce minuscule souvenir : C'était environ huit jours après la mort de sa fille. J'ouvrais le courrier du Général avec un coupe-papier que les Français libres lui donnèrent jadis. Le Général sort de son bureau, se dirige vers moi, un autre coupe-papier à la main, et me dit à brûle-pourpoint :

« Cher ami, êtes-vous maniaque ?

– ? ? ?

– Eh bien, moi, je suis maniaque ! Et si ça ne vous fait rien, échangeons nos coupe-papier... »

Un esprit non prévenu remarquerait d'emblée que sa vie quotidienne est traversée, parfois même tracassée, de mille manies. En voici quelques-unes, qui ne s'expriment que parmi sa famille ou ses familiers.

La toute première : *se servir soi-même*. Horreur qu'on l'aide à mettre son manteau ; jadis il ne pouvait supporter qu'on lui allume sa cigarette ; à table, il ne se sert que lorsque tout le monde s'est servi, moins par désir d'observer les préséances de l'hôte que pour l'exigence qu'il a de se servir à son aise ; les bûches qui alimentent le feu de la cheminée ont une taille impressionnante : il ne peut souffrir qu'on l'aide à en placer une sur les chenêts. Pour peu qu'un visiteur non averti s'empresse, il lui dit : « Laissez-moi faire ! C'est le seul plaisir qui me reste... » Il n'accepte de boire une tasse de café que si elle est remplie jusqu'au bord, de passer à table que s'il a entendu la radio, d'écrire que s'il est assuré à l'avance de n'être point dérangé, etc.

Au vrai, chacune de ses journées de Colombey, à moins qu'intervienne un véritable événement, est un film qui répète exactement la journée de la veille, avec cette seule variante : l'heure à laquelle il quitte ses appartements, qui est moins tardive depuis qu'il ne fume plus.

Joffre, décrit par Foch : « ... Il n'écrit pas. Il ne dit pas grand-chose. Rien ne le fait bouger. »

Paris, mercredi 10 mars 1948

Nous nous rendons rue de Solférino. Dans la voiture, comme nous passons devant le musée de l'Orangerie, je lui dis :

« Mon Général, que penseriez-vous de l'idée d'organiser une exposition de la France Libre pour le 18 juin prochain ? »

Amical haussement des épaules :

« A quoi bon ! Cela n'intéresse plus personne... »

Paris, jeudi 11 mars 1948

Déjeuner à l'hôtel La Pérouse : Jacques Vendroux.

On vient à parler de Jan Masaryk, qui s'est suicidé hier soir. Il nous laisse tout d'abord parler, puis se joint tout à coup à la conversation. D'une voix très calme, il observe :

« Il faut bien comprendre, n'est-ce pas, que pour des hommes qui ont incarné ou qui incarnent leur nation, que pour un Churchill, que pour un Roosevelt, ou que pour un de Gaulle, le débat de conscience dans lequel les événements vous placent, peut constituer, pour ces hommes, une terrible épreuve. Et ceci, en dépit de toutes les apparences. Car on se fait une idée peu exacte de la force d'âme nécessaire – une fois la décision prise et les suites mesurées – pour livrer combat aux idées qui vous assaillent. Pour soutenir un tel siège, alors que le sort de millions de vos compatriotes et l'histoire de tout un peuple en dépendent, il faut, oui, il faut... »

Je n'ai pas perçu la fin de sa phrase. Je crois qu'il n'y en eut pas ; crainte de pécher par orgueil ? Je ne le pense pas, car il y avait beaucoup de pondération et de détachement dans sa voix. Le maître d'hôtel sorti, il poursuivit ainsi :

« Ainsi moi : eh bien, en 1940, j'ai dû prendre une décision... Une décision qui avait, accessoirement, sur le plan personnel, un certain nombre de conséquences : avoir coupé les ponts avec Pétain, être condamné à mort par un Conseil de guerre, être en butte aux attaques de millions de mes compatriotes, ce n'était pas... ce n'était pas... *rien* ! »

Je m'aperçois que mon contexte ne donne pas l'impression de la modestie. Il y avait pourtant beaucoup de modestie dans sa voix :

« Alors moi, bon ! J'ai tenu le coup dans cette épreuve personnelle... Mais pour d'autres, il advient parfois que l'épreuve se révèle trop dure, au-dessus de leurs nerfs... Certains ne peuvent le supporter et viennent à craquer. A plus forte raison, quel débat pour ceux qui se sont arrêtés à un choix contraire à ce que leur dicte leur conscience !... »

Puis il parle de Benès :

« Avez-vous vu cette photo, prise au moment des événements de Prague [4], et qui nous montre Benès face à Gottwald ? Le petit Benès est là, des papiers à la main, devant ce personnage musclé, énorme... Il semble égaré sur une autre planète, il ne semble plus très bien réaliser. Non, voyez-vous, il n'y a qu'une solution, une seule ! Une fois qu'un homme a incarné son pays, s'il ne se retire pas *à temps* d'un certain système ou d'un certain régime, *il est perdu*. Pour un Benès, ou pour un de Gaulle, il n'était d'ailleurs pas interdit, certes, en temps de guerre de chercher à attirer les communistes dans la communauté nationale, de chercher à s'entendre avec un Staline. Seulement, voilà : à partir du moment où il était prouvé que Staline jouait un jeu contraire aux intérêts de la Tchécoslovaquie ou de la France, il importait (geste éclair), il importait de se retirer sur-le-champ, sous peine – après avoir été hypnotisé – d'être absorbé. Sous peine de ne plus pouvoir se détacher ensuite. Sous peine d'être compromis tôt ou tard et aux yeux de tous avec les ennemis de la nation. »

Sans sévérité :

« Benès a loupé la commande. Il ne lui restait dès lors qu'un moyen de renoncer à son erreur : dire " non ". Maintenant, quoi qu'il fasse, c'est trop tard, quand bien même se ferait-il pendre. »

Jacques Vendroux lui demande comment il explique la chose. « Il était trop vieux, trop affaibli aussi, incapable de reconsidérer l'univers. Il était surtout trop mou et trop lié à ses ennemis... Même Poincaré, si intransigeant qu'il fût, si intègre, si attaché à n'agir que pour le compte de la France, tenait compte des *individus* et ne pouvait pas toujours demeurer insensible aux questions d'hommes. Telle était déjà la loi... »

Il rit d'un drôle de rire, où la moquerie prédomine tristement.

« Cette époque n'est décidément pas sérieuse ! Masaryk se tue. De nos jours, même quand on se suicide, ça ne fait pas sérieux. »

Comme l'ancien député M.R.P. vient à lui parler de Teitgen, le Général a un sourire mystérieux :

« Je viens de faire de Teitgen une expérience récente qui, je vous l'affirme, ne l'a pas fait croître dans mon estime. Lorsque j'étais dans l'Oise, je suis descendu chez la sœur puînée du général Leclerc, Mme de Beynast, qui possède en un lieu très isolé, à la lisière des bois, un château. Elle donna asile, en 1944, à celui qui se croit aujourd'hui ministre des Armées. »

Ici, une pause malicieuse. Il poursuit ainsi :

« Vous vous souvenez peut-être que Teitgen s'est évadé d'un train, qui, de Compiègne (il avait séjourné au camp de Royallieu) le conduisait en Allemagne. Lorsque j'étais arrivé à Paris, Bidault m'avait dit : “ Nous ne savons pas où est Teitgen, nous sommes très angoissés sur son compte, etc. ” Moi, bien entendu, je n'avais aucune espèce de raison de ne pas le croire. Celui que nous appelions alors “ Tristan ” évoquait pour moi l'idée d'un homme qui avait servi utilement avant d'être arrêté. Je n'en savais guère plus sur son compte... Or, c'était précisément le moment où je constituais, à Paris, mon nouveau gouvernement. A la demande de Bidault et d'un certain nombre de futurs M.R.P., je laissai le nom du futur ministre de l'Information en blanc. Et puis, un beau jour, voilà-t-il pas que Bidault m'amène Teitgen rue Saint-Dominique, un Teitgen hâve, au col déboutonné, pas rasé, qu'il soutenait sous le bras, lui, Bidault. Vous voyez d'ici la scène ! Je sors de mon bureau. Teitgen, appuyé d'une épaule contre le chambranle d'une porte, n'avait apparemment pas la force de franchir la faible distance qui le séparait de moi. Il était ruisselant de larmes... Nous nous embrassâmes. Ce fut touchant !... Bidault m'expliqua que son ami venait d'échapper aux Allemands. (Loin de mon esprit l'idée de refuser à Teitgen le courage qui lui permit de s'évader : c'est un fait qu'il sauta de ce train, au départ de Compiègne.) Seulement voilà : on finit toujours par savoir la vérité. La vérité, en ce qui concerne Teitgen, les Beynast me l'ont révélée, à leur insu. J'ai appris, en effet, que lorsque Teitgen s'était présenté rue Saint-Dominique *il y avait déjà huit jours qu'il était libre !* » Le Général nous regarde, pour nous prendre à témoin :

« Voilà le fait : il venait de passer huit jours chez la sœur du général Leclerc, qui l'avait dorloté. Il s'y était reposé. Il avait bu du lait... enfin, vous voyez ! Je trouve cela énorme !!! »

Il rit, sans méchanceté. Puis, il ajoute : « Je suis persuadé, d'ailleurs, que Bidault et ses amis savaient fort bien de quoi il retournait et qu'au moment où ils prétendaient n'avoir pas de nouvelles de lui, ils le savaient déjà en sécurité, bien au chaud, chez les Beynast. Voilà l'affaire. Elle n'est certainement pas à l'éloge de Teitgen. »

Vendredi 12 mars 1948

Je reviens à Colombey, après trois semaines d'absence pendant lesquelles j'ai organisé un voyage du Général à Beauvais, Compiègne et Senlis, puis j'ai séjourné à Paris avec le Général.

Dans le petit cimetière qui borde l'église, une croix de bois fraîchement peinte en gris marque la tombe de la petite Anne. Le Général et Mme de Gaulle parlent de sa disparition sans employer aucun mot découvert, simplement, en faisant face. Mais alors qu'il y a trois semaines je me demandais, non pas s'il parviendrait à surmonter sa douleur mais s'il parviendrait à s'intéresser à nouveau aux affaires avec ce minimum d'optimisme qui permet l'action, il semble à première vue que l'ombre de sa fille se soit déjà retirée de cette maison. Illusion...

Première rencontre avec le printemps, quelques bourgeons éclatent, un ciel d'un bleu incroyable pour la saison. Au détour d'une allée, Vincam, presque adulte, pose ses pattes sur votre complet-veston vous obligeant à vous brosser plusieurs fois par jour. Quant à Poussy, la chatte, ses petits sont mort-nés... Ni dame de compagnie, ni femme de chambre, Mme Michignau, qui succéda à Mlle Potel auprès d'Anne, s'est installée au rez-de-chaussée. Marie, la servante, a quitté la Boisserie où Philomène fait maintenant office de cuisinière-femme de chambre.

Dès l'abord, je suis bien obligé d'en convenir : je n'ai probablement pas vu le Général aussi reposé, communicatif, voire joyeux, depuis les premiers jours de sa retraite à Marly. Cet état d'esprit est apparu après Compiègne. Je l'attribue, pour ma part, au fait qu'il sent peu à peu la vague de l'opinion gonfler sous lui. Les remous causés par l'interview de René Pleven suffiraient seuls à suggérer ce qu'il doit éprouver en secret.

L'interview de Pleven : voici ce que je sais de cette affaire :

Il y a deux mois environ, le président du Conseil, Robert Schuman, posait la question de confiance sur l'ensemble du projet de René Mayer. Vingt-quatre heures avant le vote de la commission des Finances, René Pleven me téléphona, demandant à rencontrer le Général, qu'il n'avait pas vu depuis longtemps. L'audience fut fixée au jeudi 29 janvier. Ultérieurement et parce que sa présence était, paraît-il, « indispensable » à une séance de cette commission, M. Pleven me fit tenir rue de Solférino un mot par lequel il me priait d'exprimer au général de Gaulle son regret de ne pouvoir paraître à l'heure convenue. Il vint finalement l'après-midi du même jour. La question était de savoir s'il voterait pour le projet. De sa décision, dépendait pratiquement le sort du cabinet Schuman.

En sortant du bureau du Général, il vint à moi et me dit :

« Ah ! Je suis bien hésitant. Je viens de voir le Général. Que ne m'a-t-il donné une instruction précise ! » Et de répéter : « Je suis bien hésitant... »

Dans la voiture qui nous raccompagnait à l'hôtel La Pérouse et alors que je venais d'apprendre que M. Pleven s'était *abstenu* quelques minutes plus tôt dans le vote de la commission des Finances, je m'ouvris au Général de l'indécision de son ancien ministre des Finances et du regret qu'il m'avait exprimé de n'avoir pas obtenu du Général qu'il lui traçât plus clairement sa ligne de conduite.

« Mais il mentait ! me lança le Général, d'une voix sévère. Comment ne voyez-vous pas qu'il vous racontait des histoires ? Car, au cours de notre entretien, je lui ai au contraire exprimé de la manière la plus catégorique que le devoir de tout parlementaire consisterait dorénavant à abréger la crise de régime que traverse le pays et à hâter l'application du remède, en faisant tomber tout gouvernement fidèle au régime des partis et hostile à la dissolution ! Je ne pouvais lui parler plus clairement, je pense ?... »

Dans la voiture qui remontait les Champs-Élysées, j'entendis le Général répéter avec ironie la phrase de Pleven : « Je suis très hésitant. Je suis très hésitant. » Il conclut :

« Il n'était pas hésitant du tout, votre Pleven, puisqu'il a couru s'abstenir. »

Depuis cette péripétie, le Général n'eut plus aucun contact avec son ancien commissaire national de Londres. Chaque fois que son nom venait à être prononcé, il haussait les épaules. (Les membres du comité exécutif ne se privaient pas – en un chœur d'où montait une réprobation exagérément artificielle – de stigmatiser la conduite de René Pleven...) Sur ces entrefaites, vint le discours de Compiègne [5].

Le 6 mars, au début de l'après-midi, Soustelle et moi retrouvâmes le Général sur la route de Pontoise à Beauvais. Il arrivait de Colombey. Comme nous avions un quart d'heure d'avance, le Général nous entraîna sous les arbres d'une allée voisine de la route nationale.

La situation était alors la suivante : débat au Palais-Bourbon, au cours duquel était discutée dans la fièvre une floraison d'amendements à la loi de prélèvement, le sort du gouvernement Schuman étant en jeu. Tous les projecteurs étaient tournés vers Compiègne et Schuman cherchait, paraît-il, à faire durer le débat jusqu'au lendemain soir, espérant que le discours de Compiègne lui permettrait peut-être d'augmenter sa majorité. L'entourage du Général s'inquiétait, depuis plus de huit jours que le Général le rédigeait à Colombey, du contenu du discours. Les démarches s'étaient succédé : une lettre de Bozel, tout d'abord, lui demandant de ne pas hésiter devant l'obstacle ; une visite de Jacques Soustelle à Colombey, insistant pour que le Général déclarât solennellement qu'il était prêt, avec le Rassemblement du peuple français, à prendre ses responsabilités devant le péril ; la visite habituelle de Palewski enfin, pour la correction du discours.

Le Général nous parla tout d'abord de son discours en ces termes :

« Vous ne savez pas ce que vous voulez. Les uns voudraient que je casse tout et les autres que je favorise l'amorce d'une manœuvre sur le plan gouvernemental ou parlementaire. Eh bien, mon opinion n'a pas varié et voilà ce que j'ai décidé de leur dire *. »

Sa main gauche quêta le texte du discours dans la poche de la vareuse, cependant que la main droite atteignait les lunettes. Il lut :

« J'ai créé, au-dessus de nos divisions et sans exclure personne, le Rassemblement du peuple français pour entraîner la nation vers les objectifs qui s'imposent. De ce fait, la confiance et l'espoir ont trouvé leur cadre et, s'il le fallait, trouveraient leur recours [6] **. »

Il nous lut ensuite : « A présent, ce sont les événements qui commandent de ne plus attendre, car pourquoi, au nom de quoi prolonger un système qui ne peut être que chronique faiblesse et crise permanente ? » Ici, il lève l'index : « Quant à moi, je le déclare, tout est prêt pour assurer la direction du pays vers son salut et sa grandeur, dès lors que les conditions permettraient de porter les responsabilités nécessaires.

» Françaises, Français ! Ce que nous avons encore à faire ensemble, c'est pour nous tous. Il y faut le concours de tous. Eh bien, j'en appelle à tous ! »

Et il termina sa lecture par un : « Voilà ! » sonore et définitif.

Soustelle paraissait satisfait. Il acquiesça, sans plus. C'est alors que le Général parla de Pleven :

« C'en est assez ! Non seulement il joue le jeu qu'il joue, c'est-à-dire un jeu qui n'est pas très ragoûtant. Mais encore il se présente partout – confidentiellement, bien entendu ! – comme s'il était d'accord avec nous. »

Soustelle s'empressa : des imprécations venaient on ne peut plus volontiers à ses lèvres. Le Général poursuivait :

« Alors... voilà ! Il faut mettre fin à cela. S'il vote pour le gouvernement, nous allons le désavouer dans le prochain numéro du *Rassemblement* [7]. »

Une demi-heure après le discours de Compiègne, le Général étant reparti pour Colombey, le général Chaban-Delmas, député-maire de Bordeaux, m'accrocha au passage. Il me questionna sur Pleven. Je lui suggérai d'aller le voir séance tenante et de lui annoncer, sans citer sa source, que le général de Gaulle se préparait à le désavouer.

Le Général n'était pas plutôt arrivé à Paris en fin d'après-midi, le mardi 9 mars, que Pleven me fit dire à l'hôtel La Pérouse qu'il cherchait à me voir. Je lui téléphonai. Sa voix était sereine. Il demandait à rencontrer le général de Gaulle... Quelques minutes après, je formulai devant le Général cette demande d'audience. Alors qu'il n'avait encore vu personne, il avait l'air de s'y attendre : « J'accepte de le voir, pour la dernière fois. »

Le lendemain, à seize heures trente, Pleven arrivait rue de Solférino. A deux ou trois reprises, le Général m'avait questionné au cours de la journée, me demandant de lui repréciser l'heure à laquelle il le recevrait. « Ah ! C'est

* Affirmation un peu hasardée : en fait, sans les interventions de son entourage, je demeure persuadé que le Général eût pris une position moins catégorique et que la phrase « Tout est prêt » n'eût pas été prononcée.

** Dans la nuit qui précéda le discours de Compiègne, le Général remplaça « s'il le fallait » par « quoi qu'il arrive ».

donc cet après-midi que je fais mes adieux à Pleven », m'avait-il dit avant le déjeuner.

Pleven entra dans mon bureau. Pour un homme qui se préparait à affronter la colère du général de Gaulle, je trouvai qu'il se portait particulièrement bien. Je lui manifestai d'emblée mon étonnement qu'il y eût une pareille contradiction entre ce qu'il m'avait dit de son dernier entretien avec le Général et ce que ce dernier m'en avait confié. Il se défendit faiblement : « Si le Général se souvient d'avoir été aussi clair dans ce qu'il m'a dit, je n'en ai, moi, conservé aucun souvenir. » Puis il me dit :

« Si l'on me reproche d'avoir voté pour le gouvernement Schuman, je réponds qu'en mon âme et conscience, c'eût été une grande folie de provoquer sa chute alors que rien n'a été préparé pour la suite. Seuls, les communistes profiteraient du désordre. Oh ! évidemment d'une crise ministérielle prolongée pourrait sortir un ministère Bidault. Est-ce cela que vous souhaitez ? Je crois, moi, qu'avant de faire tomber un gouvernement, il faudrait peut-être se demander par quoi on va le remplacer. Sinon, on fait le jeu de Staline. »

Il s'assit, tira de sa poche quatre feuilles de papier à en-tête de l'Assemblée nationale et me dit :

« Tenez, lisez ! J'ai résumé ma pensée sur la question dans un article que je destine à mon journal des Côtes-du-Nord. »

Je lui rendis le papier sans faire aucun commentaire. Il dit alors :

« Il y a d'ailleurs, au départ, un malentendu : certains s'imaginent ou font semblant de s'imaginer que je suis en position de déplacer vingt voix au Parlement et que je suis ainsi la clef de la majorité. Ceci, je m'efforce, bien entendu, de le laisser croire. J'en joue... Vous ne me contredirez pas si je vous dis qu'il n'est pas tout à fait inutile au Général que j'en joue. Mais la réalité est tout autre, car, en fait, je ne dispose que de cinq ou six bulletins de vote. »

Puis il me parla de Pompéi :

« Si l'on me fait un reproche d'avoir voté, en mon âme et conscience, pour le gouvernement Schuman, il faudrait alors demander à M. Pompéi comment il se fait que les cinq musulmans qu'il a envoyés au Parlement aient également voté pour lui ? »

Le visiteur qui était chez le Général sortit. Pleven y pénétra. Accueil glacial.

Ils demeurèrent ensemble plus d'une heure. Au début, à travers la paroi qui me séparait du bureau, des éclats de voix assez violents me parvinrent.

Ce n'est que trois jours plus tard, le 13 mars, que le Général évoqua devant moi cet entretien. Dans l'intervalle, René Pleven avait publié l'article qu'il m'avait montré, sous forme d'interview, dans un quotidien de Paris, *Le Parisien libéré* [8].

« Pleven, m'expliqua-t-il, avait rendu visite à Robert Schuman, c'est-à-dire le soir de mon discours de Compiègne. Il aurait exprimé devant lui l'opinion qu'il devrait, lui, Schuman, demander à me rencontrer : “ C'est également mon opinion ", aurait répondu Schuman. (Du moins, c'est ce que Pleven prétend !) Schuman aurait alors manifesté l'intention, se rendant en Lorraine en fin de semaine, de s'arrêter à Colombey, en passant... Je répondis à Pleven que si Schuman venait, je lui ouvrirais ma porte, n'étant pas un homme indigne et ayant reçu Ramadier jadis, lorsque celui-ci vint me raconter ses malheurs... Pleven me montra alors un article qu'il avait rédigé pour *Le Petit Bleu*, son " canard " des Côtes-du-Nord. C'est le texte de cet article qui est devenu depuis son interview dans *Le Parisien libéré*.

» Ayant intérêt à *les* placer dans un débat de conscience, à les agiter, ce qui ne peut que contribuer à l'affaiblissement des partis, je ne fis pas obstacle à la publication de son " papier ", tout en me refusant à lui procurer mon appréciation sur le fond de la question soulevée et en soulignant qu'il n'engagerait, ce faisant, que lui-même. »

Je n'ai pas donné le style direct de ce que le Général me dit ensuite. En voilà la substance :

« Vous verrez que Schuman ne viendra pas. Les socialistes ont dû lui téléphoner, Blum a dû lui signaler qu'il n'avait pas le droit d'accomplir ce crime, etc. S'il avait quelque chose d'un chef d'État et s'il voyait les choses avec tant soit peu de recul, il aurait au contraire saisi la balle au bond, c'est-à-dire qu'il aurait dit à Pleven : " Mais je n'ai pas besoin de vous. Je n'ai pas besoin que vous vous entremettiez. Je suis assez grand pour savoir ce que j'ai à faire... Vous voyez ? " »

Il revint alors à Pleven, observant qu'à partir de maintenant, il s'est lié à nous, qu'il le veuille ou non, ou que nous nous liions ou non à lui : « S'il vote demain pour Schuman, il perdra la face, plus personne ne le prendra au sérieux. »

A l'heure du thé, je demeure seul avec le Général, lui demandant ce qu'il pense d'un rapport récent, envisageant le cas où les communistes lanceraient leur offensive en commençant par la France, avant d'opérer en Italie. Il me répond qu'il n'en croit rien, le terrain étant encore mal préparé pour eux en France et les communistes étant beaucoup plus en force en Italie :

« A une date récente – et bien grâce à nous d'ailleurs – l'opinion publique s'est tout de même passablement solidifiée en France. »

Après quelques instants de silence, il me dit :

« L'effondrement de la puissance militaire américaine après cette guerre constitue un monument d'imbécillité et une erreur que les démocraties vont pleurer bientôt en larmes de sang.

» Il faut regarder les choses en face : en temps de guerre, Churchill et Roosevelt ont – comme Staline – exercé une dictature. Sans celle-ci, nous eussions perdu la guerre. De même, depuis mai 1945, les démocraties ne pouvaient s'en tirer, confrontées avec une dictature, que par l'adoption d'un système autoritaire...

– Vous voulez dire, mon Général, en mettant la démocratie en vacances, pour des raisons de salut public.

– Peu importe. Car, dans la pratique, on renonçait à la démocratie... Voilà le fait ! En temps de guerre donc – *et nous n'avons jamais cessé d'être en temps de guerre* – les démocraties sont vouées à l'effondrement, parce qu'il n'y a aucune issue possible pour elles. Mais il y a plus à ajouter que cela : les vieilles nations ne peuvent plus fonctionner normalement, elles refusent le fonctionnement. La machine est trop vieille, après s'être emballée, elle s'arrête peu à peu et s'il n'y a pas de solution pour les démocraties, il faut bien convenir qu'il n'y en a pas non plus pour Staline, car je n'appelle pas une solution celle qui consiste à survivre sur la substance des autres. Néanmoins, face à cette dictature, un système autoritaire pouvait prétendre limiter les dégâts. »

Je profite du silence qui succède à ces paroles pour glisser :

« Mais alors, mon Général, comment voyez-vous la suite ? »

Il me répond immédiatement :

« Eh bien, je pense que Staline va faire, d'un moment à l'autre, quelque chose de grand. Je le pense parce qu'il voit très certainement que les conditions sont propices à ce qu'il recherche et que ces conditions, demain, ne pourront que tendre à disparaître. En France, comme je le disais, l'esprit public se solidifie ; en Grande-Bretagne, il n'y aura pas éternellement un gouvernement travailliste, (ou tout au moins un ministère de la Défense nationale entre les mains d'un travailliste...) ; l'Amérique, elle, les élections passées, va se ressaisir dans une certaine mesure. Inversement, la période qui précède les élections américaines, les querelles qui divisent encore les Français, les difficultés économiques dans lesquelles se débattent les Anglais et les déchirements provoqués par la campagne électorale italienne, tout ceci offre à Staline l'occasion d'agir, mais d'agir vite.

– Quelle pourrait être la réplique des Américains à une avance rouge en Italie ? Quel secours peuvent-ils pratiquement apporter aux antimarxistes ? »

Le Général me considère une seconde, comme si j'avais perdu la raison. Je m'empresse de suggérer :

« Certaines informations prétendent que les Américains ont enterré en Italie, près de Bari, je crois, de quoi armer cinq divisions blindées. Des formations clandestines, appelées " milices noires ", auraient été entraînées... »

Rire énorme :

« Alors, n'en doutez pas, si ce matériel et ces hommes existent, les communistes s'en empareront... »

Mais il est grave et impatient :

« Non, non : soyons sérieux ! Ce que feront les Américains ne dépassera pas la valeur démonstrative d'une promenade en Méditerranée de deux ou trois heures. Vous verrez ce que je vous dis. »

J'interromps encore sa réflexion pour dire :

« Alors le Pape, mon Général, n'aura plus qu'à venir s'installer en Avignon. »

Il me regarde, avec une étrange sévérité et je me rends compte qu'il a réfléchi à la question :

« Avignon est trop près ! En venant en France, il courrait le risque d'avoir à déménager à nouveau. Non ! Il traversera l'Atlantique. C'est à Québec ou à Montréal, est-ce que je sais, moi ? qu'il ira chercher un refuge. »

Colombey, samedi 13 mars 1948, 15 h 30

Après le déjeuner, il lit soigneusement les quotidiens de Paris. Ayant parcouru *L'Humanité*, il me demande d'appeler Soustelle à Paris. Je demeure près de lui et j'entends ceci :

« Écoutez-moi donc, cher ami... C'est à propos du truc de Pleven... Je tenais à vous préciser que nous n'avons aucune part à prendre dans ce qui se dit ou se fait à Paris autour de sa déclaration. »

Soustelle parle à l'autre bout du fil. Puis, j'entends :

« Eh bien, il n'engage que lui-même. Je vous répète donc que nous n'avons aucun parti à prendre en la matière, parce que ça se déroule dans une atmosphère et sur un plan qui n'ont absolument rien de commun avec le nôtre. Vous allez donc faire savoir directement et plus spécialement à Catroux et aux siens – qui ont toujours la maladie de faire des déclarations et de monter de toutes pièces des histoires de porte-parole – qu'ils n'ont rien à dire sur cette affaire. »

Soustelle dit quelque chose. Le Général lui répond :

« Un peu plus tard, oui, quand les choses se seront calmées, alors nous publierons une déclaration indiquant que, comme on l'avait d'ailleurs fort bien compris, nous n'étions pour rien dans une initiative de M. Pleven, qui n'engageait que lui-même. »

Le Général a décidé de publier, la semaine prochaine, une déclaration à la presse destinée à prévenir le Parlement et l'opinion contre de fausses interprétations consécutives aux déclarations de Pleven.

J'ai eu confirmation par Bozel que Robert Schuman avait également fait part à Léon Noël de son intention de rencontrer le général de Gaulle.

A propos de demandes d'audience, j'ai oublié de noter ici que, voici quinze jours environ, Michelet avait surgi rue de Solférino un matin : il venait d'annoncer au général de Gaulle, qui prit la chose très froidement, qu'il avait rencontré Maurice Schumann. Celui-ci « était prêt à venir voir le général de Gaulle, couvert de honte et la corde au cou ». Edmond Michelet a reparlé de sa demande d'audience au commandant de Bonneval il y a quarante-huit heures.

Le R.P. d'Argenlieu, retour de Belgique, est venu passer le week-end. Il est habillé en clergyman. Dès son arrivée, il me demande d'aller voir le curé de Colombey, afin qu'il lui soit donné de célébrer la messe demain matin, dans la petite église. Le Général et Mme de Gaulle assisteront à cette messe.

Le Général me retient à dîner. Avant de passer à table, nous écoutons, conformément à une tradition solidement établie, l'édition complète des nouvelles radiophoniques. La revue de la presse du soir est consacrée principalement aux grèves qui viennent de se déclarer dans le Nord (commentaire du Général : « Ici, les communistes vont jouer un jeu très nuancé. »), et aux remous suscités au Parlement par l'interview de Pleven, sur lequel le commentateur s'étend :

« Ils ne peuvent pas faire autrement que d'en parler, observe le Général, car l'opinion est maintenant alertée... »

Puis, lorsque le silence est revenu dans la bibliothèque, il ironise :

« Si les observateurs étrangers cherchent à voir ce qui se passe en France, cette minuscule affaire doit leur donner une précieuse indication sur la faiblesse du régime. Car enfin : voilà une interview publiée par un quelconque journal, une interview de rien du tout. Et il suffit de sa publication, c'est-à-dire la publication d'un article de journal, pour qu'aussitôt les partis s'agitent et pour que les tenants du régime, se sentant menacés, soient saisis de panique. C'est vraiment très rigolo ! Même à la fin de la IIIe République, il n'aurait pu en être ainsi. Tout se passe maintenant comme s'il suffisait d'un éternuement ou d'un bredouillement pour qu'aussitôt la panique se saisisse de nos gouvernements et pour que le château de cartes soit menacé d'écroulement... »

Il rit à gorge déployée. Puis on entend :

« La peur est le ressort des assemblées. »

Nous passons à table. Il parle de Blum avec beaucoup plus de vigueur qu'il y a trois mois :

« Blum est incapable de renoncer à ses erreurs [9]. C'est un esprit stérile, mais c'est aussi une sale bête ! Chez lui, l'ambition s'exaspère, c'est horrible... Il n'est pas seulement redoutable pour le mal qu'il fait, mais aussi pour le parti socialiste, auquel son influence aura été fatale. Il a beau, à présent, avec un certain nombre de ses amis, maintenir une garde vigilante autour du parti socialiste, je connais un certain nombre de " zigotos " qui doivent loucher vers nous et ronger leur frein... »

Une vague d'hilarité déferle. Puis :

« Blum est incapable de faire un chef de gouvernement. Il est confus et sectaire, ce qui est contraire à l'action. »

Après le dîner, le R.P. d'Argenlieu parle du cardinal Liénart, qu'il a rencontré à Lille la semaine dernière :

« Sa pensée, mon Général, est demeurée longtemps attachée au Sillon...

– Vous voulez dire que c'est un M.R.P.

– Je ne sais s'il l'est encore... A n'en pas douter, il le fut. Il le fut, d'instinct... »

Le Général s'esclaffe :

« Alors, n'en doutez pas, il est encore M.R.P. Car on ne guérit pas du M.R.P. Il s'accommodera peut-être de sa disparition, mais, croyez-moi, il ne s'en consolera pas. »

L'ex-amiral parle alors du Pape, en relation avec l'affaire tchèque et avec la victoire possible de Staline en Italie :

« Il résulte de divers témoignages directs et récents que son état d'esprit est assez particulier. Il est résolu au martyre. Mais, passivement... Je sais bien que, providentiellement, l'Église a connu tour à tour l'accession au trône de saint Pierre de souverains pontifes dont l'esprit et le caractère alternaient ou se contredisaient. Voyez Pie XI : les événements qui se déroulent en Europe depuis sa mort l'auraient trouvé bouillant et décidé à l'action. Pie XII, lui, fait preuve de qualités opposées... »

Le Général, qu'on sent contre, ne peut demeurer silencieux :

« C'est une grande force, certes, d'avoir fait à l'avance le sacrifice de sa vie. Mais à condition d'en tirer des motifs d'action. »

Comme l'amiral se montre persuadé que Pie XII est résolu à demeurer en Italie, quoi qu'il arrive, le Général proteste :

« Non, non ! Le Pape ne doit pas rester en Italie si Togliatti y triomphe ; *il faut l'emporter* (sic). »

Un peu plus tard dans la soirée, le grand chancelier de l'ordre de la Libération raconte qu'il a reçu avant-hier, rue François-Ier, la visite du général Guillaudot, ancien inspecteur de la Gendarmerie et glorieux combattant de la Résistance :

« Il vient de passer neuf mois en prison, au régime de droit commun. Eh bien, pendant neuf mois, le juge d'instruction n'a pu retenir contre lui la moindre présomption et a dû abandonner les deux chefs d'accusation qui avaient motivé son arrestation. Voilà un homme qui était totalement innocent de ce dont on l'accuse et ce n'est que pour raison de santé qu'on vient de le relâcher. Innocent mais en bonne santé, il fût demeuré encore longtemps dans l'oubliette où le régime des partis l'avait jeté. C'est indigne, mon Général ! Songez donc que depuis deux ans beaucoup de choses ont été faites par ce régime pour vous déconsidérer à travers vos compagnons, qu'il s'agisse de Passy, de Guillaudot, du général de Larminat [10] ou de Sainteny... »

Le Général l'admet, sans indignation apparente. Il s'en prend néanmoins à Coste-Floret :

« Je retiens ce Coste-Floret. Cette petite canaille, qui se croyait ministre des Forces armées, a essayé, en sachant pertinemment qu'il n'en était rien, de lier Guillaudot et Larminat au " plan bleu ". Celui-là, je le retiens ! »

On sent qu'il allait dire : « Le jour venu, je lui casserai les reins. » Mais il se contente, après un silence menaçant, de répéter : « C'est une sale petite canaille. »

L'amiral parle d'une lettre que le général de Larminat a envoyée, voici deux mois environ, à Depreux, ancien ministre de l'Intérieur. Le Général sort de son sérieux :

« Oui, oui, je sais : Larminat m'a envoyé la copie de sa lettre. »

Il se départ de son hilarité et observe :

« D'ailleurs, Larminat, entre nous, c'est de sa faute. Il a essayé de s'entendre avec eux, de jouer avec eux... Et puis, tout à coup, il a vu ce qu'il lui en coûtait, il a été le premier à en pâtir. Oui, oui, c'est de sa faute. Il n'avait qu'à se tenir tranquille. Quant à cette lettre, qu'est-ce que vous voulez bien que ça lui fasse, à Depreux ? Qu'est-ce que vous voulez bien que ça leur fasse à eux tous, autant qu'ils sont ? " Depreux, tu es un cochon ! " Eh bien, est-ce que vous croyez qu'il va se fâcher, le Depreux ? Mais point du tout. Pardi ! Il le sait bien qu'il est un cochon, Depreux ! " Passez donc, monsieur le ministre ", et à peine le ministre a-t-il franchi la porte que vous lui bottez l'arrière-train : " Bon, parfait ! Qu'est-ce que vous voulez que ça me fasse, à moi, pense Depreux, qu'il me botte l'arrière-train, si ça lui fait plaisir ? " Croyez-moi, ils sont ainsi. »

Il demande au Père d'Argenlieu si Guillaudot et Sainteny ont l'intention de passer à l'attaque par voie de recours au Conseil d'État ou de procès en diffamation :

« Je crois, répond d'Argenlieu, qu'ils comptent sur de prochains événements et sur certains changements politiques généralement escomptés pour les aider demain à proclamer leur bonne foi. Je crois qu'agir maintenant serait maladroit. Ce serait, pour eux, susciter le risque d'être arrêtés à nouveau...

– Mais non ! affirme le Général, sur un ton catégorique. *Ils* n'en sont plus là, allez ! Ils ne courraient aucun risque personnel en agissant et leurs adversaires ne broncheraient pas, car ils se savent tous compromis et tous complices. Il n'en est pas un qui ne se sache au-dessous des épithètes injurieuses qu'on leur destine, ou qui n'ait commis mille fois ce dont on les accuse. Tout cela, *ils* le savent bien, allez ! »

Colombey, dimanche 14 mars 1948

A dix heures, j'ai été prendre le R.P. d'Argenlieu à la Boisserie pour le conduire à l'église de Colombey. Il était habillé en moine. Un petit paysan lui a servi sa messe, dans l'église déserte, à l'exception du Général et de Mme de Gaulle. Après celle-ci, le Général a été le chercher à la sacristie.

Pendant le déjeuner, le Père demande au Général : « Comment se porte le conseil municipal de Paris ? »

Le Général répond distraitement : « Pas mal, pas mal. » Puis il ajoute, narquois : « Vous savez, d'ailleurs : quand on a la majorité absolue... » Et il ne peut s'empêcher de lancer cette boutade : « La démocratie n'est supportable qu'à une condition : y avoir la majorité. » Succède un rire charmeur, un peu sifflant.

Hier soir, après dîner, le Général, nous ayant parlé des partis politiques, avait dit, en mode de conclusion : « La peur est le ressort des assemblées. » Puis, après un court silence, il avait ajouté sur un ton de plus en plus ironique et grondant un vers de Victor Hugo sur la peur [11] (?).

Alors, d'une manière absolument inattendue, il se retourna vers

Mme de Gaulle qui tricotait à son secrétaire situé derrière le fauteuil où il était assis et, sur le mode familier, lui demanda :

« A propos, Yvonne : qu'est devenue la gravure de Philippe ? »

La voix répondit, placidement :

« Elle est accrochée dans la chambre d'Élisabeth. »

J'échange un regard curieux et complice avec le R.P. d'Argenlieu, qui se décide enfin à questionner le Général :

« Et peut-on vous demander, mon Général, ce que représente cette gravure ? »

Le bras soudain projeté vers le plafond, avec une mimique qu'il veut aussi terrifiante, mais comique, que possible, il répond bien volontiers :

« La panique... Mais c'est une gravure *remarquable* ! »

Avec une passion dans la description et un concert de gestes enthousiastes destiné à souligner le comique de la situation, il nous décrit ainsi cette gravure, un peu sur le ton dont on conte aux enfants :

« Vous voyez une montagne, une énorme montagne. Sur cette montagne, on voit une armée, une énorme armée. Et puis, tout à coup, cette armée, qui a presque entièrement gravi la montagne, aperçoit de l'autre côté d'un mur quelques chevaliers. Ah oui, mais quels chevaliers ! Par leur stature, par leur regard, par l'éclat de leur armure, on voit immédiatement que ce sont des chevaliers. Alors ?... Eh bien alors, vous devinez la suite : l'armée terrorisée recule et vous les voyez tous, pêle-mêle, les uns sur les autres, culbutant vers le ravin. *Ça, c'est la panique !* »

L'hilarité l'emporte. Il rit longuement, joyeusement.

Au cours de l'après-midi, comme il était assis face au R.P. d'Argenlieu et que la conversation languissait, il commença tout à coup ainsi :

« Une paix de vingt-cinq ans... Oui, évidemment, il y a toujours ça, qui est possible, quoique rien ne puisse sérieusement nous permettre de l'espérer... Alors, quoi ? Les communistes ? Seulement, voilà, je ne crois pas aux communistes à échéance. Certes, ils ont eu beaucoup de chance, je dirai même que, pour l'instant, ils les ont toutes. D'abord, les communistes ont disposé d'un pays neuf, d'un peuple docile, voire servile, dont l'espérance était vierge, et de richesses matérielles pratiquement inépuisables. Autre chance : l'affaiblissement de l'adversaire, consécutif à deux guerres. Et puis le fait même de ces deux guerres, qui semblait légitimer la dictature de Staline, sans compter la chance d'avoir trouvé un pays où le tsarisme n'opposait rien de sérieux à ses entreprises. Enfin, la faiblesse de l'adversaire : la Chine ne se tient plus, la Grande-Bretagne est épuisée, la France très affaiblie et l'Amérique désarmée... »

Il se lève et arpente la bibliothèque :

« Oui, seulement les chances de Staline n'arrivent pas à dissimuler les contradictions inhérentes au communisme et lorsque je dis que je ne crois pas à ce système à échéance, c'est parce que ses contradictions se heurtent par trop à la nature humaine. Première contradiction : à la fin de cette guerre, chacun pensait, en Russie, que la victoire avait été procurée non pas par le régime mais par le peuple russe. D'où naquit la certitude et le contrat implicite entre Staline et les Russes que la fin de la guerre verrait le début d'une ère nouvelle, une ère où l'État pèserait d'un moindre poids sur l'individu, une ère où la terrible étreinte allait se desserrer. Tout se passa d'ailleurs, au début, comme si Staline acquiesçait au vœu obscur de la masse russe : notamment, par le retour progressif à la liberté des cultes. Or, voilà qu'à une date récente, soit qu'il n'ait pas été suivi par son entourage, soit qu'il ait craint de ne pouvoir – une fois lâchée – rattraper la bête, Staline semble avoir décidé de refermer à nouveau sa poigne. Eh bien, cela est contre nature : un peuple peut se soumettre, se contraindre, vivre à la dure, se priver, subir, accepter une discipline totale et odieuse pendant vingt-cinq ans, peut-être même beaucoup plus, mais il est contre nature qu'il renonce éternellement à lui-même. »

Une pause, puis :

« Contre nature aussi *le mensonge*. Chacun sait que la propagande du régime est établie sur le devoir de mentir. Oh ! certes, on peut mentir impunément dans toute espèce de domaines, pendant des mois et des années, *mais pas éternellement*, car le mensonge, qui fausse tout de proche en proche, fait qu'à la fin des fins, ils ne savent plus toujours où ils en sont. Et même, s'ils le savent, ils sentent... »

Il cherche sa pensée :

« ... ils sentent qu'ils ont tort ! »

Puis il évoque ce souvenir :

« Après la Libération, Debû-Bridel, qui écrivait des éditoriaux dans le quotidien *Front national* [12], et qui croyait à la pureté d'intention des communistes ou qui prétendait y croire, dans l'intérêt de sa propre défense, me dit : " Mais, mon Général, vous devriez les considérer avec plus d'indulgence. Sans doute, ce sont des clandestins. Sans doute, ils se terrent dans des caves. Ainsi des premiers chrétiens, qui célébraient la messe loin de tous les regards. " Je répondis à Debû-Bridel : " Vous n'oubliez qu'une chose : les premiers chrétiens cherchaient la vérité, les communistes recherchent le mensonge. " »

Le silence retomba assez longtemps. Le R.P. d'Argenlieu cherchait visiblement à dire quelque chose. On entendit enfin :

« Vous parliez des premiers chrétiens, mon Général. Je pense, moi, à cette Providence, qui domine de très haut et qui domina toujours, à travers l'Histoire, les destinées des peuples... »

Le Général trancha :

« Une *finalité*, oui. »

A l'heure du thé, l'amiral d'Argenlieu lui parle de l'émoi suscité à l'Association des médaillés de la Résistance à la nouvelle que le général de Gaulle leur retirait sa présidence d'honneur. Voici les faits :

Le gouverneur de Boislambert et le colonel de Boissoudy m'avaient fait parvenir, il y a six semaines environ, la maquette de l'annuaire des médaillés de la Résistance. Première page : portrait de Vincent Auriol. Deuxième page : portrait du général de Gaulle. Sous chacun des deux noms : « président d'honneur ». Et puis, en page 3, un blanc réservé à quelques lignes manuscrites qu'on demandait au Général de bien vouloir rédiger pour expliquer ce qu'était la médaille de la Résistance.

Je soumis cette maquette au Général avec beaucoup de ménagements et en lui indiquant que Vincent Auriol avait exprimé le désir de « ne pas gêner le général de Gaulle ». Le Général me pria alors d'écrire au gouverneur de Boislambert et au colonel de Boissoudy, leur communiquant sa décision de refuser la publication de son portrait et de donner le texte demandé.

Comme l'amiral d'Argenlieu et moi-même lui retraçons ces faits, le Général nous confie ce qui suit :

« J'avais toujours pensé que la médaille de la Résistance serait l'objet de tout un trafic et je ne me suis pas trompé, puisque, si, au moment de mon départ, il n'y avait pas vingt mille médaillés de la Résistance, il y en a actuellement plus de soixante mille. Voilà pourquoi j'ai tant insisté pour que la médaille de la Résistance ne s'installât point dans les locaux de l'ordre de la Libération. Il importait de distinguer. Et puis, je peux bien vous le dire : ce qui importait, c'était de maintenir les compagnons de la Libération au pinacle, en n'étant pas trop sévère en ce qui concerne l'attribution de la médaille de la Résistance, qui, dans mon esprit, devait servir de " dépotoir ". Cela n'a d'ailleurs pas de conséquences, puisqu'on ne fait plus de compagnons : la liste en est définitivement close ! Parmi les médaillés de la Résistance, ceux qui ont des titres peuvent en faire la preuve, du fait qu'ils ont obtenu pour faits de guerre, soit la Légion d'honneur, soit la médaille militaire, soit la croix de guerre. Si bien que ce qui doit compter, c'est ce qui finalement compte : la croix de la Libération, la médaille militaire, la Légion d'honneur et la croix de guerre. Tout est donc très bien ainsi. »

Colombey, lundi 15 mars 1948

M. Capitant est arrivé par le train de onze heures. Il repartira quelques minutes avant le dîner, le Général ayant fait, devant lui (plus que pour lui), un tour d'horizon assez vaste. Dans la voiture qui nous conduisait à Colombey, il me dit préconiser l'adoption du scrutin départemental à deux tours, plus démocratique. Le scrutin à un tour aurait, d'autre part, l'inconvénient de faire le jeu des communistes, en cas de dispersion des autres listes.

Après le déjeuner, debout contre la cheminée et tournant rapidement sa tasse à café, le Général reproche à son ancien ministre de n'avoir pas trouvé le temps de jeter sur le papier ses souvenirs d'Alger. Le fondateur de la défunte Union gaulliste se défend en affirmant que Jacques Soustelle a cité dans un ouvrage récent à peu près tout ce qu'il importait de dire sur les péripéties qui précédèrent et suivirent l'installation du général de Gaulle en Afrique du Nord.

Le Général remarque :

« C'est extraordinaire l'empressement mis par certains à publier leurs Mémoires : Elliott Roosevelt, James Byrnes, Cordell Hull, etc. Cette hâte ne dit rien qui vaille, car s'ils avaient meilleure conscience, il me semble qu'ils prendraient au contraire tout leur temps... »

Il parle alors d'un chapitre des Souvenirs de Cordell Hull, que publie actuellement *L'Intransigeant* [13] et où l'ancien chef du State Department retrace à sa manière les incidents de notre débarquement à Saint-Pierre-et-Miquelon. Le Général observe joyeusement :

« A travers les années, on sent que sa fureur couve encore. Elle se lit entre chaque ligne. La vérité, c'est qu'il ne s'en est pas encore consolé... »

Il rit.

Tournant en rond dans la bibliothèque, le Général dit :

« Il nous faut bien l'admettre, je n'avais jamais imaginé que la pression russe sur l'Europe s'exercerait aussi rapidement et aussi sérieusement, car je n'imaginais pas que les pays balkaniques offriraient aussi peu de résistance aux entreprises de la Russie. Je ne prévoyais pas que Staline disposerait d'autant de *chance.* »

On parle de Benès. Le Général répète ce qu'il avait dit précédemment devant moi, avec ceci en plus :

« Eh bien, je me sens de l'estime pour ce pauvre Benès ! Je l'ai passablement pratiqué à Londres. Sa conversation était attachante, car il connaissait l'Europe. »

Un silence réfléchi. Il s'assied, se retourne vers nous et lève l'index. On entend fuser un rire étrange :

« Non mais, ce que les Habsbourg doivent rigoler, en ce moment ! Car les Habsbourg crient à Benès : “ Mesures-tu enfin ton erreur, ô Benès ? Cette Tchécoslovaquie formée des dépouilles de la Hongrie, tu le vois bien maintenant : *elle n'a jamais existé !* Elle n'est jaillie que de ton imagination ! ” »

Comme le Général affirme que Blum et Bidault eussent opposé moins de résistance encore que Benès, Capitant observe :

« Quand on songe à Herriot, mon Général, on se persuade en tout cas qu'il eût opposé encore moins de résistance aux communistes qu'un Benès, dont la vie fut tout de même, dans une certaine mesure, celle d'un lutteur. »

Le Général est enchanté :

« C'est parfaitement exact ! Herriot se fût empressé, il eût joué d'emblée le jeu des communistes, ce qu'il n'a d'ailleurs pas cessé de faire depuis son retour de Russie. Songez d'ailleurs à l'attitude d'un Herriot devant les entreprises d'un Laval et d'un Abetz : car, pour l'essentiel, c'est exactement la même chose ! »

Capitant l'interrompt pour lui demander ce qui s'était passé au juste, en 1944, entre Herriot, Laval et Abetz. Le Général, que l'évocation d'Herriot avait mis debout, se rassied, renverse la tête, réfléchit et commence ainsi :

« Était-ce le plan préconçu de Laval ? ou celui des Américains ? ou même celui des Allemands ? Je crois que ce fut un peu l'idée de tout le monde, à vrai dire... »

Il avance le buste vers Capitant et poursuit :

« Toujours est-il que, pour Laval, l'idée fut la suivante : préparer un gouvernement qui pût prendre la suite... un gouvernement qui fût qualifié de légitime et qui fût entouré de l'Assemblée nationale, afin – bien entendu ! – que lui, Laval, apparût au moment de la Libération comme l'instrument essentiel de la restauration républicaine. Car il s'imaginait encore qu'il pourrait s'en tirer ainsi... »

Capitant demande : « Croyez-vous, mon Général, qu'Abetz était d'accord ? »

Le Général esquisse une moue, qui suggère que la psychologie de l'ambassadeur d'Allemagne devait être très nuancée. On entend :

« ... Une chose est certaine : Abetz n'était pas francophobe... Vous voyez ce que je veux dire. Alors, dans quelle mesure était-il d'accord avec les Américains pour s'en tirer lui-même, par la suite ? C'est très complexe. »

Il poursuit sa narration :

« Ce qui est certain, c'est que Laval chercha d'abord à mettre la main sur Jeanneney, qui demeura introuvable. (Ici, petit rire.) Pardi ! Le père Jeanneney ne tenait pas à se montrer. L'idée de Laval était la convocation de l'Assemblée nationale. Alors, on les aurait fait voter... Un vote annulant le vote de 1940, à Vichy... Ou, tout au moins, une déclaration de principe, en vertu de laquelle on aurait prétendu que la loi votée par elle en 1940 avait seulement la portée d'une mesure transitoire, seulement valable pour la période de l'occupation. Enfin, vous voyez : tout cela conduisait, pour le jour de la Libération, au vote d'un mandat remettant à Jacques ou à Jean des pouvoirs pour gouverner *(sic)*. »

Le Général se lève et se rapproche de Capitant :

« Alors, comme Jeanneney était absent, Laval se tourna vers Herriot. Vers Herriot, qui était en Allemagne... On s'arrangea pour le faire revenir et on l'installa à l'Hôtel de Ville, chez le préfet de la Seine, où il était d'ailleurs absolument libre de sa personne. Laval vint le trouver et lui représenta que s'il acceptait de réunir l'Assemblée nationale, c'est-à-dire de préparer la suite, il serait alors lui, Herriot, le maître du jeu. Soit qu'il formât, le jour venu, son propre gouvernement, soit qu'il désignât le président du Conseil de la Libération. Herriot écouta Laval, réfléchit et ne refusa qu'au bout de quarante-huit heures. (Le Général brandit un index justicier.) *Au bout de quarante-huit heures !* Car il lui fallut *quarante-huit heures* pour se faire une opinion ! »

Grand rire... Puis il poursuit, de plus en plus ironique et avec de plus en plus d'intensité dans la voix :

« Oh ! Il refusa d'ailleurs en termes très dignes, je dois en convenir. Moins digne, malheureusement, sa fameuse lettre à Abetz, que vous avez certainement lue et dans laquelle il accorde des titres à ceux qui ont décidé de le renvoyer en Allemagne : " Monsieur l'Ambassadeur ", par-ci, " Monsieur le chef du Gouvernement ", par-là, lorsqu'il se réfère à Laval. Sa lettre constitue seulement une protestation contre le fait qu'Abetz et Laval s'étaient portés garants de sa liberté. Voilà qu'ils violaient maintenant leurs promesses... »

Grand rire...

– *Capitant* : Si je me souviens bien, mon Général, sa lettre ne contenait aucun acquiescement aux propositions de Laval...

– *Le Général* : ... non plus qu'aucun refus !

Grand rire...

M. Capitant rappelle, au passage, la lettre qu'Herriot fit tenir au maréchal Pétain en 1942 :

« Oui, oui, dit le Général, qui fait un rapide effort de mémoire. Dans cette lettre, particulièrement peu brillante, il protestait auprès du Maréchal contre la fermeture des bureaux de l'Assemblée nationale, c'est-à-dire contre la disparition d'une fiction, l'administration de Vichy ayant décidé de s'approprier les locaux réservés jusque-là aux parlementaires. Ce faisant, souligne le Général d'une voix forte, *il reconnaissait Pétain !* »

Capitant lui demande s'il pense que les Américains étaient derrière l'opération de Laval. Le Général répond aussitôt :

« Je ne dis pas qu'ils étaient dans le coup, mais je suis certain qu'ils n'auraient pas vu d'un mauvais œil le succès de la manœuvre. J'ai d'ailleurs su, depuis, qu'il y avait sur place un agent américain, un certain Robinson. Or, ce Robinson avait des contacts avec Laval... (Le Général réfléchit rapidement et poursuit ainsi :)

» J'ai eu la preuve, à l'époque, que les Américains ne se désintéressaient pas de cette affaire. En effet, en arrivant à Rambouillet, c'est-à-dire quelques heures avant la Libération de Paris, j'ai vu arriver au château les quatre personnages suivants : le banquier Saint-Phalle, qui, par ses affaires, était notoirement lié aux Américains, Laurent, mon ancien chef de Cabinet chez Reynaud, le frère de Nordling (comme chacun sait, le consul général de Suède à Paris *(sic)* eut une part prépondérante aux négociations qui amenèrent la capitulation de von Choltitz, le commandant du " Gross-Paris " : il voyait couramment Abetz), enfin un officier autrichien, un certain commandant Pastor, dont je demeure convaincu qu'il était, en réalité, un agent des Américains, pour l'excellente raison qu'il travaille maintenant avec eux, à Francfort. Les ordres de mission de ces messieurs – détail curieux – portaient à la fois le visa allemand et celui de Parodi, ce qui, paraît-il, avait fait crier à la trahison. (Depuis l'affaire de l'attentat d'Hitler, les Allemands voyaient partout des espions et des traîtres...) Je reçus donc Saint-Phalle et Laurent. Eh bien, le croirez-vous : ils insistèrent très vivement et longuement auprès de moi pour que, dès mon arrivée à Paris, *je réunisse l'Assemblée nationale !..* »

Je demande au Général quel jeu jouèrent les Anglais dans cette affaire. Herriot m'a, en effet, raconté à Brottel, en septembre dernier, comment un agent de l'« Intelligence Service » avait contacté, dans le hall de l'Hôtel

Matignon, son directeur de cabinet Friol, lors de sa dernière rencontre avec Laval et Abetz avant son retour forcé en Allemagne. Cet agent britannique, qui avait dissimulé des membres de son organisation à proximité (dans l'église Sainte-Clotilde), avait insisté pour qu'il l'autorisât sur-le-champ à assurer son évasion.

Le Général m'interrompt par un énorme : « Pfff !... » et proclame :

« Herriot a toujours désiré demeurer là où il était ! Il n'a jamais songé sérieusement à s'évader, à aucun moment. La vérité, c'est qu'il avait peur... *(sic)* »

Je répète ma question sur l'attitude des Anglais à la veille de la Libération. Le Général sourit astucieusement et souligne :

« Dites-vous bien toujours qu'au cours de la guerre, Churchill ne m'a favorisé *qu'autant qu'il ne croyait pas en moi.* »

Son regard étincelle :

« Dès qu'il a vu que j'étais réellement la France, il m'a combattu ! »

Alors, avec un sourire, il nous confie :

« Oh ! je n'en fais pas grief à Churchill ! les choses eussent été inversées que je n'eusse probablement pas fait trop d'efforts pour restaurer dans sa force la puissante Angleterre !... *(sic)* »

Il rit avec une certaine bonne humeur...

Puis il répond ainsi à ma question :

« Je pense que les Anglais ont certainement suivi avec sympathie les efforts de Laval. Ils n'ont plus voulu de De Gaulle dès l'instant où il était prouvé que de Gaulle incarnait la France. Or, à ce moment-là, c'était prouvé ! Ce qu'il faut bien comprendre, n'est-ce pas, s'agissant des Anglais, c'est qu'ils ont toujours souhaité que la France n'eût pas le moyen d'une politique. La IIIe République leur avait peu à peu donné cette chance rêvée, cette habitude. L'idéal, voyez-vous, pour eux, ç'a toujours été une France suffisamment forte, certes, pour pouvoir leur servir d'alliée (c'est-à-dire disposant tout de même d'une défense nationale), mais gouvernée, ou plutôt pas gouvernée, par un Flandin, un Georges Bonnet, ou un Daladier. Remarquez que la situation n'a pas changé : Bidault représente exactement ce qu'ils souhaitent. Dans l'affaire de l'Union européenne, par exemple, voyez comme le ministre des Affaires étrangères leur est docile. C'est très commode pour eux, car, pratiquement, l'affaire se règle chaque fois à Londres, d'abord entre Bevin et Massigli et tout se passe en définitive selon leur souhait, c'est-à-dire que la France ne peut rien faire sans leur permission... »

Silence... Il poursuit une pensée, puis revient à nous :

« D'ailleurs, tenez : Lebrun... Voilà un autre exemple des intentions de nos alliés. Badoglio, d'accord avec les Anglo-Saxons, se donnait l'apparence de poursuivre la lutte contre eux, préparant en réalité la suite... Lebrun, lui, était à Vizille, non pas au château, mais dans une maison appartenant à sa famille... Un beau jour, des officiers italiens vinrent le trouver. Ils étaient, affirmaient-ils, mandatés par le roi d'Italie et par Badoglio, pour le convier à venir résider à Florence, où le meilleur accueil lui serait réservé. Lebrun, dignement, refusa. Sur ces entrefaites, d'ailleurs, la Gestapo alertée survint quarante-huit heures plus tard, l'arrêta et le transporta en Allemagne, d'où il ne devait pas tarder à rentrer, le pauvre ! – les Allemands s'étant rapidement rendu compte de l'aspect absolument inoffensif du personnage...

» Eh bien, je suis convaincu qu'ici encore, nos alliés cherchaient à réaliser une opération du même genre. Vous voyez ça d'ici : les armées victorieuses auraient découvert Lebrun, en arrivant à Florence. La Libération de Paris venue, ils le poussaient alors en avant, afin qu'il désignât un chef du gouvernement... Il m'eût peut-être désigné d'ailleurs... Mais enfin, vous voyez... quel qu'eût été le premier ministre ainsi choisi, les Alliés pensaient que son gouvernement aurait les apparences de la légitimité, par la vertu du mandat qui lui était confié par le président de la République de 1940. »

Le Général écarte les bras d'un sursaut de colère :

« Imaginez d'ici le bénéfice que les communistes eussent tiré d'une telle situation : " Ah ! Ah ! Lebrun ! Ah ! Ah ! l'Assemblée nationale de Vichy ! De quoi, de quoi ? On nous ramène tous les sépulcres blanchis ! Alors, c'était bien la peine de se faire tuer, de libérer la France pour en revenir finalement à ces gens-là ! " Et de conclure : " *De Gaulle nous a trahis !* " »

Un temps, puis il reprend :

« Notez que c'est exactement pour la même raison que je ne me suis pas prêté à l'opération que les Anglo-Saxons prétendaient m'imposer à Alger, lorsqu'ils voulaient faire de moi le subordonné du général Giraud. Le reconnaître, vis-à-vis de l'opinion, serait pratiquement revenu au même que si j'avais reconnu Vichy. C'est exactement pour la même raison encore que je me suis toujours refusé à offrir aux communistes ce tremplin qu'eût été le retour pur et simple aux institutions de 1875. Sans compter qu'en reprenant la Constitution de 1875, on était obligé de reprendre Lebrun et – par voie de conséquence – de passer l'éponge sur l'attitude de l'Assemblée nationale en 40, que dis-je ? de reconnaître en fait tout ce qui en avait découlé depuis, c'est-à-dire *Vichy*. »

La conclusion nous arrive après un court silence, lancée d'une voix plus ironique que cinglante :

« Non, non, vous savez : il faut vraiment user de la pire mauvaise foi ou d'ignorance insondable de ce qu'était le peuple français en août 1944 pour prétendre maintenant – comme le faisait encore récemment un article de je ne sais quel Queuille – qu'on aurait dû revenir, purement et simplement, aux institutions de 1875. »

Des conflits sociaux qui se sont déclarés depuis quelques jours dans le Nord, il dit :

« Les communistes vont entretenir le feu ainsi, de manière à pouvoir le rallumer, quand ils estimeront que ça vaut la peine. »

Le Général invite Capitant à passer à la salle à manger vers dix-neuf heures, afin qu'il ne voyage pas le ventre creux. Il parle de la conférence des

Seize [14], qui viennent de se réunir à Paris. A ce propos, j'entends Capitant qui questionne le Général :

« Comment voit-il le système européen, Bevin ? »

Le Général répond ainsi :

« Eh bien, il voit les choses en Anglais qu'il est, c'est-à-dire d'une manière parfaitement traditionnelle : il voit un système dans lequel il faut qu'il y ait – coûte que coûte – une France opposée à une Allemagne dressée, entre lesquelles l'Angleterre fasse figure d'arbitre. Si bien qu'il crée, pour dresser l'Allemagne, un simulacre de Reich à Francfort. Puis ce Reich envoie maintenant des délégués à la Conférence. Seulement, ce qu'il ne voit pas, Bevin, c'est que le Schumacher disparaîtra un beau jour ou sera attiré un beau jour par le truc *(sic)* de Berlin. Car, bien entendu, Staline va faire un truc à Berlin... Et dès qu'il sera créé, cet organisme de Berlin, vous allez voir le Bevin cramponné à sa radio et épiant – avec un affreux complexe d'infériorité au cœur – ce que le gouvernement allemand de Berlin va faire et lui prépare. »

Le Général s'exclame :

« Par lâcheté et par inconsistance, voilà ce que Bidault laisse faire ! C'est, à l'avance, une carte brûlée. Et l'Allemagne nous fera payer cela. Bientôt Staline n'aura plus qu'à se faire, à Berlin, le champion de l'unité allemande. Il a déjà commencé, d'ailleurs... Belle opération en vérité ! »

Plus tard, il parle de Blum :

« Blum défend contre moi une thèse qu'il sait pertinemment être fausse : il déclare que j'ai voulu jadis annexer la Ruhr. »

Il rit...

Il retrace devant Capitant les termes de son entretien avec Pleven. C'est exactement ce qu'il m'a dit samedi dernier. Comme Capitant, d'après ce qu'il pensait, lui expose que Pleven préconise la formation immédiate d'un gouvernement de Gaulle et que, dans son esprit, il ne s'agit pas d'un gouvernement de transition, le Général réplique vivement :

« Si Pleven s'imagine que je vais me prêter à cette manœuvre, il peut toujours courir ! Car *ils* s'imaginent probablement qu'ils peuvent encore obtenir ma bénédiction et que j'accepterai de couvrir de mon nom une combinaison ayant pour objectif la formation d'un gouvernement de Troisième Force dans lequel on ferait entrer, pour la frime, quelques hommes du Rassemblement. Quelle illusion ! »

Il expose alors sa thèse. Le problème est un problème d'institutions. Il n'y a pas de solution sur le plan parlementaire. La solution s'appelle : la dissolution, des élections générales, la révision de la Constitution. Seule concession acceptable :

« Si on prend devant le pays l'engagement solennel de recourir à de nouvelles élections d'ici l'automne prochain, alors, oui, si la dissolution était prononcée, je ne m'opposerais pas à la participation d'hommes du Rassemblement à un gouvernement chargé d'expédier les affaires courantes avant que se soit exprimée la volonté du pays. Cela, oui, à la rigueur... »

Après quelques instants de réflexion, il dit :

« N'est-ce pas, ce qu'il faut bien voir, c'est que de Gaulle ne peut revenir que porté par une grande vague d'opinion. Il y faudra une certaine atmosphère. Ce n'est pas un compromis ou une combinaison qui pourrait créer cette atmosphère ! Nous n'avons pas fait tout ce que nous avons fait pour nous compromettre finalement dans un replâtrage. Notre signification, notre raison d'être, c'est un grand péril, à l'échelle de la planète. Alors, de deux choses l'une : ou bien ce péril s'accentuera et l'opinion les forcera à s'en aller. Ou bien, les choses s'arrangeront, et alors nous n'avons plus de raison d'être ; nous n'avons plus qu'à rentrer chez nous et tout cela n'a plus aucune espèce d'importance... »

Colombey, mars 1948 *

Déjeuner avec le Général et Mme de Gaulle. Il me parle de la conférence des Seize, à Paris :

« Assemblée purement platonique. C'est un songe-creux, car il manque l'élément principal : la possibilité de faire respecter leurs décisions. Et cette possibilité s'appelle la force, une force militaire. Or, l'Amérique n'a probablement jamais été aussi bas. Si bien que toutes les bonnes paroles demeureront lettre morte. Staline aurait bien tort de ne pas avancer. C'est d'ailleurs ce qu'il va faire, n'en doutez pas. »

Je me permets de mettre en doute le degré d'effondrement de la puissance militaire américaine : « Il est si difficile, mon Général, de s'en faire une idée. Les uns disent que les Américains possèdent seulement trois cents avions de première ligne, contre quatre mille avions russes du même type. Les autres affirment qu'il ne faudrait pas se fier aux apparences. Ainsi, Douglas n'affirmait-il pas à Londres, il y a un mois, qu'une arme secrète permettrait aux Américains, quoi qu'il arrive, de maintenir une tête de pont sur les côtes atlantiques de l'Europe ? »

Impossible de poursuivre. Il qualifie de « candeur » toute hypothèse selon laquelle les moyens militaires américains seraient tant soit peu supérieurs à zéro. Sa conclusion :

« Non, non ! Staline fera l'affaire en Italie, puis il essaiera d'avancer en Norvège et en France... Vous verrez ce que je vous dis. D'ailleurs, il faut bien voir les choses telles qu'elles se passeront : Staline saura ménager un minimum d'apparences. Lorsque Togliatti formera son gouvernement, il s'entourera du " Blum " et du " Bidault " de l'endroit. Si bien que vous aurez, à Paris, un certain nombre de Blum et de Bidault pour se persuader que le gouvernement de Togliatti est autre chose qu'une dictature entre les mains de Staline. Et puis, dès que cela sera fait, Staline se tournera vers les Blum et les Bidault de Paris, en offrant un pacte d'amitié à la France. Et

* Ce feuillet porte la date du 15, assortie d'un point d'interrogation. La liasse précédente infirme cette date (N.d.É.).

vous verrez, là encore, les Blum et les Bidault s'expliquer entre eux qu'il faut saisir la balle au bond et ne pas préjuger systématiquement des mauvaises intentions de Moscou. Vous verrez ce que je vous dis. »

Mercredi 17 mars 1948

J'ai oublié de noter que René Mayer était venu voir le général de Gaulle huit jours avant d'accepter de Robert Schuman le portefeuille des Finances. Le Général a raconté devant moi, à plusieurs reprises, que René Mayer, retour des États-Unis, s'était ouvert à lui de son intention d'accepter d'entrer dans le prochain gouvernement. Le Général lui prédit l'échec de son projet : Premièrement, « l'atmosphère n'y sera pas. Dans l'état de faiblesse où se trouve l'État, vous n'aurez pas les moyens d'une politique ». Deuxièmement, le Général lui exprima sa conviction qu'il était candide d'imaginer que les nombreux Américains avec lesquels il venait de s'entretenir, tant à Washington qu'à Wall Street, tiendraient les promesses qu'ils lui avaient faites d'accélérer et d'intensifier les importations vers la France et d'apporter du dollar sur un marché libre des changes. Troisièmement : « Que restera-t-il de votre projet lorsqu'il aura été passé au crible de la commission des Finances et des parlementaires ? »

Au moment de l'ouverture du marché des changes par René Mayer, le Général me répéta qu'il croyait à une hausse du dollar.

De Reynaud, au moment du débat sur le projet Mayer, il me dit : « Il doit être furieux. René Mayer l'a roulé : en effet, son projet s'inspire des thèses de Reynaud. Les cartes qu'il a là-bas, il les a prises à Reynaud, si bien que ce pauvre Reynaud n'a plus rien dans son sac. »

J'oublie de noter ceci : après son entrevue avec Pleven, le Général me dit : « C'est un mou. » Puis, goguenard : « Oh ! il ne fait pas tout cela pour moi. »

Après la lecture des journaux du soir du 12 mars, qui faisaient écho en grands titres à l'interview de Pleven, il me dit, cependant que la petite Citroën qui nous raccompagnait à l'hôtel La Pérouse virait autour de l'obélisque : « Tout ceci est extrêmement rigolo. Vous allez voir, à nouveau il va y avoir des trahisons. Seulement, cette fois-ci, ce n'est plus moi qu'ils vont trahir, pour l'excellente raison qu'ils ne le peuvent plus. Alors, eh bien, alors, ils vont être forcés de se trahir *entre eux*. »

J'ai oublié de noter qu'au mois de janvier, Mme de Gaulle me parla, avec une étrange passion, des manuscrits du Général. Ainsi qu'elle me l'avait annoncé l'automne dernier, elle m'apprit qu'elle avait rencontré un homme de loi. J'aurais dû commencer par rappeler qu'elle a toujours prétendu conserver un contrôle jaloux sur l'ensemble des archives de la France Libre, manifestant volontiers le soupçon que l'entourage du Général, depuis 1940, ne s'était pas fait faute de « mettre de côté » bon nombre de manuscrits autographes des discours et messages de l'homme du 18 juin. En fait, M. Palewski, Mlle Milliez (qui est chargée des archives) et moi-même, avons, quelques mois après le départ du Général, conduit une enquête qui a prouvé que tous les manuscrits officiels, à l'exception d'un ou deux, avaient regagné ses archives. Nous avons trouvé, au contraire, beaucoup de probité chez ceux qui avaient pu détenir telle ou telle pièce et qui, interrogés, s'empressèrent de restituer ou de faire restituer tel ou tel document secondaire. La femme du Général demeure néanmoins persuadée qu'une conjuration est montée, pour détourner les principaux manuscrits.

Au mois de janvier, donc, elle m'apprit qu'elle avait rencontré un homme de loi pour étudier avec lui le moyen de mettre à l'abri les manuscrits du Général. Elle semblait attacher un plus grand prix à ceux qui sont antérieurs à la France Libre. Sur le ton dont on pourfend un ennemi invisible, elle me dit : « Le Général est beaucoup trop bon. Si je le laissais faire, il distribuerait peu à peu, aux uns et aux autres, des manuscrits qui doivent demeurer demain la propriété de ses enfants. Pour le protéger contre lui-même, j'ai pris dans son bureau les manuscrits auxquels nous tenons le plus. Il ne s'en est pas aperçu. Ils sont maintenant en lieu sûr, et j'ai pris mes dispositions pour qu'ils ne réapparaissent que dans cinquante ans. Bien malin, celui qui les découvrirait là où ils sont. »

Elle est secouée d'un rire fragile et vengeur, incroyablement passionné, jaloux.

Le Général a été revoir le président Jeanneney, toujours lucide, toujours attaché à lui. En sortant, regagnant à pied avec moi l'hôtel La Pérouse, il m'a dit : « Jeanneney trouve que ma situation dans le pays n'est plus ce qu'elle était l'automne dernier. »

Le Général paraît prendre la chose calmement : « “ On vous a soufflé, m'a-t-il dit, quelques atouts dans votre jeu. ” Je lui ai demandé lesquels. Et il m'a répondu : “ Eh bien, d'abord, l'anticommunisme, d'où la coalition actuelle tire sa force. ” J'ai répondu au père Jeanneney que ce n'était peut-être pas inutile au pays. »

Colombey, samedi 3 avril 1948

Ce matin, les feuilles de lilas ruissellent. Il hésite à se promener dans le jardin. « Ciel brouillé, c'est bon pour la terre », murmure-t-il, le front sur la vitre.

Vincam s'est approché de la maison et joue à son jeu favori qui consiste à déraciner de fragiles plantes grimpantes, ce qui agite le Général exagérément. Trois fois par jour, refusant qu'on le fasse pour lui, il se précipite dehors, s'empare du coupable, et par la salle à manger et la cuisine, va l'enfermer dans la buanderie.

Ciel brouillé, oui, vent furieux, qui déferle dans la cime encore dénudée des arbres. L'antenne de la radio, sur le toit, vibre. Au loin, la forêt, qui borde l'horizon vers Langres, est d'un bleu d'acier, à croire que la saison a décidé de rebrousser chemin. « Nous sommes encore en germinal », observe-t-il, comme pour excuser l'absence de feuilles, alors qu'à Paris, hier, les parcs et les boulevards pavoisaient déjà de vert tendre. Canne en main, un peu voûté, l'hygiène finissant par l'emporter, il se décide à sortir et sa silhouette au col relevé contre les courlis [15] passe successivement devant les trois fenêtres de la bibliothèque, où Mme de Gaulle est demeurée avec moi. Sa plume cesse de grincer. Elle s'assied alors près d'un petit coffre à ouvrage, tournée vers le jour pluvieux.

Si je regarde, depuis l'endroit où nous sommes, vers le bureau du Général, j'aperçois par la porte entrouverte, sur le buvard rouge, les premières pages manuscrites de son discours de Marseille, qu'il a commencé il y a quelques jours.

Elle observe, avec inquiétude mais sans se plaindre, qu'il s'adonne à ce travail sans entrain :

« Il n'y a pas de doute que ça ne l'intéresse pas vraiment. Sa santé n'est plus ce qu'elle était... » Comme je proteste, elle insiste :

« Mais non, non !... Il est fatigué. Sa santé me donne du souci.

– Très franchement, Madame, je pense que sa santé est aussi bonne qu'auparavant, pour ce que je puis en savoir ; mais si vous me le permettiez, je formulerais affectueusement les deux reproches suivants : tout d'abord, il ne veut jamais voir un médecin. Et puis, croyez-vous qu'il soit possible de demeurer éternellement dans un parfait état de santé lorsqu'on mène la vie qu'il mène ? »

Elle m'interroge du regard ; j'avance prudemment :

« Je veux dire qu'il manque un peu d'hygiène. Après les années terribles, dès son arrivée à Marly, il s'était remis à faire de grandes promenades. Maintenant, il ne bouge plus, ou presque.

– Oui, je sais bien, il ne veut plus se promener. Mais ça, c'est l'effet, ce n'est pas la cause : c'est à cause de sa santé qu'il se promène moins. " Ça me fatigue ", me dit-il. Alors, voyez-vous, moi, ça m'inquiète beaucoup, car je me dis ceci : " Vaut-il mieux qu'il revienne maintenant, ou vaut-il mieux attendre que la guerre éclate ? " S'il revenait immédiatement, je ne me fais pas d'illusions : au bout de six mois, il ne pourrait plus. Au bout de six mois de cette infernale existence, je suis persuadée qu'il serait trop fatigué pour continuer. Alors si la guerre survient à ce moment-là... »

Elle me regarde, laissant sa phrase béante, mais ajoutant très vite :

« ... Enfin, vous me comprenez... Et puis, il faut voir les choses comme elles sont : lui, il est fait pour la guerre. D'autre part, s'il n'est pas le patron, ça ne marchera jamais bien. Or, quelles que soient les conditions de son retour au pouvoir, il ne sera pas le patron. Sauf, naturellement, s'il y a la guerre... »

Je lui dis que je la trouve bien pessimiste et que cette fatigue dont elle me parle me semble plutôt le fait de l'inaction : « J'ai observé souvent qu'après un long séjour à Colombey, il était plus fatigué qu'après trois jours d'activité à Paris.

– Oui, seulement à Paris, il ne dort pas. Alors, il faut bien revenir à Colombey. »

Mon sentiment personnel est qu'elle exagère. Je suis persuadé pourtant que l'immobilité de Colombey, si elle se prolonge trop longtemps, sera nocive pour lui. Penchée sur son ouvrage, elle répète encore : « Vous verrez ce que je vous dis : plus de six mois, il ne pourra pas. Dans ces conditions, il vaut mieux qu'il revienne quand on aura vraiment besoin de lui. »

Puis elle me parle d'un entrepreneur de Bar-sur-Aube, qui doit lui rendre visite incessamment. Il s'agit de confectionner la pierre tombale de la petite Anne. Elle me dit :

« Je sais bien que c'est un peu macabre... Mais, quand cet homme viendra, prévenez-moi, car, vis-à-vis du Général, j'ai l'intention de tricher et de commander une pierre très grande. S'*ils* s'imaginent qu'*ils* vont le mettre, le jour venu, aux Invalides, *ils* se font des illusions !... »

Elle rit ; c'est un rire un peu vengeur :

« Être enterré auprès de Pétain et de Weygand, vous comprenez, non merci !... *(sic)*. Nous nous sommes mis d'accord avec mes enfants : si, le jour venu, *ils* ont l'intention de faire des cérémonies à sa mémoire, nous nous alerterons à temps, les uns les autres. L'autre jour, à la radio, on parlait d'une cérémonie à la mémoire du général Leclerc, en présence de sa veuve et de son fils, au lieu où il tomba. Le Général n'en était pas content. La Troisième Force essaie déjà de s'emparer de sa mémoire. »

Le Général vient de recevoir l'édition complète du *Journal* [16] de François Mauriac.

« Chez lui, la pensée n'est jamais l'annexe de l'action... »

Il a dit cela avec moquerie, mais il ajoute, avec de plus en plus de considération pour l'auteur du *Nœud de vipères* :

« ... C'est celle du rêve [17]. Mais quel style ! Les dieux sont derrière lui lorsqu'il écrit. Mauriac est un grand écrivain. »

Puis sa pensée hésite ; il hoche la tête dubitativement :

« Oui, mais voilà : survivra-t-il ? »

Comme nous parlons plus tard de Maurois, à propos de ses observations sur les Anglais, il note la méfiance de ceux-ci pour l'intelligence :

« Hormis, bien entendu, les... les grands Anglais ; hormis les Churchill, l'intelligence les indispose. Je me souviens notamment de la résistance de mes interlocuteurs militaires, à Londres : toute idée nouvelle leur apparaissait comme un excès, comme une espèce de crise de " furia francese ". Quant à mes boutades, elles les laissaient le plus souvent consternés. »

Il s'amuse beaucoup de cette constatation.

J'ai fait état, dans ces notes, d'une audience que le général de Gaulle accorda à M. René Pleven, rue de Solférino, le 29 janvier dernier. L'ancien ministre du Général lui avait indiqué le désir du président du Conseil de le rencontrer. Voici ce que j'ai su depuis :

1° – M. Léon Noël, ambassadeur de France, indiqua au général de Gaulle, à une date ultérieure et à deux reprises, que M. Robert Schuman était demandeur.

2° – Le commandant de Bonneval, retour de Haute-Marne, le 20 mars, et alors que le Général se trouvait seul à Colombey jusqu'au mardi 23 mars – date à laquelle il devait se rendre à Paris pour trois jours –, fit une démarche auprès de moi pour m'avertir qu'il se pouvait que M. Léon Noël prît mon attache afin de m'apporter des précisions quant aux modalités et à la date choisie par Robert Schuman, à l'occasion d'un voyage projeté à Metz, pour s'arrêter secrètement à Colombey.

3° – M. Soustelle fit parvenir, par mon entremise, au général de Gaulle, qui était alors à Colombey, une lettre en date du 21 mars, lui présentant une lettre datée du même jour, que M. Pleven lui avait remise au cours d'une visite.

4° – Le jeudi 25 mars, M. Léon Noël me fit prévenir qu'il me rendrait visite rue de Solférino, où j'étais auprès du Général, alors à Paris. En fin de matinée, il parut. Nous nous enfermâmes dans un bureau voisin. Il me pria de faire savoir au général de Gaulle qu'il avait revu le président du Conseil à une date récente, et que celui-ci se montrait toujours désireux de venir à Colombey. Il insistait sur la nécessité du secret et proposait la date du dimanche 4 avril, à quatorze heures. Il m'indiqua qu'en dehors de nous deux, seul le chef de cabinet du président du Conseil, M. Clapier, était au courant et que c'était dans la voiture de ce dernier, qui lui servirait de chauffeur, qu'il se proposait d'effectuer ce déplacement. M. Robert Schuman était, paraît-il, l'objet d'une surveillance étroite, de la part des diverses polices préposées à sa sécurité personnelle. La voiture qui le conduirait à Colombey se présenterait à quatorze heures exactement au carrefour de la route nationale 19 et de la départementale 93. Il demandait à monter en cet endroit dans la voiture que lui enverrait le Général et que cette voiture le conduisît vers dix-sept heures – après l'entretien – en un point situé à 3 km au sud de Colombey, sur la route départementale n° 23, où il remonterait dans le véhicule mis à sa disposition par M. Clapier.

Quelques instants plus tard, je rendais compte au Général de mon entretien avec l'ambassadeur. Il parut aussi surpris qu'irrité :

« Schuman ?... Mais, je ne lui demande rien, à Schuman ! »

Ce n'est qu'après le déjeuner, alors que nous venions de regagner la rue de Solférino que, d'un geste, il me fit signe de rester, à un moment où je me retirais de son bureau. Je devais comprendre seulement alors qu'il avait voulu se donner le temps de la réflexion :

« Pourquoi M. Léon Noël se mêle-t-il ainsi de me faire rencontrer Robert Schuman ? »

Je répondis que la chose me paraissait d'autant plus naturelle que l'ambassadeur était venu l'entretenir de son avant-dernière entrevue avec le président du Conseil.

Après un silence tactique, le Général, sans répondre à mon argument, trancha :

« Vous demanderez à M. Léon Noël de venir me voir cet après-midi même. »

A peine l'ambassadeur était-il entré dans le bureau du Général que celui-ci m'appela. De part et d'autre du bureau, les deux hommes étaient assis. M. Léon Noël avait l'air vaguement affligé. « Venez ici, cher ami », me demanda-t-il doucement.

Puis, après un temps assez court, m'ayant scruté du regard, il m'interrogea à brûle-pourpoint :

« Voulez-vous me dire combien de personnes, à votre connaissance, sont au courant de l'affaire dont M. l'Ambassadeur est venu m'entretenir ?

– En dehors de nous trois : M. Pleven, M. Soustelle et le commandant de Bonneval... »

Avec une fureur feinte, le Général brandit alors ses avant-bras :

« Alors, voulez-vous me dire *pourquoi tout le monde s'occupe de cette affaire* * !

– Il est possible, mon Général, répondis-je avec une certaine irritation, que tout le monde s'occupe de cette affaire. En ce qui me concerne, je ne sais qu'une chose : le commandant de Bonneval m'avait prévenu qu'il se pouvait que M. l'Ambassadeur me précisât les circonstances d'une rencontre à Colombey. M. l'Ambassadeur est venu me voir. Je me suis contenté de vous rendre compte aussitôt des informations qu'il m'avait communiquées ce matin pour vous.

– Et ces informations, à qui en avez-vous parlé ?... »

Je fis un grand effort, mais ne pus m'empêcher de répliquer :

« A personne, mon Général. Je me permettrai de vous faire observer que depuis bientôt quatre ans que j'ai l'honneur de vous servir, vous me reprocheriez difficilement une indiscrétion... »

A cette légère impertinence, l'ambassadeur, qui jusqu'ici semblait rêver, tourna la tête vers moi. D'une voix paisible, le Général nous dit alors :

« J'ai reçu une lettre de Soustelle et de Pleven. Tous deux m'y entretenaient de M. Robert Schuman. Dorénavant, je vais leur demander, ainsi que je vous le demande, de bien vouloir ne plus vous occuper de cette affaire. »

Et il répéta :

« Alors, n'est-ce pas, la chose est bien entendu : *personne ne s'occupe plus de cette affaire !* »

Je laissai le général de Gaulle avec son interlocuteur. Trente secondes plus tard, M. Léon Noël sortit et me quitta sur un « au revoir » rapide, ajoutant : « Le général de Gaulle désire vous parler. »

Je pénétrai à nouveau dans son bureau, qu'il arpentait méditativement :

« Quand le commandant de Bonneval rentrera de Marseille, me dit-il, je vous demande de ne pas lui dire que vous avez rencontré M. Léon Noël. Je suis assez grand pour savoir ce que j'ai à faire !... J'ignorais que le comman-

* J'ai su depuis que M. Bozel, la veille de ce jour, avait affirmé au Général que « toute la ville » ne se souciait plus que d'une rencontre éventuelle du général de Gaulle et du président du Conseil.

dant de Bonneval eût déjà étudié, sur une carte Michelin, avec Léon Noël, les détails d'un itinéraire. Cela ne convient pas. Je vous interdis dorénavant de parler de tout cela à qui que ce soit. »

Sa voix était, *par contraste, extraordinairement* douce...

Hier après-midi, vers l'heure du thé, le Général me dit, avec une lassitude qui ressortait plus des phrases qu'il employa que de son attitude :

« La vérité, c'est que la Troisième Force n'existe plus !... La vérité – et je le leur dirai à Marseille – c'est que les communistes, j'entends : les communistes-sans-la-présence-en-France-de-Staline, n'existent plus, eux non plus. Alors ?... Alors, eh bien ! il n'y a plus que nous. *Le reste n'est plus qu'une question de formalités.*

– Si ce n'est plus qu'une question de formalités, mon Général, il faudrait s'employer à les provoquer, car le temps presse. Devant les tempêtes qui nous menacent, si la France a encore une chance de s'en tirer, il faudrait hâter l'application du remède... »

Il hocha la tête et répliqua, sans beaucoup de vigueur :

« Mais, je sais bien ! Seulement, qu'est-ce que vous voulez que j'y fasse, moi ? Non, n'est-ce pas... en réalité... de deux choses l'une : ou bien, il y aura des événements dans les semaines qui viennent et alors la Troisième Force ne pourra y faire face... Et alors ils seront bien obligés d'en passer par de Gaulle... Et alors il faudra bien qu'ils fassent des élections... Ou bien, rien ne les forcera à s'en aller et ils resteront ainsi au pouvoir pendant quelques mois encore, en essayant de gagner, cahin-caha, le mois d'octobre, de manière à pouvoir dire : " Il n'y a plus moyen de faire des élections avant le printemps prochain. " »

Il se tut. Alors méditativement, lentement, tristement :

« Non, vous comprenez : *la perspective est lamentable.* »

Puis, d'une voix où l'indignation mit bientôt des accents rauques :

« La perspective est lamentable... La France est divisée, l'Italie est déchirée, l'Angleterre est ruinée, de manière générale l'Europe est affamée et l'Amérique... L'Amérique est tellement stupide ! Les démocraties sont incapables de faire face à une telle situation. Il faut voir les choses en face : en temps de guerre, Churchill et Roosevelt, comme Staline, exerçaient une dictature. Sans celle-ci, nous eussions perdu la guerre. De même, depuis mai 1945, les démocraties ne pouvaient s'en tirer – confrontées avec une dictature – que par l'adoption d'un système autoritaire, c'est-à-dire, pratiquement, *en renonçant à la démocratie*... En temps de guerre – nous n'avons pas cessé d'être en temps de guerre – les démocraties sont vouées à l'effondrement. S'il arrivait que je doive reprendre les rênes, ne vous faites pas d'illusions, la situation serait bien décourageante. Il y faudrait une atmosphère, il y faudrait une vague d'opinion. Or, en France, *il n'y a plus de courant*...

– Il me semble, mon Général, que si vraiment la Troisième Force est morte, vous devriez tenter quelque chose. Par exemple, je ne sais pas, moi... Pourquoi refuser de recevoir Schuman ? »

Soit qu'il pensât que j'étais au courant, ou pour me signifier : « Croyez-vous que je sois assez bête pour laisser passer une telle occasion ? », il me regarda ironiquement. Puis :

« Schuman ? Je le vois demain. »

Court silence. Je me gardais bien de l'interroger. Il faisait déjà un geste d'« hélas » :

« Seulement, n'est-ce pas, ce n'est pas cela qui arrangera quoi que ce soit. Car... je sais bien ce qu'il va me dire, ce pauvre Schuman : " Vous savez, nous, nous ne sommes pas contre vous. Bien au contraire... Personnellement, je lis vos discours et je suis avec intérêt votre action. Sur l'essentiel, je suis d'accord avec vos thèses. " Et puis alors, bien entendu, il m'interrogera sur les affaires... enfin, vous voyez ça d'ici... Il essaiera de me soutirer des conseils... »

Mais, il abrège :

« Non, tout cela ne conduira à rien ! Tout cela, c'est en réalité sans importance. »

Colombey, dimanche 4 avril 1948

Nous rentrons de la messe. Sur le ton d'un homme qui vient de faire une expérience déconcertante, mais sans le moindre accent de reproche dans la voix, il constate, un peu amer :

« Voyez-vous, ces paysans de Colombey, lorsque les Allemands étaient là, s'étaient mis *(sic)* avec eux... Instinct terrien : pendant quatre ans, ils arrondirent le dos, ils attendirent que fût passée la rafale, un peu comme des pins contre une mer démente. Par exemple, lorsque leur curé fut " passé à tabac " pour avoir stigmatisé en chaire les filles qui fréquentaient les Allemands, ses ouailles ne bronchèrent pas. Les portes et les persiennes des maisons, témoins de ce petit drame local, demeurèrent closes. Pas un habitant de Colombey n'eût songé à s'interposer... »

Il me regarde comme quelqu'un qui vous prend à témoin d'un symptôme maladif et poursuit :

« Et puis, les Allemands sont partis. Ils sont partis, mais, n'en doutez pas, ces mêmes paysans sont installés dans la même patience éternelle, dans la même indifférence. C'est, pour l'essentiel, la même attitude. C'est toujours la même acceptation sans limite. *Des Chinois ! Nous sommes devenus des Chinois !...* »

Il a prononcé cette dernière phrase d'une voix colossale.

« ... Et quand je dis : " nous ", je pense à tous les peuples de l'Europe, y compris, bien entendu, les Russes. D'abord, bien entendu, les Russes. »

Alors, d'une voix de récitation : « C'est le silence de la mer. Et ce silence de la mer a gagné, de proche en proche, les confins de la planète... Tous les peuples d'Europe arrondissent le dos, tous les peuples d'Europe attendent que soit passée la rafale. Ils ont le temps... Il n'est aucun assaut qu'ils ne puissent soutenir. Je pense qu'il devait en être ainsi au temps des Barbares... »

Pendant le déjeuner, le Général était plein d'entrain et nullement méditatif avant de recevoir le président du Conseil. A aucun moment, ce matin, il ne parla de l'entrevue ou ne parut ruminer ce qu'il allait dire à son interlocuteur.

A la fin du repas, c'est-à-dire à treize heures trente, je montai dans ma voiture et me rendis à l'orée de Colombey, sur la route nationale, au lieu convenu du rendez-vous, particulièrement mal choisi d'ailleurs, puisque, depuis plus de trente fenêtres voisines, on peut épier ce qui se passe sur la route.

A quatorze heures exactement, j'aperçus dans le rétroviseur une traction avant noire en provenance de Bar-sur-Aube. Je descendis de ma Citroën. La voiture noire freina aussitôt. Sous un feutre gris à ruban mince, j'aperçus le visage si souvent caricaturé du président du Conseil, qui répondit à mon salut de son accent lorrain. L'œil bleu brillait, légèrement méfiant. Comme il faisait mine de descendre, je le priai de n'en rien faire et lui proposai, une paysanne se trouvant à proximité, de faire reculer sa voiture de trois ou quatre cents mètres, afin qu'il pût changer de véhicule loin de tout regard indiscret. Il acquiesça avec enthousiasme. Après tant de précautions, lorsqu'il gagna ma voiture, je m'aperçus qu'il avait oublié de faire retirer de la sienne la cocarde officielle tricolore...

Nous traversâmes Colombey rapidement. Il paraissait très calme. Ce ne fut qu'au moment d'entrer chez le Général qu'il me sembla ému, voire intimidé.

Je le fis pénétrer dans le salon et allai prévenir le Général qui le salua d'un : « Bonjour, mon cher Président. » Je les laissai seuls, avec café et liqueurs.

Vers quatre heures et quart – l'entretien avait duré deux heures – le Général vint me retrouver dans la salle à manger et me demanda de me tenir prêt à raccompagner le président du Conseil à l'orée du bois. Cinq minutes plus tard, échangeant les banalités d'usage, les deux hommes se séparaient dans le hall, avant la porte cochère. Le Général, dans sa dernière poignée de main, semblait distrait, imperceptiblement bourru.

Lorsque j'ouvris cette porte, la lumière du jour venant frapper le visage de Robert Schuman, je remarquai combien il était rouge. Ce n'était pas la flamme ardente de la colère, mais l'aspect congestionné que procure, dans l'immobilité, une spéculation intense et inquiète, avec probablement aussi un peu de timidité naturelle. Et si cette poignée de main était assez prolongée pour avoir l'air cordiale, sans doute le ton de la voix avait-il quelque chose d'un peu protecteur. Mais l'homme a une connaissance si assurée de son pouvoir, une expérience si évidente et si ancienne de sa supériorité, que Schuman n'aurait guère pu s'en offusquer.

Aussitôt après avoir quitté la propriété, nous tournâmes à droite et nous dirigeâmes à vive allure vers le bois situé à trois kilomètres au sud de Colombey, où nous attendait le chef de Cabinet du président du Conseil, que nous trouvâmes assis sur une motte de terre, un journal déployé devant lui.

Je rappelai à Schuman que je le vis pour la première fois à Metz, lorsque le général de Gaulle y fit son entrée. Il me dit :

« Oui, je me souviens... Quel magnifique enthousiasme ! Que d'illusions perdues, depuis ! »

Aussitôt après l'avoir quitté, je rejoins la Boisserie. En traversant le jardin, j'ai croisé le Général, tellement distrait par sa méditation qu'il ne m'a pas vu. Rien en lui ne donnait l'impression de l'agitation intérieure. Pourtant, elle m'est révélée par plus d'un quart d'heure d'allées et venues à travers la bibliothèque. Irrité bientôt de se donner ainsi en spectacle, mais n'ayant plus assez la maîtrise de soi pour s'aller enfermer dans son bureau, cherchant une courte et nouvelle évasion vers le jardin, d'où il revient au bout de cinq minutes transi et le visage fouetté de pluie, – le voici qui se laisse choir dans un fauteuil et cherche dans la méticulosité des gestes d'une « réussite » un frein à l'emballement de sa pensée et un remède à son impatience. L'apaisement descend aussitôt sur lui. J'ai beau lui tourner le dos, je le sens, je le sais, je le mesure au rythme atténué de sa respiration. Il existe à nouveau sans plus faire aucun bruit. Quand je l'ai regardé, tout à l'heure, la pensée, sous ses formes les plus intenses, imprégnait à ce point sombrement ses traits que je ne pouvais m'empêcher de le surveiller, puis de détourner le regard, dans une alternance de hardiesse et de pudeur. Sans doute le soupçon que j'allais l'interroger se précisait-il en lui. En lui, qui, depuis si longtemps, a pris la conscience exaspérante et flatteuse qu'on le guette à tout propos pour une révélation. Gagnant de vitesse une interrogation possible de ma part (au vrai, je n'avais nulle intention de le questionner...), il rompit le silence, tout en abattant distraitement ses cartes :

« Il est bien triste, ce pauvre Schuman ! Il ne se fait plus d'illusions, allez !... Il paraît que ses ministres n'en font qu'à leur tête. Chacun tire de son côté. Par exemple, c'est par la presse, m'a-t-il dit, qu'il avait appris l'affaire de Béchard et de Stettinius [18], à Dakar...

– Mais alors, mon Général, que va-t-il faire ?...

– Rien, n'en doutez pas, rien !... Mais il est furieux ! »

Lentement, narquoisement, il appuie : « Ils lui désobéissent tous.

– Il est furieux, soit ! mon Général, mais en restant il couvre ce qu'il dénonce, il le rend possible...

– Mais c'est bien ce que je lui ai dit... »

Un silence, que je romps :

« Oh ! d'ailleurs, il a l'air d'un brave type... »

Le Général me regarde, moqueur :

« Oh ! pour ça, oui, c'est un brave type. Vous l'avez vu : il n'a pas l'air méchant... Seulement, voilà : *il les laisse faire*. Si bien que c'est surtout un pauvre type. »

Un nouveau silence, puis :

« Je lui ai fait remarquer que la présence des États-Unis devenait par trop voyante et qu'il ferait bien de faire attention : " Ouvrez *France-Illustration* [19] *, lui ai-je dit, eh bien, on voit du premier coup d'œil que cet hebdomadaire est entre les mains des Américains. Caffery emploie bien mal son argent : il en donne au *Populaire*. Quant à Béchard, il vend nos produits à

* Vendredi dernier, en rentrant de Paris, le Général m'a prié d'écrire à *France-Illustration* pour leur faire savoir qu'il ne désirait plus recevoir dorénavant cet hebdomadaire.

Stettinius, peut-être même des bases militaires contre de l'argent, contre de l'argent pour son parti. Car la vérité, c'est que les partis politiques nous vendent à l'encan. "

– Qu'a-t-il répondu ?

– Rien, bien sûr. Mais il est bien obligé de se l'avouer à lui-même, le pauvre ! »

Il n'en dit pas plus, c'est-à-dire que – sur le fond – il ne me dira rien aujourd'hui. Et, dans la bibliothèque, qu'envahit le crépuscule pluvieux, il retourne à sa rumination, avec, dans le silence, de temps à autre, ce bruit furtif d'une carte qu'on abat. Il y a plus, chez lui, ce soir, que de la méditation. Il y a débat. On sent qu'il délibère...

Colombey, lundi 5 avril 1948

Hier, dimanche, en Algérie : premier tour des élections. Il s'agit de pourvoir les soixante sièges du premier collège et les soixante sièges du deuxième collège. Il revient de la cabine téléphonique, où il s'est entretenu avec Soustelle, qui est à Paris et qui lui a communiqué les résultats. Il répète à travers la bibliothèque sans joie exagérée et comme si ça allait de soi :

« *C'est un triomphe !* »

Alors, sur le plan objectif dont on constate le succès attendu d'une expérience, n'en tirant nulle vanité, un feu malicieux brillant dans son regard :

« En face de deux républicains indépendants et de deux socialistes élus, on compte déjà vingt-sept sièges pour le Rassemblement, dès le premier tour ! En tout, je prévois que nous obtiendrons cinquante sièges dimanche prochain. C'était d'ailleurs prévu. Schuman, hier, savait à quoi s'en tenir. Pour les communistes, c'est un effondrement. Pensez donc : jusqu'ici, ils n'ont obtenu aucun siège. (Oh ! je sais bien, ils en obtiendront trois ou quatre dimanche prochain, mais enfin...) Quant à Messali Hadj et Fehrat Abbas, ils ont obtenu moins de voix que je ne prévoyais. Ce qui prouve que leurs électeurs entendent leur faire payer aujourd'hui leurs alliances avec les partis métropolitains. Autre point : le nombre relativement important d'Arabes qui ont voté indépendant [20]. Alors, n'est-ce pas, maintenant, l'important, ça va être d'attirer à nous ces musulmans.

– Ne craignez-vous pas des désobéissances parmi nos élus ?

– Non. Cette fois-ci, toutes les précautions ont été prises : chacun de nos candidats a dû signer un papier où l'expression " Union Algérienne et du Rassemblement du Peuple Français " était employée. Ils s'engageaient à se soumettre aux instructions du centre national et – s'il est ultérieurement créé au sein du premier collège un intergroupe parlementaire – à y adhérer. »

Nous écoutons la radio avant de passer à table. Devant les formules employées par le commentateur pour dissimuler ou minimiser la victoire du R.P.F. en Algérie, il se récrie d'aise. Et il répète encore, en mode de conclusion : « C'est un triomphe ! »

La cruauté du sourire qu'il destinait à ce commentateur était tempérée d'une espèce de tendresse.

La mère de ma logeuse, Mme Aubry, a quatre-vingt-sept ans. Depuis deux ans, il semble qu'elle n'ait jamais quitté la chaise d'osier où elle cherche vainement à se réchauffer devant une maigre bûche. Presque complètement aveugle, son bon sens et sa jovialité font mon admiration.

« Les habitants de Colombey, me dit-elle, interrogent l'avenir avec souci. Certains parlent déjà d'invasion russe. »

Elle me parle alors de ses grands-parents, qu'elle a bien connus, et qui en 1814, alors qu'ils étaient respectivement âgés de quatorze et quinze ans, eurent à souffrir des Russes. Les trois empereurs auraient tenu une conférence d'état-major à Colombey. La famine était terrible. Dans les champs, les paysans mangeaient des racines. Elle m'explique que près du bâtiment où se trouve actuellement la coopérative, une sentinelle russe fut assassinée ; des habitants de Colombey s'étant introduits dans l'état-major d'une compagnie, ils volèrent l'argent de la solde. La commune renommée attribue encore la richesse d'une famille de fermiers de la région à ce vol.

Paris, mardi 6 avril 1948

Je l'ai raccompagné à Paris. Nous sommes arrivés en fin de matinée. Il est reparti vers vingt heures pour Colombey, après avoir reçu très rapidement les membres du comité exécutif qui parleront au congrès de Marseille, venus lui communiquer leurs papiers.

Palewski ressortit rasséréné de chez le Général, alors que, la semaine dernière, il était un peu amer. Il me soumet son texte qui, entre autres choses, préconise la création, face au Kominform, d'un « Librinform » destiné, dans son esprit, à coordonner la résistance des hommes libres devant les entreprises des Soviets en Europe. Je n'aime pas beaucoup l'expression. Il me dit que le Général, qui a parcouru le début de son discours, en approuve le sens. Lisant rapidement un paragraphe où Palewski évoque « l'action hargneuse et tenace » menée par le général de Gaulle depuis 1940, ce dernier lui lança ironiquement et modestement : « En réalité, je ne sais pas si nous avons chaque fois mûrement médité le détail de chacune de nos actions avant d'entreprendre. Soyons modeste et admettons qu'il s'agissait plutôt *d'instinct.* »

Palewski me dit également que le Général le mit en garde contre l'extrême sévérité qu'il manifeste à l'endroit de Bevin, dans ce projet de discours :

« Si j'étais vous, lui conseilla-t-il, je ne l' " engueulerais " pas trop. Car enfin, si, demain, vous deveniez son collègue (Palewski rayonnait d'autant plus en me citant ce trait que le Général semblait moins disposé, la semaine dernière, à s'en remettre à lui, du soin de coordonner les affaires extérieures), vous parlez trop, vous écrivez trop, lui reprochait-il. Vous vous montrez trop. Vous me gênez, car vous me retirez un peu de mon libre arbitre... »

A l'heure de repartir pour Colombey, attendant que l'ascenseur soit à l'étage, il tourne en rond dans le petit salon de son appartement. Il rentre à Colombey pour y écrire le discours de clôture des assises nationales du Rassemblement et l'allocution qu'il prononcera sur un radeau, face au Vieux-Port, les 17 et 18 avril. Comme avant la rédaction de chacun de ses discours, il marmonne. J'ai entendu cela cent fois auparavant : « C'est assommant ! Encore un discours à préparer. » Puis il ajoute : « Que dis-je ? deux discours ! »

Il va et vient entre la fenêtre et la porte.

« Alors... n'est-ce pas... Chaque fois, il faut extraire... quelque chose de sa pauvre cervelle. »

Il me regarde, espiègle :

« Napoléon, lui, n'avait pas ce souci : il prononçait très rarement des discours. »

Nous parlons du *Souper de Beaucaire* [21] et de ses déclarations au Conseil d'État. Il observe alors :

« Il n'écrivait pas, le plus souvent, ce qu'il allait dire en Conseil d'État. C'étaient des improvisations. Enfin... »

Il ne termine pas. Son silence me gêne. Cherchant à le rompre, je dis :

« Souhaitons, mon Général, que le beau temps vous offre tout de même quelque récréation, à Colombey...

– Récréation ? Ah, il y a beau temps qu'il n'y a plus ni récréation, ni distractions, ni loisirs pour moi ! »

Il a dit cela avec une sincère mélancolie. Comme je lui fais observer qu'il a déjà commencé la rédaction d'un de ses deux discours :

« Oh ! C'est beaucoup dire. J'ai essayé, tout au plus, de m'enhardir à la tâche. Vous savez ce que c'est : j'écris, ça devient énorme, ça se gonfle... »

Il rit avec une sensibilité inhabituelle et solitaire, avant de terminer sa phrase :

« Alors, eh bien, alors : je n'ai plus le choix. *Il faut l'écrire.* »

Il se retourne vers la fenêtre. Quelques bribes de phrases inachevées, approximatives, béantes, me parviennent...

Avril 1948

L'Homme

Dans ce visage bourru, où les mille rides évoquent l'idée d'un homme frappé par une grande épreuve, l'ennui apparaît d'abord, plus encore que la tristesse, pour peu qu'il demeure immobile. Seuls, les yeux vivent, étranges, lointains, d'une vie à part. Comme sous un voile de distraction méditative, que la paupière un peu lourde, à distance, rend un peu terne, le regard veille. Il est tel que l'homme : méfiant, dur, inquisiteur (d'une inquisition lente et méthodique, qui constraste avec la mobilité de l'œil, à moins que celui-ci ne soit fixé sur une vision intérieure), retranché du monde, timide, fraternel, soucieux de plaire parfois et secrètement espiègle. La nonchalance du corps et l'immobilité du visage au repos, pour peu qu'on les ait observées, évoquent l'idée d'un piège. Du fond de sa méditation, il voit tout, il entend tout. Parfois, l'émotion, l'enthousiasme ou la colère l'arrachent brusquement à son air blasé : alors, du fond des prunelles jaillit comme un éclair aveuglant, qui, par sa rapidité et sa violence, rappelle la détente fulgurante d'un fauve supérieurement armé.

Lorsqu'il calcule, sa presbytie intellectuelle donne parfois le vertige. Mais, que l'ensemble ait été aperçu et l'exécution décidée, il devient soudain minutieux jusqu'à la manie.

Incapables de penser en trois dimensions, les persifleurs de sa politique devraient considérer – sur cette page solitaire de Pascal – ces quatre mots isolés par son génie : « Grandeur de l'âme humaine ».

Car c'est bien d'une politique de grandeur de l'âme humaine qu'il s'agit.

Colombey, avril 1948

Il parcourt le *Mercure de France* et me lit avec délices cet extrait du « Sottisier » : « Administration Centrale. Par arrêté en date du 2 septembre 1947, ont été titularisés et nommés hommes d'équipe permanents de 7e classe : Mlle Battestini, Mlle Depractere (*Journal officiel*, 5 octobre, p. 9955). »

Plus loin, il s'amuse d'une phrase venue sous la plume d'un journaliste communiste : « Ce sont les Américains et les Anglais qui tirent les cordons du rideau de fer... »

Après un silence prolongé, il me dit :

« Je voudrais lire quelques-uns de ces livres qui paraissent en ce moment sur la Libération et sur les procès. »

Il cite notamment : *La Libération de Paris*, d'Adrien Dansette, *Le Procès de Pucheu*, de Maître Buttin ; et *Pourquoi je n'ai pas défendu Laval*, de Maître Albert Naud. A propos du recours en grâce de Pucheu, il note que Maître Buttin – d'après ce qui lui a été rapporté – donne une version erronée de l'entretien qu'il eut, à Alger, avec lui lorsqu'il vint lui demander la grâce de son client. Maître Buttin prétend, dans son livre, que le général de Gaulle aurait envoyé Pucheu au poteau pour raison d'État. Voici ce qu'il m'en dit :

« Il est exact – et je ne le lui ai pas caché – que je ne pouvais pas gracier Pucheu, pour raison d'État, et cela parce que le C.F.L.N. [22] ne pouvait reconnaître la capitulation. Il était très important de nier que la France eût jamais consenti l'armistice. La France ne s'était pas rendue, elle avait continué à se battre dans les rangs de la France Libre. Ici, l'avocat de Pucheu me fit part du soupçon que c'était l'action qu'il avait menée contre les communistes qui, en réalité, allait lui coûter sa tête. Je me rappelle lui avoir dit :

“ Que Pucheu s'en soit pris aux communistes, la question n'est pas là. La question, c'est que Pucheu a été en Allemagne, qu'il a livré des otages, qu'il a envoyé en Allemagne des Français au titre du travail obligatoire. Pucheu a capitulé. Or, nous ne reconnaissons pas la capitulation !... Vous pouvez le dire de ma part à votre client : si je refuse son recours en grâce, c'est pour raison d'État. ” »

Et le Général d'ajouter : « C'est cela que je lui ai dit, et pas autre chose. »

Après la lecture des journaux du matin, je lui ai fait observer que le poste soviétique de Berlin est situé dans le secteur britannique. Le Général dit aussitôt :

« Eh bien, les Anglais devraient l'arrêter *(sic)* ! Oui... Seulement les Anglais filent doux, ainsi que les Américains. On le voit bien. Leur gouvernement est un gouvernement socialiste, c'est-à-dire un gouvernement de mollusques. Je ne me fais pas la moindre illusion : ni les Anglais, ni les Américains, ni les Français, ne feront rien à Berlin contre les entreprises des Russes, qui cherchent à les exclure de l'ancienne capitale du Reich.

Ils y arriveront, n'en doutez pas. Je ne dis pas que les Anglo-Saxons s'en iront d'eux-mêmes, ni que les Russes les expulseront *manu militari*. Mais je suis persuadé que, de trucs en machins, il n'y aura pratiquement bientôt plus d'Américains, d'Anglais et de Français à Berlin, sous prétexte que la commission de contrôle et le comité de coordination auront interrompu leurs travaux. De fil en aiguille, nous n'aurons plus, à Berlin, que quelques malheureux colonels complètement inoffensifs. »

Un peu plus loin, je fais état devant lui d'une conversation avec un commerçant de Bar-sur-Aube, qui, depuis l'affaire de Prague, craint l'occupation russe :

« On entend déjà chuchoter, mon Général : " Ah ! nous aurions mieux fait de garder les Allemands. " »

Tout en m'écoutant, il médite. Puis, avec un rire narquois :

« Certains, oui, auraient préféré garder les Allemands. Seulement, voilà : les Allemands les ont laissé tomber. Ils sont partis ! Ils n'ont qu'à s'en prendre aux Allemands... »

Colombey, dimanche 9 mai 1948

Le Général me tend le numéro d'avril 1948 de la revue : *Économie contemporaine* et me demande de chercher à savoir qui est M. Hubert Multzer, qui vient de publier un article dans ce numéro, sous le titre : « L'Idée d'association entre le capital et le travail ». Il est l'auteur d'un ouvrage intitulé : *La Propriété sans le vol*.

Je demande au Général si M. Jacques Baumel, qui est chargé, au Rassemblement, de coiffer les questions sociales et professionnelles, lui a fait parvenir, comme je le lui avais demandé, les principaux ouvrages relatifs aux questions d'association, de cogestion, de participation aux bénéfices, de statuts de l'entreprise, etc. D'un grand geste balayeur du bras, il me répond :

« Oh ! qu'on ne m'apporte pas trop de documentation ! »

Après quelques instants de réflexion, il agite l'index, se frotte le menton, me regarde et me dit :

« Voyez-vous, depuis que je parcours certains ouvrages relatifs à ces questions, je n'y ai rien trouvé de très nouveau, à part deux idées, qui m'ont été fournies : la première par un certain Moine, président du comité de Libération du 8ᵉ, que je vous ai d'ailleurs demandé de me faire recevoir ; la deuxième par ce Multzer. Il observe très justement que notre code civil oublie presque complètement l'ouvrier, qu'il a pour base le droit de propriété et qu'il entretient une injustice de base à l'égard du travailleur. Ici, il y a un nouveau pont à jeter... Je cherche maintenant de ce côté-là... Le moment est venu de sortir du vague des formules... »

Il a dit cela avec une extraordinaire lenteur rêveuse *.

* Suivait un long commentaire de Claude Guy sur l'article de Multzer. (N.d.É.)

Vendredi 18 juin 1948

Pour la troisième fois, le général de Gaulle va ranimer la flamme du cénotaphe du mont Valérien. A proximité du Petit-Clamart, nous allons l'accueillir un peu avant dix-neuf heures, alors que le flambeau porté par un grand mutilé, compagnon de la Libération, vient de quitter l'Arc de Triomphe.

Il me prend dans sa Delahaye. Comme j'observe que le gouvernement est aux prises avec les pires difficultés, qu'une nouvelle crise économique est à nos portes, l'inflation et le chômage en perspective et la majorité déchirée, il me dit :

« Vous savez, c'est gagné ! »

Le ton est sobre et positif, les bras reposent sur les accoudoirs de la voiture, ses longs doigts s'entremêlent subtilement.

Il répète :

« C'est gagné. Ce qui les maintient encore ensemble, c'est de Gaulle ! »

Petit rire perfide...

« Seulement, même ce ciment ne leur suffit plus. L'exemple de leur totale incapacité doit et va être donné au pays. Même moi, par ma présence, je les ai aidés. Et pourtant, ils demeurent incapables de gouverner. Les conditions ne pouvaient être meilleures pour eux, les conditions ne pouvaient être meilleures pour rassembler la majorité, et pourtant elle se disloque. »

Un silence, puis :

« Ce qu'il faut, voyez-vous, c'est qu'avant de crever, l'abcès s'élargisse au maximum. C'est ce qui va se produire. Il importe que leur défaite soit éclatante. »

Je lui dis que, d'après Palewski, que j'ai rencontré ce matin à l'inauguration du monument de la France Libre au palais de New York, le remaniement ministériel prévoirait le départ de Georges Bidault et de René Mayer, remplacés par Paul Reynaud aux Affaires étrangères et Ramadier au ministère des Finances. Le Général dit seulement :

« Pour Reynaud, cela vaut mieux ainsi. Après cela, nous ne lui devrons plus rien ! »

J'objecte :

« De toute manière, mon Général, nous ne lui devions rien.

– C'est vrai », dit-il en riant.

Mais il ajoute :

« Oui, seulement maintenant, on ne pourra plus nous reprocher de ne pas l'avoir pris. Vous savez bien ce que je veux dire : il y a tous ceux qui chuchotent que si on prenait Reynaud, tout serait sauvé. Eh bien, ils vont prendre Reynaud et rien ne sera sauvé. La preuve sera faite. De plus, son côté marchand de tapis apparaîtra aux yeux de tous. »

C'est maintenant l'ascension en voiture découverte du mont Valérien, depuis le pont de Suresnes. La population, qui doit voter en majorité communiste, a pris l'habitude de le voir et l'acclame avec cette chaleur particulière aux Parisiens.

Nous passons devant le cimetière des Fusillés du mont Valérien. Le Général le contemple du regard. Avec le flegme qu'il montre en cas d'émotion, il me le désigne : « C'est vraiment impressionnant », murmure-t-il.

Verdun, samedi 19 juin 1948

Dîner avec Vallon et Rémy chez l'adjoint au maire. Rémy nous quitte très tôt. Vallon me parle de son premier contact avec lui, à Paris :

« Il n'a pas changé depuis. Un peu plus chauve, un peu plus alourdi, tout au plus. Il n'y a rien d'inamical dans ce que je vais dire : il y avait déjà, chez lui, cette ambivalence du saint et du voyageur de commerce, ce côté thaumaturge, aussi. Ceci et cela expliquent, à mon sens, la réussite prodigieuse de ses efforts. Robert Lacoste, alors percepteur à Thonon-les-Bains, Christian Pineau, Cavaillès au front si pur – il était étonnant, Cavaillès – venaient me voir. C'était incroyablement difficile de les mettre d'accord, c'était même impossible. Alors, Rémy arriva. Il ne doutait de rien. En fait, ce je ne sais quoi de candide et d'humain, cette intuition très particulière – dont il est d'ailleurs inconscient – les mit tous d'accord. Oh ! pas complètement, bien sûr, mais tout de même... »

Il se tait, réfléchit et se met à rire :

« En vérité, il n'a jamais douté de rien. Qu'il s'en soit tiré, je n'en reviens pas. Car, à cette époque, il était incroyablement imprudent, d'une indiscrétion folle aussi, il faut bien le dire. Par exemple il nous emmenait dîner en bande à La Coupole, ou prendre des pots dans les lieux les plus publics. Il arrivait toujours avec une autre bande. Nous nous étalions sur toute la largeur du trottoir. »

Mme Vallon, qui se souvient, rit.

Vallon ajoute que les postes de radio se transportaient de gare en gare, par quantités.

Je lui demande :

« Est-ce que les bouquins de Rémy, Soustelle et Passy rendent bien compte de cette période ?

– Ce que ces livres ne disent pas, ne peuvent pas dire, c'est qu'à cette époque il n'y avait pas cinquante résistants en France. Mais quand je dis : “ cinquante résistants ”, comprenez bien que je ne veux pas parler des “ braves types ”, de tous les militants de la base, de tous les isolés, de tous les obscurs des réseaux en formation, qui, eux, étaient, bien entendu, beaucoup plus nombreux. »

Verdun-Paris, soirée du dimanche 20 juin 1948

Comme j'évoque devant Rémy le témoignage de Vallon, dans la voiture qui nous ramène à Paris, il a l'air un peu vexé, mais reconnaît que les faits sont exacts.

Après un court silence de susceptibilité, il me dit :

« Ce que Vallon ne vous a pas dit, c'est que ses amis m'ont fait une piteuse impression : Pineau, Lacoste, tous les autres, quels politiciens ! Il y avait toujours une cote personnelle, dans ce qu'ils disaient, dans ce qu'ils faisaient. Ils étaient incroyablement sectaires. Dans l'ensemble, quel manque de désintéressement ! J'entends : de désintéressement quant à leur carrière et à leur avenir. Ils jouaient déjà " placés ". Or, avant de jouer " placé ", il faut être persuadé que le cheval arrivera " gagnant ". »

Le général Gilliot, commandant de la Région militaire dans laquelle se trouve situé Verdun, était présent aux cérémonies d'aujourd'hui [23], malgré une communication de Teitgen lui déconseillant d'y paraître. Il a décrit à Rémy les conditions dans lesquelles Passy fut mis aux arrêts, au moment où éclata l'affaire, sous son contrôle. « Le général Gilliot, observe Rémy, avait l'air parfaitement sincère et je le crois. Tout d'abord, il reçut la visite du général Ély, alors chef du cabinet militaire de Michelet, ministre des Armées, qui venait de lui infliger soixante jours d'arrêts de rigueur. On lui annonça l'arrivée du colonel Passy et on lui transmit des instructions sur le secret dont devait s'entourer cette détention. Il plaça Passy dans une caserne de gendarmes : une chambre de sous-officier très propre. Permission de se promener dans un jardin, de voir sa femme, de recevoir des colis. En fait, il lisait beaucoup, recevait de nombreux colis et sa femme le visitait longuement et régulièrement. Son moral paraissait bon. Lorsque les soixante jours d'arrêts touchèrent à leur terme, vous savez qu'en complète illégalité Michelet lui infligea à nouveau soixante jours. C'est alors, toujours d'après Gilliot, que le moral de Passy, qui se crut perdu, flancha : il distribua la nourriture de ses colis – sans que personne s'en aperçût –, cessa de s'alimenter complètement. Au bout de quinze jours, un médecin surprit la chose, en rendit compte au général Gilliot, sans comprendre toutefois qu'il s'adonnait à la grève de la faim. Il avait d'ailleurs été transféré, dans l'intervalle, dans des conditions matérielles semblables, à la suite d'un rapport parvenu à la Région militaire, qui indiquait que, d'un toit voisin, un inconnu – probablement un communiste – observait le logement de Passy à l'aide de jumelles. Tout ceci pour vous dire que je ne crois pas Passy lorsqu'il affirme qu'on cherche à le faire mourir de faim et à l'abandonner, sans soins médicaux, jusqu'à ce que mort s'ensuive. »

Ici, Rémy me dit :

« Passy est un personnage très complexe. J'ai bien connu sa première femme, j'ai eu maille à partir avec lui à Londres, tout en lui conservant mon amitié, par faiblesse peut-être, en quelque sorte par camaraderie de combat. Passy est un peu fou. Son orgueil est sans aucune commune mesure avec l'orgueil des gens normaux. Son égoïsme est total ; c'est un faustien, mais c'est également un gosse. Lorsqu'après diverses négociations avec Pigeonneau, je parvins – ce qui ne fut pas aisé – à faire parvenir sa femme en Angleterre, il la reçut, alors qu'elle l'adorait, avec une impassibilité glaciale. Il lui désigna administrativement un logement à bonne distance de Londres, ne la revit pas, sans lui avoir caché au préalable qu'il vivait avec une autre femme. J'ai su par elle avec quel raffinement de cruauté il l'avait fait souffrir avant la guerre et depuis. Encore maintenant, par voie d'avocat il s'acharne sur cette malheureuse, à propos de vétilles concernant ses enfants. Je prédis d'ailleurs, parce que je le sais, que son aîné, qui a grandi, commence à prendre son père en grippe... Car il y a beaucoup de sadisme dans le cas de Passy. Il aime faire souffrir. Je ne crois néanmoins pas les ragots d'après lesquels il aurait fait tuer des agents du B.C.R.A. en mission en France. Les morts qu'on lui impute sont dues, à mon avis, à l'incroyable pagaille qui régnait au B.C.R.A. et notamment aux listes d'agents qu'on laissait traîner sur toutes les tables... La légende d'après laquelle il serait un bon organisateur fait mourir de rire.

» Autre caractéristique de Passy : il est très mauvais juge en hommes, s'entoure mal, se confie parfois avec une ingénuité déroutante. Un autre point : la bassesse des procédés employés par lui. Je crois qu'il aime la bassesse... »

Je demande à Rémy s'il croit Passy coupable :

« Je suis persuadé qu'il n'a pas mangé la grenouille. Je crois seulement qu'après le départ du général de Gaulle, il a voulu se créer une situation dans la presse, se donner de l'importance... »

Paris, mercredi 6 octobre 1948

Déjeuner à l'hôtel La Pérouse avec le Général et Mme de Gaulle.

Je regarde son visage et je pense à cette remarque entendue un jour de Diomède Catroux : « Sans ce regard de génie, il aurait un visage inexcusable. » Ce regard, il est posé sur moi, il s'humanise : « Ah ! c'est bien fatigant. » Je ne puis m'empêcher, malgré l'impertinence de la chose, de l'interroger ainsi :

« Et cette fatigue, depuis combien de temps la ressentez-vous ? »

Il est interloqué l'espace d'un éclair et parce qu'à une question aussi familière il ne pourrait répondre que par un geste d'énorme colère, son regard s'affine plus encore :

« Je suis fatigué depuis l'âge de trente-cinq ans ! »

Un rire, puis :

« Oui, voyez-vous, j'ai toujours été fatigué. »

Si ce qui va suivre n'avait été dit avec autant de nuances dans le geste et dans la voix, c'eût été vulgaire et trop près du « Quel roman que ma vie ! » reproché par Stendhal à Napoléon[24].

« C'est bizarre, c'est très bizarre : c'est purement psychologique, je suppose... Parce qu'avant mes deux récentes " affaires " (il veut dire : la France Libre et le Rassemblement), comprenez bien que j'en ai eu d'autres, des " petites affaires ", sans doute, quand j'étais capitaine, puis commandant, puis colonel, etc., bref, des affaires très importantes pour moi. Eh bien, ces affaires, avant de les aborder, je me disais chaque fois : " Non, c'est trop fatigant, je ne pourrai pas, je n'arriverai jamais à m'y mettre. " Et puis, bien entendu, je m'y mettais. Au début, je ne sentais pas ma fatigue. Et puis, bientôt, une fatigue immense était sur moi et le désir d'abandonner me poursuivait... »

Un geste, un sourire timide, une familiarité exceptionnelle, peut-être unique dans les rapports qu'il a eus jusqu'ici avec moi.

« ... Rien d'exceptionnel, d'ailleurs, dans une telle psychologie : je suppose que c'est celle de tous les hommes d'action. »

Il jette sa serviette sur la table, se lève et se réfugie derrière un journal du soir.

Jeudi 14 octobre 1948

Mme de Gaulle m'explique que le Général poursuit « des entretiens secrets » avec son petit-fils.

Bonneval m'apprend, par ailleurs, que Mme de Gaulle est venue le trouver, il y a quarante-huit heures : « Soyez gentil, sauvez-vous. Si le Général vous voit, il n'osera pas, devant vous, soulever le petit Charles de son berceau. »

Paris, samedi 23 octobre 1948

Gravement : « Les Français sont prêts pour la servitude !... »

Il a répété bien souvent devant moi la phrase : « Ah ! que la France serait belle sans les Français ! »

Mercredi et jeudi derniers et une grande partie de l'après-midi d'aujourd'hui, il a présidé des réunions du comité exécutif au cours desquelles, Jacques Soustelle étant rapporteur, furent examinées les diverses candidatures qui seront soutenues, le 7 novembre prochain, par le Rassemblement du peuple français. Jeudi soir, j'ai demandé à Malraux ce qu'il en pensait.

« Cinquante pour cent des candidats, me fut-il répondu, sont de pauvres types. »

Le Général souffrait visiblement d'avoir à descendre dans cette cuve, où bouillonnent les passions les plus égoïstes. Il était fort heureux, ce soir, d'en avoir, à peu de chose près, terminé. Retour de jovialité, dans la voiture qui nous ramène à l'hôtel La Pérouse. En traversant la place de la Concorde, je l'entends rire dans l'obscurité de la petite Citroën. De temps à autre, la lueur d'un phare de voiture éclaire son visage violemment. Évocation de souvenirs qui expliquent ce rire :

« Une fois par an, me raconte-t-il, le conseil supérieur de la Guerre siégeait pour décider des promotions au grade de général. Eh bien, ces dernières journées me rappellent un peu cette effervescence de jadis autour du “ tableau ”. Le “ tableau ”... Ah ! ah ! Quelle affaire ! J’étais secrétaire du conseil supérieur de la Guerre. Mon bureau était envahi à tout moment par des généraux tour à tour obséquieux, menaçants ou pitoyables : “ Si mon candidat ne passe pas, je quitte l’armée ! ” Ou bien : “ Si mon candidat ne passe pas, je suis un homme déshonoré. ” Puis le grand jour arrivait. Autour de la grande table, je regardais s’asseoir tous les “ grands chefs ” : c’était le maréchal Pétain, c’était le maréchal Foch, le maréchal Joffre, tous les maréchaux, quoi ! Et puis, il y avait le général Mangin. Enfin, silencieux, sans passion, doué d’une mémoire folle, je regardais s’asseoir le général Guillaumat.

“ Le colonel Untel, criait bientôt Mangin, doit passer général ! Sous mes ordres, il a fait une guerre magnifique ! Ses états de services sont incomparables ! C’est le premier colonel de l’armée française ! De plus, il a fait un travail d’état-major qui constitue un apport décisif ! ” Le général Guillaumat se taisait. Mangin en remettait. Le général Guillaumat se taisait toujours. Le général Mangin en remettait encore. Alors, sans aucune note, la voix du général Guillaumat s’élevait tout à coup : “ Mais voyons, mon Général, vous voulez bien parler du colonel Untel ?... Car, si ma mémoire est bonne, c’est bien lui qui, lorsqu’il était capitaine, a fait ceci, ou bien cela ? ” Les regards se posaient sur le général Guillaumat, qui expliquait alors que ce brillant colonel avait eu jadis une liaison orageuse, ou bien était parti avec la caisse de la compagnie *(sic)*. Et le colonel Untel ne passait toujours pas général. A la fin, chacun se taisait et les candidats du général Guillaumat arrivaient facilement au poteau. »

Il est arrivé à l’hôtel La Pérouse pour le déjeuner, auquel il avait convié Palewski, ce qui explique l’absence de Mme de Gaulle... C’est elle-même qui m’avait téléphoné ce matin, de la part du Général, d’une voix défaite, pour me prier de l’inviter.

Ce déjeuner donc, le détend. Comme les manchettes des journaux du soir indiquent que la grève des mines, qui se poursuit depuis trois semaines, prend un tour de plus en plus violent (hier, à Firminy, le service d’ordre a tiré contre les grévistes, faisant un mort et de nombreux blessés ; le sous-préfet de Béthune arraché à son bureau et traîné au palais de justice par la populace ; un colonel et une centaine de C.R.S. prisonniers des mineurs, dans la Loire ; un représentant de l’ordre déculotté, etc.) – le Général tire de sa serviette la copie de la dernière note d’orientation politique du ministre de l’Intérieur, sorte de lettre circulaire très confidentielle qu’il envoie régulièrement aux préfets. La précédente, qui nous fut remise par l’un d’eux, a été publiée dans l’hebdomadaire de notre mouvement. Dans celle qu’il a sous les yeux et qui date d’il y a huit jours, le Général, goguenard, nous lit le passage suivant : « “ J’attire votre attention sur un fait très regrettable : le numéro du 16 octobre du *Rassemblement*, hebdomadaire du R.P.F., reproduit à peu près intégralement la partie de ma note d'orientation politique n° 10, relative aux incidents de Grenoble. Il y a là un fait d'une extrême gravité (Le Général varie ses gammes vocales avec de plus en plus d'humour), non pas certes que ce document ait contenu des informations particulièrement confidentielles... Mais la divulgation d'un tel texte ne pouvant provenir des services d'impression du ministère (cette impression est contrôlée), je suis bien obligé d'admettre qu'un destinataire a omis d'enfermer comme il convenait, dans un lieu sûr, un exemplaire de cette note, ou même, l'a communiqué au R.P.F. Je regrette de devoir le constater... (Le Général lève un index menaçant, avant de lire sur le ton le plus cocasse :)... Je n'ai pas besoin d'ajouter que si le coupable de cet acte d'indélicatesse est découvert, la sanction la plus grave sera prise contre lui. Si de nouvelles fuites de ce genre se reproduisaient, je serais obligé de renoncer aux notes d'orientation politique. "

» Comme ce serait dommage ! s'exclame le Général. Non, vous savez, Malraux devrait publier cette seconde note dans *Le Rassemblement.* »

Nous rions beaucoup. Il poursuit sa lecture :

« Mais voici le plus beau : " Deux politiques étaient possibles : la première consistait à assurer le respect intégral et en quelque sorte brutal de la loi, à agir en force partout où cela était nécessaire pour assurer ce respect et la liberté du travail. La deuxième, plus souple, mais qui n'est pas de la faiblesse, limitait l'action et même la présence des forces d'ordre aux points essentiels. Elle visait à assurer cette liberté quand il existait à la fois une nette majorité voulant travailler en échappant à l'emprise communiste et un intérêt évident, national, à assurer la reprise du travail. C'est la politique qu'a suivie le gouvernement. " »

Il nous lit alors la conclusion, avec une moquerie si drôle dans la voix qu'il a peine à lire. « " *Conclusion* : à tous points de vue, la situation s'est sensiblement améliorée. Les grèves se résorbent progressivement sauf – provisoirement – celle des mineurs. Le gouvernement fait preuve d'énergie dans sa lutte pour la normalisation du marché. Pour des raisons d'ailleurs différentes, un certain désarroi se manifeste, aussi bien dans le camp du parti communiste et de la C.G.T. que dans celui du R.P.F., dont certaines conférences de presse commencent à éclairer des républicains momentanément égarés... "

» Voilà où il en est ! s'exclame le Général. Les grèves se résorbent. Le service d'ordre est partout en échec, alors, lui, Jules Moch, il trouve que tout va fort bien ! Le gouvernement cède, les C.R.S. sont coffrés par les mineurs, les représentants du service d'ordre sont déculottés et photographiés, et il trouve que la situation s'améliore ! Il vit en vase clos. Je le connais bien, allez ! Il ne se montre nulle part, il aurait bien trop peur. Il vit dans ses papiers. Prenez un exemple : ce représentant du service d'ordre déculotté... Eh bien, lorsque les mineurs se sont emparés de ce malheureux, vous croyez peut-être qu'il a fait prendre aussitôt des mesures de représailles ? Pas du tout ! Les communistes disaient : " Si nous l'avons déculotté, c'est parce qu'il brandissait un revolver. " Alors, le ministère de l'Intérieur, se plaçant sur le même plan, rétorque : " Vous mentez ! C'est pas vrai ! Il n'avait pas de revolver. " Quant à la règle posée que le service d'ordre ne devait pas être armé, c'est Jules Moch lui-même qui se l'est imposée. S'il se l'est imposée, c'est parce qu'il sait fort bien qu'il n'a pas l'estomac voulu pour " assurer, comme il le dit, le respect intégral et en quelque sorte brutal de la loi ". Au début, il pouvait prendre certaines mesures d'occupation des puits, par exemple : il n'a pas osé les prendre. Ensuite, il s'est refusé à donner au service d'ordre le moyen de se défendre. A Firminy, hier, si des coups de feu ont été échangés, ce n'est pas du tout parce que Jules Moch avait autorisé les C.R.S. à tirer, c'est parce que les C.R.S., ne demandant plus son avis à Jules Moch, ont tiré en état de légitime défense. Alors, évidemment, à partir du moment où ils avaient tiré, le gouvernement, ratifiant le fait accompli, a donné raison aux C.R.S., non pas parce qu'ils avaient tenté de faire respecter l'ordre, mais parce que, ainsi que l'affirme le communiqué du ministère de l'Intérieur, les grévistes avaient tiré les premiers.

» Autre exemple : ce matin, la presse à la solde du gouvernement crie victoire : les mineurs auraient libéré les quatre-vingts ou cent C.R.S. coffrés hier. En réalité, ma conviction est qu'il s'agit d'un échange de prisonniers : " Vous libérez les grévistes qui ont noyé soixante pour cent des puits et on vous rend vos C.R.S. ", tel doit être le marché passé entre les délégués des grévistes et le préfet de la Loire. Un autre exemple : M. Maurice, préfet de la Loire, reçoit une délégation de grévistes. Comme ce représentant du gouvernement prétend parlementer avec eux, les délégués se retirent en déclarant : " Nous ne nous entretiendrons qu'avec un ' représentant officiel du ministre de l'Intérieur ' " : ceci donne une idée de l'autorité probable de ce préfet. »

Je dis : « Est-ce que vous ne croyez pas, mon Général, que nous devrions souligner dans *Le Rassemblement* l'héroïsme de tel ou tel mineur, qui, pour sauver sa mine, pompa désespérément des centaines de mètres cubes d'eau, dans l'espoir que le service d'ordre surviendrait à temps pour mettre en place le service de sécurité ?

– Non, ne prenons pas cette position. C'est le gouvernement seul qui pourrait la prendre. Comme il n'y en a pas, c'est impossible. Quant à nous, voilà ce qu'il faut dire : le régime, parce qu'il est organiquement incapable de faire autre chose, conduit le franc au tombeau, laisse monter les prix, précipite l'inflation, bref accule la classe ouvrière à la grève. Étant donné le niveau des prix et le taux des salaires, la classe ouvrière emploie la seule arme qui lui reste et qui est une arme légitime : la grève. S'en prendre aux grévistes, serait nier un fait dont le régime est seul comptable : le régime organise la misère, il faut donc en changer. Voilà la thèse qu'il faut développer. Il n'y en a pas d'autre. Quant au *Rassemblement*, je reconnais qu'il n'est pas à la hauteur. Sans doute, il a fait quelques progrès. Maintenant, il patauge. *Le Rassemblement* devrait élever constamment le débat, à propos des événements en cours. S'il ne le fait pas, prenez-vous-en à ceux qui le font. Je n'y puis rien. Il est mal fait, il est mal fait parce qu'il s'en prend perpétuellement aux personnes, développe des thèses dérisoires dans ses attaques contre les communistes. Tout cela manque de classe à un point effrayant. »

Le Général observe, au moment du café, que voici bientôt onze mois qu'il ne fume plus. Je lui demande s'il en souffre :

« Non, je ne peux pas dire que j'en souffre encore. Au début, oui, abominablement... Puis, peu à peu, les mécanismes se défont. J'ai d'ailleurs le plus grand tort de ne plus fumer. La cigarette s'accordait admirablement avec le travail intellectuel, le stimulait. Dans l'ensemble, j'ai le plus grand tort de ne plus fumer. J'ai fait là une fort mauvaise opération. »

Ceci à propos de Palewski qui, depuis un mois, a renoncé au café et à l'alcool. Le Général lui demande si le café lui manque.

« Affreusement, mon Général, répond-il avec un rire timide.

– Mais vous en preniez beaucoup ?

– De plus en plus... Je souffre d'une tension basse. Le matin, le café m'aidait à me mettre au diapason. Seulement voilà : j'en prenais de plus en plus : cinq, six, sept tasses, au moment de mon petit déjeuner. »

Le Général répond par un « Ah ? » étonné.

Paris, lundi 25 octobre 1948 (suite) *

Ce qui va suivre ne représente, en « style direct », qu'un intérêt relatif, pour peu que l'on s'en tienne aux mots.

Près de la fenêtre et comme transi, sa main recaressant indéfiniment sa main recroquevillée presque, il ne levait la tête vers nous que l'instant nécessaire pour vérifier que l'admiration et la fidélité le suivaient jusqu'à ce point extrême où sa parole se fait confuse. Les jambes étaient croisées, un grand pied bondissait parfois en avant, avec je ne sais quoi de timide et de réservé, qui rappelait aussi peu que possible le Charles de Gaulle en uniforme qu'acclament les foules : c'était plutôt quelque philosophe, ramené vivant du fond de sa campagne, et qui, réservé et frémissant au centre d'une grande ville, vous eût livré sa pensée, une pensée totalement libre, au-dessus du siècle. Cela commença par une réflexion qui nous eût paru amère si nous ne l'eussions perçu viril dans sa déception, étrangement tenace pour l'action immédiate, disponible si nécessaire pour agir selon son devoir au cas où celui-ci s'imposerait demain, mais probablement désespéré à la veille d'entreprendre :

« Il n'y a rien à faire avec ce pays, c'est là même " vachardise " qu'en 40, ou qu'en 44... En vérité, cela n'a pas changé pour l'essentiel. »

Il tourne alors vers nous un visage incisif :

« Car enfin, en 1940, si certains *souhaitaient* que quelque chose se fît,

* Suite de la conversation du 23 octobre 1948, en présence de Palewski. (N.d.É.)

combien d'entre eux l'ont *réellement* voulu ? C'était le 15 juillet. Je répète : le 15 juillet ! Je veux dire : depuis l'armistice signé, il y avait quinze jours qu'on savait à quoi s'en tenir. Une quarantaine, sans doute, refusèrent les pleins pouvoirs. Notez bien qu'il y avait parmi eux certains hommes attachés au destin de leur patrie. Il y avait... le président Jeanneney, par exemple, Paul Reynaud même... et d'autres, dont il est impossible de dire qu'ils se soient jamais totalement désintéressés du destin du pays. Eh bien, parmi ces hommes, il n'en est pas un qui ait considéré, en refusant les pleins pouvoirs, qu'il se désolidarisait de l'armistice. Ce serait exagéré de dire qu'il n'y avait que des politiciens parmi eux. Et pourtant ceux qui votèrent " contre " ne votèrent qu'en méfiance de l'attribution des pleins pouvoirs à Pétain : ces pleins pouvoirs leur paraissaient exagérés. Ou bien, ils craignaient déjà l'ingérence allemande. Ou bien, ils avaient des raisons personnelles de ne pas croire en Pétain. Et pourtant... pourtant !... Depuis quinze jours, la preuve était faite, les Anglais poursuivaient la lutte, les Anglais poursuivraient la lutte. »

Un geste rapide balaie alors quelques années :

« Et puis ensuite, il y a eu le Rassemblement. En avril 1947, j'avais beau me refuser à prophétiser, il n'en existait pas moins un certain nombre de vérités qu'il importait de formuler. Ces vérités, elles commencent d'ailleurs à nous écraser aujourd'hui. Eh bien, je me souviens de mon état d'esprit d'alors : le coup frappait, je sentis autour de moi un grand vide. Sans doute, oui, sans doute ! Oui, je sais bien, quelques-uns... mais, dans l'ensemble, nous sommes demeurés seuls. J'éprouvais le même sentiment, en 1944, lorsque Leclerc m'apprit qu'au total trois mille Parisiens seulement s'étaient engagés dans les rangs de la 2e D.B... »

Pour contraster, sans doute, avec le sérieux de ce qu'il vient d'énoncer, il observe, persifleur :

« Remarquez bien, d'ailleurs : trois mille, si l'on réfléchit, ce n'était pas grand-chose : mais enfin, ils avaient la 2e D.B. sous les yeux... Je veux dire : ces trois mille se sont probablement dit : " Avec un tel matériel, il n'y a pas de danger, on peut y aller ! " »

Et comme nous nous taisons par gravité, il insiste :

« Mais oui ! Je vous assure, c'était *ça.* »

Il poursuit ainsi :

« Ceci d'ailleurs n'est pas seulement le fait de la France. A l'échelle du monde, la chose apparaît partout : on souhaite, on ne veut plus. Oh ! bien entendu, il en est beaucoup qui prétendent vouloir. En fait, ils attendent. Au secret de leur cœur, ils espèrent qu'il ne sera pas nécessaire d'agir et ils n'admettent que les systèmes de gouvernement qui les assurent contre le risque. Hier, c'était Vichy. Aujourd'hui, cela s'appelle la Troisième Force. Organiquement, c'est exactement la même chose. Il n'en est pas un qui *veuille* agir. Prenez Dakar, ou l'A.O.F., ou l'A.É.F., eh bien, c'est exactement la même chose. A Dakar ou en Syrie, ils nous ont combattus exactement pour les mêmes raisons qui les portèrent ultérieurement à se joindre à nous. En fait, leur ralliement s'explique par des causes extérieures. Essentiellement, pour l'A.O.F., l'armement de vingt-cinq bateaux par nos alliés, essentiellement, pour le Cameroun, par l'appoint extérieur de Leclerc et de dix-huit bonshommes. Pour Brazzaville, l'élément déterminant, ce fut le général de Larminat présent de l'autre côté du fleuve. Voilà pourquoi ils se rallièrent ! Se rallièrent-ils, ou se soumirent-ils ? Alors, on ne peut s'empêcher de penser... de penser qu'en 1917, la France ne croyait plus à sa victoire, de même qu'en 1940, elle ne crut pas à sa défaite et qu'en 1944, la victoire lui fut pour ainsi dire imposée. »

Palewski proteste mollement et murmure :

« Oui, mon Général, voilà pour le plan de l'action. Mais sur le plan de l'action, il reste... *nous.* »

Une courte exclamation des avant-bras :

« Nous ? ce sont des mots ! »

Il tend la tête vers lui et crie :

« Le bas Empire a duré trois cents ans. On n'est pas plus étonné de Queuille à la présidence ou de Jules Moch au ministère de l'Intérieur, on est aussi prêt à l'accepter que lorsque le cheval de Caligula fut fait consul. Vous vous rappelez... le cheval de Caligula. On le décorait, ce consul, ce cheval de Caligula. Or, je suis obligé de le dire, je ne vois aucune espèce de raison immédiate pour que cela change. »

Palewski hoche la tête et murmure :

« Alors, mon Général, vous croyez à un tel nivellement... Je veux dire : à un tel nivellement de l'opinion ?

– Je le constate, rétorque le Général. Je le constate non seulement en France, je le constate dans tous les pays. C'est l'accommodement progressif de l'homme à la termitière. Il se peut, cependant, oui, qu'un termite américain ou un termite russe, échappant encore aux lois de la termitière, envisage une guerre et tire. Mais, rappelez-vous Hitler... Hitler, hors d'atteinte... Hitler coupé de ses troupes... Eh bien, qu'avons-nous vu ? Jusqu'au bout, jusqu'à la dernière limite possible, les Allemands se sont battus, tels des termites, ils marchèrent comme instinctivement au massacre... Et pourtant, ils savaient bien qu'aucune chance de victoire ne demeurait devant eux. Collectivement, puis isolément, oui, ils continuèrent à se battre. C'est ce que j'appelle la termitière. Oh ! Je sais bien : dans certains cas, un peu de mystique demeure. Mais, disons l'essentiel : ce qui manque... »

Ici, il quête notre regard, il hésite... Puis, il nous confie :

« ... ce qui manque... c'est le christianisme ! Alors, je veux bien, oui, chez les Anglais, il reste une certaine discipline, un peu d'esprit civique. Chez les Américains, la mystique de la richesse, qui tend d'ailleurs à s'effondrer par l'abaissement du niveau de vie. Chez les Russes, plus de mystique, à peu de chose près, c'est la dictature qui prévaut et qui commande les gestes réflexes. Voilà. On ne voit rien d'autre... »

Il reprend du café. Un long silence. Palewski ne bronche pas. Alors, pour rompre ce silence, Palewski dit tout de même :

« Quoi qu'il en soit, mon Général, vous allez recueillir une nation bien affaiblie. »

Le Général ne répond pas...

Paris, mardi 9 novembre 1948

Le Général arrive à l'hôtel La Pérouse vers midi, l'aspect un peu sombre, ce que le triomphe électoral d'avant-hier [25] rend presque comique, nullement compassé d'ailleurs, avec – pour peu qu'on l'observe avec attention et qu'on le connaisse – un feu extraordinaire de rayonnement intérieur dans les yeux. Sans aucune impertinence, c'est un peu le collégien appliqué qui vient de passer avec succès un examen et qui rentre en arborant un air désabusé dans le cercle de famille...

Ascenseur. L'obséquiosité du personnel est sans commune mesure avec les attentions de plus en plus nonchalantes et distraites de la semaine dernière. Tout redevient faux et, bizarrement vil, le service s'accélère. Ce zèle dégoûtant me rappelle un peu la rue Saint-Dominique, non point pour ceux qui y travaillaient, mais pour ceux qui y pénétraient...

Déjeuner. C'est le déjeuner de famille de tous les jours. Ce silence du début, oui, c'est celui d'une vigoureuse joie intérieure, un peu trop discrète dans son expression. Tendance à mépriser plus, à se moquer moins, à considérer les choses avec moins de détachement, à préférer les solutions énergiques aux collusions et aux combines. Comme je lui expose que, selon moi, un certain nombre de nos élus, malgré les affirmations réitérées de Pompéi ou de tel autre représentant du Rassemblement, sont bien éloignés d'avoir souscrit un engagement précis, – il écarte mon hypothèse d'un grand geste du bras, sans colère d'ailleurs :

« Qu'importe !

– Cela me semble avoir de l'importance, mon Général, répliqué-je, dans la mesure où nous ne déboucherions pas au Conseil de la République sous l'aspect d'un front absolument solide et homogène. »

Il hésite à peine avant de répondre :

« Je vous répète : *qu'importe !* Non seulement tous nos élus, mais encore beaucoup d'autres vont être obligés de suivre, à partir de maintenant. C'est inscrit dans les faits. D'ailleurs, pour beaucoup de socialistes et pour la plupart des M.R.P., la chose est claire maintenant : la seule chance de survie qu'il leur reste, c'est : " se rapprocher de De Gaulle ". »

Mme de Gaulle est restée à Colombey (Mme Philippe de Gaulle et son fils repartent en effet dans quarante-huit heures pour Brest, où le fils du Général a été muté récemment). L'absence de Mme de Gaulle rendant la chose possible, Palewski a été prié à déjeuner, ce qu'elle m'a appris par téléphone, dans la matinée, sans aucune amertume, avec le plus d'humour qu'elle pouvait.

Gaston Palewski, je le constate pour la première fois, perd une grande partie de ses moyens en présence du Général. Ce n'est guère qu'au bout de trois quarts d'heures qu'il se détend un peu. Le Général nous parle avec beaucoup de confiance.

En quittant le Général, Palewski me dit (trente pour cent de vérité, soixante-dix pour cent de boutade) :

« Lorsqu'il nous parlait des affaires allemandes, l'optimisme de sa conversation de cette semaine vous ferait presque regretter les " Hélas ! " et les phrases désabusées d'il y a huit jours. »

Il a décidé de faire une conférence de presse mardi. C'est probablement la première fois qu'il en fait deux à six semaines d'intervalle, mais le succès du Rassemblement aux élections l'impose. Finalement, sa conférence se tiendra vingt-quatre heures plus tard, « pour avoir la presse du soir aussi démeublée que possible ». Il ne lui déplaît pas de nous indiquer, aux uns et aux autres, ce qu'il a l'intention de dire aux journalistes. En substance, c'est :

« Si je vous ai réunis, Messieurs, ce n'est pas que je me fasse la moindre illusion sur l'objectivité de la plupart d'entre vous. Ce que je vais vous dire, je le sais, sera déformé, tronqué, dépecé... Mais alors, me direz-vous, pourquoi nous avoir demandé de venir ? Je vous répondrai : " J'ai curiosité à vous voir de temps en temps, pour quelques-uns d'entre vous, d'ailleurs, il s'agit d'une vieille habitude. Oui, quelques-uns d'entre vous assistent à mes conférences de presse un peu dans l'esprit de quelqu'un qui va voir dresser les fauves, c'est-à-dire avec l'espoir secret qu'un jour ou l'autre le dompteur sera mangé !..." »

Est-ce sur le conseil de Bozel ? Toujours est-il que le mardi soir, lorsqu'il vit Malraux à la veille de parler à la presse, il lui confia qu'il avait décidé de « rentrer ses banderilles dans leurs fourreaux ».

De la conversation avec Palewski, je n'ai rien retenu qu'il n'ait exposé devant moi à plusieurs reprises. Ceci, cependant :

« Quelle que soit la direction dans laquelle on regarde, ce sont toujours les mêmes problèmes, c'est toujours le même drame. Il n'y a plus de ressort. »

Palewski évoque, à l'appui, le nivellement des hommes par le totalitarisme et par la guerre. Le Général laisse entendre un « oui, oui »... songeur. Il hésite à nous livrer le fond de sa méditation. Puis, comme s'il n'y tenait plus :

« ... Au fond, voyez-vous, ce nivellement n'apparaît jamais que lorsque le christianisme se retire. Il n'y a plus de christianisme... ou, tout au moins, il n'y a presque plus de christianisme. Dès qu'il disparaît complètement, toute résistance disparaît... »

Et de démontrer qu'au sein des nations où tout christianisme n'est pas mort, la lutte des individus se poursuit, soit contre l'État, soit pour le compte de l'État. Exemple : la Grande-Bretagne...

Un autre point : comme Palewski vient à parler politique extérieure américaine, le Général l'interrompt, brutalement : « Il y a longtemps que nous n'avons plus entendu parler d'une politique extérieure américaine... C'est d'une absence totale de politique américaine qu'il faudrait parler. Il est inscrit dans le ciel qu'ils ne savent plus où ils en sont. En Allemagne, par exemple, lorsqu'ils ont l'air, à propos de telle ou telle affaire particulière, de suivre une politique, je vous défie de me démontrer que c'est la leur : *c'est celle de l'Angleterre* ! Oh ! je sais bien, les Anglais sont trop habiles pour se donner l'apparence d'imposer leur politique aux Américains. Mais, en fait, cela revient au même. »

Paris, mercredi 10 novembre 1948

Autour de la voiture qui le raccompagne à l'hôtel La Pérouse, ce n'est que brouillard et ténèbres. Place de la Concorde, il y a moins d'agents qu'à l'ordinaire. Le chauffeur du Général, qui appartient à la préfecture de police, en fait la remarque :

« Pourquoi ? » demande le Général.

Toussirot explique que diverses manifestations se sont déroulées cet après-midi et j'ajoute que devant l'hôtel Matignon, par exemple, un millier de personnes – ouvriers pour la plupart – viennent de manifester. La voix du chauffeur s'élève à nouveau, naïvement : « Et même qu'ils criaient tous : " A bas de Gaulle ! " »

Le Général saisit placidement la parole au bond : « Pourquoi crier : " A bas de Gaulle ! " devant l'hôtel Matignon ? Car enfin, je n'y suis pas ! »

Il rit. Il réfléchit. Le silence se prolonge jusqu'à la hauteur du Grand Palais. Alors – me suis-je trompé ? – j'ai l'impression qu'il vient de me donner un coup de coude. Je tourne la tête et le dévisage. Malgré l'obscurité, je m'aperçois que son regard est fixé sur moi, infiniment ironique. Et je l'entends me dire, imperceptiblement, quelque chose qui se termine par « ... pour rigoler ».

« Plaît-il, mon Général ? » Alors, avec une goguenardise énorme, il se penche vers mon oreille et me confie : « Je dis : " Nous ne sommes pas ici-bas pour rigoler. " »

Silence.

Ensuite, il s'inquiète – comme il lui arrive fréquemment – d'un léger bruit dans les amortisseurs arrière (l'insistance qu'il met habituellement à se faire expliquer la moindre vibration anormale, le moindre claquement, ou à signaler au chauffeur qu'il a oublié de rabaisser la flèche de signalisation...).

Cette exclamation : « Nous ne sommes pas ici-bas pour rigoler ! », que de fois, oui, ne lui ai-je pas entendu la prononcer. La semaine dernière, par exemple, au déjeuner, il m'avait dit – en étirant sa phrase de plus en plus, mi-sérieux, mi-malicieux : « Nous ne sommes pas ici-bas pour rigoler ! Mais... mais il faut convenir qu'avec la première affaire que nous avons faite, et qui s'appelle la France Libre..., et puis ensuite avec cette autre affaire qui s'est appelée le Rassemblement, nous avons introduit des événements qui, sous un certain angle, nous auront procuré un certain nombre d'occasions... de rigoler ! Non, nous ne sommes pas ici-bas pour rigoler, mais il faut convenir que ces événements – mis à part leur aspect essentiel, je veux dire : ce qu'ils ont pu apporter et sont en train d'apporter au pays – ont été parfois d'une énorme drôlerie. Ainsi considéré, sous cet angle un peu particulier, j'en conviens, ce que nous avons apporté et ce que nous apportons chaque jour nous permet parfois encore de nous détendre. Ah ! ce que c'eût été gris, monotone, ce que c'eût été couleur de muraille depuis 1940, si nous n'étions pas venus, parfois, déranger l'ordre fatal des choses et contraindre tous ces guignols à s'agiter ! »

Écrit quinze minutes après

Depuis les élections au Conseil de la République et même avant, dans les quinze jours qui précédèrent le 7 novembre, le Général a laissé transparaître deux préoccupations principales : la classe ouvrière et le M.R.P. Michelet me téléphone ce matin. Il désirerait voir le Général « ne fût-ce qu'un instant ». Comme la conjoncture politique semble maintenant l'imposer, j'insiste auprès du Général pour qu'il accorde cette audience. Il rechigne. Mais le regard est brillant de tentation. Il accepte.

Dès que Michelet arrive dans mon bureau, je le happe. Contrairement à mon attente, même s'il le souhaite, il n'a pas résolu de proposer au Général une opération tendant à jeter ses filets sur tel ou tel de ses anciens amis M.R.P., que l'expérience cuisante des dernières élections a pu assagir. Quant à moi, parce que je le pense absolument, je ne lui dissimule pas que le moment me paraît venu d'essayer la chose. Michelet s'agite, souffle et resouffle, puis finit par sourire gaiement. (C'est tellement son désir !) « Seulement, me répond-il, en hochant la tête, la plupart d'entre eux sont des imbéciles, ils ne comprennent pas, ils refusent de reconnaître leur défaite, ou bien ils soupirent. Oh ! dans l'ensemble, ils ne sont pas méprisables : la majorité d'entre eux voudrait – geste vain d'ailleurs – se saborder et couler pavillon haut. C'est lamentable ! » (J'écris, stupéfait, ceci sur place...) L'image de Toulon...

Je suggère : « Et Maurice Schumann ?... » Réponse : « Sur le plan personnel, sur le plan du cœur, il ne songe bien entendu qu'à de Gaulle. Seulement, voilà : tout comme les autres, il a pris de tellement mauvaises habitudes ! Il ne croit plus tout à fait que " c'est arrivé ", néanmoins il veut encore le croire, il se cramponne... Que d'illusions ! »

Je conseille : « Pourquoi ne parlez-vous pas de tout cela au Général ? » Très hésitant et comme enhardi par la tentation : « Je vais essayer. Seulement, vous comprenez, il est tellement " braqué " contre eux ! Mais, je vais essayer quand même... »

Il entre chez le Général. L'entretien dure plus longtemps que d'ordinaire. Lorsqu'il s'en va, le pas est extraordinairement précipité.

Paris, vendredi 12 novembre 1948

Michelet désirerait faire avec le Général le point de « deux jours de négociation ». Le Général arrive vers 13 heures. Je lui rends compte : « Michelet a contacté plusieurs M.R.P... »

Il m'interrompt, visiblement gêné. Comme je lui parle de Maurice Schumann, il hausse les épaules et rétorque, exagérément bourru : « Schumann ? Mais je n'ai aucune intention de recevoir Maurice Schumann ! »

Il hésite. Je lui glisse précipitamment qu'il ne s'agit pas de Maurice Schumann... « Enfin, que Michelet vienne ! » tranche-t-il, alléché.

Après le déjeuner, en faisant allusion à cette conversation, il me confie qu'il a l'intention « d'en finir avec les M.R.P. ». Les paroles qu'il prononce à leur endroit sont étranges : mélange, semble-t-il, de brutalité, de candeur, avec un sens pratique qui l'emporte sur tout le reste.

15 heures – Michelet sera reçu cet après-midi. Pompidou, qui vient de s'entretenir avec le Général, m'expose qu'il se montre de plus en plus disposé à négocier, en offrant aux M.R.P. du Conseil de la République ce qu'il serait raisonnable, pour obtenir qu'ils votent au nombre de 14, pour le candidat R.P.F. à la présidence [26]. C'est peut-être aller un peu vite en besogne. Diethelm conseillait avant-hier la candidature de Mme Éboué, que le Général n'a pas envisagée un instant. Son choix s'arrête sur le docteur Gasserre, qu'il a connu jadis à Alger. Soustelle, Pompéi et Palewski trouvent l'idée bonne. Pompidou, lui, pensait à Landry.

Plus tard dans l'après-midi – En sortant de chez le Général, Michelet me prend par le bras : « C'est pour 20 heures, à l'hôtel La Pérouse. »

Dès que je me retrouve avec le Général, il me dit, gêné : « Alors, vous savez ?

– Oui... (Silence).

– Oui, seulement, vous savez : je vais les *tuer* (sic) ! Il faut en arriver là. Il faut les pulvériser !...

– Que voulez-vous dire, mon Général ?

– Je dis que je vais *les* tuer.

– Le supporteront-ils ? Car enfin, parmi les M.R.P., la plupart oublient déjà votre victoire et feignent de se ressaisir... »

A l'idée que les M.R.P. puissent se ressaisir, il rit beaucoup. Puis :

« Peu importe ! Mercredi, conférence de presse, je vais souligner le trait, je vais leur assener un dernier avertissement ! Cet avertissement ne tombera pas dans l'oreille d'un sourd, d'ailleurs, j'en suis convaincu... Oh ! certes, ils peuvent encore se procurer à eux-mêmes l'apparence de nous échapper. En fait, la voie est barrée. Pour eux, c'est dorénavant le cul-de-sac. Ils le savent bien, allez ! Ils savent bien qu'il s'agit de se battre non plus avec le suffrage indirect, mais – la prochaine fois – avec les électeurs, avec le peuple. Non, non, ils ne peuvent plus ! C'en est fini. Cette fois-ci, ils ont compris. »

Pour Bidault, il me recommande la discrétion. J'en profite pour souligner que le cadre de l'hôtel La Pérouse me paraît singulièrement indiscret *...

Il me demande pourquoi. Je réponds : « Il y a le concierge, il y a le portier, il y a le garçon d'ascenseur, il y a les clients qui rentrent... »

Il s'exclame :

« Vous pensez si le personnel se souciera de le reconnaître, Bidault ! Plus personne ne le connaît. D'ailleurs, le personnel de cet hôtel est très discret. »

Se peut-il qu'il le croie sérieusement ? J'ai l'impression, moi, que les Renseignements généraux y sont au contraire fortement enracinés. Mais le Général a déjà tranché : « Qu'importe ! Avant minuit, Bidault aura déjà téléphoné à dix personnes, pensez ! Voilà qui va lui refaire une situation... »

Il ponctue sa phrase par un grand rire sorcier. Après un court silence : « Michelet m'a dit qu'*ils* voulaient tous venir, y compris les ministres... Pflimlin, notamment. »

Il rit, puis conclut : « Non, vous savez : tout ceci donne la mesure de leur faiblesse. Ils sont à bout de souffle. »

Tandis que je prends congé, il constate tardivement : « Tout compte fait, il vaudrait mieux que Bidault et Kœnig ne se rencontrent pas... »

Il ajoute, en riant : « ... Le second serait tellement étonné ! »

J'écris ceci en attendant Bidault :

A déjeuner, je vins à parler de la Ruhr et du fait accompli anglo-américain : sa colère était immense. Puis, comme Mme de Gaulle cite le nom de Robert Schuman, il crie : « Entre eux et moi, il y a désormais la Haute Cour ! Si c'est eux qui gagnent, j'y comparaîtrai. Si c'est moi qui gagne, ils y comparaîtront et ils le savent bien. »

Je dis :

« Quand bien même vous ne le souhaiteriez pas, mon Général, il se pourrait bien que l'opinion, le jour venu, l'exige.

– *Le Général* : Peu m'importe l'opinion ! (Un rire féroce.) Ils y comparaîtront, voilà le fait !

– *Elle* : Alors, Charles, voulez-vous m'expliquer pourquoi à Metz, en 1944, vous avez été si gentil pour Robert Schuman. Car enfin, sans vous, il allait y comparaître, en Haute Cour [27]... Sans votre intervention, de Menthon n'hésitait pas. »

Comme on répond à une taquinerie d'enfant, il lui assène, sur un ton protecteur : « Justement ! Voilà pourquoi il sait bien que la prochaine fois il n'y échappera pas. »

Ensuite, il rit, d'un rire si gentil...

22 h 00 – Audience Georges Bidault.

Dès 21 h 50, j'ai été me poster à proximité de la porte d'entrée de l'hôtel.

* Avant le départ de Michelet, nous avons convenu d'un stratagème : je lui ai dessiné un plan du hall de l'hôtel, avec le trajet de l'itinéraire le plus rapide entre la porte à tambour qui donne accès à l'hôtel et celle de l'ascenseur... Il a été convenu que pour cacher Bidault au concierge de nuit, nous le placerions à notre gauche dans le sens de la marche, de manière à le masquer.

A peine ai-je attendu deux minutes. Un brouillard très dense masque le trottoir d'en face. Je sors alors, pour guetter l'arrivée d'une voiture ou de deux passants. A peine ai-je franchi le porche, que je manque de me heurter aux deux anciens ministres.

Je n'avais pas vu Bidault depuis septembre 1946, dix jours avant Épinal. Quel changement ! Le verbe bref, le comportement névrosé, la vanité semble affreusement nouée. Au surplus, l'agitation est d'un étudiant convoqué par le recteur pour une affaire de discipline. Dès que nous arrivons dans la chambre voisine de l'appartement du Général, je ne puis m'empêcher de le dévisager : il tire inlassablement sur le peu qui lui reste d'une cigarette jaune. Cette pensée m'aborde : « Son sourire est devenu sale. » Je me rappelle d'un temps où il aimait à converser avec moi. Il y avait alors, au fond de lui, je ne sais quoi de jeune qui recherchait la jeunesse, qui guettait chez les autres un peu de jeunesse à partager. Maintenant, il semble tout haïr secrètement. Le sarcasme, mais le sarcasme tragique, l'écho d'un délabrement ou d'une infinie tristesse intérieure...

Lorsque le garçon d'ascenseur, presque un enfant, s'est précipité tout à l'heure pour nous conduire à l'étage, je lui avais fait signe de nous laisser. Si, comme me l'a dit Michelet cet après-midi, l'ancien ministre des Affaires étrangères semble s'inquiéter d'une indiscrétion possible, je dois à la vérité de dire qu'il n'en laissa rien transparaître. J'attends qu'il soit dix heures pour aller prévenir le Général. Accoté à la cheminée, le silence paraît lui peser affreusement. Pendant quelques secondes, il chuchotera dans l'oreille de Michelet. Le regard échappe. Le visage est « contre ».

J'ai oublié de noter ceci : comme nous pénétrons dans la chambre, les devançant dans l'obscurité, de mon index, je cherchai le commutateur. Assez maladroitement je dis, en guise d'excuse : « Drôle d'endroit, n'est-ce pas ? Pour certains, ce lieu rappelle Londres et cet hôtel Connaught, où le Général résidait alors. Pour d'autres, c'est l'hôtel du Parc [28]. » Avec une sécheresse exaspérée, Bidault me lance : « Je ne sais pas. Je n'ai jamais mis les pieds à l'hôtel du Parc. »

Malgré la chaleur, il a conservé son manteau. Devenu minuscule, le mégot jaune lui brûle littéralement le bout des doigts. A deux reprises, je lui ai tendu un cendrier, mais, à deux reprises, sans jeter le peu de cigarette qui lui reste, il en secoue les cendres et tire à nouveau sur elle, comme s'il s'y cramponnait.

Je les quitte. Je pénètre dans l'appartement voisin. Près du Général, Mme de Gaulle tricote un chandail blanc. Le Général se rapproche de moi avec une rapidité insolite. Son expression signifie : « Attention ! » Elle quitte la pièce sans avoir compris, après m'avoir tendu, sans me voir, une main d'évêque nouvellement promu. Dès qu'elle a quitté la pièce, je parle :
« Il est là, mon Général.
– Comment est-il ?
– Il n'a pas l'air fier...
– Bien entendu ! Faites-le attendre encore deux ou trois minutes. »

Je regagne la chambre 26. Parlent-ils ? Je crois que Bidault veut surtout se donner l'apparence de converser. Je note que Michelet a l'air un peu intimidé par Bidault. Nous parlons vaguement de René Brouillet, dont l'ancien président du C.N.R. fut le témoin et qui est – je l'apprends – parrain d'un de ses enfants.

Bidault est reparti en compagnie de Michelet, peu après 11 heures. Il était loin d'être rasséréné, mais la nervosité avait presque complètement disparu. Quant à Michelet, il m'a glissé, au moment de nous séparer, qu'il désirait me voir demain matin.

Paris, samedi 13 novembre 1948

J'ai passé vingt minutes environ avec Michelet, venu me décrire la conversation d'hier soir. Le Général, contrairement à ce qu'il nous avait dit, s'est montré assez conciliant. Je n'ai pas eu le temps de noter les détails, mais les seuls éclats, ou les seuls « passes dangereuses » furent lorsque le Général reprocha à Bidault sa politique proche-orientale et lorsqu'il évoqua « votre politique allemande ». De justesse, le drame fut évité... De part et d'autre, on convint qu'il s'agissait d'une simple prise de contact et qu'il ne fallait pas bousculer les choses. Le Général insista sur la nécessité de trouver une solution aux problèmes ouvriers et sociaux. A la classe ouvrière, il importait de proposer une solution française, c'est-à-dire, par définition, une solution différente de celle préconisée par les séparatistes.

« Il parla alors de la république et de la démocratie en des termes bouleversants, me dit Michelet, oh ! mais alors, vous savez, bouleversants ! » répéta-t-il. En dehors du parti communiste, seule la démocratie chrétienne semblait soucieuse de proposer une solution à la classe ouvrière. En conséquence, le Général laissait entendre qu'il avait besoin, pour libérer la classe ouvrière, de l'appui de tous les chrétiens sincèrement soucieux de contribuer à cette libération. Mais, préalablement à cela, il était souhaitable que ces hommes contribuent à mettre fin au régime des partis. Pour la réforme de la loi électorale et pour rapprocher le retour devant les électeurs, il importait que cette initiative soit prise par ces hommes. Alors plus rien ne s'opposerait à une action commune.

Je demandai à Michelet : « Que pense Bidault de tout cela ?

– Il paraissait très ébranlé. Seulement, voilà : c'est Bidault. Beaucoup d'intelligence, mais une flemme effroyable. Car Bidault est devenu un effroyable flemmard. Avant de voir le Général, il s'était concerté avec ses amis. Depuis, il leur aura communiqué la teneur de son entretien avec le Général. Voilà pour l'instant. Il a l'intention de ne rien bousculer. Mais, par paresse, je crains que tout ne retourne au sommeil. Dans quelque temps, pas tout de suite, il est important qu'il revoie le Général. »

1949

Mardi 12 janvier 1949

Hier après-midi, réouverture annuelle de l'Assemblée nationale. Discours du doyen d'âge, M. Cachin. Il y a deux jours, M. Maurice Thorez demandait, par l'intermédiaire du chef de Service de presse de l'Électricité de France, à rencontrer M. Ulver.

Le Général n'est pas sombre et pourtant ces nouvelles perspectives lui apparaissent clairement :

« Nous allons entrer dans une période dont l'ignominie est à l'avance inimaginable... Effarante et colossale ignominie. On l'aperçoit maintenant : la réélection de Truman nous achemine vers une catastrophe mondiale. Il y a d'abord le côté 1938 : c'est Munich. Cette part infime de la bourgeoisie d'Europe occidentale, qui n'avait pas encore succombé à la capitulation ou à la guerre, va maintenant pourrir. »

Il se penche vers mon oreille et me dit sans douleur, avec une conviction effrayante :

« Il importe de ne pas s'illusionner : les jeux sont faits. L'opinion est sourde et demeurera sourde à tout appel, car – à quoi bon se le dissimuler ? – ce pays est mort. Tout le monde aperçoit déjà la manœuvre. Les uns demeureront immobiles et insensibles. Les autres, les Fauvel, les Roure, les trois quarts du parti socialiste et les deux tiers du M.R.P. – ce qu'ils appellent les " républicains " – se précipiteront vers les communistes.

– Croyez-vous que Truman et Staline parviennent à s'entendre ? »

Immédiat et net dans sa réponse :

« Pas question qu'ils parviennent jamais à s'entendre. A la fin des fins, ce sera, bien entendu, la guerre, mais d'ici là, les communistes auront réussi leur coup : l'Europe occidentale aura achevé de pourrir. Alors, comme ils viennent de le faire en Chine, ils avanceront dans cette pourriture [1]... »

Jacques Soustelle est rentré ce matin, au moment où vient de s'amorcer la manœuvre communiste. Bonne mine, mais le ton infiniment désabusé : « Sur le plan parlementaire, sur le plan électoral, sur le plan international, l'affaire semble bloquée, sinon définitivement, au moins pour des mois et des mois. »

Avant d'entrer chez le Général, qu'il n'a pas vu depuis la semaine dernière, il nous confie son intention de lui demander de « reprendre sa liberté » : « Je ne suis qu'un modeste archéologue. Tôt ou tard, il faudra bien me remplacer, alors, pourquoi pas tout de suite ?... » Il passe alors une heure chez le Général. Georges Pompidou revient dans mon bureau et me confie : « Qu'est-ce qu'ils ont tous ? Ils ont tous l'air complètement " déballés ". » En fait, si je n'ai pas encore vu Malraux, qui est à Grenoble et qui rentre demain, et dont je sais bien à l'avance que son allant est inentamable, je ne vois guère que Palewski pour procurer l'idée d'une complète résolution morale.

Quant à Bozel, les perspectives financières sont tellement sombres et cette situation – à la veille des Assises nationales de Lille, qui vont coûter au moins 20 millions – l'obsède à tel point qu'il a été ce matin, au cours de son entretien avec le Général, jusqu'à préconiser ce qu'il appelle « la fermeture de la boutique ». Au demeurant, sa résolution et son dévouement sont, comme toujours, hors de question.

A la fin du déjeuner, le Général, auquel je viens de parler des *Mémoires* de Churchill, m'annonce, avec une fierté presque juvénile, qu'il a repris la rédaction de ses Mémoires, interrompue pratiquement plusieurs mois avant la création du Rassemblement :

« En réalité, jusqu'ici, j'avais entrepris seulement de rédiger, à propos de telle ou telle affaire (par exemple : la constitution des premières forces en Grande-Bretagne, Dakar, ou la Syrie), des fragments incomplets. Maintenant, je m'y suis réellement " mis ". Et j'ai bien l'intention de continuer... »

Mme de Gaulle, comme chaque fois qu'il parle de la question de ses Mémoires, formule le vœu que le Général ne se laisse jamais aller à les « publier dans la presse ».

16 h 30

Nous sommes rue de Solférino et je ne sais pourquoi sa conversation réveille en moi une vieille douleur. Ou plutôt, si : c'est celle que j'éprouvais, en janvier 1946, trois jours avant son départ, lorsque après avoir reçu Francisque Gay il me fit venir, au milieu de son travail, pour m'annoncer confidentiellement sa décision.

Je sors de son bureau, où, contrairement aux habitudes convenues, il m'a fait venir pour assister à la scène suivante :

C'est le déclin du jour. Il est assis, le dos tourné aux deux fenêtres qui donnent sur la rue de Solférino. Et dans cette pénombre, je l'aperçois un peu pâle, le regard mobile et vif, et qui ronge son ongle. Lorsque je me rapproche de lui après avoir refermé la porte, c'est comme s'il ne s'était pas aperçu de ma présence, pourtant suscitée par un coup de sonnette. Puis, regardant le fond de la pièce et comme se parlant à lui-même :

« Tenez », me dit-il, jetant avec violence au milieu de son buvard le dernier numéro de la *Revue historique de l'Armée* du 4 décembre 1948. Il se met alors en devoir d'ouvrir la revue à la page du sommaire. D'un index impitoyable, il souligne l'article de tête : « Traditions militaires – La voix de Foch », par le général Weygand :

« Weygand ! Weygand ! non, c'est véritablement effarant et il n'y a plus rien à tirer de ce pays. Je comprends fort bien qu'on ne l'ait pas jeté dans un cul-de-basse-fosse. Je permettrais de le laisser rentrer chez lui. Mais, que les traditions de l'armée, par suite d'une espèce de volonté unanime, aboutissent à cette complicité, comme si rien n'était advenu, aucune guerre, *rien...* »

Il ne termine pas sa phrase pour revenir à ce qui le hante :

« ... Non, ce pays est fini. Je n'ai jamais mesuré, je n'ai mesuré à aucun moment comme aujourd'hui, à quel point il n'y avait rien à tirer des hommes de ce pays. En 1940, j'avais confiance. Si j'ai eu confiance, c'est parce que la capitulation de nos armées pouvait – dans une certaine mesure – trouver un commencement d'explication : l'ennemi était représenté par une force nouvelle, la force mécanique. Je me rends compte aujourd'hui que ma confiance d'alors venait de ce que je n'avais pas éprouvé la profondeur de notre pourriture. Il n'est pas assez de dire qu'ils sont pourris : cette pourriture, ils la recherchent, ils ne se sentent à l'aise qu'en son sein, il n'y a que le faisandé qui les attire. »

Un silence, puis il baisse la tête vers moi et – les bras grands ouverts – il me crie : « Et pourtant, on ne pourra pas dire que je n'ai pas essayé ! »

Paris, janvier 1949

Nous quittons l'hôtel La Pérouse pour l'avenue Hoche, où il va rendre visite au président Jeanneney, qu'il n'a pas vu depuis un an, date à laquelle il alla lui exprimer ses condoléances à la suite de la mort de sa femme. Comme nous traversons l'avenue de la Grande-Armée, il me demande à quelle adresse habite le président Jeanneney. Je la lui cite de mémoire. Il m'affirme que je me trompe. Parvenu avenue Hoche, il me dit, avec une conviction tellement catégorique que je soupçonne ma mémoire : « Mais non, ce n'est pas là qu'il habite, retournons à l'hôtel La Pérouse pour vérifier l'adresse exacte. » J'ai beau insister, il refuse de descendre l'avenue Hoche. Chaque fois qu'il croise un passant, il dérobe son visage, soit en détournant la tête, soit en feignant de se gratter le front... Arrivés à l'angle de l'avenue de la Grande-Armée et la rue de Tilsitt, je lui demande la permission d'entrer dans un café, d'où, par téléphone, je lui propose d'obtenir confirmation de l'adresse que je lui ai citée de mémoire. Il accepte, après bien des difficultés. Le commandant de Bonneval me répète au téléphone l'adresse que j'avais donnée au Général. Je sors. Il fait froid. C'est la nuit glacée sur les trottoirs déserts. Rue de Tilsitt, je cherche en vain le Général, qui s'est dissimulé derrière les voitures rangées le long du trottoir. Il nie, une fois de plus, que cette adresse soit la bonne, puis finit par céder et n'est convaincu que lorsqu'il parvient au palier du président Jeanneney. Nous le trouvons fort affaibli par l'âge, mais toujours lucide. Après le préambule d'usage, le président Jeanneney lui demande ce qu'il pense des mois à venir :

« Nous allons avoir une année assez bizarre, je crois, répond-il. Les puissances et les individus n'ont qu'une idée assez tâtonnante de ce qu'ils veulent.

– *Jeanneney* : Je ne vois pas les choses s'arranger mieux que lors de notre dernier entretien. On ne voit que la culbute ou l'apaisement... Je préférerais l'isolement. Des horreurs nous menacent. Corriger les faiblesses que vous dénonciez et que j'avais dénoncées avant vous, voilà ce qu'il importait de faire d'abord. Or, ce n'est partout qu'impuissance criminelle ou frivolité. Nulle part, l'effort...

– C'est le sentiment général.

– Ce que je déplore surtout, c'est de n'apercevoir nulle part un mobile élevé, une foi. Voilà la cause réelle de ma désolation. »

Ils réfléchissent en silence et Jeanneney murmure : « Non, je ne vois pas... »

Nouveau silence, puis :

« Je ne crois pas qu'un parti soit, à l'heure actuelle, capable de proposer au pays un mobile suffisamment fort et élevé pour le libérer de là. »

Le Général laisse tomber mélancoliquement : « Il y a cent cinquante ans que cela dure !... »

A quoi Jeanneney proteste : « Oh ! Non ! Tout de même... Clemenceau...

– Certes, Clemenceau ! Mais, alors, *cela venait du pays*.

– ... comme en 1945.

– Voyez-vous, la capacité de corruption qu'a acquis, par les moyens de l'État, par les appartements, par les facilités du dirigisme, par les dessous de table, ce régime. Il faut en avoir la preuve pour le croire : Quel succès ! Il arrive que l'on donne ses voix en échange de bons d'essence...

– Il est impossible que la politique soit conduite par des hommes qui en vivent...

– Sans doute, mais, que voyons-nous ?... Depuis quelques mois, à quoi assistons-nous, en effet ? Voilà un gouvernement, un soi-disant gouvernement, qui se nomme lui-même dans les grands emplois publics. MM. Vincent Auriol, Naegelen, Béchard et beaucoup d'autres, se décernent eux-mêmes des décorations. Exemple : Vincent Auriol s'est attribué la rosette de la Résistance et se la fait remettre par le colonel de Boissoudy... Il arrive parfois qu'on décore également sa femme. Voilà, oui, ce que nous voyons : un gouvernement qui se décore mutuellement par la personne de ses ministres ! Et, dans le monde parlementaire actuel, vous n'avez pas un parlementaire sur dix qui dispose de moyens d'existence, qui ait une vie indépendante. Renoncer à son mandat ? Il se croirait perdu !... Voilà pourquoi et surtout, ils se raccrochent par tous les moyens. »

Jeanneney lui demande si le Rassemblement se développe. Le Général répond ainsi :

« Il y a 115 conseillers de la République environ, qui sont *en réalité* du Rassemblement. Puis, vous en avez une vingtaine d'autres qui se rencontrent avec les précédents sur les grands problèmes, mais qui ne respectent pas les engagements qu'ils ont signés. Quant aux municipalités, on peut dire que, dans les grandes villes, où nous avions eu le temps de nous implanter avant les élections d'octobre 1947, nous avons obtenu la victoire.

» Il reste, que je ne me fais pas beaucoup d'illusions : il n'y aura pas d'élections générales sans événements. Tant qu'*ils* le pourront, *ils* demeureront à la fois juge et partie. Ils inventeront des prétextes. Ils prétendront, par exemple, qu'il convient de voter d'abord la réforme des administrations départementales...

– Mais, enfin, mon Général, ne me dites pas que l'opinion accepterait cela sans un sursaut...

– Mais alors, que proposez-vous ? les barricades ?

– Mais pourquoi pas ?

– L'opinion est effroyablement affaissée, voyez-vous... Les communistes, eux-mêmes, seraient incapables de dresser des barricades. Les dernières grèves l'ont abondamment prouvé. »

Sa voix devient éclatante, lorsqu'il lance, en mode de conclusion : « Alors !... »

Jeanneney n'a pas l'air très convaincu et le Général poursuit ainsi : « Mais enfin, Monsieur le Président, prenez M. Édouard Herriot. Eh bien, M. Édouard Herriot, qui a été réélu hier, déjeunait le 17 août 1944, avec MM. Laval et Abetz. Et cela, tout le monde le sait. Et tous les parlementaires, ou tout au moins 214 d'entre eux, l'ont réélu aussitôt après cette révélation. »

Un silence assez prolongé. Le Général reconnaît que les progrès du Rassemblement sont lents, pour ajouter aussitôt :

« Voyez le temps qu'ont mis les socialistes pour pénétrer au Sénat. Or, dans une conjoncture comme celle d'une élection au troisième degré, et sans que soit renouvelé un tiers des conseillers généraux, nous avons obtenu, du premier coup, 135 sièges au Sénat. »

Il s'emporte contre la droite en ces termes :

« Les bourgeois sont pour Paul Reynaud. Nous n'avons pas d'ennemis plus acharnés que la droite. Lisez plutôt *L'Époque, Le Figaro* ou les bulletins financiers... »

Le Président Jeanneney s'exclame :

« Mais alors, les bons éléments ?

– Les bons éléments, ils sont... *où* ?

– Dans le peuple.

– Dans le peuple ? »

Il semble un peu rêveur. Je l'entends qui murmure : « Oui... Oui... » Puis : « Enfin... »

Jeanneney exprime sa conviction que, si le régime commet une pareille maladresse, c'est-à-dire de remettre indéfiniment les élections générales, le pays ne le supporterait pas.

La conversation se prolonge, mais se perd dans les marécages. Nous nous retrouvons avenue Hoche, dans le froid et la nuit. Le Général demeure dans ses pensées. En arrivant avenue Victor-Hugo, il rompt enfin le silence, pour me dire :

« Ce n'est pas si facile que ça, voyez-vous !... L'indifférence du peuple français dépasse les bornes de l'imagination. De cette indifférence, je ne retiens que ces trois exemples : Tout d'abord la Libération. Oh ! certes, beaucoup de cris d'enthousiasme furent poussés alors. Mais, je vous le demande, combien croyez-vous que, de tous ces cris, on soit parvenu à soutirer d'engagés volontaires pour la 2e D.B. ? Et bien, je vais vous le dire : trois mille à peine. Vous entendez bien : trois mille ! Et pourtant, la 2e D.B., ce n'était pas mal ! Les hommes amenaient avec eux une incroyable légende, ils avaient l'air de s'y connaître, le matériel était solide, les tanks étaient magnifiques, cela inspirait confiance, avec cela, on pouvait y aller ! Et bien, non. Malgré le feu qui brillait dans le regard des hommes, malgré Leclerc, malgré la légende, malgré le beau matériel, malgré l'épaisseur des parois des tanks, on n'a trouvé que trois mille Français pour s'enrôler volontairement dans les rangs de la 2e D.B. Voilà le peuple français en 1944.

» De l'indifférence du peuple français, je retiens cette deuxième preuve, qui me fut infligée en 1946. Lorsque j'ai quitté la rue Saint-Dominique et que je me suis réfugié à Marly, combien de Français ont-ils marché sur Marly, soit pour venir m'inciter à reprendre le pouvoir, soit pour m'exprimer leur confiance ? *Pas un !* Il n'y a pas eu un Français pour monter à Marly et pour me dire : " Vous savez, mon Général, on ne vous oublie pas et, si l'Histoire de France a besoin de vous, demain nous répondrons à votre appel. " »

Il parle sans aucune indignation visible, sans aucune tristesse, sans l'ombre d'une amertume, avec la jovialité du chirurgien, qui, découvrant l'organe, jauge du scalpel la profondeur du mal :

« Enfin, voici mon troisième exemple : C'est à Chambéry [2] ! Il y avait eu quelques incidents à Grenoble, la veille. Lorsque je suis entré dans la ville, oh ! certes, il y avait du monde. Ça, pour y avoir du monde, il y avait du monde !..., seulement voilà : tout ce beau monde, au lieu de s'étaler en bordure du trottoir, demeurait prudemment en arrière, contre les façades des maisons. Il y avait surtout beaucoup de monde aux fenêtres. Des fois que le communiste du coin nous aurait pris en flagrant délit de crier : " Vive de Gaulle ! ", tout ce beau monde nous regardait passer en silence. Et puis, ensuite, vous vous rappelez... Nous sommes partis à pied au monument aux morts, en contrebas duquel dix mille personnes environ se sont groupées. Seulement, parmi ces dix mille personnes, il y avait cinquante malheureux communistes, qui commencèrent à pousser leurs cris d'animaux. Ils étaient à dix mille contre cinquante. Il aurait suffi que cette foule éternuât pour que ces malheureux communistes disparaissent à tout jamais de la ville de Chambéry. Et bien non : il n'y en a pas eu *un seul* ! un seul qui ait essayé de ramener l'ordre et le silence. Jusqu'au bout, ils ont laissé les communistes nous interrompre. Ce n'est qu'à la fin de la cérémonie, lorsque je suis remonté en voiture pour quitter Chambéry, qu'ils se sont remis à crier : " Vive de Gaulle ! "

» Il y aurait beaucoup d'autres exemples. En voilà trois ! »

24 février 1949

Il sort du comité exécutif plus exténué par l'ennui qu'il éprouve, dirait-on, que par la fatigue : en effet, à peine a-t-il quitté la rue de Solférino qu'il ordonne au chauffeur de se rendre au Carrousel, malgré la pluie et les ténèbres. Du Carrousel à la Concorde, à pied. Je me tais dans la mesure où son humeur semble chercher un refuge dans le silence. Bientôt, la topographie lui inspire diverses réflexions : il me décrit en imagination cette aile du Louvre qu'incendia la Commune. De l'index droit, il me désigne l'hôtel où vécut l'Impératrice Eugénie et d'où elle contemplait, depuis sa fenêtre, les Tuileries. Ce souvenir le conduit à cette évocation :

« Vous souvenez-vous, ou plutôt avez-vous lu qu'après la signature de l'armistice de Rethondes elle envoya un message à Clemenceau ?... Cela ne manquait pas d'allure... Elle disait quelque chose comme : " Nous avons connu l'infortune. Grâce à vous, nous sommes aujourd'hui vengés... " »

Nous nous approchons du bassin et il me raconte qu'enfant un artisan du Faubourg Saint-Antoine lui construisit un trois-mâts, qui coûta 300 F à ses parents, fortune pour l'époque. Il n'était pas un enfant des Tuileries qui ne connût ce voilier superbe, sa fierté...

Il me parla alors des *Mémoires* de Churchill, que *Le Figaro* publie depuis le 4 février dernier. Je lui demande :

« Ce que Churchill dit de l'entrevue de Briare, mon Général, vous paraît-il exact ?

– Dans l'ensemble, oui, c'est très exact ! C'est incomplet, certes, mais ce qu'il dit, jusqu'ici, est exact.

– Sa sévérité à l'endroit de Weygand est-elle exactement mesurée aux responsabilités qu'il a prises ?

– Oui, à l'égard de Weygand il conserve la mesure. Tout cela, oui, est exact. C'est plutôt à l'endroit de Pétain, qu'il ne se montre pas assez sévère. Je me souviens, en effet, qu'à la fin de l'entrevue de Briare, Pétain prononça des paroles honteuses. Churchill a sans doute préféré jeter le voile. »

J'ai bien regardé son visage lorsqu'il m'a dit cela : la lueur des rares becs de gaz me dissimulait son regard, mais les traits étaient détendus, tout en lui respirait la plus grande pondération et l'absence de sentiments particuliers.

Silence. Sa bonne humeur, il y a un instant, contrastait étrangement avec l'air tendu qu'il arborait au départ de la rue de Solférino. J'en profite pour le questionner.

« Il faut que je vous pose une question très indiscrète : vous avez passé un certain nombre de fois du versant gouvernemental français au versant gouvernemental anglais en juin 1940 : eh bien, aviez-vous l'impression d'un complet changement d'atmosphère ?... » Comme j'allais préciser ma pensée, il m'interrompit :

« Que voulez-vous dire ?

– Je veux dire, mon Général, est-ce que la résolution de se battre apparaissait beaucoup plus clairement dans le regard des ministres de Churchill que dans celui des ministres de Reynaud ? Autrement dit : y avait-il disparition de toute arrière-pensée dès qu'on traversait la Manche ? »

Il répondit immédiatement, comme un homme familiarisé avec la question : « Voici un souvenir (l'évocation qui va venir sur ses lèvres met du rire dans sa voix) : C'était au moment de l'entrevue avec Giraud... Churchill me confia alors – c'est-à-dire assez longtemps après 1940 – que *sans lui*, jamais le cabinet de Guerre n'eût poursuivi la lutte. Je dois à la vérité de dire qu'Eden, auquel je confiais à mon tour ce que m'avait affirmé Churchill, le nia. »

Il rit, puis ajoute : « Se vantait-il ?... Je ne le crois pas. Ou, tout au moins en était-il profondément convaincu. Il est vrai qu'il avait intérêt à me le faire croire, puisque le but de sa confidence était de me décider à lier le sort de la France Libre à celui de Giraud : “ Prenez exemple sur ma propre expérience, me dit-il : mon cabinet de Guerre ? Mais, voyons ! je l'ai constitué avec des Munichois !.. ” Et d'ajouter : “ Et pourtant, voyez la suite ! ” Et de me répéter : “ Non, vous savez : vous êtes beaucoup trop difficile ! Vous êtes beaucoup trop rigide. ” »

Nouveau silence. Il se donne l'apparence d'attacher beaucoup d'importance à l'heure de la fermeture des grilles. A tout hasard, je réponds, évasivement : « Aux environs de 9 heures... »

Comme *Le Figaro* de ce matin publie les détails, vus par Churchill, des négociations qui conduisirent à la publication du communiqué annonçant l'Union franco-britannique, je dis :

« Churchill ne dit pas qu'il prit l'initiative du projet. Mais il laisse entendre que vous fûtes le plus satisfait d'apprendre la conclusion favorable des négociations qui conduisirent le cabinet de Guerre à l'adopter... »

Il se donne quelques secondes pour répondre. Puis il me dit, avec une chaleureuse conviction :

« Je dirai dans mes Mémoires que l'idée de l'Union franco-britannique, qui est de Jean Monnet, ne fut jamais poussée en avant par moi que comme... un moyen de circonstance. De quoi s'agissait-il en effet, sinon de procurer à Reynaud un moyen de convaincre les hésitants, de les décider à partir pour Alger ? Reynaud affirmait la nécessité de soumettre quelque chose de nouveau à son cabinet, faute de quoi tout espoir de poursuite de la lutte s'effondrait. Je n'ai jamais envisagé l'adoption du projet de Monnet que comme un expédient propre à maintenir hors de l'eau la tête de Reynaud. Il lui fallait des béquilles et de quoi porter un choc psychologique, rien de plus ! Dans la pratique, vous savez que cela ne servit à rien. Pétain, Weygand, avaient déjà fait leur beau travail. Ce moyen survint trop tard. »

Lundi 28 février 1949

Je dîne avec lui et elle, à l'hôtel La Pérouse. Il me demande des nouvelles de Malraux. Je souligne : « Malraux ? Il est en pleine forme. » Il éclate, d'un sourire moqueur : « Naturellement, qu'ils sont en pleine forme ! Car ils pensent tous, maintenant, qu'il va y avoir la guerre. D'ailleurs, ils ont raison. Ils vont avoir la guerre. Et si la guerre les ravigote et les émoustille, ils vont avoir une belle occasion de se ravigoter et de s'émoustiller. Seulement, voilà : tout cela finira très mal. »

Il s'est rembruni. Bientôt, un sourire triste, moqueur et presque tendre à la fois :

« Oui, tout cela finira très mal, car il n'y a plus de solution humaine. »

Mardi 1er mars 1949

Le général Billotte est venu passer quatre ou cinq jours à Paris, depuis New York ; il est toujours accrédité à l'O.N.U. Il vient dîner à l'hôtel La Pérouse et commence par nous expliquer qu'il sort de l'hôtel Matignon, où il a été reçu par le président Queuille. Billotte dit en riant : « De l'instabilité ministérielle, je viens d'avoir l'image suivante : comme je pénétrais dans le bureau du président du Conseil, il se dirigea droit sur moi et perdit l'équilibre. Si je ne l'avais pas recueilli dans mes bras, il me tombait dessus !... »

Le Général semble distrait. Billotte, qui cherche un préambule, dès qu'on est à table interroge :

« Et, maintenant, qu'est-ce qui va se passer, mon Général ? Je ne sais pas ce que vous en pensez, mais j'ai l'impression qu'il serait grand temps que vous preniez le pouvoir ? »

Un peu moins pensif, le Général laisse entendre un : « Oh ! Oh ! » Il nous regarde, à tour de rôle, et rit, avant de dire :

« Toute personne qui s'imagine sérieusement qu'il serait souhaitable ou qu'il me serait possible, en ce moment, de conduire les Français aux barricades contre le père Queuille se ferait de graves illusions... C'est pourquoi je manœuvre ainsi, tout doucement, d'élection en élection, sans précipitation. Oh ! évidemment, je pourrais aller m'accrocher, un soir, aux grilles de l'Élysée : mais est-ce bien cela qu'il faut souhaiter, que nous nous effondrions dans le ridicule ? Ne pas nous presser, oui, c'est ainsi que nous avons le plus de chance de *les* affaiblir et de voir le " queuillisme " s'étioler. D'ailleurs !... »

Un répit, il refait sa phrase :

« D'ailleurs, les choses vont maintenant aller vite, j'en suis persuadé. Et les choses seront graves... »

Comme Billotte lui parle des Américains :

« Voyez-vous, dit-il, je pense d'abord, à leur propos, qu'ils sont effrayés. Il faut bien comprendre qu'ils ont *peur*. Ils ont abandonné l'idée de se battre en Europe. Pas seulement parce qu'ils s'affirment certains de pouvoir – grâce aux plus récents progrès de leur armement – jeter leurs bombes depuis chez eux par fusées, mais parce que... parce qu'ils espèrent encore qu'en ne se battant pas, dès l'invasion de l'Europe et depuis l'Europe, ils feront reculer l'échéance. Ainsi croient-ils faire reculer la guerre elle-même... Ou tout au moins, ils l'espèrent. Se battre à domicile, voilà une idée qui caresse en eux cette part d'isolationnisme qui a survécu là-bas, malgré les événements des dix dernières années. »

Le Général demande alors à Billotte si les Américains ont peur de la crise. Celui-ci répond par la négative. Certes, il y a du chômage, plus de trois millions de chômeurs déjà. Certes, la production est ralentie. Mais on leur rebat les oreilles de ce que l'on appelle, là-bas, la « désinflation ». Les dirigeants américains semblent d'ailleurs convaincus que les productions d'armement projetées et l'exécution de grands travaux permettront d'éviter que le chômage ne gagne du terrain.

Puis, il souligne le nombre considérable de généraux installés à Washington et campant au centre des affaires politiques, sur lesquelles ils exercent une influence de plus en plus prépondérante. Ils sont presque tous partisans d'abandonner temporairement l'Europe à son sort ; temporairement, c'est-à-dire jusqu'en 1952, date à laquelle ils croient la guerre générale probable, que les Russes aient ou non commencé à déferler vers l'Ouest européen. D'ici cette date, où ils disposeront d'engins dernier cri, type radio-fusées, ils préconisent la concentration aux États-Unis de la plus grosse partie des armements disponibles. La thèse prévaut qu'armer l'Europe conduirait à disperser ces armements, ce qui, en cas d'invasion de l'Europe, équivaudrait à procurer des armes aux Russes.

Le Général observe :

« Vous pensez bien que, cet état d'esprit, Staline l'a décelé depuis longtemps. »

Et de manifester sa conviction qu'après deux ou trois avertissements aux Norvégiens, les Russes finiront par prendre des bases en Scandinavie.

« Cela signifierait la guerre, mon Général ! lance Billotte.

– Mais non, mais non ! Car les Russes diront aux Norvégiens : " Vous avez consenti des terrains d'aviation aux Américains, vous avez signé le Pacte atlantique, vous recevez des armes. Tout ceci est dirigé contre nous. Voilà pourquoi nous entendons nous garantir, en occupant, par exemple, la base d'aviation de Narwik. D'ailleurs, les Américains occupent chez vous, telle, telle et telle base. Si nous occupons, à notre tour, la base de Narwik, c'est pour prévenir une agression éventuelle. Simple précaution, gage indispensable à notre sécurité ! " Non, vous verrez ce que je vous dis : ils finiront par *s'installer*. »

Billotte ne proteste plus.

Alors, gentiment, le Général jette dans le silence :

« Quant à cette histoire d'" Union européenne [3] ", elle tourne au fiasco. Que Bruxelles, ville d'un million d'habitants, n'ait pas trouvé moyen de réunir plus de sept mille personnes *(sic)* autour de Churchill, c'est véritablement incroyable. La raison en est que l'opinion est indifférente à l'affaire de l'Union européenne, dans la mesure exacte où elle est devenue *une affaire politicienne.* »

Il se tourne vers moi, pendant une seconde, pour insérer : « D'ailleurs, cela, je l'avais prévu dès le début : je l'avais prédit à Duncan Sandys, lorsque Churchill me l'avait envoyé à Colombey. »

Puis il reprend :

« C'est une histoire de politiciens ! D'ailleurs, il y avait là Jouhaux, Guy Mollet, est-ce que je sais, moi ? Incroyable spectacle, en vérité ! L'Union européenne ?

» Un truc pour tous les laissés-pour-compte de la politique. Un truc pour siéger dans un parlement, pour se faire payer des billets d'avion et recevoir des invitations à des banquets. Un truc, aussi, pour toucher des indemnités. »

Billotte affirme que Churchill « est en train de devenir complètement gâteux ». Et de citer le témoignage d'un de nos amis, retour de Bruxelles. Le Général proteste moqueusement :

« Gâteux ? A lire ses *Mémoires*, il n'y paraît guère !

– Il n'est plus capable, me dit-on, que de prononcer des discours. Dès qu'il quitte l'estrade, il s'éteint...

– Oh ! Oh ! c'est bien difficile à croire. Je veux bien que, rendu à la vie privée, il cherche – dans une espèce de torpeur – quelque repos. Mais, de là à... D'ailleurs encore une fois, ses *Mémoires...* »

Billotte lui demande ce qu'il pense de ceux-ci : « Je les trouve intéressants, répond-il aussitôt. Je les trouve surtout *objectifs*. Je ne prétends pas qu'il dise toute la vérité, ou qu'il ne se donne pas, parfois, le meilleur rôle... mais, dans l'ensemble, il fait œuvre d'historien. »

Nous nous sommes levés de table. Je dis :

« Plus que sur Pétain, peut-être, le témoignage de Churchill à l'égard de Weygand m'a paru accablant. A lire Churchill, il semble même que Weygand ait contribué, pour une large part, à convaincre Pétain de la nécessité d'arrêter le combat, puis à l'affermir dans son rôle...

– Vous exagérez ! répond le Général. La vérité, c'est que Pétain, de son côté, avait intérêt à ce que Weygand se mît en flèche et prît l'initiative d'accomplir sa besogne sans qu'il eût, lui-même, à intervenir dès le début. (Puis, l'index insistant tourné vers moi :) La vérité, c'est que Reynaud, de son côté, se satisfaisait de voir Weygand convaincre ses ministres. Ah ! Quelle aubaine !... Un grand général français, qui fait autorité, vient supplier le gouvernement d'arrêter le combat ! Et par sa bouche, c'est la voix de Foch qu'on croit entendre : une voix qui prend la responsabilité de présenter la capitulation comme inévitable, alors que le gouvernement de Paul Reynaud n'osait assumer cette responsabilité devant l'Histoire. »

Billotte rappelle que Pétain connut prématurément, par Lequerica, les conditions de l'Armistice. Le Général opine ; il offre posément un cigare à Billotte, qui refuse. Puis, il nous invite à nous asseoir. Après un court instant, son regard revient à nous et il esquisse un geste annonciateur de quelque idée qui lui tient particulièrement à cœur :

« Reynaud a beaucoup écrit sur l'Armistice. Mais ce qu'il n'a pas écrit, moi, je vais vous le dire... Car, l'Armistice, voyez-vous, c'est une question que je connais assez bien. » (Il a dit cela sans aucune note d'humour perceptible.) Après avoir sucré abondamment son café, il dit enfin :

« La réalité... *la réalité de Reynaud*, la voici : il était persuadé que Pétain échouerait et finirait par passer la main. Il se disait : " La manche suivante sera pour moi. " Erreur de jugement d'un vieux parlementaire : Reynaud était de ceux qui croyaient – pour avoir trop fréquenté les couloirs et l'hémicycle – que les affaires les plus graves peuvent se décider par un accord, une entente tacite, ou toute autre " combinaison " entre six ou sept hommes. S'il a commis une aussi grande erreur de jugement, c'est *pour n'avoir compté sur les hommes et sur les choses qu'en tant qu'il les considérait sous l'aspect de facteurs statiques.* Il n'y avait *aucun mouvement* dans les perspectives qu'il se découvrait à lui-même. Tout lui apparaissait en termes de statu quo. »

Et il conclut, avec un immense geste balayeur du bras :

« Et, bien entendu, les événements sont venus démentir, en quelques heures, ces fragiles déductions. »

Je note que *Le Figaro* interrompt demain la publication des *Mémoires* de Churchill, pour nous faire lire une « Réponse » de Paul Reynaud, réponse étayée, affirme ce quotidien, sur des documents inédits.

Le Général hausse les épaules, sans méchanceté d'ailleurs : « Reynaud ferait beaucoup mieux de se taire. »

Silence. La conversation languit, le Général s'assombrit. Après une bonne minute de silence, une succession de phrases désabusées sur l'opinion, qui ne réagit pas plus qu'un « édredon », sur les dirigeants du régime, qui se cramponnent « comme des animaux à la mangeoire », sur « l'incroyable vachardise, de ce peuple qui jadis fit trembler la terre ». Le tout se terminant par cette exclamation mi-amère, mi-humoristique :

« Ah ! voyez-vous, Billotte, ce n'est pas le moment de refaire le siècle de Louis XIV !... »

Je propose à Mme de Gaulle de lui verser un verre de liqueur. Elle refuse. Billotte me refuse ensuite de la mirabelle ; le Général, comme s'il y attachait de l'importance, s'obstine à vouloir m'en faire prendre. Mon propre refus l'impatiente, imperceptiblement. Pour en sortir, il me dit : « Alors, versez-m'en une goutte, ce qui vous obligera à en boire pour me tenir compagnie ! Voilà, c'est pour le principe. »

Il s'est enfermé dans un silence méditatif, dont il sort par un rire : « Ah ! en publie-t-on des Mémoires ! Quant à moi, crie-t-il, d'une voix goguenarde, j'attends que le flot ait passé. Alors, lorsqu'ils auront tous fini de raconter leurs histoires, leur histoire avec un petit " h ", ou l'Histoire avec un grand " H ", alors – mais alors seulement – moi, je publierai mes Mémoires. »

Et de rire à nouveau. Billotte observe :

« Il est vrai, mon Général, que vous avez bien le temps. Vous avez sur la plupart, l'avantage de l'âge... »

Le Général proteste, d'une voix moqueuse et légèrement bourrue : « Je ne suis plus tellement jeune. »

Billotte proteste à son tour : « Oh, mon Général ! Churchill...

– Churchill ? Ah ! mais j'espère bien. Je suis tout de même légèrement plus jeune que lui. »

Une espèce de tristesse s'empare, de plus en plus, de son monologue. Il va jusqu'à dire :

« Cette fois-ci, nous ne nous en tirerons plus. La vague russe, cette résultante de la fatalité historique, finira par déferler. Remarquez bien que si les bolcheviks n'étaient pas apparus – et je ne crois pas, d'ailleurs, qu'ils aient contribué à accélérer le processus – le peuple russe, fort de sa natalité, de ses nerfs d'acier, de ses richesses, de sa situation géographique, était voué à l'expansion et à la domination. Il y a fort longtemps que des observateurs perspicaces avaient deviné que ce serait bientôt le tour du peuple russe. Oui, la vague déferlera. Il se peut qu'avant de déferler sur nous, la vague inonde d'abord la plus grande partie de l'Extrême-Orient. Alors, fort de l'Extrême-Orient et de son gros caoutchouc, et de son gros pétrole, et de ses grosses ressources minières, le peuple russe déferlera sur nous et le peu qui reste encore de nous sera désossé... Et puis, ensuite, lorsque la guerre générale commencera, la bombe tombera. Que restera-t-il de nous ? Rien. Même pas les tombeaux... »

Un silence tragique. Puis :

« Voyez-vous, j'ai toujours pensé et je ne cesse de répéter que les nations sont dominées par de sombres lois, sur lesquelles il ne leur est pas donné d'agir et auxquelles elles obéissent à tâtons, dans les ténèbres. D'une force nationale jaillit un système donné. Puis, ce système épouse bientôt cette force. Staline, comme hier Hitler, comme avant-hier Guillaume II, fut à la fois la cause et l'effet. Est-il bien certain que Hitler et Guillaume II aient *voulu* la guerre ? Staline la veut-il ? Je ne le pense pas. Je ne crois pas que Guillaume II mentait absolument quand il écrivit sur sa cheminée : " Ich habe das nicht gewollt [4]. " »

Paris, mardi 15 mars, déjeuner au La Pérouse
avec le Général et Mme de Gaulle

La mort du général Giraud – dont les obsèques ont commencé ce matin à Dijon pour se terminer après-demain à Paris, par des obsèques nationales, au terme desquelles la dépouille de l'ancien coprésident du Comité français de la Libération nationale sera descendue dans le caveau des Gouverneurs – suscite chez le Général nombre d'évocations.

J'en note rapidement quelques-unes :

« Il avait les qualités du soldat, d'un grand soldat : il savait, le cas échéant, aller de l'avant et risquer. Dans le combat, il montrait une audace qu'il faut reconnaître avec estime. »

Et de rappeler la bataille de Tunisie, après le débarquement en Afrique du Nord :

« Il a manifesté en Tunisie, sans aucun doute, du savoir-faire et il a apporté aux Américains un concours valable, en rassemblant rapidement des effectifs et du matériel. Il est vrai pourtant que, pour ces opérations, on doit beaucoup surtout au général Juin. »

Il parle ensuite du débarquement en Corse. En Corse, reconnaissant que ce fut entièrement « l'affaire de Giraud » et qu'il fit preuve de beaucoup d'esprit de décision, il constate sans passion que l'initiative fut prise sans qu'il fût consulté. Je demande au Général s'il est exact, ainsi que divers témoignages publiés sur cette période l'affirment, que les Allemands, lorsque Giraud débarqua, sur diverses plages en Corse, des éléments réduits et sans le concours de nos alliés, imaginèrent qu'il s'agissait d'éléments précurseurs de moyens considérables.

« C'est possible et sans beaucoup d'importance, car les Allemands avaient décidé d'abandonner l'île, où ils n'avaient plus rien à faire, à partir du moment où ils avaient essuyé des revers en Sicile et en Italie, où Badoglio avait demandé l'armistice et où les armées allemandes refluaient vers le Nord. Ils ne se sont maintenus en Corse que le temps nécessaire – en couvrant Bastia, où quelques combats se déroulèrent – pour évacuer leur matériel, les blessés et leurs derniers traînards. »

Quant aux Italiens, qu'il chiffre à 80 000, « ils refusèrent de se battre et leur évacuation ultérieure nous posa, pendant quelques semaines, un grave problème ».

Puis il revient à Giraud en ces termes :

« Non, voyez-vous... Il aurait beaucoup mieux fait de m'écouter et de se cantonner aux affaires militaires, pour lesquelles il avait incontestablement des qualités. Seulement, n'est-ce pas, il fut, dès son arrivée en Afrique du Nord, la proie d'un certain nombre d'hommes qui cherchèrent à se servir de lui pour défendre divers intérêts économiques, ou mêmes particuliers. Ce fut le cas pour les Murphy et autres Lemaigre-Dubreuil... » Et il ajoute en souriant :

« Et puis, n'est-ce pas, garder Giraud, c'était tellement plus commode ! Avec moi, *ils* savaient bien qu'ils n'auraient aucune chance de parvenir à leurs fins. »

A diverses reprises depuis quelques jours, il m'a rappelé ce que furent ses contacts avec Giraud après que celui-ci fut « débarqué » du C.F.L.N. Il le fait, aujourd'hui, en ces termes :

« C'était un brave homme, mais il aurait dû comprendre beaucoup plus tôt qu'il n'était pas de force. Par la suite, il s'isola mélancoliquement, très amer. Je lui ai offert, d'abord, d'être inspecteur général des Armées. Il aurait dû accepter. Inspecteur général, ce n'était pas mal. Mais il s'obstina : " Non.

Je veux un commandement ! ” Quel commandement vouliez-vous que je lui donne ?... J'avais beau lui répéter : “ Je ne peux tout de même pas vous donner le commandement de la Ire Armée puisque c'est de Lattre qui l'a. ” Ou bien, plus tard : “ Je ne peux tout de même pas vous donner le commandement des troupes de l'Ouest, car vous avez trop d'ancienneté ”, il ne voulut rien entendre. Alors à Paris, je lui ai offert la grande chancellerie de la Légion d'honneur. Nouveau refus... Pourtant, je l'ai su depuis, par un ami à lui qui me l'a répété, qu'il avait regretté ce refus. Alors, dans ces conditions, que vouliez-vous... Il n'y avait plus qu'à laisser tomber. »

Lundi 28 mars 1949

Je résume ici un certain nombre de réflexions que m'ont inspirées les pronostics et les états d'esprit successifs du Général et de ses collaborateurs avant le premier tour de scrutin des élections cantonales, et entre les deux tours.

Dès un mois avant le 20 mars, date du premier tour, le Général m'a fait régulièrement part de sa confiance dans les résultats du scrutin : « Ça marchera très bien », ou bien : « Mon impression est très bonne », ou encore : « Étant donné que les résultats des élections cantonales ne peuvent être décisifs sur le plan des institutions et ne sauraient provoquer des élections générales, j'en augure, néanmoins, d'excellentes conséquences. »

Au cours de la dernière semaine qui précéda le premier tour et alors que je me promenais avec lui aux Tuileries, je lui demandais : « Mais, mon Général, *après*, les élections générales ? » Il me répondit, confiant :

« Il est bien certain qu'elles ne conduiront pas à des élections générales, mais, pour la troisième fois, elles indiqueront que *nous existons*. Je veux dire, que nous sommes une force que les partis ne peuvent entamer et dont ils seront obligés de tenir compte. La preuve sera faite que nous sommes intangibles. On ne pourra plus dire : “ Le Rassemblement n'était qu'une vague d'équinoxe. Il a vécu l'espace d'un printemps, parce qu'il a représenté, aux yeux de l'opinion, pendant quelque temps, l'attrait du neuf. ”

– Ne faut-il pas craindre que la grande consultation électorale que nous n'avons cessé de demander n'ait pas lieu avant 1951, et n'avez-vous pas peur que nos troupes ne se lassent d'attendre et, le jour venu, ne découvrent chez nous ou ne prétendent découvrir en nous qu'un parti de plus, c'est-à-dire exactement ce contre quoi ils ont prétendu voter en nous apportant leurs voix ? »

L'expression d'une telle pensée ne semble pas l'inquiéter le moins du monde. Il se contente de me répondre :

« La preuve est faite que nous existons chaque jour un peu plus par nous-mêmes. Nos cadres ont été lents à se former, mais ils manifestent partout leur vigueur. Notre structure existe. Ces bastions demeureront imprenables aux partis. Il se peut qu'il n'y ait pas d'élections générales avant 1951 : *je puis attendre deux ans* ! Il se peut, d'ailleurs, que d'ici là, des événements surviennent. Évidemment, aussi, il y a le coup d'État... » Et il ajoute, de la voix la plus objective : « Seulement, un coup d'État, c'est ennuyeux, il vaudrait mieux l'éviter... »

Si je voulais résumer l'état d'esprit du Général au cours de cette semaine-là, j'écrirais : superbe optimisme, beau fixe.

Sans doute, dans la semaine qui précéda immédiatement le premier tour de scrutin, cet optimisme eut-il tendance à diminuer. Je ne suis pas certain, à vrai dire, que lorsqu'il repartit à Colombey, le jeudi qui précéda le dimanche 20 mars, un certain doute ne s'imposa pas à son esprit au vu des perspectives que Soustelle et Baumel lui découvrirent cette semaine-là : impossibilité de trouver des candidats dans plus de 200 cantons ; très faibles chances des candidats « parachutés » en dernière heure, tel Lefranc, parvenu en Corrèze trois jours avant le scrutin et ne disposant que de son seul enthousiasme devant le président du Conseil ; difficultés de nous imposer à l'électeur, alors que le gouvernement nous interdisait la radio et que la grosse majorité de la presse nous ignore ; la Seine, qui est notre grand fief, ne participant pas aux élections ; etc. Sa confiance, bien qu'il ne l'exprimât à aucun moment, fut-elle ébranlée à la fin de cette semaine-là ? Je serais tenté de le croire.

Georges Pompidou, dont le jugement pouvait présenter plus d'intérêt pour lui que celui de Soustelle (lequel m'avoua, le 17 mars, que « dans le creux du surmenage, il était difficile de voir clair »), dans la mesure où sa fonction le portait à considérer les événements d'une manière plus synthétique, se montra fort optimiste à l'époque.

Je me souviens d'une conversation que j'eus avec lui au début de la semaine du 13 au 20 mars. Comme je lui faisais part de ma propre impression (« entre 30 et 35 % des voix »), il me lança : « Moi, je crois que nous aurons plus de 40 % des voix. »

Quant à Soustelle, il se garda de toute prédiction. Par rapport au Général, sans faire preuve de pessimisme toutefois, il procurait l'impression d'éprouver quelques inquiétudes.

Dans l'ensemble, on peut dire que la statistique la plus pondérée tournait autour de 38 %.

Après les résultats du premier tour de scrutin (20 mars)

Les résultats de la nuit avaient éprouvé les compagnons du Général. La déception se lisait sur presque tous les visages. Le contraste fut frappant, lorsque le Général arriva à l'hôtel La Pérouse, vers 17 h 30, dans l'après-midi du 21 mars. Malraux, Pompidou, Soustelle et Baumel, après l'avoir vu, dans la soirée du lundi 21 mars, puis dans la matinée du mardi, au cours de laquelle il les réunit tous ensemble, s'interrogèrent tour à tour devant moi : « Se compose-t-il une attitude ? S'agit-il d'un optimisme de commande ? »

Ou bien : « Est-il sincèrement convaincu que les résultats du premier tour constituent un succès ? » Chez la plupart d'entre eux, la conviction apparaissait que le Général « essayait de nous remonter ». Au sortir de la conférence du mardi matin, Baumel me confia : « Je ne trouve pas d'autre explication à cette réunion que son désir de nous regonfler. »

Je ne partage pas entièrement ce point de vue. En effet, au cours du déjeuner du mardi 22, à l'hôtel La Pérouse, le Général paraissait à moitié convaincu. La veille au soir, lorsque je l'accueillis à son arrivée, sans doute m'avait-il dit sans avoir l'air d'y croire beaucoup : « Ça va très bien. » Le regard ne s'accordait pas avec la phrase, cette phrase que je me souviens lui avoir entendu prononcer lors de la formation du ministère Gouin, à Marly. Mais, au cours de ce déjeuner, sa confiance, par contraste, n'était-elle pas née de ses inquiétudes de fin de semaine ? Voici ce qu'il me dit alors :

« Qu'est-ce qu'ils ont tous ? Hier soir, ils faisaient tous une drôle de tête. Je mets ça sur le compte de la fatigue nerveuse, car ils ont tous été très surmenés ces derniers jours *. »

Un silence. Il regarda devant lui, au-delà de la fenêtre, puis me dit : « Dans l'ensemble, voici mon bilan : les communistes ne perdent ni ne gagnent, si l'on tient compte du mode de scrutin, qui leur est particulièrement défavorable. Le chiffre de leurs voix, si l'on néglige le nombre de sièges, atteint sensiblement *leur chiffre dur*. Je ne crois pas que ce chiffre doive varier considérablement dans l'avenir. Quant aux socialistes, ils vont désormais reprendre cœur : dans l'espoir de conquérir des voix à leur gauche, il va falloir qu'ils se " gauchissent ". Je prévois donc qu'ils vont s'éloigner des autres partis gouvernementaux, ce qui présage des crépages de chignon au sein de la majorité gouvernementale. Cela n'ira pas tout seul pour le père Queuille. » Il parle ensuite des radicaux. « Ils s'attendaient à un gonflement. En fait, ils n'ont pratiquement ni perdu, ni gagné. Leurs pertes sont excessivement légères. Néanmoins, par rapport à leurs espérances, c'est une grave déception. Ceux qui misaient sur le " queuillisme " ont perdu. Tout " queuillisme " est mort.

» Quant aux M.R.P., leur effondrement égale les prédictions les plus pessimistes. Nous savions qu'ils avaient perdu leur moteur, nous savons qu'ils sont confirmés désormais dans le rôle de remorque : 8 %. Ils n'ont obtenu que 8 % ! Ceci a de l'intérêt pour nous, dans la mesure où leurs électeurs viendront à nous, dans certains cas, plutôt que de voter radical ou socialiste. Cela a de l'intérêt pour le second tour, mais ça en a également pour la suite. »

* Pompidou m'a confié qu'au cours du comité de coordination du lundi soir, auquel il ne passa qu'un quart d'heure, car le Général l'attendait à l'hôtel La Pérouse, « ils avaient tous l'air très déconfit ». Il alla même jusqu'à me dire : « J'ai peur qu'après les élections, certains membres du comité exécutif ne reprennent leur liberté sous un prétexte ou sous un autre. » Quant à Malraux, lorsqu'il sortit de l'hôtel La Pérouse le même soir, il me dit : « Je ne suis pas certain qu'il puisse durer deux ans avec son équipe actuelle. N'oublions pas qu'il y a surtout des bénévoles parmi nous. Il se peut que, pour des raisons purement matérielles d'ailleurs, certains d'entre eux nous quittent. » Je dois à la vérité de dire que la confiance de Malraux me sembla constamment inébranlable.

Du glissement vers la droite et du succès des modérés, il dit ceci :

« Paul Reynaud est mis en appétit. D'ici peu, vous allez voir qu'il nous fera des avances, ainsi qu'aux M.R.P. Le " gauchissement " des S.F.I.O. et les espérances de la " droite d'argent ", en opposition à la droite traditionnelle, qui, elle, nous est demeurée fidèle, va rendre la position de la majorité de plus en plus intenable. Cette opposition éclatera bientôt à tous les yeux. »

Je lui demande ce qu'il pense du sort du gouvernement Queuille. Il prévoit qu'il se retirera, tôt ou tard, pour raisons de santé et ajoute : « Si Vincent Auriol est réellement malade, il précipitera la chose, afin de se refaire une virginité avant de poser sa candidature à la présidence de la République. »

Cette idée le fait sourire et il me lance : « D'ailleurs, le père Queuille fera ce qu'il voudra, cela le regarde. » Et ce souvenir lui revient à l'esprit : « En 1940, Churchill dit un jour devant moi, alors qu'il s'interrogeait sur les plans de Hitler : " Tout le monde me demande ce qu'il va faire. " Alors, je réponds : " Demandez-le-lui ! Après tout, c'est sa responsabilité, à lui. Heureusement pour moi, d'ailleurs. " »

Le mercredi soir, je le conduisis chez son dentiste. Dans la voiture qui remontait le boulevard Malesherbes, il tourna vers moi un regard espiègle : « Qu'est-ce qu'ils avaient tous lundi ? Est-ce que, par hasard, ils croyaient au Père Noël ? Non, croyez-moi, c'est fort bien ainsi. » Et d'attribuer à nouveau, ce « coup de pompe » au surmenage des journées qui précédèrent le premier tour de scrutin.

Deuxième tour (27 mars)

Nous avions 250 ballottages favorables environ. Malgré les manœuvres de l'adversaire, le Général prévoyait que nous aurions 250 sièges, Pompidou prévoyait 230 résultats favorables et Baumel, avec lequel j'ai déjeuné le 26, me trouva pessimiste lorsque je lui dis que je prévoyais de 200 à 220 victoires. D'après les statistiques du R.P.F., nous avons obtenu hier 255 sièges au deuxième tour, ce qui nous fait un total de 536 conseillers généraux, sur 1 506, pour les deux tours. Le ministère de l'Intérieur, dont les manipulations furent incroyables, nous attribuait généreusement 399 sièges et 25 % des voix...

J'oublie de noter que ce même soir, dans cette même voiture, il m'avait lancé, en riant, après une profonde méditation :

« Décidément, ce siècle est mal choisi pour rétablir le siècle de Louis XIV. »

Cette boutade, que de fois l'a-t-il répétée devant moi depuis le début de l'année !

Paris, jeudi 12 mai 1949

Le général de Gaulle reçoit à 10 heures, à l'hôtel La Pérouse, M. Luce, propriétaire de *Life*, *Time* et *Fortune* [5].

Après les cordialités préliminaires, M. Luce disant au Général le plaisir qu'il éprouve à le revoir (je crois que leur première rencontre fut à Washington en 43 ou 44), le Général, qui lui précise qu'il s'agit d'un entretien privé, se soumet à ses questions. M. Luce indique qu'il vient de parcourir plusieurs pays d'Europe et qu'il s'est notamment rendu en Allemagne, qui pose, à l'Europe occidentale et aux États-Unis, un grave problème. Le Général l'interrompt presque aussitôt pour lui dire combien il regrette que les États-Unis ne proposent pas, pour le règlement des problèmes internationaux, *une* politique. Il amorce sa phrase suivante ainsi : « Par exemple, à Yalta... » M. Luce l'a déjà interrompu par l'exclamation suivante : « La politique de Yalta ? Mais c'est une politique révolue ! » Le Général, qui poursuit sa pensée, continue calmement, en indiquant à M. Luce que depuis Yalta l'Amérique s'est tour à tour associée à *des* politiques. Le thème central de cette conversation gravitera autour du problème du redressement de l'Europe par rapport à l'Allemagne. Le Général déplore vivement que le State Department ait fait le jeu de la Russie, en permettant la reconstitution d'un Reich allemand. M. Luce semble légèrement étonné... Il dit :

« Il n'est pas question pour nous de refaire une Allemagne de domination.

– Et pourtant, dit le Général avec un sourire amer, c'est ce que vous êtes en train de faire.

– Comment cela ?

– Eh bien, je dis qu'en puissance les conditions se trouvent réunies. Inévitablement vous aurez reconstitué, en faisant cette politique, un Reich allemand. Celui-ci existe déjà dans la tête des Allemands. Les Allemands ont compris qu'un Reich était à nouveau possible. Donc, ce Reich se fera. »

Luce remue sur sa chaise et l'on sent que de multiples questions montent vers ses lèvres, mais le Général poursuit encore :

« Voyez-vous : dites-vous bien qu'il n'y a qu'une sorte d'Allemand et que ce même Allemand manifeste tour à tour et selon les circonstances deux formes de psychologies absolument séparées. Tantôt, l'Allemand raisonne individuellement. Par un labeur acharné, il construit, il produit, il débouche sur les marchés extérieurs, il participe à l'économie mondiale et aux conférences internationales. Cet Allemand-là sait qu'il n'a aucune chance de dominer et que sa seule chance est de se consacrer aux œuvres de paix en ouvrant ses portes vers l'Occident. Mais que l'Allemand, les circonstances s'y prêtant, vienne à raisonner collectivement, c'est-à-dire qu'il se sente l'instrument d'un seul Reich, alors il souhaite la domination ; par la domination, il entend imposer aux autres nations la grandeur et la puissance du Reich allemand, l'énergie de chaque individu se mettant au service du grand rêve allemand de conquête.

– Alors, vous ne croyez pas, mon Général, à la possibilité d'incorporer la nation allemande en tant que partenaire d'une Europe unie ?

– Non. Qui dit partenaire dit égalité. Il est certain qu'un seul État allemand reconstitué ne se considérera jamais comme l'égal des autres nations d'Europe.

– Mais alors, que faut-il faire ?

– Vous devriez dire : " Qu'aurait-il fallu faire ? " car c'est malheureusement trop tard. En puissance, je le répète, le Reich allemand est déjà fait. Ce qu'il aurait fallu faire ? Il aurait fallu convier chacun des États allemands à participer, au même rang que les autres nations d'Europe, à une Europe unifiée. »

Et d'énumérer chacun de ces États avec le bénéfice qu'il pourrait retirer, pour sa population propre, d'une telle participation à la reconstruction et à la prospérité de l'Europe tout entière.

Puis il observe que l'adoption de cette solution était seule capable de mettre fin au drame franco-allemand qui ne cessa de déchirer et de diviser l'Europe. A ce propos, il note qu'aux politiques successives du gouvernement américain depuis la guerre se surajoute la politique du gouvernement britannique qui persiste à vouloir conserver le rôle d'arbitre en participant au redressement allemand, de manière à pouvoir jouer à nouveau demain de l'antagonisme franco-allemand. Il s'attache à souligner à quel point la politique de Bevin est nocive. Il rappelle à ce propos à Luce que dans le discours qu'il prononça tout récemment à Berlin, M. Bevin déclara qu'il était là pour aider la réconciliation de la France et de l'Allemagne : « Mais enfin, de quoi M. Bevin se mêle-t-il ? »

M. Luce lui demande alors ce qu'il pense des conséquences qu'auront pour l'Europe et pour le monde la réapparition d'un Reich allemand.

Le général de Gaulle affirme avec vigueur que la renaissance d'une Allemagne compromet à l'avance l'espoir d'une Europe unie, puisque chacune des nations qui aurait pu la composer va bientôt se sentir en position d'infériorité par rapport à la nation de Bismarck, de Guillaume II et de Hitler. D'un grand geste du bras, il jette alors la phrase suivante : « Ne vous faites pas d'illusion : cette fois-ci, l'Europe n'acceptera plus de se battre. Les nations d'Europe n'auront plus le choix, elles seront obligées de faire la politique de Vichy. »

M. Luce, qui paraît prodigieusement intéressé, mais dont l'étonnement tournerait volontiers à l'indignation s'il s'adressait à tout autre interlocuteur, dit : « La politique de Vichy ? Mais, mon Général, la politique de Vichy, peut-être pendant une guerre, mais, en temps de paix ?

– Vous appelez cela la paix ? D'ailleurs, vous savez, l'avenir, c'est la guerre. Et même si quelques années de paix, de fausse paix, précèdent la guerre, dès qu'un Reich allemand sera reconstitué au centre de l'Europe, les nations qui la composent s'agenouilleront et se coucheront. Il n'est pas un homme d'Etat en Europe qui pourra empêcher cela.

– Mais alors, demande M. Luce, que faut-il faire ? »

Le Général croise les jambes et répond flegmatiquement : « Il n'y a plus grand-chose qu'on puisse faire », mais enchaîne aussitôt sur l'observation suivante :

« Quant à l'Allemagne, elle, elle disposera d'un choix : ou bien se tourner vers la Russie, ou bien se tourner vers l'Europe occidentale. Il est probable, d'ailleurs, qu'elle ne se fera pas faute d'essayer successivement de l'un et de l'autre partenaire, ainsi que nous avons eu un exemple relativement récent. »

M. Luce me demande de traduire à peu près ceci : « Je ne peux pas m'empêcher d'être choqué par l'affirmation qu'il n'y a peut-être plus rien que nous puissions faire. L'enchaînement de l'histoire n'est pas fatal... Il n'est certainement pas trop tard... Je voudrais, mon Général, que vous me décriviez ce qui peut encore être fait pour écarter une aussi redoutable échéance. » Le Général lui répond que, dans deux ordres d'idées, les États-Unis pourraient apporter, doivent apporter leur concours, sous peine d'abandonner l'Europe à sa perte. Il lui dit à peu près ceci : « Vous aurez demain devant vous la Russie avec l'Asie dans sa poche, vous aurez demain devant vous un Reich rendu à la pensée de dominer l'Europe, puis le monde. Il faudrait commencer par donner confiance à une Europe terriblement affaiblie, souvent ruinée, toujours déchirée et divisée, premièrement en la réarmant, deuxièmement en refusant d'aider la mollesse aux dépens de l'énergie.

» Je m'explique : sans aucun doute l'opinion reprendrait cœur, les nations d'Europe retrouveraient confiance en elles si s'accomplissait rapidement un plan d'aide militaire. »

Luce m'indique qu'il a rencontré hier soir le général de Lattre de Tassigny, qui lui a dit, sur ce point, « des choses extrêmement intéressantes ». Le général de Lattre pense que la France se redresserait beaucoup plus rapidement dans un sentiment de sécurité et que ce sentiment de sécurité peut naître demain de la certitude qu'elle sera défendue. Le général de Gaulle opine du menton et Luce suggère qu'il sera peut-être possible demain d'introduire une nouvelle politique en Europe à l'abri d'un bouclier militaire. Le Général répond évasivement que « ce n'est peut-être pas impossible ». Et il enchaîne de la manière suivante : « Oui, mais il importe que vous compreniez bien tout d'abord ceci : aucune politique ne sera possible en Europe tant que le plan Marshall servira à soutenir des petits politiciens et des incapables. En France, par exemple, vous soutenez la faiblesse, vous soutenez l'incapacité. A quoi devrait servir l'aide Marshall ? A soutenir la France pendant une période de convalescence, à la soutenir dans son effort de reconstruction et à lui permettre, en s'équipant, de produire demain ce qui est indispensable à son redressement. Mais non pas de permettre à un gouvernement d'incapables de combler son déficit budgétaire et d'acheter du blé à l'extérieur alors que nous en sommes nous-mêmes producteurs. »

Luce, qui ne le dit pas, a l'air de penser que le général de Gaulle se montre trop sévère à l'endroit du gouvernement Queuille. Il dit cependant : « Nous ne pouvons tout de même pas refuser l'aide Marshall à la France, mon Général.

– Non, pas à la France, mais à ceux qui la conduisent à sa perte et que vous aidez à se maintenir.

– Mais le gouvernement américain ne peut tout de même pas, mon Général, déclarer tout à coup que le gouvernement français, qui est un gouvernement démocratique, n'a plus droit à l'aide Marshall ? »

Le Général poursuit placidement et obstinément :

« Vous vous trompez, monsieur Luce, le gouvernement français n'est pas un gouvernement démocratique. Car le gouvernement français ne représente pas la majorité de l'opinion et se refuse à recourir à des élections démocratiques.

– Comment pensez-vous que le gouvernement américain devrait procéder ?

– Premièrement, il devrait déclarer que l'aide Marshall est destinée à servir exclusivement au relèvement matériel de la France. Il constate que les prestations servent en partie à combler le déficit budgétaire d'un gouvernement qui n'a plus la confiance de la nation. Deuxièmement, le gouvernement américain déciderait de surseoir à de nouvelles prestations tant que le peuple français sera privé de la possibilité de s'exprimer démocratiquement. Troisièmement, si le gouvernement américain constate qu'à la suite des élections générales le gouvernement issu de ces élections fait preuve d'énergie, alors l'aide Marshall devrait être reprise. »

M. Luce n'a pas l'air convaincu, si bien que le Général, avec une conviction passionnée, ajoute :

« Tant que vous ne ferez pas cela, vous maintiendrez contre la volonté du peuple français de bas petits politiciens, vous vous ferez les soutiens de la petitesse et de la bassesse, tout en ayant permis ou même favorisé à nos frontières la renaissance d'un Reich allemand. »

M. Luce ne peut s'empêcher de dire : « Vous ne semblez pas montrer beaucoup de sympathie, mon Général, pour l'opinion américaine, cette opinion qui a permis la réalisation d'un grand rêve fraternel. »

A ma stupéfaction le Général ne répond pas. Un peu plus tard, cependant, comme M. Luce reprendra un propos semblable, le général de Gaulle dira avec chaleur :

« C'est précisément parce qu'en tant que Français j'ai été profondément touché par le geste si généreux du Parlement et du gouvernement américains que je déplore qu'il soit en contradiction avec la manière dont on utilise l'aide Marshall. Cette chance historique, cette chance unique, on est en train de la compromettre. Ce n'est pas cela que voulait le peuple américain. »

M. Luce rappelle au Général qu'il fut, avec M. Bullitt, l'un des pionniers de la politique de raidissement, de cette politique dont le sénateur Vandenberg [6] se fit le champion politique qui, en raison de l'échec électoral des républicains, ne put jamais s'exprimer complètement dans les faits.

Mercredi 7 [?] septembre 1949

Le Général avait demandé, au mois de juillet, que les vacances se prennent de préférence au cours du mois d'août. Soustelle est parti pour l'Italie terminer le deuxième tome de son bouquin. Malraux a presque achevé le troisième tome de *La Psychologie de l'Art*. Baumel a passé une dizaine de jours à Florence. Palewski a sillonné la Côte d'Azur, etc. En fait, faisant le point avec Christian Fouchet, à Beg-Meil, au milieu du mois d'août, nous concluions qu'il n'existait pas un mode de repos ou un lieu en ce monde qui pût nous apporter l'apaisement, en un moment où la survie du Rassemblement est en cause : les « Journées du Rassemblement » – dont la vulgarité me demeure inoubliable et qui ne furent organisées que dans la mesure où le Général, s'accrochant à une proposition de Rémy, l'exigea – ont marqué l'étape décisive vers cette découverte : l'indifférence des Français à leur destin n'a jamais été plus grande, le sens national plus assoupi.

Mais la courbe politique descendante s'accompagne, pour le Rassemblement, de deux courbes exactement parallèles : décroissance de la popularité du Général et effondrement – en un point voisin de zéro – de la courbe financière. Si bien que, même pour ceux auxquels l'ignorance de ces faits, ou les vacances, permirent un sursis d'illusions, les décisions prises depuis le 1er septembre devaient les tirer de leur léthargie. J'ai su par Christian Fouchet, Palewski et Baumel, ce qui fut dit et décidé au cours du conseil de direction du 7 septembre et du comité administratif du lendemain. La situation, même si elle n'a pas été explicitée aussi clairement devant tous les membres du conseil de direction, peut se résumer de la manière suivante : 55 millions de dettes environ. Un budget qui, il y a moins de six mois, plafonnait aux environs de 15 millions par mois, devra s'équilibrer dorénavant autour de 6 millions, y compris un million mensuel pour le « service de la dette »... Encore Bozel se récria-t-il en conseil de direction, ainsi qu'il vint me le confier quelques minutes plus tard. Il protesta, au cours de cette séance, de l'impossibilité de collecter cette somme, argument que le Général contrebattit à coups de poing répétés sur la table, qu'atténua à peine un « mon cher Bozel », survenu de justesse. Il se montra outré, peu après, auprès de moi : premièrement que le Général ait publiquement suspecté son optimisme, deuxièmement qu'il ait affirmé, « contre toute évidence », que nous détenions encore la possibilité de réunir 5 ou 6 millions par mois et de bâtir notre nouveau budget en conséquence *...

Quoi qu'il en soit, les perspectives de recettes demeurent extrêmement faibles par rapport même au plus récent passé, si bien que d'importantes

* En ce qui concerne le premier point, il serait injurieux de ne pas rendre hommage à l'optimisme de notre ami Bozel, qui fut le seul, par exemple, à ne pas désespérer entre le premier et le deuxième tour des élections cantonales, le Général mis à part. Quant au deuxième point, quatre millions furent réunis dans les quarante-huit heures, grâce au « groupe Hildebrand », à la suite d'une réunion qui se tint rue de Solférino à 21 heures, le vendredi 9 septembre, en présence de Palewski, Diomède Catroux, et Jonas, ainsi qu'après une intervention personnelle de Diomède Catroux auprès d'Eugène Motte.

réductions de dépenses ont été prévues. Christian Fouchet n'avait pas attendu, d'ailleurs, ce conseil de direction, pour réduire le personnel de la région parisienne à sa plus simple expression : Bokanowski, Lefranc, un ou deux bénévoles, un service simplifié de standardistes, dactylos et plantons (au total : sept), voilà maintenant tout ce que comportera la rue Taitbout. Quant à l'Action professionnelle et sociale [7], Louis Vallon se trouve également réduit à la portion congrue, le Général ayant déclaré, en conseil de direction, que l'A.P.S. était supprimée, pour annoncer quelques minutes plus tard à Louis Vallon, dans son bureau, qu'il pourrait cependant disposer d'un budget restreint, qui permet le maintien d'Yvon Morandat et de Marette, en particulier.

Mais la coupe la plus sombre s'est effectuée dans le secrétariat national à la propagande [8], qui avait quitté le boulevard des Capucines avant l'été, pour venir s'installer – après réduction de la plus grande partie de son personnel – sous les toits de la rue de Solférino : aujourd'hui, c'est Noël Loubet, Bernard Anthonioz et Brigitte Friang qui sautent. Diomède Catroux m'a apporté, jeudi 8 septembre, une lettre laconique pour le Général, où il lui exprimait qu'en raison des compressions financières, il ne lui était plus possible d'accepter d'émarger au budget du Rassemblement. (J'ai refusé de remettre cette lettre au Général, pour éviter toute hâte.)

En résumé, si les principaux organismes demeurent – en changeant d'ailleurs de titres et en devenant de « simples services » –, en dehors des chargés de mission, qui sont maintenus, nos moyens d'action survivront-ils à une pareille amputation ? Malraux, qui demeure à la disposition du Général, mais qui pratiquement passe le plus clair de son temps à Boulogne, disait samedi dernier à Diomède Catroux : « Soustelle et Baumel (et il les désignait comme les responsables de cette situation catastrophique) doivent jubiler : car enfin, le Rassemblement prend la forme qu'ils avaient toujours souhaitée : une espèce d'U.D.S.R.P.F. [9]... »

Les chargés de mission sont repartis pour la province un peu atterrés. Déjà ils se battaient avec l'indifférence de l'opinion et la désillusion des cadres locaux : voici maintenant qu'ils s'épient comme les passagers d'un « Radeau de la Méduse » où – la provision d'eau diminuant – chacun voit venir le moment où il sera sacrifié.

Quant au Général, il serait exagéré de dire qu'il n'a pas ressenti quelque impatience au cours de cette semaine, bien que le sang-froid dont il a fait preuve me semble démontrer que sa décision était arrêtée depuis plusieurs semaines déjà.

Ce soir, il m'a dit, impavide :

« Ils m'ennuient avec leurs histoires (allusion aux audiences assez nombreuses, qui donnèrent à chacun l'occasion de dévoiler ses appréhensions). Sans doute croient-ils m'apprendre quelque chose. Mais, tout cela, je le sais bien, allez ! Il ne m'est tout de même pas possible de faire autre chose que d'agir sur la matière qui s'offre, avec les moyens dont je dispose. Je ne suis pas le Père Noël... »

Et comme je me tais, il mâchonne, comme se parlant à lui-même :

« Et puis, on n'efface pas en dix minutes cent cinquante années d'histoire. »

Et d'évoquer tous les échecs de la nation française depuis la convocation des États généraux. Ayant terminé cette rétrospective, il me crie à brûle-pourpoint : « Que voulez-vous ! Les Français apprennent depuis cent cinquante ans une leçon et ce n'est tout de même pas ma faute s'ils sont encore incapables de la réciter ! »

Un silence bizarre, puis il me livre avec un froid calcul : « Ils sont prêts pour la servitude et – n'en doutez pas – ils finiront par l'avoir. »

Il ricane et ajoute :

« Oui... seulement, au préalable, on les fera voter encore une fois... »

Nous traversons rapidement, en voiture, la place de la Concorde ensoleillée. Il sort à nouveau de son silence, avec un certain entrain : « Il reste, observe-t-il, que les Français, depuis 1936, ont perdu le goût des partis, pour ne pas dire plus. Voilà qui est acquis et qui ne sera plus jamais remis en question. Il reste que chacun sent – à commencer par les parlementaires – que les affaires ne se traitent et ne se traiteront plus au Parlement, mais dans les syndicats, ou au Vélodrome d'Hiver, ou dans les centrales patronales, ou dans le bureau de M. Lazareff... C'est un fait : le peuple a l'impression qu'en 1936 les fruits de sa victoire contre le Parlement lui furent dérobés. Ce jour-là, le gouvernement et le Parlement ont capitulé devant le peuple. Ce souvenir est ineffaçable. Cette capitulation demeurera inscrite dans notre histoire. »

La suite de sa conversation me parvient par morceaux. Les phrases sont isolées par les minutes et parfois décousues. Tout d'abord, j'entends : « Il faut maintenir les choses sur leur véritable plan, jusqu'à l'échec des partis. Les temps sont durs, mais nous avons le temps. Je vous le demande un peu : “ Qu'est-ce que deux ans ? ” », et d'ajouter : « Quelle fut, par exemple, la différence entre 1932 et 1934 ? Pour ma part, je n'en aperçois aucune sur le plan intérieur. Mourir en douceur, voilà le système de M. Queuille. Cela peut durer longtemps, mais cela se termine par des élections générales, c'est-à-dire par la mort du régime des partis. » Et de rire de la description que je lui fais d'une caricature publiée par *Aux écoutes* [10] et intitulée : « Un an de ministère (Queuille) : M. Queuille se trouve sur un perron avec ses collègues alignés devant les photographes comme pour un jeu de massacre et il déclare : “ Le jour de la présentation, on m'avait dit : ‘ Ne bougez plus. ’ Eh bien ! nous n'avons pas bougé... ” »

Le rire du Général s'assombrit, brisé par l'observation suivante :

« Oui, mais chaque journée d'août 1939, quand Hitler agit, compte pour un siècle. »

Un nouveau silence, suivi d'un dialogue intérieur qui lui effleure à peine les lèvres :

« Et puis, c'est tout ou rien ! Oui : *tout ou rien.* »

Et encore :

« Il faut savoir se moquer des places. »

Il se tourne alors vers moi, précise : « Lorsque je parle de " places ", j'entends, bien entendu, les places qu'accordent les ministres et leurs partis. »

Alors, très appuyé : « Et puis encore, il faut savoir souffrir !... » et de me citer, d'une manière fort imprécise, une réflexion de Talleyrand à la fin de sa vie : comme un de ses intimes s'étonnait qu'il eût autant trahi, il aurait murmuré, méditatif : « Oui... sans doute... *peut-être eût-il mieux valu souffrir.* » Cette boutade atroce suscite chez le Général un court rire de joie méprisante.

Alors que nous arrivons à l'hôtel La Pérouse, je l'entends dire, avec une confiance absolue :

« Et puis, voyez-vous, en tout, il faut savoir demeurer national. Il n'y a plus que ce qui est national qui accroche encore. Voilà le grand ressort. Voilà, qu'on le veuille ou non, l'avenir. Voyez plutôt les démocrates-chrétiens : il a suffi qu'ils serrent une seule fois la main de M. Pierre Cot pour perdre et ils ne conservent encore un semblant d'existence dans ce pays que dans la mesure où ils se donnent l'apparence d'être nationaux... »

Il donne l'impression d'un homme qui a la conscience parfaitement tranquille.

J'observe alors que ses compagnons – notamment les chargés de mission – ont, dans l'ensemble, traversé cette crise, sans manifester la moindre inquiétude pour leur personne. Il me jette un regard rapide, interrogateur, et qui a l'air de dire : « Quelle drôle d'idée de quitter la géométrie pour la psychologie. » Et de me répliquer, d'une voix parfaitement insensible : « C'est assez naturel. D'ailleurs, ils n'ont pas le choix... »

AINSI S'ACHÈVE
LE JOURNAL DE CLAUDE GUY

À PROPOS DES MÉMOIRES DE GUERRE

Écrit à Paris, le 1953

Je rentre de Colombey,

Le Général ayant exprimé le désir, il y a une dizaine de jours, de me lire certains passages de ses Mémoires, je me suis rendu à Colombey samedi après-midi, en compagnie de ma femme et de Mme de Boissieu.

Séjour de quarante-huit heures, qui ne lui a permis de me lire que les chapitres II (Alger), III, IV et V du premier volume.

Dès l'arrivée, il m'a emmené faire un tour de jardin. Très détendu. Marques d'hospitalité qui ne pouvaient être qu'émouvantes pour moi, d'autant que je me retrouvais pour la première fois depuis des mois dans un cadre familier. D'emblée, il me parle de ses Mémoires. Je résume :

« Travail énorme, malgré le nombre relativement faible de pages déjà rédigées. Tout d'abord, nécessité de mettre en ordre une masse imposante de télégrammes, de les trier, de les classer, de retenir après lecture les pièces essentielles, de les faire dactylographier. Vous savez que Thibault s'est consacré à ce travail d'une manière plus ou moins continue depuis des années. Sans doute a-t-il fait ce travail sur mes directives, mais il y a apporté de l'intelligence, de la méthode ; il a vécu la première période de la France Libre. Sa tournure d'esprit, son souci de la vérité historique se sont admirablement prêtés à ce premier travail d'épluchage. Ensuite, il a fallu que je lise et relise les documents ainsi détachés du fatras. Mais, surtout, il a fallu *m'y mettre.* Car, si j'ai l'immodestie de m'imaginer que je suis un écrivain, j'ai toujours éprouvé beaucoup de difficulté à écrire. C'était long... Ça venait ou ça ne venait pas... Et, avec moi, c'est toujours difficile. »

Quant au plan, il m'explique que ses Mémoires se présenteront, « si Dieu me prête vie », en trois parties, qui, très sommairement résumées, s'articuleront ainsi :

1er tome : De la déclaration de guerre à Bir Hakeim. Il est entièrement rédigé à l'exception de deux chapitres.

1er chapitre : Avant son entrée au gouvernement Reynaud. Essentiellement : son mémorandum sur l'arme blindée – les difficultés rencontrées – l'état d'esprit qui prévalait chez les politiques et chez les militaires – la faiblesse du régime – l'affaire d'Abbeville – sa rencontre avec Weygand, qui l'avait convoqué après l'affaire d'Abbeville – conversation révélatrice qu'il eut alors avec le récent successeur de Gamelin.

Chapitre 2 : De sa nomination de secrétaire d'État à la Guerre au cabinet Reynaud, jusqu'à son départ de Bordeaux.

Chapitre 3 : L'arrivée à Londres après la constitution du gouvernement Pétain – l'appel du 18 juin – l'arrivée des premiers volontaires – embryon d'organisation – négociations qui aboutirent à l'accord du 7 août.

Chapitre 4 : Le ralliement de l'Afrique-Équatoriale française – l'affaire de Dakar – conséquences internationales de l'affaire de Dakar – l'affaire du Gabon – la mise sur pied de la colonne Leclerc.

Chapitre 5 : Syrie et Liban.

Chapitre 6 : Les premiers jalons d'une organisation diplomatique.

Sur les deuxième et troisième parties, il serait futile de « détailler ».

Jusqu'à un an environ, et pour ce que j'ai pu en savoir, le Général avait toujours écarté l'hypothèse d'une publication de son vivant. Puis, il oscilla entre cette détermination et le désir, de plus en plus confirmé, de consentir à la publication du tome I. C'est ainsi qu'au milieu de 1952, il avait pratiquement souscrit à l'idée de remettre le tome I à un éditeur avant le début de cette année. Les difficultés rencontrées et d'autres projets vinrent souvent déranger ce projet. Il est maintenant absolument décidé à donner le bon à tirer pour le tome I avant la fin de 1953.

Parmi les éditeurs français, après en avoir discuté avec lui, j'ai l'impression que c'est Plon – qui publia les *Mémoires* de Churchill, dans sa collection historique – qui retient le plus son attention. Quoi qu'il en soit, il s'accroche, en apparence, résolument aux deux points suivants :

– D'une part, refuser ses Mémoires à la presse, toute publication en « feuilleton » lui paraissant « choquante ». « J'ai la vanité de penser que ma prose a quelque valeur littéraire. Il est possible que j'appartienne à la vieille école. Il y aurait quelque inconvenance à céder aux offres alléchantes auxquelles je déplore que Churchill ait souscrit. Voyez-vous Vauvenargues ou Saint-Simon se faisant publier en pièces détachées dans un quotidien de Paris ? »

– D'autre part, il semble tenir à ne signer qu'un seul contrat et à le signer avec un éditeur français chargé à la fois de l'édition française et prenant à sa charge les négociations avec les éditeurs étrangers (un traducteur anglais et un traducteur américain).

Le Général avait tout d'abord songé à publier, dans le corps même des trois volumes, les pièces en annexe. Mais cette documentation s'est révélée si abondante qu'il s'est finalement arrêté à faire trois volumes d'annexes à part. Il m'a dit : « Les gens sérieux, en achetant chaque fois le tome et son annexe, pourront ainsi me lire beaucoup plus commodément ; quant aux autres, je n'y puis rien !... »

Avant la lecture de ces pages, son désir bien arrêté de ne pas consentir à une publication dans la presse rejoignait ma propre pensée. Il n'en alla plus du tout de même ensuite et je m'en ouvris à lui en ces termes : « Mon Général, hier vous me parliez de Vauvenargues et de Saint-Simon. Il s'agit, ici, de bien autre chose. Au plus noir du tunnel, ne pensez-vous pas que ce que quelques Français firent hier doit tout d'abord servir à éclairer, demain, leur route et à leur fournir un mode d'action ? Or, ce mode d'action, ils ne s'y détermineront que si ces pages d'espoir sont placées sous tous les yeux, sont mises à la portée de ceux qui en ignorent le plus le contenu. Du côté des soi-disant " élites ", je n'éprouve aucune inquiétude; elles vous liront; elles polémiqueront; elles baveront. C'est le peuple qu'il faut prendre à témoin. Mais, le peuple ignore à peu près tout de ce qui a été dit ou de ce qui a été caché jusqu'ici de votre action au service du pays... »

Il ironise : « Si vous vous imaginez, cher ami, que la lecture de ces pages peut avoir une action déterminante dans les esprits et porter le peuple à l'action, vous vous faites beaucoup d'illusions... Je veux bien que le peuple soit moins veule que les bourgeois. Il n'en reste pas moins qu'il s'est détourné et se détournera encore pendant longtemps de tout ce qui a trait à la France. Aucune " prise de conscience " ne trouvera les Français résolus avant longtemps – je le crains – à se lever et à marcher. »

Il ronge son ongle méditativement et tranche : « Je ne dis pas que ces pages tomberont dans l'indifférence générale, mais j'affirme qu'elles ne changeront rien à rien ! D'ailleurs, vous pouvez compter sur le régime pour répandre partout que le général de Gaulle en a menti ; quant au *Figaro* de ce régime, il publiera maintes lettres de protestation et vous pouvez compter sur les Weygand et autres Jean Monnet pour donner, à cette occasion, de leur voix de fausset. »

Sans doute, le Général fut-il un tantinet ébranlé par mon point de vue, puisqu'il y revint quelques heures plus tard, laissant la question ouverte et ne se refusant pas formellement au principe d'une publication dans la presse. D'autre part, et la chose me paraît significative, Mme de Gaulle m'entreprit sur cette question le lendemain, d'une manière si prononcée que je ne puis qu'en conclure qu'il avait fait état auprès d'elle de notre conversation.

Quant au tome I, auquel il ne manque que deux chapitres, le prodigieux est que, tout en demeurant étonnamment varié et vivant, il ne comporte que 300 pages. Or, au sortir d'une lecture qui dura plusieurs heures et qu'il me fit principalement le soir sous la lampe, dans son bureau, le voile ne me paraissait pas seulement avoir été soulevé sur les négociations les plus importantes auxquelles il lui fut donné de présider, de l'arrivée chez Reynaud à l'arrivée du général Kœnig ; c'est toute une galaxie qui se mettra en mouvement, sous les yeux du lecteur : à travers la peinture de la fresque, de multiples visages apparaissent aux yeux de ceux qui se sont décrit, à l'envi, un général de Gaulle enveloppé de glace. L'être humain apparaît sous une lumière incroyablement sensible avec l'aveu implicite de certaines erreurs d'optiques, sa psychologie pénétrante des hommes, la note d'humour survenant aux heures les plus angoissées du drame, les mobiles véritables se démontrant d'eux-mêmes, la perception des dimensions étant constamment ramenée ou haussée à leur mesure réelle, le personnage principal ne se faisant que rarement illusion sur la valeur intrinsèque des hommes, et le style si personnel quittant volontiers l'abstraction tout en demeurant sien, et faisant de l'ensemble une œuvre d'art. Et puis, il importe d'ajouter le « coup de pouce » qui fait, d'avance, cristalliser la légende la plus utile à l'avenir des Français. Un « coup de pouce » qui ne passerait pas, s'il n'y avait le « coup de patte »...

Général Weygand...

Ainsi qu'il me l'a dit, lui-même : « C'est cinglant pour Weygand. » Il n'est pas assez de dire qu'il en sort pulvérisé. Il est constamment placé sous l'éclairage, qui, dans les musées, convient le mieux aux momies.

L'entretien qui figurera au premier chapitre accentuera encore cette impression saisissante de la veulerie de Weygand, qui, placé au carrefour du destin national, loupa la commande, non point une fois, mais avec une obstination dont il ne se relèvera pas. Il y a ce Weygand qui s'appuie sur des témoignages mensongers pour faire croire que Paris est déjà aux mains de l'ennemi, alors qu'un coup de téléphone au préfet de Police, en plein Conseil des ministres, le place dans une situation pour le moins équivoque ; il y a ce Weygand qui se prétend convoqué par Reynaud et surgit inopinément dans son bureau pour réclamer la capitulation immédiate et que Reynaud jette à la porte ; il y a ce Weygand auquel de Gaulle écrit, de Londres, dès le mois de juin, et qui lui fait retourner sa lettre, trois semaines plus tard, avec une mention manuscrite lui enjoignant d'employer la voie hiérarchique.

Le Général ne m'avait encore jamais parlé de cette mission qu'il fit auprès du général Huntziger, avec l'assentiment de Reynaud, au P.C. d'une armée qui était percée, au moment même où il lui offrit, de la part du président du Conseil, la succession du généralissime. En cet instant dramatique, c'est un Huntziger impavide qui le reçut et qui, après quelques instants, accepta cette charge écrasante. Mais, lorsque de Gaulle vint rendre compte à Reynaud du succès de cette mission, celui-ci s'était déjà laissé entraîner par des contre-courants vers la thèse du maintien de Weygand.

Winston Churchill...

Le Général en trace un portrait prestigieux et puissant. On sent l'estime. Le Général me dit avoir fait parvenir cette page assez longue au Premier britannique d'hier et d'aujourd'hui et ajoute : « Il m'a écrit, il était visible qu'il n'en était pas mécontent » et de rire subtilement, pour se rabattre enfin vers son silence absolu, ongle du pouce entre deux dents...

Mais, il n'y a pas que ce portrait. Churchill apparaît partout, échappe à son cadre, atteint à la légende, génial parfois, toujours pittoresque. Il y a cette scène assez prodigieuse, qui préluda à la mise en branle de l'expédition de Dakar : de Gaulle, qui en eut l'idée le premier, s'en était ouvert à Churchill, qui écouta surtout. (A noter que, lors de cette première conversation, et alors que Churchill n'avait pas encore « mordu », *le Général n'envisageait pas l'attaque de front, mais préconisait un débarquement à proximité de Dakar, à une distance suffisamment éloignée* pour que le *Richelieu*, qui était immobilisé en rade par une flottille britannique et les forts de la ville, ne pût intervenir.) Pendant quelque temps, Churchill ne reparla point du projet, et puis, un beau jour, il demanda au général de Gaulle de venir le voir à Downing Street, dans cette pièce fameuse qui sert à la fois de cabinet de travail au Premier ministre et de salle de réunion du Cabinet.

Lorsque de Gaulle arriva, ce fut pour trouver un Churchill sous pression, qui arpentait la pièce, se penchant de temps à autre sur de grandes cartes étalées sur la table de réunion. D'emblée, Churchill évoqua l'opération de la manière la plus imagée : les habitants de Dakar, se réveillant un beau matin, apercevraient, au petit jour, une imposante flotte britannique (cuirassés, croiseurs, porte-avions, transporteurs de troupe, engins de débarquement) placée sous l'autorité de l'amiral Cunningham, qui n'aurait d'ailleurs que quelques jours pour mener à bien l'affaire, car Churchill ne voyait pas la possibilité de détacher pendant longtemps des éléments prélevés sur l'ensemble engagé dans l'Atlantique nord contre les sous-marins allemands. Churchill décrivait la scène : des avions survolaient la ville, jetant des tracts; pas un coup de canon; et puis, soudain, une vedette arborant un drapeau blanc s'approcherait de la rade. Les plénipotentiaires français demanderaient à s'entretenir avec Boisson, pour lui remettre une lettre du général de Gaulle. Churchill espérait obtenir de cet imposant déploiement de force et d'un appel à la lutte commune contre l'ennemi commun le choc psychologique nécessaire. « Évocation qui tenait à la fois du politique, du chef de guerre et du romancier... »

Malheureusement, il y eut loin du rêve à la réalité, puisqu'en fin de compte les éléments tout d'abord prévus ne purent être rassemblés (les unités de la marine britannique, en nombre relativement réduit, n'avaient pas un armement de la classe d'un *Richelieu*, qui fut tiré au milieu de la rade par des remorqueurs, dès que l'action commença ; d'autre part, les troupes promises furent réduites à quelques milliers d'hommes; la brigade polonaise promise et divers éléments tchèques, notamment, n'ayant pu être embarqués. Enfin, la présence à Dakar de trois croiseurs de bataille, dont le *Georges Leygues*, qui purent franchir Gibraltar au nez et à la barbe des Anglais, renversa le rapport de forces).

J'ai posé deux questions, après la lecture du chapitre sur l'affaire de Dakar :

Tout d'abord, le Général dit, lorsqu'il décrit la phase préliminaire de l'action que, *de part et d'autre*, il eut l'impression que peu d'ardeur à combattre fut manifestée. Comme je lui en demandais la raison, il m'expliqua que, sans aucun doute, Boisson comme l'amiral Cunningham éprouvaient l'espoir secret qu'il serait inutile d'en venir à l'utilisation totale des moyens disponibles dans les deux camps.

Je lui demandai, d'autre part, si la brume, qui eut un si grand rôle durant ces journées, joua ou non en faveur des attaquants. L'avis du Général est qu'un temps découvert eût nui au mouvement des croiseurs de Vichy (qui s'approchèrent pourtant jusqu'à un mille du transporteur hollandais où avait pris place, avec seulement 2 000 hommes, le chef de la France Libre : toute la mise de la France Libre dans la guerre).

La solitude du chef, face à l'adversité, peut-elle apparaître plus clairement que dans ces pages, où il évoque, après l'échec, l'accablement de ceux qui l'entouraient et, écoutées à la radio, les imprécations américaines, l'indignation qui se faisait jour jusque dans la presse britannique, dont les lecteurs accusaient ouvertement le général de Gaulle d'avoir entraîné la flotte britannique dans une aventure ridicule et sans issue ? A Carlton Gardens même, ceux que le Général avait laissés derrière lui ne lui ménageaient pas leurs critiques. Tout semblait indiquer, alors, que c'en était fini de la France Libre. N'eût été l'attitude de Churchill, qui remit publiquement les choses au point, prenant la parole à la Chambre des communes et manifestant l'entière confiance qu'il conservait au général de Gaulle, « *l'ultime espérance se fut alors trouvée anéantie* ». (De Gaulle dixit.)

J'ignorais, jusqu'à ce jour, que le Général, prévoyant un mauvais coup, avait signifié à Vichy qu'au cas où les plénipotentiaires et les pilotes arrêtés à Dakar seraient exécutés, le Général ne répondait pas de la vie de certains de ceux qui furent arrêtés en Afrique Équatoriale Française.

Paul Reynaud...

Il en fait un portrait remarquablement objectif. Mais, à mon sens, d'indulgence ! Il sait faire la part de l'ambiance qui l'entourait, du poids écrasant du fardeau qu'il portait, jetant un voile pudique sur les intrigues qui se nouaient et se dénouaient dans son entourage, jusque dans son lit...

Il y a cette arrivée nocturne chez un Reynaud exténué, auquel il demande de signer une lettre à Weygand : imposant à celui-ci le transfert immédiat vers l'Afrique du Nord d'éléments essentiels à la reprise du combat, après la débâcle dans la métropole. Reynaud est au moment de signer, puis il se reprend. Le Général insiste ; Reynaud hésite, finalement demande un court délai de méditation. Une phrase, alors, pour indiquer que la conversation prit un tour « mouvementé ». Le Général interrompt sa lecture, se tourne vers moi, retire ses lunettes aux verres maintenant tellement bombés, et me confie :

« Je ne l'ai pas indiqué ici, mais, en réalité, Reynaud – qui venait de dîner – m'avait reçu en présence d'Hélène de Portes, qui nous interrompait à tout propos, ainsi que des " fidèles ", qui ne s'écartaient jamais d'un pouce. Je m'emportai et déclarai tout de go à Reynaud qu'on ne pouvait traiter des affaires de l'État, et probablement de la plus importante d'entre elles, « dans cette atmosphère de volière ». Reynaud s'emporta à son tour, conserva, non signée, la lettre à Weygand, me promettant de la faire tenir incessamment au général en chef. Au moment de reprendre la route, j'ai laissé derrière moi le colonel Humbert avec mission de reprendre la lettre signée et de la porter lui-même à Weygand. En fait, Mme de Portes reprit cette lettre au président du Conseil. On perdit ainsi vingt-quatre heures. Trop tard, alors ! Si bien que cette fameuse lettre ne partit jamais. »

Mais, dans l'ensemble, le personnage de Reynaud est campé sans sévérité et accompagné d'une analyse psychologique que je trouve, quant à moi, fort généreuse.

Dans le chapitre 5 (Syrie et Liban), un « portrait » du général Catroux, que je m'attendais à trouver modéré dans l'éloge. Il n'en est rien, puisque après avoir énuméré l'ensemble des obstacles dont il sut triompher, il termine la phrase par : « ..., a bien servi la France. » Seul reproche : avoir trop tardé à déceler les véritables intentions des Anglais.

Là encore, il interrompit sa lecture, pour me confier, avec un rire moqueur : « Vous conviendrez que Catroux s'en tire à bon compte ! J'ai préféré taire que, sans avoir négocié directement l'accord de Saint-Jean-d'Acre, auquel il n'assista qu'en " observateur ", il laissa faire, ne m'alerta point et se montra fort conciliant à l'égard des Anglais, qui, sous ses yeux, venaient tout bonnement de nous chaparder la Syrie et le Liban. »

Je lui demande alors : « La " perfide Albion " s'est-elle révélée, tout d'abord, à l'échelon du Cabinet de Guerre, ou à celui de Lyttleton, ou bien sont-ce les agents britanniques locaux qui emportèrent la prise de position des négociateurs britanniques * ? »

Comme la foudre, la réponse arrive : « Mais voyons, *c'était Churchill* ! Il faut avouer que c'était tentant : nous n'avions que quelques milliers d'hommes sur place, presque pas d'artillerie, quelques malheureux avions, un ensemble de moyens dérisoire. Et puis, voyez-vous, les Anglais avaient tant rêvé depuis si longtemps de la Syrie et du Liban ! *Churchill ne put pas s'empêcher, voilà le fait.* »

Je lui demande si, à son sens, la nomination de Spears au Levant, dès l'occupation achevée, résultait d'un plan prémédité. (En effet, dans un autre chapitre, le Général explique comment Churchill lui demanda personnellement – malgré que le « parlementaire-officiel-diplomate-agent-secret » Spears, chargé de la liaison entre le gouvernement britannique et le Comité

* On sait que les accords de Saint-Jean-d'Acre revenaient pratiquement à empêcher aux représentants de la France Libre, et plus particulièrement au général Catroux, d'entrer en contact avec les 30 000 hommes de l'armée du général Dentz (coupant ainsi la France Libre d'un moyen essentiel de recrutement) ; à permettre leur rembarquement vers la France, à bord d'un navire de Vichy envoyé à cet effet avec le consentement de Londres, et à prévoir l'enrôlement, par les seuls Britanniques, des unités autochtones.

national de Londres, importunât fort le chef de la France Libre, – de lui rendre le service personnel d'accepter, quelques semaines encore, sa présence auprès de lui, lui promettant de le nommer bientôt ailleurs) : « Cela ne faisait pas l'ombre d'un doute dans mon esprit, et c'est tout à fait dans la manière de Churchill, qui, ayant prévu son coup, trouva fort commode de s'assurer de la présence de Spears jusqu'au moment où – comme introduit par le Chef de la France Libre arrivant au Levant, – [ ] se trouva ainsi on ne peut mieux " placé " pour réussir la mission dont il venait d'être chargé. » Il réfléchit encore, puis ajouta : « C'est pour servir ce même dessein, n'en doutez pas, que Churchill éloigna Gort du Levant, le faisant nommer précipitamment vice-roi des Indes. Car Gort, honnête homme jusqu'à la moelle, ne se prêtait pas à ce sale jeu. »

A noter que dans ses Mémoires, le général de Gaulle souligne la situation impossible, moralement parlant, de Gort, en porte à faux puisqu'il subissait, en sens contraire, et les pressions de Churchill et celle du général de Gaulle, qui, chaque fois que Gort n'était pas d'accord, câblait au Premier ministre, pour faire donner au chef britannique des instructions diamétralement opposées à celles qu'il eût souhaité recevoir de Londres. A tel titre – ceci n'est pas dans les Mémoires, le Général m'a cité l'anecdote – que Churchill voulant venir à bout de l'obstination de Gort mit, un jour, dans un câble d'instructions adressé au général britannique, une phrase du genre de celle-ci : « Je vous demande de faire cela et je précise, pour une fois, que ce n'est pas le général de Gaulle qui m'a demandé de vous le demander... »

Jean Monnet...

Le Général publiera, dans ses annexes, une lettre de Jean Monnet, lui exposant les raisons pour lesquelles l'action entreprise par le chef de la France Libre lui paraît discutable. « Après quoi il se satisfit d'aller se battre aux États-Unis !... »

On sait que Jean Monnet était à Londres, lors de l'appel du 18 juin, à la tête du « Purchasing Committee ». C'est en cette qualité qu'il rencontra de Gaulle, lors de son premier voyage à Londres, alors que ce dernier accomplissait, en tant que sous-secrétaire d'État à la Guerre, une mission dont l'avait chargé le président du Conseil.

Lors des événements qui marquèrent la journée du 16 juin – qui devait se terminer par le Conseil des ministres de Bordeaux, à l'issue duquel Reynaud transmit ses pouvoirs à Pétain (c'est Jean Monnet qui avait d'ailleurs fourni le thème de l' « union franco-anglaise », thème que le général de Gaulle alla proposer sur-le-champ à Churchill, qui l'adopta) – de Gaulle téléphona alors à deux reprises à Paul Reynaud à Bordeaux. Une première fois, pour lui demander l'autorisation d'en parler à Churchill ; une seconde fois, pour lui dicter le texte de l'accord franco-britannique d'union des deux peuples. Reynaud, espérant ressaisir ses ministres, avait fait reculer d'une heure un Conseil, qui devait être le dernier avant la capitulation.

Gouverneur de Saint-Marc...

Le Général ne soulève pas véritablement le voile, me confiant que le gouverneur de Saint-Marc (alors gouverneur de l'Oubangui-Chari) ne se rallia que devant l'évidence de la réussite d'Éboué au Tchad, de Leclerc au Cameroun et de Larminat à Brazzaville, – sans avoir pris aucun contact préalable avec les représentants de la France Libre.

Quant au gouverneur Masson, qui se rendit au Gabon pour essayer de prévenir une lutte fratricide, le Général m'explique que s'il s'est suicidé, ce ne fut pas seulement par panique nerveuse, écartèlement psychologique, ou surmenage : il venait d'apprendre que sa femme le trompait : « C'en fut trop pour ce malheureux qui se pendit », me dit-il sans aucune émotion, avec une glaciale objectivité, tout en s'amusant, aussitôt, de Bourvil : ... *Les hirondelles sont des oiseaux utiles.*

Curieux : son apparente ou réelle inconscience artistique. Volonté de s' « élaguer », ou réelle ignorance ?...

LETTRE DE CLAUDE GUY A SA MÈRE SUR SON ÉVASION EN 1940

Camp de Zwitutschmien *
ou chez Suzanne Ferrière
14 rue Calvin, Genève

Le 30 juillet 1940.

Reprenons les événements par leur début. Je quitte Paris pour la ligne Maginot le 7 mai, où je regagne mon unité, après dix jours de permission, au cours de laquelle j'ai pu voir père et mère. Quarante-huit heures après ce retour, à 5 h 30, la guerre éclate pour de bon... Fin juin, on nous expédie sur l'Aisne, près de Vouziers. Notre secteur s'étendait entre les « lignes » au nord, Vouziers à l'ouest, Verdun à l'est, Sainte-Menehould au sud. Nuits consacrées à rouler dans toutes les directions, bombardements, etc. Le jour, souvent, quiétude à l'arrière des villages soumis à ces bombardements ; baignades dans l'Aisne... Le 12 juin, les Allemands attaquèrent sur l'Aisne. Depuis cette date jusqu'au 19 juin, nous ne devions dormir que dix minutes, de temps à autre, au long des routes. Le 13 juin, la légère croûte qui maintenait encore les Allemands au nord craqua ; ils avancèrent de 35 kilomètres en une journée. Nous reçûmes l'ordre de repli le 13 à midi. Plus un avion français dans le ciel, bombes aux carrefours, débâcle inimaginable sur les routes. Plus un gendarme nulle part, pillage des villages abandonnés, réfugiés civils obstruant tout mouvement militaire, unités blindées s'infiltrant sur quelques routes. Nous arrivons à Saint-Dizier ayant égaré notre état-major et notre compagnie : Saint-Dizier, cerné par les Allemands, se rendait le lendemain matin. Réveillé dans un bois par l'arrivée de l'ennemi, nous repartons vers le nord, puis vers le sud-est : Neufchâteau, où j'assiste à d'affreux bombardements, charnier inoubliable ; Lamarche, où la tête d'une division, dont nous sommes chargés d'assurer le passage, est encerclée. Je parviens à m'échapper avec un camarade et à retraverser les Allemands. Le hasard nous remet sur le chemin de notre Q.G. : sur 90 000 hommes, il en

* Il s'agit de Zweilütschingen, près de Wengen.

reste 15 000 à portée. Tous les autres encerclés, égarés dans la nature, morts de fatigue au long des routes, ou dont on demeure sans nouvelles.

J'arrive au 17 juin, à l'aube : On m'expédie à Toul, établir le contact avec un corps d'armée voisin, pour essayer d'organiser le ravitaillement du nôtre dans la journée du lendemain. Je devais me rendre exactement à Boucq, au nord-ouest de Toul : les Allemands y étaient déjà, la boucle se refermait. Lorsque je reviens à l'emplacement du Q.G., celui-ci avait déménagé sans laisser d'adresse. Persuadé que je ne reviendrais pas, on m'avait laissé choir sans indication. Dans cette journée-là, j'ai fait 300 kilomètres à droite et à gauche en direction de Belfort, espérant retrouver les automobiles de nos camarades. A Gérardmer, on m'avait conseillé d'aller voir à Belfort ; à Belfort, je pars en direction de Besançon, sur le conseil d'un officier de chez nous... 15 kilomètres plus loin, la tête de colonne blindée, se dirigeant vers Montbéliard, apparaît. Je suis fait prisonnier. Enfermé dans une maison, j'essaie de passer par un toit. On nous tire dessus et on nous désarme. Des officiers allemands s'installent dans la maison pour la nuit. La bataille faisait rage à 300 mètres. Impossible de s'évader. Grâce à la propriétaire de cette ferme, je parviens à brûler tous mes papiers militaires. Les Allemands vont et viennent dans la maison. Les morts, devant la maison. Les prisonniers, au premier étage. On nous adjoint des civils, qui évitent de se compromettre en nous adressant la parole. L'un d'eux affirme qu'à 8 heures, le lendemain matin, les Allemands leur rendront leur liberté. J'obtiens une carte d'un calendrier des postes représentant les bureaux des P.T.T. du département du Doubs (où je n'avais jamais mis les pieds), qui traînait au rez-de-chaussée et que le hasard m'avait fait apercevoir. Les Allemands, corrects, nous font monter du vin. On ne nous demande rien ; aucun interrogatoire, aucune fouille. Du côté de Montbéliard, la bataille s'est tue. Il pleut comme au cinéma. Les éléments motorisés progressent sur la route, mathématiquement. En quelques instants, n'ayant rien d'autre à faire, je compte 300 véhicules. J'ai affreusement peur de m'endormir, ne voulant rater aucune occasion de recouvrer ma liberté. A 3 heures du matin, la fille de la propriétaire vient m'annoncer que les Allemands parlent de repartir le lendemain matin... Lueur d'espoir. A tout hasard, je demande un vêtement civil. Je le cache dans le grenier. J'engage un sous-lieutenant et un sous-officier, qui se trouvent avec moi, à essayer de gagner la frontière suisse. L'idée m'est en effet venue tardivement que la Suisse n'était peut-être pas tellement éloignée : je regarde ma petite carte : 35 kilomètres, à vol d'oiseau, parmi les montagnes ! L'officier, qui connaît la région, me rit au nez. Au surplus, dit-il, la frontière suisse, aux dernières nouvelles, était fermée. D'ailleurs, « les Allemands ont envahi la Suisse, etc. ». L'électricité palpite au rez-de-chaussée spasmodiquement ! signaux militaires. J'attends 7 h 30 et je jure que je n'ai rien fait d'autre, durant cette nuit, qu'évoquer vos visages. Le souvenir des êtres chers soutient incroyablement dans ces instants-là ; on n'est pas seul. Bruits de motocyclettes : les Allemands se mettent en route. Cet imbécile de sous-lieutenant, accompagné de son sous-off, est descendu demander du café. Je reste prudemment au premier, cherchant à me faire oublier... On appelle, vers 8 h 30, depuis l'escalier qui conduit au premier étage... Mes deux camarades d'occasion descendent ; je demeure en haut, à tout hasard... Personne ne m'appelle, je compte les secondes. Alors je me rends dans la pièce du devant, qui donne sur la route. Je vois « embarquer » sur un camion à essence les officiers et le sous-off (l'autre sous-lieutenant, blessé à la fesse lors de notre tentative de fuir par un toit, avait passé la nuit en bas). Une à une, je regarde démarrer les voitures, les side-cars, persuadé qu'on ne m'oubliera pas si facilement. Je vais me cacher dans le grenier. Je commence le transfert de mes poches dans le vêtement civil... j'enfile ce pantalon rapiécé de paysan, j'enrage parce que son étroitesse me contraint à délacer mes souliers. Du bruit ! Je planque les vêtements civils, j'attends, haletant, sans culotte, que la personne qui monte l'escalier soit redescendue... Plus aucun bruit. Je mets ce qu'il me reste d'argent dans mes bottes, je m'habille. La femme m'appelle. Je ne réponds pas. Elle ouvre la porte du grenier et m'affirme qu'ils sont tous partis. Je n'en crois rien, imaginant qu'il s'agit d'un subterfuge pour me faire descendre. Je jette un coup d'œil par chaque fenêtre de chaque pièce du premier étage, par chaque lucarne.. ; la route est déserte, le soleil luit enfin. Près de la fontaine, deux civils habillés en bleu, sales gueules... Par la fenêtre entrouverte, j'écoute leurs propos ; ils se moquent des démocraties, vantent les nazis... Croyant à des gaillards de la 5e colonne, je descends l'œil bien ouvert. Je me dirige vers le berceau de la fillette et je reprends, sous le petit matelas, le revolver qu'hier au soir, à tout hasard, j'y ai caché... Je flanque mon uniforme dans un drap, que je vais jeter loin derrière la maison. Les deux hommes ne prêtent aucune attention à mes allées et venues. Ma motocyclette est demeurée là où je l'ai laissée. On a seulement raflé une valise qui s'y trouvait attachée (et qui contenait à peu près tout ce à quoi je tenais le plus au monde, notamment mes carnets depuis juillet 1939). Plus d'essence. J'irai à pied. La route est libre, déserte. Je la traverse. Dix-sept cadavres exactement.

Après, j'abrège. Promenade exténuante, de deux jours et deux nuits, à peu près sans dormir. Traversée du Doubs à la nage. Aucune nourriture, hors deux verres de lait et des jeunes racines de betteraves. Après m'être égaré bien souvent, sans boussole, muni de cette carte seulement, après m'être déchiré à toutes les ronces, avoir été rincé par trois orages, avoir essuyé des coups de fusil dans un cimetière, dans un champ de seigle, etc., arrivée sur territoire suisse ! J'étais tellement fatigué que je n'éprouvais d'abord aucun plaisir. Ensuite j'ai bu du café. Accueil émouvant des populations, contraste. Depuis, vie monotone d'interné dans une belle région de la Suisse.

POSTFACE

DE Mme CLAUDE GUY

Lorsque, l'année suivant la disparition de mon mari, j'ai eu la surprise de découvrir le « fantôme » qu'était devenu aux yeux de beaucoup le Journal de Claude Guy, le manuscrit se présentait sous forme de cahiers mensuels de différentes couleurs, groupés dans une valise et marqués, chacun, d'un grand « J » par la main de l'Auteur. Ces cahiers contenaient les textes datés qui composent le Journal, dactylographiés tous sur la même machine à écrire (qui existe toujours) et portant, pour la plupart, des corrections manuscrites de l'Auteur. J'y ai également trouvé de nombreuses annexes : lettres, copies de lettres, notes de service, coupures de journaux, discours, etc. Autre découverte – plus intrigante – dans cette valise : quelques grosses enveloppes avec des notes manuscrites de l'auteur, qui se recoupaient en partie avec les textes dactylographiés.

Dans un premier temps, ce sont ces pages écrites à la machine, ainsi que certaines annexes qui semblaient en faire plus directement partie, qui ont été présentées à l'Éditeur. Au fur et à mesure d'une vaste opération de classement, quelques feuilles dactylographiées isolées, que l'Auteur avait apparemment montrées à des amis, ont complété ensuite ce « corps ». Ont été également le résultat du même tri : la page manuscrite de l'Auteur du 25 août 1944 précédant son Journal, ainsi que les trois documents publiés à la fin de celui-ci, à savoir les notes prises par Claude Guy en 1953 sur ses entretiens avec le général de Gaulle à propos des *Mémoires de Guerre*, le récit que Claude Guy a fait de son évasion en 1940, et enfin – surgi du tréfonds des placards – le témoignage de Mlle Simone Millaud, sa secrétaire à qui il a redicté ses notes manuscrites. Cette dernière déclaration fut notre plus belle récompense, puisqu'elle est venue confirmer sans aucun doute ni malentendu possible ce que, jusque-là, ses héritiers n'avait pu que déduire de leurs souvenirs personnels en tâtonnant : la volonté de l'Auteur.

Dans mon travail de recherche, mené en liaison étroite avec les enfants de Claude Guy, leur généreux appui et leur confiance ont été une aide considérable. J'ai été également encouragée par le soutien amical et pressant de

Jean Mauriac, ami de jeunesse de l'Auteur. Toutes ces circonstances ont eu pour heureux résultat une préface où Jean Mauriac a donné le meilleur de lui-même.

Au cours de la seconde phase, à savoir la mise au point et la correction des épreuves, la seule vraie question qui s'est posée était celle du classement nécessaire de certaines pages du Journal, en particulier de celles portant la même date ou, dans des cas très rares, uniquement l'indication du mois et de l'année. Lorsqu'il s'avérait plus ou moins impossible de suivre les repères chronologiques contenus dans le texte, l'effort a porté sur un classement orienté par la logique des sujets. Signalons à cet égard que, dans la présente édition, les textes de même date, mais commençant chacun sur une nouvelle feuille et avec une nouvelle numérotation, ont été séparés les uns des autres par une ligne blanche, ne serait-ce que pour montrer qu'ils ont pu être écrits dans des dispositions d'esprit différentes. Il en va de même des espaces voulus par l'Auteur et indiqués, dans l'original, soit par un large trait, soit par des astérisques.

Fallait-il publier le Journal de Claude Guy tel qu'il nous l'a légué, ou convenait-il de « jeter un voile pudique » par-ci par-là ? Comme seul l'Auteur aurait pu assumer cette tâche en connaissance de cause, il a semblé à ses héritiers qu'ils n'en avaient pas le droit.

La présente édition a donc été établie avec le souci de respecter à la fois le texte original, y compris son articulation et sa ponctuation, et les intentions de l'Auteur. C'est ainsi que les mises au point notamment ont été limitées à celles auxquelles il aurait sans doute lui-même procédé s'il avait pu s'attacher à ce travail.

A l'Éditeur, dont la tâche a été des plus difficiles, et à tous ceux qui ont œuvré pour que la présente publication puisse voir le jour, Claire Guy-Colliard, Patrice Guy, et moi-même exprimons toute notre gratitude, au nom de l'AUTEUR.

Pâques 1996 URSULA GUY

En Annexe :

DÉCLARATION DE Mlle SIMONE MILLAUD, SECRÉTAIRE DE CLAUDE GUY

[papier en-tête :]
LE GÉNÉRAL DE GAULLE
L'Officier d'ordonnance

[à la main :] Paris, le 24 octobre 1948

De la fin du mois de janvier 1946 à ce jour, le capitaine Guy m'a dicté des pages de journal écrites auprès du général de Gaulle, soit à Marly, soit à Colombey, soit à Paris.

Ces pages manuscrites reprenaient principalement les « styles directs » des propos du général de Gaulle : la plupart du temps, ces pages furent écrites quelques minutes après les entretiens du Général, voire même pendant ceux-ci.

Depuis la création du Rassemblement, ce travail a été interrompu à de nombreuses reprises. Le capitaine Guy, à mesure que s'organisait le Mouvement, disposa de moins de loisirs. Il fallait beaucoup de temps, en effet, pour mettre sur le papier avec tant de minutie les paroles les plus importantes jusqu'aux propos les plus anodins de cet homme extraordinaire. J'ai été frappée par la conscience avec laquelle le capitaine Guy me dictait ou me redictait ses notes manuscrites jusqu'à ce que les tournures de phrases mêmes du Général fussent exactement reproduites, parfois même avec les fautes de style, ou l'inexactitude des expressions employées. L'abondance des « sic », dans ces pages de journal, était due au fait que les « styles directs » pouvaient paraître étranges, parfois impropres dans la forme, quelquefois paradoxaux, dans des cas plus rares, inexacts.

La raison pour laquelle ces pages m'étaient redictées, était – en dehors du désir de clarté et d'ordre – la nécessité de lier les « styles directs » par un exposé des faits ou des circonstances les liant entre eux, en y ajoutant parfois des commentaires. Ces derniers sont volontairement rares. Le capitaine Guy m'a exprimé, à cet égard, son regret de ne pouvoir présenter l'ensemble sous forme d'une pure et simple sténographie. Si le Journal y eût gagné en sobriété, par contre l'absence de toute présentation n'eût rendu la lecture possible qu'à quelques spécialistes.

En plus des conversations transcrites, le capitaine Guy m'a dicté des pages à part sur ce qu'il appelait « L'Homme », c'est-à-dire une suite d'observations purement psychologiques sur le caractère, les habitudes, les réactions et les dispositions d'esprit les plus habituelles du général de Gaulle.

Ce travail a été entouré de la plus complète discrétion. Je sais néanmoins que M. Claude Mauriac, le Secrétaire particulier du Général, M. André Malraux et le colonel Rémy ont eu connaissance, en totalité ou en partie, de ce document, qui, dans les intentions du capitaine Guy, représente un dossier destiné à être versé à l'Histoire.

Si j'écris ces lignes aujourd'hui, c'est que quittant, après plus de quatre ans, le service du Général, je désire qu'aucun doute ne puisse être formulé, le jour venu, sur l'authenticité d'un labeur qui fut conduit avec autant d'impartialité qu'on en peut attendre de la part d'un confident et qui représente des centaines d'heures de travail.

[à la main :] 45 lignes

[signature :] Simone MILLAUD *

* *Lyonnaise, entrée dans la Résistance en juillet 1943, à l'âge de vingt ans, Simone Millaud fut arrêtée (et torturée) par la milice, le 11 mai 1944 à Paris. Elle fut libérée le 17 août et entra, fin août 1944, comme secrétaire sténotypiste au service du général de Gaulle. C'est Claude Mauriac, à l'époque secrétaire particulier du Général, qui accueillit Simone Millaud rue Saint-Dominique pour l'introduire aussitôt auprès de l'officier d'ordonnance Claude Guy. Elle travailla sous les ordres de ce dernier jusqu'en novembre 1948.*

NOTES

I. Lundi 21 janvier 1946 – Mercredi 26 juin 1946 (p. 35-86)

1. *La Villa :* en septembre 1944 de Gaulle s'était installé dans un hôtel particulier, à la limite de Neuilly et du bois de Boulogne.
2. Le 19, le Général annonce sa décision à ses ministres. La lettre de démission à Félix Gouin, président de l'Assemblée constituante, est datée du 20 janvier.
3. Alfred de Vigny, « La Mort du loup », in *Les Destinées.*
4. *Floffie :* nom de la chienne d'Élisabeth de Gaulle. La fille du Général avait épousé, le 3 janvier 1946, le chef d'escadron Alain de Boissieu.
5. *Charles Luizet* (1903-1947) avait été le premier préfet de police de Paris libéré.
6. Souvenir de la bataille de Bir Hakeim, en juin 1942.
7. *Le Surcouf :* sous-marin français de conception très moderne, qui faisait en 1939 l'orgueil de la Marine nationale. Il s'était rallié à la France Libre pour continuer le combat. Il avait péri corps et biens en février 1943, au large de Panama.
8. *D.C.R. :* la 4e division cuirassée, qui, sous les ordres du colonel de Gaulle, tint tête aux Allemands en mai 1940, près de Laon.
9. Le voyage eut lieu en août 1945.
10. *La Vie de Disraeli*, que Maurois fit paraître en 1927.
11. Le 16 janvier 1946. Il s'agissait plus exactement des décorations décernées à des soldats français engagés, sur ordre de l'amiral Darlan, contre les Américains, le 8 novembre 1942, en Afrique du Nord.
12. L'« écrasement » politique de l'amiral Émile Muselier fut acquis en mars 1942. Après l'expédition à Saint-Pierre-et-Miquelon, il démissionna de son poste de commissaire à la Marine. Le général Henri Giraud, quant à lui, abandonna toute ambition politique en novembre 1943.
13. *C.D.L. :* comité de libération ; *F.T.P. :* francs-tireurs et partisans ; *C.O.M.A.C. :* Comité d'action militaire, bras armé du Front national – tous organismes animés sinon contrôlés par le parti communiste.
14. *M.R.P. :* le Mouvement républicain populaire, héritier de la démocratie chrétienne, se constitua en parti politique en novembre 1944.
15. Tous deux faisaient partie de la délégation française à la première assemblée des Nations unies, réunie à Londres, à partir du 10 janvier 1946.
16. Gaston Palewski était le directeur du cabinet du président du gouvernement provisoire. De Gaulle, le temps qu'il assuma cette charge, avait pris pour siège le ministère de la Guerre, rue Saint-Dominique.
17. *La Trahison d'un clerc*, La Table ronde, 1946.
18. Humoriste, Ferdinand Lop a laissé plusieurs volumes. Citons : *Les Entretiens du professeur Démosthène* (1951), *Pensées et aphorismes* (1953). Voir *infra*, p. 151.
19. En novembre 1945. Le 13, il est élu à l'unanimité président du gouvernement provisoire. Ayant remis son mandat, le 16, à la disposition de l'Assemblée en raison des exigences ministérielles du parti communiste, il est confirmé le 19 dans sa fonction par un nouveau vote.
20. Le 8 mars 1815, alors que l'Empereur avait atteint Grenoble, le maréchal Ney déclara au Roi qu'il lui ramènerait Napoléon « dans une cage de fer ». De Gaulle se montre sévère pour « le Brave des braves », qui, durant son procès et face à la mort, garda la même attitude courageuse.
21. *Trusteeship :* le mot anglais signifie tutelle. Le Trusteeship Council (Conseil de Tutelle) est l'un des principaux organes des Nations unies. Formé pour l'essentiel des représentants des puissances chargées d'administrer des territoires sous tutelle, il exerce un pouvoir de contrôle.

22. *L'Aube :* ce journal, fondé en 1932 par Francisque Gay, s'était sabordé en 1940. Il était devenu, à la Libération, l'organe du M.R.P. Ce quotidien tirait en 1946 à 140 000 exemplaires.

23. La femme de Georges Bidault : Suzy Borel, conseiller d'ambassade.

24. *Rassemblement républicain :* le « Petit Congrès » radical avait, au mois de janvier 1946, préparé un rassemblement élargi des républicains regardant « la liberté comme le bien le plus précieux » et attachés à la laïcité. Cette tentative aboutira en mars à la création du Rassemblement des gauches républicaines.

25. *C.N.R. :* le Conseil national de la Résistance, dont Jean Moulin fut le premier président, auquel succéda Georges Bidault en 1943.

26. *A.F.A.T. :* auxiliaires féminins de l'armée de Terre.

27. Le gouvernement français avait proposé aux Alliés de rompre les relations diplomatiques avec le régime franquiste et de prendre des sanctions économiques contre l'Espagne.

28. Le 30 mars, devant les socialistes, réunis en congrès à Montrouge, Félix Gouin a soutenu une thèse qui se démarquait des positions prises par son ministre des Affaires étrangères. Georges Bidault avait plaidé le 20 pour l'internationalisation de la Ruhr et pour le maintien du Rhin sous contrôle allié. « Brutale ou déguisée », l'annexion semble, au contraire, irrecevable au président du gouvernement. Cette divergence de vues est interprétée comme un rapprochement des socialistes de la S.F.I.O. avec le parti communiste.

29. *La Nation :* journal sabordé en 1940, qui reparut en avril 1945, sous la direction de Louis Marin, député et membre dirigeant des Républicains indépendants.

30. *P.R.L. :* le Parti républicain de la liberté, représentant de la droite, tient son premier congrès national, en avril 1946, à Paris.

31. *Les quatre conditions :* le Conseil de l'Union française fera partie du Parlement ; le président de la République ne sera pas élu par la seule Assemblée nationale et il aura le droit de la dissoudre ; la justice sera indépendante du pouvoir politique.

32. Le *Cartel des gauches* avait été constitué par les radicaux et les socialistes pour tenir tête au Bloc national, qui regroupait modérés et conservateurs.

33. *Le Populaire :* « organe central du parti socialiste » (S.F.I.O.), dont Daniel Mayer était alors le secrétaire général, ce quotidien avait pour directeur politique Léon Blum.

34. S'il s'agit des événements sanglants de mai 1945, le représentant de la France à Damas en livre une version fort édulcorée. L'évacuation des troupes françaises est en cours.

35. Destinée à préparer la Conférence de la Paix, cette conférence s'est ouverte le 25 avril à Paris. La première session s'achèvera un mois plus tard. La France est admise à toutes les séances et d'emblée le droit lui est reconnu de participer à toutes les discussions.

36. Extrapolation évidente : dans *La République* où Platon dénombre de la façon la plus explicite les « espèces de gouvernement », il distingue, outre l'*oligarchie*, la *démocratie* et la *tyrannie*, le « gouvernement de l'honneur » qu'il appelle *timocratie* ou *timarchie*. Phonétiquement *timocratie* et *théocratie* sont apparentées. Voir *La République*, VIII, 544-545.

37. Démenti sans fondement : l'affaire Passy commence. A travers le chef des services secrets de la France Libre, c'est son chef, à qui les électeurs viennent de donner raison, que tend à discréditer le pouvoir. Aucune justification claire n'est donnée à son incarcération.

38. *L'Ordre* d'Émile Buré a reparu en février 1945. Le quotidien a pour éditorialistes André Stibio et Jean Sarrus. Il publie des chroniques de Pierre Lœwel, René Saive, Jean Cassou. *Paris-Matin*, quotidien créé en septembre 1945, a pour directeur Pierre Laisné, entouré de Pierre Lambert, Tristan Catroux, Gaston Hamelin.

39. A Moulins, le 23 mai, ce qui pourrait modifier la date donnée par Claude Guy à ce feuillet. La campagne électorale pour la deuxième Assemblée constituante est ouverte. Les socialistes font payer leur échec « constitutionnel » aux communistes.

40. Gustave Nadaud (1820-1893) a écrit plus de trois cents chansons. « Brigadier, vous avez raison » est le refrain de la plus célèbre : *Les Deux Gendarmes*.

41. Célèbre roman de Pierre Benoit, publié en 1924, soit un peu moins de vingt ans après que Charles de Gaulle eut écrit *La Fille de l'Agha*.

42. *Carrefour de Châteaudun :* c'est en bordure de ce carrefour, rebaptisé depuis place Kossuth, que s'élève l'immeuble qui servait alors de siège au parti communiste.

43. *Action :* hebdomadaire fondé en septembre 1944 et dirigé par le communiste Maurice Kriegel-Valrimont. Il avait Pierre Courtade pour rédacteur en chef et de brillants collaborateurs : Pierre Hervé, Claude Roy, Roger Vailland, Roger Stéphane.

44. *Boyaudade* : néologisme formé sur le modèle de *rigolade* à partir de *se boyauder*, variante du verbe populaire *se boyauter :* se tordre les boyaux d'hilarité.

II. Dimanche 4 août 1946 – Décembre 1946 (p. 86-195)

1. Citation approximative d'une maxime de droit public à Rome : « *Salus populi suprema lex esto !* » (Que le salut public soit la loi suprême !)
2. Claude Mauriac, citant de Gaulle, précise : « C'est chez elle [la femme du colonel] que j'ai fait la connaissance de Pétain » (*Aimer de Gaulle*, Grasset, 1978, p. 192).
3. *L'Homme qui assassina*, roman de Claude Farrère (1876-1957), publié en 1907. La pièce qui en fut tirée fut créée au théâtre Antoine le 19 décembre 1912.
4. « Sur l'essentiel nous avons toujours été d'accord et nous serons toujours d'accord. »
5. Le point d'interrogation de Claude Guy s'explique par le fait que de Gaulle a passé à Londres la matinée du 16 juin. La date du 17 semble plus vraisemblable.
6. Issu de la Résistance, le quotidien *Défense de la France* était devenu, sous la direction de Pierre Lazareff, *France-Soir* le 8 novembre 1944.
7. *Ma déclaration :* sans doute de Gaulle fait-il allusion à celle qu'il a faite à la presse, le 27 août, à Brest, au moment où l'Assemblée constituante entreprend l'élaboration d'un nouveau projet de Constitution.
8. Dès la fin d'août on annonce que le Général prononcera un important discours à Épinal, le 29 septembre.
9. *L'Union gaulliste pour la IVe République :* fondée officiellement en juillet 1946, elle entend rester « au-dessus des partis ». Elle regroupe des élus de l'U.D.S.R. comme René Capitant, du M.R.P., du P.R.L. Elle se réclame de l'idéal constitutionnel défini par le Général, le 16 juin, dans son discours de Bayeux.
10. *Son service :* le B.C.R.A. (Bureau de contre-espionnage, renseignements et action), que Passy dirigeait à Londres de 1940 à 1944. Sur « l'affaire », voir *supra*, p. 64.
11. Il s'y élevait contre le projet de Constitution dont l'Assemblée venait d'adopter les premières dispositions.
12. *Franc–Tireur :* quotidien issu de la Résistance, classé à gauche, volontiers anticlérical. Élie Péju, Georges Altman, Marcel Fourrier, Albert Bayet en étaient les animateurs. *Le Canard enchaîné*, après ses quatre années de silence, avait reparu sous la direction de Pierre Bénard.
13. *L'abbaye de Sept-Fontaines :* confusion évidente. Elle se trouve dans les Ardennes, à 6 kilomètres de Mézières. C'était la propriété de Jacques Vendroux, beau-frère du Général. Il s'agit sans doute de l'abbaye de Trois-Fontaines, mais elle est située à plus de 80 kilomètres de Chaumont, au nord de Saint-Dizier. Il existe enfin un village, à mi-chemin de Colombey et de Chaumont, nommé Sexfontaines, mais on n'y découvrirait aucune abbaye.
14. Cet amendement, qui tendait à faire du Conseil de la République « la représentation des collectivités communales et départementales », fut repoussé le 11 septembre, à une très faible majorité.
15. Alfred Coste-Floret et Léo Hamon, membres du M.R.P., donnent leur démission de l'Union gaulliste, lorsque le oui du M.R.P. à la Constitution est acquis. En revanche, Jacques Vendroux démissionne du M.R.P. par fidélité au non du Général.
16. Cette phrase est une réponse à un distinguo subtil paru dans *L'Aube*. Maurice Schumann s'évertuait à y démontrer que le *oui* du M.R.P. était bien proche du *non* du Général.
17. Exilés aux États-Unis pendant la guerre, Léon et Yvonne Cotnaréanu étaient les principaux actionnaires du *Figaro*, en litige avec Pierre Brisson, directeur du quotidien. Ainsi la mise en conformité du journal avec le nouveau statut de la presse était-elle retardée et Brisson avait besoin de l'appui du gouvernement pour obtenir un sursis.
18. Aucun éditorial de l'écrivain ne porte ce titre. Dans *Aimer de Gaulle* Claude Mauriac précise qu'il s'agit de « La Recherche de l'absolu », paru dans *Le Figaro* du 1er octobre, et confirme le rôle de médiateur joué par son frère Jean (*op. cit.*, p. 355).
19. Leur leader, Clement Attlee, est devenu en 1945 Premier ministre de Grande-Bretagne.
20. Traduit par Louise et André de Vilmorin, *The King David* paraît en 1946, chez R. Laffont, coll. « Pavillons ».
21. Rendue publique le 9, elle appelle les électeurs à repousser le projet de Constitution.

22. *L'Aurore.* Ce quotidien de tendance radicale-socialiste, né en septembre 1944, était dirigé par Jean Piot. Paul Bastid et Dominique Pado en étaient les principaux collaborateurs.

23. André Labarthe (1902-1970), qui dirigeait encore, en 1946, la revue *France libre*, avait été à Londres le conseiller du Général pour l'Armement. Il appuya ensuite l'amiral Muselier, puis le général Giraud pour évincer de Gaulle des responsabilités politiques.

24. En témoigne ce slogan de M. Schumann, lancé lors d'un meeting électoral au Vélodrome d'Hiver : « Bidault sans Thorez. »

25. C'est le général Bedell Smith qui signe à Reims le 7 mai 1945 la reddition sans condition, et le général Spaatz le 8 mai 1945 la capitulation à Berlin.

26. *Discours et messages 1940-1946,* à paraître en 1947 chez Berger-Levrault.

27. On trouvera la réponse du Général dans *Lettres, notes et carnets*, VI, *Mai 1945-juin 1951*, Plon, p. 208-9. La lettre ouverte de Passy, reproduite dans la presse, répliquait à une accusation injuste de Schumann, exprimée dans *L'Aube.*

28. *L'Époque :* ce journal, qui s'est sabordé en juin 1940, reparaît en avril 1945, sous la direction d'André Pironneau. Le résistant Jean-Louis Vigier, membre de l'Union gaulliste, y entretient de vives polémiques avec les communistes.

29. Accordée à l'United Press, le 28 octobre, cette interview fait apparaître un premier rapprochement avec les thèses anglaise et américaine. Staline accepte que la production allemande d'acier soit relevée. Il se déclare favorable au rétablissement de l'unité politique et économique de l'Allemagne. Le détachement politique de la Ruhr, que soutient la France, semble donc définitivement écarté.

30. Avant même de fonder l'Union gaulliste, Capitant avait présenté des candidats en Alsace aux élections du 2 juin. Le général d'Astier, qui donne sa démission de l'Union gaulliste à la fin d'octobre, est le frère d'Emmanuel d'Astier, apparenté aux communistes. Quant à Clostermann, il sera élu député U.D.S.R., parti dont Capitant est exclu en octobre.

31. Elle sera remise à la presse le 1er novembre, soit onze jours après l'ouverture officielle de la campagne pour les élections du 10 novembre.

32. *Plaisir de France,* magazine mensuel de luxe, reparu en septembre 1945. Il avait été fondé en 1934 par R. Baschet.

33. *L'Humanité,* alors dirigée par Étienne Fajon, est un quotidien tirant à 500 000 exemplaires.

34. Le discours radiodiffusé du 12 juillet 1945 portait sur la consultation du pays à propos de la future Contitution.

35. Le Général aurait emprunté cette formule à Claude Mauriac qui l'avait appliquée à Jean Cocteau. Voir *Aimer de Gaulle*, p. 356.

36. Pronostic contraire à celui du précédent feuillet. En fait le M.R.P. ne perdit qu'un siège mais avec 500 000 suffrages de moins il ne gagna aucun des 26 nouveaux sièges mis en compétition.

37. Emprunté à Matthieu, 24, 15-35, cet évangile annonce et décrit le retour du Fils de l'homme, ou, si l'on préfère, la fin du monde.

38. Entre 1919 et 1921 le capitaine de Gaulle avait été détaché auprès de l'armée polonaise.

39. Cette indication et le contenu de ce feuillet, daté du 20, font apparaître une erreur. La crise a commencé le jour où G. Bidault a remis sa démission, soit le 28 novembre.

40. Formule prêtée à Pierre Samuel Dupont de Nemours, à l'Assemblée constituante, le 13 mai 1791, pour répondre à l'argument que l'abolition de l'esclavage ruinait les colonies.

41. *Libération :* quotidien issu de la Résistance dont le directeur était Emmanuel d'Astier de La Vigerie. Parmi ses collaborateurs on comptait Pierre Hervé, Pascal Copeau, Raymond Mannevy.

42. La désignation du chef du gouvernement, qui doit se faire à la majorité absolue des membres composant l'Assemblée, a été laborieuse. Thorez puis Bidault, leaders des deux principaux partis, ont été successivement éliminés les 4 et 5 décembre.

43. Le 507e régiment de chars, cantonné à Metz, lorsqu'en juillet 1937 le lieutenant-colonel de Gaulle y fut affecté.

44. *Libération-Soir :* ce quotidien issu de la Résistance, outre le socialiste Jean Texcier, comptait parmi ses principaux collaborateurs Henri Ribière et Charles Laurent.

45. *De Gaulle contre le gaullisme,* Éd. du Chêne, 1946.

46. Il s'agit du premier tome d'*Envers et contre tout,* sous-titré *De Londres à Alger 1940-1942,* publié en 1947 chez Robert Laffont.

47. Référence erronée. Ce passage incomplet résume l'esprit de la première section du livre.

48. L'insurrection du 19 décembre fait au moins 300 victimes civiles dans la région d'Hanoï. Aussitôt le ministre de la France d'outre-mer Marius Moutet part pour Saïgon.

49. Hugo, dans le poème « Napoléon II », écrit plus exactement à propos de la mort de l'Aiglon :

« Non, l'avenir n'est à personne !
Sire ! l'avenir est à Dieu !
A chaque fois que l'heure sonne,
Tout ici-bas nous dit adieu. »

Les Chants du crépuscule, V, II.

III. Mercredi 8 janvier 1947 – Samedi 7 juin 1947 (p. 197-317)

1. Elle affecte les prix industriels, commerciaux et agricoles. Un deuxième train de baisse, au même taux, est prévu pour le 1er mars.

2. Le lock-out de la presse a fait suite à une grève perlée des ouvriers.

3. Une entrevue de Blum avec Attlee et Bevin a eu lieu le 14, au moment où s'ouvre la conférence de Lancaster House, dite des suppléants, sur le problème allemand.

4. Dans *Tableau de la France,* Michelet écrit à propos de la forêt d'Ardenne : « Les chasseurs pouvaient courir toujours à l'ombre, de l'Allemagne, du Luxembourg en Picardie [...]. »

5. Ce mot fut prononcé en octobre 1873, lors du conseil de guerre que présidait le duc et qui condamna Bazaine à mort pour haute trahison.

6. *La Bataille :* hebdomadaire fondé en novembre 1944 et dirigé par François Quilici. Il s'efforce de ne pas démentir son titre.

7. S.H.A.E.F. : *Supreme Headquarters of Allied Expeditionnary Forces* (quartier général des forces alliées en France).

8. « Je n'ai jamais entendu sans étonnement une marche militaire. Cette musique-là a l'air persuadée qu'il y a un intérêt quelconque à aller quelque part. » Telle est, plus exactement, la réflexion, parue dans *Reliques,* recueil posthume de Jules Tellier (1863-1889).

9. Il occupa le ministère du Ravitaillement du 14 novembre 1944 au 31 mai 1945. Il y fut surnommé : *Ramadan* et *Ramadiète.*

10. « Hélas ! que j'en ai vu mourir *de* jeunes filles ! », premier vers de « Fantômes », 33e pièce des *Orientales* de Victor Hugo.

11. Citation très libre d'un passage de *Reliques* qui oppose Leconte de Lisle, qui « a du génie et ses livres ne se vendent point », à Déroulède, « assez déshérité de la nature pour avoir droit aux égards des hommes ».

12. Situé à 16 kilomètres au nord de Colombey, le château de Cirey, propriété de Mme du Châtelet, accueillit souvent Voltaire entre 1734 et 1749.

13. Henri Amouroux, qui cite le nom de cette « aventurière convertie à l'islam » parmi les égéries de la bande Bonny-Lafont, permet de rectifier son nom : Marza d'Andurian. Voir *Les Règlements de comptes*, Robert Laffont, 1991, p. 236.

14. *Le plan Baruch :* du nom du délégué des États-Unis à l'O.N.U. Il concernait les problèmes du désarmement, du contrôle de l'énergie atomique, du droit de veto à l'O.N.U.

15. *Paris-Presse,* dont le fils de Maurice Barrès est le rédacteur en chef. Créé en novembre 1944, ce quotidien du soir avait pour principaux collaborateurs Henri Massot et Ève Curie.

16. René Hardy, accusé d'avoir rendu possible, par ses aveux à la Gestapo, l'arrestation de Jean Moulin, est acquitté le 24 février, au terme d'un procès qui ne tardera pas à être relancé.

17. Dans « Prière pour nous autres charnels », Péguy écrit :

« Vous les avez pétris de cette horrible matière,
Ne vous étonnez pas qu'ils soient faibles et creux. »

18. C'est l'appartement de son beau-frère Jacques Vendroux, situé à l'angle de l'avenue Mozart et de la rue George-Sand, d'où la double adresse. Voir *infra,* p. 248 et 307.

19. La villa des Oliviers, à Alger, où était installé de Gaulle en 1943-1944, est devenue la résidence de l'ambassadeur de France en Algérie.

20. Robert Lacoste (S.F.I.O.).

21. Elle dure du 14 février au 15 mars.

22. C'est l'hôtel de Londres, situé dans le quartier de Mayfair, où le Général avait sa chambre. L'hôtel La Pérouse où le Général occupait une suite est sis à Paris, près de l'Étoile.

23. De Gaulle parle de la conférence qui réunit à Moscou, à partir du 10 mars, les quatre ministres des Affaires étrangères pour régler les problèmes allemand et autrichien.

24. *Combat,* le quotidien issu de la Résistance dont la rédaction autour d'Albert Camus, Pascal Pia, Albert Ollivier... avait été brillante, changera de mains en juin 1947 : Claude Bourdet et Henri Smadja prenaient la relève.

25. *Ce matin :* provenant de la fusion de *Paris-Matin,* déjà cité, et de *Résistance* en janvier 1947, ce quotidien était dirigé par Marcel Renet, dit Jacques Destrée. Il fusionna avec *Le Pays* en 1948. *Ce matin-Le Pays,* progaulliste, disparut en 1953.

26. Il s'agit évidemment de Maurice Schumann.

27. Avec un vers de Boileau : « Le vers se sent toujours des bassesses du cœur », de Gaulle fabrique une maxime digne de La Rochefoucauld (*cf.* « L'esprit est toujours la dupe du cœur »). Ou de Vauvenargues (*cf.* « Les grandes pensées viennent du cœur »).

28. Ce n'est pas de Verhaeren mais de l'ami de Flaubert, Louis Bouilhet (1822-1869). On trouvera la citation exacte à la note 17 de la p. 338.

29. « La Double Fidélité » : titre d'un éditorial de François Mauriac, paru dans *Le Figaro* du 24 septembre 1946, avant le référendum sur le second projet constitutionnel. En votant *oui,* l'écrivain entendait rester fidèle au M.R.P. et à de Gaulle. Rappelons que Maurice Schumann, qui défendait la même position, était le père du slogan électoral : « le M.R.P., parti de la fidélité ». Il est intéressant de rapprocher ce jugement sévère sur les chats des propos que le Malraux des *Chênes qu'on abat* prête à de Gaulle. Sur sa fin le Général se serait-il laissé persuader de leurs rares mérites sous l'influence de sa femme ou de son ministre ?

30. Condamné par la Haute Cour, le 21 mars, à cinq ans de dégradation nationale, *Étienne Lémery,* ministre des Colonies à Vichy, de juillet à septembre 1940, sera relevé sur-le-champ de cette peine pour services rendus à la Résistance.

31. *Pierre Caziot* sera condamné le 19 mars à l'indignité nationale à vie et à la confiscation de la moitié de ses biens.

32. *Drugbert et Gingembre :* respectivement président du Syndicat de la boucherie et président de la Confédération des petites et moyennes entreprises.

33. Il s'agit de Paul Coste-Floret, jumeau d'Alfred, plus souvent présent dans ce Journal, puisqu'il était rapporteur général de la commission de la Constitution.

34. La visite du président du Conseil aura lieu dans la nuit du 31 mars sans laisser d'écho dans le Journal de Claude Guy.

35. En février 1942, avec la collaboration de résistants, un commando allié avait détruit un radar allemand installé à Bruneval, sur la côte normande. Dans son discours de commémoration, le 30 mars, de Gaulle annonce l'imminence du jour où « la masse immense des Français se rassemblera avec la France ».

36. Il s'intitule *Souvenirs* et paraîtra en 1947 chez Raoul Solar.

37. Ce duel fut provoqué par une critique dont avait fait l'objet Gaston Defferre dans *L'Aurore,* de Paul Bastid.

38. *San Stefano :* dans ce village, situé près d'Istanbul, fut signé, en mars 1878, l'armistice entre les Russes et les Turcs. Peu après, un congrès se réunit à Berlin pour réviser les clauses, jugées trop dures pour la Turquie.

39. *France Libre :* journal animé par les anciens du réseau « Ceux de la Libération-Vengeance ». Dirigé par Raoul Peigné, il avait pour rédacteur en chef Aymé Guerrin et pour principaux collaborateurs André Mutter, Étienne Nouveau, René Ruhlmann.

40. *Témoignage chrétien,* fondé sous l'Occupation sous forme de cahiers clandestins, était devenu un hebdomadaire, toujours dirigé par le R.P. Chaillet, assisté de Georges Montaron, Georges Suffert, Robert de Montvalon.

41. Balzac, *La Recherche de l'absolu.*

42. Dans les semaines qui suivront, l'Union démocratique et socialiste de la Résistance sera la seule des formations politiques à accepter sincèrement, dans sa majorité, le principe de la « double appartenance ».

43. C'est la première hypothèse qui est la bonne.

44. Déformation populaire de *terre de bruyère,* une terre obtenue par la décomposition de la plante dans le sol.

45. Claude Guy use du terme anglais qui correspond à *jonquilles.*

46. *Rue Taitbout :* siège du groupe de gaullistes qui, depuis l'automne 1946, avaient préparé la fondation du R.P.F. Le secrétariat général s'installera, à l'automne, au 5, rue de Solférino.
47. *D.G.E.R. :* Direction générale de l'espionnage et du renseignement, organisme devenu, en novembre 1943, la Direction générale des services spéciaux, placée sous la responsabilité de Soustelle.
48. Lors de la conférence de presse, donnée le 24 avril à la Maison de la Résistance alliée.

IV. Mardi 1er juillet 1947 – Lundi 22 décembre 1947 (p. 317-388)

1. A Lille, le 29 juin, de Gaulle expose les objectifs politiques et sociaux du R.P.F.
2. *Ce soir*, fondé en 1937 par Aragon et Jean-Richard Bloch, avait reparu à la Libération, gardant la même direction communiste.
3. C'est le fameux « plan bleu », complaisamment évoqué par le ministre de l'Intérieur Depreux.
4. Après un hommage à Félix Éboué, de Gaulle avait prononcé le 15 mai à Bordeaux un important discours sur l'Union française.
5. *Confrérie Notre-Dame* : c'est le nom du réseau de renseignement qu'avait fondé Rémy dès 1940.
6. Conjonction surprenante : Georges Loustanau-Lacau avait fait partie dès 1940 du réseau de renseignement « Alliance » et l'amiral Auphan, un fidèle de Pétain, avait été condamné par contumace, en août 1946, aux travaux forcés à perpétuité.
7. De Gaulle, qui voyage beaucoup durant l'été et l'automne 1947, prononce un discours à Alger le 12, à l'occasion de la campagne des municipales. Il se déclare contre le statut récemment adopté pour les départements algériens.
8. *C.O.S.O.R. :* les historiens sont muets sur ce sigle. Peut-être s'agit-il de la traduction française du *Special Operations Executive,* réseau des services secrets britanniques, auquel appartenaient Hilaire à Toulouse et Aristide à Bordeaux et contre lequel Diethelm, ministre de la Guerre, réagit avec efficacité. Voir H. Amouroux, *op. cit.*, p. 161 et 180.
9. Les trois premiers sont des parlementaires socialistes, les deux autres des syndicalistes.
10. La création d'un intergroupe parlementaire d'« action pour la démocratie » a été annoncée le 20 août. C'est la solution gaullienne au problème de la double appartenance. Ce prolongement parlementaire du R.P.F. compte une quarantaine de membres, où dominent le R.G.R. et l'U.D.S.R.
11. *Doumer* : confusion typographique probable avec Gaston Doumergue, ancien président de la République, rappelé au pouvoir après les émeutes de 1934, et qui ne sut pas rallier la gauche au projet de réforme constitutionnelle soumis par son cabinet d'union nationale.
12. Domicile de Jacques Soustelle.
13. Entendre : par un des premiers Français à avoir rallié la France libre. Vincam, dont le nom latin signifie : je vaincrai, devenu trop impétueux et fugueur pour être gardé à la Boisserie, fut confié plus tard à l'amiral Ortoli, qui en fit le chien de garde de sa propriété.
14. Depuis son discours de Rennes, le 27 juillet, de Gaulle a pris l'habitude de désigner de ce mot les communistes.
15. La déclaration dont le Général vient de livrer la substance et que les politologues qualifient volontiers d'« ultimatum » sera faite le 27 octobre. Outre la dissolution, de Gaulle y réclamera l'institution d'un régime électoral directement majoritaire et la révision de la Constitution.
16. *Peuple ingrat :* plutôt qu'une citation formelle, il semble qu'il s'agisse d'un fait d'expérience, maintes fois vérifié par un grand homme depuis l'Athénien Miltiade. Le chrétien Bidault peut aussi se référer aux Impropères du Vendredi Saint, où le Christ est censé reprocher son ingratitude au peuple élu.
17. Dans « A une femme », poème le plus célèbre de *Festons et astragales* (1858), Louis Bouilhet traite par l'ironie cinglante une infidèle :

« Tu n'as jamais été, dans tes jours les plus rares,
Qu'un banal instrument sous mon archet vainqueur,
Et comme un air qui sonne, au bois creux des guitares,
J'ai fait chanter mon rêve au vide de ton cœur. »

18. Cette lettre, datée du 15 novembre 1942, est reproduite dans *Lettres, notes et carnets* IV *Juillet 1941-mai 1943*, p. 434.

19. Datée du 7 août 1941 elle figure dans le même tome, p. 42.
20. *Broadcasts* : interventions radiodiffusées.
21. La commission de discipline du M.R.P. ayant exclu Edmond Michelet pour crime de double appartenance, ces deux députés donneront leur démission du mouvement, le 21 novembre, en signe de protestation.
22. *Troisième Force* : depuis l'éviction des communistes et le lancement du R.P.F., l'expression désigne la majorité en voie de reconstitution autour des socialistes et du M.R.P. C'est une planche de salut après le naufrage du tripartisme (P.C., S.F.I.O., M.R.P.).
23. Filant la métaphore à partir de la « vague électorale » (le triomphe du R.P.F.), de Gaulle avait déclaré au début de sa conférence de presse : « Leurs critiques, leurs malédictions n'auront pas plus d'importance que les crachats dans la mer. »
24. *Carrefour*, hebdomadaire gaulliste créé en août 1944. Émilien Amaury, Gilbert Blocq-Mascart, Robert Buron en étaient les animateurs.
25. *L'affaire de Marseille* : à la suite d'une grève des transports, des scènes de violence avaient éclaté dans la nuit du 10 novembre, entraînant la mort du jeune Voulant, un ouvrier communiste.
26. *Augsbourg (?)* : Constance semble plus vraisemblable. Le dîner eut lieu le 19 mai 1945.
27. *Eva Peron* (1919-1952) avait été chanteuse et vedette de cinéma avant d'être la maîtresse puis l'épouse de l'homme politique argentin.
28. Mt, 5,7.
29. L'école de l'Immaculée-Conception, à Paris, rue de Vaugirard avait compté, de 1900 à 1907, Charles de Gaulle parmi ses élèves. Henri de Gaulle, père du Général, en était le préfet des études. L'erreur est attribuée à G. Cattaui, biographe du Général (1947) et non de Leclerc. S'il se réfère à une biographie de Leclerc, Claude Guy pourrait envisager celle de Jean d'Esme (1946).
30. Il s'agit évidemment des députés communistes et plus particulièrement de celui de l'Hérault, Raoul Calas.
31. Le docteur André Lichwitz (1899-1964), médecin personnel de Paul Reynaud, gagna la France Libre en 1942. Il sauva le Général d'une crise aiguë de paludisme d'abord à Londres en avril 1942, puis en 1944 à Alger.
32. *Samedi Soir*, hebdomadaire à sensation dont le rédacteur en chef était Max Corre.
33. Le 3 décembre, le gouvernement a rappelé le contingent 1943-2, pour seconder les forces du maintien de l'ordre.
34. Tous trois font partie du Comité national français créé à Londres, en septembre 1941, en qualité de commissaire : Pleven aux Finances, à l'Économie et aux Colonies, Cassin à la Justice et à l'Éducation, Dejean aux Affaires étrangères.
35. *Christian Science Monitor*, quotidien publié à Boston, sous les auspices de l'Église du Christ scientiste.

V. Janvier 1948 – 13 novembre 1948 (p. 389-456)

1. *La Pèlerine écossaise*, créée aux Bouffes Parisiens le 15 janvier 1914. Cette peinture de l'ennui conjugal était d'autant plus convaincante qu'elle avait pour interprètes Sacha Guitry et Charlotte Lysès, sa femme légale du moment, réunis peu avant leur propre divorce.
2. Le docteur Hurez.
3. L'influence d'Émile Mayer sur de Gaulle a été longuement évoquée par Jean Lacouture dans le premier tome de son *De Gaulle*, Points-Seuil, 1984-1990, p. 195-200.
4. A la faveur d'un coup de force, Klement Gottwald a constitué un gouvernement communiste.
5. Il y préconise l'entente entre la Troisième Force et le R.P.F.
6. Ces extraits figurent à la fin du discours prononcé le 7 mars, à Compiègne.
7. *Le Rassemblement* : hebdomadaire du R.P.F. depuis le 31 janvier 1948, date à laquelle il succède à *L'Étincelle*, créé le 26 avril 1947. Ce journal, animé par Albert Ollivier et Jacques Baumel, avait pour principaux collaborateurs Jacques Soustelle, Pascal Pia et Jean Nocher.
8. *Le Parisien libéré* : quotidien créé à la Libération par Émilien Amaury et Claude Bellanger.
9. Ce regain de vigueur s'explique par les éditoriaux du *Populaire*. Face aux deux extrêmes, Blum s'efforce de mobiliser une majorité solide autour de la Troisième Force.
10. Le général de Larminat, inspecteur général des troupes coloniales, avait été relevé de ses fonctions en juillet 1947, au moment de la découverte du « plan bleu ».

11. De tels vers sont légion. On peut penser à la pièce célèbre des *Châtiments*, « L'Expiation » :

« La Déroute, géante à la face effarée,
Qui, pâle, épouvantant les plus fiers bataillons [...] »

12. *Front national* : ce journal procédait du mouvement du même nom, animé par les communistes Pierre Villon et Laurent Casanova. Parmi ses collaborateurs figuraient encore Georges Adam et Pascal Copeau.

13. *L'Intransigeant.* Le quotidien, fondé en 1880 par Henri Rochefort, n'avait pu reparaître qu'en mai 1947, sous le titre : *L'Intransigeant Journal de Paris.*

14. Ouverte au Quai d'Orsay, le 15, elle a pour objet la construction économique européenne.

15. Écrit de la main de Claude Guy sur la dactylographie, le mot surprend, qui désigne un échassier migrateur. Sans doute s'agit-il d'une confusion avec *vent coulis*, sorte de courant d'air froid qu'on sent, par exemple, dans les maisons aux ouvertures mal calfeutrées.

16. *Journal ; 1932-1939*, La Table ronde, 1947.

17. On penserait à une réminiscence de Baudelaire :

« Certes, je sortirai quant à moi satisfait
D'un monde où l'action n'est pas la sœur du rêve »

(« Le Reniement de saint Pierre », in *Les Fleurs du mal*), si Claude Mauriac ne suggérait une autre source : le *Faust* de Goethe, dont le Général traduit ce passage : « Méphistophélès dit : " Arrêtez-vous aux mots et vous arriverez par la route la plus sûre au temple de la certitude. " À quoi il est répondu : " Cependant le verbe doit toujours contenir une idée. " Et de Gaulle de commenter : " Eux aussi ils s'arrêtent au seul verbe, mais l'action ne naît jamais du verbe. " » (*Aimer de Gaulle*, p. 409.)

18. M. Stettinius, ancien secrétaire d'État américain, a rencontré à Dakar l'ex-député socialiste Paul Béchard, devenu haut-commissaire de la France en A.-O.F., en vue de développer des relations économiques entre des sociétés américaines et les colonies françaises.

19. *France-Illustration* avait pris, en octobre 1945 et sous la direction de Georges Oudard, la succession de *L'Illustration*, dont le titre était frappé d'interdiction.

20. Les candidats dits indépendants rejetaient l'étiquette M.T.L.D. (Messali Hadj) ou U.D.M.A. (Ferhat Abbas) et bénéficiaient du soutien plus ou moins occulte de l'administration.

21. *Le Souper de Beaucaire* : brochure que Bonaparte, alors lieutenant-colonel, fit imprimer en 1793. Il y rapporte une conversation qu'il aurait eue en juillet 1793, avec trois personnages, sur les affaires du temps.

22. *C.F.L.N.* : le Comité français de libération nationale, créé le 3 juin 1943 à Alger, dont de Gaulle partagera quelque temps la présidence avec Giraud.

23. Invité à la commémoration de la victoire de 1916, de Gaulle prononce un discours le 20 juin à Verdun.

24. « Quel roman pourtant que ma vie », *Le Mémorial de Sainte-Hélène*, fin du chapitre sixième.

25. Il s'agit des élections au Conseil de la République.

26. Le groupe R.P.F., n'attachant « aucun intérêt à l'élection du président », s'abstiendra et Gaston Monnerville sera élu.

27. De Gaulle à Claude Mauriac, à propos de la Haute Cour : « ... ce pauvre Robert Schuman à qui j'avais évité cette épreuve car, aux termes de la loi, ayant été ministre de Pétain, il en était justiciable » (*Aimer de Gaulle*, p. 440).

28. C'était, à Vichy, le siège du gouvernement.

Mardi 12 janvier 1949 – Mercredi 7 septembre 1949 (p. 457-482)

1. La démission de Tchang Kaï-chek précède de peu l'entrée des troupes communistes à Pékin.
2. De Gaulle y improvisa une allocution le 19 septembre 1948.
3. Il existe alors deux organismes qui convergent vers cet idéal : le « Mouvement européen », dont l'inspirateur est Churchill et le secrétaire général son gendre : Duncan Sandys, et qui compte quatre présidents : Churchill, Blum, Spaak, De Gasperi, et d'autre part l'Union parlementaire européenne, où sont représentées une dizaine de nations. L'animateur en est le comte Coudenhove-Kalergi. La première session du Conseil de l'Europe aura lieu en août 1949 à Strasbourg.
4. « Je n'ai pas voulu cela. »
5. Henry Robinson Luce (1898-1967) avait fondé l'hebdomadaire d'information *Time* en 1923,

puis un périodique tourné vers le monde des affaires et des entreprises *Fortune* en 1930, et enfin en 1936 le magazine *Life*.

6. William Bullitt (1891-1967), ancien ambassadeur des États-Unis en France, passe pour avoir attiré des fonds vers le R.P.F. Voir Jean Lacouture, *op. cit.*, II, p. 349. Quant au sénateur Arthur Vandenberg (1884-1951), il avait, à la fin de 1947, préconisé qu'avant d'accorder son aide, le gouvernement américain prenne des mesures discriminatoires à l'encontre des pays menacés d'un gouvernement communiste.

7. *A.P.S.* : elle était installée à Paris, dans une ancienne maison close, selon Christian Fouchet, au 43, rue de Provence, dans le IXe arrondissement.

8. C'était le fief de Malraux et de son équipe, dans laquelle figurait aussi Christian Fouchet.

9. En décembre 1948 une scission s'était produite à l'U.D.S.R. Capitant et les gaullistes exclus de ce parti constituèrent un groupe d'« Action démocratique et sociale », semblable à celui qui, le mois précédent, s'était organisé, après les élections au Conseil de la République, sous un nom légèrement différent : « Action républicaine et démocratique ».

10. *Aux écoutes*, hebdomadaire fondé en 1918 par Paul Lévy. Il avait reparu en 1945.

INDEX

A

B

C

D

E

F

M

N

S

T

U

V

W

Z

TABLE

Cet ouvrage a été réalisé par la
SOCIÉTÉ NOUVELLE FIRMIN-DIDOT
Mesnil-sur-l'Estrée
pour le compte des Éditions Grasset
en octobre 1996

Imprimé en France
Dépôt légal : octobre 1996
N° d'édition : 10150 – N° d'impression : 27718
ISBN : 2-246-49451-6